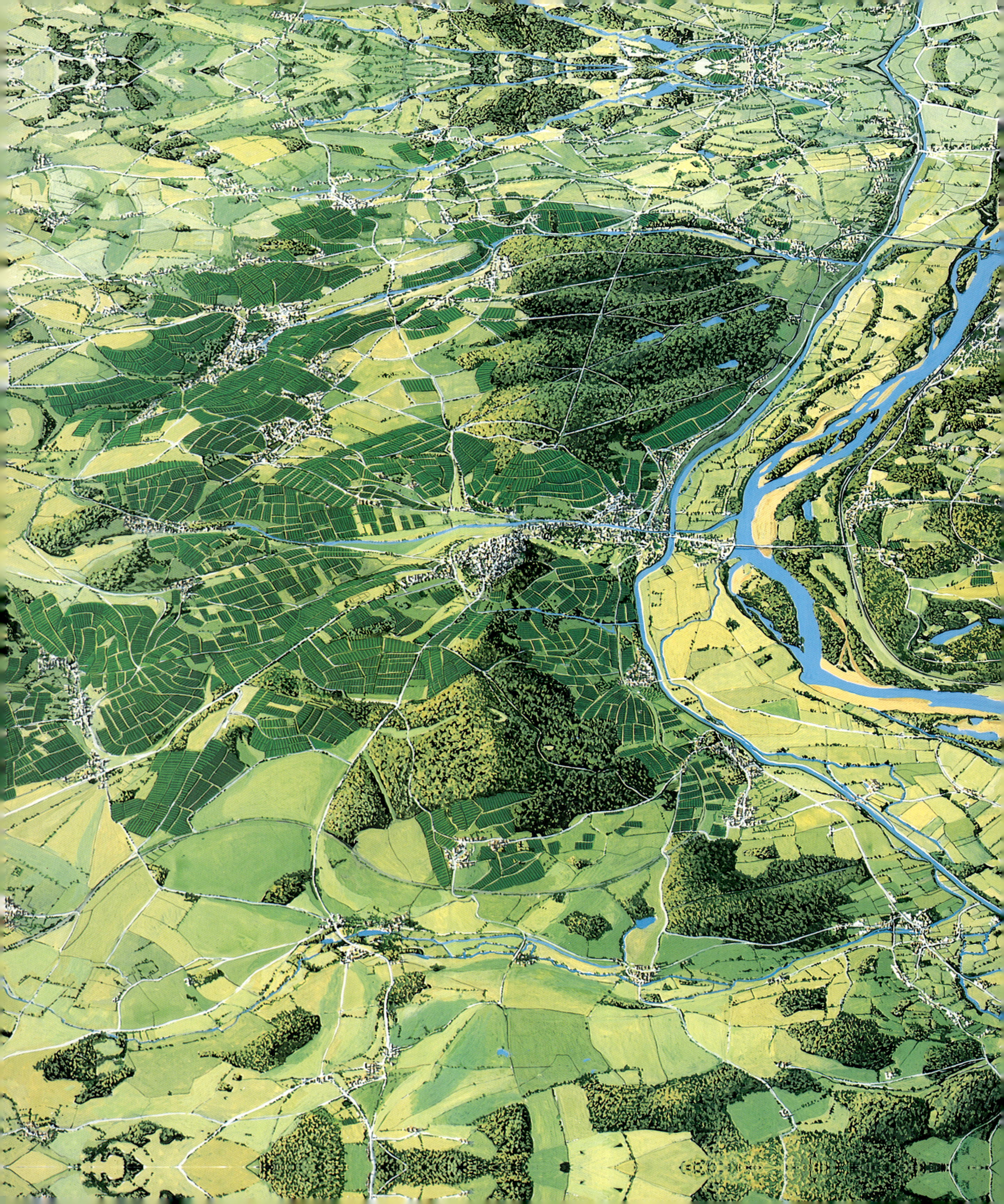

OZ CLARKE

CLARKE'S GROSSER WEINATLAS

LÄNDER
LANDSCHAFTEN
LAGEN
REBSORTEN
KLASSIFIKATIONEN

Droemer

Titel der Originalausgabe: Oz Clarke's Wine Atlas

Originalverlag: Websters International Publishers Ltd

Übersetzung aus dem Englischen Sibylle Czinczel und Bernhard Abend

Besuchen Sie uns im Internet:
www.droemer.de

Umschlaggestaltung: ZERO Werbeagentur, München
Satz: Setzerei Max Vornehm GmbH, München
Druck und Bindung: Star Standard Industries PTE, Singapore
Printed in Singapore

ISBN 3-426-27276-8

5 4 3 2 1

Seite 1: Weinberge bieten nach der Ernte das schönste Bild, wenn die Blätter die leuchtenden Farbtöne des Herbstes annehmen, wie hier im Alexander Valley im nördlichen Kalifornien.
Seite 2/3: Ausschnitt aus der Panoramakarte von Sancerre und Pouilly im französischen Loire-Tal.

Redaktionelle Leitung Fiona Holman
Herstellungsleitung Nigel O'Gorman
Kartografische Leitung Andrew Thompson

Redaktion Cécile Landau, Helen Spence, Jo Turner; ***Redaktion und Recherche*** Lorna Bateson, Lucy Bridgers, David Moore, Maggie Ramsay, Nick Skinner, Phillip Williamson
Desktop Publishing Keith Bambury
Index Angie Hipkin

Redaktionelle Beratung Margaret Rand
Fachlicher Beraterstab Nicolas Belfrage MW, Jim Budd, Bob Campbell MW, Liz Eyre, Giles Fallowfield, Peter Forrestal, Rosemary George MW, Antony Gismondi, Olivier Humbrecht MW, Tom Hyland, James Lawther MW, Jonathan Livingstone-Learmonth MW, Angela Lloyd, Wink Lorch, Dan McCarthy, Dave McIntyre, Sally Marden, Richard Mayson, Jasper Morris MW, Stuart Pigott, Victor de la Serna, Stephen Skelton MW
Beratender Geologe Professor Jake Hancock

Panoramakarten Keith and Sue Gage
Herstellung Wink Lorch
Digitale Bearbeitung Andrew Thompson
Illustrationen Aziz Khan, Trevor Lawrence, Coral Mula, James Robins
Studiofotos Nigel James

Cheflektorat Anne Lawrance
Produktion Karen Connell, Sara Granger
Produktionsberatung Peter Everest, Charles James
Siehe auch die Danksagung auf S. 336

HINWEISE ZU DEN KARTEN

Dieser Atlas enthält von Hand gezeichnete Panoramakarten für die Rebflächen sowie Regional- und Länderkarten in gewohnter Art.

Panoramakarten Dies sind detaillierte Darstellungen der großen Weinbaugebiete der Welt. Eine Reihe von Weinbaugebieten sind hier erstmals in einer Karte erfasst. Alle Ortsangaben wurden mit lokalen Organisationen und/oder Weinerzeugern überprüft. Hundertprozentige Genauigkeit ist jedoch nicht möglich, da die Anbaugebiete sich ständig verändern. So finden in einigen Gebieten der Neuen Welt massive Anpflanzungen statt, während in einigen europäischen Weinbaugebieten Rebflächen stillgelegt werden. Auch die allgemeinen Landschaftsmerkmale, wie Wälder, Flüsse und Berge, sind so genau wie möglich wiedergegeben. Die Panoramen sind perspektivisch dargestellt, was natürlich zu leichten Verzerrungen führt; ein Weinberg oder ein Ort im Norden, am oberen Rand, wird daher kleiner erscheinen als einer im Vordergrund. Die Maßstäbe geben die Entfernungen in ostwestlicher Richtung an. Wegen der perspektivischen Wirkung werden auch die Gesamtentfernungen von Norden nach Süden genannt. Als Farben wurden die des Spätsommers kurz vor der Weinlese gewählt. Die Rebfelder werden hellgrün dargestellt, das Umland häufig gelb oder braun, da andere Feldfrüchte um diese Zeit normalerweise bereits geerntet sind. Feldergrenzen und Ausrichtung der Rebzeilen stellen meist keine realistische Wiedergabe dar.

Die Beschriftungen in den Panoramakarten sind knapp gehalten, um die optische Wirkung nicht zu beeinträchtigen. Weitere Angaben enthalten die Erläuterungskarten, die den detaillierteren Panoramen beigegeben sind. Die Lokalisierung der Kellereien richtet sich nach der Lage der Haupteinrichtungen, nicht nach der des Besucherzentrums. Die aufgeführten Spitzenlagen, -güter und -kellereien sind die persönliche Wahl des Autors.

Übersichtskarten Sie stellen die offiziellen Anbaugebiete dar (die Panoramen zeigen die tatsächlichen Rebflächen) und geben unseren Wissensstand zum Zeitpunkt der Drucklegung wieder. Sollten Sie neuere Informationen besitzen, freuen sich Autor und Verlag über eine Mitteilung.

INHALT

Eine kleine Kapelle steht auf dem Hermitage-Berg im Nordteil des Rhône-Tals. Seine steilen Granithänge, die zu den ältesten Weinbergen Frankreichs gehören, besitzen eine ausgezeichnete Sonnenexposition.

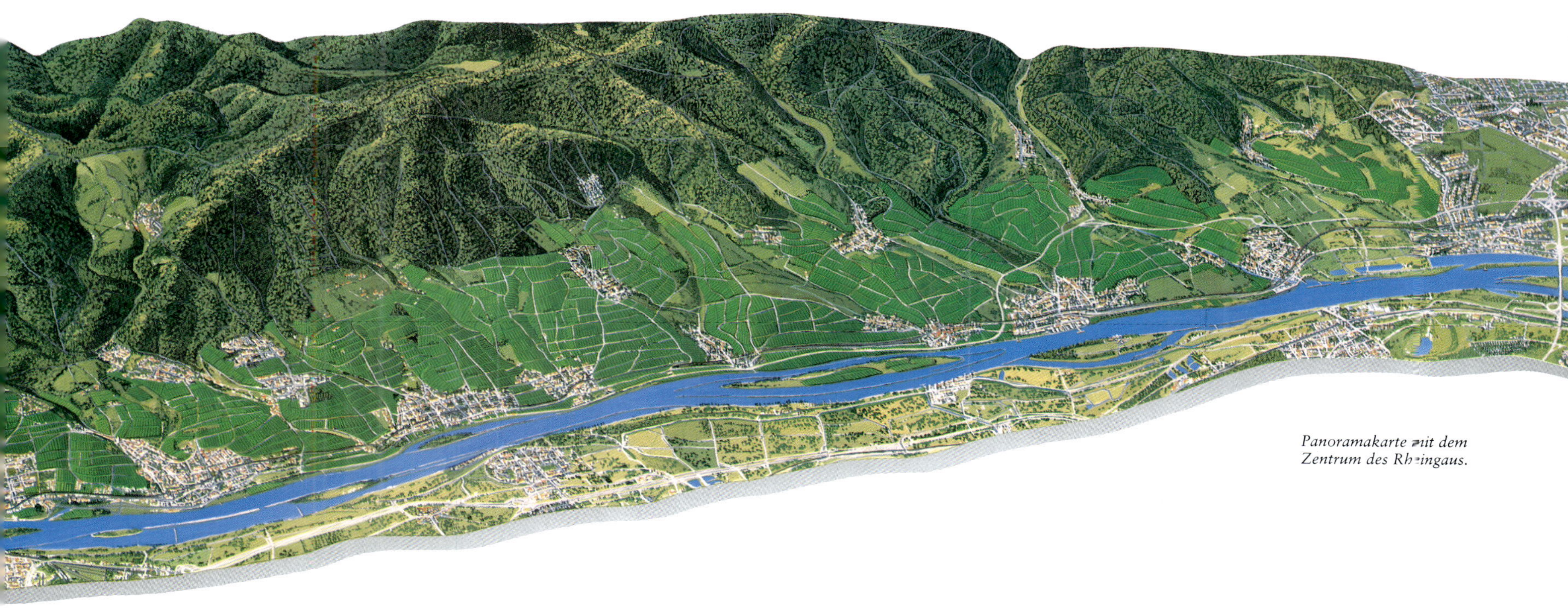

Panoramakarte mit dem Zentrum des Rheingaus.

Die Hügel der Maremma an der toskanischen Küste westlich von Grosseto bersten vor Aktivität. Viele berühmte Erzeuger aus dem Chianti und anderen Weinbaugebieten kaufen sich in existierende Güter ein oder erwerben bisher nicht mit Reben bebautes Land.

Chardonnay-Rebflächen von Leeuwin Estate, das in der westaustralischen Region Margaret River ansässig ist. Der Chardonnay dieses ehrgeizigen Erzeugers war einer der ersten in Australien, die die Komplexität und Substanz eines Burgunders zeigten.

Ausschnitt aus der Panoramakarte mit dem Zentrum von Mendoza in Argentinien.

Vorwort zur zweiten Auflage

Kalifornien steht im Zentrum der fortschrittlichen Weinwelt, aber es hat auch seine Tradition und besitzt einige der ältesten Rebstöcke, die es überhaupt gibt. Die Trauben von diesen hundertjährigen Zinfandel-Reben bei Lytton Springs im Dry Creek Valley verarbeitet die Kellerei Ridge zu herrlichem Rotwein.

Ich bin wieder an meinem Ausgangspunkt angekommen. Meine ersten Ausflüge in die Welt des Weins fanden in den Weinbergen statt. Ich kam nicht oft in einen Weinkeller, selten genug konnte ich mir Einlass erschmeicheln; die meisten Winzer waren zu vorsichtig, immerhin war ich ein durstiger Student. Es war auch nicht wichtig. Aber es hatte zur Folge, dass ich durch die Weinberge stapfte oder kletterte, dass ich unter Reben picknickte und sogar schlief. Anstatt in klammen Kellern ahnungslos und leicht benebelt Fässer zu bestaunen, war ich an der frischen Luft und lernte das kennen, was wirklich zählt: die Rebstöcke, der Boden, Regen, Wind und Sonne.

Über Wein zu schreiben begann ich in den 1980er Jahren, in der verrücktesten, hektischsten Dekade, die die Weingeschichte je erlebt hat. Die alte Ordnung wurde aus den Angeln gehoben, die Protagonisten der Neuen Welt zogen ihre Spur über den Erdball, überzeugt, die letzten Geheimnisse des Rebstocks gelüftet zu haben und überall, wo sie nur wollten, mit ihren Weinmachertricks charaktervolle, köstliche Weine erzielen zu können. Bis zu einem gewissen Grad konnten sie das auch. Aber sie hatten nur den Keller im Auge, nicht den Weinberg. Interessant war nun, dass gerade dann, als sie die Debatte um »alt oder neu« zu gewinnen schienen, Europa und besonders Frankreich mit einem Jahrzehnt großartiger Jahrgänge gesegnet wurde – auf der Basis der einzigartigen Böden und klimatischen Bedingungen, über die ihre besten Lagen verfügen.

In den 1990er Jahren erlebte man einen erneuten ideologischen Wandel. Ich wurde nicht mehr stracks in den Keller gebeten, wo ich den Wald aus Edelstahlröhren und die Barrique-Lager bewundern sollte; ich wurde nicht mehr mit Geschichten von Kulturhefen und Gärtanks mit automatischem Ablauf traktiert. Die Weinmacher waren nicht mehr so selbstverständlich überzeugt, dass mit der richtigen Ausrüstung, den richtigen Chemikalien und ihrem richtigen Einsatz alles möglich war. Sie zogen sich allmählich von der Mischung aus brillanter Innovation und der fixen Idee zurück, alles steuern zu können. Und während die Alte Welt in Ruhe einige der Tricks ausprobierte, wurde die Neue Welt gewahr, dass der Schlüssel zu Weinen, die den besten Europäern Paroli bieten können, nicht in den Benutzerhandbüchern liegt, nicht in der Konstruktion der Traubenmühle oder in der Maserung der Eichenfässer, sondern unter ihren Füßen, im Weinberg.

Diese Bewegung hin zum Weinberg war es, die mich vor bald einem Jahrzehnt bewog, die erste Auflage dieses Atlanten zusammenzustellen. Die vorliegende zweite Auflage wurde von dem erstaunlichen Wandel veranlasst, den die Weinwelt wieder einmal durchmacht. Vor allem anderen findet dieser Wandel im Weinberg statt. Die Größe der neuen Anpflanzungen in Ländern wie Australien, Neuseeland, Chile und Nordamerika ist bemerkenswert. Regionen, in denen es zuvor kaum einen Rebstock gab – etwa Central Otago in Neuseeland, die Limestone Coast in Australien oder das Casablanca-Tal in Chile –, sind nun vollwertige, selbstbewusste Erzeuger von Weinen, die dank des besonderen Bodens und Klimas echte Individualität besitzen. Zur selben Zeit werden altehrwürdige Weinbaugebiete Europas, wie der Süden Italiens, das Alentejo in Portugal sowie Priorat und Ribera del Duero in Spanien, mit modernen Methoden in Anbau und Vinifikation revitalisiert. Also hatte ich alle Weinberge der Welt neu zu bewerten – eine Menge Arbeit! Ich habe den ursprünglichen Text überarbeitet und ganze Abschnitte neu verfasst, wo es notwendig war; sechs neue Karten wurden angefertigt, und jede bereits vorhandene Karte wurde umfassend und in jedem Detail auf den neuen Stand gebracht. Manchmal, zum Beispiel im Clare Valley in Australien und in Marlborough in Neuseeland, waren die Änderungen dramatisch – mit einer Verdoppelung der bestockten Fläche.

Die ewige Wahrheit, was einen Wein gut und zu etwas Besonderem macht, ist heute so klar ersichtlich wie noch nie. Jeder gute Weinmacher in jedem Land der Welt weiß, dass letztlich die Qualität der Trauben den Ausschlag gibt. Und jeder Weinmacher weiß, dass bestimmte Regionen bessere Trauben liefern als andere, dass bestimmte Teile dieser Regionen besser geeignet sind als andere und dass es noch im besten Weinberg Ecken gibt, die dem Rest überlegen sind. Und immer gibt es Winzer, die bessere Früchte ernten als andere.

Ich bin also wieder dort, wo ich begonnen habe. Natürlich probiere ich die Weine, aber erst, wenn ich die Reben gesehen habe, den Boden, den Platz, an dem sie wachsen. In der Côte-Rôtie klettere ich gerne zum höchsten Punkt hinauf, wo die Trauben den schwärzesten und süßesten Saft liefern. Ich möchte den steinigen Boden unter meinen Füßen spüren, den knorrigen Stamm des Rebstocks berühren, der jedes Jahr auf diesem ausgetrockneten Hang ums Überleben kämpft und seine winzige Ernte zur Reife bringt. Wenn ich in Margaux bin, stapfe ich über die warmen, glatten Kiesel und trete gleich nebenan in zähen, nassen Lehm, und mit diesem einen Schritt wird mir klar, warum die auf Kieselsteinen stehenden Reben wertvoll sind und die anderen nicht. Ich möchte auch die Flüsse sehen, die von den Anden zu den fruchtbaren Weinbergen im chilenischen Maipo-Tal hinunterschäumen. Ich möchte im kalifornischen Carneros im Nebel und im heulenden Wind frieren, und ich möchte mir von den warmen Brisen im neuseeländischen Marlborough die Haare zerzausen lassen. Ich möchte, dass all dies in seinem Zusammenspiel erfahrbar wird.

Ich hoffe, dass dieser Atlas dabei behilflich ist. Als ich einen ersten Entwurf mit dem Panorama des Chablis sah, wusste ich, dass ich dieses Buch so schnell wie möglich schreiben musste. Ich sah die Stadt, die kleinen Täler, ich erkannte, welche Hügel hoch sind, welche niedrig, welche in der Sonne liegen und welche windgeschützt sind. Ich hatte noch nie eine Karte gesehen, die mir ein so anschauliches Bild von einer Gegend vermittelte wie diese. Plötzlich leuchtete mir ein, weshalb die Grands Crus reifer, kräftiger, intensiver und die Premiers Crus besser sind als der einfache Chablis. Ich bin durch alle diese Weinberge gewandert, doch die neue Perspektive war überwältigend. Es war, als schwebte ich in einem Hubschrauber über die Reben und könnte in jede kleine Krümmung des Hangs, jede Wasserrinne hineintauchen und wieder aus ihnen emporsteigen, jeden Felsvorsprung aus der Nähe erkunden. Die Straßen und Eisenbahnstrecken, auf denen ich gefahren bin, die Flüsse und Berggipfel, die mir zur Orientierung dienten – hier lagen sie alle vor mir.

Was wir mit diesen hervorragenden Panoramadarstellungen ermöglichen wollen, ist eine großartige Flugreise zu den Weinbergen der Welt. Bei Bereichen, in denen besonders interessante Merkmale den Charakter des Weins bestimmen, gehen wir ins Detail, aber wir geben auch größere regionale Überblicke, um die großen Weinbauflächen der Welt in ihren Zusammenhang zu stellen. In meinem Text versuche ich, die Quintessenz all der Reisen darzustellen, die ich seit meinen Studententagen unternommen habe. Es gibt Weinorte, die sich mit ihren Rebfeldern seitdem anscheinend nicht verändert haben und vielleicht noch nach hundert Jahren ebenso aussehen werden. Hat sich wirklich so viel in den stillen Gemeinden der burgundischen Côte d'Or, in den hoch gelegenen Dörfern des portugiesischen Douro-Tals, in den abweisenden Weilern der öden Mancha in Spanien verändert? An anderen Orten wiederum, an denen bei meinem ersten Besuch von Reben noch keine Spur gewesen war, dehnen sich jetzt Rebfelder aus, so weit das Auge reicht. Als ich zum ersten Mal die North Fork von Long Island aufsuchte, gab es dort nur Kartoffeln. Eine Rebfläche von 100 Hektar überzieht heute die englischen North Downs bei Dorking und lässt meine Kindheitserinnerungen an Weideland und Gehölze mit großen, dunklen Bäumen verblassen. Einige Orte scheinen verarmt und heruntergekommen zu sein, während andere sich in einem Goldrausch befinden, da sie plötzlich in Mode gekommen sind und auch der letzte Quadratzentimeter Land dort mit Reben bepflanzt wird. Ich hoffe nur, dass in Coonawarra oder Hawkes Bay, wenn sich der Staub dort gelegt hat, die richtigen Reben von den richtigen Leuten auf den richtigen Böden gepflanzt worden sind. Und in diesen Zeiten, in denen die Weinwelt einem schnelleren Wandel unterliegt als je zuvor, ist ebenso sicher, dass sich innerhalb eines Jahrzehnts einige der Weine, die heute auf dem Rückzug begriffen sind, mit neuem Schwung zurückmelden werden, während andere, um die heute ein Riesenkult getrieben wird, wieder mit der rauen Wirklichkeit konfrontiert werden, wenn ihr Ruhm nachlässt. Und wo sich heute noch Weideland oder felsiges Bergland ausdehnen, werden einmal blühende Weingärten sein und Weine liefern, deren Aromen sich von allem unterscheiden, was vorher auf unserem Planeten hervorgebracht wurde.

Durch den ganzen Atlas zieht sich ein Leitmotiv: der Zusammenhang zwischen dem Land und seinem Klima, den angebauten Rebsorten und dem Engagement der Weinmacher. Die Geschichte des Weins ist voller Beispiele, dass die menschlichen Bemühungen oft genug der Qualität eines Standorts nicht gerecht wurden. Ein Stück Land als großartiges Rebland zu bezeichnen heißt nur, dass es das Potenzial hat, großen Wein hervorzubringen, wenn man die richtigen Rebsorten pflanzt und die Winzer wirklich auf Qualität bedacht sind.

Aber so wie die großen Fortschritte in der Kellertechnik ausgezeichneten Wein in Gebieten ermöglichen, die niemals zuvor von sich reden machten, führten die dramatischen Fortschritte im Weinbau selbst und im Umgang mit dem Rebstock dazu, dass er auch unter nicht idealen Klimabedingungen gut gedeiht; dadurch kommt der genauen Abgrenzung der wirklich großen Lagen heute eine viel größere Bedeutung zu als früher. Weine, die noch vor einer Generation im Schwange waren, werden heute vielleicht gar nicht mehr geschätzt: Über die exotisch üppigen, mächtigen Chardonnays aus dem australischen Hunter Valley oder dem kalifornischen Napa Valley, die vor nur einer Generation ein neues Weinzeitalter einläuteten, rümpfen heute nicht wenige Kenner die Nase. Die Versuche Oregons und Neuseelands, roten Burgunder sklavisch genau nachzuahmen, die zu dünnen, schwächlichen Pinots Noirs führten, wurden durch den selbstbewussten Glauben an den eigenständigen Charakter ihres Weins ersetzt. Weine, die heutzutage mit Begeisterung aufgenommen werden, besitzen Aromen, die vor einer Generation noch gar nicht denkbar waren. Süditalien wurde dafür verachtet, dass es Tausende Lastzüge mit rauem, alkoholreichem Zeug in ferne Verschneidetanks schickte. Heute gelten der Negroamaro und der Primitivo Apuliens und der Nero d'Avola Siziliens als aufregende Beispiele dafür, wie moderne Technik sich mit alten Weinbergen und Rebsorten verbindet. Der bukettreiche Malbec Argentiniens, der pikante Sauvignon Blanc Südafrikas, die kanadischen Eisweine – noch vor einer Generation hätte man sie für unmöglich gehalten. Seit den 1980er Jahren hat sich die Weinwelt mit halsbrecherischer Geschwindigkeit verändert, und wenn die Männer und Frauen in den Weinbergen, die Weinmacher, die engagierten Händler und die enthusiastischen Weintrinker frei handeln könnten, wäre alles gut. Doch eine bedrohliche Wolke steht am Horizont einer Welt mit gepflegten Weinbergen, reifen Trauben und herrlich schmeckenden Weinen: der Profit. Über Jahrhunderte galt der Wein nicht als Goldesel. Doch in dem Maß, in dem die reichen Nationen Nordeuropas, Nordamerikas und Asiens sich dem Wein als dem bevorzugten Getränk zuwenden, liegen gewaltige, rasche Profite in der Luft. Und die Brau- und Spirituosenindustrie, das internationale Kapital haben die Witterung längst aufgenommen. Riesige Weinkonzerne entstehen, die verschiedene Kontinente, Traditionen und Personen zu einem beunruhigend uniformen Ganzen verschmelzen, das vom Gewinn regiert wird, nicht vom Geschmack, von Marktanteilen und der Corporate Identity, nicht von der Leidenschaft und dem Engagement der Menschen, die bisher die großen Weine der Welt geschaffen haben.

Nun, dieser Atlas soll ein Zeichen sein für etwas, das hoffentlich länger Bestand hat als die kurzsichtigen Aktionen multinationaler Geldmenschen und Markenstrategen. Ich versuche, die Welt des Weins in ihrer natürlichen, zeitlosen Schönheit erfahrbar zu machen. Weinberge sind dem Wandel unterworfen. Aber es geht nicht um politischen Hickhack, um Einzelinteressen, die nach protektionistischen Gesetzen rufen, oder um den Marktanteil einer Marke. Es geht um ein Stück Boden, um Sonne, Wind und Regen, und es geht um das Glück der Menschen, die diesen Platz lieben, ihn pflegen und ihm mit ihren Produkten – den Reben und dem Wein, den sie daraus machen – zu seinem besten Ausdruck verhelfen. Wo immer es solche Weinberge gibt, groß oder klein, berühmt oder unbekannt, ich widme diese zweite Auflage meines Atlanten ihnen und den Menschen, die sie hegen.

Die Grenzen des Weinbaus werden ständig weiter hinausgeschoben, aber viel weiter südlich als in den Bannockburn Heights am Lake Dunstan in der Region Central Otago – auf der Südinsel Neuseelands – gibt es nicht mehr. Dies ist das südlichste Weinbaugebiet der Welt, bis jemand in Chile oder Argentinien noch näher an den Südpol geht.

Der Rebstock und seine Umwelt

In der untergehenden Sonne leuchtet das bronzefarbene Laubdach der Reben von Clayvin Vineyard im neuseeländischen Marlborough, die längst abgeerntet sind. Hier ist künstliche Bewässerung unabdingbar; die verdorrten Hänge im Hintergrund lassen das trockene Klima der Region deutlich erkennen.

Die Geschichte des Weins ist die Geschichte der Zähmung der Rebe. Reben entwickeln lange Äste, so dass zwischen Blättern und Früchten und dem Stamm viele Meter liegen können, und wenn man aus ihren Trauben Wein machen würde, wäre dies ein dünnes Zeug mit wenig Aroma und viel Säure – denn die Rebe ist eigentlich nicht dazu da, Wein hervorzubringen. Sie erzeugt Trauben, um sich zu reproduzieren.

Der Weinbauer muss jedes einzelne Detail der Umgebung des Rebstocks beachten: die Wasserdurchlässigkeit des Bodens und die in ihm vorhandenen Mineralien, den Einfallswinkel des Sonnenlichts, die Sonnenscheindauer und die Regenmenge am jeweiligen Standort, die Stärke des Winds und die Häufigkeit von Frost. Die Franzosen fassen diese Bedingungen – Klima, Boden und Lage – in einem Begriff, dem »Terroir«, zusammen. Ihrer Meinung nach ist jedes Terroir einzigartig, und es gibt seinen Charakter an den Wein weiter. Ihre Kollegen in der Neuen Welt haben ihnen bis vor kurzem energisch widersprochen: Kleinklimate – sagten sie –, die einen ganzen Weinberg beeinflussen, gibt es, und Mikroklimate, die sich auf den einzelnen Rebstock auswirken; doch worauf es letztlich ankommt, ist, wie man den Wein bereitet.

Das ändert sich gegenwärtig. Das Modewort in jeder ernst zu nehmenden Weinregion der Neuen Welt ist Terroir. Wenn es große Mengen von ordentlichem bis gutem Wein gibt, ist das Terroir der Punkt, sich von der Konkurrenz abheben zu können. Sicher verfügt die Neue Welt über große Terroirs, im selben Maße wie die Alte Welt. Und die größte Bedeutung hat das Terroir in den Randklimaten – überall, wo das Klima gerade noch ausreicht, eine bestimmte Sorte reif werden zu lassen. Lange, kühle Reifungsperioden erzeugen subtile Aromen und ein ausgewogenes Zusammenspiel von Frucht, Alkohol und Säure. Doch was für die eine Sorte kühl ist, ist für eine andere warm; auch das beste Terroir ist vergeudet, wenn es nicht für die richtige Rebe genutzt wird oder wenn die Anbaumethoden auf hohen Ertrag zielen.

In einem warmen Klima kann man sich höher gelegene, kühlere Standorte suchen; in kühlem Klima sind niedrige Lagen jedoch nicht immer gut, da Kaltluft sich im Talgrund sammelt und Frostgefahr hervorruft. Hanglagen sind generell besser geeignet als flaches Gelände, teils weil sie mehr Sonne erhalten, teils aufgrund der besseren Entwässerung. Dann ist zu beachten, in welche Richtung der Hang geneigt ist. In der Nordhemispäre ist »genau südlich« hervorragend, aber Osthänge bekommen Morgensonne, Westhänge die warme Nachmittagssonne. Schutz vor Wind kann einen Weinberg wärmer machen, Wind kann aber auch nach Regen die Trauben trocknen und Fäule verhindern. Und dann ist der Boden wichtig. Vor allem in kühlen Gegenden ist ein warmer Boden mit guter Entwässerung entscheidend.

Die Lebensbedingungen des Rebstocks sind so komplex, dass, wenn ein Faktor sich ändert, alle anderen davon betroffen werden. Schnitt und Erziehung, der Boden, die richtige Menge Sonne und Regen zu den richtigen Zeiten – all das ist für seine Entwicklung entscheidend.

EINE FALLSTUDIE

St-Estèphe liegt im Norden des Haut-Médoc, und die mächtigen Kiesbänke, die für die besten Teile der Region typisch sind, werden hier spärlicher. Daher gibt es in der Gemeinde nur fünf Châteaus mit einer klassifizierten Herkunftsbezeichnung, und die Weinberge bringen hier viel eher einen Cru Bourgeois hervor als einen Grand Cru Classé. Eines dieser Châteaus, Cos d'Estournel, liegt südlich von St-Estèphe und gegenüber dem Château Lafite (in Pauillac) jenseits des kleinen Wasserlaufs Jalle du Breuil, der die beiden Gemarkungen voneinander trennt. Das niedrig liegende Gelände am Bach ist feucht und nicht mit Reben bepflanzt, doch dann steigt das Gelände an, es gibt wieder Kies, und dort liegt Cos d'Estournel, das beste Gut der Gemarkung.

Dieses Foto zeigt die Weinberge von Cos d'Estournel. Man erkennt die dichte Kiesschicht; es ist ein recht warmer, Hitze speichernder Boden, und so ist der Weinberg zu etwa 60% mit Cabernet Sauvignon bestockt. Der Boden ist wasserdurchlässig, aber er enthält genug Sand, der auch im Sommer noch Feuchtigkeit spendet und die Reben vor dem Austrocknen schützt. Das Mündungsgebiet der Gironde, das im Foto nicht zu sehen ist, ist nicht einmal 2 km entfernt; es prägt das Klima der gesamten Region, indem es die Temperaturextreme im Winter und im Sommer mildert. Zu erkennen ist auch, dass die Reben sehr dicht gepflanzt sind; sie müssen hart miteinander konkurrieren. Auf diese Weise werden die Erträge niedrig gehalten und die Konzentration der Aromen gefördert.

1. AUFBRECHEN DER KNOSPEN

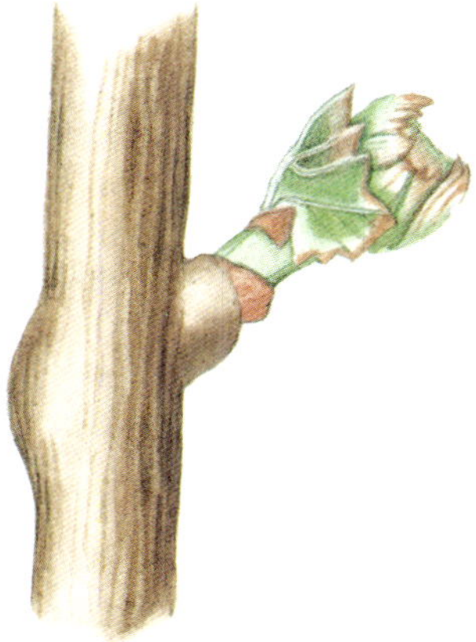

Nördliche Hemisphäre:
März bis April
Südliche Hemisphäre:
September bis Oktober
Nach dem »Winterschlaf« wachen die Reben auf, der Saft steigt, und frisch geschnittene Triebe »bluten«. Die verschiedenen Rebsorten treiben zu unterschiedlichen Zeitpunkten aus; warme, geschützte Lagen und ein warmer Boden fördern ebenfalls das Austreiben. Im Allgemeinen muss die Temperatur einen Durchschnitt von 10 °C erreichen. Je früher der Austrieb, desto größer ist die Gefahr der Schädigung durch Frühjahrsfröste.

2. BLATTBILDUNG

Nördliche Hemisphäre:
April bis Mai
Südliche Hemisphäre:
Oktober bis November
Es bilden sich Triebe und Blätter, dann folgen winzige Trauben von Blütenknospen. Die größte Gefahr ist jetzt der Frost. In den meisten europäischen Weinländern gibt es bestimmte Termine, nach denen die Frostgefahr vorüber ist. In Deutschland sind dies die Eisheiligen und die Kalte Sophie Mitte Mai (12.–15. Mai).

3. BLÜTE

Nördliche Hemisphäre:
Mai bis Juni
Südliche Hemisphäre:
November bis Dezember
Die Blüte dauert etwa 10 Tage, die optimale durchschnittliche Tagestemperatur liegt bei 18–20 °C. Die ideale Witterung ist frostfrei, trocken und windstill.

4. FRUCHTANSATZ

Nördliche Hemisphäre:
Juni bis Juli
Südliche Hemisphäre:
Dezember bis Januar
Jetzt entwickeln sich aus den Blüten winzige Trauben. Der Erfolg der Blüte beginnt sich jetzt zu zeigen: Unbefruchtete Blüten fallen ab. In warmen Gegenden kann der Fruchtansatz durch übermäßige Hitze und Wassermangel beeinträchtigt werden. In kühlen Gegenden sind die Probleme Wind, Regen und niedrige Temperaturen.

5. EINSETZEN DER REIFE (VÉRAISON)

Nördliche Hemisphäre:
August
Südliche Hemisphäre:
Januar bis Februar
Die Trauben entwickeln sich und beginnen etwa zwei Monate nach der Blüte die Farbe zu verändern. Der Zuckergehalt in der Traube beginnt zu steigen, und die Säure bildet sich. Die kleinen, grünen und harten Beeren werden langsam größer und weicher und nehmen eine goldgrüne oder rote Färbung an. Bis zur Lese sollten die Beeren die Größe verdoppeln. Gefahren drohen durch Fäule und Mehltau.

6. REIFUNG

Nördliche Hemisphäre:
August bis Oktober
Südliche Hemisphäre:
Februar bis April
Es gibt Rebsorten, die sich sowohl für heiße als auch kalte Gebiete eignen. Rote Traubensorten aus heißen Ländern würden bis zur Lesezeit kaum je die Farbe ändern, wenn man sie in einen Weinberg in Deutschland setzen würde. Manche Rebsorten reifen schnell, andere erreichen nur dann ihre optimale Reife, wenn die Reifeperiode möglichst lang und kühl ist. Experten sind sich nicht einig, ob sich die Fruchtaromen durch eine lange, kühle Reifeperiode verbessern lassen. Manche meinen, je kürzer die Zeit zwischen dem Beginn der Reife und der Lese ist, desto besser, andere wieder sind der Ansicht, dass ein langer, sonniger Herbst der wichtigste Faktor ist, um die Aromen zu intensivieren. Die Traube soll genügend Zucker und gleichzeitig eine ausgewogene Säure entwickeln. Bei den Rotweinen sind optimaler Tanningehalt und gute Farbe wichtig.

SCHÄDLINGE UND REBKRANKHEITEN

Das Foto zeigt ein Insekt, das gegenwärtig im Napa Valley verflucht wird: den »glassy winged sharpshooter«, eine Zikade, die die Pierce'sche Krankheit verbreitet. Sie wird von einem Virus verursacht, das die Reben zerstört und bisher noch nicht bekämpft werden kann. Weitere Viren verursachen die Blattrollkrankheit und das Weinrebenmosaik. Pilzkrankheiten wie Echter Mehltau, Falscher Mehltau, Blatt- und Beerenschwarzfäule und Grauschimmel können durch Besprühen mit Fungiziden oder der traditionellen Bordeauxbrühe (Kalk mit Kupfersulfat) bekämpft werden. Man sieht, ob ein Weinbauer Kupfersulfat verwendet hat: Die Pfähle im Weinberg weisen eine türkise Färbung auf. Schädliche Insekten wie Mottenraupen und verschiedene Milben, Käfer und Nematoden können mehr oder weniger erfolgreich bekämpft werden. Die einzige Antwort auf die Reblaus (Phylloxera) ist jedoch das Pfropfen von Reisern auf resistente Unterlagsreben.

Klima und Weinbau

Solche Verwüstungen richtet ein Unwetter mit Hagel an. Diese Rebstöcke im argentinischen Mendoza haben im mittsommerlichen Hagelschlag alle Blätter und Trauben verloren. Heute werden viele Weinberge dort mit Netzen vor den riesigen Hagelschloßen geschützt, die sich in den Wolken hoch über den Anden bilden.

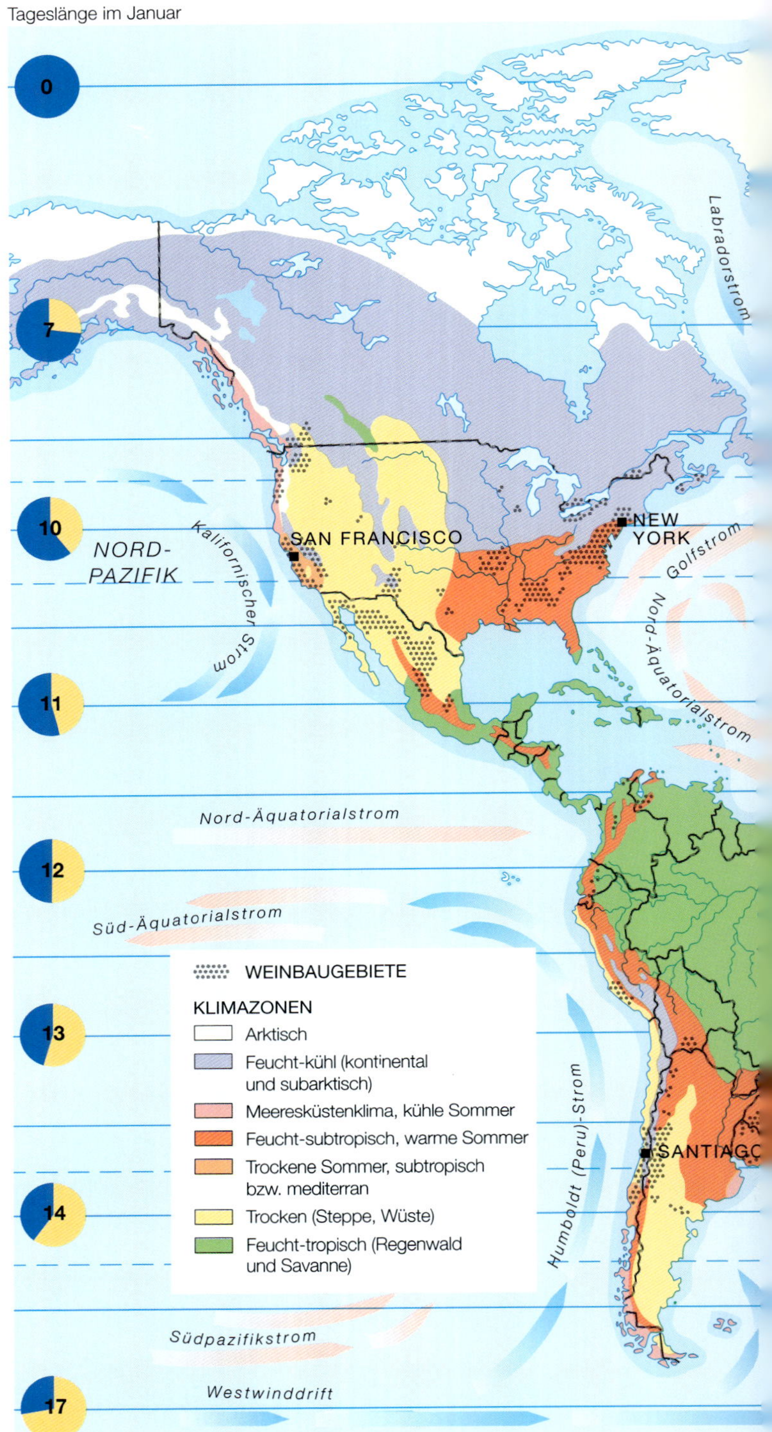

Wenn es den Golfstrom nicht gäbe, der die Westküste Frankreichs mit Wärme versorgt, hätten wir die Crus Classés aus dem Médoc nicht. Wenn es die Nebelbänke nicht gäbe, die die Westküste Kaliforniens abkühlen, müssten wir auf die Cabernets aus dem Napa Valley verzichten. Wenn es den Benguela-Strom aus der Antarktis nicht gäbe, der dem Westkap Kühlung verschafft, wäre es in Südafrika viel zu heiß, um interessante Tischweine zu erzeugen. Und dank dem Regenschatten im US-Staat Washington, in Marlborough in Neuseeland und im französischen Elsass gibt es in diesen Gebieten einen langen, trockenen Herbst, in dem man die Frucht zuversichtlich am Rebstock hängen lassen kann, bis sie ihre optimale Reife erreicht hat. Wir können ebenfalls dankbar sein für die mäßigenden Wirkungen des Ontario- und des Eriesees an der Grenze zwischen Kanada und den USA. Ohne sie gäbe es keinen Weinbau in Ontario, Ohio oder im Norden des Staates New York.

Doch andererseits gibt es diese leidigen Fröste im späten Frühjahr, die in wolkenlosen Aprilnächten die Ernte im Chablis dezimieren, und die Dürre, die im australischen Bundesstaat Neusüdwales die ausdauerndsten Reben über jedes Maß hinaus strapaziert. Schlimm sind auch die herbstlichen Sturmtiefs in Gisborne und Hawkes Bay in Neuseeland, die in einer Stunde die Regenmenge eines ganzen Monats auf Trauben schütten, die fast ihren optimalen Reifegrad erreicht haben. Und dann diese feuchten grauen Wolken, die vom Frühjahr bis zum Herbst über den South Downs in England hängen und die Chancen auf anständiges Cricket und einen ordentlichen Weinjahrgang verderben.

Eine Tatsache, die bei der Debatte über die globale Erwärmung immer offenkundiger wird, ist, dass alle Klimazonen der Erde miteinander verknüpft sind und alles, was an irgendeinem Ort der Welt passiert, Kettenreaktionen auslöst, die das Wettergeschehen in der übrigen Welt beeinflussen.

In diesem Atlas ist immer wieder von den klimatischen Gegebenheiten die Rede und davon, wie diese die jeweiligen Weinberge beeinflussen. Die entscheidendsten Klimaelemente für den Weinbau sind: die Temperatur – man braucht eine gewisse Gesamtmenge Wärme, um Trauben zur Reife zu bringen; unterschiedliche Temperaturen zu Tages- und Nachtzeiten; weiterhin der Grad der »Kontinentalität« des Klimas mit unterschiedlichen Winter- und Sommertemperaturen; außerdem Sonnenscheindauer, Niederschläge und relative Feuchtigkeit eines Gebietes sowie die Windverhältnisse.

Die besten Reblagen sind seit je die relativ kühlen, die ein gewisses Maß an sommerlichen Regenfällen und einen trockenen Herbst haben, oder solche mit mediterranen Klimabedingungen – mit Regen im Winter, relativ hohen Temperaturen und mäßigenden Winden vom Meer. In der Alten Welt haben die Weinbauern im Lauf der Jahrhunderte allmählich die besten Bedingungen herausgefunden. In der Neuen Welt werden jedes Jahr neue und interessante Standorte für den Weinbau entdeckt. Die meisten Weinregionen liegen in den kühlen Randgebieten warmer Kontinente oder in den warmen Ecken kalter Kontinente. Ein Blick auf die Karte zeigt, was ich meine.

Die Weinbauern verfeinern ihr Wissen vom Einfluss des Klimas auf den Rebstock immer weiter und werden immer mehr gewahr, wie schwierig es ist, die Klimaverhältnisse einer bestimmten Region in einer anderen Gegend der Welt »nachzuahmen«. Einige Spitzenerzeuger aus Bordeaux, die in Chile Wein zu produzieren gedachten, bildeten die Niederschlagsmuster ihrer Heimat nach: Ein feuchter Frühling, dann Stress durch Wassermangel bis zur Ernte sollten Weine ergeben, die mehr an Bordeaux erinnerten als alle chilenischen Weine sonst. Es hat nicht funktioniert. Nicht nur ähnelte der Wein keineswegs einem guten Bordeaux, er war auch kein guter Chilene.

Mit diesem Problem sehen sich besonders die australischen Winzer konfrontiert, die gerne schwierige italienische Sorten wie Sangiovese und Nebbiolo kultivieren wollen. Bisher war es ihnen fast unmöglich – nun, in der Tat gänzlich unmöglich, in Australien exakte Zweitausgaben des toskanischen oder piemontesischen Klimas ausfindig zu machen. Im Grunde geht es um die Frage, wie sehr das Klima kontinental oder maritim geprägt ist: um die Temperaturen in einzelnen Phasen von Frühling und Herbst, das Wetter im letzten Monat vor der Ernte, sogar um die relative Feuchtigkeit an den Nachmittagen dieses Monats. Solche Details waren kaum wichtig, als jeder Chardonnay oder Cabernet Sauvignon pflanzte, da diese Sorten sehr anpassungsfähig sind. (Wirklich großen Wein aus diesen Rebsorten zu machen ist natürlich eine ganz andere Sache.) Jetzt aber gehen die Winzer zu empfindlicheren Sorten über, die an neue Standorte nicht leicht zu verpflanzen sind, und das Leben ist nicht mehr so einfach.

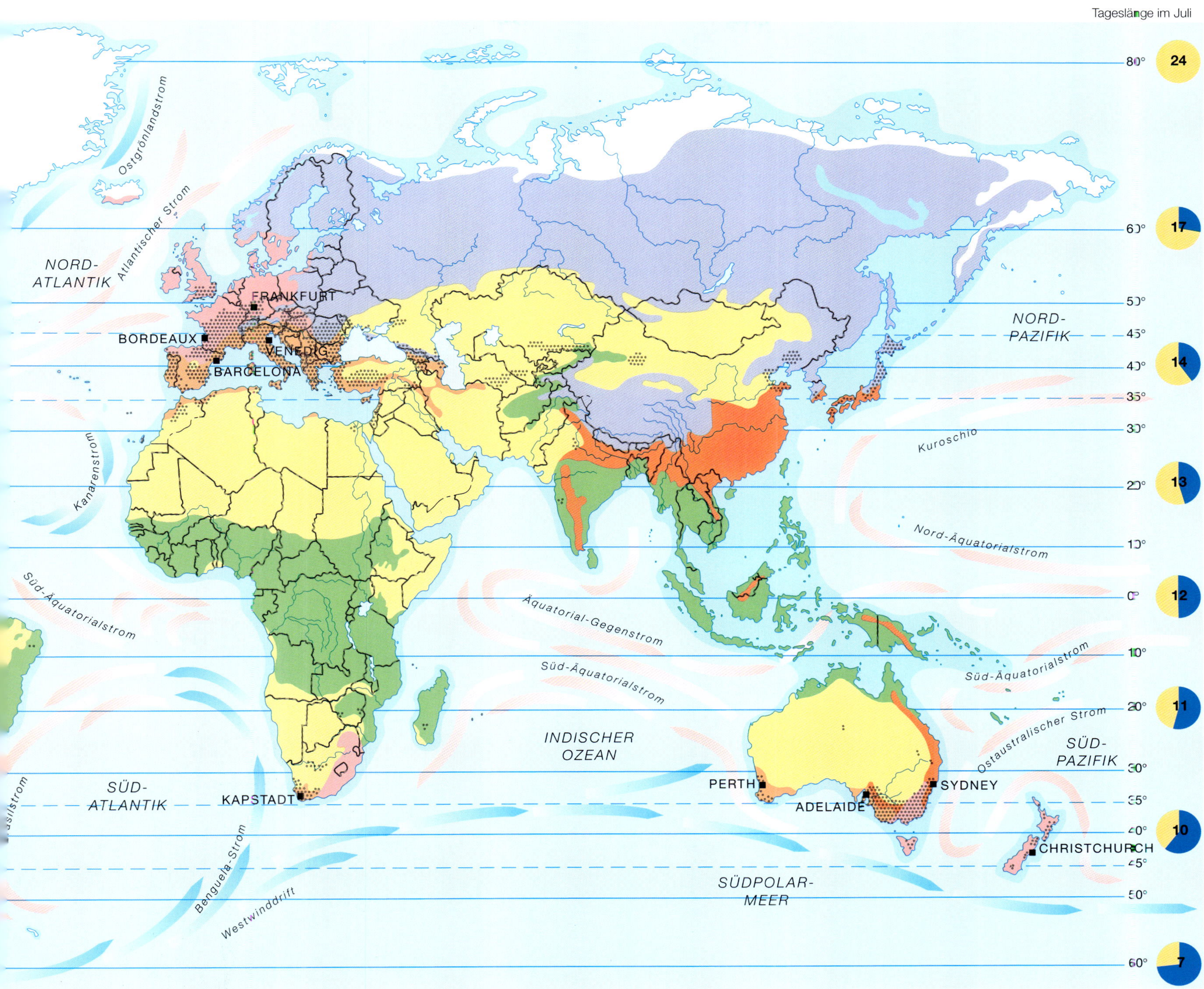

Die Zahlen erklären aber noch nicht alles. Vor allem ist es auf einem bestimmten Breitengrad auf der Nordhalbkugel wärmer als auf der Südhalbkugel, teils wegen der größeren Landmasse, teils wegen des Golfstroms. In einigen Ländern der Neuen Welt sind die Erträge höher, nicht weil die Böden vielleicht fruchtbarer wären, sondern weil mehr Sonnenlicht im Frühling mehr Blüten an einer Traube hervorruft. Darauf kann man durch Wasserstress zum richtigen Zeitpunkt Einfluss nehmen – doch was im australischen Bereich Margaret River oder im chilenischen Längstal ein optimaler Ertrag ist, braucht es in Bordeaux oder in der Toskana keineswegs zu sein. Jetzt, wo der Weinbau ein globales Phänomen ist, erkennen wir, dass kein Land auf jedes Problem eine Antwort hat.

NIEDERSCHLÄGE

Nicht nur die Menge der Niederschläge ist wichtig, sondern auch ihre Verteilung über das Jahr. Das Bordelais erhält die größte Regenmenge im Winter und zwischen April und August genug, um die Reben gut wachsen zu lassen. Weniger Regen in August und September wäre besser. In San Francisco muss wegen fehlendem Regen im Sommer bewässert werden. Adelaide in Australien bekommt im Sommer weit weniger Niederschläge als Barcelona. Santiago de Chile, Kapstadt und Perth bekommen Regen im Winter, doch in der so wichtigen Vegetationszeit ist es extrem trocken.

Die Wahl des Standorts

Le Montrachet in Burgund wäre ein Anwärter auf den Titel der besten Weißweinlage der Welt. Dieser Weinberg ist nur der Teil, der sich im Vordergrund zur Mauer hin absenkt. Dahinter liegt Bâtard-Montrachet, der fast ebenso gut ist, und hinter diesem der flache, weit weniger gute Puligny-Montrachet – alles innerhalb von ein paar hundert Metern.

Als Winzer kann ich mir die Reben aussuchen, die ich haben will. Ich kann einen ganzen Landstrich untersuchen, um den Boden zu finden, der für die Reben geeignet ist. Dann kann ich alle meteorologischen Daten zusammenstellen, aus denen hervorgeht, ob ich es mit einem kühlen, einem warmen oder einem heißen Klima zu tun habe, und ich kann meine Methoden und Ambitionen entsprechend anpassen. Es gibt nur eines, was meine detaillierten Berechnungen beinahe sicher über den Haufen wirft – das Wetter. Die verdammten, gemeinen Launen des Wetters! Sie können einen Winzer vom Frühjahr bis zum Herbst an der gerunzelten Stirn und am besorgten Blick erkennen, mit dem er ständig den Himmel beobachtet, um zu sehen, was als Nächstes über den Horizont kommt.

Da der Winzer das Wetter nicht bestimmen kann, muss er nach Wegen suchen, um extreme Witterungen abzudämpfen. In einem kühlen Klima sind Frost, Regen, Wind und ein früher Herbst die Probleme. Sichern wir uns zuerst einmal einen Südhang. Südost- und Südwestneigung können auch gut sein, aber nicht Nord. Doch nichts ist perfekt, und jeder Vorteil hat häufig auch seinen Haken. So ist vielleicht ein angeblich optimaler Südhang der wärmste aller in Frage kommenden Standorte, großartig für die Reifung der Trauben in einem kühlen Klima. Aber dort wird auch zuerst die Schneeschmelze einsetzen. In einem harten Winter hält der Schnee den Boden relativ warm, und die Standorte, die zu früh ihre Schutzschicht aus Schnee verlieren, haben dann mehr unter Frost zu leiden.

Die Anpflanzung von Reben auf einem Abhang birgt nur wenige Nachteile, abgesehen davon, dass die Bearbeitung schwieriger und daher kostenintensiver ist. Wenn man doppelt so viel Sonnenlicht für die Reben haben will, muss man sie statt in der Ebene auf einem Abhang mit 26° Steigung (58%) pflanzen. In einem sehr heißen Klima dagegen kann man auf einem ebenso steilen Abhang pflanzen, der von der Sonne abgewandt ist, und erhält damit 50% weniger Sonnenlicht. Wenn die Abhänge jedoch so steil sind, dass man Terrassen anlegen muss, verschwinden die günstigen Auswirkungen der Hangneigung wieder. Im Douro-Tal in Portugal ist dies kein Problem, dort gibt es genug Sonnenschein, doch in Deutschland, wo jede halbe Stunde Sonnenschein zählt, werden Terrassen zunehmend aufgegeben.

DER KAMPF GEGEN KLIMAPROBLEME
Zwei sehr unterschiedliche natürliche Probleme sind Frostgefahr und Wassermangel. In vielen marginalen Weinbaugebieten drohen Spätfröste die Knospen zu zerstören. Ein Mittel dagegen sind kleine Öfen. Diese hier stehen im Nevis Bluff im neuseeländischen Central Otago, der südlichsten Anbauregion der Welt. Das Weingut Mountadam (ganz rechts) liegt in den sehr trockenen Barossa Ranges in Südaustralien. Alle Niederschläge des Winters müssen in Sammelbecken aufgefangen werden, um während der Vegetationszeit die Bewässerung sicherzustellen, ohne die der Weinbau hier nicht möglich wäre.

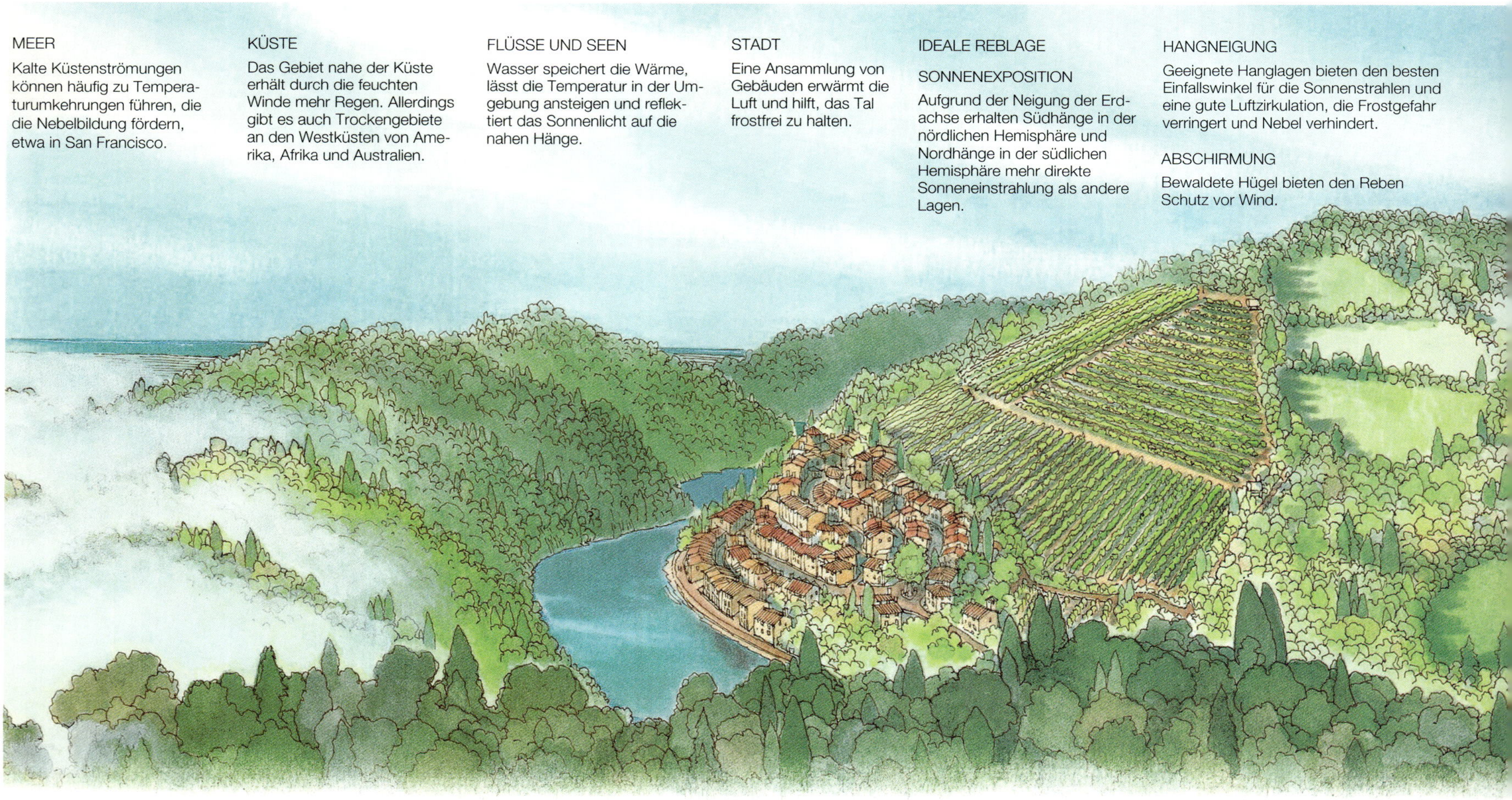

Auch Wälder in der Nähe von Weinbergen sind ein Faktor, der zu berücksichtigen ist; ein dichter Wald kann die Reben vor kalten Winden abschirmen. Eine größere Wasserfläche am Fuß des Abhangs kann das Licht auf die Reben reflektieren. Dieser Effekt ist besonders deutlich, wenn die Sonne niedrig steht (im Frühjahr und Herbst), und kann die Vegetationszeit um einige entscheidende Wochen verlängern. Weitere Effekte sind wichtig. Wenn sich das Land aufheizt, kommen vom Wasser willkommene kühlende Winde. Und am Meer? Der Golfstrom erwärmt die gesamte Westküste Frankreichs inklusive Bordeaux, während der Pazifik als mächtige Klimaanlage für Kalifornien, Chile, Australien und Neuseeland dient, indem er kalte Luft weit ins Landesinnere treibt, wo es ansonsten zu heiß wäre. Ich möchte auch Folgendes erwähnen: In niedrigen Breiten ist die Vegetationszeit durch früh einsetzenden Frühling und spät endenden Herbst länger, aber damit sind auch unwillkommene höhere Temperaturen verbunden. In höheren Breiten verliert man zwar Wärme, bekommt aber mehr Tageslicht und damit mehr Photosynthese, was die Reifung beschleunigt. Weinberge, die in jeder Hinsicht großartig sind, gibt es nicht. Viele große Rebflächen der Neuen Welt sind zwar in vielen Punkten sehr gut, hervorragend sind aber auch hier nur bestimmte Lagen, und meist sind nur ein oder zwei Rebsorten optimal geeignet. Im Moseltal ist es kalt und windig, und so weit nördlich reift kaum eine Traube außer dem winterharten, kühles Klima bevorzugenden Riesling. Doch selbst er braucht dort außerordentliche Lagen. Der Ürziger Würzgarten ist unglaublich steil, nach Süden geneigt und besitzt einen Boden aus Sandstein und Wärme speicherndem rotem Schiefer. Zusammen mit dem vom Fluss reflektierten Licht ergibt das alles einen idealen Weinberg. Für den Riesling. Cabernet oder Syrah würden hier nicht reif werden. Andererseits wäre es unsinnig, Riesling auf den Gimblett Gravels in der neuseeländischen Hawkes Bay zu pflanzen. Dies ist zwar eine kühle Gegend, aber für den Riesling zu warm. Der größte Teil von Hawkes Bay, ausgenommen die Gimblett Gravels, ist für Cabernet und Syrah zu kalt und feucht. Wenn Regen im Herbst häufig die Ernte verwässert und verzögert, liefert der Kies die besten Dränagebedingungen und zusätzliche Wärme. Cabernet und Syrah werden hier praktisch jedes Jahr reif, auf den benachbarten Arealen mit Ton aber nicht.

ZWEI GEGENSÄTZLICHE REBLAGEN
Ganz links ist der Ürziger Würzgarten zu sehen, der steil zur Mosel hin abfällt. Kaum zu glauben: Es gibt noch steilere Weinberge an der Mosel, aber nicht viele wärmere. Auf dieser Lage wird seit Jahrhunderten Riesling kultiviert. Im Gegensatz dazu gab es auf den Gimblett Gravels im neuseeländischen Hawkes Bay bis in die 1980er Jahre keinen einzigen Rebstock. Der größte Teil von Hawkes Bay ist für Rebsorten wie Cabernet und Merlot zu kühl und feucht, doch die warmen Gimblett Gravels mit ihrer ausgezeichneten Dränage bieten gute Reifungsbedingungen.

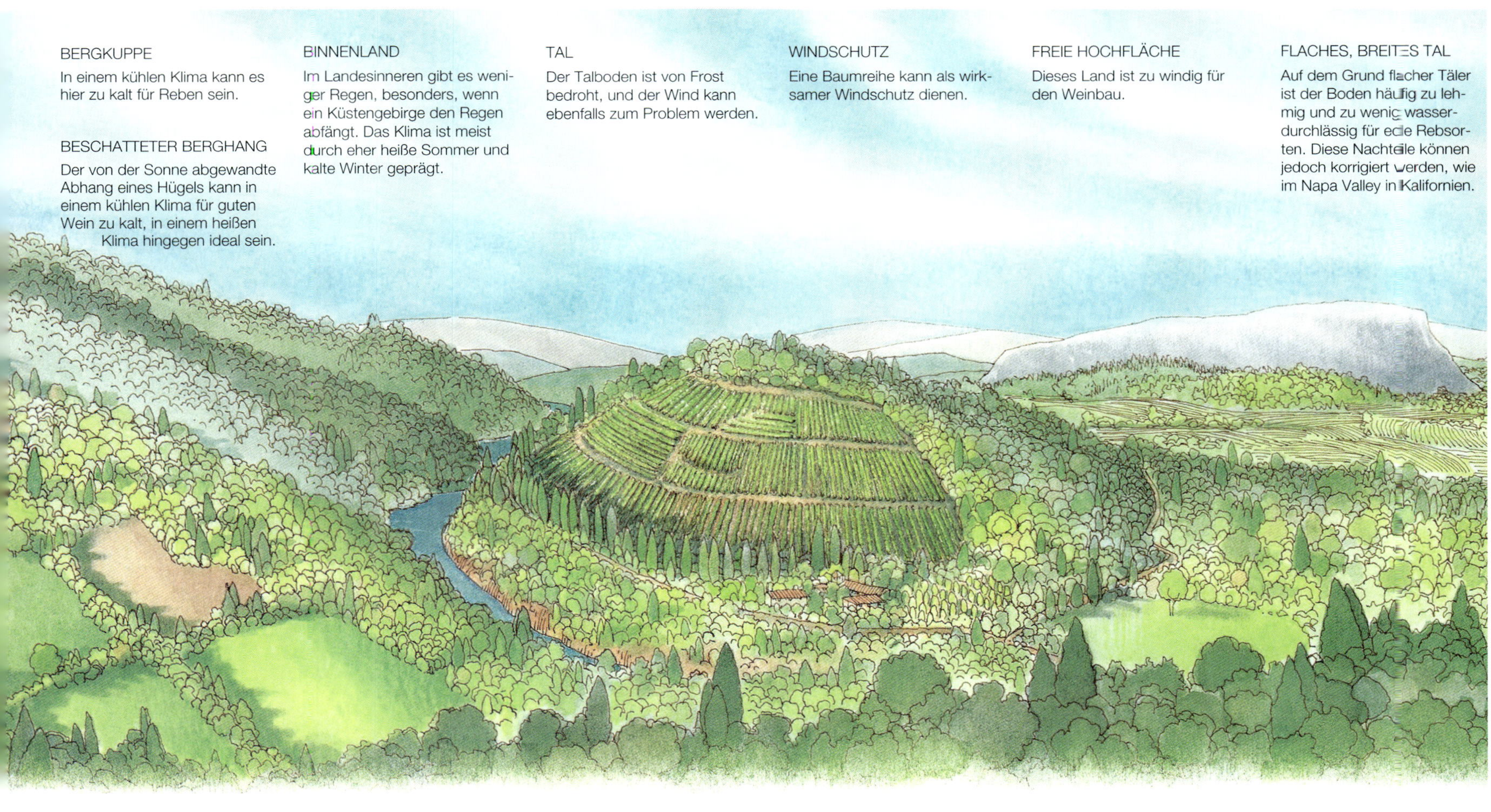

Die Bedeutung des Bodens

Der steinige Boden des Stoneleigh Vineyard, gelegen im Tal des Wairau in Marlborough auf der neuseeländischen Südinsel. Solche Böden mit ungehindertem Wasserabzug tragen wesentlich zu den intensiven Aromen der hier gewonnenen Weine bei.

Meine Ansichten über die Rolle, die der Boden für den Wein spielt, hängen größtenteils davon ab, ob ich in der Philosophie der Alten oder der Neuen Welt aufgewachsen bin. Sagen wir, ich komme aus Kalifornien. Früher dachte ich, dass der Boden den Rebstock aufrecht hält; für mich war das Klima entscheidend. Jetzt stoße ich auf die Relevanz des Erdbodens. Ich analysiere den Boden, bevor ich pflanze; später bohre ich Löcher in den Boden, um die Ausbreitung der Wurzeln zu prüfen. Und ich liebe mein Land. Sehen Sie, wie der Rebhang dort drüben in der Sonne steht? Herrlich. Und jeden Nachmittag bläst ein leichter Wind durch den Hang wie sonst nirgendwo. Die Franzosen nennen die Angelegenheit von Klima und Boden »Terroir«. Sicher ist es wichtig. Aber nur so weit, dass ich die besten Trauben für meinen Wein erhalte. *Meinen* Wein.

Nehmen wir aber an, ich sei ein Winzer der Alten Welt. Zum Beispiel ein Weingärtner im Elsass. Ich besitze einige Grand-Cru-Lagen mit Riesling und Gewürztraminer, und die Weine von jedem Weinberg weisen andere Geschmacksnuancen auf. Im äußersten Fall würde ich behaupten, dass man aus dem Geschmack des Weins die Geologie der Lage rekonstruieren kann und dass ich das Terroir im Wein zum Ausdruck bringen will, nicht die Rebsorte oder (Gott behüte) meine Persönlichkeit als Weinmacher.

Diese Positionen klingen übertrieben, und in der Tat hat sich die der Neuen Welt in den letzten Jahren deutlich gemildert; viele Winzer verweisen nun auf Eigenschaften, die der Boden ihrem Wein gibt. Die Ansicht, dass das Terroir weit bedeutender ist als der Sortengeschmack, ist weitgehend auf Frankreich beschränkt. Dort hat man sie erfunden, dort wird sie weiterhin verteidigt.

In einem Punkt jedenfalls stimmen wir überein: in der Bedeutung der Dränage. Ein gut wasserdurchlässiger Boden ist ein warmer Boden, während ein nasser Boden kalt ist. Mehr noch als die Lufttemperatur entscheidet die Bodentemperatur, wann ein Weinstock im Frühjahr austreibt – und das ist einer der Faktoren, die bestimmen, welche Reben wo gepflanzt werden können. Die Temperatur des Bodens beeinflusst auch den Säuregehalt des Weins: Kalte Böden ergeben Weine mit mehr Säure, während Wärme die Säure abbaut.

Ein gut durchlässiger Boden besteht generell aus größeren Partikeln. Es gibt vier grundlegende Kategorien der Partikelgrößen: grober Sand, feiner Sand, Schluff und Ton. Kies und Steine sind natürlich die größten. Das Wasser läuft schnell hindurch, wesentliche Nährstoffe werden nicht im Boden gespeichert, und er muss möglicherweise kräftig gedüngt werden, bevor er Früchte trägt. Am anderen Ende der Skala steht der Ton, dessen Partikel einen Durchmesser von maximal 0,002 mm aufweisen. Ton kann Wasser so festhalten, dass der Rebstock keines bekommt. In Gegenden mit hohen Niederschlägen (Bordeaux zum Beispiel) bietet ein gut dränierter Kiesboden offenkundig Vorteile gegenüber einem undurchlässigen Tonboden. Sogar im Fall einer Dürre kann ein Kiesboden besser sein. In nährstoffarme Böden (steinige Böden mit großen Partikeln sind nährstoffarm) müssen die Rebwurzeln tiefer eindringen, so dass sie in einem heißen, trockenen Sommer eher noch an Wasser kommen; in Tonböden reichen die Wurzeln meist nicht mehr als einen Meter tief in den Boden.

Nun ist aber ein Bodentyp nicht automatisch besser für den Weinbau geeignet als ein anderer. Böden, die sich im Frühjahr rasch erwärmen, werden im Winter auch kälter und sind stärker vom Frost bedroht; in heißen Gegenden kann Kies zu viel Hitze auf die Trauben reflektieren und zu Verbrennungen führen. Geringe Anteile organischer Materie im Boden, sei es nun ein Kies- oder Tonboden, können ebenfalls die verfügbare Wassermenge vergrößern. Und ein kalter Tonboden kann dem Wein auch mehr Struktur und Körper geben.

Dann ist da noch die Frage des pH-Wertes. Alkalische Böden mit einem pH-Wert von sieben oder mehr sind meistens junge Böden. Sie enthalten viel Kalk und bringen Weine mit hohem Säuregehalt hervor,

Böden und Rebsorten

Viele verschiedene Böden haben sich in bestimmten Klimaten für bestimmte Rebsorten als geeignet erwiesen. Zum Beispiel bringt saurer Granitboden in Hermitage großartigen Syrah und im Beaujolais den besten Gamay hervor; Kalkstein scheint an vielen Orten Chardonnay am besten gedeihen zu lassen, darunter in der Champagne, im Chablis und in der Côte d'Or; der graublaue Mergel von Barolo speichert Wasser und ist kalt – ideal für die längere, langsamere Reifung der Nebbiolo-Traube in einem warmen Klima. Schiefer kann in der Côte-Rôtie an der Rhône und im portugiesischen Douro-Tal schwere, würzige Rotweine hervorbringen. Tonböden reduzieren das Bukett, geben dem Wein aber Struktur und werden im Elsass für die breiteren aromatischen Rebsorten wie Gewürztraminer gewählt anstatt für den viel subtileren Riesling. Im Moseltal bringen steile Schieferhänge Riesling-Weine von hinreißender Schönheit hervor, während die warmen schwarzen Basaltböden von Forst und Deidesheim in der Pfalz exotischere und fleischigere Rieslinge liefern.

Links oben: *Ton gilt nicht als der beste Boden für den Weinbau. Die winzigen, flachen Tonpartikel bilden ein dichtes Gefüge und halten das Wasser fest. Der einzige Vorteil eines Tonbodens besteht darin, dass er in einer heißen Region genug Wasser speichert, um den Rebstock über einen langen, trockenen Sommer zu bringen. Dieser frisch umgepflügte Tonboden glänzt feucht in der Sonne.*
Rechts oben: *Der dunkle Schieferboden des Moseltals absorbiert die Wärme und lässt den Riesling in diesem kühlen Klima reifen. In einem heißen Klima könnte er zu einer Reduzierung der Säure führen, doch hier in der Lage Brauneberger Juffer Sonnenuhr unterstützt er die Reifung und gibt dem Wein eine mineralische Note.*
Links unten: *In Châteauneuf-du-Pape scheint es gar keinen »Boden« zu geben, jedenfalls nicht an der Oberfläche. Die großen Kiesel (»galets«) speichern die Wärme während des Tages und geben sie abends wieder ab.*
Rechts unten: *Kreideboden kann viel Wasser speichern, mit dem er im Sommer die Reben versorgt. In Jerez im südlichen Andalusien ist dies wichtig, da die Winter sehr feucht und die Sommer glühend heiß und trocken sind.*

zum Beispiel in der Champagne. Alkalische Böden sind in ganz Europa häufig. In der Neuen Welt, besonders in Australien, gibt es jedoch ältere Böden mit eher neutralen pH-Werten, Böden aus altem Felsgestein können aber auch sauer sein. Der Boden des Napa Valley in Kalifornien ist generell saurer als der junge Schwemmkies des Bordelais, und die Weine des Bordelais enthalten von Natur aus mehr Säure als die aus dem Napa Valley.

Der Boden kann also das Aroma des Weins beeinflussen. Steinige Böden bringen leichtere, bukettreichere Weine hervor, während schwere Böden mit mehr Ton massivere Weine ergeben. Doch wie ist es mit besonderen »mineralischen« Aromen? In unserem Atlas wird die Rede von der rauchigen Note sein, den der Riesling auf Schieferböden entwickelt. Das ist keine Einbildung: Diesen Wein könnte ich mit verbundenen Augen erkennen. Es stimmt zwar, dass nur ein winziger Anteil der Mineralien und Spurenelemente, die vom Rebstock aus dem Boden aufgenommen werden, den Weg in den Wein findet, doch es trifft ebenfalls zu, dass dieselbe Rebsorte, von einem Elsässer Winzer auf seinen anders gearteten Böden angebaut, erkennbar anders schmeckt.

An diesem Punkt würde der Elsässer sogar noch rigoroser auf die richtige Behandlung des Weinstocks in den ersten fünf Jahren abheben: dichtes Auspflanzen und Pflügen, um die Oberflächenwurzeln zu durchtrennen und damit die Wurzeln zu zwingen, in die Tiefe in den Unterboden zu wachsen. Wenn man in den ersten fünf Jahren nicht richtig handle, sei alles verspielt; das Wurzelsystem sei dann ausgebildet und man würde nie einen »Terroir«-Wein bekommen.

Aber zurück zum Kalifornier. Heute würde ich einen vom Terroir geprägten Wein machen wollen, aber einen »Merlot plus Terroir«, einen »Cabernet plus Terroir«. Ich will die Rebsorte nicht zu einem neutralen Vehikel degradieren. Denn schließlich bin ich immer noch Kalifornier und will Weine mit Frucht machen.

UNTER DEM REBSTOCK

1 STEINE
Kiesel und Steine auf der Oberfläche speichern die Wärme im Oberboden und reflektieren das Sonnenlicht auf den Rebstock.

2 OBERBODEN
Die hauptsächliche Wurzelzone mit 15 bis 30 cm Tiefe. Der Oberboden wird aus verwittertem Muttergestein, organischer Materie aus abgestorbenen Pflanzen und Tieren sowie Düngemitteln gebildet.

3 UNTERBODEN
Reines, verwittertes Muttergestein, das Fundament für die wichtigen Pfahlwurzeln, die dem Rebstock Halt geben.

4 MUTTERGESTEIN
Da der Boden aus zerkleinertem und verwittertem Gestein entsteht, hat das Muttergestein einen großen Einfluss auf die Bodenmerkmale. Das Muttergestein kann von den Wurzeln nur durchdrungen werden, wenn es porös oder rissig ist.

5 GRUNDWASSER
Der Grundwasserspiegel ist der Pegel, bis zu dem das Gestein mit Grundwasser gesättigt ist. Wenn das Grundwasser sich in Reichweite der Wurzeln befindet, stellt es eine gute Wasserversorgung für die Rebe dar.

KLEINES GLOSSAR ZUM THEMA BODEN

Alkalischer (basischer) Boden Ein Boden mit einem hohen pH-Wert, normalerweise infolge des Vorkommens von Calcium (siehe »Kalkboden«) oder Salz.

Basaltboden Ein dunkler, warmer, fruchtbarer Boden, aus vulkanischem Basalt (Ergussgestein) entstanden. Meist alkalisch, da reich an Calcium und Natrium.

Geröll Ein Hang mit Gesteinsbruchstücken am Fuß von Felsen, die sich durch Erosion und Verwitterung auflösen. Er enthält verschieden große Steinbrocken und ist normalerweise relativ steil.

Granit Ein Erstarrungsgestein, in dem die Kristalle so groß sind, dass man sie mit bloßem Auge erkennt. Granit bildet bisweilen harte Felsmassive, die die Sonnenhitze reflektieren, zum Beispiel den Hermitage-Berg an der Rhône.

Kalkboden Ein Boden mit einem hohen Calciumgehalt, der auf Kalkablagerungen (Sedimente) aus vorzeitlichen Meeren zurückgeht. Kreide ist ebenfalls eine Form von Kalkstein. Er hat einen hohen pH-Wert, d. h., er ist alkalisch, normalerweise gut belüftet und leitet Wasser gut ab. Viele Rebsorten fühlen sich auf kalkreichen Böden wohl, besonders Chardonnay, z. B. im Chablis und in Teilen der Côte d'Or.

Kalkstein Ein Sedimentgestein aus Calcit (Calciumcarbonat), typischerweise von heller bis weißer Farbe und mit einem hohen pH-Wert. Kreide ist eine Form von Kalkstein.

Kies Das französische Wort für Kies, »graves«, hat dem Bereich Graves im Bordelais den Namen gegeben. Kieselsteine, die den Boden (meist Schwemmböden) bedecken, speichern die Wärme und sind sehr wasserdurchlässig.

Kreide Ein Typ des Kalksteins mit einer charakteristischen weißen oder hellen Farbe und hohem pH-Wert (siehe auch »Kalkstein« und »Kalkboden«). Kreideboden ist besonders günstig in kühleren und feuchteren Klimaten wie der französischen Champagne.

Lehm Ein Boden aus gleichen Anteilen von Ton, Schluff und Sandpartikeln. Normalerweise ein gut ausgewogener und fruchtbarer Boden.

Löß Vom Wind herangetragener Schluff, der den Oberboden bedeckt.

Mergel Ein Sedimentgemisch aus Ton und Kalkstein mit unterschiedlichen Anteilen von Ton und Kalk.

Organische Materie Humus, ein Produkt aus lebenden Organismen, normalerweise abgefallenen Blättern, abgestorbenen Pflanzen sowie Dung.

pH Maßeinheit zur Angabe der Säure oder Alkalität. Werte über 7 bedeuten alkalisch (basisch).

Sand Große, körnige Bodenpartikel aus verwittertem Gestein und Quarz. Ein Boden mit einem hohen Sandanteil ist warm und wasserdurchlässig, jedoch nährstoffarm und eher sauer.

Saurer Boden Ein Boden mit niedrigem pH-Wert (unter 7). Diese Böden kommen meist in feuchteren Klimaten vor, wo hohe Niederschläge das Calcium aus dem Boden auswaschen. Wurzelunterlage und aufgepropfte Ertragssorte können auf den pH-Wert des Bodens abgestimmt werden.

Schiefer Hartes Gestein, das unter Druckeinwirkung aus Tonen entstanden ist. Seine Wärme speichernden Eigenschaften bieten eine ausgezeichnete Umgebung für Reben und verleihen dem Wein schiefrig-metallische Aromen, zum Beispiel den Weinen aus Bernkastel an der Mosel.

Schluff Die Partikel sind größer als Ton und kleiner als Sand; Wasser speichernd und relativ fruchtbar, zum Beispiel im Napa Valley.

Schwemmland Material, das von Flüssen abgelagert worden ist, normalerweise Kies, Sand und Schluff, wie sie im Bereich Graves im Bordelais und Marlborough in Neuseeland anzutreffen sind. Meist gut wasserdurchlässige Böden.

Terra rossa Ein roter Boden, der sich bildet, wenn das Calcium aus Kalkgestein ausgewaschen wird und einen durch Eisenoxide rot gefärbten Ton zurücklässt. Er kommt in mediterranen Klimaten (feuchte Winter und sehr trockene Sommer) vor, die die Auswaschungs- und Dehydrierungsprozesse ermöglichen; das berühmteste Vorkommen ist das im australischen Coonawarra.

Ton Die kleinste Korngröße von Bodenpartikeln. Böden mit hohem Tonanteil sind normalerweise kalt und sauer, wenig wasserdurchlässig und können zu Staunässe führen.

Die Bedeutung des Wassers

In Südamerika gab es schon lange vor der Ankunft der Europäer Bewässerungssysteme. Die Inkas waren Experten, und schon im sechzehnten Jahrhundert nützte man Schmelzwasser von den Anden für die Bewässerung. Da das Wasser so reichlich vorhanden ist, werden die meisten Weinberge in Mendoza – wie hier bei Trapiche – noch nach alter Art mit Hilfe von Kanälen zwischen den Rebzeilen unter Wasser gesetzt.

Das große Thema des einundzwanzigsten Jahrhunderts ist etwas so Fundamentales – und für die meisten von uns so leicht Zugängliches –, dass wir uns über seine Voraussetzungen kaum je Gedanken machen. Seit Jahrhunderten waren die Faktoren, die für die Standortwahl eines Weinbergs ausschlaggebend waren, der Boden, die klimatischen Verhältnisse und leichter Transport zu den Ballungsgebieten (also den Konsumenten). Über das Wasser dachte man nicht nach. In Europa konnte man sich auf den Regen verlassen; die in den Weinbergen verwendeten Techniken wurden je nach zu viel oder zu wenig Regen modifiziert. Eine Bewässerung war – außer in Versuchsweinbergen, bei der Aufzucht junger Reben und einigen südeuropäischen Anbaugebieten – bis in jüngere Vergangenheit nicht erlaubt.

In den Ländern der Neuen Welt, in denen die Verteilung der Niederschläge über das Jahr nicht dem europäischen Muster folgt und wo Bewässerung keinem pauschalen Bann unterworfen war, griff man zur Bewässerung, wann immer man Wasser brauchte und zur Verfügung hatte. Sogar im australischen Barossa Valley, wo die Trockenkultivation üblich war, goss man die jungen Reben von Hand, bis sie so weit gediehen waren, dass sie ohne Bewässerung überlebten. In Chile profitierten die Reben von dem Schmelzwasser, das im Frühjahr in großen Mengen aus den Anden kommt, um den sonst fürchterlich trockenen Sommer zu überstehen. Moderne computergestützte Bewässerungsverfahren haben die Verwendung noch weiter verfeinert. Alles in allem: Kaum jemand hegt heute Zweifel daran, dass uns Wasser zur Verfügung steht, wenn wir es brauchen. Es ist uns selbstverständlich geworden.

In nicht allzu ferner Zukunft jedoch könnte sich diese Denkweise als zu sorglos und bequem erweisen. Wir wissen, dass das Klima weltweit wärmer wird, dass es für die einen mehr Regen geben wird, für die anderen weniger. Wir wissen auch, dass die Weltbevölkerung rasch wächst. Das bedeutet größeren Bedarf an Wasser, nicht nur für den Landbau und für die Trinkwasserversorgung, sondern auch für die Waschmaschinen und die Bewässerung von Golfplätzen. Zwar verbrauchen Reben relativ wenig Wasser (Baumwolle und Reis benötigen rund ein Drittel mehr; im chilenischen Casablanca-Tal genügt ein Liter pro Sekunde, um fünf Hektar Reben zu bewässern, während Viehweiden das Zehnfache benötigen), aber die Weinproduktion nimmt auf der ganzen Welt zu. Wer in Kalifornien oder Australien in der Nachbarschaft eines Weinbergs lebt, wird seinen Swimmingpool immer füllen können; Menschen haben jederzeit Vorrang vor den Reben. Aber wer dort einen Weinberg in der Nähe von Siedlungen anlegen will, könnte Schwierigkeiten haben, die Wasserrechte für seine Reben zu bekommen.

Auch in Europa bröckelt allmählich die harte Haltung der EU gegenüber der künstlichen Bewässerung; sie breitet sich in Italien, Spanien, Portugal und überall dort aus, wo die Reben ab und zu rasch einen zusätzlichen Schluck Wasser brauchen.

Die Erlaubnis zur Bewässerung bekommt man in Europa heute relativ leicht. Wenn eine Region den Antrag dazu stellt, werden die Behörden kaum mehr Nein sagen. Wasser in ausreichenden Mengen zu bekommen könnte allerdings schwieriger sein. In Portugal zum Beispiel bezieht man es aus Spanien. Zwar sollen die Abmachungen beide Seiten zufrieden stellen, aber viele Portugiesen geben sich keinen Illusionen für den Fall hin, dass einmal ungünstige Entwicklungen zusammentreffen. In Spanien wird das Wasser in Katalonien schon knapp, und man verhandelt dort über Lieferungen aus Frankreich.

In Kalifornien ist demgegenüber die Verfügbarkeit von Wasser für die Anlage von Weinbergen ein weniger einschränkender Faktor als etwa der Landverbrauch und die Rücksicht auf die Erhaltung und das Wohlergehen gefährdeter Arten. Sicher aber haben die USA – in denen Wasser ebenso rücksichts- und gedankenlos verbraucht wird wie Energie – Probleme mit dem Wasser, und sie werden nicht geringer. Im Süd-

WASSERKAUF IN BAROSSA

Martin und Sally Pfeiffer haben Glück: Auf ihrem im Barossa gelegenen Gut Whistler Wines ist die Versalzung viel geringer als in anderen Teilen des Tals. Darüber hinaus konnten sie sich eine Wasserversorgung sichern, die auch noch eine weitere Expansion ihrer Weinberge erlaubt. Dennoch mussten sie sich auf Veränderungen einstellen. Als sie 1982 das Land kauften, existierte dort bereits ein kleines Sammelbecken, und im ganzen Tal gab es überhaupt keine Vorschriften bezüglich der Wasserversorgung. Seit Mitte der 1990er Jahre kann man ohne eine Lizenz keine Brunnenbohrung niederbringen oder ein Rückhaltebecken anlegen, und wer mehr Wasser entnehmen will, als die Natur bereitstellt, muss Mitglied des privaten Wasserzweckverbands namens Barossa Infrastructure Ltd (BIL) werden.

Das Gut der Pfeiffers ist 32 Hektar groß, 13 Hektar sind gegenwärtig bestockt. Ausweitungen sind mit zusätzlichen Kosten verbunden. Ein Pumpenhaus kostete mit der automatischen Steuerung 25 000 australische Dollar. 6000 Dollar gingen pro Hektar in die zu verlegenden Wasserleitungen. Ein weiteres Sammelbecken mit 10 000 Kubikmeter Fassungsvermögen kostete zusammen mit der Lizenz 20 000 Dollar. 100 000 Dollar mussten – gestreckt über 15 Jahre – als Einlage in die BIL berappt werden. Und das Wasser, das die Pfeiffers von der BIL beziehen, kostet 10 000 Dollar im Jahr.

Wo aber kommt das Wasser der BIL her? »Aus dem Murray, der 80 km östlich von hier fließt«, sagt Martin Pfeiffer. »Der Verband hat Rechte an seinem Wasser geleast, und er wird sie wahrscheinlich einmal kaufen.« Die BIL hat mit der staatlichen Gesellschaft SA Water vereinbart, ein Reservoir im Winter füllen zu können; im Sommer, wenn die Reben das Wasser brauchen, wird es an die Mitglieder verteilt. Die Mitgliedschaft an der BIL gewährleistet den Pfeiffers 10 000 Kubikmeter bestes Wasser das ganze Jahr über sowie weitere 10 000 Kubikmeter billigeres Wasser während der »Nebenzeit« von April bis Oktober, mit dem sie ihr Sammelbecken füllen. Wie viel Wasser tröpfelt nun während des heißen Sommers in Barossa Valley aufs Erdreich? Die Pfeiffers verwenden normalerweise 500 bis 750 Kubikmeter pro Hektar für rote Sorten und 1000 bis 1500 Kubikmeter für weiße.

»Unser Wasserverbrauch ist noch hoch, da die Reben jung sind und ein tief reichendes Wurzelsystem erst entwickeln«, sagt Martin. »In Zukunft wird es sicher weniger. Doch wir haben schon 20% des Shiraz auf Trockenkultivation gesetzt, und ab 2002 werden wir einen Reserve Whistler Shiraz herausbringen.«

Aber auch für die Pfeiffers besteht das Problem mit dem Salz. »Wir haben Auswirkungen, besonders bei Merlot, der meine natrium- und chloridempfindlichste Sorte zu sein scheint. Wo wir bei Merlot Schwierigkeiten hatten, haben wir ihn auf salztolerante Ruggieri-Unterlagen gepfropft.«

Und weiter sagt Martin Pfeiffer: »Der Salzgehalt im Grundwasser variiert im Barossa Valley in großem Ausmaß. Einige Teile des Tals, zu denen mein Gut gehört, haben wenig oder gar kein Grundwasser. Der Salzgehalt schwankt zwischen 100 und 3500 ppm, der Durchschnitt liegt bei 1000 bis 1200 ppm. Bei über 2000 ppm bilden sich auf dem Boden Salzkrusten. Aber schon ein geringer Gehalt kann die Ernte um 20 bis 30% verringern, in schlimm betroffenen Arealen sterben die Reben unweigerlich ab. Da der Salzgehalt langsam steigt, war eine zusätzliche Wasserversorgung für uns wichtig.«

westen der USA gibt es riesige Wasserreserven aus niederschlagsreicheren Tagen der Erdgeschichte, aber sie werden viel intensiver zur Ader gelassen als wieder aufgefüllt. Man überlegt, Wasser in Kanada zu kaufen. Noch ist man in Kanada gegen diese Pläne, aber die Opposition scheint bereits zu wackeln.

So ziemlich überall braucht man eine Erlaubnis, um Wasser aus Flüssen oder anderen Quellen – außer dem eigenen Regenwasser-Sammelbecken – zu entnehmen. In Australien beispielsweise kann man keinen Weinberg anlegen, ohne vorher eine Wasserlizenz gekauft zu haben, und die kostet: zwischen 400 und 4000 australische Dollar pro Hektar, je nach Region. Mit Wasserrechten kann man auch handeln; zurzeit sind die Preise mit etwa 5000 Dollar für 1000 Kubikmeter relativ niedrig. Die Infrastruktur für die Bewässerung – Sammelbecken, Pumpen, Röhren etc. – ist teurer, bis zu 10 000 australische Dollar pro Hektar. Millionen Hektar Land sind in Australien für den Weinbau geeignet, aber wenn man keine Wasserrechte oder kein Wasser bekommt, kann man alle Träume in den Wind schreiben.

Kein Wunder, dass viel auf sich nimmt, wer ein verheißungsvolles Stück Land entdeckt: Als das chilenische Unternehmen Errázuriz unbedingt einen bestimmten Fleck bepflanzen wollte, legte man eine fünf Kilometer lange Wasserleitung.

NICHT JEDES WASSER IST GUTES WASSER

Die Verfügbarkeit von Wasser ist nur ein Teil des Problems. Seine Qualität ist, besonders in Australien, ebenfalls von entscheidender Bedeutung. In Australien zum Beispiel ist das Wasser oft salzig. Nicht überall im selben Ausmaß; das Becken des Murray River ist am stärksten betroffen, doch das ist gleichbedeutend mit einem Großteil von Südostaustralien! (Und wo kommt der meiste australische Wein her? Richtig, aus Südostaustralien.) Wenn Sie sich die Karte auf S. 287 ansehen, erkennen Sie, dass der Murray in der südöstlichen Ecke des Kontinents entspringt, dann mehr oder weniger nordwestlich fließt, bevor er es sich anders überlegt und südöstlich von Adelaide ins Meer fließt. Der Murray sichert den größten Teil der Bewässerung der australischen Rebflächen. Gegenwärtig fließen mit ihm alle fünf Minuten 18,1 Tonnen Salz ins Meer, das sind über 5200 Tonnen am Tag. Und das ist die Menge, die noch ins Meer gelangt. Weit mehr wird von den Pumpen in die Bewässerungsleitungen gedrückt.

Ein großer Teil der australischen Landmasse war einst ein Binnenmeer, und so ist das Grundwasser von Natur aus salzig. Die Abholzung der großen heimischen Wälder ließ den Grundwasserspiegel steigen, und wie immer erkannte man das Problem erst, als es schon zu spät war. Der größte Schaden wurde zwischen dem Ersten und dem Zweiten Weltkrieg angerichtet. Weite Landstriche wurden an ehemalige Soldaten vergeben, die in eine am Boden liegende Wirtschaft heimkehrten; mit Unterstützung der Regierung »säuberten« sie das Land, um Weiden und Ackerflächen daraus zu machen. Und als man Wald und Busch entfernt hatte, blies der Wind die Bodenkrume weg: Tagelang hingen Staubwolken über Melbourne, das vom Murray River Hunderte von Kilometern entfernt ist. Und während Melbourne hustete und spuckte und über die schmutzige Wäsche auf der Leine jammerte, stieg der Grundwasserspiegel am Murray unaufhaltsam.

Rebstöcke mögen kein Salz. Bei Konzentrationen von über 1200 ppm (parts per million) beginnt der Stress für sie, auch wenn einige Wurzelunterlagen, besonders Ramsey und Dog Ridge, mehr vertragen können. Die Wurzeln sind jedoch im Allgemeinen weniger beeinträchtigt als die Blätter, weshalb die Tropfbewässerung – bei der das Wasser ohne Umweg zu den Wurzeln gelangt – viel unproblematischer ist als die Beregnung, die die Blätter benetzt und zur raschen Entlaubung führt. Die unausgesetzte, lebensnotwendige Suche nach Möglichkeiten, mit schlechtem Wasser zurechtzukommen, ist der Hauptgrund für den hohen Stand der australischen Bewässerungstechnik.

Der größte Fluss Australiens, hier mit dem Zentrum der Weinbauregion bei Renmark in Südaustralien. Der Murray nimmt alles Wasser von der Great Dividing Range auf und beginnt dann seinen extrem trägen, windungsreichen Lauf, bis er nach 2600 Kilometern südlich von Adelaide ins Meer mündet. Dann ist von seinem Wasser nicht mehr viel übrig, da man es für die Bewässerung nützt. Über die Hälfte der australischen Rebflächen stützen sich auf den Murray und seine Nebenflüsse Lachlan und Murrumbidgee. Ohne die Flüsse gäbe es keine australische Weinindustrie.

Es gibt Mittel gegen die Versalzung: Die Aufforstung mit heimischen Baumarten ist eine davon, das Sammeln und Ableiten überschüssigen Wassers unter den Rebwurzeln eine andere. Im mittleren Osten Australiens wird dem Wasser durch Umkehrosmose das Salz entzogen, doch das ist aufwändig und sehr teuer. Die Reben selbst verschärfen das Problem, da sie das Wasser ohne das Salz aus dem Boden saugen, wodurch sich das Salz im Boden anreichert.

Mit der Anpflanzung einheimischer Baumarten – insbesondere des Mallee-Gummibaums – möchte man die Natur die Arbeit tun lassen und den Grundwasserspiegel wieder so weit absenken, dass er außer Reichweite der Rebwurzeln gerät. Dies ist ein sehr langwieriger Prozess; in den letzten fünfzehn, zwanzig Jahren hat die Bundesregierung Millionen von Dollar in die Wiederaufforstung gesteckt, mit unterschiedlichem Erfolg.

Am billigsten ist es, auf Regen zu warten. Große Mengen von Niederschlägen spülen den Murray durch und verdünnen das Salz in den Sammelbecken; man kann dann den Reben großzügig gutes Wasser verabreichen und später zum normalen Verfahren zurückkehren, das darin besteht, ihnen gerade so viel zu geben, dass sie überleben.

Da mit der Traubenproduktion eine große Wertschöpfung zu erzielen ist, können die Weinfarmer ihre Maßnahmen ergreifen, ohne dass die Kalkulation zu ungünstig wird. Viele Schafzüchter und Weizenfarmer mussten jedoch schon ihr Land aufgeben, und gegenwärtig sind bereits etwa 25 000 km² Fläche durch zu hohe Salzkonzentration zerstört. Das klingt nach viel und ist es auch: mehr als die Fläche Mecklenburg-Vorpommerns. Und man schätzt, dass es bis Mitte des Jahrhunderts 150 000 km² sein werden – das ist fast die Hälfte Deutschlands!

Auch in anderen Gegenden der Welt kann das Salz zum Problem werden, etwa in Südfrankreich oder in Chile, wo das Wasser eigentlich sehr gut ist. Und im Penedès an der spanischen Mittelmeerküste, in Sitges, ist sogar das Wasser aus dem Hahn salzig.

Der moderne Weinberg

Moderneres als das neue Weingut Sileni in Hawkes Bay (Neuseeland) lässt sich kaum finden. Im Vordergrund stehen junge Reben, mit denen der zuvor jungfräuliche Boden bepflanzt wurde.

Der Winzer hat alles geprüft, was für einen neuen Weinberg zu prüfen ist. Doch bevor er den ersten Rebstock setzen kann, gibt es noch etwas zu tun. Heute werden praktisch alle Reben auf reblausresistente Wurzelunterlagen gepfropft, um sie vor dem zerstörerischsten aller Weinschädlinge zu bewahren, der Reblaus. Da jedoch der Wurzelstock von einer anderen Rebart stammt, kommt ein neues Element in die Gleichung. Der Winzer muss eine Wurzelunterlage aussuchen, die zu dem Boden, dem Klima und seinen Rebsorten passt: Einige Wurzelstöcke sind wuchsfreudiger als andere, einige können eher Dürre oder Kälte aushalten usw. Daher wird auch die Wahl der Wurzelunterlage seinen Wein beeinflussen.

Dann muss er entscheiden, wie dicht er seine Reben pflanzen will. Eine größere Pflanzdichte reduziert den Ertrag pro Rebstock, was in einem kühlen Klima für die Qualität entscheidend ist – etwa 5000, gelegentlich bis zu 10 000 Rebstöcke pro Hektar sind in Europa üblich. Weiter auseinander stehende Reben entwickeln größere (aber nicht tiefer reichende) Wurzelsysteme und größere Laubdächer; sie bringen damit mehr Trauben zur Reife, was für bestimmte Klimate und Böden vorteilhaft ist. Die kalifornischen und australischen Winzer pflanzen meist nur 1100 bis 1600 Rebstöcke pro Hektar.

Rebschnitt, Erziehung und Laubdachbearbeitung zielen alle auf den optimalen Ertrag. In einem kühlen Klima und auf nährstoffarmem Boden bringt ein Rebstock zum Beispiel weniger Trauben zur Reife als in einem warmen Klima auf tiefgründigem, fruchtbarem Boden, weshalb er stärker zurückgeschnitten werden muss, um die Zahl der Frucht tragenden Knospen zu reduzieren. Dann wird der Wein so erzogen, dass er seine Trauben dort trägt, wo man sie haben will: teils der Sonne ausgesetzt, so dass sie reif werden; mit guter Luftzirkulation, damit sie nicht faulen; hoch über dem Boden, um dem Frost zu entgehen; oder niedrig, damit sie von der Wärme im Boden profitieren.

REBENERZIEHUNG

Die Rebenerziehung ist grundlegend für die Qualität des Endprodukts Wein. Das Ziel ist eine gesunde Pflanze, die gesunde Trauben in der gewünschten Menge und Qualität hervorbringt. Dazu wählt der Winzer einen mehr oder weniger produktiven Klon und pfropft ihn auf eine mehr oder weniger wachstumsfördernde Wurzelunterlage. Um für die Reben Konkurrenz zu schaffen und die Erntemenge zu verringern, können die Rebstöcke dicht gepflanzt werden. Auf wenig wachstumsfördernden Böden reicht ein einfaches Erziehungssystem aus. Auf fruchtbaren, produktiven Böden kann die Qualität der Frucht durch die Erziehung der Rebe nach verschiedenen Spalier- und Schnittsystemen verbessert werden.

Doppeltes Guyotsystem
Diese einfache Methode wird fast überall im Bordelais angewendet. Dabei wird auf beiden Seiten des Rebstocks jeweils ein Trieb an den Draht geheftet. Die Zahl der Knospen, die nach dem Schnitt noch vorhanden sind, bestimmt die Erntemenge.

Scott Henry
Dieses System wurde von einem Weingärtner in Oregon entwickelt und ist in der Neuen Welt beliebt, da es Erträge und Reife steigert. Durch die Erziehung des Laubwerks an Spalieren erhalten die Früchte mehr Sonne, die Durchlüftung wird besser und die für die Photosynthese zur Verfügung stehende Blattfläche vergrößert.

1. Der Schnitt im Winter ist das wichtigste Mittel, um den Ertrag zu steuern. Im Château Margaux entfernt ein Arbeiter die Triebe des Vorjahres und lässt nur wenige Knospen übrig, um die Ernte strikt zu beschränken.

5. In kühleren Gegenden der Welt besteht das ganze Frühjahr über noch Frostgefahr (und teils wieder vor der Ernte). Eine kalte Nacht kann die Ernte eines ganzen Jahres zerstören. Hier leuchten kleine Öfen auf Torlesse bei Waipara in Neuseeland.

9. Die Bewässerung ist in vielen heißen, trockenen Gegenden in der Neuen Welt unverzichtbar. Sie ist besonders wichtig, wenn junge Reben wie diese in Cowra in Neusüdwales gesetzt werden. Die Tropfbewässerung ist heute weit verbreitet, da die Wassermenge für jeden Weinstock genau geregelt werden kann.

13. Endlich sind die Trauben reif. Die Lese geschieht zunehmend maschinell. Hier bringen auf dem Gut Graham Beck in Robertson (Südafrika) Erntemaschinen den Cabernet Sauvignon ein. Debatten werden darüber geführt, ob sie so gut sind wie menschliche Arbeitskraft.

2. *Die einfachste Methode, um einen weniger guten Rebstock zu veredeln, ist das Okulieren. Am Rebstock wird ein Einschnitt angebracht, in den ein Auge der neuen, besseren Sorte gepfropft wird.*

3. *Praktisch alle Reben sind auf reblausresistente Wurzelunterlagen gepfropft, um sie vor dem schlimmsten Schädling der Reben zu schützen. Diese jungen Reben sind fertig zum Auspflanzen.*

4. *Wenn im kalifornischen Napa Valley zwischen den Reben ein Meer von wildem Senf blüht, ist der Winter zu Ende. Der Senf wird später als wertvoller organischer Dünger untergepflügt.*

6. *Einige der bedeutendsten Weingüter Burgunds experimentieren mit biodynamischen Methoden. In der Lage Romanée-Conti in Vosne-Romanée in der Côte de Nuits ist nordamerikanische Phacelia gepflanzt, um den Boden von Nematoden zu befreien.*

7. *Die Wettervorhersage ist bekanntermaßen schwierig, aber das Sammeln von Wetterdaten kann ihre Zuverlässigkeit steigern. Hier eine Station in den neuen Rebflächen, die Penfolds bei Robe in Südaustralien westlich von Coonawarra angelegt hat.*

8. *In traditionellen Weinbauländern wie Frankreich gibt es Beschränkungen für Neupflanzungen; in Australien kann man überall pflanzen, wo man Wasser hat. Neue Rebzeilen im Gut Brown Brothers in Banksdale im australischen Victoria.*

10. *Eine der besten Möglichkeiten, die Qualität zu verbessern, ist die Verringerung der Ernte durch die Grünlese. Wenn die Trauben in der Mitte des Sommers ihre Farbe zu ändern beginnen, werden die am wenigsten weit entwickelten herausgeschnitten.*

11. *Kühle Gegenden wie das Okanagan Valley in British Columbia bieten dem Weinstock normalerweise genug Feuchtigkeit. Okanagan ist jedoch fast wüstenartig trocken, weshalb bei Cedar Creek die Beregnung für die Bewässerung eingesetzt wird.*

12. *Sobald die Trauben zu reifen beginnen, erscheinen neue Feinde auf der Bildfläche: Vögel. Sie können eine Ernte in Stunden wegfressen, weshalb man wie bei Tuck's Ridge in der Mornington Peninsula (Australien) Netze über die Rebstöcke spannt.*

14. *In den burgundischen Spitzenweingütern werden Erntehelfer absolut vorgezogen. Anne-Claude Leflaive, die für ihren Weißwein berühmt ist, prüft die Qualität der Chardonnay-Trauben aus ihrer Lage Le Clavoillon in Puligny-Montrachet.*

15. *Zwei Glückliche. Die Sonne scheint, die Trauben sind geerntet. Australische Kellereien beziehen ihre Trauben häufig bei Vertragswinzern. Peter Leske (rechts) von Nepenthe ist mit dem Cabernet Sauvignon von Simon Green sichtlich zufrieden.*

16. *Bei Trittenheim an der Mosel halten die Rebstöcke in der feuchtkalten Luft ihren wohlverdienten Winterschlaf. Ein kalter Winter ist wichtig, damit die Reben Winterruhe halten können und Ungeziefer sowie Viren dezimiert werden.*

Die Rebsorten der Welt

Viele der bedeutendsten Rebsorten haben nur einen einzigen Namen. Die Rebsorte Syrah oder Shiraz wird jedoch unter zwei Namen geführt – unter dem französischen (Syrah) und dem australischen (Shiraz). Aus dieser Rebsorte können sehr reife, konzentrierte Weine gewonnen werden, und der jeweilige Winzer wählt den Namen oft nach seiner persönlichen Anschauung – je nachdem, ob er einen sehr zurückgenommenen (Syrah) oder einen mächtigen (Shiraz) Wein produziert hat.

Es gibt Tausende von Rebsorten auf der Welt. Und doch hat man in vielen Ländern beim Weinkauf nur die Wahl zwischen Chardonnay und Cabernet Sauvignon. Wie kommt es, dass diese zahllosen Sorten auf einige wenige reduziert wurden? Dafür gibt es verschiedene Gründe. Die meisten Sorten werden als Tafeltrauben oder für die Produktion von Rosinen verwendet, werden selten angebaut oder eignen sich nicht für die Weinherstellung. Und von den etwa 1000 Sorten, aus denen Wein gemacht werden kann, sind nur etwa 30 von internationaler Bedeutung, wobei natürlich viele unbekannte, möglicherweise jedoch gleichfalls ausgezeichnete regionale Sorten übrig bleiben, die noch darauf warten, von abenteuerlustigen Weintrinkern entdeckt zu werden.

Praktisch alle diese 1000 Sorten gehören derselben Spezies an, der *Vitis vinifera*. Diese Spezies meinen die meisten Leute, wenn sie über Reben sprechen, aus denen Wein gemacht wird, doch ist die *Vinifera* nur ein Zweig der Rebenfamilie. Es gibt noch Dutzende anderer Arten, die in den verschiedenen Klimazonen der Welt wachsen, von der *Vitis amurensis* in Sibirien bis zur *Vitis cariboa* in den Tropen. Alle diese Arten bringen Trauben hervor, und so machten die ersten Siedler in Amerika ihre ersten Weine aus den einheimischen Arten *Vitis labrusca, Vitis riparia* und *Vitis berlandieri*. Das Aroma dieser Weine wird häufig als »fuchsig« bezeichnet, doch treffender wäre »Kreuzung zwischen Weißdornblüte und Nagellack«. Sie können solche Weine auch heute noch in einigen Gebieten Nordamerikas, auf Madeira oder in abgelegenen Teilen Österreichs finden. Manche sind in Ordnung, doch es leuchtet ein, weshalb die *Vitis vinifera* den Sieg davontrug.

Noch vor wenigen Jahrzehnten hielt man Chardonnay für eine Spezialität Burgunds oder der Champagne; inzwischen wird diese Sorte in fast jeder Region angebaut. Solche Entwicklungen sind jedoch nicht neu, laufen aber rascher ab als früher. Jahrhundertelang wurden Stecklinge von Kreuzfahrern, Händlern und Missionaren über weite Entfernungen in viele Länder gebracht. Missionare brachten Reiser von Spanien nach Nord- und Südamerika. Die Syrah der Rhône und Australiens (wo sie Shiraz genannt wird) stammt angeblich aus Shiraz in Persien. Und viele Reben, von denen wir vermuten, dass sie aus Italien stammen, sind in Wirklichkeit griechischer Herkunft.

Und weshalb sollten sich die Leute diese Mühe machen, Stecklinge einer Lieblingssorte in ein Land mitzunehmen, das vielleicht bereits selbst über eine Menge Reben verfügt? Weil schon immer die Rebsorte als ausschlaggebender Faktor für das Aroma eines Weins galt. Jede Rebsorte hat ihr eigenes Aroma, doch die meisten brauchen besondere klimatische Gegebenheiten, um ihr Aroma optimal zu entfalten. So ist ein Cabernet Sauvignon aus einem zu kalten Klima meist dünn und grasig, während er in einem zu heißen Klima leicht verschmort und rosinenartig wird. Aber wenn die weltweite Verbreitung von Reben zu einer besonders glücklichen Verbindung aus der richtigen Rebe, dem richtigen Klima und dem richtigen Boden geführt hat, dann sind stets klassische Weine zustande gekommen.

Cabernet Franc

Diese Rebsorte nur als weniger bedeutende Schwester von Cabernet Sauvignon anzusehen wäre ungerecht. Sortenrein verarbeitet, bringt sie gute, wenn auch keine großen Weine hervor. Ihr Wert als Verschnitt-Traube für Bordeaux-Weine ist enorm, da sie weniger Gerbstoffe und Säure enthält als Cabernet Sauvignon. Sie reift früh und eignet sich daher sehr gut für das kühle Loire-Tal.

Cabernet Sauvignon

Diese Rebsorte wurde zur berühmtesten roten Rebsorte der Welt, da Bordeaux der berühmteste Rotwein der Welt ist, und viele Erzeuger in der Welt ließen sich von Bordeaux inspirieren. Glücklicherweise ist Cabernet Sauvignon dieser Herausforderung gewachsen und scheint anderer Herren Länder beinahe genauso zu mögen wie die hellen Kiesbänke in ihrer Heimat Médoc im Bordelais. Mit dicker Schale, langsam reifend, doch fäuleresistent, hat sie eine gottgegebene Fähigkeit, überall – abgesehen von den kühlsten und den heißesten Standorten – tiefe Farbe, angemessenen Tanningehalt sowie ein immer erkennbares Aroma von Schwarzen Johannisbeeren, Schwarzkirschen und Pflaumen hervorzubringen.

Chardonnay

Die weiße Lieblingstraube der Welt ist vielseitig genug, um alle möglichen Weine hervorzubringen, vom leichten, trockenen Schaumwein bis zum süßen Dessertwein. Bekannt ist sie jedoch am ehesten in der Form des trockenen, im Eichenfass ausgebauten Weißweins von der burgundischen Côte d'Or. Diesen Typ findet man von Chile bis China und von Kalifornien bis Neusüdwales. Chardonnay spricht auf neues Eichenholz, das dem Wein eine würzige, buttrige Geschmeidigkeit verleiht, so gut an, dass man leicht sein sortentypisches Aroma vergisst. Ohne Ausbau im Eichenfass ist der Chardonnay aus einem kühlen Klima blass, säurebetont und duftet nach Äpfeln. Diese Aromen werden bei wärmerem Klima weicher und gehen zu Melone und Pfirsich über. Schlichte Chardonnays und die meisten Exemplare aus der Neuen Welt sollen jung getrunken werden. Als Burgunder dagegen gehört Chardonnay zu den langlebigen Weißweinen.

Chenin Blanc

Diese vielseitige weiße Rebsorte kann Weine hervorbringen, die trocken oder süß, still oder schäumend, für den sofortigen Genuss oder die Lagerung über zehn Jahre und mehr bestimmt sind. An der Loire kann sie auf Kreideböden und unter ausgesprochen kühlen Witterungsverhältnissen einige der individuellsten Weine der Welt hervorbringen: Sowohl trocken als auch süß ausgebaut ist der Wein sehr säurebetont, wenn er jung ist, und er kann, ja sollte jahrelang gelagert werden. In Neuseeland und Westaustralien tauchen köstliche trockene Exemplare auf, und auch in Südafrika nehmen einige risikofreudige Erzeuger diese Sorte inzwischen ernst.

Gewürztraminer

Diese Rebsorte ergibt – wie der Name schon sagt – einen würzigen, öligen Wein, der nach Rosen und Litschis, bisweilen auch Mangos duftet: ein Aroma, das viel Säure als Ausgleich braucht. Doch die erhält der Gewürztraminer nur in einem kühlen Klima. Die besten Gewürztraminer kommen aus dem Elsass, gefolgt von Neuseeland und Südtirol. Die Reben treiben früh aus und sind frostanfällig. Wenn die Trauben in einem warmen Herbst von der Edelfäule befallen werden, entstehen herrliche Süßweine.

Grenache Noir

Diese Rebsorte bedeckt ausgedehnte Flächen in Spanien (als Garnacha Tinta), Südfrankreich, Kalifornien und Teilen von Australien. Sie wird immer noch meist im Verschnitt verwendet. In Rioja und Navarra ergänzt ihre kräftige Frucht die eher zurückhaltende Tempranillo; in Südfrankreich, vor allem im südlichen Rhône-Gebiet, gibt ihr kräftiger, saftiger, pfeffriger Charakter vielen Verschnitten, insbesondere dem Châteauneuf-du-Pape, das entscheidende Gerüst. In Australien entdeckt man heute die alten, nicht bewässerten Grenache-Weinberge wieder und stellt großartige, tiefgründige Weine her; im spanischen Priorat dominiert die Garnacha im Verschnitt der unglaublich mächtigen, an Teer und Feigen erinnernden Rotweine.

Malbec

Diese Rebsorte wird heute vor allem mit Argentinien verbunden, wo sie köstlich üppige, samtige, nach Veilchen duftende Weine liefert. Ihre Heimat ist Bordeaux, wo sie hauptsächlich den strengen Cabernet Sauvignon weicher machen musste. In den trockeneren,

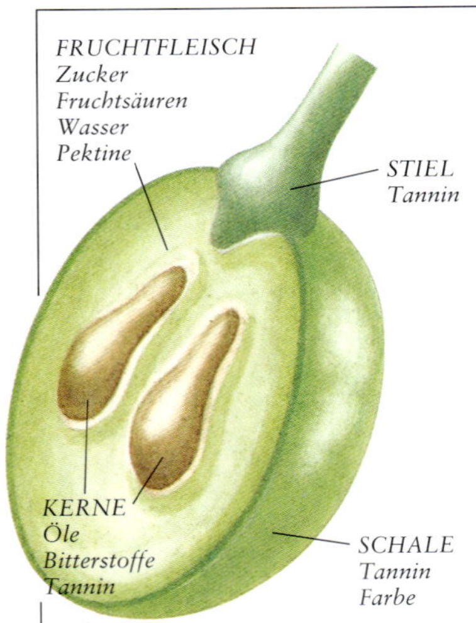

Die Teile einer Weintraube

Wenn es darum geht, dem Wein Aroma zu verleihen, hat der Rebensaft selbst meist nicht viel zu bieten. Der Saft der Muscat-Traube ist süß und aromatisch; daher ist sie auch eine gute Tafeltraube. Doch die meisten großen Weintrauben der Welt schmecken nicht besonders gut. Eine reife Traube hat bestenfalls ein süßes, farbloses Fruchtfleisch mit neutralem Aroma. Ein gut Teil des Charakters eines Weins stammt aus der Schale der Weinbeeren. So wie die Traube reift, reifen auch die Schalen: Die Gerbstoffe verlieren etwas von ihrer Strenge, die Farbe wird kräftiger, und alle Aromakomponenten entwickeln sich in der Schale. Die Kunst besteht darin, die Traube so reifen zu lassen, dass Zucker, Säure, Tannin, Farbe und Aroma bei der Lese eine wohl ausgewogene Harmonie bilden. Sowohl die Kerne als auch die Stiele sind sehr bitter.

Cabernet Franc

Cabernet Sauvignon

Chardonnay

Chenin Blanc

Gewürztraminer

Grenache Noir

Malbec

Merlot

Muscat Blanc à Petits Grains

Nebbiolo

Pinot Gris

Pinot Noir

Riesling

Sangiovese

Sauvignon Blanc

Sémillon

Syrah/Shiraz

Tempranillo

Viognier

Zinfandel

Sangiovese-Rebstöcke in der Lage Las Vertientes der Firma Errazuriz im chilenischen Aconcagua-Tal. Sie sind die ersten, die in diesem Land gepflanzt wurden, und zeitigen viel versprechende Ergebnisse.

wärmeren Weinbergen von Cahors kann die Malbec (hier Cot oder Auxerrois genannt) tiefe, pflaumige Weine hervorbringen, die mit dem Alter dunkel werden und nach Tabak duften.

Merlot

Diese rote Traube mit ihrer üppigen, samtigen Frucht, die sich gut für den Ausbau im Eichenfass eignet und in der Flasche relativ schnell reift, ist ein natürlicher Partner für Cabernet Sauvignon. Diese beiden Sorten bilden den Bordeaux-Verschnitt. Merlot sortenrein abzufüllen ist gegenwärtig jedoch der schnellste Weg, um roten Wein unter die Leute zu bringen. Er wurde zur Mode, weil er einfach zu genießen ist, von kräftiger Farbe, wenig Tannin und gefälligem Geschmack. In der ganzen Welt, wo der rote Bordeaux kopiert wurde, ist Merlot angepflanzt worden, doch nicht immer mit Erfolg – sie reift in einem heißen Klima beinahe zu schnell und liefert auf fruchtbaren Böden zu hohe Erträge.

Muscat Blanc à Petits Grains

Die Aristokratin in der Muscat-Familie, eine ertragsarme Rebsorte, die zu Mutation neigt und intensiv nach Trauben schmeckende Weine mit größerer Eleganz hervorbringt als irgendeine ihrer Verwandten. Sie kann viele Farben haben, von Weiß bis zu einem bräunlichen Rot, für einen richtigen Rotwein ist sie jedoch selten rot genug. Muscat Blanc à Petits Grains kommt in ganz Frankreich vor, außerdem in Italien für Asti und die aromatischen Weine Südtirols. In Griechenland und Australien liefert sie alkoholreiche Dessertweine.

Nebbiolo

Ich kann mir vorstellen, wie die Winzer vor Jahrhunderten über diese spät reifende Rebe die Köpfe schüttelten und sie nachsichtig nach dem Nebel benannten, mit dem zur Zeit der Lese, Ende Oktober, stets zu rechnen ist. Heute wird Nebbiolo in größeren Höhen angebaut, wo sie noch viel Herbstsonne einfängt, und bringt ganz sensationelle Weine hervor. Die Stars sind Barolo und Barbaresco: eigenartig und schwer zugänglich, doch von wunderbarem Duft; tanninreich, doch hell; derb, aber nach Veilchen duftend. Auch in Australien stößt sie auf Interesse.

Pinot Gris

Einige der exotischsten, sinnlichsten Weißweine Europas aus dieser Rebsorte stammen aus dem Elsass, aus Deutschland (hier Grauburgunder genannt) und Ungarn. Doch jenseits der Alpen gibt es in Norditalien ein ganzes Meer leichter, unauffälliger und doch ziemlich teurer trockener Weißweine ohne die ölige Honig-und-Rosinen-Fülle, die den Pinot Gris weiter nördlich so aufregend macht. Pinot Gris hat viel Extrakt und Zucker, jedoch wenig Säure, und sollte eigentlich nicht altern – tut es jedoch hervorragend. In einigen Parzellen ist sie auch in Burgund, in großen Mengen in Rumänien, Oregon und Neuseeland anzutreffen.

Pinot Noir

Für einen Winzer ist der Blaue Spätburgunder, wie der Pinot Noir in Deutschland heißt, die heikelste Rebsorte überhaupt – die ungehorsamste, nachtragendste, aber auch die lohnendste. Sie liebt ein kühles Klima, doch weil sie früh austreibt, ist sie durch Spätfröste extrem gefährdet; in einer zu heißen Region bringt sie aber bestenfalls massive, verschmorte oder schlappe Weine hervor. Wenn jedoch die richtigen Voraussetzungen und die richtigen Winzer zusammenkommen – wie in der burgundischen Côte d'Or –, entstehen sinnliche, duftende, seidige und doch etwas ungestüme Weine, nicht so sehr intellektuell beeindruckend wie unvergessliches Vergnügen bereitend. Diese Rebsorte wird heute in vielen Ländern angepflanzt; inzwischen gibt es aufregende und entschieden unburgundische Rotweine aus Kalifornien und Oregon, Chile, Südafrika, Australien und Neuseeland. Deutschland bringt Weine von relativ burgundischer Art hervor, die Schweiz und Italien erreichen selten das Vorbild.

Riesling

Diese wunderbare Traube hat mehr verdient. Sie ist für einige der himmlischsten, edelsten und elegantesten Weine verantwortlich, wird unter schwierigsten Bedingungen angebaut und trotzdem fast in der ganzen Welt mit Geringschätzung gestraft. An der Mosel und am Rhein erzielen Winzer, die den Ertrag beschränken und die Reben liebevoll pflegen, überwältigende Resultate. Wasserhelle Weine, so fein wie Spinnfäden im Altweibersommer, teilen sich die Ehre mit Süßweinen von solcher Intensität, dass auch der redseligste Weintrinker verstummt. Diese kälteresistente, spät reifende Rebe ist auch anderswo erfolgreich. So erzeugt Österreich superben Riesling, und auch das Elsass und Australien liefern vorzügliche Weine. In Italien und Osteuropa sind schon gute Exemplare aufgetaucht. In den USA, im Staat New York und im pazifischen Nordwesten, werden gute Weine erzeugt, und auch Neuseeland produziert einige verblüffende Rieslinge.

Sangiovese

Das Herzland der Sangiovese ist die Toskana, wo sie in verschiedenen Klonen die Haupttraube für den Chianti und den Vino Nobile di Montepulciano sowie die Traube für den sortenreinen Brunello di Montalcino darstellt. Mit ihrer dicken Schale und vielen Kernen kann sie rohen, mageren Wein hervorbringen, wenn sie nicht ganz reif ist, und nur die besten Lagen bringen regelmäßig gute Ergebnisse. Im Verschnitt mit Cabernet kann sie faszinierende, elegante Rotweine mit dem Aroma von bitteren Kirschen und Schokolade liefern. In Australien und Chile wird inzwischen ernsthaft mit ihr experimentiert, und die ersten Weine lassen hoffen.

Sauvignon Blanc

Die Sauvignon Blanc wird heute in großen Teilen der Welt vor allem mit Neuseeland in Verbindung gebracht; die wunderbar pikanten, aggressiven Aromen des neuseeländischen Sauvignon haben diejenigen ihrer ursprünglichen Heimat, des Loire-Tals (Sancerre) und des Bordelais in Frankreich, weit hinter sich gelassen. Außerhalb von Neuseeland werden gute Weine dieser Art in Südafrika und Chile gemacht; die australischen Versionen geraten runder und erinnern an Honigmelone. Nicht im Eichenfass ausgebaute Weißweine aus dem Bordelais sind pikant, aber nicht prononciert grasig. Im Eichenfass vergorener und ausgebauter Sauvignon ist vollkommen anders – toastig, nussig und langlebig.

Sémillon

Mit dicker Schale, zu hohen Erträgen neigend und ohne besonderes Aroma, ist Sémillon auf den ersten Blick keine Rebsorte, die für internationalen Ruhm bestimmt ist. Wenn sie jedoch in Sauternes angebaut, von der Edelfäule befallen und dann mit etwas Sauvignon Blanc verschnitten wird, entsteht einer der großen Süßweine der Welt. Der im Fass ausgebaute trockene Sémillon-Sauvignon-Verschnitt ist ein weiterer Klassiker. Allein hat Sémillon meist zu wenig Säure, nur Australien hat den sortenreinen Semillon (dort ohne Akzent geschrieben) zu einem neuen klassischen Typ gemacht.

Syrah/Shiraz

Diese rote Rebsorte liebt die Hitze und gedeiht am besten in einem heißen, trockenen Klima auf mageren Böden. Die Syrah braucht auch für die Blüte gutes Wetter, da sie für das Durchrieseln (d. h. schlechten Fruchtansatz) anfällig ist. Sie liebt die nördliche Rhône mit ihren unglaublich steilen Hängen und den Granitböden. Australien bietet ebenfalls trockene Witterungsverhältnisse, auf die die Shiraz-Rebe hervorragend reagiert. Sie kam erst spät in Mode, doch Spanien, Chile und Argentinien liefern jetzt gute Weine, exzellenter Stoff kommt aus Südafrika, Italien, Neuseeland und sogar der Schweiz.

Tempranillo

Ich weiß nicht, was Spanien ohne die Tempranillo wäre. Alle größeren Rotweinregionen haben sie zur Grundlage, doch liefert sie in den verschiedenen Regionen sehr unterschiedliche Ergebnisse und trägt auch verschiedene Namen. Rioja ist das Zentrum des Anbaus, wo sie, wenn die Erträge nicht zu hoch sind (was leider oft der Fall ist), den Rotweinen Frucht, Parfum und Alterungsfähigkeit verleiht. In Penedès ist sie als Ull de Llebre recht bedeutend, doch weniger aufregend, dagegen sehr tiefgründig, schwer und aromareich als Tinto Fino in den Weinbergen von Ribera del Duero und als Cencibel in den Anbaugebieten La Mancha und Valdepeñas. Im übrigen Spanien ist sie als Tinto Madrid oder Tinto de Toro bekannt, in Portugal als Aragonez oder Tinto Roriz.

Viognier

Diese Rebsorte hat inzwischen die Aura eines Supermodels: extravagant, launisch, ihren plötzlichen Ruhm auskostend – bevor jemand sagen kann: Langsam, ist sie wirklich gut? Nun – ja und nein. In Condrieu und Château-Grillet kann sie, wenn man sie reif werden lässt, Weine mit einem schweren Maiglöckchenparfum und geschmeidigen Aromen von Pfirsich und Crème fraîche hervorbringen. Dies ist der Schlüssel zur Viognier, und nur mit Superreife ist echter Geschmack zu erzielen. In kleinen Mengen findet man sie in Südfrankreich (Rhône, Languedoc-Roussillon); auch in Australien, Kalifornien und Südamerika, hier vor allem in Chile wird sie inzwischen mit wachsendem Erfolg angebaut.

Zinfandel

Die USA importierten im neunzehnten Jahrhundert die ersten Reiser dieser vielseitigen roten Rebe aus Europa, die – wie inzwischen festgestellt wurde – mit der süditalienischen Rebe Primitivo und der unbekannten kroatischen Sorte Crljenak identisch ist. Doch hat sich der »Zin« zu einer echten kalifornischen Spezialität entwickelt. Alle möglichen Weine werden hergestellt, weiß, rosé oder rot, von trockenen Weinen bis zu Spätlesen und »Portweinen«. Ihren besten Ausdruck findet die Traube jedoch als fruchtiger Wein voller Pflaumen- und Johannisbeeraromen. Dazu braucht sie ein relativ kühles Klima und nicht zu viel Bewässerung, da die Erträge hoch sein können. Auch der Zuckergehalt kann sehr hoch werden und in verschmorten, Port-ähnlichen Weinen resultieren. Die konzentriertesten Aromen von Brombeeren und Pfeffer erbringen alte Rebstöcke. Mexiko, Chile, Südafrika und Australien zeitigen ebenfalls gute Resultate.

Die moderne Welt des Weins

Vor zweitausend Jahren hätte diese Karte ganz anders ausgesehen. Der meiste Wein wäre im Nahen Osten und im östlichen Mittelmeerraum produziert und konsumiert worden, Griechenland und Italien wären dichtauf gefolgt. Der Rest Westeuropas wäre hingegen kaum aufgetaucht – und der Rest der Welt existierte für Europa noch nicht. Die Ausbreitung des Islams in den meisten Ländern des Nahen und des Mittleren Ostens und Nordafrikas bedeutete mit seinem Alkoholverbot, dass von den Trauben aus den Weingärten, die hier überlebt haben, die wenigsten zu Wein verarbeitet werden. Das Zentrum der Weinproduktion hat sich nach Westeuropa verlagert, nach Italien, Frankreich und Spanien. Das größte Wachstum weist aber die Neue Welt mit Süd- und Nordamerika, Südafrika, Asien und Australien auf. In China gibt es heute mehr Reben als in Chile. Zwar wird in China nur ein Zehntel der Ernte zu Wein verarbeitet, doch das wird sich ändern; die chinesische Regierung ist vom Wein begeistert…

Die Frage ist aber: Wer wird den Wein trinken? Der Verbrauch, der Mitte der 1990er Jahre, also zur Zeit der ersten Auflage dieses Atlanten fiel, steigt allmählich wieder, jedoch nicht so stark, um mit der Zunahme der Produktion in den wichtigsten Erzeugerländern mitzuhalten. Länder wie Frankreich, Italien und Argentinien erzeugen weit mehr, als zu Hause konsumiert wird, und weltweit wird ca. 20–30% mehr produziert als verbraucht. Schlechtes Wetter kann zwar die Produktion um ein Viertel oder mehr drosseln; aber auch wenn heute neue Anpflanzungen generell verboten würden, wäre ein Gleichstand mit dem Verbrauch erst in etlichen Jahren zu erzielen, da immer noch weitere junge Weinberge ins Stadium der Produktionsreife gelangen. Was bedeutet das für den Weintrinker? Mehr Auswahl, niedrigere Preise? Es kommt vor allem auf die Großhändler an, die den Einzelhandel beliefern, und die werden bestrebt sein das derzeitige Preisniveau zu halten.

Wein im Überfluss

Seit Ende der 1990er Jahre steigt die Weinproduktion wieder deutlich. Das Verbot von neuen Anpflanzungen in der EU wurde bis 2010 verlängert, weshalb die Produktion theoretisch ebenfalls gleich bleiben sollte. Doch sehen wir uns am Beispiel der Mancha in Spanien an, was tatsächlich geschieht. In der Mancha gibt es ca. 600 000 Hektar Rebflächen, etwa die Hälfte der Weinberge Spaniens. Und die Erzeuger dort wollen bessere Qualität erzielen, was wir alle begrüßen, nicht wahr? Das bedeutet, dass man bessere Sorten und Weinbaumethoden verwendet. Es bedeutet auch die Verwendung der Bewässerung, die seit 1996 erlaubt ist. Das Resultat ist, dass sich die Ernte in bestimmten Teilen ohne Schwierigkeiten vervierfachen kann. Wenn die Bewässerung in Südfrankreich und Italien ebenfalls legal wird, werden die Erträge auch hier in die Höhe schießen.

In der Neuen Welt gibt es keine Pflanzbeschränkungen, und so wächst die Rebfläche sehr rasch: Australien hatte 1997 90 000 Hektar und zwei Jahre später 123 000 Hektar. Für die USA stieg die Zahl im selben Zeitraum von 337 000 Hektar auf 374 000 Hektar. Und ein Ende ist nicht in Sicht…

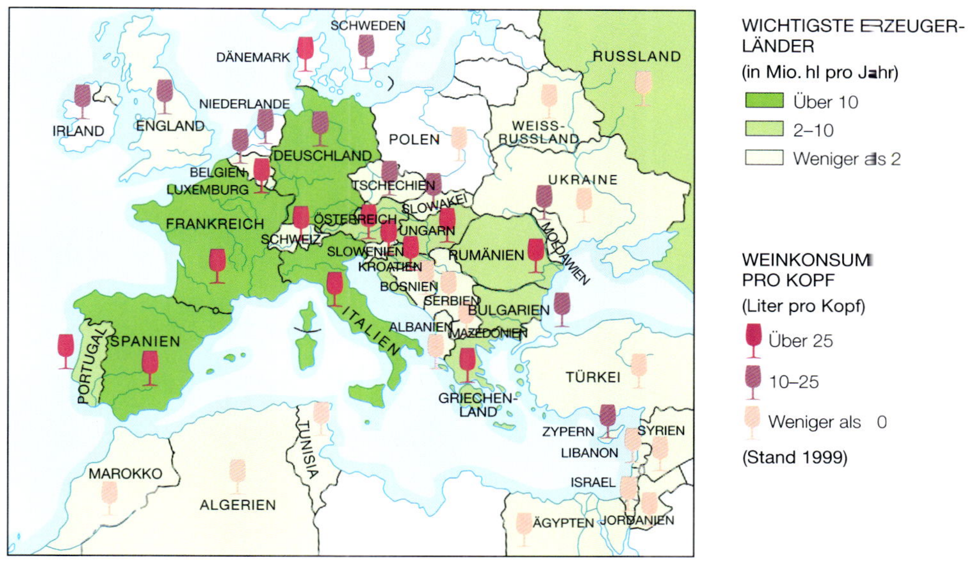

Weine und Weinbaugebiete der Welt

PANORAMAKARTEN

FRANKREICH

Niemand kann es besser – oder? Frankreich hat sich seinen Ruhm mit Weinen wie dem Champagner von den Kreidehängen im kühlen Norden (großes Bild) und Spitzengewächsen aus Bordeaux wie Château Margaux erworben. Die Konkurrenz anderer Länder zwingt es jedoch zu weiterer Anstrengung.

Ab und zu hatten wir unsere Differenzen. Auf meinen zahlreichen Reisen habe ich viele Länder in der ganzen Welt kennen und lieben gelernt, und doch ist Frankreich meine große Liebe, ich bin immer wieder hierher zurückgekommen. Es gibt kein Land, das Frankreich in puncto Weinanbau und Weinerzeugung das Wasser reichen könnte. Meine Liebe zu Frankreich, meine Hochachtung vor seinem angeborenen Schöpfergeist auf dem Gebiet des Weins wird durch meine Kontakte zu seinen Konkurrenten im übrigen Europa und anderswo auf der Welt noch verstärkt. Je mehr ich über Wein in Chile, Australien, Kalifornien, Italien, Spanien oder Neuseeland erfahre, desto höher schätze ich Frankreich.

Das Schicksal hat es gut gemeint mit Frankreich. Seine geografische Lage ist hervorragend geeignet für viele der Traubensorten, aus denen großartiger Wein entsteht, und dank seiner Geologie gibt es zahlreiche Lagen, die diese Traubensorten gleichmäßig reifen lassen. So gibt es hier eine Vielfalt von Gegenden, die einen optimalen Kompromiss zwischen zu viel und zu wenig Wärme, zu viel und zu wenig Regen bieten. Daher können die großen Sorten wie Cabernet Sauvignon, Pinot Noir, Syrah, Chardonnay und Sauvignon Blanc – neben vielen anderen – im Allgemeinen in aller Ruhe reifen und ein köstliches Aroma, eine vollkommene Ausgewogenheit zwischen Süße, Säure und Duft entwickeln.

Heute können moderne Weinbautechniken solche Bedingungen in wärmeren Regionen bis zu einem gewissen Grade nachbilden, und perfekte Bedingungen für die Weinbereitung könnte man ebenso gut am Äquator herstellen. Solche Entwicklungen sind jedoch erst eine Generation alt. Ein weiterer unschätzbarer Vorzug Frankreichs liegt jedoch darin, dass die Natur hier schon immer perfekte Bedingungen für die Weinherstellung bot. In den zweitausend Jahren vor der Einführung der Kühltechnik herrschten hier in den meisten wichtigen Weinbaugebieten ausreichend niedrige Temperaturen, um den Wein ohne künstliche Hilfe kontrolliert gären zu lassen. Andere große Weinländer wie Italien und Spanien, die Vereinigten Staaten und Australien verfügen über wenige Gebiete, in denen man so günstige Bedingungen vorfindet.

Frankreich hatte das Glück, im Zentrum der europäischen Geografie und Geschichte zu liegen, so dass es über weit längere Zeit als seine Konkurrenten rund ums Mittelmeer Weine für den Exportmarkt herstellen konnte.

Heute sind andere Länder und Regionen auf den Plan getreten, die beweisen wollen, dass sie alles besser können, was Frankreich kann. Manchmal schaffen sie es auch. Wir erleben eine faszinierende Phase in Frankreich, da es mit Blick auf die Neue Welt seine Vorstellungen davon, was einen großen Wein groß macht und einen französischen Wein unverwechselbar französisch, neu bestimmt.

DIE WEINBAUGEBIETE FRANKREICHS

Wir stehen am Abhang der Montagne de Reims in der nordfranzösischen Champagne. Der fahlen Frühjahrssonne gelingt es kaum, die Kühle des feuchten Westwinds zu mildern, der über die durchnässte Ebene fegt. Hier ist die nördliche Grenze für den Anbau der klassischen Rebsorten erreicht, doch man hat das Gefühl, diese Grenze schon längst hinter sich gelassen zu haben. In Reims probieren wir in kalten Kellern »vins clairs«, »helle Weine«, Weine, die so sauer sind, dass sich der Gaumen zusammenzieht, einfach untrinkbares Zeug. Doch wenn sich die Magier hier ans Werk machen, wird aus dieser rauen, kratzigen Flüssigkeit Champagner, der klassische Schaumwein schlechthin.

Am anderen Ende Frankreichs, auf den sonnendurchglühten Terrassen über dem Mittelmeer in Banyuls kurz vor der spanischen Grenze, muss man sich vor der sengenden Hitze schützen, wenn Sonne und heißer Wind die Trauben am Rebstock fast zu Rosinen eintrocknen lassen. In den warmen Kellern kosten wir von dem dicken, süßen Saft, der aus diesen Trauben gepresst wird, dann probieren wir die einjährigen, zweijährigen, fünf- und zehnjährigen Weine, und je älter die Jahrgänge, desto sirupartiger und dunkler wird der Wein, desto mehr erinnert er an Schokolade und Backpflaumen. Das ist der Banyuls Grand Cru, der französische Wein, der einem Vintage-Port am nächsten kommt. Keine weniger reifen Trauben, keine kühleren, weniger geschützten Lagen würden diesen Stoff möglich machen.

Dies sind die beiden Extreme in Frankreich. Dazwischen wird beinahe jeder vorstellbare Weintyp erzeugt, vom trockensten zum vollmundigsten Weißwein, von Roséweinen, die so ätherisch sind wie Wickenblüten, bis hin zu Weinen, die rot sind wie die Backen eines Weinbauern, von leichten, spritzigen, sorglosen bis zu ernsten, wie Kathedralen feierlichen Rotweinen. Alle diese Weine will ich Ihnen auf den folgenden Seiten vorstellen. Die Panoramakarten sollen einen lebendigen Eindruck von den Rebflächen vermitteln und zeigen, wie sie sich in die Landschaft einfügen.

Die Weinbaugebiete Frankreichs lassen sich grob in drei Bereiche einteilen. An der Atlantikküste, vom Loire-Tal nach Süden über das Bordelais bis zu den westlichen Pyrenäen, ist das Klima maritim. Der Golfstrom sorgt für ein gemäßigtes Klima, doch ist der Regen, der mit dem Westwind kommt, ein ständiges Problem. Im Loire-Tal sind das Kleinklima und gut dränierte Böden entscheidend für die Chancen, einen ordentlichen Wein zu erzielen. Im Bordelais sind wasserdurchlässige Kiesbänke erforderlich, um Cabernet Sauvignon reifen zu lassen. Dieser Einfluss setzt sich weiter fort an den Flüssen Dordogne, Lot, Garonne und Tarn und nimmt dann allmählich ab, bis er östlich von Toulouse durch das mediterrane Klima abgelöst wird.

Um das warme Mittelmeer herum wachsen die Reben ganz von selbst. Die Sommer sind heiß und trocken und die Winter mild. In der Nähe des Meeres mäßigt der Seewind die Sonnenhitze, ohne die Reifung der Trauben zu stören. Ansonsten wird die Auswirkung der Hitze durch konstant wehende West- und Nordwinde und durch den Anbau von Reben auf den Berghängen abgeschwächt. Große Mengen einfacher Weine werden aus roten Trauben wie Carignan und Cinsaut und weißen wie Macabeo und Ugni Blanc gewonnen. Wenn die Reben so leicht wachsen, muss der Weinbauer ihre Kraft zähmen. In einigen Gebieten mindern alte Rebstöcke und unfruchtbare, steinige Böden die Erträge – mit großartigem Resultat. Die Vins Doux Naturels von Banyuls in den Pyrenäen bis Beaumes-de-Venise und Rasteau im Rhône-Tal sind schwer und süß. Im Gebiet Languedoc-Roussillon ist eine Revolution im Gange; auf der Grundlage alter, dunkler, feuriger Rotweine aus den Rebsorten des Südens und strahlender, frischer moderner Rot- und Weißweine, angeführt von den internationalen Rebsorten Cabernet, Merlot, Syrah und Chardonnay, versucht man neue Wege zu gehen. Die Provence kann sich noch nicht so recht entscheiden, was sie mit der Umwälzung vor ihrer Haustür anfangen soll; die Rot- und Weißweine des Rhône-Tals hingegen sind stolz auf ihre superbe Qualität.

Nördlich von Lyon nimmt das Klima kontinentalen Charakter an; westlich von Lyon, am Oberlauf der Loire, lassen die klimatischen Auswirkungen des Atlantiks nach. Die Winter werden härter und die Sommer heißer. In diesem östlichen Teil Frankreichs werden noch viel weiter nördlich Reben angebaut, doch die Reifungsbedingungen werden schwieriger, und so sind hier die kleinklimatischen Bedingungen ausschlaggebend. Im Burgund sind Südosthänge ideal, die vor den feuchten Westwinden geschützt und so geneigt sind, dass sie jeden Sonnenstrahl einfangen. Die verstreuten Berglagen in Savoyen und im Jura trotzen ihre kleinen geschützten Winkel den Wäldern und Felsen ab. Das Elsass wiederum drängt sich an die Vogesen, deren Gipfel und Wälder gegen Niederschläge abschirmen und diese Region zu einem der sonnigsten und trockensten Teile Frankreichs machen. Und nicht zuletzt gibt es da noch die Champagne, wo ein paar ungewöhnliche, aber ideale Lagen Pinot- und Chardonnay-Trauben gerade reif genug werden lassen, um den magischen Trank zu erzeugen, den man Champagner nennt.

Die steilen, heißen Hänge an der nördlichen Rhône sind für die Syrah wie geschaffen.

DAS FRANZÖSISCHE KLASSIFIKATIONSSYSTEM

Die Hauptfaktoren der Einstufung sind die Herkunft des Weins, seine Erzeugungsmethode und die Festlegung der Sorten. Es gibt drei Stufen der Qualitätskontrolle: AC, VDQS und Vin de Pays.

Appellation d'Origine Contrôlée (AC, AOC; Kontrollierte Herkunftsbezeichnung) Diese Bezeichnung gilt für die Hauptweinregionen in Frankreich. Die sieben wichtigsten Anforderungen sind: *Das Land:* Die geeigneten Lagen für Rebflächen sind exakt definiert. *Die Traube:* Nur die Rebsorten dürfen verwendet werden, die traditionell als geeignet betrachtet werden. *Alkoholgehalt:* Die Weine müssen einen Mindest- bzw. Höchstgehalt an natürlichem Alkohol enthalten. *Ertrag:* Ein zulässiger Höchstertrag ist für jede AC festgelegt, doch kann die Zahl in Abstimmung mit dem Institut National des Appellations d'Origine (INAO) jährlich herabgesetzt oder erhöht werden. *Anbaumethoden:* Bei AC-Weinen müssen bestimmte Vorschriften über Schnittmethoden und Pflanzdichte eingehalten werden. *Vinifizierung:* Für jeden AC-Wein gibt es eigene Vorschriften. Normalerweise ist die Chaptalisierung im Norden zulässig, im Süden jedoch nicht. *Organoleptische Prüfung:* Seit 1974 sind Weinprüfungen durch eine Kommission vorgeschrieben. *Sortenangabe:* Die Prüfkommissionen wollen die Verwendung des Sortennamens auf dem Etikett von AC-Weinen einschränken, außer wenn dies Tradition hat. Sie begründen das damit, dass die Einzigartigkeit der französischen Weine auf das »terroir« und nicht auf die Traubensorten zurückzuführen ist. Demgegenüber vergrößern die Vins de Pays – die die Rebsorten auf ihren Etiketten nennen (dürfen) – ihren Marktanteil.

Vin Délimité de Qualité Supérieure (VDQS, Wein höherer Qualität aus begrenzten Anbaugebieten) Im Allgemeinen qualitativ etwas weniger zuverlässig und wird immer weniger verwendet.

Vin de Pays (Landwein) Regionale Definition für einfache Verschnittweine. Die Regeln sind ähnlich wie bei der AC-Einstufung, lassen jedoch mehr Freiheiten in Bezug auf Erträge und Traubensorten. Die Landweine können überraschend gute Qualitäten erzielen.

Vin de Table Tafelwein: Es gibt keine Qualitätskontrolle, außer im Rahmen der amtlichen Hygienevorschriften. Vins de Pays sind etwa zum gleichen Preis zu haben, aber meist viel besser.

HAUPTWEINBAUGEBIETE

- Bordeaux
- Loire-Tal
- Champagne
- Lothringen
- Elsass
- Jura
- Burgund
- Savoyen und Bugey
- Rhône-Tal
- Provence
- Korsika
- Languedoc-Roussillon
- Südwesten

PANORAMAKARTEN FRANKREICH

WEITERE KARTEN

Bordeaux

0 km 2 4 6 8

AC-GEBIETE

1. Médoc
2. Haut-Médoc
3. St-Estèphe
4. Pauillac
5. St-Julien
6. Listrac-Médoc
7. Moulis
8. Margaux
9. Pessac-Léognan
10. Graves
11. Cérons
12. Barsac
13. Sauternes
14. Côtes de Bordeaux-St-Macaire
15. Bordeaux Haut-Benauge, Entre-Deux-Mers Haut-Benauge
16. Ste-Croix-du-Mont
17. Loupiac
18. Cadillac, Premières Côtes de Bordeaux
19. Entre-Deux-Mers
20. Graves de Vayres
21. Premières Côtes de Bordeaux
22. Côtes de Bourg
23. Côtes de Blaye und Premières Côtes de Blaye
24. Fronsac
25. Canon-Fronsac
26. Pomerol
27. Lalande-de-Pomerol
28. St-Émilion
29. Satelliten von St-Émilion (Lussac, Montagne, St-Georges, Puisseguin)
30. Côtes de Castillon
31. Bordeaux-Côtes de Francs
32. Ste-Foy-Bordeaux

NORD-SÜD-AUSDEHNUNG 144 KM

BORDEAUX/BORDEAUX SUPÉRIEUR AC

ANDERE AC-GRENZEN

REBFLÄCHEN

N

Ich kann mir nicht helfen – ich liebe das Bordelais, obwohl es nicht die freundlichste oder schönste französische Weinregion ist. Seine Weine können abweisend und schwer zugänglich sein, wenn sie jung sind, und ziemlich hart, wenn sie noch im Fass liegen. Ein Bordeaux war der erste Wein, den ich probierte – und es war mein erster großer Wein. Als ich in England die Universität besuchte, war großer Wein gleichbedeutend mit Rotwein, und ein großer Rotwein war nun einmal ein Bordeaux. Wenn wir von begüterten Kollegen zum Dinner geladen wurden, waren wir enttäuscht, wenn es keinen Bordeaux gab. In England werden an den Universitäten Weinseminare angeboten. So war es nur natürlich, dass ich mich einmal in den Sommerferien – mit einer Empfehlung an Peter Sichel vom Château d'Angludet in Margaux bestens ausgestattet – nach Frankreich aufmachte, wo ich hoffte, das Paradies der Weintrinker zu finden.

Bordeaux ist ebenso ein Produkt der Politik und der Geschichte wie des Weins. Sehen Sie sich einmal das Panorama an. Ich hatte weite, von Rebpflanzungen bedeckte Hügel und Täler erwartet, mit freundlichen Kellermeistern und geschäftigen Dörfern und Städten. Doch zuerst fand ich gar keine Rebfelder. Bordeaux ist eine prächtige Stadt, zumindest im Zentrum; der Rest besteht aus ausgedehnten Vorstädten und Industrieansiedlungen. Als ich nach Margaux hinausfuhr, kam ich durch kleine, verschlafene Dörfer und feuchte Landstriche ohne Reben. Natürlich stieß ich auf die Reben, sobald ich Margaux erreichte, traf freundliche, wenn auch nicht gerade gesellige Menschen und sah in dieser weiten, welligen Landschaft schöne Châteaus, große Gutshäuser inmitten der Rebpflanzungen – und doch ist das Médoc keine ländliche Idylle. Bei St-Émilion fand ich ein paar Hügel, doch ist die Landschaft auch hier fast ausschließlich mit Rebflächen bedeckt. Die Region Graves ist nicht ganz so dicht bepflanzt, da die besten Reb-

flächen inzwischen mit Vororten und einem Flugplatz überbaut sind. Keine grandiose Szenerie – nur Reben, Reben und nochmals Reben –, und so kann sich das Bordelais zu Beginn des einundzwanzigsten Jahrhunderts mit Recht als größte Weinbauregion der Welt bezeichnen.

Das Bordelais verfügt über weite Landstriche, die sich für verschiedene Weine eignen; etwa 200 Güter erzeugen jeweils etwa 100 000 Flaschen Wein, und zwar beinahe jedes Jahr in guter bis ausgezeichneter Qualität. Das ist eine riesige Menge. Es gibt noch mehrere hundert weitere Güter auf etwas weniger gutem Boden, die auch noch einen sehr guten Wein erzeugen können. Insgesamt gibt es hier etwa 5000 Güter, die ihren eigenen Wein abfüllen, und weitere gute 7000 Erzeuger, die Kellereien beliefern, was insgesamt eine Menge von 800 bis 900 Millionen Flaschen Wein ausmacht – und das jedes Jahr.

KLIMA UND BODEN

Auf dem größten Teil der Fläche, die unten zu sehen ist, wächst Wein, doch gibt es nur bestimmte günstige Lagen, die regelmäßig eine außergewöhnliche Qualität hervorbringen. Das liegt zum einen an der Nähe des Meeres im Westen; der warme Golfstrom streift die französische Westküste und verbessert die Temperaturen an der Küste entscheidend. Doch der Golf von Biskaya ist auch für seine Stürme bekannt. Nur die ausgedehnten Kiefernwälder der Landes im Westen brechen die Kraft der salzhaltigen Westwinde und fangen viel von dem Regen ab, der sonst die Weinernte ruinieren könnte. Es gibt also im Allgemeinen einen heißen Sommer und einen langen, milden Herbst, der gerade warm genug ist, um die Reben zur Reife zu bringen. Aber es gibt immer noch recht viel Regen. Dies ist der Punkt, an dem die Kiesbänke und die Kalksteinhänge bedeutsam werden. Die Flüsse Garonne, Dordogne und Isle haben über Jahrtausende hinweg mächtige Kiesterrassen abgelagert, die typisch für das Médoc und viele Teile von Pessac-Léognan und Pomerol sind. Kies entwässert vorzüglich und kann auch übermäßige Niederschläge verkraften. Die Kalksteinhänge von St-Émilion, Bourg, Blaye und der Premières Côtes de Bordeaux schaffen dies nicht im gleichen Maße.

Auf der Suche nach Nährstoffen dringen die Reben mit ihren Wurzeln tief in Kies oder Kalkstein ein. In einem Klima, das gerade warm genug ist, um die Reben zur Reife zu bringen, würde ein Übermaß an Wasser die Trauben aufquellen lassen und die Reife gefährlich verzögern. Es gibt Jahre, in denen selbst Kies und Kalkstein nicht verhindern

WO DER WEIN WÄCHST

Das größte Weingebiet der Welt in all seiner Pracht. Es gibt fast überall Reben, mit Ausnahme der großen Kiefernwälder der Landes, die sich am Golf von Biskaya entlangziehen; doch die besten Weinareale sind diejenigen, die die Flüsse Garonne und Dordogne säumen, sowie das Mündungsgebiet der Gironde. Die wichtigen Garonne-Güter beginnen bei Langon, dann folgt die Region Graves, die sich am linken Ufer bis Bordeaux erstreckt. Sauternes und Barsac drängen sich am Ciron. Die besten Weinbaugebiete südlich der Stadt sind die von Pessac-Léognan. Das Médoc stellt eine Landzunge nördlich der Stadt dar, wobei die besten Rebflächen zwischen Macau und St-Estèphe nahe der Gironde liegen. Am rechten Ufer der Gironde erstrecken sich Bourg und Blaye, die schon zu römischen Zeiten berühmt waren, und wenn man der Dordogne östlich nach Libourne folgt, stößt man auf Fronsac, das früher ebenfalls einen größeren Namen hatte. Pomerol und St-Émilion hatten dagegen noch nie einen so guten Ruf wie heute. Weiter entfernt von St-Émilion erstrecken sich weniger bedeutende Anbauflächen, und das Gebiet zwischen der Dordogne und der Garonne – »Entre-Deux-Mers« genannt – bringt eine große Menge recht guter Rot- und Weißweine hervor.

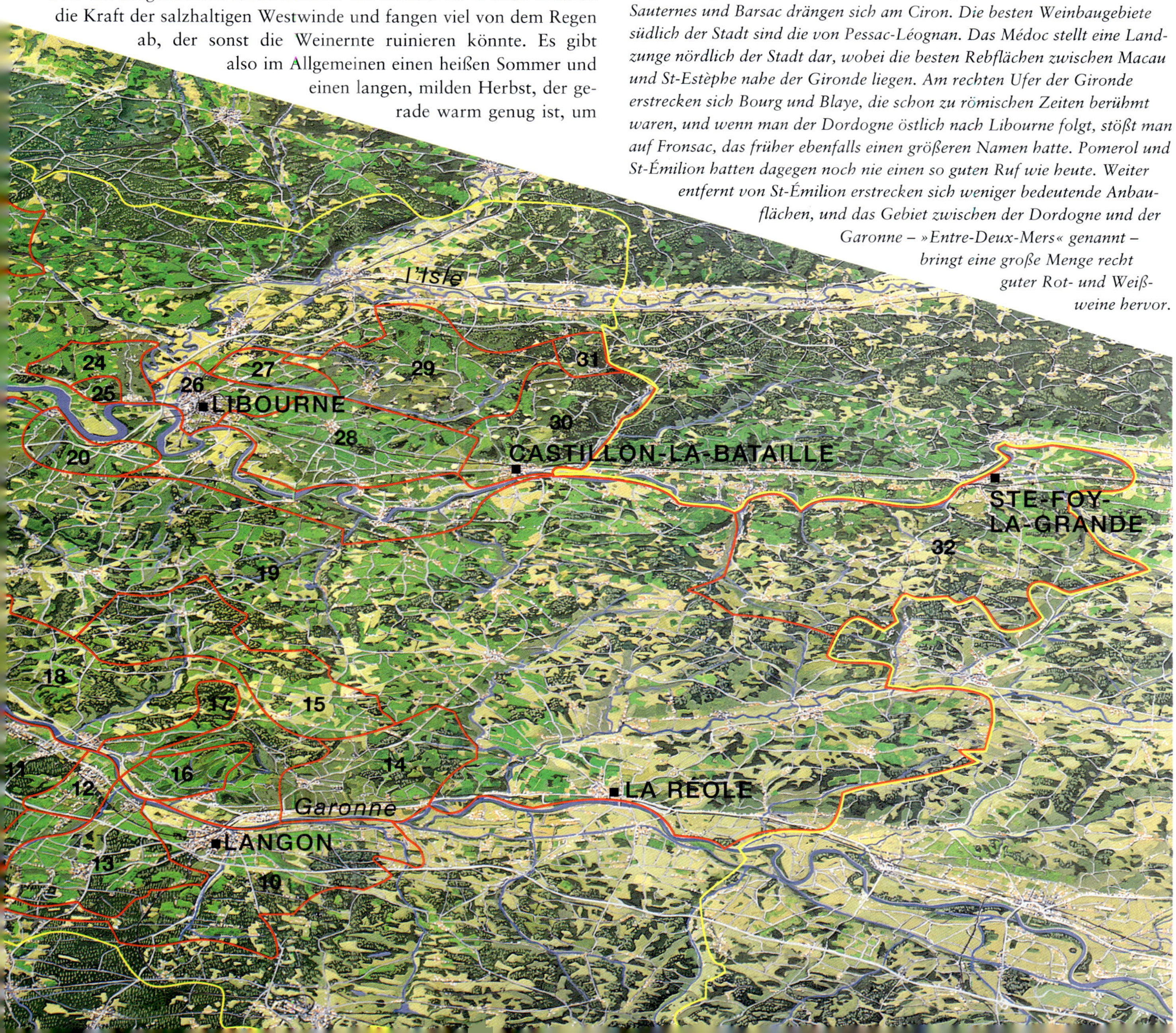

Der Turm in den Weinbergen von Château Latour ist eines der Wahrzeichen des Médoc.

können, dass die Ernte im Regen ertrinkt. Doch die besten Weingüter, die einen strengen Rebschnitt praktizieren, um den Ertrag zu beschränken, und ausreichend alte, tiefwurzelnde Rebstöcke haben, erzeugen erstaunlicherweise auch gute Weine in Jahren, die man ansonsten abschreiben kann. In trockenen Jahren holen sich alte Rebstöcke mit ihren Wurzeln, die tief in die Kiesschichten vordringen, genug Wasser, um die Hitze zu überstehen, und bringen einen ordentlichen Ertrag.

ROTE REBSORTEN

Qualität und Persönlichkeit der meisten großen Weine Frankreichs beruhen auf einer einzigen Rebsorte. Für die Bordeaux-Weine trifft dies jedoch kaum einmal zu. So kann ein roter Bordeaux aus bis zu fünf verschiedenen Sorten bestehen, wenige werden aus weniger als drei Sorten bereitet, und fast alle Weingüter verwenden wenigstens zwei. Im frühen neunzehnten Jahrhundert wurden noch über 30 rote und fast genauso viele weiße Sorten in der Region angebaut.

DER BODEN IM MÉDOC

Dies ist eine Cabernet-Sauvignon-Rebe im Médoc. Die Skizze zeigt, wie die Bodenschichten den Wurzeln des Rebstocks Grund und Feuchtigkeit bieten, ohne sie zu überfüttern. Der Boden entwässert gut, was verhindert, dass die Rebwurzeln »nasse Füße« bekommen.

1 Kieselsteine, die dazu beitragen, die Pflanze warm zu halten; sie bieten jedoch keine Nährstoffe.

2 Mergel, ein kalkhaltiger Lehm, der sehr fruchtbar ist und Feuchtigkeit gut speichert. Dies gibt der Pflanze eine Extradosis Mineralien und Feuchtigkeit, doch ist die Schicht so dünn, dass die Dränage kein Problem ist.

3 Verdichteter Sand, den die kleineren Wurzeln nicht durchdringen können. Die größeren Wurzeln reichen weiter in die nächste Schicht.

4 Eine dicke Schicht Kiessand mit organischen Stoffen, die Wasser und Nährstoffe in einer Form enthalten, die die Wurzel leicht aufnehmen kann. Die meisten Nährstoffe für die Pflanze kommen aus dieser Schicht.

5 Verdichteter Sand, der wiederum schwer zu durchdringen ist.

6 Gut abgegrenzte Schichten von rotem und gelbem Sand, der keine Feuchtigkeit festhalten kann.

7 Kleine Linsen aus grauem Sand. Sie enthalten eine gewisse Menge Feuchtigkeit, die die Wurzeln nutzen.

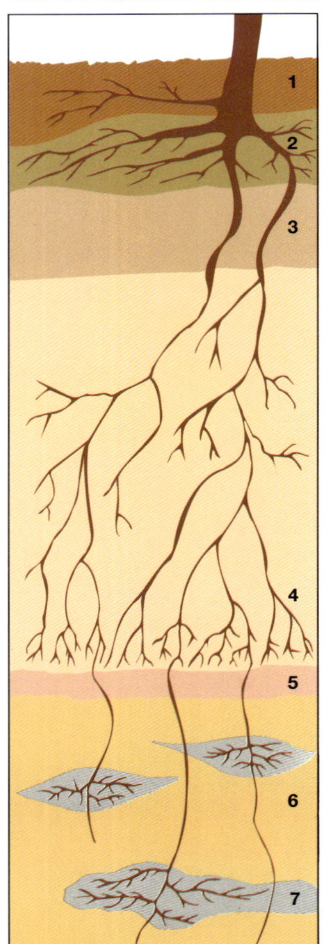

Der Geschmack ist nur einer der Gründe, mehrere verschiedene Sorten anzubauen. Simple und praktikable Anbaumethoden sind mindestens ebenso wichtig. Obwohl die Gironde-Mündung und die Dordogne und Garonne zur Ausgeglichenheit der Tag- und Nachttemperaturen beitragen, treten im Frühjahr immer wieder Spätfröste auf. Und obwohl der Golfstrom wie eine Warmwasserheizung für die gesamte Küstenregion um Bordeaux wirkt, können maritime Klimaverhältnisse sehr heikel sein, und der Juni wird häufig von Wolken und feuchtem Wetter heimgesucht. Das Bordelais erfreut sich für gewöhnlich warmer, diesiger Herbsttage, die typisch für ein mildes Seeklima sind, doch können vom Golf von Biskaya her schon im September und Oktober mehrere Tage anhaltende Regenstürme über das Land jagen.

Da Spätfröste im Frühjahr die jungen Knospen am Rebstock vernichten können, baut man im Bordelais Sorten an, die zu verschiedenen Zeiten austreiben. So mag ein Winzer einen Teil seiner Ernte verlieren, jedoch nicht den gesamten Ertrag. Die Bordeaux-Sorten blühen zu leicht unterschiedlichen Zeiten: Während ein paar Regentage die Merlot-Ernte dezimieren können, kommen die Cabernet-Trauben ungeschoren davon. Dementsprechend reifen die Trauben zu verschiedenen Zeiten. Es kann sein, dass der Ertrag von Merlot und Cabernet Franc durch Regen beeinträchtigt wird, während die langsamer reifenden Sorten Cabernet Sauvignon oder Petit Verdot durch die häufig noch einmal zurückkehrende Sonne zur vollendeten Reife gelangen können.

Natürlich spielt auch der Geschmack eine Rolle, und jede Sorte bringt nicht nur ihr eigenes Aroma ein, sondern ergänzt die Aromen der anderen Sorten, was zum unnachahmlichen Bordeaux-Typ führt. Und jede Sorte gedeiht auf verschiedenen Bodenarten und unter verschiedenen klimatischen Bedingungen unterschiedlich gut. Das Geschick eines Bordeaux-Winzers besteht zum Teil darin, dass er weiß, auf welchem Fleck er welche Sorte pflanzen soll, und dann ausprobiert, in welchen Anteilen die einzelnen Sorten die beste Komposition ergeben. In einem Gebiet wie dem Haut-Médoc, wo nach Aussagen der alten Winzer die Bodenverhältnisse »sich mit jedem Schritt verändern«, ist es einleuchtend, dass aneinander grenzende Güter mit anscheinend gleichen Bedingungen Weine hervorbringen, die unglaublich unterschiedlich ausfallen können.

Cabernet Sauvignon ist die berühmteste rote Rebsorte, von kräftiger Farbe, mit einem guten Gerbstoffgerüst und einer dunklen, verhaltenen Frucht, die Jahre braucht, um ein Aroma von Schwarzer Johannisbeere, Schwarzkirsche, Zeder und Zigarre zu entfalten. Sie mag keinen feuchten Lehm und entwickelt ihr Potenzial nur auf dem tiefen, gut entwässernden Kies des linken Ufers. Sie ist die Königin in den Spitzenweingütern im Haut-Médoc, wichtig für Pessac-Léognan, aber schon viel weniger bedeutend in den kühleren Lehmböden von St-Émilion und Pomerol. In St-Émilion und Pomerol ist Merlot die Spitzentraube, die im Übrigen die meistangebaute Sorte im Bordelais ist. Sie gedeiht in nährstoffreicherem, kühlem, feuchtem Lehm, erbringt hohe Erträge, reift dabei früh und liefert üppige, rassige Weine. In Pessac-Léognan und im Médoc wird Merlot auf weniger gut entwässerten Böden angebaut und bringt Weichheit und Üppigkeit in die herbe Schönheit des Cabernet Sauvignon.

Zu den einfacheren roten Sorten gehören die aromatische, leichte Cabernet-Franc-Rebe, die für die Weine im Médoc als würzende Zugabe verwendet wird, während sie in St-Émilion und Pomerol, besonders auf Kalksteinböden, größere Bedeutung erlangt; ferner Malbec, eine aromareiche Traube, die sich allerdings auf dem Rückzug befindet, und Petit Verdot, eine ausgezeichnete, spät reifende Traube voller Parfum, Farbe und Tannin, doch heikel im Anbau.

WEISSE REBSORTEN

Sémillon ist die wichtigste weiße Traubensorte und von besonderer Bedeutung für Graves und Sauternes. Nur aus Sémillon gemachter Wein ist etwas flach und wächsern, er gewinnt jedoch eine wunderbare Fülle, wenn er mit Sauvignon verschnitten wird und ein oder zwei Jahre lagert. In Sauternes macht ihre Anfälligkeit für die Edelfäule sie zur bevorzugten Traube für die Erzeuger von Dessertweinen.

Sauvignon Blanc ist eine Traube, die »im Trend liegt«. Im Bordelais entwickelt sie allein jedoch selten die aufregenden Aromen, die sie im Loire-Tal oder in Neuseeland erzielt. Mit Sémillon verschnitten, steuert sie eine pikante Note und ein Säurerückgrat bei, das sich außerordentlich vorteilhaft auswirken kann.

Muscadelle ist eine aromatische Traube, die trockenen Weinen Würze und Süßweinen fruchtige Fülle verleiht. Colombard gibt besonders den Weißweinen von Bourg und Blaye eine entscheidende grüne, fruchtige Würze. Ugni Blanc ist die Traube, aus der Cognac destilliert wird. Der Wein, den man aus ihr gewinnt, ist allerdings ein ziemlich dünner Trank.

DIE WEINHERSTELLUNG IM BORDELAIS

Die Art der Weine, die aus diesen Trauben gemacht werden, hängt vom jeweiligen Anteil jeder Sorte am Verschnitt, der Lage der Rebfläche und von den Ambitionen und Talenten des Erzeugers ab. Ausgezeichnete Lagen sind in der Minderheit, ebenso ambitionierte Produzenten. Etwa 60 % der Winzer füllen ihren Wein nicht selbst ab, sondern verkaufen die Trauben, den Saft oder den Wein an Handelshäuser oder Genossenschaftskellereien, deren Mitglieder etwa ein Viertel der gesamten Bordeaux-Produktion liefern.

Daher ist der einfache Bordeaux Rouge oder Bordeaux Blanc normalerweise ein schlichter, leichter Wein aus dem weniger begünstigten Hinterland von Bordeaux. Dieses Land ist aber besser für Weißweine geeignet, die – sorgfältig gemacht – erfrischend und appetitanregend ausfallen. Rote Trauben werden auf diesem Boden selten gänzlich reif, und so ist einfacher Bordeaux Rouge meist dünn, oft grün, und nur selten angenehm frisch.

Doch selbst in diesen weniger guten Bereichen kann ein ehrgeiziger Winzer eine Menge tun, um seinen Wein zu verbessern. Moderne Rebenerziehungs- und Schnittmethoden tragen im Gebiet Entre-Deux-Mers dazu bei, die Qualität der Trauben entscheidend zu verbessern. Ein starker Rückschnitt und die strenge Auswahl der allerbesten Trauben bedeuten, dass auch ein Weingut in einer einfachen Appellation teilweise hervorragende Ernten erzielen kann. Durch die Verwendung von Edelstahltanks anstelle alter Holzfässer und Betonbehälter kann ein Winzer alle Frucht und Frische erhalten, die sein Wein besitzt, während der Einsatz neuer Eichenfässer für die Gärung von Weißweinen bzw. den Ausbau von Rot- und Weißweinen zu einer wesentlichen Intensivierung des Buketts beiträgt.

Im ganzen Hinterland bemühen sich heute die Winzer, ihre Weine mit diesen Methoden zu verbessern. In den Spitzenbereichen sind diese Methoden Standard – und das ist auch gut so, denn große Bordeaux-Weine sind teuer, und wir sollten vom Winzer erwarten, dass er sein Bestes für uns tut.

DAS CHÂTEAU

Das Wort »Château« klingt großartig. Es bedeutet wörtlich »Schloss« – und es gibt im Bordelais tatsächlich richtige Schlösser, allerdings nur wenige. Die Idee, bestimmte Weine als Château zu bezeichnen, kam im achtzehnten Jahrhundert auf, als die wohlhabenden Geschäftsleute und Politiker von Bordeaux begannen, sich nach prächtigen Gütern umzusehen, auf die sie sich zurückziehen konnten. Das Médoc war das Gebiet, das die meisten dieser Granden dafür auswählten, und es gibt viele fantastische Landsitze im Norden des Anbaugebiets. Die eindrucksvollsten sind in der Nähe von Bordeaux selbst zu finden.

Fast auf all diesen Ländereien wurden auch Weinfelder angelegt, und schon 1855 hatte sich eine Hierarchie entwickelt und die berühmte Klassifizierung ermöglicht, die auch heute noch im Großen und Ganzen Geltung hat (siehe S. 36). Gleichzeitig begann man, die Bezeichnung Château für die Gutsabfüllung zu verwenden, selbst wenn es kein imposantes Gebäude gab, das diesen Namen verdiente.

In jüngster Zeit verbreitete sich die Verwendung des Begriffs Château im Bordelais als Zeichen für den Anspruch auf exzellente Qualität und Individualität. Ein Weingut in einem berühmten Bereich, zum Beispiel Pauillac oder St-Émilion, kann immer noch einen guten Preis für seinen Wein verlangen, auch wenn er anonym in großen Mengen verkauft wird. In den einfacheren Appellationen ist der Preis für Massenwein meist miserabel. Jeder Besitzer, der seinem Wein und damit seinem Einkommen aufhelfen will, weiß, dass er zuerst sein Gut »Château Soundso« nennen muss, wie wenig Ähnlichkeit sein Gut auch mit einem Schloss haben mag.

So stellt man sich ein Château vor: mit Türmen, Toren und Innenhöfen. Diese hier gehören zu Château d'Yquem, dessen älteste Bauten auf das späte vierzehnte Jahrhundert zurückgehen.

APPELLATIONEN UND KLASSIFIKATIONEN

Es gibt drei AC-Stufen für Bordeaux-Weine sowie zahlreiche Klassifikationen, die in einem Zeitraum von etwa 180 Jahren entstanden sind.

Allgemeine regionale AC »Bordeaux« ist die grundlegende Appellation für Rot-, Weiß-, Rosé- und Schaumweine aus dem Département Gironde. Mit einem höheren Mindestalkoholgehalt kann der Wein die Appellation »Bordeaux Supérieur« verwenden.

Besondere regionale Appellationen Diese sind eine Stufe höher angesiedelt und gelten für große Bereiche, zum Beispiel »Entre-Deux-Mers« für Weißweine und »Haut-Médoc« für Rotweine. Sie gelten häufig, wie diese Beispiele zeigen, nur für Rot- oder Weißwein.

Ortsappellationen Innerhalb einiger regionaler Appellationen haben die berühmtesten Orte ihre eigenen Appellationen, zum Beispiel St-Estèphe, Pauillac, St-Julien, Margaux, Listrac und Moulis im Haut-Médoc, Pessac-Léognan im Graves sowie Barsac und Sauternes.

Die Klassifikation von 1855 Die berühmte Klassifikation von Gironde-Weinen von 1855 wurde anlässlich der Weltausstellung in Paris für rote und weiße Bordeaux-Weine konzipiert. Es handelte sich einfach um eine Liste auf der Grundlage der Preise, die die Weine damals erzielten, und galt für eine einzige Veranstaltung. Die Liste war nie als ständige Richtlinie gedacht. Abgesehen vom Château Haut-Brion im Graves stammen alle Rotweine aus dem Médoc (siehe S. 36–41), während die weißen Süßweine von Sauternes und Barsac (siehe S. 48/49) getrennt klassifiziert wurden. Es ist jedoch immer noch eine bemerkenswert zutreffende Richtlinie für die Weine des Haut-Médoc, und die einzige Änderung an der Liste seit 1855 bestand in der Heraufstufung des Château Mouton-Rothschild vom »Second Cru« zum »Premier Cru« im Jahr 1973. Es ist erstaunlich, dass die Liste heute noch so verlässlich ist, da sich die Klassifikation auf die Châteaus bezog und nicht auf die zugehörigen Rebflächen, die sich seit 1855 sehr verändert haben. Ein klassifiziertes Château kann Land von einem nicht klassifizierten Gut übernehmen, und voilà, jetzt ist auch dieses klassifiziert. Wenn ein nicht klassifiziertes Château dagegen Land von einer klassifizierten Lage kauft, verliert dieses seine Klassifikation.

Übrige Klassifikationen Graves musste bis 1953 mit seinen Rotweinen und bis 1959 mit seinen Weißweinen auf die Klassifikation warten (siehe S. 42/43). Pomerol besitzt immer noch keine Klassifikation – im Gegensatz zu St-Émilion – und wird alle zehn Jahre auf positive oder negative Tendenzen bei den Weingütern überprüft (siehe S. 44–47). Schließlich gibt es noch die »Crus Bourgeois«, »bürgerliche« Kreszenzen des Médoc und Haut-Médoc, eine Gruppierung von über 400 Weingütern unterhalb der Stufe »Cru Classé«, die zuletzt 2001 bewertet wurden.

Einer der teuersten Weine der Welt, basierend auf Merlot, der auf schwerem Lehm wächst.

MÉDOC UND HAUT-MÉDOC

ROTE REBSORTEN
Die Hauptsorte ist Cabernet Sauvignon, die auf den warmen Kiesböden des Médoc hervorragend gedeiht. Weniger bedeutend sind Cabernet Franc mit seinem weicheren Parfum, Merlot, die auf kühleren, weniger wasserdurchlässigen Böden wächst, Malbec (im Bas-Médoc) und die selten verwendete Sorte Petit Verdot.

KLIMA
Der mildernde Einfluss des Golfstroms, der an der Atlantikküste entlangstreicht, macht sich durch lange, warme Sommer und kühle, feuchte Winter bemerkbar. Die Kiefernwälder der Landes wirken als natürlicher Windschutz für die Rebpflanzungen. Während der Erntezeit können heftige Regenfälle zum Problem werden.

BODEN
Die oberste Bodenschicht besteht vorwiegend aus wasserdurchlässigem, mit Sand vermischtem Kies, darunter schließt sich Kies mit etwas Kalkstein und Lehm an. Die besten Anbauflächen befinden sich auf den Kieserhebungen.

TOPOGRAFIE
Allgemein niedrig und flach, wobei das Hauptrelief durch Kiesanhöhen und niedrige Plateaus gebildet wird, besonders im Haut-Médoc. Die meisten, jedoch nicht alle Spitzenrebflächen liegen an den ganz sanft ansteigenden Hängen, die nach Osten und Südosten auf die Gironde-Mündung blicken.

Die beste Aussicht auf das Médoc hat man, wenn man gerade wieder einmal in luftiger Höhe auf dem Pont d'Aquitaine im Stau steht (vorzugsweise an einem sonnigen Frühlingstag morgens um neun oder abends um sechs), der die Garonne nördlich von Bordeaux überspannt. Nach Norden – so weit das Auge reicht – erstrecken sich die großen Weinfelder von Margaux und Cantenac; dahinter, von dieser Höhe aus immer noch zu erkennen, liegen St-Julien, Pauillac und St-Estèphe. Doch ansonsten ist auch von hier oben nicht viel zu sehen vom Médoc, der Heimat so vieler der erlesensten Rotweine der Welt. Ins Auge fallen vor allem die Industrieansiedlungen, die wuchernden Vororte, die struppigen Bäume und schlammigen Uferzonen der Garonne bis hin nach Macau und Margaux. Und die Rebflächen? Benötigen große Weinfelder nicht Hänge und Bergrücken und eine ganz besondere Ausrichtung zum Sonnenlicht? Es fällt schwer, sich vorzustellen, dass auf dieser flachen Marschlandschaft so günstige Bedingungen vorhanden sind, doch das ist wirklich so.

Der höchste Punkt im Médoc, das sich über 80 km erstreckt, liegt lediglich 43 m über dem Meeresspiegel, und zwar bei der Gemeinde Listrac, das nicht einmal zu den besten Lagen gehört. Alle wirklich guten Rebflächen liegen zwischen 4 m (die Anbauflächen des Château Montrose in St-Estèphe und anderer berühmter Weingüter in Pauillac, St-Julien und Margaux reichen bis hinunter zum schlammigen Ufer der Gironde-Mündung) und 29 m über dem Meeresspiegel (mit dieser Höhe übertrifft das Château Lynch-Moussas von Pauillac noch das Château Pontet-Canet). Erstaunlicherweise reicht dieser Höhenunterschied von 25 m aus, um für Cabernet Sauvignon, Cabernet Franc, Merlot und Petit Verdot Wachstumsbedingungen zu schaffen, um die das Bordelais von der ganzen Welt beneidet wird.

Wenn Sie nun in Richtung Margaux fahren, achten Sie auf zwei Dinge: Entwässerungsgräben und fast unmerkliche Anzeichen dafür, dass das Land ein paar Meter ansteigt. Schauen Sie auch einmal nach rechts, ob Sie die glitzernde Gironde sehen können. Es wird behauptet, dass die besten Rebflächen auf die Flussmündung blicken, und wirklich, es gibt kaum ein Spitzenweingut ohne Aussicht auf das Wasser.

Die Entwässerungsgräben sind sehr wichtig. Das Médoc war ein menschenleeres, gefährliches Sumpfgebiet, bevor im siebzehnten Jahrhundert holländische Ingenieure ins Land kamen. Die Holländer legten die großen Kanäle an, die immer noch das Médoc bis zur Gironde durchqueren und das morastige Land trockengelegt haben. Die leichten Erhebungen im Gelände zeigen an, wo Kiesbänke, deren Material vor Jahrtausenden im Massif Central und in den Pyrenäen abgetragen wurde, Inseln mit warmen, wasserdurchlässigen Böden in dem umgebenden Lehmboden bilden. Wie erwähnt, ist das Médoc keine besonders warme Gegend, und Cabernet Sauvignon, die wichtigste Traubensorte hier, benötigt eine lange Reifezeit. Diese mächtigen Kiesbänke, die sich im Frühjahr rasch erwärmen, braucht Cabernet Sauvignon, um gut zu gedeihen. In Teilen von Margaux ist der feine Kies mit weißen Kieseln vermischt, die angeblich den Reifeprozess noch fördern, indem sie das Sonnenlicht auf die Trauben zurückwerfen.

Ich nehme von Bordeaux aus die D2, weil ich immer wieder entzückt bin, wenn das Waldland zurücktritt und den Blick auf eine breite, sehr sanft ansteigende Anhöhe zu meiner Rechten mit dem erhabenen Château la Lagune frei macht. Dann tauche ich unvermittelt wieder in Wälder ein, bis tief in einer Schneise zu meiner Linken das märchenhafte Château Cantemerle auftaucht.

DIE KLASSIFIKATION DER ROTWEINE VON 1855

Dies ist die ursprüngliche Liste von 1855 in einer aktualisierten Fassung, die die Namensänderungen und Eigentumsteilungen sowie die Heraufstufung von Château Mouton-Rothschild im Jahr 1973 berücksichtigt. In der alphabetisch geordneten Liste folgt dem Château-Namen der Ortsname in Klammern.

Premiers Crus Haut-Brion (Pessac/Graves), Lafite-Rothschild (Pauillac), Latour (Pauillac), Margaux (Margaux), Mouton-Rothschild (Pauillac, seit 1973)

Deuxièmes Crus Brane-Cantenac (Cantenac), Cos d'Estournel (St-Estèphe), Ducru-Beaucaillou (St-Julien), Durfort-Vivens (Margaux), Gruaud-Larose (St-Julien), Lascombes (Margaux), Léoville-Barton (St-Julien), Léoville-Las-Cases (St-Julien), Léoville-Poyferré (St-Julien), Montrose (St-Estèphe), Pichon-Longueville(-Baron) (Pauillac), Pichon-Longueville-Comtesse-de-Lalande (Pauillac), Rauzan-Gassies (Margaux), Rauzan-Ségla (Margaux)

Troisièmes Crus Boyd-Cantenac (Cantenac), Calon-Ségur (St-Estèphe), Cantenac-Brown (Cantenac), Desmirail (Margaux), Ferrière (Margaux), Giscours (Labarde), d'Issan (Cantenac), Kirwan (Cantenac), Lagrange (St-Julien), La Lagune (Ludon), Langoa-Barton (St-Julien), Malescot-St-Exupéry (Margaux), Marquis d'Alesme-Becker (Margaux), Palmer (Cantenac)

Quatrièmes Crus Beychevelle (St-Julien), Branaire (St-Julien), Duhart-Milon-Rothschild (Pauillac), Lafon-Rochet (St-Estèphe), Marquis-de-Terme (Margaux), Pouget (Cantenac), Prieuré-Lichine (Cantenac), St-Pierre (St-Julien), Talbot (St-Julien), La Tour-Carnet (St-Laurent)

Cinquièmes Crus Batailley (Pauillac), Belgrave (St-Laurent), de Camensac (St-Laurent), Cantemerle (Macau), Clerc-Milon (Pauillac), Cos-Labory (St-Estèphe), Croizet-Bages (Pauillac), Dauzac (Labarde), Grand-Puy-Ducasse (Pauillac), Grand-Puy-Lacoste (Pauillac), Haut-Bages-Libéral (Pauillac), Haut-Batailley (Pauillac), Lynch-Bages (Pauillac), Lynch-Moussas (Pauillac), Mouton-Baronne-Philippe (Pauillac), Pédesclaux (Pauillac), Pontet-Canet (Pauillac), du Tertre (Arsac)

MARGAUX

Einen Augenblick später befinden wir uns im Appellationsbereich Margaux, jedoch noch nicht in seinem Mittelpunkt. Viele Böden der Weinfelder in Labarde und Cantenac enthalten neben Sand auch Lehm, aber es gibt einige ausgezeichnete Weingüter, besonders am Südwesthang beim Château Brane-Cantenac. Dies ist einer der zum Glück wenigen Bereiche, für die die Klassifizierung von 1855 als Richtschnur für die Qualität der Weine fragwürdig ist; allerdings sind seit 1996 viele bis dahin nicht zufrieden stellende Güter dabei, ihre Hausaufgaben zu machen. Der Besitz von guten Anbauflächen genügt nicht, man muss auch mit Leib und Seele dabei sein – und wahrscheinlich auch über ein solides Bankkonto verfügen –, um große Weine zu erzeugen.

Den größten Teil des zwanzigsten Jahrhunderts schienen die Châteaus der Gegend, die über hohes Potenzial verfügen, nicht an echter Klasse interessiert zu sein. Nun, da eine neue Generation antritt, können längst überfällige Investitionen und gelegentlich der Kauf eines Guts durch einen zahlungskräftigen Außenseiter alles ändern. Hervorragende Cantenac-Güter wie Brane-Cantenac, Cantenac-Brown, Kirwan und Prieuré-Lichine stellen dies unter Beweis.

Im Land hinter Cantenac gibt es nur einen Cru Classé, den Cinquième Cru Château du Tertre, der auf einer Kieskuppe gleich hinter dem kleinen Dorf Arsac angesiedelt ist. Der Wein offenbart seine charmante Seite nicht sofort, nach einer gewissen Reifezeit öffnet sich der Tertre aber zu einem köstlichen Bukett aus Schwarzer Johannisbeere und Veilchen, das abgerundeter ist als bei vielen Weinen mit höheren Einstufungen und von angeblich besseren Lagen näher an der Gironde.

Die Châteaus Monbrison und d'Angludet sind überhaupt nicht klassifiziert. Doch dank der Beharrlichkeit ihrer Besitzer können ihre Weine, die auf angeblich minderem Boden wachsen, mit Leichtigkeit viele Margaux-Weine mit dem Prädikat Cru Classé ausstechen. Möglicherweise hat Margaux sogar noch mehr potenziell erstklassiges Weinland als Pauillac oder St-Julien. Dank einer neuen Generation von Gutsbesitzern und Weinmachern wird sich dies wohl bald zeigen.

Im Appellationsbereich Margaux gibt es fünf Orte mit insgesamt etwa 1525 Hektar Land und 21 Crus Classés. Die besten Rebflächen beginnen beim Ort Issan und ziehen sich bis zur kleinen Stadt Margaux hin. Wir befinden uns hier auf einem weiten, strahlend weißen Kiesplateau, das nach Osten hin sanft zum Fluss abfällt. Dies sind sehr gute Bedingungen für die Rebstöcke. Da der Boden sehr wenige Nährstoffe bietet, dringen die Reben mit ihren Pfahlwurzeln tief in den Boden ein. Die Weine von Margaux sind daher selten wuchtig – auch wenn der Château Rauzan-Ségla und der Château Margaux tief und kernig sein können –, entwickeln jedoch einen betäubenden Veilchenduft und ein reines Aroma von Schwarzen Johannisbeeren, das so trocken ist wie die sonnengebleichten Kiesel, aber gleichzeitig an Fruchtgelee erinnert.

Die Margaux-Rebflächen reichen weiter nördlich bis Soussans, werden jedoch dunkler, da der Boden hier lehmhaltiger wird, bis die Reben verschwinden und wir uns plötzlich in sumpfigem Waldland befinden. Ein Höhenunterschied von nur fünf Metern, und an die Stelle von Kiessand ist feuchter, kalter Lehm getreten. Wir fahren durch eine Art Niemandsland, bis wir nach etwa 12 km St-Julien erreichen. Hier gibt es wieder Weinfelder um Lamarque und Cussac, von denen die besten die Appellation Haut-Médoc erhalten, doch fehlt ihnen die Brillanz des Margaux, vor allem weil es an tiefgründigem Kies und Wasserdurchlässigkeit mangelt.

MOULIS UND LISTRAC

Es gibt jedoch zwei kleine Appellationen westlich von Arcins, die Kiesböden besitzen und ausgezeichneten Wein hervorbringen können, Moulis-en-Médoc und Listrac. Keiner dieser Orte hat als Crus Classés eingestufte Güter, und wenn man sich die ausgezeichneten Lagen, besonders die von Moulis, anschaut, kann man schon auf die Idee kommen, dass die Winzer hier vom Schicksal benachteiligt wurden. Vor allem jenseits der Bahnlinie, bei Le Grand-Poujeaux, gibt es einige herrliche, mächtige Kiesflächen, die bestimmt für höhere Ehren in Frage gekommen wären, wenn sie innerhalb der Grenzen von bedeutenden Gemeinden wie Margaux oder St-Julien lägen. Wir haben jedoch den Vorteil – eine seltene Situation im Bordelais –, einen Wein klassischer Qualität zu relativ zivilen Preisen zu bekommen. An erster Stelle dieser Weine ist Château Chasse-Spleen zu nennen, ein herrlich dunkler und robuster, doch wunderbar reifer Wein. Andere hochkarätige Weine stammen von Châteaus wie Maucaillou und Poujeaux.

Moulis hat mit einem schmalen Höhenzug aus Kies, der genau durch seine Mitte verläuft, ein besseres Los gezogen. Auch Listrac besitzt Kiesböden, liegt jedoch einige entscheidende Kilometer weiter entfernt vom mildernden Einfluss der Gironde und 20 m höher. Höher

Nicht gerade dies ist gemeint, wenn man sagt, dass die besten Châteaus des Médoc aufs Wasser blicken. Das Château Pichon-Longueville, dessen Märchenarchitektur von 1851 stammt, verfügt zufällig auch über einen hübschen Zierteich.

AC-GEBIETE UND WICHTIGE CHÂTEAUX

1. Ch. la Tour-du-Haut-Moulin
2. Ch. Lamarque
3. Ch. Malescasse
4. Ch. Clarke
5. Ch. Maucaillou
6. Ch. Poujeaux
7. Ch. Chasse-Spleen
8. Ch. Labégorce-Zédé
9. Ch. Bel Air-Marquis d'Aligre
10. Ch. Lascombes
11. Ch. Ferrière
12. Ch. Malescot-St-Exupéry
13. Ch. Margaux
14. Ch. Rauzan-Ségla
15. Ch. Palmer
16. Ch. d'Issan
17. Ch. Prieuré-Lichine
18. Ch. Kirwan
19. Ch. Desmirail
20. Ch. Brane-Cantenac
21. Ch. du Tertre
22. Ch. d'Angludet
23. Ch. Giscours
24. Ch. Siran
25. Ch. Cantemerle
26. Ch. la Lagune

MARGAUX = AC-GEBIETE

AC-GRENZEN

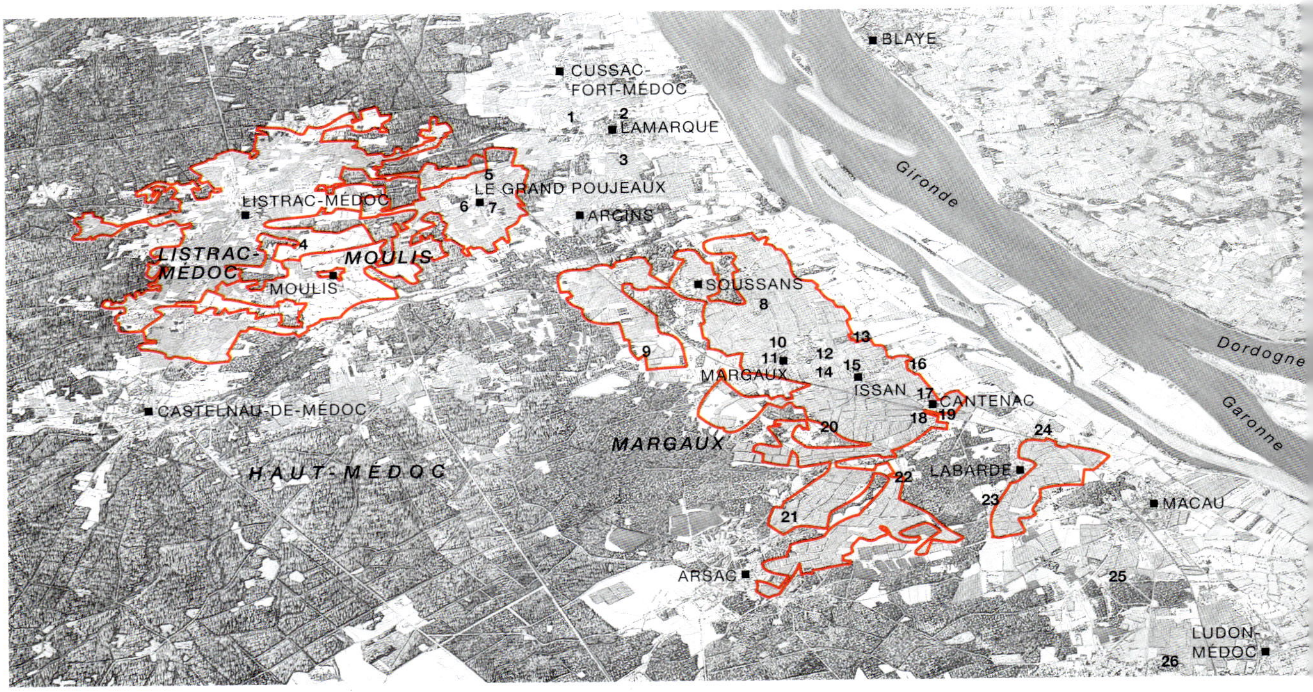

liegende Rebflächen sind nun einmal kühler, und in einem nicht sehr günstigen Klima wie dem des Médoc machen schon 20 m etwas aus.

Während die Moulis-Weine im Allgemeinen durch eine gewinnende frühe Reife, zarte Fruchtigkeit und einen abgerundeten Körper gekennzeichnet sind, sind die Listrac-Weine durchweg strenger, energischer und weniger gefällig; allerdings fallen sie heute durch einen höheren Anteil Merlot im Verschnitt weicher aus. Es mangelt nicht an Qualität, doch ist der Wein eher von altmodischer und reservierter Art. Selbst ein äußerst gut ausgestattetes und solide finanziertes Gut wie Château Clarke, das seine ganze Energie daransetzt, einen würzigen, fruchtigen, nach Eiche duftenden »modernen« Klassiker herzustellen, wird so manches Mal von der Natur besiegt. Sein Wein braucht einfach die traditionelle zehnjährige Lagerung, die die meisten Listracs seit je benötigen, um sich voll zu entfalten.

ST-JULIEN

Bevor Sie den Appellationsbereich St-Julien erreichen, überqueren Sie unterhalb von Château Beychevelle nasse Wiesen und einen Entwässerungskanal. Dann, nach einer Linkskurve auf ansteigender Straße, gibt es plötzlich wieder Weinfelder. Das Herz schlägt nun höher, denn in den Grenzen von St-Julien und dem benachbarten Pauillac wachsen mehr große Rotweine auf einem kleinen Fleck Land als irgendwo sonst in der Welt. Die Appellation St-Julien umfasst lediglich 921 Hektar, besitzt jedoch elf Crus Classés, während Pauillac 1222 Hektar und 18 Crus Classés sein Eigen nennt, darunter drei Premiers Crus. Hier nutzen Cabernet Sauvignon, unterstützt durch Merlot und Cabernet Franc (manchmal auch Petit Verdot), die mächtigen Kiesschichten und das milde Seeklima, um Trauben von einer Intensität und vor allem mit einer Ausgewogenheit zwischen Fruchtigkeit und Tannin, Duft und Säure hervorzubringen, die ihresgleichen suchen. Die Preise, die für diese Weine erzielt werden, gehören zu den höchsten in der ganzen Welt – was, für sich genommen, noch nichts bedeutet, doch wenn der Gewinn in eine geradezu besessene Pflege der Rebfelder, beste Kellerausstattung und Reihen von duftenden neuen Eichenfässern zurückfließt, dann müssen Sie tiefe Taschen haben; Sie bekommen jedoch nicht nur ausgezeichnete Qualität für Ihr Geld, sondern auch beneidenswert haltbare Weine.

Von der Straße aus sieht Château Beychevelle nur ganz nett aus, doch von den zur Gironde hinunterführenden Gärten und Rasenflächen her gesehen stellt es sich als ausgezeichnetes Beispiel der Architektur des achtzehnten Jahrhunderts dar. Die Dörfer Margaux, St-Julien und Pauillac kann man vielleicht als etwas langweilige Weindörfer innerhalb monotoner Rebflächen abtun; aber die zahlreichen bezaubernden und gelegentlich großartigen Châteaus verleihen dem Ganzen ein gewisses romantisches, vornehmes Flair.

WO DER WEIN WÄCHST

Aus dem Panorama wird eine Eigenschaft des Médoc sofort ersichtlich. Im Osten macht sich der wärmende Einfluss der Gironde bemerkbar, während die Kiefernwälder im Westen der Region Schutz vor den salzhaltigen Winden des Golfs von Biskaya bieten und einen großen Teil der Niederschläge abhalten. Die andere Seite des Médoc, der Boden, kommt nicht so deutlich zum Ausdruck. Die besten Rebflächen im Médoc befinden sich ausnahmslos auf Kiesböden. Wo die warmen Kiesbänke vorherrschen, die so entscheidend für die Reifung der Cabernet-Sauvignon-Rebe sind, wie etwa um die kleine Stadt Margaux, beherrschen Weinfelder die Landschaft. Wo die Anbauflächen spärlicher sind, ist an die Stelle des Kieses größtenteils feuchter Lehm getreten. Auf diesen Böden wird vorwiegend die früher reifende Merlot-Traube angebaut.

Macau und Ludon im Süden besitzen gute Rebflächen, doch so richtig geht es erst in Labarde los, einem der fünf Orte, die den Appellationsbereich Margaux bilden. Die besten Weinareale gibt es um Cantenac und Margaux selbst. Nördlich von Soussans werden die Rebflächen spärlicher, wo die Kiesbänke weitgehend verschwinden, bis sie beim Château Beychevelle in der Appellation St-Julien wieder auftauchen. Haut-Médoc ist die höchste Appellationsstufe, die diese Rebflächen erzielen können.

Westlich von Arcins liegen zwei kleine, aber qualitativ hochwertige Appellationsbereiche, Moulis und Listrac. Hier gibt es zwar keine Crus Classés, dafür einige Châteaus guter Qualität, besonders auf dem Kiesrücken um Le Grand-Poujeaux. Auch auf den Inseln im Mündungsgebiet gibt es Rebflächen, die allerdings nicht besonders gut und lediglich für die einfache Bordeaux AC qualifiziert sind.

SÜDLICHES HAUT-MÉDOC

NORD-SÜD-AUSDEHNUNG 18 KM

REBFLÄCHEN

N

0 km 1 2

MÉDOC UND NÖRDLICHES HAUT-MÉDOC

NORD-SÜD-AUSDEHNUNG 35 KM

REBFLÄCHEN N

0 km 1 2

Ansonsten haben wir es hier mit den gleichen Bedingungen zu tun wie weiter südlich in Margaux – gute Dränage und Kies. Bei diesen kargen Böden bleibt der Rebe nichts anderes übrig, als mit ihren Wurzeln tief in die Erde einzudringen, um sich Nährstoffe zu holen, und trotz modernen Düngers und bestimmter Rebklone, die auf hohen Ertrag gezüchtet wurden, stellt ein solcher unfruchtbarer Boden ein natürliches Hindernis für hohe Erträge dar. Immerhin herrscht hier ein kühles Klima. Kies ist ein warmer, wasserdurchlässiger Boden, und eine kleine Ernte reift schneller, bevor sich im Herbst die berüchtigten Regenwolken über dem Golf von Biskaya auftürmen.

Der Entwässerungskanal, den wir beim Château Beychevelle überquert haben, ist wichtig, denn hier verläuft in westlicher Richtung auf St-Laurent zu ein langer Höhenzug mit Rebflächen, deren Böden etwas schwerer sind als in St-Julien, doch aufgrund der nach Süden zum Entwässerungskanal abfallenden Lage ausgezeichnete Weine hervorbringen. Unter den Weingütern hier sind die Châteaus Gruaud-Larose und Branaire die bedeutendsten.

Um den wahren Genius von St-Julien zu finden – mittelschwere Weine, die während der Alterung ein betörendes Bukett von Zigarre, Zeder und Schwarzer Johannisbeere entwickeln –, müssen wir zurück zu den Anhöhen an der Gironde, wo drei Kiesbänke nach Osten bis hinunter zum Fluss verlaufen. Auf diesen Anhöhen liegen Château Ducru-Beaucaillou und die drei Güter von Léoville, die alle große Weine hervorbringen.

WO DER WEIN WÄCHST

In diesem Bereich sind die erstklassigen roten Bordeaux konzentriert. Die Kiesbänke beginnen beim Château Beychevelle am unteren Rand und verlaufen nahe dem Ufer in den Appellationen St-Julien und Pauillac. Hier profitieren die besten Weingüter vom warmen Mündungsgebiet und der hervorragenden Entwässerung des Bodens. Pauillac endet ziemlich abrupt am Château Lafite-Rothschild. Ein Entwässerungskanal und Wiesen bilden eine Unterbrechung, doch dann gibt es wieder eine niedrige Anhöhe, und wir befinden uns in St-Estèphe, dem größten Bereich der Appellation Médoc. Hier findet man drei der fünf Crus Classés, der Boden hat jedoch im Allgemeinen mehr Lehmanteile als Kies, und wenige Weine erzielen die Brillanz der Weine von Pauillac.

Von Blanquefort (am Nordrand von Bordeaux) bis St-Seurin (nördlich der St-Estèphe AC) dürfen die Weine, die nicht unter die Village-Appellationen fallen, die Bezeichnung Haut-Médoc führen. Nördlich von St-Seurin liegen die Rebflächen der AC Médoc, die selten begeistern.

PAUILLAC

Die Rebflächen ziehen sich ohne Unterbrechung hin, so dass Sie nicht merken, wann Sie St-Julien verlassen und in Pauillac ankommen. Der einzige Anhaltspunkt ist ein kleiner Bach, der zur Entwässerung berühmter Weinberge wie Château Latour dient. Auch der Charakter des Weins ändert sich: In Pauillac wird Cabernet Sauvignon noch dominanter, die Weine werden dunkler und brauchen länger bis zur Reife, entfalten trotzdem einen intensiveren Geschmack nach Schwarzen Johannisbeeren, der sich mit dem Aroma von Zedern und Zigarrenkisten vermischt. Sicher trägt der höhere Anteil von Cabernet Sauvignon zu dem tieferen Rot des Weines bei. Dieser höhere Anteil ist jedoch nur möglich, weil Pauillac die mächtigsten Kiesschichten im ganzen Médoc aufweist, die sich über zwei weite Plateaus südlich und nördlich der Stadt ausbreiten. Der Boden ist eisenhaltig, und viele Erzeuger glauben, dass das Eisen im Boden ihrem Rotwein mehr Tiefe verleiht – was jedoch noch nie untersucht wurde.

Tiefe gibt es in Pauillac in der Tat. Es besitzt auf seinen 1222 Hektar Rebfläche 18 Crus Classés und drei der fünf Premiers Crus der Klassifikation von 1855, von denen jeder, neben vielen anderen ausgezeichneten Eigenschaften, eine andere brillante Variante des Buketts aus Schwarzer Johannisbeere und Zedernholz darstellt. Wieder einmal beweist sich die Erfahrung, dass die besten Rebflächen auf den Fluss blicken, denn die Gezeiten und Strömungen, die die entscheidenden Kiesbänke aufgebaut haben, haben offenbar die mächtigsten Ablagerungen in der Nähe der Mündung hinterlassen. Diese Ablagerungen reichen jedoch in Pauillac weit ins Land, und wenn man sich auf die Zehenspitzen stellt, kann man von Pontet-Canet und Grand-Puy-Lacoste aus den Fluss gerade noch sehen. In der Tat gehören die Erzeugnisse dieser beiden Güter zu den Weinen mit dem ausdrucksvollsten Johannisbeer- und Zedernbukett von ganz Pauillac. Jeder Wegweiser in St-Julien und Pauillac trägt einen klangvollen Namen.

Dies geht jedoch leider nicht endlos so weiter. Auf der Fahrt nach Norden, vorbei am Château Lafite-Rothschild mit seinem stolzen Pappelgehölz und ungewöhnlich steilen, gut entwässerten Weinbergen, liegen noch ein Entwässerungsbach und ein langer Abhang entlang seinem nördlichen Ufer vor uns.

ST-ESTÈPHE

Wir haben nun St-Estèphe erreicht, und trotz der Qualität dieser ersten Weingärten der Châteaus Cos d'Estournel und Lafon-Rochet, die gegenüber Pauillac auf der anderen Seite des Bachs Jalle du Breuil liegen, wird der Kies zunehmend durch Lehm ersetzt. Wir befinden uns wieder etwas weiter nördlich, und die Reifezeit dauert etwas länger als zum Beispiel in Margaux. Hier wird in erheblich größerem Umfang die früher reifende Merlot-Traube angebaut, um aus dem Lehmboden ein fleischigeres Aroma herauszuholen. Trotz der Größe der Appellation St-Estèphe, die mit 1265 Hektar nur wenig kleiner ist als Margaux, wurden 1855 lediglich fünf Güter klassifiziert. Die besten Weine sind sehr gut, voll, körperreich und aromatisch, doch Sie liegen nicht so falsch, wenn Sie manchmal den Eindruck haben, dass es ihnen an Duft fehlt und sie vage an den Lehm erinnern, auf dem sie wachsen.

HAUT-MÉDOC

St-Estèphe bildet den nördlichen Abschluss der bedeutenden Médoc-Orte. Doch von den Toren von Bordeaux bei Blanquefort bis nach St-Seurin-de-Cadourne, ein paar Kilometer nördlich von St-Estèphe, gibt es Flecken außerhalb der Hauptorte mit guter Entwässerung und manchmal etwas Kies. Häufig sind diese Rebflächen mit Wald durchsetzt, und fast alle dürfen die Appellation Haut-Médoc führen. Es gibt sogar fünf Crus Classés innerhalb der Appellation Haut-Médoc, doch abgesehen davon weisen wenige Erzeugnisse die aufregende Note der Weine auf, die von den Kiesböden stammen. Gute Winzer machen guten Wein. Doch um wahrhaft großen Wein zu erzeugen, benötigt man zuweilen auch die Hilfe des Allmächtigen.

MÉDOC

Nördlich von St-Seurin liegt das Bas-Médoc, das als Appellation die Bezeichnung Médoc führt, um das Ego der Erzeuger nicht zu beeinträchtigen. Es ist eine flache, angenehme Landschaft mit 5431 Hektar Reben und reicht bis zur Spitze der Médoc-Halbinsel. Die Rebflächen enden jedoch kurz hinter Valeyrac. Vieles deutet hier noch auf die Marschlandschaft hin, aus der das ganze Gebiet einmal bestand, bevor es die Holländer im achtzehnten Jahrhundert trockenlegten. Als Weinbaugebiet ist sie nicht gerade ideal, auch wenn es ein paar Kiesanhöhen und einen gewissen Anteil sandigen Tons gibt. Insgesamt wird hier ein ordentlicher, kräftiger Rotwein erzeugt, zuweilen auch ein wirklich guter Tropfen wie in den Châteaus Potensac, Tour-Haut-Caussan oder La Tour-du-Haut-Moulin.

Das Médoc-Ufer der breiten Gironde wird von solchen kleinen Fischerhütten auf Stelzen begleitet. Die Weinberge und die Appellation beginnen nur wenige hundert Meter landeinwärts.

AC-GEBIETE UND WICHTIGE CHÂTEAUS

1. Ch. Tour Haut-Caussan
2. Ch. Potensac
3. Ch. Charmail
4. Ch. Sociando-Mallet
5. Ch. les Ormes de Pez
6. Ch. de Pez
7. Ch. Calon-Ségur
8. Ch. Phélan-Ségur
9. Ch. Montrose
10. Ch. Haut-Marbuzet
11. Ch. Lafon-Rochet
12. Ch. Cos d'Estournel
13. Ch. Lafite-Rothschild
14. Ch. Clerc-Milon
15. Ch. Mouton-Rothschild
16. Ch. Pontet-Canet
17. Ch. Grand-Puy-Lacoste
18. Ch. Lynch-Bages
19. Ch. Batailley
20. Ch. Haut-Batailley
21. Ch. Pichon-Longueville
22. Ch. Pichon-Longueville-Comtesse-de-Lalande
23. Ch. Latour
24. Ch. Léoville-Las-Cases
25. Ch. Léoville-Poyferré
26. Ch. Talbot
27. Ch. Langoa-Barton Ch. Léoville-Barton
28. Ch. Ducru-Beaucaillou
29. Ch. Beychevelle
30. Ch. Branaire
31. Ch. St-Pierre
32. Ch. Gruaud-Larose
33. Ch. Lagrange
34. Ch. Belgrave

PAUILLAC = AC-GEBIETE — AC-GRENZEN

0 km 1 2

Graves und Pessac-Léognan

Ich frage mich, auf wie vielen berühmten alten Graves-Weingärten ich schon herumgelaufen, mit dem Auto oder dem Zug gefahren oder mit dem Flugzeug gelandet bin, ohne es zu wissen. Die meisten der renommierten Graves-Anbauflächen, die es vor hundert Jahren gab, sind längst der ausufernden Stadt Bordeaux und dem Ausbau des Flughafens zum Opfer gefallen. Zu Beginn des 20. Jahrhunderts gab es in den drei Hauptgemeinden nahe der Metropole Bordeaux – Talence, Pessac und Mérignac – noch 168 Weingüter. Heute sind es nur noch neun. Allein Mérignac besaß damals 22 Weingüter, wo heute der internationale Flughafen, Hotels und Gewerbeparks angesiedelt sind. Es ist gerade noch ein Gut übrig geblieben, das mit letzter Kraft dem Ansturm des Fortschritts trotzt.

Man kann nicht alles haben. Jahrhundertelang war die Graves-Region das Zentrum für die Produktion erstklassiger Weine im Bordelais, da sie in unmittelbarer Nähe der Metropole lag. In den Tagen, als der Transport schwierig und gefährlich war, hatte die Nähe zur Stadt lebenswichtige Bedeutung. Bordeaux wurde zum Teil als Hauptlieferant des französischen Weins für Nordeuropa und später Amerika reich und mächtig. So war es ein ganz natürlicher Prozess, dass die Stadt sich immer mehr ausdehnte.

Was die Städtebauer nicht wussten – und worüber sie sich wohl auch keine Sorgen machten –, war, dass der einzigartige Kiesboden, der der Region Graves den Namen gab, nicht unerschöpflich ist. Er ist nur in einer kleinen Zone nahe dem Zentrum von Bordeaux vorhanden. Sehen Sie sich Talence und Pessac im Panorama an. Diese beiden Gemeinden haben den besten Boden im Graves, doch zwischen den Vorstadtvillen bleibt kaum noch Platz für Rebzeilen. Oder Léognan: Hier tauchen wenigstens ein paar Weinfelder auf. Wenige Kilometer weiter südlich verschwindet der Kies allmählich, um Sand und Ton Platz zu machen. In diesen südlichen Gefilden des Graves, bis hinunter nach Langon, gibt es gute Weine in Hülle und Fülle, doch keine Spitzenerzeugnisse.

Die Region Graves beginnt nördlich von Bordeaux bei der Jalle de Blanquefort, einem Bach, der die südliche Begrenzung des Médoc bildet, erstreckt sich westlich von Bordaux über eine Entfernung von 90 km nach Süden und endet bei Langon. Die Rebpflanzungen bedecken heute 5492 Hektar, gegenüber mehr als 10 000 Hektar vor hundert Jahren. Davon liegen 1555 Hektar im Appellationsbereich Pessac-Léognan, 96 Hektar können für die Erzeugung der raren lieblichen Graves Supérieures verwendet werden, und der Rest führt die Appellation Graves. Seit 1987 wird der traditionellen Überlegenheit des Bodens unmittelbar südlich und westlich von Bordeaux durch die Vergabe einer eigenen Appellation für Pessac-Léognan Rechnung getragen, die zehn Gemeinden umfasst. Alle 16 Crus Classés des Graves-Gebiets stammen aus dem Bereich Pessac-Léognan.

Hier in Pessac-Léognan herrschen die mächtigen Kiesbänke vor, deren Gestein über die Jahrtausende hinweg in den Pyrenäen abgetragen und hier angeschwemmt wurde, und die ausgezeichnete Qualität der Rotweine, die ein solcher Boden hervorbringen kann, ist kein neues Phänomen: So notierte der englische Beamte Samuel Pepys 1663 in seinem bekannten Tagebuch, dass er auf »eine Art von französischem Wein mit dem Namen Ho Bryan« gestoßen sei, »der einen guten und ganz besonderen Geschmack hat«. Er muss Haut-Brion gemeint haben, immer noch das führende Château von Pessac-Léognan und einer der größten Bordeaux-Weine schlechthin. In dieser Notiz von 1663 wird zum ersten Mal in englischer Sprache der Name eines bestimmten Weinguts empfohlen, und es liegt nahe, dass es sich dabei um den besten Bordeaux-Wein handelte, der damals erzeugt wurde – oder den mit dem besten Marketing.

NÖRDLICHES GRAVES UND PESSAC-LÉOGNAN

NORD-SÜD-AUSDEHNUNG 25 KM

REBFLÄCHEN

N

ROTWEINE

In jener Zeit waren die Graves-Weine sicherlich fast immer rot. Die schützenden Kiefernwälder im Westen, die Garonne im Osten und der helle, wasserdurchlässige Kiesboden sowie die Tatsache, dass die Rebflächen von Graves die südlichsten im Bordelais sind: Alle diese Faktoren werden dazu beigetragen haben, dass die Trauben hier früher reif wurden als im Médoc oder in St-Émilion.

Selbst heute steht Pessac-Léognan noch in dem Ruf, auch in weniger guten Jahren gute Rotweine hervorzubringen, da hier die Trauben von Cabernet Sauvignon und Merlot noch rechtzeitig reif werden, bevor die Herbststürme vom Golf von Biskaya her über das Land brausen. In wirklich heißen Bordeaux-Jahren wie 1982, 1989, 1990 und 2000 können die Rebstöcke sogar unter Hitzestress leiden – ein seltenes Phänomen im eher kühlen Bordelais. Wenn Sie den klassischen Graves-Geschmack wünschen – eine weiche Erdigkeit, eine runde, aber kühle Frucht von Backpflaumen und Schwarzen Johannisbeeren und, wenn der Wein altert, einen hinreißenden Tabak- und Zedernduft –, sollten Sie die kühleren Jahrgänge wie 1996 und 1998 wählen.

WEISSWEINE

Etwa 35 % der Rebflächen sind mit weißen Sorten bepflanzt, mit Sémillon, Sauvignon und vereinzelt etwas Muscadelle, um das Bukett noch durch eine exotische Nuance zu bereichern, wenn nötig. Mit Ausnahme geringer Mengen hervorragender Weine von Gütern wie den Châteaus Haut-Brion, Laville-Haut-Brion und Domaine de Chevalier waren weiße Graves-Weine jahrzehntelang der Inbegriff für flache, schweflige, nicht ganz trockene Flüssigkeiten, Produkte vorsintflutlicher Weinbereitungsmethoden. Selbst die meisten Grand-Cru-Güter produzierten eher faden, mittelmäßigen Wein. Die explosionsartig steigende Nachfrage nach gutem Weißwein in den Achtzigerjahren und die anschließende drastische Preissteigerung bei Weißweinen aus dem Burgund und weißen Sauvignons von der Loire waren Anlass für die fortschrittlicheren Winzer, sich mehr zu engagieren. Schließlich sind Sémillon und Sauvignon gute Traubensorten und ergänzen einander perfekt, und sowohl der Kiesboden von Pessac-Léognan als auch der sandigere Boden im südlichen Graves sind gute Voraussetzungen für die Herstellung von erstklassigem Weißwein.

Alles, was Not tat, waren der Wille zur Verbesserung, das Know-how und einige Investitionen, bis in den 1980er und 1990er Jahren beinahe alle wichtigen Güter, angeführt von der Domaine de Chevalier sowie den Châteaus de Fieuzal, la Louvière und Smith-Haut-Lafitte, ihre Kellereien modernisierten und die meisten Winzer begannen, neue Eichenfässer für die Fermentation und den Ausbau ihrer Weine zu verwenden. Zwar sind Graves und Pessac-Léognan hauptsächlich für ihre Rotweine bekannt, doch erreichen die Weißweine heute leicht die gleiche Qualität und gehören inzwischen ohne Zweifel zu den aufregendsten Weinen Frankreichs.

DIE KLASSIFIKATION DER GRAVES-WEINE VON 1959

Die Graves-Weine wurden erstmals 1953 klassifiziert, jedoch nur der Rotwein. Die Weißweine kamen 1959 hinzu. Nach den alphabetisch aufgeführten Châteaus werden der Ort und der klassifizierte Wein in Klammern genannt.

Bouscaut (Cadaujac, rot und weiß), Carbonnieux (Léognan, rot und weiß), Domaine de Chevalier (Léognan, rot und weiß), Couhins (Villenave d'Ornon, weiß), Couhins-Lurton (Villenave d'Ornon, weiß), Fieuzal (Léognan, rot), Haut-Bailly (Léognan, rot), Haut-Brion (Pessac, rot), Laville-Haut-Brion (Talence, weiß), Malartic-Lagravière (Léognan, rot und weiß), La Mission-Haut-Brion (Talence, rot), Olivier (Léognan, rot und weiß), Pape-Clément (Pessac, rot), Smith-Haut-Lafitte (Martillac, rot), La Tour-Haut-Brion (Talence, rot), La Tour-Martillac (Martillac, rot und weiß)

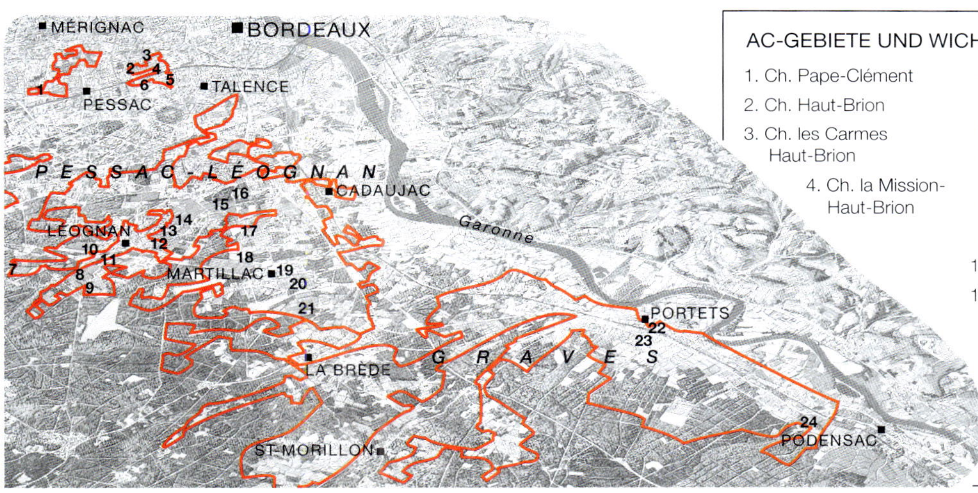

AC-GEBIETE UND WICHTIGE CHÂTEAUS

1. Ch. Pape-Clément
2. Ch. Haut-Brion
3. Ch. les Carmes Haut-Brion
4. Ch. la Mission-Haut-Brion
5. Ch. la Tour-Haut-Brion
6. Ch. Laville-Haut-Brion
7. Domaine de Chevalier
8. Ch. de Fieuzal
9. Ch. Haut-Gardère
10. Ch. Haut-Bergey
11. Ch. Malartic-Lagravière
12. Ch. Larrivet-Haut-Brion
13. Ch. Haut-Bailly
14. Ch. la Louvière
15. Ch. Carbonnieux
16. Ch. Couhins-Lurton
17. Ch. Smith-Haut-Lafitte
18. Ch. de Rochemorin
19. Ch. Latour-Martillac
20. Ch. la Garde
21. Ch. de Cruzeau
22. Ch. Vieux-Château-Gaubert
23. Ch. Rahoul
24. Ch. de Chantegrive

GRAVES = AC-GEBIETE

AC-GRENZEN

WO DER WEIN WÄCHST *Wenn ich Pessac-Léognan und Graves besuche, bin ich immer wieder überrascht, wie wenig Rebflächen es in dieser illustren Weinregion gibt. Eine Menge Vorortvillen, ausgedehnte Kiefernwälder, ein paar Wiesen und ein paar Obstgärten, aber erstaunlich wenige große Weinberge. Dieses Panorama zeigt im Detail, dass dieses berühmte Weinbaugebiet – die ursprüngliche Quelle für die Bordeaux-Weine, die ab dem zwölften Jahrhundert nach Nordeuropa exportiert wurden – wirklich nicht besonders viele Weinbauflächen besitzt. Die Rebpflanzungen machen lediglich 5492 Hektar aus, gegenüber mehr als 10 000 Hektar vor hundert Jahren. Viele Anbauflächen, die im letzten Jahrhundert verschwunden sind, befanden sich im oberen linken Bereich des Panoramas, der heute von Teilen der Stadt Bordeaux eingenommen wird. Die bedeutendsten verbliebenen Güter in den Vororten von Bordeaux sind Château Pape-Clément in Pessac und die Châteaus Haut-Brion und La Mission-Haut-Brion in Talence – zu erkennen als kleine grüne Flecken, die auf allen Seiten von Ansiedlungen umgeben sind.*

Der andere bedeutende Bereich von Pessac-Léognan umfasst die kleinen Gemeinden Léognan, Cadaujac und Martillac. Südlich davon erstrecken sich die weniger kieshaltigen, sandigeren Böden am linken Ufer der Garonne, über die Süßwein-Enklaven Cérons, Sauternes und Barsac hinweg, bis sie schließlich südlich von Langon auslaufen. Die Weingebiete am gegenüberliegenden hügeligen Ufer der Garonne sind die Premières Côtes de Bordeaux.

ROTE REBSORTEN

Die Hauptsorte ist Cabernet Sauvignon, ergänzt durch Cabernet Franc, einen höheren Anteil von Merlot als im Médoc und etwas Malbec.

WEISSE REBSORTEN

Sémillon und Sauvignon Blanc dominieren, gelegentlich gibt es geringe Mengen von Muscadelle.

KLIMA

Die südlichsten Weingebiete im Bordelais sind etwas wärmer und feuchter als das Médoc und begünstigen bei den meisten Sorten eine frühere Reifung.

BODEN

Im Norden des Gebiets, dicht bei Bordeaux, bestehen die oberen Bodenschichten meist aus Kies und gehen weiter südlich in ein Sand-Ton-Gemisch über, das mit Kalkstein versetzt ist.

TOPOGRAFIE

Außerhalb des riesigen Stadtbezirks von Bordeaux besteht die Landschaft aus welligen Hügeln, Wald und zahlreichen kleinen Tälern. Sie liegt generell höher als das Médoc und bietet sanfte Hanglagen mit günstiger Ausrichtung zur Sonne. Dieser Umstand sorgt zusammen mit der insgesamt höheren Temperatur für die frühere Reifung der Trauben.

Der Maßstab des weißen Pessac-Léognan, der wunderbar profilierte Frucht mit Eichennoten brillant vereint.

St-Émilion, Pomerol und Fronsac

ROTE REBSORTEN
Merlot gedeiht am besten auf den kühleren, schwereren Lehmböden von St-Émilion und Pomerol; auf Kiesausstrichen wachsen unterschiedliche Anteile Cabernet Franc und Cabernet Sauvignon. Es gibt auch ein wenig Malbec.

KLIMA
Der maritime Einfluss wird schwächer, die Sommer sind wärmer und die Winter kälter. Hier ist es trockener als im Médoc, mit häufigen, manchmal strengen Frösten.

BODEN
Ein komplexes Muster aus Kiesablagerungen, Sand und Lehm, vermischt mit Kalkstein. Die Spitzenanbauflächen befinden sich auf den »côtes« um St-Émilion und auf den Kiesflächen von Pomerol/Figeac.

TOPOGRAFIE
Allgemein flach, besonders in Pomerol, steigt das Land in den »côtes« südlich und südwestlich von St-Émilion steil an. Sonst ist das Gelände leicht wellig.

Pomerol ist eine Welt kleiner Weinberge und schlichter Häuser, in denen weltberühmte Weine entstehen. Dies ist Le Pin, das so berühmt und so unscheinbar ist wie nur möglich.

Welchen Unterschied 30 km ausmachen können! Wenn man Bordeaux, die wohlhabende, kosmopolitische Großstadt, auf der N89 verlassen und die Dordogne überquert hat, kommt man in eine ganz andere Welt. Die Hauptstadt dieser Region, Libourne, hat nichts von der majestätischen Größe von Bordeaux mit seinen Häuserfronten und Kais, die von einer bedeutenden Handelstradition erzählen. Libourne hat zwar auch einen Kai, an dem sich unter ein paar Weiden am Ufer der Dordogne die Häuser der Weinhändler zusammendrängen, doch hat man eher den Eindruck einer Spielzeugstadt. Die Weingüter haben nichts von dem charmanten Flair des Landlebens, das so viele Güter in Pessac-Léognan ausstrahlen, nichts von dem stolzen Selbstbewusstsein der großen Châteaus im Médoc. Das Libournais ist so randvoll mit Rebpflanzungen, dass kaum Platz für Wiesen und Gehölze bleibt. Anders als im Médoc wird hier ganz nüchterner Weinbau betrieben, ohne Angeberei und aufgeblasenes Getue. St-Émilion verfügt über 5682 Hektar Weinland, das auf mehr als 1000 Winzer aufgeteilt ist. Pomerol hat lediglich 832 Hektar, der durchschnittliche Besitz ist nur 4 Hektar groß. Ein erfolgreiches Gut im Médoc verfügt meist über 40 Hektar. So suchen wir hier vergeblich nach den beeindruckenden architektonischen Spielereien, die die einförmige Landschaft des Médoc beleben. Abgesehen von einigen Ausnahmen bestehen die Weingüter im Libournais aus robusten, nüchternen Bauernhäusern. Selbst die astronomisch teuren, in winzigsten Mengen produzierten Supercuvées, die so in Mode sind, werden mit gutem Grund »Garagenweine« genannt.

Es gibt jedoch auch erfreuliche Überraschungen in dieser Region. St-Émilion ist ein altes Städtchen, gezwängt in einen Einschnitt in dem Kalkplateau, das über dem flachen Dordogne-Tal aufragt. Die holprigen Pflasterstraßen sind eng und steil. Die gesamte Stadt wurde zum Baudenkmal erklärt, um sie der Nachwelt zu erhalten, und 1999 kam die ganze Appellation auf die UNESCO-Liste des Weltkulturerbes.

Und dann die Aromen. Oder besser: das Aroma, denn die ganze Pracht der meisten großen Weine von Pomerol und St-Émilion ist auf die Dominanz einer einzigen Sorte, der Merlot, zurückzuführen. Die roten Bordeaux-Weine sind berühmt für ihre Unnahbarkeit in ihrer Jugend und ihre ausgezeichnete Alterungsfähigkeit. Diesen Ruf haben sie dem Médoc zu verdanken, wo fast ausschließlich Cabernet Sauvignon angebaut wird. Die Cabernet-Weine sind streng und aggressiv, solange sie jung sind, während Merlot-Weine von Anfang an eine saftige, an süße Früchte gemahnende Üppigkeit aufweisen. Die besten Weine aus Pomerol oder St-Émilion können so alt werden wie die besten Médocs, sind jedoch in ihrer Jugend schon so begehrt, dass die meisten von ihnen gar keine Chance haben, ein würdiges Alter zu erreichen.

Hier wird nur wenig Cabernet Sauvignon angebaut, vielleicht 15 %. Der Mangel an warmem Kiesboden im Libournais bedeutet, dass diese Rebsorte selten zur adäquaten Reife kommt, obwohl das Klima wärmer und etwas kontinentaler geprägt ist als im Médoc. Ausnahmen bilden lediglich das Château Figeac in St-Émilion und das Château Vieux-Château-Certan in Pomerol, wo diese Sorte die richtige Reife erlangt. In Pomerol und St-Émilion erzielt der Cabernet Franc erheblich bessere Ergebnisse als der Cabernet Sauvignon, vor allem dort, wo der Boden einen merklichen Anteil an Kalkstein aufweist: Das bedeutende Château Cheval Blanc erzeugt fast 60 % Cabernet Franc.

Obwohl hier bereits seit den Zeiten der Römer Wein angebaut wird, ist es noch nicht so lange her, dass St-Émilion sich zu einem der Stars unter den Bordeaux-Weinen entwickelt hat, und der vorzügliche Ruf von Pomerol ist noch jüngeren Datums. Die Geschichte und die Geografie hatten sich gegen beide Gebiete verschworen. Der Großteil des Exporthandels von Bordeaux-Weinen wurde immer in Bordeaux selbst abgewickelt. Die Entfernung von gut 30 km mag heute als vernachlässigbar erscheinen, doch bis etwa 1820 gab es zwischen Bordeaux und Libourne keine Brücken über die Garonne und die Dordogne. Nur wenige Bordeaux-Händler fühlten sich veranlasst, die kurze, aber beschwerliche Reise ins Libournais zu unternehmen, wenn sie Graves und Médoc vor ihrer Haustür hatten. So bildete sich eine Gruppe von Libourne-Händlern für den Vertrieb der lokalen Kreszenzen. Sie wurden jedoch allgemein mit Herablassung betrachtet, und die Weine aus dem Libournais fanden wenig Beachtung und erzielten nur niedrige Preise. Mit der Eröffnung der Eisenbahnlinie von Paris nach Bordeaux im Jahr 1853, die über Libourne führt, wurden die dortigen Erzeuger endlich von der Knechtung durch die Bordeaux-Händler befreit. Seit dieser Zeit ist einer der Hauptpfeiler der Libournais-Weine der Markt in Nordfrankreich, Belgien und Holland, der heute noch dankbar jeden Wein abnimmt, der angeboten wird, auch wenn in der Klassifizierung der Bordeaux-Weine von 1855 kein einziger Wein aus dem Libournais enthalten war.

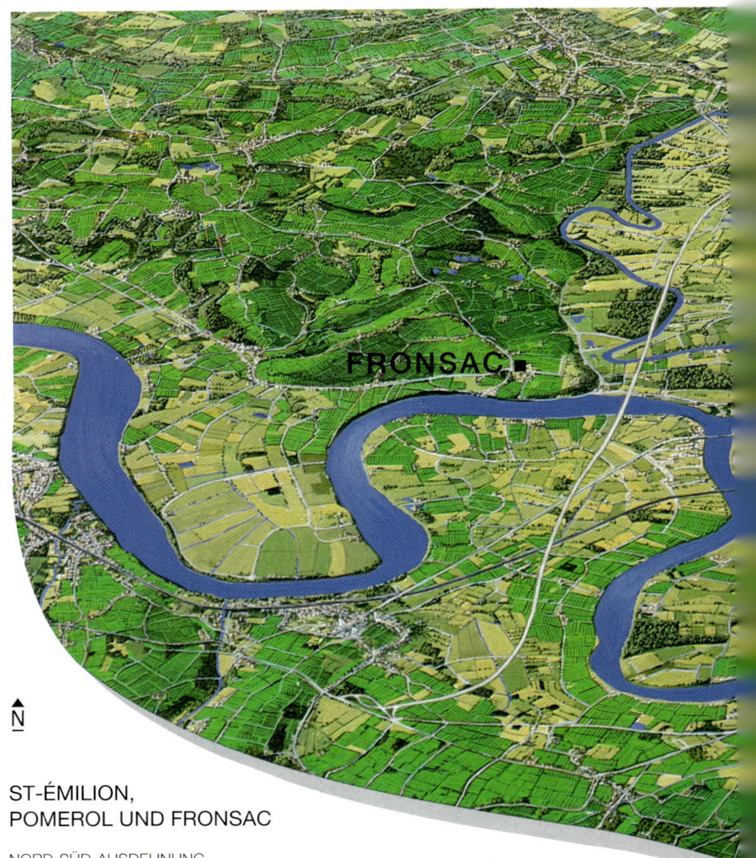

ST-ÉMILION,
POMEROL UND FRONSAC

NORD-SÜD-AUSDEHNUNG
20 KM

REBFLÄCHEN

KLASSIFIKATIONEN

St-Émilion ist in zwei Appellationen geteilt, die einfache St-Émilion AC und den St-Émilion Grand Cru. Letzterer hat inzwischen sein eigenes Klassifizierungssystem (siehe S. 47), bei dem die Weine alle zehn Jahre einer Neubewertung unterzogen werden. Diese Methode könnte sich zu einem der besten Systeme seiner Art entwickeln. Die Klassifizierung umfasst zwei Kategorien: Premier Grand Cru Classé mit den Gruppen A und B sowie Grand Cru Classé. Gegenwärtig gibt es trotz der Änderungen in der Revision 1996 – namentlich die Beförderung von Angélus und die Wiederernennung von Beau-Séjour-Bécot zum Premier Grand Cru Classé – immer noch einige kleine Erzeuger, die als Grand Cru Classé eingestuft sind, im Médoc jedoch kaum den Cru Bourgeois erreichen würden. Während einerseits noch mehr Weine herabgestuft werden müssen, verdienen andere eine höhere Bewertung.

WO DER WEIN WÄCHST *Das Libournais ist eine Rotweinregion nördlich der Dordogne. Libourne erlangte Bedeutung als Versandhafen für alle Weine, die an den Ufern der Dordogne erzeugt wurden, und ist immer noch die Basis der wichtigsten Handelshäuser, die Fronsac-, Pomerol- und St-Émilion-Weine vermarkten.*

Die Hänge und Hügel westlich von Libourne gehören zu Fronsac und Canon-Fronsac. Bis zum 19. Jahrhundert galten die Fronsac-Weine als in der Gegend führend. Heute hat das Gebiet östlich von Libourne größere Bedeutung. Die Weine von Pomerol und St-Émilion erzielen eine bedeutend höhere Qualität.

Aus der Luft erscheint die Landschaft wie ein gleichförmiger Teppich von Rebstöcken. Doch unter der Oberfläche gibt es eine faszinierende Vielfalt von Böden, die unterschiedliche, jedoch immer exzellente Weine hervorbringen. Südlich der Stadt St-Émilion liefert ein enges Tal in einem Plateau die nach Süden und Osten weisenden Hänge der Côtes, von denen viele der besten Weine von St-Émilion kommen.

AC-GEBIETE UND WICHTIGE CHÂTEAUS

1. Ch. Fontenil
2. Ch. Grand Renouil
3. Ch. Latour-à-Pomerol
4. Ch. Trotanoy
5. Ch. le Pin
6. Ch. l'Eglise-Clinet
7. Ch. Petit-Village
8. Vieux-Château-Certan
9. Ch. Lafleur
10. Ch. la Fleur-Pétrus
11. Ch. la Conseillante
12. Ch. Pétrus
13. Ch. l'Évangile
14. Ch. Gazin
15. Ch. Cheval Blanc
16. Ch. Figeac
17. Ch. Angélus
18. Ch. Beauséjour
19. Ch. Magdelaine
20. Ch. Canon
21. Ch. Belair
22. Ch. Canon-la-Gaffelière
23. Ch. Ausone
24. Ch. Valandraud
25. Ch. Pavie
26. Ch. Pavie-Macquin
27. Clos de l'Oratoire
28. Ch. Troplong-Mondot
29. La Mondotte
30. Ch. Tertre-Rôtebœuf
31. Ch. Monbousquet

POMEROL = AC-BEREICHE

AC-GRENZEN

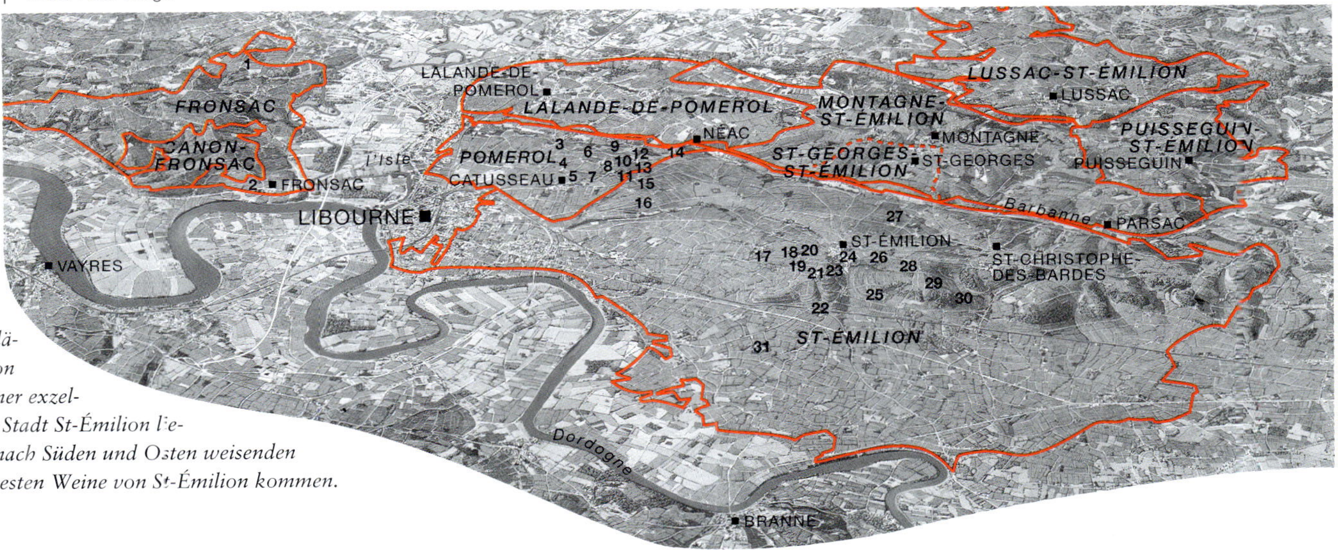

Mit Weinbergen am Fuß der Côtes von St-Émilion, deren Boden aus Kalkstein, Ton und Sand besteht, produziert Château Angélus seine überbordenden, mächtigen Weine.

Pomerol besitzt kein Klassifizierungssystem und scheint auch keines zu benötigen, da die Weine dieser Gemeinde heute die höchsten Preise aller Bordeaux-Weine erzielen. Dies ist ein bemerkenswerter Erfolg. Pomerol erhielt erst 1923 die offizielle Appellation Contrôlee, und ich habe noch nach dem Zweiten Weltkrieg Bücher gelesen, die Pomerol herablassend als Anhängsel des benachbarten St-Émilion beschrieben. Die Autoren hatten sicher nie eine Flasche aus Pomerol probiert.

Das intensiv landwirtschaftlich genutzte Libournais ist fast eine reine Rotweinregion. Lediglich ein paar Weißweine werden östlich von St-Émilion erzeugt. Wir wollen uns hier jedoch mit den reinen Rotweingebieten von Fronsac, Pomerol und St-Émilion und dessen »Satelliten« an den nördlichen Ufern der Dordogne befassen.

ST-ÉMILION

Ein großer Teil des Weins von St-Émilion wird immer noch in Kellern gelagert, die in den Zeiten der Römer in den Kalkstein gehauen wurden. Es gibt keinen Zweifel, dass die Römer in St-Émilion Wein herstellten, und die neuere Geschichte des Weinbaus lässt sich bis 1289 zurückverfolgen, als Edward I., König von England und Herzog der Gascogne, unter Einbeziehung von acht Gemeinden die Grenzen für St-Émilion festlegte, die bis heute praktisch unverändert geblieben sind.

Trotz der Nähe des Golfs von Biskaya ist das Klima von St-Émilion kontinentaler als im weiter nordwestlich liegenden Médoc. Zwar herrschen in St-Émilion nachts niedrigere Temperaturen, doch ist dank höherer Tagestemperaturen und geringerer Niederschläge zwischen Sommer und Herbst in den meisten Jahren eine frühe Ernte möglich.

Die einzigen Gebiete mit Wärme speicherndem Kiesboden in der Region sind die kleine »graves«-Zone zwischen St-Émilion und Pomerol und einige Kiesflächen unten an der Dordogne. Das Fehlen dieser Voraussetzungen überall sonst in diesem Gebiet verzögert die Reifung und erklärt die heutige Dominanz der Merlot-Traube in St-Émilion. Diese Sorte reift früh und fühlt sich in kühlen, feuchten, fruchtbaren Lehmböden einigermaßen wohl. Selbst wo die Böden in St-Émilion wärmer und besser entwässert sind, gibt man dem Cabernet Franc den Vorzug vor dem Cabernet Sauvignon.

Ein Hauptgrund für die Begeisterung der Winzer für Cabernet Franc oder Bouchet, wie diese Rebe hier genannt wird, ist das weit verbreitete Vorkommen von Kalksteinböden. Ebenso wie Cabernet Franc sich auf den Kalkböden im Loire-Tal wohl fühlt, gedeihen Merlot und Cabernet Franc bestens auf dem Plateau, das die Stadt St-Émilion umgibt, und den steilen Hängen, die zur Dordogne hin abfallen. Die besten Weine stammen fast alle von diesen Abhängen des Plateaus unmittelbar südlich und südwestlich von St-Émilion.

In nördlicher und westlicher Richtung von St-Émilion fällt das Gelände langsam ab. Diese Lagen, die man »sables anciens«, alte Sande, nennt, bringen für Sandböden typische, angenehm weiche, doch keine bemerkenswerten Weine hervor. Doch lassen Sie sich überraschen. Kurz bevor wir nun auf der D245 die Grenze zur Appellation Pomerol überschreiten, geht es abwärts in ein Bachtal, hinter dem das Land sich in einer Reihe von Wellen nach Norden hin zu erheben scheint. Hier tritt noch einmal der mächtige Kiesboden zu Tage, der für die meisten Gebiete im Bordelais so wichtig ist. Es handelt sich hier nur um etwa 60 Hektar, die mit mehr Cabernet Sauvignon und Cabernet Franc als mit Merlot bepflanzt sind und zwei der herrlichsten aller St-Émilion-Weine – Figeac und Cheval Blanc – hervorbringen.

DIE SATELLITEN VON ST-ÉMILION

Nördlich des Flüsschens Barbanne, das die natürliche Begrenzung von St-Émilion und Pomerol bildet, liegen vier Appellationen. Diese pflegten ihre Weine früher einfach als St-Émilion zu verkaufen, wurden jedoch 1936 gezwungen, ihren eigenen Namen mit einem Bindestrich der Bezeichnung St-Émilion voranzustellen. Dabei handelt es sich um St-Georges, Montagne, Lussac und Puisseguin, die unter dem Begriff »Satelliten von St-Émilion« zusammengefasst werden. Die Weine sind dem St-Émilion ähnlich, ziemlich weich, doch zuweilen etwas erdig, und erzielen nicht ganz das Bukett und die üppige Fülle eines wirklich guten St-Émilion.

POMEROL

Außer Feldern, Rebstöcken und einem hohen Kirchturm gibt es in Pomerol nicht viel zu sehen. Es scheint sich wieder einmal zu bestätigen, dass die eintönigsten Rebflächen die eindrucksvollsten Buketts hervorbringen können. So ist es auch hier in Pomerol, das sich in das flache Land nördlich und östlich von Libourne schmiegt. In diesem kleinen Gebiet, das nur 832 Hektar Weinbaufläche besitzt, finden wir eine überraschende Vielfalt von Bodentypen, die zu der faszinierenden Palette von Aromen beitragen, die diese Weine auszeichnen. Unter den Rebsorten hier ist die saftige Merlot-Traube die unumschränkte Herrscherin. Die Weine von Pomerol gehören zu den köstlichsten, stärksten und sinnlichsten Rotweinen der Welt, was sie der Merlot-Traube verdanken, die mit einem geringeren Anteil von Cabernet Franc und Cabernet Sauvignon verschnitten wird. Jede Rebsorte braucht nun einmal die für sie perfekte Lage – und für die Merlot-Traube ist Pomerol der ideale Standort.

Die Merlot-Rebe liebt lehmigen Boden, und in Pomerol gibt es Mengen davon; auf Lehm gewinnt Merlot die Struktur, die er an den

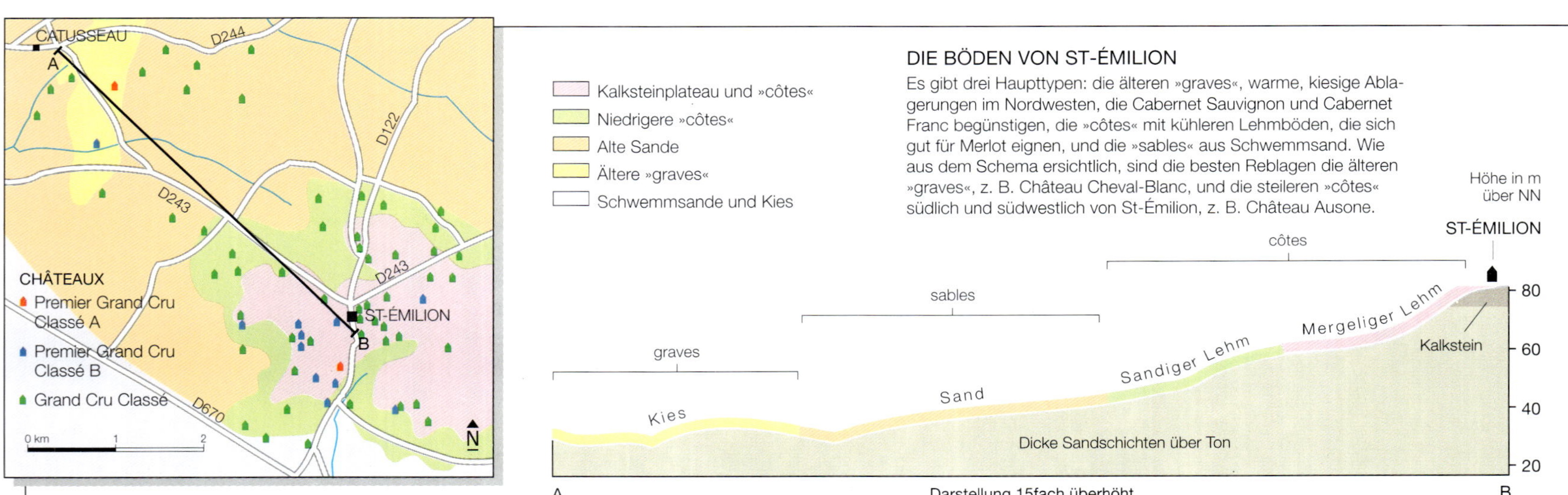

DIE BÖDEN VON ST-ÉMILION

Es gibt drei Haupttypen: die älteren »graves«, warme, kiesige Ablagerungen im Nordwesten, die Cabernet Sauvignon und Cabernet Franc begünstigen, die »côtes« mit kühleren Lehmböden, die sich gut für Merlot eignen, und die »sables« aus Schwemmsand. Wie aus dem Schema ersichtlich, sind die besten Reblagen die älteren »graves«, z. B. Château Cheval-Blanc, und die steileren »côtes« südlich und südwestlich von St-Émilion, z. B. Château Ausone.

meisten restlichen Plätzen der Welt nicht erreicht. Da hier praktisch das gleiche, für das Bordelais recht warme Klima herrscht wie in St-Émilion, erreicht die Merlot-Traube in den meisten Jahren ihren perfekten Reifegrad. Im Herzen von Pomerol liegt das imposante Château Pétrus mit seinem tiefen Lehmboden, der mit etwas Sand und dicken Brocken aus eisenhaltigem Ortstein vermischt ist, ähnlich dem umgebenden Plateau, das gerade 35 m hoch ist und sich fast 2 km weit vom Château Trotanoy im Westen über die Grenze zu St-Émilion zum Château Cheval Blanc erstreckt.

Fast alle großen Pomerol-Weine entstammen diesem mit Reben voll gepackten Landstrich. Er ist der Mittelpunkt der Appellation, doch hat Pomerol noch mehr zu bieten. Je mehr sich die Weinfelder vom Zentrum entfernen, desto mehr Kiessand enthält der Boden, und die Weine verlieren die aufregende Fülle der größten Pomerol-Weine, sind aber immer noch von erlesener Qualität. Wo die Rebflächen die Stadt Libourne erreichen und sich über ihre nördlichen Vororte erstrecken, wird der Kies sandiger, dann folgen Sand und sandiger Ton. Die hier angebauten Reben bringen immer noch edle, aber nicht mehr so üppige Weine hervor.

LALANDE-DE-POMEROL

Nördlich von Pomerol, jenseits der Barbanne, findet sich die Appellation von Lalande-de-Pomerol mit ihren 1148 Hektar Rebflächen. Im Allgemeinen bringen die Kiessandböden attraktive, etwas schlankere Versionen des Pomerol-Typs hervor. Die Gemeinde Néac, die ihre Weine unter ihrem eigenen Namen verkauft, besitzt jedoch ein günstiges Kiesplateau, das einen Wein von sehr ordentlichem Pomerol-Aroma und -Körper zeitigt.

FRONSAC UND CANON-FRONSAC

Fronsac ist eine kleine, landschaftlich sehr schöne Region, die sich aus Anhöhen und tief eingeschnittenen Wasserläufen zwischen der Dordogne und der Isle unmittelbar westlich von Libourne zusammensetzt. Diese hügelige Landschaft ist eine willkommene Abwechslung nach den flachen Monokulturen von Pomerol und dem größten Teil von St-Émilion.

Doch die hier angebauten Weine, die bis zur Mitte des neunzehnten Jahrhunderts größere Beachtung fanden als die von St-Émilion, erreichen mit ein, zwei Ausnahmen nicht deren Glanz. Die Rebflächen sind gut – besonders die nach Süden ausgerichteten schroffen Kalkfelsen des Teilgebiets Canon-Fronsac –, und es wurde in der letzten Zeit viel investiert. Merlot, Cabernet Franc und Malbec sind alle für das Terrain geeignet. Und dennoch: Auch wenn die Weine an die pflaumige Fülle des Pomerol erinnern, auch etwas von seinem mineralischen Gerüst haben und mit dem Alter ein wenig von dem Médoc-typischen Zederdnduft entwickeln, haben die meisten noch nicht zu ihrer eigenen Persönlichkeit gefunden.

DIE KLASSIFIKATION VON ST-ÉMILION VON 1996

St-Émilion wurde erstmals 1954 klassifiziert und wird alle zehn Jahre für die Weinprüfung zugelassen, bei der Château-Weine je nach Leistung herauf- oder herabgestuft werden können. In der Klassifikation von 1996 wurden die Appellationen von St-Émilion von vier auf zwei verringert (St-Émilion Grand Cru AC und den einfachen St-Émilion AC für nicht eingestufte Weine), 1996 wurden Angélus und Beau-Séjour-Bécot zum Premier Grand Cru Classé befördert bzw. wiederernannt.

Premiers Grands Crus Classés A Ausone, Cheval-Blanc
B Angélus, Beau-Séjour-Bécot, Beauséjour-Duffau-Lagarrosse, Belair, Canon, Clos Fourtet, Figeac, La Gaffelière, Magdelaine, Pavie, Trottevieille

Grands Crus Classés L'Arrosée, Balestard-la-Tonnelle, Bellevue, Bergat, Berliquet, Cadet-Bon, Cadet-Piola, Canon-la-Gaffelière, Cap de Mourlin, Le Châtelet, Chauvin, Clos des Jacobins, Clos de l'Oratoire, Clos St-Martin, La Clotte, La Clusière, Corbin, Corbin-Michotte, La Couspaude, Couvent des Jacobins, Curé-Bon, Dassault, La Dominique, Faurie de Souchard, Fonplégade, Fonroque, Franc-Mayne, Grand-Mayne, Grand-Pontet, Les Grandes Murailles, Guadet-St-Julien, Haut-Corbin, Haut-Sarpe, Lamarzelle, Laniote, Larcis-Ducasse, Larmande, Laroque, Laroze, Matras, Moulin-du-Cadet, Pavie-Decesse, Pavie-Macquin, Petit-Faurie-de-Soutard, Le Prieuré, Ripeau, St-Georges-Côte-Pavie, La Serre, Soutard, Tertre-Daugay, La Tour-du-Pin-Figeac (Giraud-Bélivier), La Tour-du-Pin-Figeac (Moueix), La Tour-Figeac, Troplong-Mondot, Villemaurine, Yon-Figeac

DER GRÖSSTE ROTWEIN DER WELT?

Visionen, Leidenschaft, Geld – und ein Paar Gummistiefel sind vonnöten, um den größten Rotwein der Welt herzustellen. Natürlich auch eine ordentliche Anbaufläche mit einem ausgezeichneten, einzigartigen Boden und Untergrund – und hier kommen die Stiefel ins Spiel. Das Château Pétrus besitzt ein winziges Fleckchen Land im Herzen von Pomerol, das aus dem dicksten, zähesten Lehm besteht, den ich je zu betreten wagte. An der Oberfläche ist dieser Lehm mit etwas Sand gemischt, doch je tiefer der Boden wird, desto mehr verwandelt er sich in klumpigen Lehm, bevor er sich mit einem Gestein vermischt, das »crasse de fer« genannt wird – eine widerstandsfähige, feste Schicht aus Eisenortstein, von der sich über Jahrtausende hinweg Brocken abgelöst haben. Bekommt der Wein dadurch eine mineralische Qualität? Tief in dem üppigen, samtweichen Charakter, den alter Merlot haben kann, ist meiner Meinung nach wirklich ein Hauch von mineralischer Frische zu spüren, die ein wunderbares Gegengewicht zu dem orientalischen Duft und der rundhüftigen, sinnlichen Frucht des Pétrus bildet.

Die Anbauflächen von Pétrus nehmen lediglich 11,5 Hektar ein, ursprünglich sogar nur 7 Hektar. Doch bereits 1878 gewann Pétrus als erstes Pomerol-Weingut eine Goldmedaille auf der Pariser Ausstellung. Der heutige Ruhm von Pétrus beruht auf dem glücklichen Zusammentreffen zweier Visionäre – der Madame Loubat, die das Gut bis zu ihrem Tod im Jahr 1961 besaß, und des Händlers Jean-Pierre Moueix. Sie wusste, dass ihr Wein zum Besten gehört, was das Bordelais zu bieten hat. Er glaubte ihr und machte es sich zur Lebensaufgabe, dies der ganzen Welt zu beweisen. Er war auf der ganzen Linie erfolgreich, was nicht nur Pétrus, sondern dem ganzen Bereich von Pomerol zum Ruhm verhalf. Heute wird das Gut von seinem Sohn Christian geleitet, der die Erträge möglichst niedrig hält, indem er seine kostbaren Trauben jeden Juli ausdünnt. Er hat sogar ein Dränagesystem eingeführt, an das die undurchlässigen Lehmböden die Feuchtigkeit abgeben, die sie nicht brauchen. Alle acht oder neun Jahre lässt er jeweils einen Hektar neu bepflanzen, wobei er das Durchschnittsalter von 40 Jahren beibehält und die 60 Jahre alten Rebstöcke so lange wie möglich erhält, um mit ihren winzigen Mengen von konzentriertem Nektar die Komposition zu vervollkommnen.

Wenn bei der Weinlese schlechtes Wetter herrscht, lässt er mit Gebläsen die unerwünschte Feuchtigkeit vertreiben, die den kostbaren Saft verdünnen würde. Die ganze Pflücktruppe von 180 Leuten steht auf Abruf bereit – er schickt sie allerdings erst am Nachmittag in die Reben, wenn jeglicher Tau verdunstet ist. Die Pflücker ernten die gesamte Anbaufläche in zwei oder drei Nachmittagen ab, was bedeutet, dass die Trauben zum Zeitpunkt ihrer optimalen Reife gepflückt werden.

In Pomerol braucht man kein prätenziöses Schloss, um einen großen Wein zu machen: im Bild Château Pétrus, das einen der großartigsten roten Bordeaux liefert.

Süsse Bordeaux-Weine

WEISSE REBSORTEN
Sémillon, die für die Edelfäule empfänglichste Sorte, wird mit geringen Mengen Sauvignon Blanc und gelegentlich etwas Muscadelle verschnitten.

KLIMA
Milder und feuchter als im Graves-Gebiet. Der entscheidende Faktor für den Anbau von Trauben für Süßwein ist die Kombination von Frühnebeln im Herbst, die von der Garonne und vom Ciron heraufziehen, und viel Sonne im weiteren Verlauf des Tages. Feuchtigkeit und Wärme sind die idealen Bedingungen für die Entstehung von Edelfäule.

BODEN
Verbreitet ist Ton mit verschiedenen Anteilen Kies, Sand und Kalkstein. Sémillon und Sauvignon Blanc gedeihen auf allen diesen Böden.

TOPOGRAFIE
Der Landschaftscharakter reicht von leicht hügeligem Gelände um Sauternes, Bommes und Fargues zu niedrig liegenden, sanft ansteigenden Hängen am Fluss in Barsac und Preignac.

Der Alptraum eines Winzers im südlichen Bordelais: Er wartet verzweifelt darauf, dass die Trauben an den normalerweise warmen Tagen im Frühherbst reifen – und jeden Morgen steigen dichte Nebelschwaden vom Fluss auf und kriechen an den Hängen empor. Wie können da die Trauben reifen, und wie kann man sie gegen Krankheiten schützen, wenn sie jeden Morgen in kalten Nebel gehüllt sind? Nun, zumindest bis Mittag hat die Sonne die Nebelschwaden aufgelöst, und die Wärme breitet sich im Weinberg aus; doch das ist kaum eine Hilfe. Je heißer der Tag wird, desto schwüler wird es; die hohe Restfeuchtigkeit macht die Luft zu einem türkischen Dampfbad.

In diesem Fall ist dies aber der Punkt, auf den es ankommt, denn es geht um die Weinberge von Sauternes und Barsac, die einige der größten Süßweine der Welt hervorbringen. Und das einzige Mittel, wie man genug Zucker in die Trauben bekommt, besteht darin, dass man sie am Rebstock faulen lässt. Dabei handelt es sich aber um eine besondere Fäulnis, die so genannte Edelfäule (französisch »pourriture noble«), die in ganz wenigen Gebieten der Welt von Natur aus vorkommt. Und zu diesen auserwählten Gebieten gehören Sauternes und Barsac.

Im Panorama erkennen Sie das Flüsschen Ciron, das an Sauternes und Bommes vorbeifließt, sich dann nach Nordosten wendet, wobei sich sein kleines Tal verbreitert und mit Rebstöcken füllt, bis es schließlich auf den Hauptfluss Garonne zwischen Barsac und Preignac trifft. Das Entscheidende ist: Der Ciron ist ein ziemlich kurzer Fluss, der aus tiefen Quellen in den benachbarten Landes kommt und sehr kalt ist. Da nun die Garonne erheblich wärmer ist, besonders gegen Ende des Sommers, führt das Aufeinandertreffen von zwei Wasserläufen mit großen Temperaturunterschieden zur Entstehung des Nebels – vor allem am frühen Morgen –, der dann das Ciron-Tal hinaufzieht und die Reben umhüllt. Dieser Nebel allein reicht aber noch nicht aus. Entscheidend ist, dass er in der Zeit auftritt, in der die Sémillon- und Sauvignon-Traube (und gelegentlich Muscadelle) in den Weinbergen die volle Reife erlangt haben. Wenn die Trauben wegen schlechter Wetterbedingungen noch unreif oder krank sind, entwickelt sich keine Edelfäule, wohl aber die eng verwandten Krankheiten Schwarzfäule, Sauerfäule und Graufäule, die die Beeren verderben.

EDELFÄULE

Die Edelfäule ist etwas Besonderes. Anstatt die Haut zu zerstören und das Fruchtfleisch sauer zu machen, heften sich die Sporen des Schimmelpilzes *Botrytis cinerea* auf die Haut; der Pilz schwächt sie allmählich, während die Traube von der Reife in das Stadium der Überreife übergeht. Die Haut wird durchscheinend braungolden, aber die Traube ist immer noch rund und schön. Wenn das feuchtwarme Wetter anhält, wird die Haut aber bald so porös, dass die Traube zu schrumpfen beginnt. Durch die Verdunstung sinkt der Wassergehalt in der Traube, und die Zucker- und Glyzerinkonzentration nimmt zu.

Von der Edelfäule befallene Weinbeeren sehen grauenhaft aus, sie sind mit einem Schimmelpelz überzogen; eine gepflückte Beere verwandelt sich sofort zwischen den Fingern zu schleimigem Matsch. Probiert man den jedoch, entdeckt man einen wunderbar süßen Geschmack, süßer als jede Traube, die auf normale Art gereift ist.

Das liegt an der wundersamen Wirkung der Edelfäule. Der Zuckergehalt kann doppelt so hoch sein wie bei einer normal gereiften Traube. Wenn der dicke, goldgelbe Saft zu Wein vergärt, verliert die Hefe bei einem Alkoholgehalt von mehr als 13 bis 14 % ihre Wirksamkeit. Diese Trauben können jedoch mit einem potenziellen Alkoholgehalt von 20 bis 25 % gelesen worden sein. Wenn die Hefe ihre Wirkung verliert, bleibt der Restzucker im Wein als natürliche Süße erhalten. Es gibt große Süßweine wie Portwein und Liqueur Muscat, die dadurch hergestellt werden, dass man dem gärenden Wein Weinbrand zusetzt, um die Hefen zu stoppen. Der Befall durch Edelfäule ist jedoch die einzige Möglichkeit, einen vollkommen natürlichen Zuckergehalt zu erzeugen, der ausreicht, um einen solchen wunderbar dickflüssigen Süßwein zu erzeugen.

Es gibt drei Stadien der Edelfäule. Das erste ist die »Flecken«-Phase, wenn die Traube vollreif ist und Flecken auf ihrer goldgelben Haut erscheinen. Dann kommt das Stadium der vollständigen Fäulnis, wenn die Farbe in ein Purpurbraun übergeht und die Weinbeere rasch zu schrumpfen beginnt. Aus den Trauben dieses Stadiums lässt sich guter Süßwein herstellen. Wartet man jedoch noch ein paar Tage, vor allem wenn das Herbstwetter trocken und warm bleibt, so erreichen die Trauben das dritte Stadium: vollkommen eingeschrumpft und von Schimmel überzogen. In diesem Stadium steigen Zucker- und Säurekonzentration, außerdem finden chemische Veränderungen im Saft statt, die den großen Sauternes-Weinen ihr charakteristisches Aroma verleihen.

Die besten Erzeuger haben es nur auf diese Beeren abgesehen. Die Erntehelfer gehen durch die Rebzeilen und pflücken sie sorgfältig, wenn nötig einzeln, was natürlich sehr zeitaufwändig und teuer ist. Es kann bis zu zehn Durchgänge geben, so genannte »tries«, und der ganze Leseprozess kann zwei Monate oder länger dauern. Letztlich erzeugt ein Weingut wie das Château d'Yquem vielleicht ein Glas Wein von jedem Weinstock, während ein Spitzenweingut im Bordelais etwa eine Flasche Rotwein pro Rebstock erzielt. Es überrascht nicht, dass der Yquem zu den teuersten Weinen der Welt gehört. Er muss es einfach.

Goldener Wein in seiner köstlichsten Form. Château d'Yquem besitzt perfekt gelegene Rebflächen, die zu einem der höchsten Punkte in Sauternes ansteigen.

DIE SAUTERNES-KLASSIFIKATION VON 1855

Die ursprüngliche Liste wurde aktualisiert, um Namensänderungen und Grundbesitzteilungen zu berücksichtigen. Nach den alphabetisch geordneten Namen des Châteaus folgt der Gemeindename in Klammern.

Grând Premier Cru Supérieur d'Yquem (Sauternes)

Premiers Crus Climens (Barsac), Clos Haut-Peyraguey (Bommes), Coutet (Barsac), Guiraud (Sauternes), Lafaurie-Peyraguey (Bommes), Rabaud-Promis (Bommes), de Rayne-Vigneau (Bommes), Rieussec (Fargues), Sigalas-Rabaud (Bommes), Suduiraut (Preignac), La Tour-Blanche (Bommes)

Deuxièmes Crus d'Arche (Sauternes), Broustet (Barsac), Caillou (Barsac), Doisy-Daëne (Barsac), Doisy-Dubroca (Barsac), Doisy-Védrines (Barsac), Filhot (Sauternes), Lamothe-Despujols (Sauternes), Lamothe-Guignard (Sauternes), de Malle (Preignac), de Myrat (Barsac), Nairac (Barsac), Romer-du-Hayot (Fargues), Suau (Barsac)

WO DER WEIN WÄCHST *Das Zentrum der Süßweinherstellung in Frankreich ist der Landstrich, der in der Mitte des Panoramas zu beiden Seiten des Flusses Ciron verläuft. Mit 2335 Hektar Rebfläche in fünf Gemeinden werden Sauternes-Weine erzeugt. Eine von ihnen, Barsac nördlich des Ciron, darf ihren Wein Barsac oder Sauternes nennen. Das Mesoklima, das die Edelfäule begünstigt, ist wichtiger als der Boden, der zwischen Kies, Sand und Lehm wechselt. Barsac ist relativ flach und profitiert von seiner Nähe zum Ciron und zur Garonne, die die Voraussetzungen für die Edelfäule bieten. Die Weine von Barsac sind besonders aromatisch, jedoch selten so üppig wie die aus den anderen Orten. Preignac im Süden ist ebenfalls ziemlich flach, sein größtes Weingut – Château Suduiraut – liegt auf einem kleinen Hügel neben dem größten Weingut von Sauternes, dem Château d'Yquem.*

Alle Spitzengüter in Bommes, Fargues und Sauternes selbst sind über kleine Hügel verstreut. Sie profitieren von der im Herbst auftretenden Edelfäule und verfügen über die besseren Bedingungen zur Produktion überreifer Trauben. Das Ergebnis sind Weine von intensiverem, üppigem Charakter.

Das Panorama zeigt auch die anderen Bereiche des Bordelais mit Süßweinproduktion: Cérons und auf der anderen Seite der Garonne Cadillac, Loupiac und Ste-Croix-du-Mont.

Die Sémillon-Traube ist die wichtigste Süßweintraube, da ihre dicke Haut für Edelfäule besonders geeignet ist und ihr Wein im Alter zu einem öligen Charakter neigt. Wenn dazu noch der Restzucker aus der Edelfäule kommt, erhält man einen geschmeidigen, üppigen exotischen Wein. Auf den meisten Rebflächen ist die Sauvignon-Blanc-Traube zu etwa 20 % vertreten, da auch die fault sowie Säure und Frische in den öligen Sémillon bringt. Gelegentlich wird auch Muscadelle für größere Fülle zugesetzt. Diese Traubensorte wird jedoch eher auf Rebflächen angebaut, die weiter vom Ciron entfernt sind, wo die Edelfäule sich nicht so gut entwickelt und zusätzliche üppige Würze willkommen ist.

Die Edelfäule entwickelt sich regelmäßig nur in Barsac und Sauternes. Cérons, das nördlich von Barsac liegt, erzeugt von jeher einen leicht süßen Wein, dem jedoch die rechte Üppigkeit fehlt. Die meisten Erzeuger in Cérons produzieren heute trockene Weißweine, die als AC Graves verkauft werden. Auf dem gegenüberliegenden Ufer der Garonne gibt es drei Gemeinden innerhalb des Bereichs Premières Côtes de Bordeaux AC, die Süßwein herstellen, Cadillac, Loupiac und Ste-Croix-du-Mont. In richtig warmen Jahren wie 1997 bringen sie ausgezeichnete Weine zustande, doch die Edelfäule tritt hier nur vereinzelt auf, und die Süße entsteht eher durch die Rosinierung infolge der Sonneneinstrahlung. In den meisten Jahren besitzen die Weine bestenfalls eine milde Süße.

AC-GEBIETE UND WICHTIGE CHÂTEAUS

1. Ch. Nairac
2. Ch. Caillou
3. Ch. Coutet
4. Ch. Dubroca
5. Ch. Climens
6. Ch. Doisy-Daëne
7. Ch. Doisy-Védrines
8. Ch. Gilette
9. Ch. Bastor-Lamontagne
10. Ch. de Malle
11. Ch. Rabaud-Promis
12. Ch. Suduiraut
13. Ch. Sigalas-Rabaud
14. Ch. Rayne-Vigneau
15. Ch. Lafaurie-Peyraguey
16. Ch. Raymond-Lafon
17. Ch. la Tour-Blanche
18. Ch. Clos Haut-Peyraguey
19. Ch. d'Yquem
20. Ch. Rieussec
21. Ch. d'Arche
22. Ch. Lamothe-Guignard
23. Ch. Guiraud
24. Ch. de Fargues

SAUTERNES = AC-GEBIETE

AC-GRENZEN

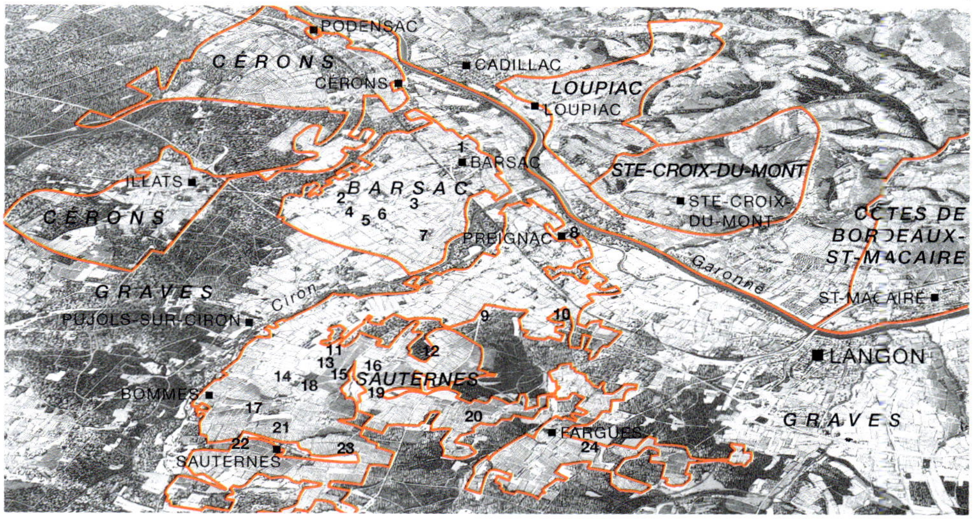

SAUTERNES UND WEITERE SÜSSWEINBEREICHE

NORD-SÜD-AUSDEHNUNG 18 KM

REBFLÄCHEN

N

0 km 1 2

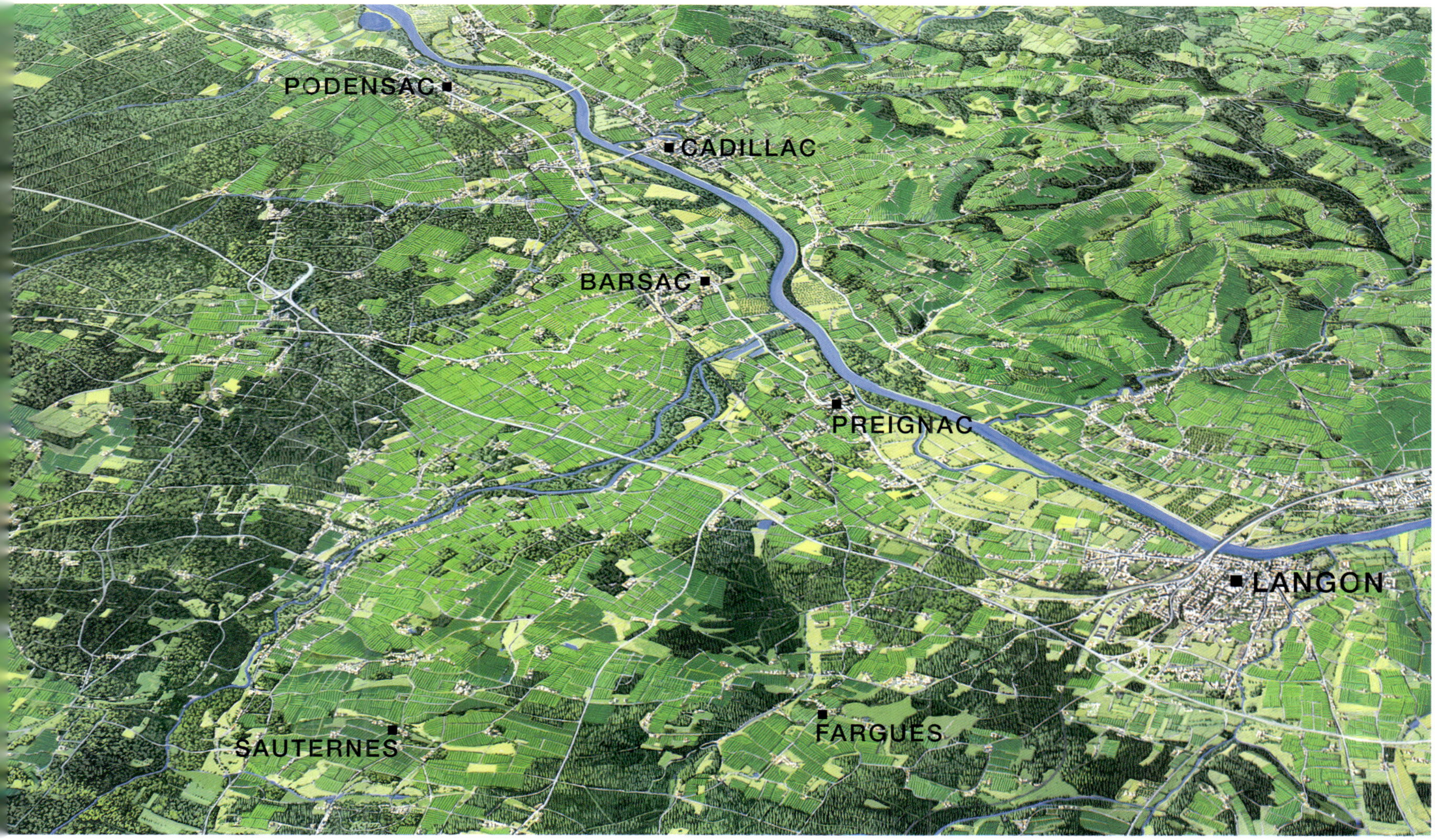

0 km 1 2

BURGUND

Burgund – welch klangvoller, geschichtsträchtiger Name! Man wird an funkelnde Juwelen, Hermelinmäntel, den Schall von Trompeten und die aromareiche, samtige Sinnlichkeit des Rotweins erinnert. Im vierzehnten und fünfzehnten Jahrhundert war Burgund ein Großherzogtum, das sich von Ostfrankreich bis an die Küsten der Nordsee ausdehnte. Seine Macht und sein Reichtum konkurrierten mit dem französischen Thron. Diese Blütezeit Burgunds war darüber hinaus durch großartige Werke der Kunst und Architektur und den Einfluss einiger der größten und bedeutendsten Klöster Frankreichs geprägt.

Ein Aspekt der ruhmreichen Geschichte Burgunds ist noch heute gegenwärtig: die Gabe, Leib und Seele mit großartigen Speisen und großartigem Wein zu verwöhnen. Suchen Sie auf dem gegenüberliegenden Panorama die Stadt Mâcon. Östlich von Mâcon dehnen sich die reichen landwirtschaftlichen Flächen des Saône-Tals voller Gemüsegärten und Obstplantagen aus, von hier kommen auch die berühmten Bresse-Hühner. Westlich von Mâcon, wo der Morvan zum Massif Central ansteigt, hat die kleine Stadt Charolles dem hier gezüchteten Charollais-Rind ihren Namen gegeben, das das beste Rindfleisch in Frankreich liefert.

Von den Bergkämmen breiten sich auf den Hängen bis in die Ebene hinein Rebflächen aus, die alle möglichen Weinsorten liefern – vom spritzigen roten Beaujolais im Süden bis zu den intensiven, ernsten Rotwein-Giganten der Côte de Nuits im Norden, von den runden, geschmeidigen Chardonnays des südlichen Mâconnais bis zum stahligherben Chablis im Norden. Das Mâconnais und das Chalonnais liefern auch ausgezeichneten Schaumwein. Was fehlt, sind süße Weine – ein Mangel, den der süße Johannisbeerlikör Crème de Cassis von Nuits-St-Georges zum Teil wettmacht.

REBSORTEN

Über die Pinot Noir wurde hier wahrscheinlich schon mehr geflucht als über alle anderen Sorten zusammen. Sie ist ziemlich heikel, was den Anbau und die Vinifizierung betrifft, doch wenn die Voraussetzungen – der geeignete Boden, eine günstige Witterung und ein tüchtiger Winzer – zusammenkommen, erweist sie sich als eine Rebsorte, die ihresgleichen sucht. Die Côte d'Or ist ihr zentrales Anbaugebiet, daneben wird sie im Département Yonne und im Mâconnais und Chalonnais angebaut. Sie treibt früh aus und kommt früh zur Reife, ergibt jedoch keine gleichmäßigen Erträge und ist anfällig für Fäulnis. Dafür belohnt sie den Kenner mit einem Wein, der Duft und Üppigkeit, Feuer und Charme in sich vereint, wenn sie von einem erfahrenen Fachmann in einer guten Lage des Burgund angebaut wird.

Unter den übrigen roten Sorten bringt die Gamay-Traube im Beaujolais köstliche, saftige Weine hervor, weniger gute im Mâconnais, und in der Côte d'Or spielt sie nur eine Nebenrolle.

Chardonnay wird an so vielen Orten auf der ganzen Welt angebaut, dass man leicht vergisst, dass der Ruhm dieser Rebe in Burgund seinen Ursprung hat. Wenn die Voraussetzungen stimmen, kann sie immer noch hier ihre größten Weine hervorbringen, besonders auf den Kalkhängen der Côte de Beaune. Doch auch im übrigen Burgund erzielt der Chardonnay zuverlässige Ergebnisse. Die Rebe treibt früh aus, was sie im Chablis den Frühjahrsfrösten aussetzt, reift jedoch auch frühzeitig und bringt beständige Erträge gleichmäßig gereifter Trauben hervor. Daraus entstehen schlanke, wohl ausgewogene Weine im Chablis, wunderbar vollmundige, würzige und erfrischende Weine in der Côte d'Or, etwas kreidigere, doch gefällige Weine in der Côte Chalonnaise und breitere, mildere Weine im Mâconnais.

Von den übrigen weißen Sorten wird verbreitet die Aligoté-Traube angebaut, vor allem in der nördlichen Côte Chalonnaise, die einen etwas scharfen Weißwein mit einer zitronenartigen Nuance, zuweilen mit einem leichten Anflug von Buttermilch, hervorbringt. Gelegentlich sind außerdem noch die Sorten Pinot Blanc und Pinot Gris anzutreffen.

Die Grands Crus sind die besten Lagen der Appellation Chablis und liefern die aromatischsten Weine.

DIE REGION YONNE

Die Region Chablis oder Yonne liegt etwa 160 km nordwestlich von Beaune und bildete früher das Zentrum ausgedehnter Weinbauflächen, die Paris mit einem schlichten »vin ordinaire« versorgten. Die Yonne war eine von mehreren Regionen östlich von Paris, die riesige Mengen von dünnen, gewöhnlichen Rot- und Weißweinen erzeugten, um den Durst der Pariser zu löschen. Keiner dieser Bereiche war besonders für den Weinbau geeignet, und mit dem Bau der Eisenbahnen, die den Transport enormer Mengen billigen Weins von der Mittelmeerküste ermöglichten, ging der Bedarf an diesen dünnen Flüssigkeiten aus dem Norden zurück. Überlebt haben nur die besten Bereiche, von denen der berühmteste das Weinbaugebiet von Chablis ist, das sich um die kleine Stadt Chablis und einige Dörfer der Umgebung erstreckt, wo auf Kalkstein- und Tonböden ein günstiges Kleinklima die Trauben reifen lässt und einen höchst individuellen Wein hervorbringt. In anderen Gegenden in der Yonne, hauptsächlich südöstlich von Auxerre, werden zunehmend andere Traubensorten, meist Pinot Noir, Chardonnay und Aligoté angebaut, denen jedoch nur die einfache Appellation Bourgogne zugestanden wird. Die besten unter ihnen, zum Beispiel Irancy und Epineuil, setzen zusätzlich ihren Ortsnamen auf das Etikett. Ein großer Teil der Erträge aus diesen Traubensorten wird zu »Crémant de Bourgogne«, einem guten Schaumwein, verarbeitet. Die Gemeinde St-Bris hat für ihren Sauvignon Blanc sogar die Einstufung VDQS erhalten.

CÔTE D'OR

Dijon, ganz oben im Panorama, markiert das nördliche Ende der weltberühmten Côte d'Or. Von hier aus bis hinunter nach Lyon erstreckt sich ein wahres Meer von Rebflächen, die die Region Burgund ausmachen. Da wir uns hier recht weit nördlich befinden – der Einfluss der südlichen Wärme macht sich erst etwa ab Mâcon bemerkbar –, sind die kleinklimatischen Verhältnisse der Rebflächen und ihre Ausrichtung zur Sonne für die Reifung der Trauben lebenswichtig. Die Côte d'Or, die in die zwei Bereiche Côte de Nuits (zwischen Dijon und einem Punkt südlich von Nuits-St-Georges) und Côte de Beaune (südlich von Beaune bis zu einem Punkt westlich von Chagny) aufgeteilt ist, besteht

WO DER WEIN WÄCHST *Für die Weinregion Burgund sind die Berghänge im Westen ausschlaggebend, die gute Anbauflächen bieten. Das Saône-Tal im Osten besitzt nährstoffreiches, fruchtbares Ackerland und eignet sich somit nicht für die Erzeugung von guten Weinen. Die Rebflächen an der Saône liefern bestenfalls einen regionalen Bourgogne AC, meist aber nur Landwein. Mit den Bergzügen im Westen beginnt das Massif Central, das wie ein breites Rückgrat durch die Mitte Frankreichs verläuft. Dieses Bergland ist meist zu hoch und zu sehr den Westwinden und Niederschlägen ausgesetzt, um Trauben reifen zu lassen.*

Die Hügelkette, deren Abhänge zur Ebene abfallen, liefert einen idealen Schutz vor Wind und gibt den Hängen eine günstige Ausrichtung nach Süden und Osten, um möglichst viel Sonnenwärme einzufangen. Im Norden, zwischen Dijon und Chagny, liegt der schmale Streifen mit ausgezeichneten Weinbergen, der als Côte d'Or bekannt ist. In diesen weltberühmten Gemeinden werden die größten roten und weißen Burgunder erzeugt.

Westlich von Chalon-sur-Saône ist das Land klimatisch weniger begünstigt, daher tauchen in der Côte Chalonnaise Rebflächen nur sporadisch und nur in den besten Lagen auf. Südlich von Tournus, um Mâcon, Villefranche und Lyon, können sich die Rebflächen dank der größeren Wärme auch auf anderen Flächen als den geschützten Bergflanken ausbreiten. Doch auch hier stammen die besten Weißen des Mâconnais und Roten des Beaujolais von den Steilhängen westlich der Rebflächen in der Ebene zwischen Mâcon und Villefranche.

Die kleine Karte oben zeigt die Region Yonne, einen nordwestlichen Vorposten von Burgund, dessen bekanntester Wein der Chablis ist.

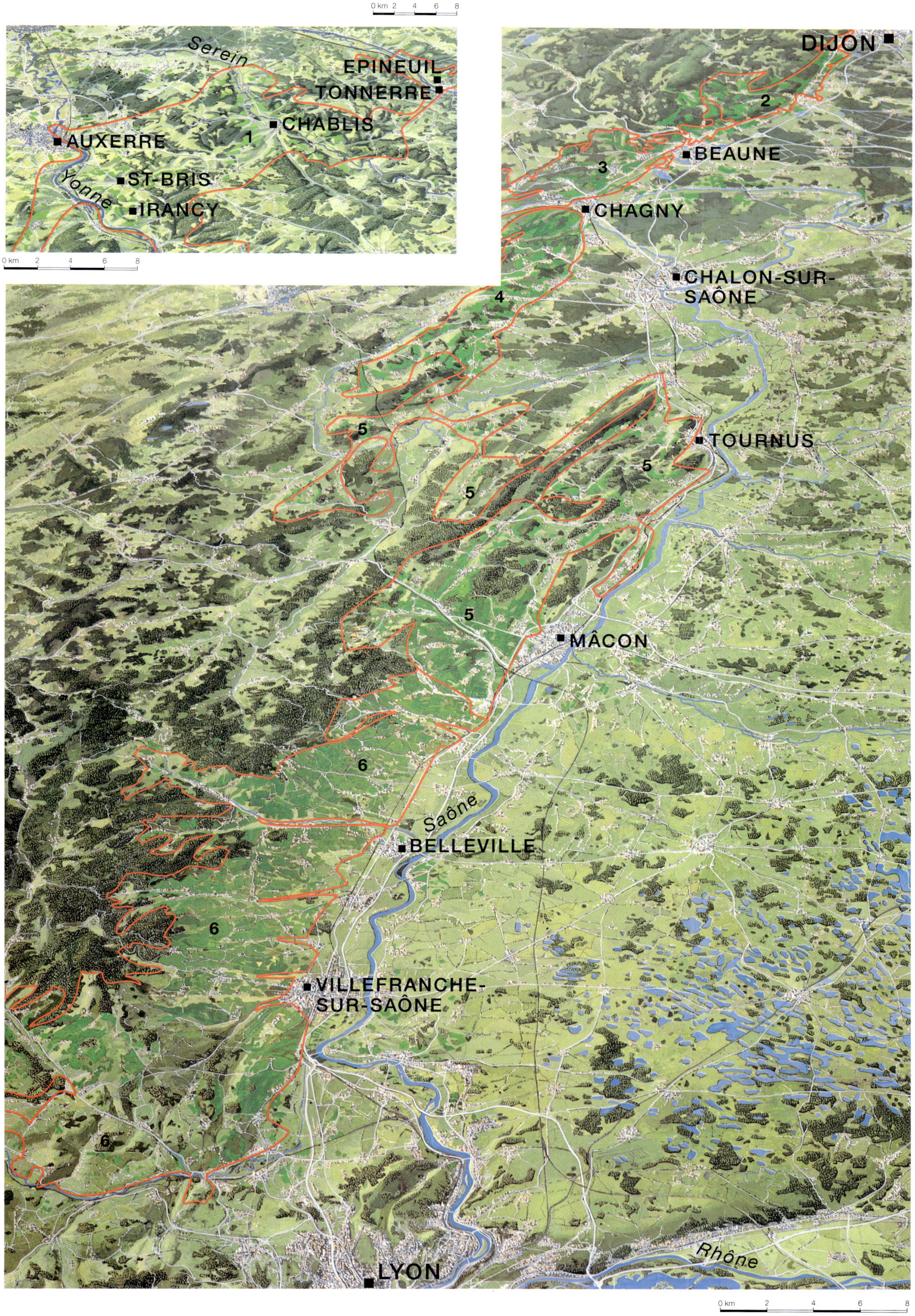

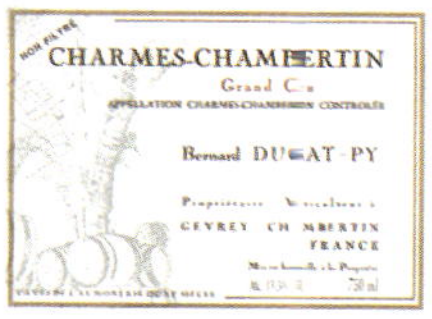

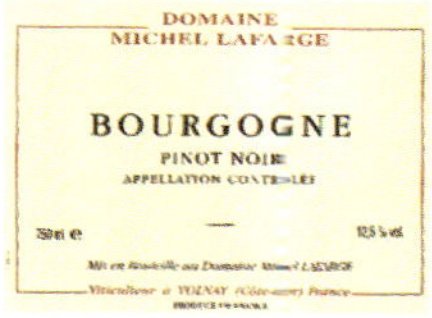

WEINBAUGEBIETE

1. Chablis und Yonne
2. Côte de Nuits und Hautes-Côtes de Nuits
3. Côte de Beaune und Hautes-Côtes de Beaune
4. Côte Chalonnaise
5. Mâconnais
6. Beaujolais

NORD-SÜD-AUSDEHNUNG 175 KM

GRENZEN DER AC-REGIONEN

REBFLÄCHEN

N

aus östlich bis südöstlich ausgerichteten Hängen mit wasserdurchlässigen alkalischen Böden, vermischt mit fettem Mergel und Kalkkies, die hervorragende Ergebnisse zeitigen. Im Panorama sind die Rebflächen zu erkennen, die sich in einem schmalen Band an dem von Norden nach Süden verlaufenden Höhenzug entlangziehen. Diese Anhöhen liefern den entscheidenden Schutz vor dem vorherrschenden Westwind und fangen den größten Teil der Feuchtigkeit aus den Wolken ab, bevor sie die Côte d'Or erreichen. In der Côte de Nuits wird hauptsächlich Pinot Noir angebaut, in der Côte de Beaune zu etwa gleichen Teilen Chardonnay und Pinot Noir. Verstreute Anbauflächen westlich der Côte d'Or, im Gebiet Hautes-Côtes, können in warmen Jahren einen guten leichten Wein hervorbringen.

CÔTE CHALONNAISE

Südlich von Chagny und westlich von Chalon-sur-Saône ist die schützende Bergkette stellenweise unterbrochen. Diese Region, die Côte Chalonnaise, ist nicht so dicht mit Rebstöcken bepflanzt; die Weinberge liegen vorwiegend auf Süd- und Südosthängen, wo das Mikroklima die günstigsten Bedingungen bietet, und überlassen das offenere Land Weiden und Obstgärten. Die Rot- und Weißweine des Chalonnais können gut sein, doch kommen ihre nicht perfekten Standortbedingungen in der Schlankheit der Weine zum Ausdruck. Traditionell wird ein großer Anteil dieser Weine zu Schaumwein, dem Crémant de Bourgogne, verarbeitet, doch die gestiegene Nachfrage nach rotem Pinot Noir und weißem Chardonnay hat die Winzer veranlasst, noch größere Anstrengungen zu unternehmen, damit ihre Trauben den richtigen Reifegrad erzielen. Daneben haben die neuen Eichenfässer, die von den führenden Erzeugern der Region für den Ausbau des Weins angeschafft wurden, zu einer wesentlichen Verbesserung der Standards geführt.

MÂCONNAIS

Südwestlich von Tournus und westlich von Mâcon beginnen sich die Rebflächen auszubreiten. Wir befinden uns hier im Gebiet des Mâconnais, das neben den roten Sorten Gamay und Pinot Noir zunehmend weißen Chardonnay anbaut. Die besten Lagen sind immer noch jene, die in der Nähe der Bergkämme im Westen liegen, denn die Qualität berühmter Weine wie Pouilly-Fuissé ist von steilen Lagen und wasserdurchlässigen Kalkböden abhängig. Das flachere Land, das sich zur Saône hin ausbreitet, bringt weichere Weine von weniger ausgeprägtem Charakter hervor, die normalerweise als Mâcon Blanc oder Mâcon Blanc-Villages auf den Markt kommen. Sie sind im Allgemeinen sehr milde Varianten des Chardonnay, doch eine neue Generation junger Winzer zeigt bereits, was in diesem Gebiet mit größerer Anstrengung erreicht werden könnte.

Im Süden Frankreichs, in Osteuropa und offensichtlich auch in der Neuen Welt werden hervorragende, wohlschmeckende Chardonnays zu zivilen Preisen erzeugt, und das auf Böden, denen die Vorzüge des burgundischen Terrains abgehen. Den neuen Winzern wird allmählich klar, dass das burgundische Herkunftssiegel zwar ein großes Plus in der Welt des Weines ist, doch dass dies allein noch keine Existenzberechtigung darstellt. Die Produktion befindet sich heute jedoch noch zum größten Teil in den Händen höchst effizienter Kooperativen, die einen ordentlichen, aber keinen spektakulären Wein erzeugen wollen.

BEAUJOLAIS

Boden, Architektur und auch die Art des Weins ändern sich recht abrupt, wenn man unmittelbar südlich der Appellation Pouilly-Fuissé ins Beaujolais kommt. Hier wird fast nur Rotwein erzeugt, und zwar aus der Gamay-Traube (es gibt nur einen geringen Anteil Roséwein und gelegentlich einen Beaujolais Blanc aus Chardonnay). Auch hier spielen

Das Dorf Auxey-Duresses, das sich in der Côte de Beaune oberhalb von Meursault ins Tal zwängt. Von hier kommen sanfte Rotweine mit schöner Frucht und weiche, nussige Weißweine.

die Höhenzüge im Westen eine Rolle, die gute Süd- und Ostlagen, Windschutz und eine gute Entwässerung bieten. Die Böden auf den Hängen nordwestlich und westlich von Belleville liegen auf Granit und geben der ansonsten unauffälligen Gamay-Traube die Gelegenheit, voll zur Geltung zu kommen. Diese Weinberge bringen die zehn »Crus« der Gemeinden hervor, die den besten Beaujolais erzeugen und statt »Beaujolais« ihren eigenen Namen auf das Etikett schreiben. Zwischen ihnen liegen, nach Süden zu, die Gemeinden, die den Beaujolais-Villages erzeugen, während die breiteren, vorwiegend von Ton dominierten Anbauflächen, die sich bis Lyon hinziehen, einfachen Beaujolais in großen Mengen hervorbringen.

HÄNDLER, WINZER UND GENOSSENSCHAFTEN

Die Weingebiete des Burgund gehören zu den ältesten in Frankreich. Sie wurden von den Römern, wenn nicht schon vor ihnen von den Galliern angelegt und über die Jahrhunderte hinweg durch die Klöster und durch das mächtige Herzogtum Burgund gefördert. Waren es einstmals große zusammenhängende Domänen, so sind die burgundischen Weingüter aufgrund der napoleonischen Gesetzgebung, die eine Verteilung des Besitzes auf alle Erben einführte, heute unglaublich zersplittert. Um den unberechenbaren Nachschub in den Griff zu bekommen, bildete sich eine Händlerschicht aus, die sich hauptsächlich in Beaune, daneben auch in Nuits-St-Georges etablierte und es sich zur Aufgabe machte, kleine Parzellen der renommierten Rebflächen auszusuchen und die Erträge zu marktfähigen Mengen zusammenzufassen. Diese Händler kauften bei zahlreichen Winzern ein, um dann die Weine in ihren Kellereien zu verschneiden und abzufüllen. Ehrliche Händler machten gute Weine, unehrliche nicht. Das ist heute nicht anders. Doch wie gut das Ergebnis auch war, in einer Region wie Burgund, wo das spezielle Aroma alles bedeutet, gingen die vielfältigen Nuancen verloren. Im Mâconnais und im Beaujolais schlossen sich kleine Besitzer zu Genossenschaften zusammen, die dann ihre Verschnitte an die Händler verkauften. Einige Winzergenossenschaften im Mâconnais wie Clessé, Lugny, Viré und Azé haben sich jedoch inzwischen selbst eine eigene starke Reputation aufgebaut. Die exzellente Genossenschaft von Buxy am Südende der Côte Chalonnaise produziert eine ganze Palette guter Burgunder zu vernünftigen Preisen.

Der Ruf Burgunds im zwanzigsten Jahrhundert ist weitgehend diesen »négociants« oder Handelshäusern zu verdanken, und die meisten Weine mit den Bezeichnungen »Puligny«, »Beaune« oder »Nuits-St-Georges« kommen von einem solchen Händler. Doch in der Côte d'Or, einer Region, in der man sich viel mehr als anderswo bemüht hat, genau zu definieren, was den besonderen Charakter der einzelnen Parzellen ausmacht, lohnt es sich, die Weine von den einzelnen Erzeugern zu kaufen. Ein nachlässiger Winzer wird auch hier nur schlichten Wein zustande bringen, doch von einem engagierten Winzer werden Sie einen Wein erhalten, in dem seine Persönlichkeit und die charakteristischen Merkmale seines Bodens und seiner Weinbereitung zur Geltung kommen, was gerade in der heutigen Zeit etwas ganz Rares und Kostbares ist.

Chambolle-Musigny in der Côte de Nuits liefert klassisch-elegante, bukettreiche Pinots Noirs. Diese Trauben wurden in der Lage Les Petits Musigny von Comte Georges de Vogüé geerntet.

CRÉMANT DE BOURGOGNE

Dass die Weinberge von Burgund sich ideal für die Erzeugung von Schaumwein eignen, gilt nur bis zu einem gewissen Grad. Das Hauptziel besteht in der Erzeugung von Stillweinen. Dazu gehören die Roten mit einem mächtigen Parfum und die majestätischsten und komplexesten Weißweine von den besten Weinbergen in der Mitte und im Norden Burgunds sowie angenehm runde, fruchtige Rot- und milde Weißweine von den südlich gelegenen Rebflächen. Dennoch ist Burgund für den Weinbau klimatisch eine Randregion. Das Wetter ist unberechenbar, und der Wein ist häufig zu dünn und unreif für echten Genuss. Als Grundwein für die Schaumweinherstellung ist er jedoch in Ordnung.

Die Côte Chalonnaise, besonders Rully mit seinen exponierten Kalkhängen, war das Zentrum für den Crémant de Bourgogne, auch Nuits-St-Georges hatte mehrere bekannte Marken anzubieten. Heute sitzen die besten Erzeuger jedoch im Gebiet von Auxerre im Département Yonne, wo ausgezeichneter Weiß- und Roséwein erzeugt wird, besonders in den Caves de Bailly und im Mâconnais, wo Genossenschaften wie Lugny und Viré aus einem großen Teil ihrer Chardonnay- und Pinot-Noir-Trauben nach der Méthode champenoise einen ausgezeichneten Schaumwein machen.

Zur Champagne gibt es jedoch einen Unterschied: Die Randlage der Champagne ist noch ausgeprägter. Der Grundwein in Burgund ist immer noch ein bisschen reifer und runder als der beißend saure Grundwein der Champagne und wird nach der Reife eben auch ein bisschen reifer und runder schmecken als der Champagner. Das mag man schätzen, doch bedeutet es auch, dass der Crémant de Bourgogne nie die Höhen des Champagner erreicht.

APPELLATIONEN UND KLASSIFIKATIONEN

Allgemeine regionale ACs »Bourgogne« ist die grundlegende AC für Rot-, Weiß- und Roséweine sowie Schaumweine, die sich nicht für eine der höheren ACs qualifizieren. In diese Kategorie fallen auch der Bourgogne Passe-Tout-Grains, ein Verschnitt aus Pinot Noir mit der weniger guten Gamay-Traube, und der Bourgogne Grand Ordinaire, der eigentlich gar keine Appellation Contrôlée verdient.

Regionale ACs Diese liegen zwischen der allgemeinen Appellation und den Appellationen für einzelne Villages; Beispiele: Chablis, Beaujolais. Die ACs Hautes-Côtes de Nuits und Hautes-Côtes de Beaune sind bestimmten Gemeinden in den Hügeln westlich der Côte-d'Or-Weinberge vorbehalten. Côte de Beaune-Villages und Côte de Nuits-Villages bezieht sich auf Gemeinden (im Verschnitt oder separat abgefüllt) in den jeweiligen Teilen der Côte d'Or.

Village-ACs Diese gelten für den Wein einer einzelnen Gemeinde, und es besteht zunehmend die Tendenz, die Namen der Lage mit in das Etikett aufzunehmen, auch wenn sie nicht zu den Spitzenlagen gehört, zum Beispiel Meursault »Le Cromin«. Die Mehrzahl von Village-Weinen sind immer noch Verschnitte aus verschiedenen Weingütern innerhalb des Orts.

Premiers Crus Trotz des Namens – Erstes Gewächs – sind dies die zweitbesten Weinlagen in Burgund, sie bringen aber schon einige der besten Weine der Region hervor. Auf dem Etikett folgt dem Ortsnamen meist der Name des Weinguts, zum Beispiel: Gevrey-Chambertin Combe-aux-Moines.

Grands Crus Hier handelt es sich um die absoluten Spitzenlagen in Burgund, die nur im Chablis und der Côte d'Or anzutreffen sind. Sie werden so sorgfältig und streng abgegrenzt, dass jede einzelne Reihe von Rebstöcken separat bewertet wird. Die Rotweine stammen hauptsächlich von der Côte de Nuits, die Weißweine fast nur aus dem Chablis und von der Côte de Beaune. Mit Ausnahme des Chablis steht nur der Name des Grand Cru auf dem Etikett, ohne den Ortsnamen, zum Beispiel Chambertin aus dem Ort Gevrey-Chambertin. In der Tat haben viele Gemeinden der Côte d'Or ihren eigentlichen Namen mit dem ihrer berühmtesten Anbaufläche verbunden. Die Einstufungen als Grand Cru und Premier Cru gelten nur für die Anbaufläche und das Qualitätspotenzial, das diese Lage besitzt. Ob der Wein seinem Namen aber gerecht wird, hängt vom Winzer bzw. Erzeuger ab.

Nuits-St-Georges besitzt keine Grand-Cru-Lage, jedoch exzellente Premiers Crus, die manchen Grand Cru ausstechen.

Chablis

REBSORTE
Chardonnay ist die einzige zugelassene Rebsorte.

KLIMA
Der Einfluss des Seeklimas lässt nach, je mehr man nach Osten kommt, die Winter werden länger und kälter, die Sommer wärmer und trockener. Hagel und Frühjahrsfröste sind in dieser nördlichen Region die größten Feinde der Reben.

BODEN
Der Boden ist eine Mischung aus Mergelkalk und Ton mit zwei Haupttypen: Kimmeridge und Portland.

TOPOGRAFIE
Ausrichtung und Neigung der Hänge sind in dieser nördlichen Region ausschlaggebend. Die besten Lagen befinden sich an den Südost- und Südwesthängen der Hügel, die den Serein säumen.

Es ist Vorfrühling im Chablis – und es ist abscheulich kalt! Von den in Nebelschwaden gehüllten Weinbergen zu beiden Seiten des Flüsschens Serein sinkt die kalte Luft herunter, lässt sich auf dem öden grauen Asphalt der Straßen von Chablis nieder und kriecht schließlich die Treppen hinunter in die Keller, wo der Wein gärt und reift.

Dieser kalten Strenge im Klima, in den Weinbergen, in der kleinen Stadt und selbst noch in den Gärkellern verdankt der Chablis seine Einzigartigkeit. Sein funkelndes, kühles Grün und sein ausgeprägter mineralischer Charakter vereinigen sich zu einer einzigartigen Noblesse in einer Welt, die nach dem schweren Aroma von Reife und Wärme lechzt. Dies ist eine Nische, die die Weinbauern und Kellereien von Chablis angesichts der feurigen Aromen der Chardonnays aus wärmeren Gefilden nicht aufgeben sollten. Die Weinberge von Chablis liegen genau an der Anbaugrenze der Chardonnay-Traube. Der Kimmeridge-Kalkmergel – ein Boden mit fossilen Muscheln –, der in allen traditionellen Chablis-Lagen vorkommt, verleiht dem Wein einen ganz besonderen Charakter. Moderne Bestrebungen, den Anbaubereich zu vergrößern, die Erträge der Rebflächen zu steigern (was der Qualität niemals gut tut), und die Propagierung der malolaktischen Gärung, um einen weichen, leichten Weißwein herzustellen, führen lediglich dazu, dass die Persönlichkeit des Chablis verwässert wird. Kein Wunder, dass sich der Preis häufig nicht von dem des angeblich unterlegenen Mâcon-Villages unterscheidet. Die Aromen werden austauschbar – warum sollte man dann mehr bezahlen?

Sehen wir uns erst einmal das Herzstück des Chablis an, um herauszufinden, warum es überhaupt so berühmt wurde. Es ist das erste Weinbaugebiet, auf das man stößt, wenn man auf der Autobahn von Paris in Richtung Beaune fährt. Doch nichts weist darauf hin, dass man sich dem warmen Süden nähert. Das Gebiet stellt eine isolierte Ansammlung kleiner Weinberge dar, etwa 160 km nordwestlich von Beaune, der Weinhauptstadt der burgundischen Côte d'Or.

Dieser nördliche Vorposten der Region Burgund ist praktisch alles, was von den ausgedehnten Rebflächen des Départements Yonne übrig geblieben ist, die einmal Paris mit schlichtem Alltagswein belieferten, bevor durch die Eisenbahn wärmere und geeignetere Weinregionen in Reichweite rückten. Allerdings regt sich in so abgelegenen Gemeinden wie Épineuil, Irancy und Vézelay neues Leben. Ich habe noch kein lobendes Wort über diese alten Yonne-Weine gelesen, die extrem dürftig gewesen sein müssen, und doch hat das Gebiet Chablis überlebt, weil dort Chardonnay angebaut wurde, eine Sorte, die den Ruhm des weißen Burgunders begründet hat. Auf beiden Seiten des Flüsschens Serein drängen sich ein paar nach Südwesten ausgerichtete und vor den rauen Winden dieses semikontinentalen Klimas geschützte Anhöhen aus Kimmeridge-Kalken, die in einem guten Sommer einen erstklassigen trockenen Weißwein hervorbringen können. Dieser Wein wurde so berühmt, dass der Name Chablis in der Englisch sprechenden Welt missbraucht wurde, um trockene (oder nicht so trockene) Weißweine zu bezeichnen, aus jeder Traubensorte, die das Land hervorbrachte. Echter Chablis – eigentlich überflüssig, das zu betonen – ist ein trockener Weißwein, der ausschließlich aus der Chardonnay-Traube gewonnen wird und von den Weinbergen bei Chablis stammt.

In den letzten Jahren wurde die Anbaufläche erheblich vergrößert und umfasst inzwischen etwa 4000 Hektar. Dies bedeutet eine Zunahme auf das Zehnfache seit den 1950er Jahren, als Chablis auf dem Tiefpunkt angelangt war. Vieles davon war eine »Wiederinbetriebnahme« guter Lagen, doch einige Neuanpflanzungen nützten nur gerade eben geeigneten Boden.

GRANDS CRUS UND PREMIERS CRUS

Trotz der Zunahme der Anbauflächen sind die Parzellen der Grands Crus praktisch unverändert geblieben; sie dehnen sich an einem langen, steilen Südwesthang aus, der vom Flüsschen Serein gegenüber der Stadt Chablis 150 bis 250m hoch ansteigt. Wenn wir daran denken, dass dies eine kalte, unwirtliche Region ist, in der Trauben wachsen sollen, sind die mesoklimatischen Verhältnisse, die durch die Ausrichtung zur Sonne und die wärmende Wirkung des Flüsschens und der Stadt geschaffen werden, von entscheidender Bedeutung. Der Frost war in Chablis immer ein weit größeres Problem als sonst wo in Burgund, und immer waren die Grands Crus am schlimmsten betroffen, da das enge Serein-Tal kalte Luftmassen festhält. Heute werden verschiedene Methoden angewandt, um die schlimmsten Auswirkungen des Frostes einzudämmen. Doch noch in den Fünfzigerjahren war das Überleben dieser großen Weinlagen höchst gefährdet, und 1956 benutzte man die Lage Les Clos, die den gehaltvollsten aller Grands Crus erzeugt, als Skihang.

DIE WEINBERGE DES CHABLIS

Die einzigen Grand-Cru-Reblagen des Chablis befinden sich in den unteren Bereichen der Südwesthänge gegenüber der Stadt, wo eine längere Sonnenscheindauer eine bessere Reifung ermöglicht. Der Boden der Grand-Cru-Lagen ist kalkreich, daher behalten die Chardonnay-Trauben auch bei Vollreife ihre Säure.

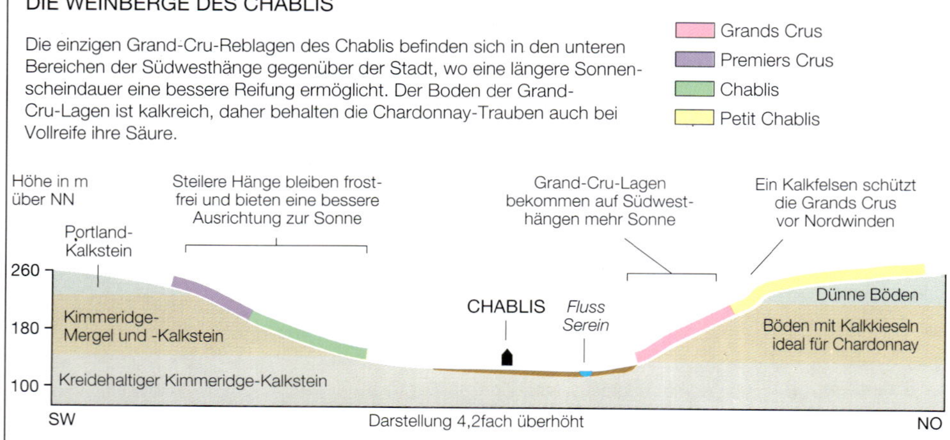

Es gibt sieben verschiedene Grand-Cru-Lagen mit insgesamt 100 Hektar. Sie grenzen alle aneinander, haben jedoch besondere Eigenschaften. Ihre wahren Eigenarten offenbaren sie aber erst bei niedrigen Erträgen und wenn die Weine ein paar Jahre in der Flasche gereift sind. Die moderne Tendenz, neue Eichenfässer für die Vergärung und Reifung der Weine zu verwenden, kann zu köstlichen Resultaten führen, verwischt aber die Unterschiede zwischen den einzelnen Lagen. Das vor kurzem gegründete Grand-Cru-Syndikat scheint bemüht, die Wahrung dieser Unterschiede zu fördern.

Die Premier-Cru-Weinlagen wurden massiv erweitert – mit dem Erfolg, dass die Bezeichnung »Premier Cru« auf einem Chablis-Etikett nicht mehr einen Wein garantiert, der einem schlichten Chablis weit überlegen ist. Es gibt jedoch noch einige ausgezeichnete Premier-Cru-Lagen, die normalerweise nicht ganz so steil sind wie die Hänge mit den Grands Crus und häufig mehr südlich-südöstlich ausgerichtet sind, wodurch sie auf die Wärme der Nachmittagssonne verzichten müssen. Die Lagen am östlichen Ufer des Serein gelten als die besten, es gibt jedoch weitere vorzügliche unmittelbar südwestlich der Stadt.

CHABLIS UND PETIT CHABLIS

In einiger Entfernung von der Stadt Chablis wird einfacher Chablis hergestellt, dessen Qualität vom Mesoklima und der Tüchtigkeit des Winzers abhängt. Der Petit Chablis – ein gewöhnlicher Wein von den am wenigsten geeigneten Lagen – wird systematisch und schamlos zu Chablis aufgestuft, was dem Ruf der Region keineswegs gut tut.

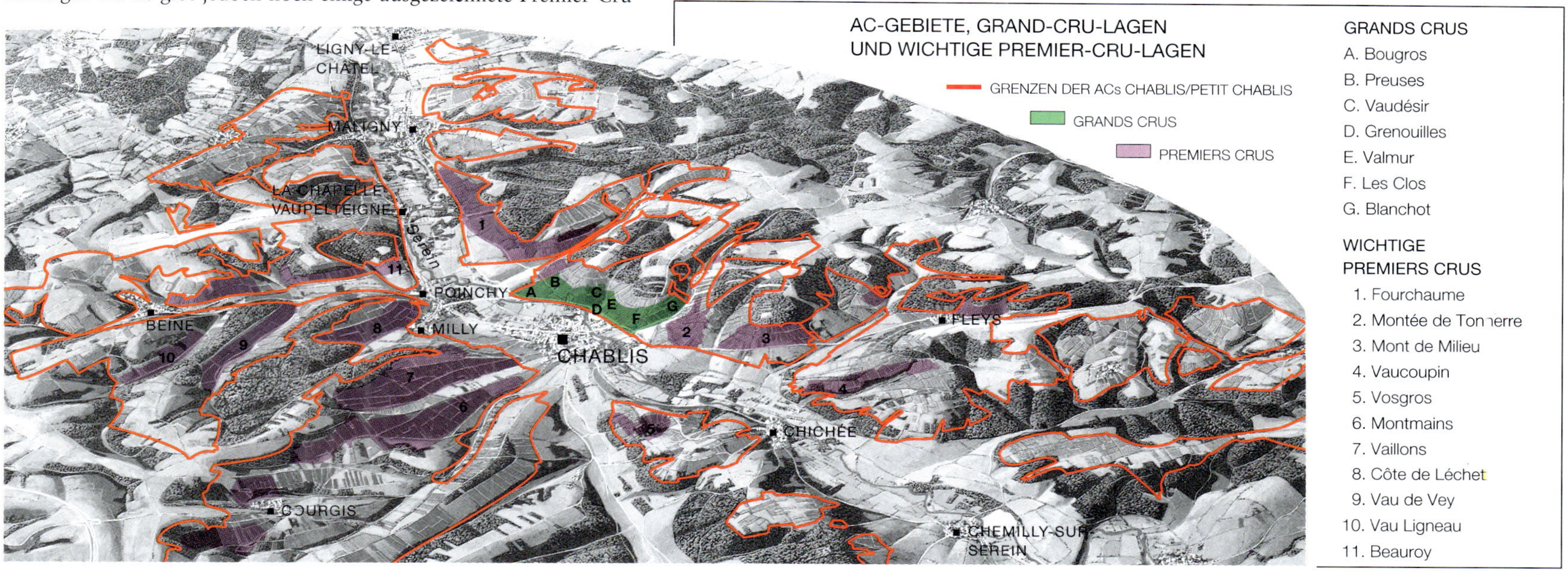

WO DER WEIN WÄCHST *Genau in der Mitte des Panoramas liegt die kleine Stadt Chablis, und die besten Rebflächen, die Grands Crus, drängen sich auf den nahen Hängen. Die Rebflächen sind ideal an südlich bis südwestlich geneigten Hängen gelegen. Im Sommer kann das Flüsschen Serein wärmend wirken, wohingegen im Frühjahr häufig kleine Frostinseln verheerend sein können. Die besten Premiers Crus sind Montée de Tonnerre und Mont de Milieu südöstlich der Grands Crus, Fourchaume im Norden und Montmains im Südwesten. Keiner dieser Weinberge besitzt jedoch eine so günstige Lage wie die Grands Crus, und die Weine sind entsprechend weniger intensiv. Je weiter man sich vom schützenden Eingang des Serein-Tals entfernt, desto unberechenbarer wird das Mesoklima, desto weiter verstreut liegen die Weinberge, bis die typische nordfranzösische Landschaft mit Getreidefeldern, Wäldern und Weideland wieder die Szenerie bestimmt.*

Côte de Nuits

ROTE REBSORTEN
Pinot Noir ist die einzige Rebsorte, die für Weine höherer ACs zugelassen ist.

WEISSE REBSORTEN
Nur wenig Weißwein wird produziert; Chardonnay ist die Haupttraubensorte. Einige hervorragende Exemplare sind aus Pinot Blanc gemacht.

KLIMA
Während der Vegetationszeit gibt es hier mehr Sonne als im Bordelais, während der Herbst kühl und der Winter lang und kalt ist. Frühjahrsfröste und Hagel können Probleme machen. Die Hautes-Côtes sind weniger vor Westwinden geschützt und können von heftigen Regenfällen heimgesucht werden.

BODEN
Die Côte d'Or ist im Wesentlichen ein Kalkstein-Höhenzug, an dessen Ostseite die Verwitterung besonders in den mittleren Hanglagen einen steinigen, geröllartigen Boden aus Kalkstein und Ton gebildet hat, der die beste Entwässerung für die Reben bietet.

TOPOGRAFIE
Die Spitzenanbauflächen befinden sich an den Hängen mittlerer Höhe bei 250–300 m ü. d. M., wo die größere Neigung sowie die Beschaffenheit des Untergrunds die Entwässerung erleichtern. Die Süd- oder Südwestlage der besten Standorte verbessert auch die Reifebedingungen für diese nördlich gelegenen Rebflächen.

Mein Lieblingsplatz in der Côte de Nuits, einem der großartigsten Weinbaugebiete der Welt, ist keineswegs der berühmteste: Prémeaux südlich des Städtchens Nuits-St-Georges. Hier können Sie von der N74 in die Rebflächen dicht unterhalb des prächtigen Weinguts Clos Arlot einbiegen. An diesem Punkt misst die Côte de Nuits von einer Seite zur anderen gerade mal 100 m. Die Côte de Nuits, aus der viele der berühmtesten Rotweine der Welt stammen, ist ein schmales Band, das sich an einem von Norden nach Süden verlaufenden Steilhang entlangzieht, der den östlichen Rand des Morvan bildet. Die Côte liegt zwischen 250 und 350 m über dem Meeresspiegel. Die Steilstufe besteht aus Kalk, der sich zum Saône-Tal hin fortsetzt. Auf diesem Abhang ist in Jahrtausenden Boden aus einer Mischung von verwittertem Kalkstein, Kieseln und Tonen entstanden. Fetter, dunkler Mergel tritt besonders in der Mitte des Abhangs in etwa 275 m Höhe zu Tage. Hier, in einem ca. 50 m breiten Band, liegen die besten Rebflächen; sie sind hauptsächlich nach Osten oder Südosten ausgerichtet.

Die wirklichen Spitzen-Rebflächen sind mit rotem Pinot Noir bestockt. Tatsächlich ist die gesamte Côte de Nuits weit überwiegend ein Rotweingebiet, mit ein wenig Rosé, der in Marsannay im Norden hergestellt wird, und ein paar Flaschen raren Weißweins, der in Morey-St-Denis, Nuits-St-Georges, Vougeot und – der berühmteste – im Weinberg Musigny in Chambolle-Musigny erzeugt wird. Ansonsten regiert Pinot Noir. Weiße Trauben bevorzugen karge, wasserdurchlässige Kalkböden, und in der Côte de Beaune, südlich von hier, gibt es verschiedene Beispiele, wo Kalkstein auf den Hängen vorherrscht. Doch in der Côte de Nuits scheint der Kalkstein einen mäßigenden Einfluss auf den nährstoffreichen Mergel auszuüben und dessen Fruchtbarkeit zu mindern. Zu fetter Boden erzeugt niemals großen Wein, und so ist dies wohl gerade die richtige Mischung.

DIE KLASSIFIKATION DER CÔTE DE NUITS

Die großen Rebflächen beginnen im Norden mit Gevrey-Chambertin und bilden eine beinahe ununterbrochene Linie über Morey-St-Denis, Chambolle-Musigny und Vougeot bis Vosne-Romanée. Auch viele Rebflächen von Nuits-St-Georges sind sehr gut, doch erreicht keine den Rang des Grand Cru. Über Jahrhunderte hinweg wurden die Trauben in den besten Lagen früher reif als die in den hohen Hanglagen oder auf dem flacheren Gelände in der Ebene. So hat sich ein minuziöses System für die Klassifizierung der Rebflächen entwickelt. Die Grands Crus werden so sorgfältig und genau abgegrenzt, dass jede

WO DER WEIN WÄCHST *Das Panorama zeigt eine Menge Anbauflächen. Doch die Weinberge, auf die es wirklich ankommt, die weltberühmten Rotweingüter der Côte de Nuits, sind nur wenige und genau eingegrenzt. Die Côte de Nuits beginnt mit den Hügeln südlich von Dijon. Die N74 führt genau nach Süden und bildet – mit einigen Ausnahmen in Gevrey-Chambertin, Morey-St-Denis und Nuits-St-Georges – die östliche Begrenzung für gute Anbauflächen. Die besten Weinberge liegen ausnahmslos in einem schmalen Band am Osthang der Landstufe zwischen Gevrey-Chambertin und Nuits-St-Georges. Hier vereinigen sich günstige Exposition, gute Entwässerung an den Hängen sowie Schutz vor Westwind und Niederschlägen durch den Höhenzug im Westen zu dem, was viele als die Heimat des Pinot Noir betrachten. Die hoch gelegenen Rebflächen weiter westlich sind die Hautes-Côtes de Nuits; sie sind weniger geschützt als die Hanglagen der Côte de Nuits. Die hier erzeugten Weine sind im Allgemeinen gefällig, doch eher leicht.*

CÔTE DE NUITS UND HAUTES-CÔTES DE NUITS

NORD-SÜD-AUSDEHNUNG 28 KM

REBFLÄCHEN

N

einzelne Rebstockreihe getrennt bewertet wird. Dasselbe gilt für den zweiten Rang der Weinlagen, die Premiers Crus. Es gibt zahlreiche Beispiele dafür, dass bestimmte Rebstockreihen aus den höheren Appellationsstufen herausgenommen und in den dritten Rang, die Appellation Village, verwiesen werden. Aber auch die Village-Appellation wird nur für ordentliches Land vergeben, das beinahe immer zwischen der N74 und dem Steilhang im Westen liegt. Einige Weinlagen, im Norden bei Brochon und Fixin und im Süden zwischen Prissey und Corgoloin, verwenden die Sammel-Appellation Côte de Nuits-Villages. Weniger gutes Land wie die Rebflächen östlich der N74, das sich besser für Viehweiden und den Gemüseanbau eignet, ist auf die regionalen Appellationen verwiesen, Bourgogne, Bourgogne Passe-Tout-Grains und Bourgogne Grand Ordinaire, der viel eher »ordinaire« als »grand« ist.

Die guten Burgunder der Côte de Nuits sind wahrlich große Weine. Rotweine aus einer kühlen Gegend wie Burgund sollten delikat, nicht monumental sein, doch dieser relativ reiche Boden mit seinen Ost- und Südosthanglagen kann, wenn der Sommer warm ist und die Winzer sorgfältig auf begrenzten Ertrag achten, Weine von aufregender, berauschender Brillanz erzeugen. Sie können in ihrer Jugend häufig dunkel und verschlossen sein, besonders die Weine von Gevrey-Chambertin, doch wenn sie altern, entwickeln sie ein betörendes, exotisches Bukett, vor allem der Wein aus Vosne-Romanée und Chambolle-Musigny, um schließlich ein Stadium köstlicher Dekadenz zu erreichen, in dem das ganze Feuer, alle Süße und das wuchtige Aroma sich zu einer dunklen, herbstlichen Fülle von wunderbarer Schönheit wandeln. Gerät man jedoch an einen schlechten Winzer oder Händler, so kann man die größten und teuersten Enttäuschungen erleben: einen dünnen, leblosen Wein, der sich mit diesen großen Namen tarnt.

Einige der besten Weinberge Burgunds sind von einer Mauer eingeschlossen, auf Französisch »clos«. Der Clos St-Jacques ist wohl der beste Premier Cru in Gevrey-Chambertin.

VILLAGE-ACs, GRAND CRUS UND WICHTIGE PREMIER-CRU-LAGEN

1. MARSANNAY
2. FIXIN
   Premiers Crus: Clos du Chapitre, Clos de la Perrière.
3. GEVREY-CHAMBERTIN
   Grands Crus: Chambertin, Chambertin-Clos de Bèze, Chapelle-Chambertin, Charmes-Chambertin/Mazoyères-Chambertin, Griotte-Chambertin, Latricières-Chambertin, Mazis-Chambertin, Ruchottes-Chambertin.
   Premiers Crus: Les Cazetiers, Clos St-Jacques, Clos des Varoilles, Combe aux Moines, Aux Combottes, Estournelles St-Jacques, Lavaut St-Jacques.
4. MOREY-ST-DENIS
   Grands Crus: Bonnes-Mares (Teil), Clos des Lambrays, Clos de la Roche, Clos St-Denis, Clos de Tart.
   Premiers Crus: La Bussière, Clos des Ormes, Les Milandes, Les Monts Luisants, Les Ruchots.
5. CHAMBOLLE-MUSIGNY
   Grands Crus: Bonnes-Mares (Teil), Musigny.
   Premiers Crus: Les Amoureuses, Les Baudes, Les Charmes, Les Cras, Les Fuées, Les Sentiers.
6. VOUGEOT
   Grand Cru: Clos de Vougeot.
7. VOSNE-ROMANÉE
   Grands Crus: Grande-Rue, Richebourg, La Romanée, La Romanée-Conti, Romanée-St-Vivant, La Tâche und (in Flagey-Échézeaux) Échézeaux, Grands-Échézeaux. **Premiers Crus:** Les Beaux Monts, Aux Brûlées, Les Chaumes, Clos des Réas, Cros Parentoux, Aux Malconsorts, Les Suchots.
8. NUITS-ST-GEORGES
   Premiers Crus: Aux Boudots, Aux Bousselots, Les Cailles, Aux Chaignots, Clos des Argillières, Clos Arlot, Clos des Corvées, Clos des Forêts-St-Georges, Clos de la Maréchale, Clos des Porrets-St-Georges, Les Damodes, Aux Murgers, Aux Perdrix, Les Porrets-St-Georges, Les Pruliers, La Richemone, Roncière, Les St-Georges, Les Vaucrains, Aux Thorey, Aux Vignes Rondes.

GRAND-CRU-LAGEN
PREMIER-CRU-LAGEN
GRENZEN VON VILLAGE-ACs

VILLAGES DER CÔTE DE NUITS

Wenn Sie sich den oberen Teil des Panoramas anschauen, können Sie kaum einen Rebstock ausmachen. Hier gab es aber einmal Massen von Rebflächen, die von den sich immer stärker ausdehnenden Vororten von Dijon geschluckt wurden. Sie waren meist mit Gamay bepflanzt, aus dem billiger Massenwein für Dijon hergestellt wurde. Chenôve besitzt noch ein paar Rebstöcke auf dem Hang nördlich von Marsannay, doch ist Marsannay das erste Village von Bedeutung. Es war einmal berühmt für seinen Rosé, entwickelt sich jedoch immer mehr zum Lieferanten von guten, aromatischen, dabei leichten Rotweinen und einigen gefälligen Weißweinen. Die Hänge bei Couchey, Fixin und Brochon vermitteln vielleicht den Eindruck, dass sie sich gut für den Weinbau eignen; der Pinot Noir, der hier wächst, erreicht jedoch selten eine annehmbare Qualität. In einem heißen Jahr können die schweren Tonböden von Fixin aber gute, kraftvolle Rotweine hervorbringen.

Das wahre Feuerwerk beginnt bei Gevrey-Chambertin. Hier kommt der reiche Mergelboden richtig zur Geltung, mit rotem, gerölldurchsetztem Ton und Ausstrichen von fettem Untergrund, der in den höheren Lagen durch den dünnen Oberboden zu Tage tritt. Der schmale, nach Osten und Südosten ausgerichtete Hang zieht sich unterhalb einer schützenden Bewaldung beinahe ununterbrochen zwischen Gevrey-Chambertin und Nuits-St-Georges hin. Hier zeigt der Pinot Noir wirklich, was er kann. Und dann die Ortsnamen! Schon vor Jahrhunderten fanden die Winzer aus den besten Dörfern der Côte d'Or heraus, dass sie ein Areal besaßen, dessen Wein ganz besonders begehrt war. So hatte die Gemeinde Gevrey ihren Chambertin, die Gemeinde Chambolle ihren Musigny. Um vom Glanz ihrer besten Anbauflächen zu profitieren und auch die weniger interessanten Weine an diesem Ruhm teilhaben zu lassen, verbanden sie die Namen dieser Anbauflächen mit den Ortsnamen zu Doppelnamen.

Blick aus den Weinbergen von Nuits-St-Georges über die Stadt. Das herbstliche Gold der Weinblätter harmoniert schön mit den glänzenden Ziegeln des Kirchturms.

Zurück zu Gevrey-Chambertin. Diese Gemeinde bringt insgesamt neun Grands Crus hervor, die meisten von allen Gemeinden der Côte d'Or; sie wachsen auf Hängen, die von der Montagne de la Combe Grizard vor den feuchten Westwinden geschützt werden. Die weniger guten Rebflächen erstrecken sich hinunter bis zur N74 und setzen sich, was ungewöhnlich ist, noch jenseits der Nationalstraße fort, wo ein kiesiger Untergrund für ausreichende Entwässerung sorgen soll. Mag sein. In Gevrey kann man auf jeder Qualitätsebene Geld machen, doch gibt es dramatische Unterschiede zwischen den einzelnen Erzeugern. Der Chambertin gehört zu den berühmtesten Rotweinen Frankreichs, und Weine mit dem Namen Chambertin auf dem Etikett lassen sich gut verkaufen.

Morey-St-Denis ist längst nicht so berühmt, hat jedoch ebenso gute Reblagen. Hier gibt es fünf Grands Crus auf etwas steileren Hängen mit mehr Kalkstein, den Monts Luisants, der berühmt ist für körperreichen Weißwein. Die Rotweine, angeführt von Clos de la Roche, zeichnen sich durch süße, fruchtige Tiefe und schokoladige Weichheit aus.

Chambolle-Musigny liegt in einer kleinen Senke zwischen den Hügeln, und der fehlende Schutz für die Reben bedeutet, dass der eine Grand Cru, Bonnes-Mares, nördlich vor dem Ort endet. Der andere Grand Cru, Musigny, beginnt erst mit dem südöstlich ausgerichteten Hang nahe Vougeot. In seiner besten Form kann Chambolle-Musigny ein betörendes Parfum besitzen.

Der Hauptwein von Vougeot stammt von dem 50 Hektar großen, mauerumstandenen Gut Clos de Vougeot und wird ebenfalls als Grand Cru eingestuft. Die Rebflächen reichen bis an die N74, sie liegen dort deutlich niedriger und haben einen höheren Anteil Schwemmboden, als das bei irgendeinem anderen Grand Cru der Fall ist. Dazu kommen 80 verschiedene Eigentümer, die den berühmten Namen ausnutzen wollen – mit dem Erfolg, dass Erzeugnisse auf den Markt gelangen, die dieses Etikett nicht verdienen. Wenn er von einem guten Erzeuger kommt, ist dieser Wein jedoch wuchtig und körperreich.

Unmittelbar oberhalb der ausgezeichneten, höher liegenden Rebflächen von Vougeot wachsen die Grands Crus Échézeaux und Grands-Échézeaux. Sie gehören zu Flagey, das unten in der Ebene liegt, werden aber zu Vosne-Romanée gezählt. Die Glücklichen! Denn die anderen sechs Grands Crus von Vosne, besonders La Tâche und Romanée-Conti, sind die berühmtesten und teuersten aller Burgunder. Von berauschender Würze und schwerem Duft, aufregender Tiefe und dunkler Frucht, sind sie wirkliche Spitzenweine. Der rote Ton, durchsetzt mit Geröll, stellt die Grands Crus und Premiers Crus von Vosne zweifellos auf eine besondere Stufe.

Nuits-St-Georges mag im Schatten seines Nachbars Vosne stehen – es kann keinen Grand Cru vorweisen –, bringt jedoch immerhin 38 Premiers Crus hervor. Am Westrand des Tals ist der natürliche Klimaschutzwall unterbrochen, und viele Rebflächen befinden sich auf flachem Schwemmland. Südlich von Nuits jedoch, hinunter nach Prémeaux, werden die Hänge steiler und schmaler und biegen nach Südosten um. Hier entstehen große Weine, wirkliche »Grands Crus«, auch wenn dies nicht auf ihrem Etikett steht.

HAUTES-CÔTES DE NUITS

Auf den Hügeln über den Hängen der Côte de Nuits wachsen in besonders sorgfältig ausgesuchten Lagen die Weine der Appellation Hautes-Côtes de Nuits. In warmen Jahren können die Rebflächen, die über die beste Topografie und Entwässerung verfügen, leichte, gefällige, vorwiegend rote Pinot-Noir-Weine hervorbringen. Aber der Namensbestandteil »haute«, also »hoch«, ist bedeutsam. Für Rotwein befinden wir uns hier sehr weit nördlich. Rote Trauben brauchen normalerweise mehr Wärme, um zu reifen, als weiße – und je höher man kommt, desto weniger Kraft haben die Sonnenstrahlen und desto mehr ist man Wind und Wetter ausgesetzt.

Côte de Beaune

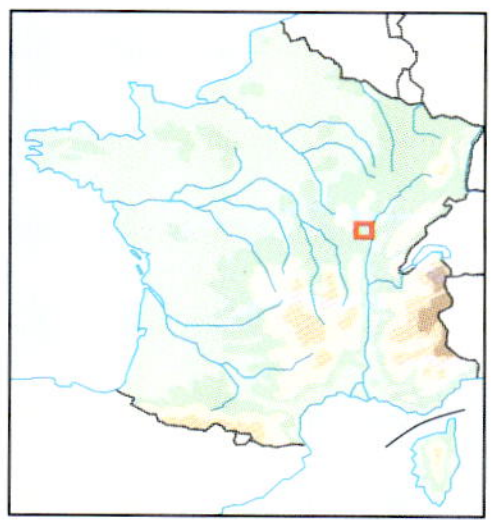

Ich halte nicht viel von Tradition und Reputation um ihrer selbst willen. Was den Wein angeht, so gibt es meiner Meinung nach so manchen unverdienten Ruf und dubiose Traditionen. Doch ich muss zugeben: Als ich das erste Mal den schmalen Pfad von der Hauptstraße (der N6) in Chassagne-Montrachet hinaufstieg und mich heimlich in den von baufälligen Steinmauern eingefassten Weinberg Le Montrachet schlich, schlug mein Herz vor Aufregung schneller.

Le Montrachet ist möglicherweise die großartigste Anbaufläche für Weißwein in der Welt. Doch warum? Ich probierte von den Trauben seiner Rebstöcke, ging dann hinüber zum benachbarten Weinberg, um von den Trauben von Bâtard-Montrachet zu kosten – auch einer der großen Grand-Cru-Weinberge, der nur 9 m tiefer liegt. Die Trauben dort schmeckten einfach anders. Im Weinberg Montrachet schienen sie schon am Rebstock, bevor ich sie pflückte, mehr Intensität und Kraft zu haben. Dann stieg ich über die Mauer in den oberhalb angrenzenden Weinberg Chevalier-Montrachet. Es ist eine Angelegenheit von wenigen Metern, aber die Trauben, die auf diesem steinigen Boden wachsen, sind herber und bringen einen schlankeren, ernsteren, doch immer noch superben Wein hervor.

Mit Ausnahme von Chevalier-Montrachet mit seinem extrem steinigen Boden ist der Untergrund des Montrachet steiniger und weniger nährstoffreich als der aller seiner Nachbarn. Der Hang ist eine Spur steiler und geht allmählich von der Ostlage in eine Südostlage über. Die Reben werden bereits von der Morgensonne verwöhnt, sind dann der heißen Mittagssonne ausgesetzt und fangen im Hochsommer noch spätabends die Sonnenstrahlen ein, wenn die anderen Weinberge schon im kühlen Schatten liegen.

Das ist es, was das Mikroklima ausmacht: das vollkommene Zusammenspiel von Boden, Neigungswinkel und Ausrichtung zur Sonne, das in dieser nördlichen Region den Trauben die Chance gibt, den perfekten Reifegrad zu erreichen. In jeder Gemeinde der Côte d'Or schaffen die ständig wechselnden geologischen und klimatischen Bedingungen kleine Weinparzellen, manche nur wenige Hektar groß, die Weine mit mehr Kraft, Charakter oder Finesse hervorbringen als ihre Nachbarn. Und das macht die Côte d'Or so faszinierend – macht es aber auch so mühsam, sie genauer kennen zu lernen.

Während die berühmtesten Weine der Côte de Nuits unmittelbar nördlich der Côte de Beaune durchweg Rotweine sind, sind die meisten weltbekannten Gewächse der Côte de Beaune weiß. Und das ist wiederum in den mesoklimatischen Verhältnissen begründet. Die Anbaufläche der Côte de Beaune ist zu 75 % mit roten Sorten bestockt. Die meisten Hänge weisen fruchtbaren, rötlichen Boden auf, gelegentlich von Mergel durchsetzt, der wiederum typisch ist für die Côte de Nuits. In diesen Bereichen herrscht der Pinot Noir vor. Die Hänge sind hier jedoch nicht so steil, und die Rotweine der Côte de Beaune, selbst die von dem einen Grand-Cru-Weinberg Corton an der Grenze zur Côte de Nuits, besitzen einen runderen Charme und weniger ungezügelte Kraft als die von der Côte de Nuits. Die Weine von Aloxe-Corton, Beaune, Volnay und die etwas raueren von Pommard zeichnen sich alle eher durch ihr Parfum aus als durch Kraft.

Die besten Weißweine jedoch – von Chardonnay-Reben, die dort angebaut werden, wo der Kalkstein den dunkleren Ton zurückdrängt – zeigen praktisch alle Merkmale, die man von einem trockenen Weißwein verlangen kann. Ich meine wirklich trocken, denn Weine wie Corton-Charlemagne, Meursault, Puligny-Montrachet, Chassagne-Montrachet oder viele andere Weißweine, die in den verschiedenen Dörfern erzeugt werden, enthalten keinen Zucker mehr. Gleichwohl bieten sie das Aroma von Milch und Honig, die Geschmeidigkeit und den Duft von gerösteten Nüssen, die noch warm vom Feuer sind, und von Zimt und Muskat – alle Nuancen sind da, dazu das straffe Rückgrat aus Mineralien, Kräutern und dem Rauch von Holzfeuer, das man von einem erstklassigen Weißwein erwarten kann. Ich kann mich an den Wein, den ich hier vor zwanzig Jahren getrunken habe, so deutlich erinnern, als hätte ich mein Glas eben erst abgesetzt.

Interessant ist auch, dass Sie, falls Sie gute Erzeuger finden, den Unterschied zwischen Weinen, die von benachbarten Rebflächen stammen, wirklich schmecken können. Das burgundische System, jede Weinbergparzelle mit unterschiedlichen Merkmalen genau abzugrenzen, ist das gründlichste der Welt. Meursault-Perrières hat steinigeren Boden als sein Nachbar Meursault-Charmes, der Wein ist straffer, vielversprechender und wird im Lauf der Zeit noch mehr Finesse bieten. So sollte man es erwarten – und so ist es auch häufig.

ROTE REBSORTEN
Pinot Noir ist die einzige rote Sorte, die für höhere Appellationen zugelassen ist.

WEISSE REBSORTEN
Chardonnay ist die offizielle Traube, aber daneben gibt es etwas Pinot Blanc und Pinot Gris.

KLIMA
Die Hänge hier sind nicht so steil und bieten weniger Schutz vor den Westwinden, daher gibt es mehr Niederschläge als weiter nördlich, und ausgiebige Regenfälle können zum Problem werden. Die Temperaturen sind etwas milder als in der Côte de Nuits.

BODEN
Die Bodenbeschaffenheit entspricht im Wesentlichen der der Côte de Nuits. Es tritt aber mehr Kalkstein zu Tage, und in diesen Bereichen befinden sich die besten Weinberge, zum Beispiel Le Montrachet.

TOPOGRAFIE
Die Hänge sind meist niedriger und flacher als in der Côte de Nuits, doch noch entscheidender ist hier die südlich bis südöstlich ausgerichtete Lage vieler Rebflächen.

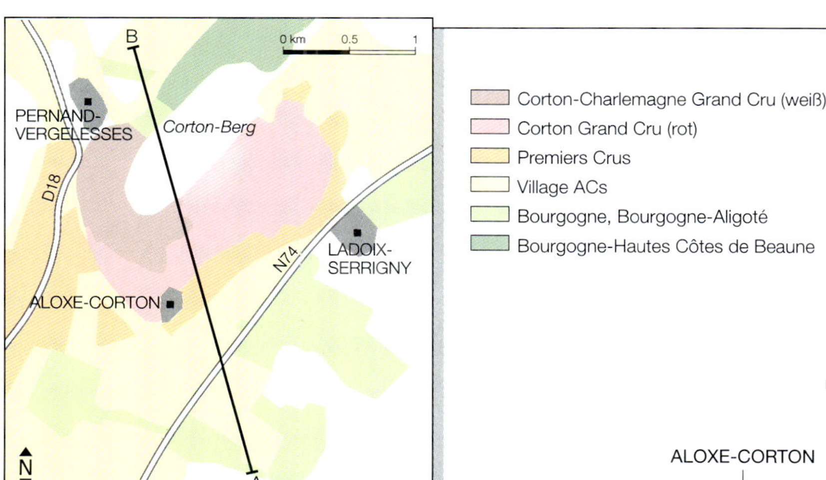

DIE GRANDS CRUS VON CORTON

Die Rebflächen des weißen Grand Cru Corton-Charlemagne liegen in den oberen Hangabschnitten des Corton-Bergs, wo kalkhaltige Böden eine optimale Umgebung für die kalkliebenden Chardonnay-Rebstöcke bieten. Die reichhaltigen Mergelböden auf den unteren Hangbereichen eignen sich viel besser für Pinot-Noir-Reben, die die körperreichen Corton-Rotweine liefern. Weiter unten und im Talgrund ist der Boden karger und weniger kalkhaltig, und die Qualität der Reblagen geht vom Premier Cru abwärts zu Village-Weinen und schließlich zur allgemeinen Bourgogne AC.

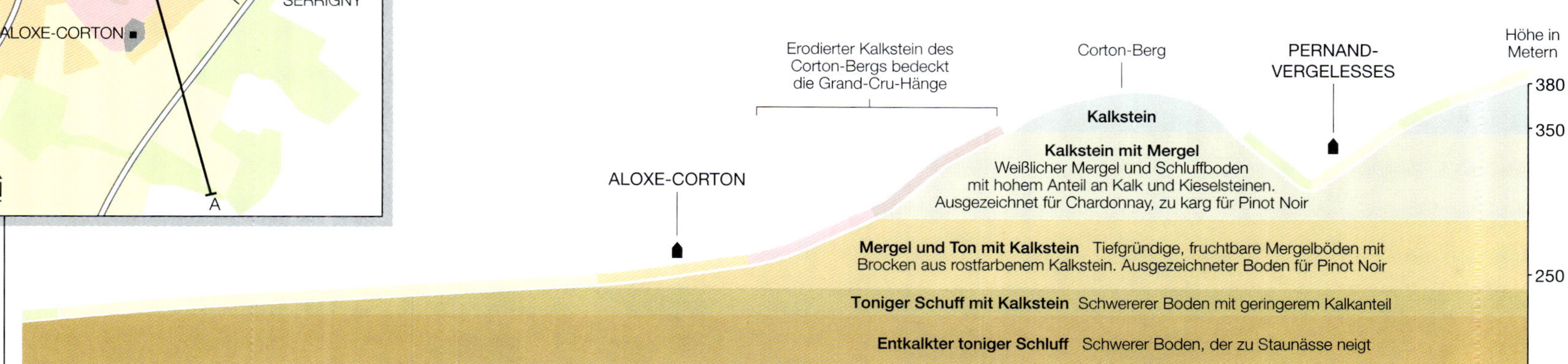

Darstellung 3,5fach überhöht

Das mit bunten Ziegeln gedeckte gotische Hôtel-Dieu, Sitz der Hospices de Beaune, einer karitativen Einrichtung aus dem 15. Jahrhundert, das für seine Weinversteigerungen im November berühmt ist.

DIE KLASSIFIKATION DER CÔTE DE BEAUNE

Wie in der Côte de Nuits erhalten auch hier die Spitzenlagen die Einstufung als Grand Cru, doch die lange Abfolge von Grands Crus um die 275-m-Höhenmarke wiederholt sich in der Côte de Beaune nicht. Hier gibt es lediglich zwei Gruppen von Grands Crus – eine im Norden bei Aloxe-Corton und eine im Süden zwischen Puligny-Montrachet und Chassagne-Montrachet. Abgesehen von diesen beiden Gruppen sind die besten Rebflächen für Rot- und Weißwein als Premiers Crus eingestuft. Man prüfte jede Rebstockzeile, um die Güte einer Parzelle festzustellen, da in diesem kühlen Gebiet die kleinste Nuance den Unterschied zwischen großem und bloß gutem Wein ausmacht. Eine fast unmerkliche Bodensenke im Feld, eine kaum wahrnehmbare Änderung im Gefälle eines Abhangs oder der Sonnenexposition, ein Streifen Lehm über einem Kalkuntergrund – alle diese winzigen Details verbinden sich zu der unberechenbaren Größe, die die Franzosen »terroir« nennen. Und dieses Terroir wird gerade hier in der Côte d'Or mit ihrer detaillierten Klassifizierung leidenschaftlich ernst genommen.

Die Qualität der Villages-Weine ist immer noch recht gut, obwohl viele dieser Weine auf flacherem Schwemmland angebaut werden. 16 Dörfer dürfen die Bezeichnung Côte de Beaune-Villages statt ihres Ortsnamens für ihre Rotweine verwenden, doch diese Option wird heute kaum ausgeübt, außer von Händlern, die einen Verschnitt herstellen. Die Appellation Côte de Beaune selbst ist ein winziger Bereich für Rot- und Weißwein westlich von Beaune. Die am wenigsten guten Rebflächen erhalten nur die Appellationen Bourgogne, Bourgogne Passe-Touts-Grains oder Bourgogne Grand Ordinaire.

DIE VILLAGES DER CÔTE DE BEAUNE

Die Côte de Beaune beginnt mit dem großen Hügel Corton, dessen Abhänge sich drei Dörfer teilen – Ladoix, Aloxe-Corton und Pernand-Vergelesses. Diese imposanten, stolzen, von Reben bedeckten Hänge bilden einen halbmondförmigen Bogen von Osten nach Westen, und ihre verwitterten Kalksteinböden von Corton und Corton-Charlemagne sind bis zur Waldgrenze bei 350 m mit weißen Rebsorten bestockt. Weiter unten wachsen die Trauben für den runden, saftigen Corton-Rotwein. Die Ostlagen sind im Allgemeinen für rote, die Westlagen für weiße Rebsorten am besten geeignet.

Savigny duckt sich in das Tal nordwestlich von Beaune und besitzt weniger geschützte, manchmal sogar nach Norden gerichtete Weinberge, dennoch sind Rot- wie Weißweine im Allgemeinen gut. Im berühmteren Beaune tendieren die Weine traditionell zur Milde und Weichheit; ausgezeichnete rote und weiße Premier-Cru-Lagen reichen bis an die Stadtgrenzen. Pommard und Volnay besitzen steile, bucklige Weinberge, die zu den mit Gestrüpp bedeckten Hügeln hinaufsteigen. Sie sind ziemlich vielgestaltig und weisen in alle Himmelsrichtungen, so dass sie den Reben weniger durchgängig Schutz vor Wind und Wetter geben als die Hänge der Côte de Nuits. Das bedeutet, dass das Mikroklima hier eine besondere Rolle spielt, vor allem im Hinblick auf den anspruchsvollen Pinot Noir, der in Pommard und Volnay vorherrscht. Hier werden die Weinparzellen häufig eifersüchtig von Mauern gehütet.

Der Herz der Côte de Beaune liegt zwischen Meursault und Chassagne-Montrachet. Hier, zwischen 240 m und 300 m Höhe – einige ausgezeichnete Weinberge bei dem Weiler Blagny erreichen sogar eine Höhe von 350 m –, gedeiht der Chardonnay auf den mageren, steinigen Böden und dem Kalkstein, der auf den Ein- und Ausbuchtungen der nach Osten bis Südosten blickenden Hänge fast bis zur Oberfläche vordringt, und bringt eine faszinierende Palette wunderbarer Aromen hervor. Alle unterscheiden sich wenig, doch wahrnehmbar voneinander. In Chassagne-Montrachet werden die Böden wieder schwerer, dehnen sich südwestlich bis nach Santenay und weiter westlich bis Maranges aus. Hier wird wieder mehr Rot- als Weißwein angebaut.

HAUTES-CÔTES DE BEAUNE

Im Hügelland der Côte de Beaune können Sie zahlreiche Weinberge erkennen. Diese gehören zum Appellationsbereich Hautes-Côtes de Beaune. Es ist ein herrlicher Teil von Burgund, mit kurvigen Landsträßchen, alten Alleen und einer Ruhe, die einen dazu verleitet, den Tag mit einem guten Burgunder zu genießen. Die Weinberge hier liegen jedoch entscheidende 50 bis 100 m höher als die der Côte de Beaune, sind weniger gut der Sonne exponiert und weniger vor Wind und Regen geschützt. Bei warmem Wetter bringen sie gefällige Rot- und Weißweine hervor – gerade das Richtige für ein Picknick auf einer der hoch gelegenen Wiesen.

WO DER WEIN WÄCHST *Die Côte de Beaune ist in viel geringerem Maße ein geschlossener Streifen Land entlang einer Geländestufe als die Côte de Nuits. Mehrere große Einschnitte zwischen den Hügeln beherbergen bedeutende Rebflächen. Die Weinberge fallen sanfter zur Ebene hin ab, die Böden sind weniger homogen und variieren zwischen kargem Kalkstein und nährstoffreichem Kalkmergel. Mit Ausnahme von Volnay, dessen feine Rotweine weitgehend auf hellen, steinigen Böden wachsen, werden die roten Sorten meist auf den schwereren Böden angebaut. Die leichteren Böden auf Kalksteinuntergrund bringen einmalige Weißweine wie Puligny-Montrachet und Meursault hervor. Der Corton-Berg oben im Panorama ist insofern ungewöhnlich, als er für einen Rotwein und einen Weißwein die Bezeichnung Grand Cru führen darf.*

Die alte Stadt Beaune ist die Weinmetropole von Burgund. Einige ausgezeichnete Villages wie St-Aubin, St-Romain und Auxey-Duresses sind weniger bekannt. Die Weinberge westlich in den Hügeln sind die Hautes-Côtes de Beaune.

CÔTE DE BEAUNE UND
HAUTES-CÔTES DE BEAUNE

NORD-SÜD-
AUSDEHNUNG
25 KM

REBFLÄCHEN

N

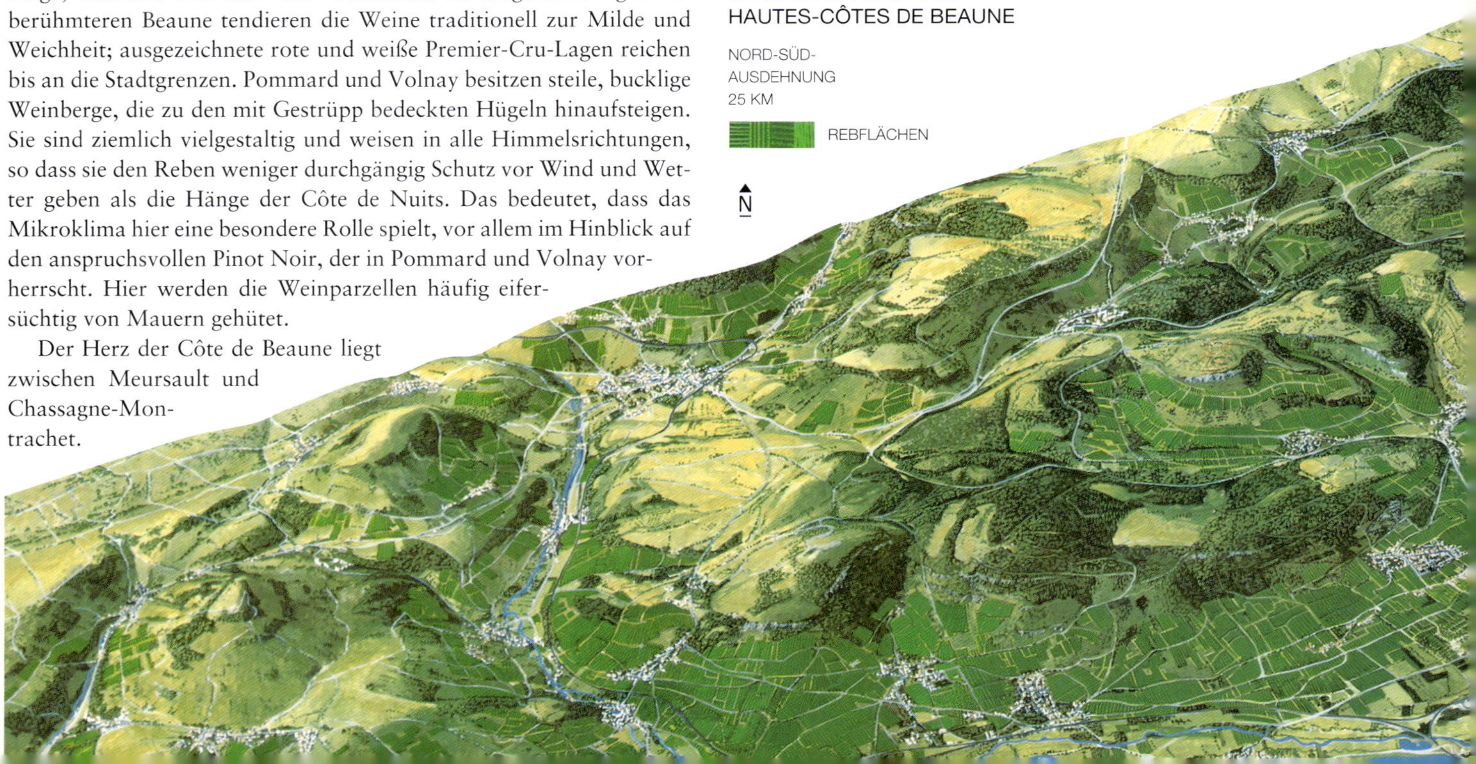

VILLAGE-ACs, GRAND-CRU-LAGEN UND WICHTIGE PREMIER-CRU-LAGEN

1. LADOIX
   Grands Crus: Corton (Anteil), Corton-Charlemagne (Anteil)
2. PERNAND-VERGELESSES
   Grands Crus: Corton (Anteil), Corton-Charlemagne (Anteil)
   Premiers Crus: Ile des Vergelesses, Les Vergelesses
3. ALOXE-CORTON
   Grands Crus: Corton (Anteil), Corton-Charlemagne (Anteil)
   Premiers Crus: Les Chaillots, Les Maréchaudes, Les Valozières
4. CHOREY-LÈS-BEAUNE
5. SAVIGNY-LÈS-BEAUNE
   Premiers Crus: Aux Guettes, Les Lavières, Aux Serpentières, Les Vergelesses
6. BEAUNE
   Premiers Crus: Les Avaux, Les Boucherottes, Les Bressandes, Les Cent Vignes, Champs Pimont, Le Clos des Mouches, Le Clos de la Mousse, Clos du Roi, Les Cras, Les Epenotes, Les Fèves, Les Grèves, Les Marconnets, Les Teurons, Les Toussaints, Les Vignes Franches
7. POMMARD
   Premiers Crus: Les Arvelets, Les Boucherottes, Clos Blanc, Clos de la Commeraine, Clos des Epeneaux, Les Grands Epenots, Les Petits Epenots, Les Pézerolles, Les Rugiens-Bas, Les Rugiens-Haut
8. VOLNAY
   Premiers Crus: Les Angles, Clos de la Bousse d'Or, Les Caillerets, Champans, Clos des Chênes, Clos des Ducs, Les Santenots, Taille Pieds
9. MONTHELIE
   Premiers Crus: Les Champs Fulliot, Les Duresses, Sur la Velle
10. MEURSAULT
    Premiers Crus: Les Charmes, Les Perrières, Les Genevrières, Les Gouttes d'Or, Le Porusot. Bestimmte Rotweine dürfen auch als Volnay oder Blagny verkauft werden.
11. AUXEY-DURESSES
    Premiers Crus: Climat du Val, Clos du Val, Les Duresses
12. ST-ROMAIN
13. PULIGNY-MONTRACHET
    Grands Crus: Bâtard-Montrachet (Anteil), Bienvenues-Bâtard-Montrachet, Chevalier-Montrachet, Le Montrachet (Anteil)
    Premiers Crus: Le Cailleret, Le Champ Canet, Clavoillon, Les Combettes, Les Demoiselles, Les Folatières, La Garenne, Les Pucelles, Les Referts, La Truffière
14. ST-AUBIN
    Premiers Crus: Le Charmois, La Chatenière, En Rémilly
15. CHASSAGNE-MONTRACHET
    Grands Crus: Bâtard-Montrachet (Anteil), Criots-Bâtard-Montrachet, Le Montrachet (Anteil)
    Premiers Crus: Les Baudines, La Boudriotte, Cailleret, Les Champs Gains, Les Chaumées, Les Chenevottes, Clos St-Jean, Les Embasées, La Grande Montagne, Les Grandes Ruchottes, Les Macherelles, La Maltroie, Morgeot, La Romanée, Les Vergers
16. SANTENAY
    Premiers Crus: Beauregard, Le Clos des Mouches, Le Clos de Tavannes, La Comme, Grand Clos Rousseau, Les Gravières, La Maladière, Passetemps
17. MARANGES

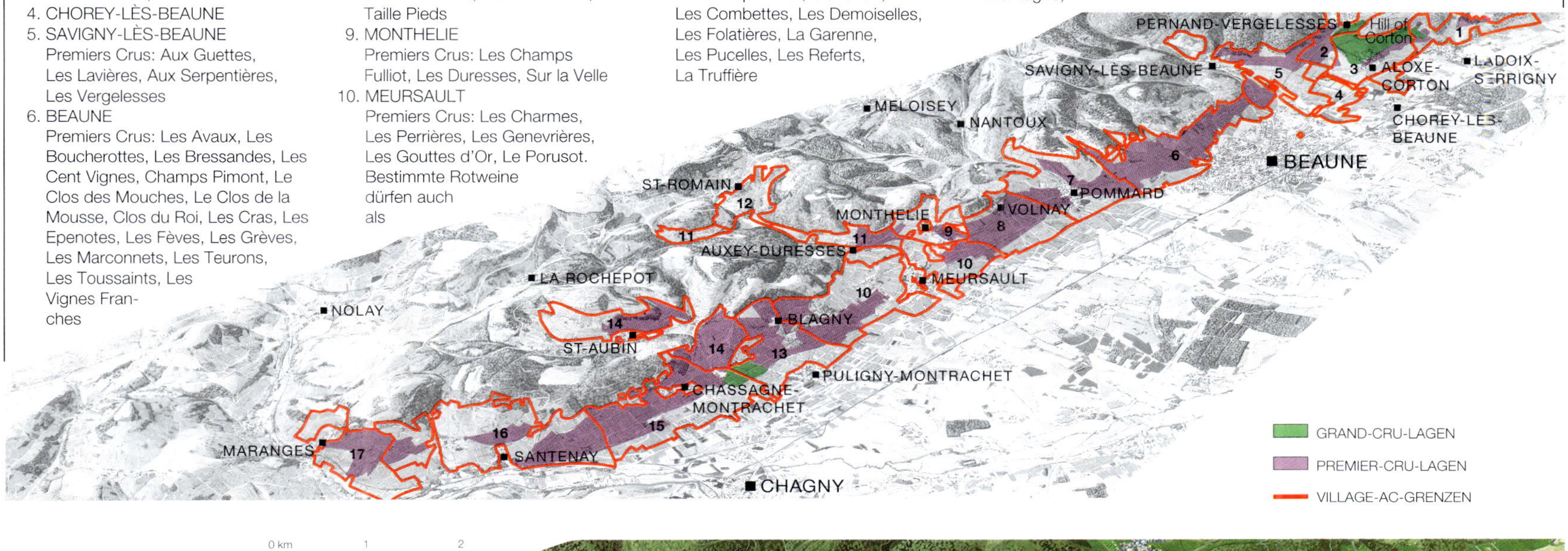

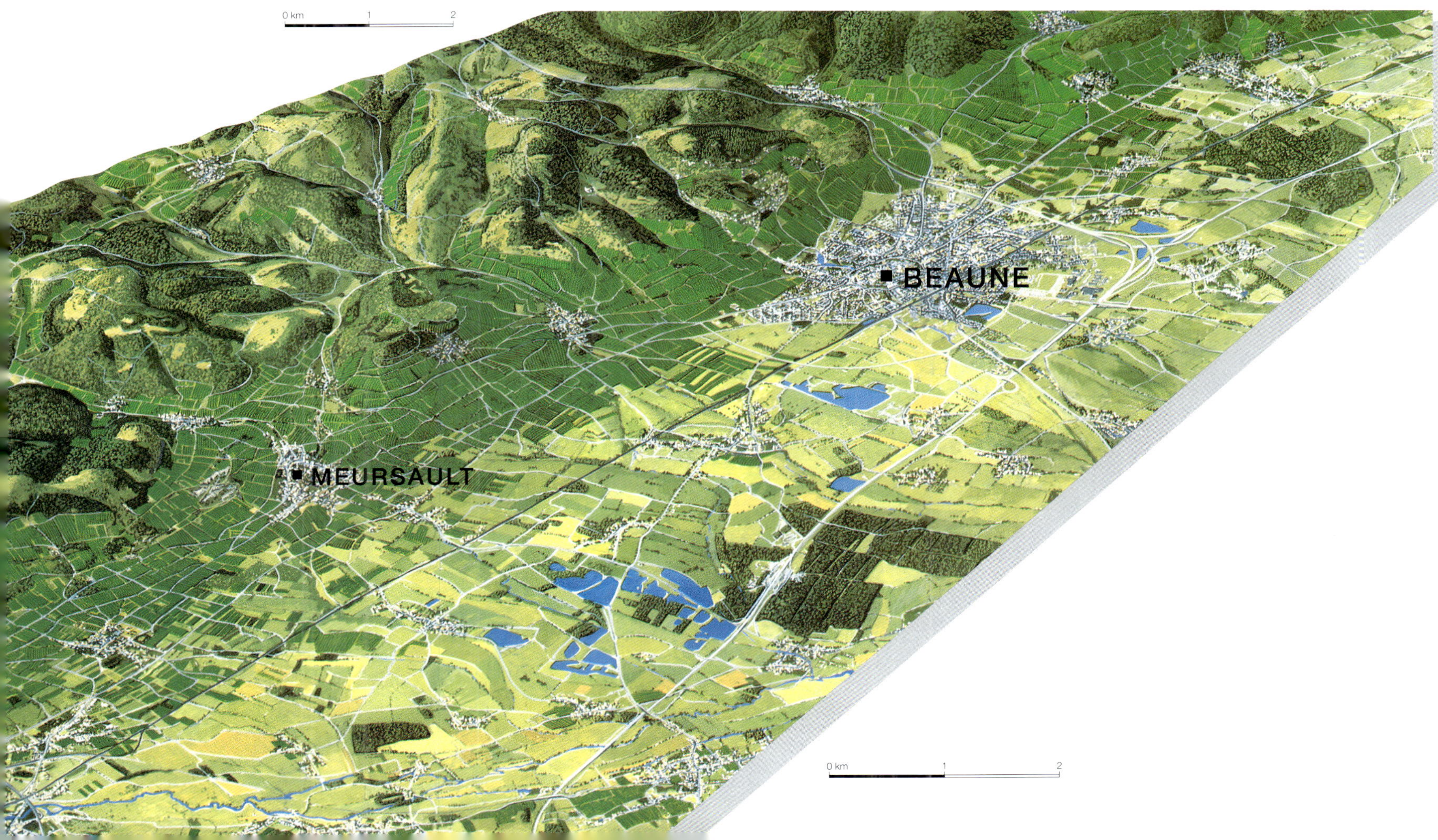

Côte Chalonnaise

ROTE REBSORTEN
Die Hauptrebe ist Pinot Noir.

WEISSE REBSORTEN
Die Hauptrebe ist Chardonnay, daneben gibt es etwas Aligoté in Bouzeron.

KLIMA
Das Gelände gibt weniger Schutz vor Westwinden als in der Côte d'Or; das Klima ist kühler, aber auch trockener. Das Hauptproblem besteht darin, dass die Trauben genug Sonne bekommen, um zu reifen.

BODEN
Die Böden bestehen aus Kalkstein oder einer Mischung aus Kalkstein und Ton.

TOPOGRAFIE
Auf diesen niedrigen, isolierten Hügeln ist eine gute Lage lebenswichtig für die Reifung. Die besten Lagen befinden sich auf Süd-, Südost- und Osthängen in etwa 220 bis 350m Höhe.

Ich kenne den Westwind in der Côte Chalonnaise nur zu gut. Vor einigen Jahren besuchte ich im Hochsommer die burgundischen Weinberge, um dort meine Studien zu treiben, und in der Dämmerung fiel mir ein, dass ich mir noch kein Hotelzimmer gesucht hatte. Wie spannend, dachte ich, eine Nacht unter den Sternen, umfächelt von einer milden Augustbrise! So wählte ich mir eine geeignete Stelle auf dem breiten Kamm der Weinberge südlich von Bouzeron und schlief zufrieden lächelnd ein. Doch dann kam Wind auf – aber kein milder Südwind, sondern eher ein atlantischer Sturm, und ich hastete zurück zum Auto und verbrachte frierend eine elende Nacht.

Da wurde mir klar, welche entscheidende Aufgabe die Höhenzüge Burgunds erfüllen, indem sie das schmale Band der Weinberge gegen die Westwinde schützen. In der Côte d'Or zieht sich die Hügelkette nahezu ununterbrochen von Dijon im Norden bis nach Santenay im Süden hin. Dann jedoch löst sie sich nach Westen hin auf, und an ihre Stelle tritt bei Chagny ein Durcheinander von Hügelchen und Kuppen, zerstreut, ungeordnet, die nur stellenweise Schutz vor dem Wind und nur vereinzelt günstige Sonneneinstrahlung bieten. Dies ist die Côte Chalonnaise. Eine Ansammlung von Mikroklimaten, in denen die gleichen Trauben wachsen wie in der Côte d'Or im Norden, aus denen gelegentlich Weine vergleichbarer Qualität entstehen, jedoch selten mit deren Üppigkeit, Rundheit und Bukett. Ein armer Verwandter? Durchaus, doch von wem? Der großartigsten Pinot-Noir- und Chardonnay-Rebflächen in Frankreich und möglicherweise der ganzen Welt! Das ist so schlecht nicht.

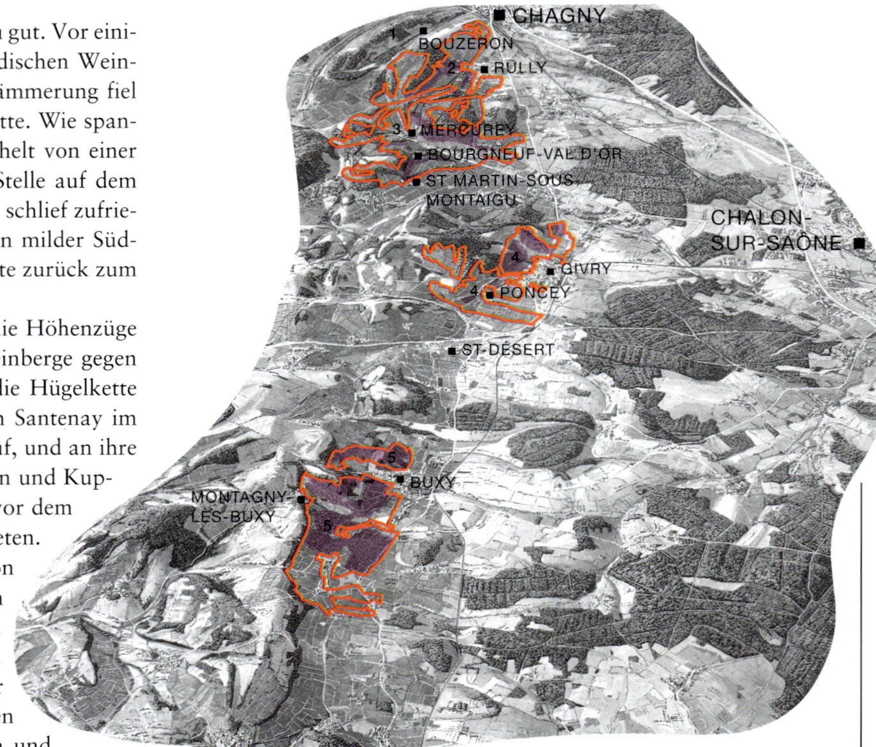

VILLAGE-ACs UND PREMIER-CRU-LAGEN

1. Bouzeron
2. Rully
3. Mercurey
4. Givry
5. Montagny

PREMIERS CRUS
VILLAGE-AC-GRENZEN

Trotzdem muss man in der Côte Chalonnaise die Lagen sorgfältig auswählen. Die besten befinden sich auf Abhängen, die vorwiegend Kalkstein als Untergrund haben und nach Südost bis Südwest abfallen, manchmal recht steil, um jeden Sonnenstrahl einzufangen. Die Rebstöcke werden im Allgemeinen auf einer Höhe zwischen 220 und 350 m über dem Meeresspiegel angepflanzt. Dies entspricht etwa der Côte d'Or, dort sind jedoch außer den obersten Lagen des berühmten Corton-Hügels keine hervorragenden Weinberge über der 300-m-Marke anzutreffen. Die Schlankheit, die viele Rot- und Weißweine des Chalonnais kennzeichnet, erklärt sich durch diese relativ große Höhe, den geringeren Windschutz und das Fehlen sanft abfallender, kontinuierlich nach Südost gerichteter Abhänge.

In Bouzeron, der nördlichsten Gemeinde des Chalonnais, spielt diese Schlankheit keine Rolle, da Bouzeron seinen Ruf mit einem zitronig scharfen, pfeffrigen, nach Buttermilch duftenden trockenen Weißwein aus der Aligoté-Traube begründet hat. Daneben gibt es einige Chardonnays und Pinots Noirs, die als einfacher Bourgogne verkauft werden. Der Aligoté ist hier jedoch der Hauptwein. Gewächse von alten Rebstöcken, als »vieilles vignes« bezeichnet, weisen etwas mehr von der Chardonnay-ähnlichen Üppigkeit auf.

Die Kalksteinhänge von Montagny liefern heute – ihrem Potenzial entsprechend – hochwertige Weißweine.

Rully gilt traditionell als Schaumwein-Gebiet, verdient jetzt aber mehr Beachtung. Die leichten, schlanken Weine von recht steilen Kalksteinhängen besitzen die Finesse und Säure, die von Schaumweinherstellern so gesucht wird; doch haben Handelshäuser wie Rodet bessere Weinbau- und Weinbereitungsmethoden und mehr Selbstvertrauen in die Gegend gebracht. Sie machen heute leichte, nach Kirschen duftende Rotweine aus Pinot Noir und schlanke, aber geschmacksreiche Chardonnays, insbesondere bei Reifung in Eichenfässern. Einige der besseren Lagen haben den Status des Premier Cru, doch das hat nicht viel zu bedeuten.

Mercurey weiter südlich ist der größte Appellationsbereich für Village-Weine im Chalonnais, 90 % der Weine werden aus Pinot-Noir-Trauben gekeltert. Auch hier sind die Weine nicht wirklich kräftig – die Schlankheit ist nicht zu leugnen –, doch gibt es einen beträchtlichen Unterschied in Bukett und Art zwischen den leichteren Weinen von den Kalksteinhängen und den kräftigeren aus den lehmigen Weinbergen.

Die Weißweine waren selten etwas Besonderes, doch wie in Rully wurden dank der Bemühungen führender Erzeuger und der wichtigsten Handelshäuser wie Faiveley und Rodet die Weißweine erheblich verbessert und die Rotweine mit mehr Körper ausgestattet. Es gibt eine ganze Anzahl von Premier-Cru-Rebflächen, von denen die besten auf den Südhängen im Norden der Stadt anzutreffen sind.

Givry besitzt ein imposantes Amphitheater mit südöstlich ausgerichteten Rebflächen, die westlich der Stadt ansteigen. Obwohl der Boden hier allmählich von dem verwitterten Kalkstein des Nordens in eine fruchtbarere Mischung aus Ton und sandigem Kalkstein übergeht, ergeben die besten Lagen von Givry in warmen Jahren einen Rotwein von ausreichender Tiefe und bemerkenswertem Aroma. Nach einer Lagerung von wenigen Jahren können diese Weine eine beinahe süße Erdbeer- und Kirschfrucht entwickeln. Diese geschützten Hänge haben wirklich ein außerordentliches Potenzial. Es wird auch eine geringe Menge weißer Chardonnay erzeugt, der jedoch nicht besonders aufregend ist.

Mehrere Kilometer weiter südlich, wiederum auf steilen Hängen und in den kleinen Taleinschnitten, erzeugt die Appellation Montagny, die ausschließlich weiße Trauben verwendet, auf wirklich ausgezeichnetem Weinland interessante Chardonnay-Weine. Die Weißweine aus Montagny waren früher knochentrocken, schmeckten nach Stein und machten keinen Spaß. Inzwischen produziert man mit besseren Weinbereitungsmethoden und vernünftigem Einsatz von Eichenfässern ausgezeichnete trockene, dabei geschmeidig-toastige Weißweine. Der wichtigste Erzeuger von Montagny ist die aufstrebende Genossenschaft in Buxy. Sie hat nicht nur hochwertigen Montagny-Wein kreiert, wo vorher lediglich das Potenzial dafür vorhanden war, sondern hat auch die Qualität der schlichten Rot- und Weißweine des Chalonnais verbessert. Diese wurden früher als einfacher Bourgogne verkauft, doch erreichten es die Lobbyisten von Buxy, dass 1990 die neue Appellation Bourgogne-Côte Chalonnaise eingeführt wurde. Das südliche Chalonnais entwickelt sich weiter und wird sicher einmal aufregende Weine liefern, hat aber noch nicht die Grundlage für einen echten Fortschritt vorzuweisen: eine Anzahl guter individueller Erzeuger. Das im Süden gelegene Mâconnais geht genau in diese Richtung.

WO DER WEIN WÄCHST *Die Côte Chalonnaise liegt südlich der Côte de Beaune, und man würde hier ein wärmeres Klima erwarten. Doch ganz so einfach verhält es sich nicht. Der Landschaft im Chalonnais fehlt die Geschlossenheit, es gibt wenig Schutz vor dem Wind, besonders vor dem Westwind, und die Weinberge liegen häufig in größerer Höhe als weiter nördlich. Dazu kommt noch, dass Mergel und Kalkstein, die die Grundlage der Böden in der Côte d'Or bilden allmählich abnehmen, je weiter wir nach Süden gehen und uns dem Mâconnais nähern. Aus dem Panorama ist leicht ersichtlich, wo sich die besten Weinlagen befinden. Der kleine Einschnitt von Bouzeron und die geschützten Südosthänge von Rully eignen sich besonders gut für Weißweine. Mercurey ist ausgedehnter, dort kommen die besten Rotweine von den geschützten Südlagen nördlich der Stadt. Im Süden gehören die Dörfer Bourgneuf-Val d'Or und St-Martin-sous-Montaigu zum Appellationsbereich, wobei letzteres die besseren Weine erzeugt. Givry besitzt einen besonders guten süd- bis südöstlich ausgerichteten Streifen mit Reben. Montagny verfügt über einen relativ kleinen, doch geschützten Bereich im südlichen Chalonnais.*

BEAUJOLAIS

Den Namen Beaujolais verbinde ich eher mit einem Gemütszustand als mit einer bestimmten Gegend auf der Landkarte. Für mich ist es ein magisches Refugium, eine bukolische Lebensart. Sehen Sie den Pfad, der von Chiroubles bis zum Waldrand oberhalb des Orts ansteigt? Nun, klettern Sie hinauf, dann können Sie dort oben in glücklicher Einsamkeit picknicken. Vielleicht möchten Sie aber auch die wunderbare Aussicht über das fette Saône-Tal bis hin zu den schneebedeckten Gipfeln der Alpen genießen? Oder würden Sie gerne ein saftiges, rosa gebratenes Entrecôte genießen, begleitet von einem duftenden Côte de Brouilly aus dem Krug? Dann folgen Sie mir.

Es stimmt, ich stelle mir das Beaujolais gerne als dieses traumhafte Arkadien, als ländliche Idylle vor. Doch leider ist es das nicht. Und vielleicht ist es nie so gewesen, denn in jenen Tagen, die Chevallier mit seinem berühmten Roman »Clochemerle« unsterblich gemacht hat, war das Beaujolais ein armes Land. Es hatte die Aufgabe, den schlichten Alltagswein für Lyon, die zweitgrößte Stadt Frankreichs, zu liefern.

BEAUJOLAIS NOUVEAU

Das hat sich alles mit der Entdeckung des Beaujolais Nouveau geändert. Welch ein Geniestreich! Denn seit es in dieser Gegend Weinbau gibt, wurde der Beaujolais in Lyon so jung wie möglich getrunken. Dann, in den 1950er Jahren, begannen die Pariser sich dafür zu interessieren, gefolgt von den Briten in den 1970ern, dann den Amerikanern, den Japanern – und schließlich der ganzen Welt. Seit den 1980er Jahren wird Beaujolais Nouveau hektisch vermarktet, der erste Wein der Jahresernte, der am dritten Donnerstag im November freigegeben wird: ein schäumender, purpurrosa Wein, so jung, dass er kaum das Aroma der Traube am Rebstock vergessen hat. Doch diese Euphorie konnte nicht ewig dauern, und wenige der traditionellen Beaujolais-Absatzgebiete wie Nordeuropa nehmen vom Tag des Nouveau noch Notiz. Ergebnis: Die Region prosperiert weit weniger, und die Erzeuger suchen neue Wege, um den Beaujolais zu promoten. Heute hat fast jede Weinbauregion der Welt ihre eigenen Versionen des strahlend-gefälligen, früh zu trinkenden Rotweins.

Aus Gründen des Marketings galt das Beaujolais immer als Teil von Burgund, doch die geologischen und klimatischen Verhältnisse unterscheiden sich. Hier werden 47 % des gesamten burgundischen Weins produziert. Die vorherrschende Rebsorte, die einzige, die für den Beaujolais verwendet wird, ist die Gamay-Traube, die im übrigen Burgund nur für die einfachsten Weine zugelassen ist – wegen der rauen, ungeschliffenen Aromen, die sie auf basischen Böden liefert. Doch im Beaujolais gibt es andere Böden, und hier kann die Gamay-Traube diesen heiteren, süffigen Wein hervorbringen. Dies müsste besonders für die sanfthügeligen Weinberge nahe Lyon gelten, wo reiche Ton- und Kalksteinböden die einfachen, leichten Rotweine hervorbringen, die schlicht als Beaujolais oder Beaujolais Nouveau verkauft werden. Doch die Erträge sind weit höher, als sie jemals waren, und folglich fehlt es vielen Weinen an Frucht und Bukett, die den Beaujolais in erster Linie berühmt gemacht haben.

Wenn wir den Beaujolais Nouveau lediglich als Erfindung eines modernen Marketingfachmanns betrachten, liegen wir teilweise falsch. Bei dem ganzen Rummel um den Tag des Beaujolais Nouveau im November tritt häufig die simple Frage in den Hintergrund, ob uns dieser Wein überhaupt schmeckt. Die Freigabe des ersten Weins des Jahrgangs ist in allen Weingegenden der Welt schon immer ein Grund zum

NÖRDLICHES BEAUJOLAIS

NORD-SÜD-AUSDEHNUNG 23 KM

REBFLÄCHEN

Feiern gewesen. Und so nützt die Zelebrierung des Nouveau alte Traditionen, um den Gewinn zu maximieren.

Es eignen sich jedoch nicht alle Rotweine für die Verarbeitung zum Nouveau. Glücklicherweise erbringt die Gamay im Beaujolais ein angenehmes Erdbeer- und Pfirsich-Aroma, das noch akzentuiert wird, wenn sie nach der Beaujolais-Methode zu Wein verarbeitet wird. Die Trauben werden von Hand gelesen und dann im Ganzen in einen Bottich geschichtet, ohne sie vorher zu mahlen. Die Beeren auf dem Grund des Bottichs platzen, der Saft tritt aus und beginnt wie üblich zu gären, wobei er Wärme erzeugt und Kohlendioxid abgibt, das an die Oberfläche des Bottichs steigt und sich wie eine Decke über den Most legt. Dadurch beginnen die noch ganzen, unverletzten Weinbeeren in ihrer Haut zu gären. Da die Farb- und Aromabestandteile in den unteren Hautschichten über dem Fruchtfleisch liegen, extrahiert diese Art der Ganzbeerengärung (als »Kohlensäuremaischung« bezeichnet) diese Stoffe, jedoch nicht viel von dem bitteren Tannin, das sich mehr an der Oberfläche der Haut befindet. Nach vier bis sieben Tagen platzen die Beeren und geben ihren dunklen, fruchtigen Saft, der keine Bitterstoffe enthält, in den Bottich ab, wo er sich mit dem auf herkömmliche Art vergorenen Saft am Boden des Bottichs vermischt und einen aromatischen, kräftig gefärbten Rotwein mit wenig Tannin ergibt. Dieser Saft wird abgelassen, und die restlichen Trauben werden gepresst. Dadurch steigt der Tanningehalt, doch dank der Kohlensäuremaischung dominieren immer noch die Fruchtaromen. Diese Methode wird, auch in abgewandelter Form, mit unterschiedlichem Erfolg von Erzeugern rund um die Welt verwendet, die sehr jung zu trinkenden Wein erzielen wollen.

WO DER WEIN WÄCHST *Das Panorama zeigt den nördlichen Teil der Region Beaujolais, in dem alle wichtigen Anbauflächen liegen, nämlich die zehn Crus des Beaujolais und die meisten der 39 Gemeinden, die Beaujolais-Villages erzeugen. Westlich der Eisenbahnlinie in den Hügeln mit Rebflächen, die in alle Himmelsrichtungen blicken, gibt es praktisch eine Wein-Monokultur, während im Osten das flache Land des Saône-Tals fast ausschließlich für andere landwirtschaftliche Zwecke genutzt wird.*

Weiter nach Westen zu bringen die flacheren, ziemlich fruchtbaren, doch weniger wasserdurchlässigen Böden einen redlichen Beaujolais hervor; auf den sanfteren Hängen entsteht Beaujolais-Villages, während alle Spitzenlagen der Beaujolais Crus auf den steileren, unwirtlichen Granitböden der Monts de Beaujolais versammelt sind; hier gedeiht die Gamay-Rebe in Höhen von etwa 400 m am besten.

DIE CRUS DES BEAUJOLAIS

Der nördliche Teil des Beaujolais, der im Panorama unten gezeigt wird, enthält die hochwertigen Anbauflächen. Die wichtigsten sind die zehn »Crus« des Beaujolais, die 25 % des gesamten Beaujolais-Ertrages ausmachen und ihre eigene kontrollierte Herkunftsbezeichnung besitzen. Die meisten befinden sich auf einem Granituntergrund, der selten mit sehr gutem Wein in Verbindung gebracht wird (wobei Hermitage im Rhône-Tal, südlich von Lyon, eine bemerkenswerte Ausnahme darstellt). Die nördlichste Gemeinde ist St-Amour, das seine Rebflächen mit der Appellation St-Véran im Mâconnais teilt. Südlich davon schließen sich Juliénas, Chénas und Moulin-à-Vent an, die alle gut strukturierte Weine erzeugen. Es folgen Fleurie und Chiroubles mit ihren parfumreichen Weinen und schließlich Morgon, dessen beste Weine einen köstlichen Kirschduft aufweisen. Régnié, der jüngste Cru mit sandigen Böden, hat diesen Titel noch nicht gerechtfertigt, während Brouilly – das größte Cru-Anbaugebiet – und Côte de Brouilly herrlich angenehme Weine hervorbringen können.

BEAUJOLAIS-VILLAGES

Weitere 39 Gemeinden, meist im Norden der Region zwischen Vaux-en-Beaujolais und St-Amour-Bellevue an der Grenze zur Region Mâconnais, dürfen die Bezeichnung Beaujolais-Villages verwenden. Diese Appellation wird für Weine vergeben, die besser sind als der schlichte Beaujolais, doch als weniger gut gelten als die Crus.

Ehrlich gesagt, wir suchen im Beaujolais nicht nach Langlebigkeit und Komplexität, die die größten Rotweine aus Bordeaux, Burgund oder von der Rhône kennzeichnen. Es sind der unkomplizierte Charakter reifer roter Beeren und würziger Blütenduft, was wir an einem guten schlichten Beaujolais lieben. Doch wir möchten auch, dass die Frucht noch reifer, der Duft noch kräftiger wird.

Dies sind die Vorzüge des jungen Weins. Es gibt kaum einen Brouilly, einen St-Amour oder einen Chiroubles, der auch nur wenige Jahre altern sollte. Manche Flasche Morgon, Juliénas, Fleurie oder, ganz besonders, Moulin-à-Vent hingegen beginnt nach fünf oder zehn Jahren einem liebenswürdigen, milden Burgunder von der Côte de Beaune zu ähneln, doch das sind Ausnahmen. Wie im übrigen Beaujolais sind die Erträge auch in diesen Spitzenlagen generell zu hoch. Auch eine Sorte wie die Gamay-Rebe kann nur dann eine überdurchschnittliche Qualität erzielen, wenn die Erträge niedrig bleiben.

Das Beaujolais ist einer der wenigen Plätze der Welt, an denen aus der Gamay erwähnenswerter Wein entsteht. Diese Trauben stammen aus dem Beaujolais-Cru Côte de Brouilly.

ROTE REBSORTEN
98 % der in der Region geernteten roten Trauben sind Gamay, die einzige für Beaujolais zugelassene Sorte.

WEISSE REBSORTEN
Eine geringe Menge Chardonnay und anderer Sorten werden für die verschwindend kleine Menge Weißwein angebaut, der hier erzeugt wird.

KLIMA
Wärmer und sonniger als in Nordburgund. Die Region wird teilweise durch die Monts du Beaujolais vor den häufigen Westwinden geschützt.

BODEN
Der wichtigste Faktor ist der Granituntergrund, der die ganze nördliche Zone bestimmt und auf dem die Gamay-Rebe gut gedeiht. Im Süden, in der Nähe von Lyon, ist der Boden, der hauptsächlich aus Ton und Kalkstein besteht, nährstoffreicher und weniger gut für Gamay geeignet.

TOPOGRAFIE
Die Weinberge liegen zwischen 150 und 500 m hoch und weisen in alle Richtungen. Fleurie und Moulin-à-Vent verfügen über viele Weinberge mit Südostlage, die durch die Hügel nach Nordwesten hin geschützt sind.

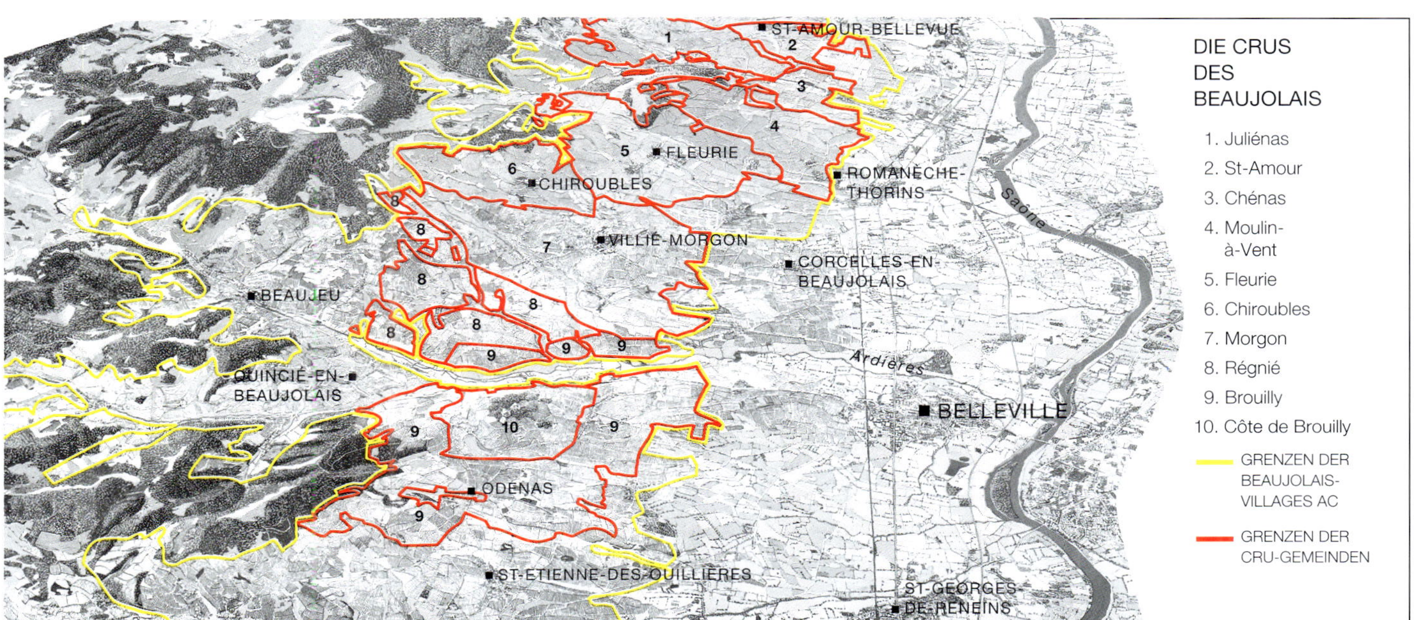

Champagne

ROTE REBSORTEN
Pinot Noir und Pinot Meunier sind auf knapp drei Viertel der Rebflächen angepflanzt.

WEISSE REBSORTEN
Chardonnay nimmt gut ein Viertel der Rebflächen ein.

KLIMA
Kaltes, nasses atlantisches Klima. In diesen nördlichen Breiten sind jedoch die Tage während der Vegetationszeit länger als in der Provence. Regen und späte Frühjahrsfröste sind die größten Probleme.

BODEN
Über dem bis zu 200 m mächtigen Kreideuntergrund liegt eine dünne, manchmal nur 15 cm dicke Schicht Mutterboden.

TOPOGRAFIE
Hauptsächlich Süd- und Südosthänge, die zwischen 100 und 200 m ü. d. M. liegen und von dicht bewaldeten Kuppen vor ungünstigen Witterungseinflüssen geschützt werden.

Pinot Noir auf nach Norden weisenden Rebhängen bei Verzenay am Nordrand der Montagne de Reims. Wie könnte Pinot Noir an so einem Ort reif werden?

Natürlich konnte man nicht wissen, welch glanzvollen Klang der Name einmal haben würde, als man das Gebiet um Reims und Épernay nordöstlich von Paris »Champagne« benannte. Man dachte nicht an rauschende Feste, an pompöse Zeremonien, nicht an die Lebewelt oder an Siegerehrungen bei Autorennen.

Das Wort »Champagne« stammt vom lateinischen »campania« ab – was »weite, offene Landschaft« bedeutet –, und manchmal scheint mir dies noch eine Untertreibung zu sein, wenn ich die eintönigen Ebenen östlich von Reims durchquere, ein Meer von Kornfeldern, das gelegentlich durch hoch aufragende Getreidesilos belebt wird und mich an die Prärien von Oklahoma erinnert. Während ich mich dann durch die flachen Zuckerrübenfelder im Pas de Calais vorwärts arbeite, denen man noch die Spuren der letzten Regenböen ansieht, die der Westwind vom Ärmelkanal über das Land treibt, vorbei an den riesigen Halden längst verlassener Kohlezechen, und dann über die sturmgepeitschte Kreideebene von Norden her nach Reims gelange, kann ich mir nicht vorstellen, dass unter solchen unwirtlichen Bedingungen jemals Weintrauben reifen. Es ist einfach zu kalt, zu windig, zu nass.

In dieser flachen Landschaft gibt es jedoch ein kleines Hochland – ein altes Kreidemassiv mit Felsklippen, Hängen und Tälern. Diese Hügel liefern genau den Schutz und das günstige Kleinklima, das der Rebstock braucht. Werfen Sie einen Blick auf das Panorama. Sie können die Montagne de Reims und die Côte des Blancs erkennen, die beide günstige Standorte für den Weinbau bieten. Das Marne-Tal, das zwischen diesen Höhenzügen liegt, ist ein weiteres Beispiel. Auch kleine geschützte Winkel wie die Côte de Sézanne und die Aube (siehe S. 73) weiter südlich bieten gerade noch die Bedingungen, die die Weintraube zur Reifung braucht.

Gerade dieser schmale Grat zwischen Reife und Unreife ist es, der den Wein der Champagne als Grundlage für einen Schaumwein besonders geeignet macht. Dazu kommen die kalten Herbste und eisigen Winter, die die ganze Region erbarmungslos beuteln und – wie es das Schicksal wollte – ihr Teil beigetragen haben, die weltberühmten bitzelnden Bläschen möglich zu machen.

Für einen guten Schaumwein braucht man einen Grundwein mit viel Säure. Wenn man die Reifezeit der Frucht so lange hinauszögern kann, dass sie erst in den goldenen Tagen des Herbstes zur Reife kommt, erhält man physiologisch reife Trauben mit einem hohen Säuregehalt. Diese entwickeln ein Aroma, das unvergleichlich viel besser ist als jenes von zu früh gelesenen Trauben in wärmeren Gegenden.

In den wenigen mesoklimatisch begünstigten Gegenden der Champagne, in denen Trauben wachsen, beträgt die Jahrestemperatur im Mittel etwa 10,5 °C, gerade ein halbes Grad über dem, was allgemein als Minimum betrachtet wird, um qualitativ hochwertige Traubensorten reifen zu lassen, auch wenn die Erziehung der Reben in Bodennähe die Temperaturverhältnisse etwas verbessert. Die Champagne hat tatsächlich eine ähnliche Sonnenscheindauer während der Vegetationszeit wie das erheblich wärmere Elsass. Doch während das Elsass, das geschützt hinter den Vogesen liegt, aufgrund seines eher kontinental geprägten Klimas viel höhere Temperaturen und eine geringere Niederschlagsmenge aufweist, werden die Tagestemperaturen in der Champagne durch die feuchten Brisen bestimmt, die ungehindert vom Atlantik her wehen. Diese Winde bringen häufig Regen, und das noch zum falschen Zeitpunkt. Zwar ist die gesamte jährliche Regenmenge niedriger als im Bordelais, in Burgund und an der Loire, doch fallen nahezu 60 % im Sommer und Frühherbst. Im Juli und August wirkt sich das besonders schlimm aus, wenn der Regen bei den reifenden Trauben Mehltau und Fäule verursacht. Doch jetzt macht sich die Bodenbeschaffenheit positiv bemerkbar. Mit Ausnahme der südlichen Aube stehen die Rebstöcke der Champagne auf einem mächtigen Kreideuntergrund. Die Bodendecke ist unterschiedlich – so hat die Montagne de Reims eine Art von Braunerde und Kies, das Marne-Tal viel mehr Sand und die Côte des Blancs Lehm –, doch diese Schichten sind so dünn, dass die Kreide immer wieder zu Tage tritt.

Die Kreide ist porös und rissig und hält genug Wasser, um den Rebstock zu ernähren, ohne ihn zu ertränken. Die Rebwurzeln graben sich in das weiche, beinahe schwammartige Gestein und geben der Pflanze eine feste Basis im Kampf gegen die klimatischen Extreme über dem Boden. Da die Kreide so nahe an der Oberfläche ist, wird sie ziemlich warm, reflektiert sogar noch das Sonnenlicht und trägt so zur vollen Reifung der Trauben bei, bevor der Herbst sich endgültig verabschiedet.

VOM STILLWEIN ZUM SCHAUMWEIN

Dieses eher schwermütige Szenario bedeutet, dass wirklich reife, von Sonne erfüllte Aromen einfach nicht zum Repertoire der Champagne gehören, obwohl die historische Reputation der Region auf Rotwein begründet war. Dieser muss sehr schwach und dünn gewesen sein. Doch saure Trauben, die gelesen wurden, kurz bevor der Winter hereinbrach, fermentierten nur langsam und ungenügend. Die Weinkeller waren so kalt, dass die Hefen inaktiv wurden und in Winterschlaf gingen; erst im kommenden Frühjahr setzte wieder eine plötzliche, rasche Gärung ein, aus der die Stillweine hervorgingen.

Die Engländer und die Pariser pflegten den Champagne-Wein in großen Mengen zu kaufen. Da in früheren Zeiten junger Wein begehrter war als alter Wein, wurde er im Winter im Fass verschickt. Im Frühjahr setzte sich dann die Gärung fort. Üblicherweise war man bemüht, den Wein von den

CHAMPAGNE

GRENZEN DER AC CHAMPAGNE

NORD-SÜD-AUSDEHNUNG
140 KM

REBFLÄCHEN

schäumenden Bläschen zu befreien. Doch in England, in der sorglosen Zeit nach der Restauration Karls II. im Jahr 1660, und in den genusssüchtigen Tagen, die in Frankreich auf den Tod Ludwigs XIV. im Jahr 1715 folgten, entwickelte sich eine Vorliebe für den frivolen, schäumenden Wein, der die Connaisseurs jener Zeit wohl entsetzt haben mag, doch den Grundstein für den anhaltenden Ruhm des Champagners legte.

Im 17. Jahrhundert war es eigentlich nicht so recht klar, warum der Wein anfing zu schäumen und auch wieder aufhörte.

Den Engländern gelang es, die Bläschen länger in den Sommer hinein im Wein zu halten, indem sie Flaschen aus besonders starkem Glas entwickelten und als Verschluss Korken anstelle von ölgetränkten Lappen verwendeten. Es gab zwar immer wieder Flaschen, die platzten, jedoch viel seltener, als dies bei den dünneren französischen Flaschen der Fall war. Dieses Problem wurde schließlich durch eine der legendären Gestalten der Champagne, Dom Pérignon, den berühmten Kellermeister der Abtei von Hautvillers zwischen 1670 und 1715, gelöst, der Flaschen aus dickem Glas und Korken einführte, um

Champagner ist fast immer ein Verschnitt von Weinen aus verschiedenen Lagen.

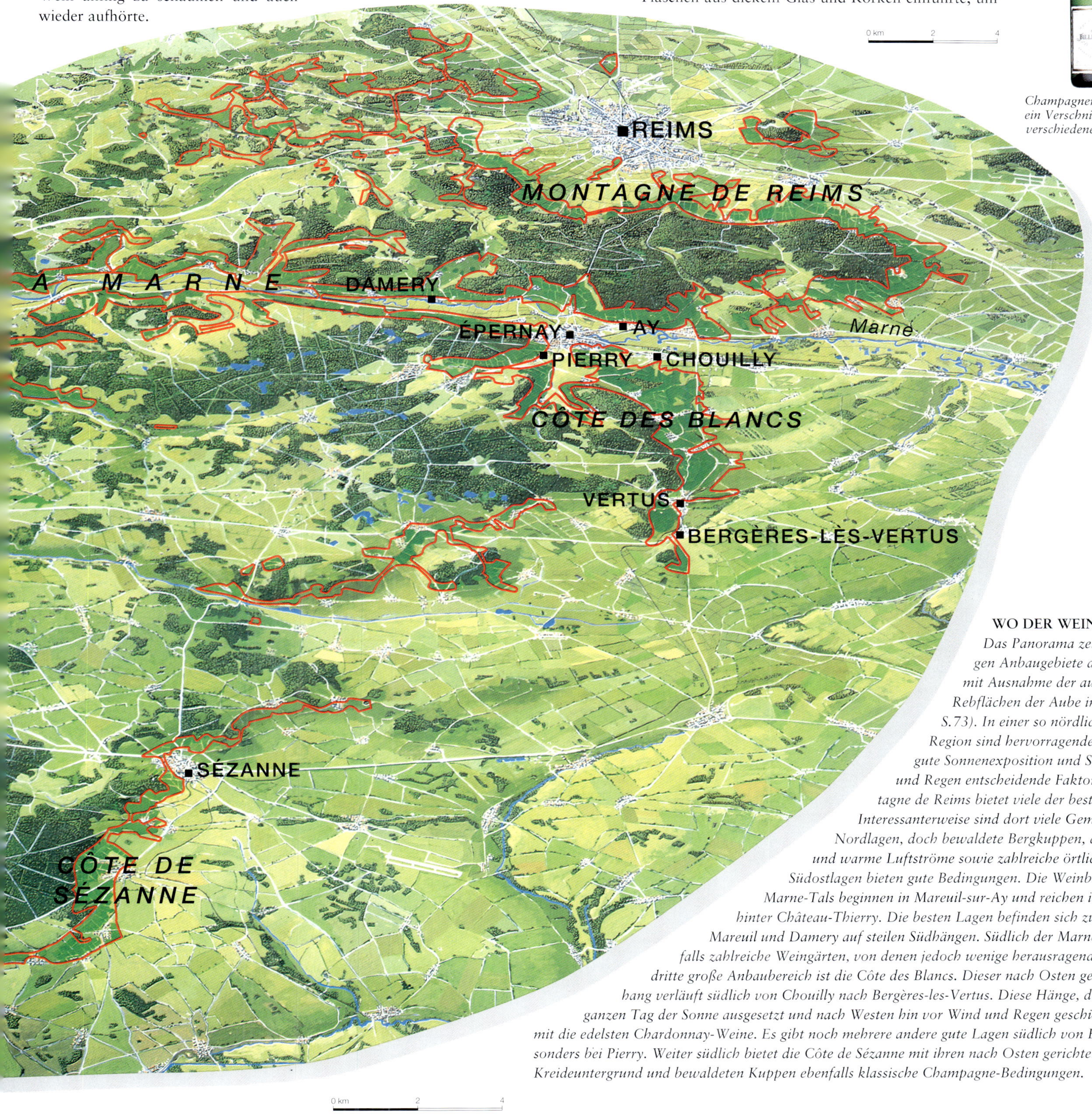

WO DER WEIN WÄCHST

Das Panorama zeigt alle wichtigen Anbaugebiete der Champagne mit Ausnahme der ausgedehnten Rebflächen der Aube im Süden (siehe S.73). In einer so nördlich gelegenen Region sind hervorragende Böden, eine gute Sonnenexposition und Schutz vor Wind und Regen entscheidende Faktoren. Die Montagne de Reims bietet viele der besten Lagen. Interessanterweise sind dort viele Gemarkungen Nordlagen, doch bewaldete Bergkuppen, der Kalkboden und warme Luftströme sowie zahlreiche örtliche Ost- und Südostlagen bieten gute Bedingungen. Die Weinberge des Marne-Tals beginnen in Mareuil-sur-Ay und reichen im Westen bis hinter Château-Thierry. Die besten Lagen befinden sich zwischen Mareuil und Damery auf steilen Südhängen. Südlich der Marne gibt es ebenfalls zahlreiche Weingärten, von denen jedoch wenige herausragend sind. Der dritte große Anbaubereich ist die Côte des Blancs. Dieser nach Osten gerichtete Kreidehang verläuft südlich von Chouilly nach Bergères-les-Vertus. Diese Hänge, die fast den ganzen Tag der Sonne ausgesetzt und nach Westen hin vor Wind und Regen geschützt sind, liefern mit die edelsten Chardonnay-Weine. Es gibt noch mehrere andere gute Lagen südlich von Épernay, besonders bei Pierry. Weiter südlich bietet die Côte de Sézanne mit ihren nach Osten gerichteten Hängen auf Kreideuntergrund und bewaldeten Kuppen ebenfalls klassische Champagne-Bedingungen.

die Gärung unter Kontrolle zu bekommen und im Stillwein wieder in Gang setzen zu können.

Das ganze Renommee des Champagners beruht auf dieser Errungenschaft. Indem man einem Stillwein ein wenig Hefe und Zucker zusetzt und dann die Flasche fest mit einem Korken verschließt, bringt man den Wein in der Flasche erneut zur Gärung, das Kohlendioxid löst sich im Wein und entwickelt den Schaum, wenn die Flasche geöffnet wird. Dies ist die traditionelle »Méthode champenoise«, nach der in der ganzen Welt erstklassiger Schaumwein hergestellt wird. Dom Pérignon hat noch andere wichtige Prinzipien aufgestellt, die heute als ebenso fundamentale Voraussetzung für einen guten Champagner gelten. So hat er vor allem die Notwendigkeit gesehen, die Erträge zu beschränken und die Weine verschiedener Weingärtner und Gemeinden zu verschneiden, um das beste Resultat zu erhalten.

DIE KLASSIFIKATION IN DER CHAMPAGNE

In dem ungünstigen Klima der Champagne gibt es wenige Lagen, die über Jahre hinweg einen attraktiven, facettenreichen Wein von gleichmäßiger Qualität hervorbringen. Die drei Traubensorten, die für Champagner verwendet und auf unterschiedlichen Lagen angebaut werden, vereinigen sich jedoch im Verschnitt zu einem abgerundeten Aroma. Um das Bukett noch weiter zu verbessern, können ältere »Reserve«-Weine aus den vorhergehenden Jahren zugesetzt werden. Der Champagner ist daher normalerweise ein Verschnitt verschiedener Weine, häufig aus der ganzen Region, und der größte Anteil wird ohne Angabe des Jahrgangs verkauft. Ein Jahrgang wird nur in besonders guten Jahren deklariert – und wenn die Weine aus einer Auswahl der besten Trauben hergestellt werden. Die so genannten »cuvées de luxe« sind ebenfalls Verschnitte aus dem Lesegut verschiedener Anbauflächen, wenn sie nicht von einem einzigen Erzeuger stammen.

Die Champagner-Häuser – die wichtigsten von ihnen haben ihren Sitz in Reims, Épernay und Ay – und Winzergenossenschaften haben den größten Teil der Champagner-Erzeugung in Händen und kaufen den Weinbauern die Trauben zu Preisen ab, die durch ein Gremium von Beamten, Weinbauern und Erzeugern alle drei, vier Jahre neu festgelegt werden. Die Preise werden nach einem System bestimmt, das als »échelle des crus« (»Gewächs-Skala«) bekannt ist. Die Gemarkungen, weniger die einzelne Rebfläche, werden je nach Qualität auf einer Skala von 100 bis 80 % eingestuft. 17 Orte, die die Bezeichnung Grand Cru führen dürfen, bekommen 100 % des vereinbarten Traubenpreises pro Kilogramm. Die 41 Dörfer, die die Bezeichnung Premier Cru führen, erhalten zwischen 90 und 99 % des vereinbarten Preises. Alle anderen, weniger begünstigten Dörfer erhalten zwischen 80 und 89 % des vereinbarten Kilopreises.

REBSORTEN

Es ist nicht nur so, dass manche Anbauflächen besser sind als andere, sondern jede Rebfläche eignet sich auch am besten für eine bestimmte Traubensorte. In der Champagne werden drei Rebsorten angebaut – zwei rote, Pinot Noir und Pinot Meunier, und die weiße Chardonnay-Rebe. Die Gesamtanbaufläche umfasst 31 458 Hektar; davon sind 11 935 Hektar Pinot Noir, 10 873 Hektar Pinot Meunier und 8650 Hektar Chardonnay.

Südlich von Reims liegt die Montagne de Reims, das vorwiegend Rebpflanzungen auf Ost- und Südhängen, aber auch auf Nordhängen besitzt. Hier dominiert die Pinot-Noir-Rebe, vor allem in den Grand-Cru-Gemeinden, die zusammen mit den Trauben aus der Region Côte des Bar den Champagner-Verschnitten das Rückgrat gibt. Pinot Noir wird auch für die seltenen Stillweine der Champagne verwendet, etwa den Bouzy Rouge, einen leichten, nach Himbeeren duftenden Wein. Insgesamt nimmt diese Rebsorte 38 % des gesamten Anbaugebietes ein.

Die nach Osten blickenden Kreidehänge der Côte des Blancs südlich von Épernay sind hauptsächlich mit Chardonnay bestockt, der 27,5 % der Rebfläche ausmacht. Weitere besonders erfolgreiche Gebiete für den Chardonnay sind der Ort Villers-Marmery am östlichen Rand der Montagne de Reims und die Côte de Sézanne im Süden. Der Chardonnay von den nördlichen Lagen verleiht dem Champagner Würze und lebendige, schlanke Frucht, während der von der weniger kreidehaltigen Côte de Sézanne eher eine sahnige, ölige Rundung gibt. Ein Blanc-de-Blancs-Champagner besteht zu 100 % aus Chardonnay.

Die Sorte Pinot Meunier ist mit 34,5 % der Rebflächen das »Arbeitspferd« der Champagne. Sie wird im Allgemeinen auf den niedriger gelegenen Flächen kultiviert, da sie spät austreibt und somit den schlimmsten Frösten entgeht. Die meisten Dörfer bauen etwas Pinot Meunier an, mit Ausnahme der Spitzengemeinden der Côte des Blancs und Bouzy in der Montagne de Reims. Westlich von Épernay im

DIE KREIDE DER CHAMPAGNE

Eine dicke, gewellte Kreideschicht zieht sich durch Nordfrankreich und Südengland. Sie bildet den Untergrund für die Rebflächen der Champagne. Kreide besitzt eine perfekte Ausgewogenheit zwischen Porosität und Wasserrückhaltung, die eine gute Versorgung der Reben sowohl in trockenen als auch in nassen Jahren gewährleistet. Mit seiner hellen Farbe reflektiert der Kreideboden das Sonnenlicht, außerdem ist er ein guter Wärmespeicher, beides für eine Region in dieser nördlichen Lage lebenswichtig. Ferner ist die Kreide basisch, was Trauben mit hohem Säuregehalt hervorbringt, die sich sehr gut für Schaumwein eignen. Dazu kommt, dass die Keller des Gebiets (insbesondere in Reims und Épernay) tief in die Kreidefelsen gegraben sind und eine ideale Umgebung für die zweite Gärung bieten; denn je langsamer die Hefen wirken, desto kleiner sind die Bläschen und desto beständiger schäumt das endgültige Produkt.

Cru-Lagen Die besten Lagen sind in den Kreidehängen zu finden, die mit abgetragenem Material von den höheren Hangteilen bedeckt sind. Der hohe Calciumgehalt der Kreide verhindert, dass die Rebstöcke Eisen aufnehmen, was durch die Düngung ausgeglichen werden muss.

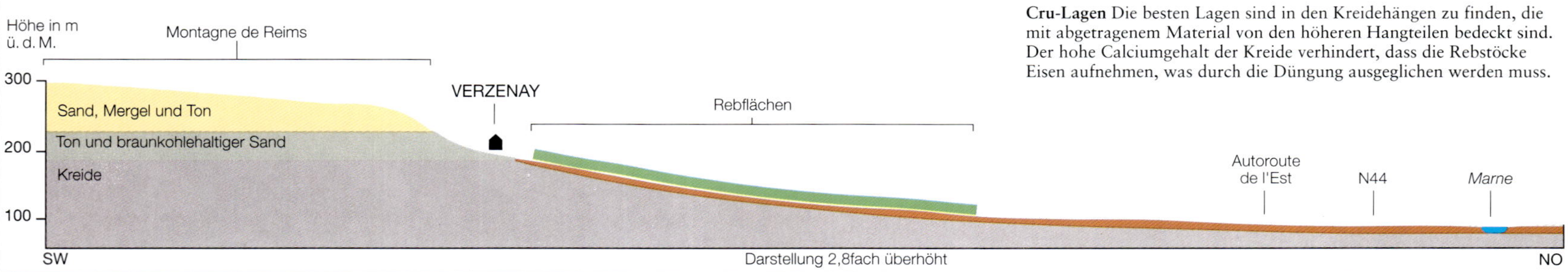

Marne-Tal ist Pinot Meunier besonders stark vertreten, wo vor allem die Rebflächen im Tal frostanfällig sind. Mit den beiden anderen Sorten verschnitten, kann Pinot Meunier eine gefällige, sanft parfümierte Note beitragen, die die herberen, sich langsamer entwickelnden Nuancen des Pinot Noir und Chardonnay mildert.

AUBE (CÔTE DES BAR)

Die Rebflächen des Départements Aube sind weit südlich von Troyes zu finden, der früheren Hauptstadt der Herzöge der Champagne, und es war immer schon ihr Problem, dass sie gerade noch in der Region Champagne liegen – und gleichzeitig schon fast in Burgund. Die ersten verstreuten Vorposten der burgundischen Weinberge beginnen keine 20 km entfernt jenseits der Départementsgrenze bei Chatillon-sur-Seine, und die sanfte Hügellandschaft der Aube macht einen deutlich anderen Eindruck als das Zentrum der Champagne bei Épernay, das etwa 110 km entfernt ist. Die A26 zwischen Reims und Dijon trennt die beiden wichtigsten Städte der Aube, Bar-sur-Aube und Bar-sur-Seine, und lässt die zwei Gesichter der Region vor Augen treten.

Die Weinberge der Aube liegen näher am Chablis (siehe S. 56) als jeder andere Bereich der Champagne – nur 40 km nordöstlich –, und sie besitzen ähnliche Böden wie Chablis, doch wiesen die Burgunder alle Annäherungsversuche der Aube-Erzeuger ab. Als die Winzer an der Marne im Norden zu Beginn des zwanzigsten Jahrhunderts die Grenzen der Champagne festzulegen begannen, um die Qualität der verwendeten Trauben zu steuern, verlangten einige Aube-Winzer, dass ihre Region dem Champagner produzierenden Gebiet zugeschlagen werden sollte. Dies geschah erst nach etlichen Jahren handfesten Widerstands der Marne-Erzeuger, und sie musste bis 1927 – als die Appellation Champagne eingerichtet wurde – den herabwürdigenden Namen »Champagne Deuxième Zone« tragen.

Diese Situation wird immer unhaltbarer, dauert jedoch bis heute an. Viele der hochnäsigen Grande-Marque-Champagnerhäuser von Reims und Épernay tun immer noch so, als existiere die Aube nicht, obwohl sie Aube-Weine für ihre jahrgangslosen Verschnitte verwenden. Zumindest ist aber zu verzeichnen, dass die Vorurteile der Region gegenüber – teils weil führende Weinmacher großer Häuser die Meriten der Aube zunehmend anerkennen – geringer werden. In der Tat ist dieser Bereich, der heute auch Côte des Bar genannt wird, eine der wichtigsten Quellen der Champagne für aromastarke, reife Pinot-Noir-Trauben. Fast 85 % von den 6800 Hektar des Bereichs sind mit Pinot Noir bepflanzt und stellen fast die Hälfte (48 %) der gesamten Produktion dieser Sorte in der Champagne.

Trotz alter trennender Gräben existieren heute enge Bindungen zwischen Burgund und der Aube. Die Böden der Côte des Bar sind dieselben wie die im Chablis. Selbst das Wetter ähnelt mehr dem des Chablis als jenem der Champagne. In der Côte des Bar steht höheren Sommertemperaturen eine größere Kälte im Winter gegenüber, was sich in einer reiferen, runderen, leicht an Himbeeren erinnernden, etwas erdigen Frucht bemerkbar macht.

Dieses leichte Aroma roter Beeren ist besonders in einer örtlichen Rarität ausgeprägt, dem Rosé des Riceys. Dieser stille Roséwein wird im großen Fass ausgebaut und nur in den wärmsten Jahren hergestellt. Obwohl die Fassreifung jede Üppigkeit vertreibt, hat der Wein noch einen Kern eigenartiger Süße, als hätte man ein Körbchen Himbeeren in heißem Wüstenwind verdorren lassen.

Zwar füllen immer mehr Winzer ihren Wein selbst ab, doch gehen die meisten Weine der Côte des Bar entweder nach Norden in den Champagner-Verschnitt oder werden von der großen Winzergenossenschaft Union Auboise in Bar-sur-Seine vermarktet, deren Devaux-Champagner manche Grande Marque in den Schatten stellt.

Reben und Sonnenblumen teilen sich die Hänge bei Essoyes in der Aube (oder Côte des Bar). Von hier kommen füllige, früh reife Weine, die ideal dafür geeignet sind, die strengeren Grundweine aus anderen Teilen der Region auszupolstern.

WO DER WEIN WÄCHST *Die Aube oder Côte des Bar ist die am wenigsten bekannte der vier Hauptregionen der Champagne, in mancher Hinsicht aber die attraktivste. Während die nördlichen Regionen der Champagne um Épernay von atlantischen Winden heimgesucht werden, hat die Côte des Bar ein eher kontinentales Klima, insbesondere hat sie mehr Frost. Die Landschaft ähnelt mehr den Gegenden um Chablis als den Hauptgegenden in der Champagne. Die Topografie ist vorwiegend weiträumig und leicht wellig, doch es gibt auch niedrige, bewaldete Hügel mit relativ steilen Abhängen. Auf den Südhängen wird zwischen Weiden und Getreidefeldern stellenweise Wein angebaut. Die besten Beispiele liegen östlich von Bar-sur-Seine entlang dem Tal bis Champignol-lez-Mondéville und Urville sowie unterhalb des Waldgebietes zwischen Polisy und Les Riceys. Nordöstlich von Bar-sur-Seine wird das Land flacher und ist in diesem kühlen Teil Frankreichs für den Anbau von Trauben zu exponiert.*

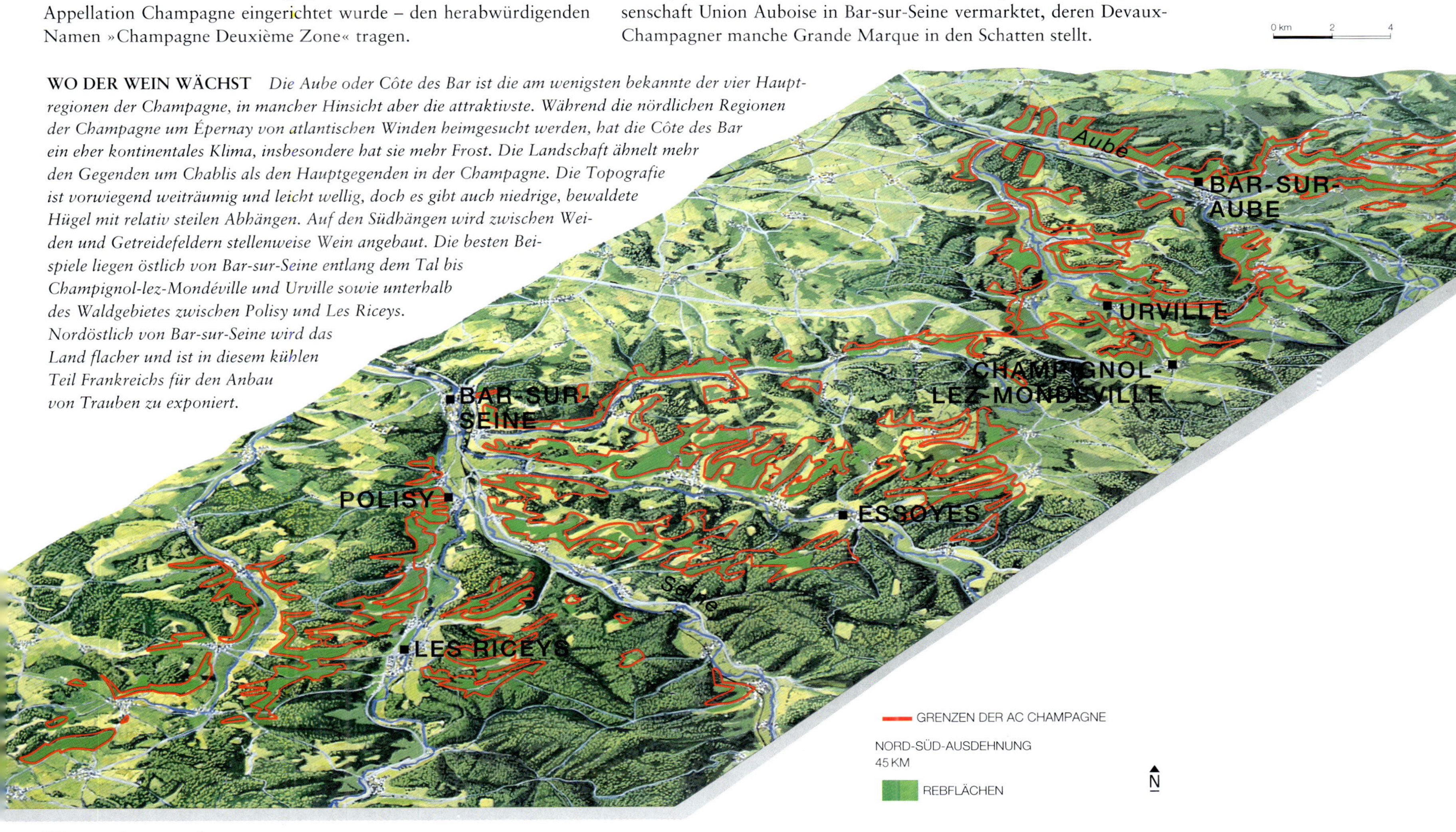

Das Herz der Champagne

Auf allen meinen Reisen in die Champagne gab es, unabhängig von der Jahreszeit, kaum einen Tag, an dem ich nicht eine feuchte Kühle vom Boden aufsteigen spürte, wenn ich morgens einen Weinberg betrat. Selten gab es einen Abend, an dem ich nicht dankbar für meine Jacke war, wenn die Sonne hinter einem bewaldeten Hügel unterging. In diesem Teil Frankreichs befinden wir uns ziemlich genau an der Grenze, jenseits deren man nicht einmal in den heißesten Jahren erwarten kann, dass Rebsorten wie Chardonnay oder Pinot Noir reif werden. Auch in diesen Jahren kommen nur die ganz günstigen Lagen zurecht. Glücklicherweise gibt es in der Champagne eine ganze Menge solcher Standorte.

Im Herzen der Champagne gibt es drei Hauptzonen, von denen jede für eine andere Rebsorte geeignet ist und ganz verschiedene Weine hervorbringt. Wie schon erwähnt, entsteht der edelste Champagner in den meisten Fällen durch den Verschnitt von Weinen aus verschiedenen Anbauflächen der Region. Es gibt tatsächlich ein paar ausgezeichnete Champagner von Einzellagen, doch die Summe der Teile, aus denen der Champagner kreiert wird, ist fast immer erheblich besser, als es irgendeine der einzelnen Komponenten zuwege bringen würde.

MONTAGNE DE REIMS

Sehen Sie sich das Panorama an: Reims ist die Stadt ganz oben, und die Gruppe bewaldeter Hügel südlich von ihr bildet die Montagne de Reims. Man könnte meinen, dass in einer kalten, so weit nördlich gelegenen Gegend die Trauben nur auf den am besten geschützten Südlagen zur vollen Reife gelangen. Erstaunlicherweise kommen einige der dunklen Trauben der Pinot Noir, die am schwersten reif werden, und einige der langlebigsten Weine in der Region Champagne aus den Weinbergen am Nordrand dieses Höhenzugs.

Wie kommt es, dass Orte wie Mailly-Champagne, Chigny-les-Roses und Verzenay, die an diesen Nordhängen liegen, einen so tiefgründigen, kräftigen Wein liefern? Ein möglicher Grund ist die wärmende Wirkung der nahen Stadt Reims und ihrer Glocke aus warmer Luft, die die Rebstöcke im Winter schützt und die Reifung im Sommer fördert. Ich glaube aber nicht, dass dies die ganze Erklärung ist. Die guten Weinberge sind meist nicht tatsächlich nach Norden ausgerichtet, und auf den Hängen, die nach Norden gehen, reifen die Trauben im Durchschnitt nur acht Tage später als die anderen. Unmittelbar südlich von Reims, wo es echte Nordhänge gibt, werden gar keine Reben angebaut. Sie tauchen nur auf Südwesthängen auf, die als »petite Montagne« bekannt sind, und die guten Weinlagen von Écueil, Sacy und Villedommange sind tatsächlich nach Osten gerichtet und besitzen sogar einige Südhänge.

DAS HERZ DER CHAMPAGNE

NORD-SÜD-AUSDEHNUNG 40 KM

REBFLÄCHEN

Bedrohliche Gewitterstimmung über den Rebbergen von Cuis am Nordrand der Côte des Blancs.

Südöstlich von Reims, zwischen Rilly-la-Montagne und Mailly-Champagne, blicken viele Rebflächen nach Norden, doch im Unterschied zu den anderen Lagen in den Bergen befinden sie sich zum größten Teil auf flacherem, tiefer liegendem Gelände und bekommen ihren Teil der nicht besonders warmen, aber lange scheinenden Sommersonne ab. Diese Gemarkungen sind allerdings bekannt dafür, dass sie ernste, langsam reifende Pinots Noirs hervorbringen. Mit Ausnahme der bemerkenswerten Vilmart-Weine aus Rilly habe ich sie als nie besonders erfreulich kennen gelernt, doch ihr Ruf stammt hauptsächlich daher, dass diese robusten Weine in den Erzeugnissen vieler Champagner-Häuser ein gutes Rückgrat im Verschnitt mit weicheren, milderen Weinen bilden.

Die besten Gemeinden der Montagne de Reims liegen an ihrem Ostrand zwischen Verzenay und Bouzy. Hier gehen die Hänge von Nordlagen in Südlagen über. Sie profitieren von dem Schutz, den die bewaldete Kuppe bietet, doch die besten Standorte sind eindeutig auch

WO DER WEIN WÄCHST *Alles flache Land hier ist Ackerland. Es eignet sich nicht für Reben, da es nicht genug Sonnenwärme erhält und nicht vor Wind und Regen geschützt ist. Nur selten setzen sich die Weinberge bis in die Ebene fort. Erstaunlicherweise finden sich einige der besseren Rebflächen an der Nordseite der Montagne de Reims zwischen Rilly-la-Montagne und Mailly-Champagne an flacheren Nordhängen.*

Die östlichen und südlichen Teile der Montagne de Reims sind durch die bewaldeten Bergkuppen geschützt, und bei Ambonnay und Bouzy gibt es ein natürliches, nach Süden ausgerichtetes Amphitheater, das einen idealen Standort für die vorherrschende Pinot-Noir-Rebe bietet. Das Marne-Tal besitzt steile, nach Süden gerichtete Kreideabhänge zwischen Avenay und Damery. Südlich von Épernay gibt es mehrere gute Standorte in Pierry, Mancy und Grauves, doch die eigentliche Spitzenlage ist der nach Osten ausgerichtete Kreidehang der Côte des Blancs: geschützt, mit guter Entwässerung und guter Exposition – genau das, was ein Weinberg im Norden braucht.

hier die nach Osten bis Süden geneigten Hänge. Daneben spielen drei andere wichtige Faktoren eine Rolle, und zwar die Morgensonne aus dem Osten, ein Kreideboden, der die Hitze sowohl reflektiert als auch speichert, wenn die Sonne nach Westen wandert, und die Abschirmung gegen Westwind und Regen, die die Montagne de Reims bietet.

VALLÉE DE LA MARNE

Der Anbaubereich des Marne-Tals beginnt, wo die südlichen Hügel der Montagne de Reims zwischen Avenay und Mareuil-sur-Ay zum Fluss hin abfallen. Nach etwa 10 km erreicht man zwischen Mareuil und Damery eine herrliche Kette von Weinbergen, die sich auf den mäandernden Hängen hinziehen; in wunderbarer Südlage erstreckt sich der Teppich aus Rebstöcken von den Hügeln nördlich von Épernay bis in die breite Talflur. Diese Gegend, besonders die Hänge um Ay, kann schöne Pinots Noirs hervorbringen, doch westlich von Damery wird das Tal schmaler und feuchter, der Kreideuntergrund wird zu einem schmalen Streifen, der zunehmend durch sandige Tone ersetzt wird. Der größte Teil der Weinberge befindet sich auf dieser Sedimentschicht. Unter diesen Bedingungen wird weder die Pinot-Noir- noch die Chardonnay-Traube reif, während die weniger anspruchsvolle Pinot-Meunier-Traube noch gut gedeiht und daher in diesem Gebiet vorwiegt. Reben wachsen an beiden Seiten des Marne-Tals, wobei die Nordufer die besseren Lagen sind. Doch es gibt Ausnahmen. Das kleine Leuvrigny am Südufer liefert Pinot-Meunier-Trauben für die Häuser Krug, Deutz und Roederer. Und südlich des Flusses sind die Gemeinden Le Breuil sowie, näher an Épernay, Pierry und Grauves zu nennen. Diese gehören praktisch schon zur Côte des Blancs, dem drittgrößten Bereich der Champagne.

CÔTE DES BLANCS

Die Côte des Blancs ist ein langer, nach Osten und Südosten ausgerichteter Hangzug auf Kreideuntergrund, der sich von dem Hügel Butte de Saran im Norden (südöstlich von Épernay) bis hinunter zum Städtchen Vertus im Süden erstreckt. Über eine Entfernung von 15 km gibt es nichts als Reben, zum größten Teil Chardonnay.

Die Chardonnay-Traube liebt kalkigen Boden und lange warme Tage ohne viel Regen. Die Côte des Blancs erfüllt diese Anforderungen besser als andere Standorte in der Region. Das Ergebnis ist nicht nur der konstant höchste Ertrag aller Champagne-Bereiche, sondern auch die zuverlässige Attraktivität der Weine.

Viele von diesen Weinen werden unverschnitten als Champagne »Blanc de Blancs« verkauft, der nur aus Chardonnay hergestellt wird. Aber auch Trauben aus den Gemeinden Cramant, Avize, Le Mesnil-sur-Oger und Vertus verleihen vielen Champagnerverschnitten Duft und eine an Limonen erinnernde Frische. Wenn die Perlen des jungen Weins auf Ihrer Zunge tanzen, ist das die Sprache der Côte des Blancs; und wenn der sahnige Schaum des gereiften Weins samtig über die Zunge geht, können Sie ebenfalls die Sprache der Côte des Blancs hören.

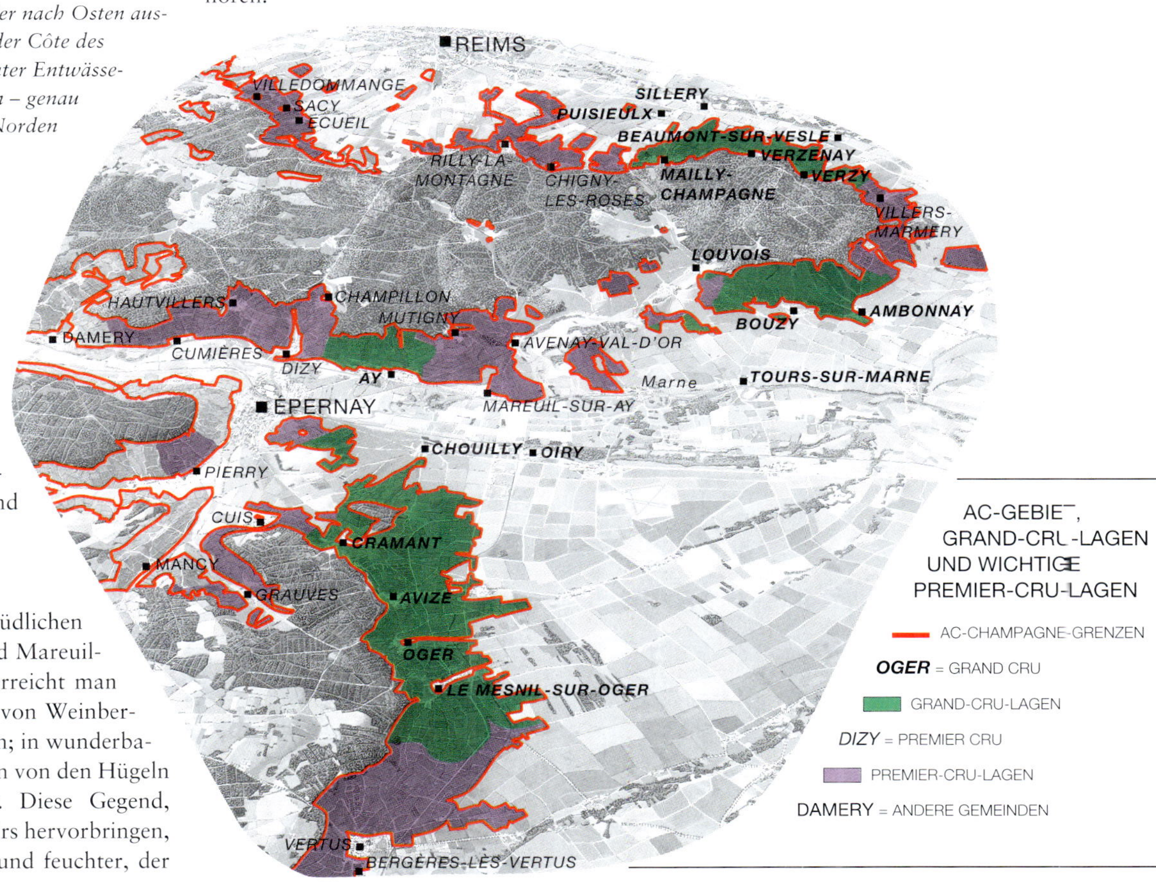

Elsass

ROTE REBSORTEN
Pinot Noir, die einzige rote Rebsorte, nimmt etwa 9% der Anbauflächen ein.

WEISSE REBSORTEN
Riesling ist die am häufigsten angebaute weiße Rebsorte, gefolgt von Pinot Blanc, Gewürztraminer und Sylvaner zu etwa gleichen Teilen sowie Pinot Gris, Muscat fällt weit zurück. Daneben gibt es winzige Mengen von Chasselas (Gutedel), die für den Edelzwicker verwendet wird, und Chardonnay für den Crémant.

KLIMA
Die Region erhält dank der Wetterbarriere, die die Vogesen bilden, jede Menge Sonnenschein und sehr wenig Niederschläge.

BODEN
Das Elsass weist drei Hauptgeländetypen auf: Berge, Hänge und Ebenen. Die besten Lagen nehmen die Hänge mit Kalksteinuntergrund und Oberboden aus mergeligem Ton und Sandstein ein.

TOPOGRAFIE
Die Weinberge liegen zwischen 170 und 420 m hoch; die besten Lagen stellen die gut entwässerten, geschützten, steilen mittleren Hangabschnitte dar.

Im Elsass gibt es 50 Grands Crus. Der Rangen de Thann, unmittelbar westlich von Cernay, liefert bemerkenswerte Weine.

Sie brauchen nur einmal in die steil ansteigenden Weinberge westlich von Colmar zu gehen, um sich von dem besonderen Charakter des Elsass zu überzeugen. Nach Westen zu türmen sich dunkle Wolken über den Bergen, doch hier, wo die Riesling- und Gewürztraminer-Reben zu den bewaldeten Kuppen der Vogesen hinaufsteigen, scheint die Sonne von einem klaren, blauen Himmel, die Luft ist warm, rein und erfüllt von Blütenduft und dem Gezirpe und Gebrumm von Insekten. Auf diesen Weinbergen reifen die Trauben für einen der kräftigsten und exotischsten Weine Europas in der Sommersonne.

Die Weinberge des Elsass werden von den Vogesen, die sich hoch über das Rheintal erheben, vor Niederschlägen abgeschirmt. Die meisten Wolken, die der Westwind heranträgt, regnen an diesem bewaldeten Höhenzug ab, und es reicht gerade noch für ein paar erfrischende Schauer auf die Rebstöcke, bevor sich die Wolken in der warmen Luft aufgelöst haben. Das Anbaugebiet des Elsass ist eines der nördlichsten in Frankreich, es liegt etwa auf gleicher Höhe wie die Champagne. Doch durch die Niederschlagsbarriere, die die Vogesen bilden, ist Colmar die zweittrockenste Stadt in Frankreich; es wird nur noch von Perpignan an der spanischen Grenze übertroffen. Während sich jedoch Perpignan unter der sengenden Sonne mit der Erzeugung schlichter mediterraner Rotweine begnügen muss, erreichen die Reben im Elsass aufgrund der vielen wolkenlosen Tage die Reife – und damit den hohen potenziellen Alkoholgehalt – des warmen Südens, zugleich aber bringen sie, wegen der niedrigeren Temperaturen, den Duft und die Frische des kühlen Nordens hervor.

Das Rätsel geht über die bloßen klimatischen Bedingungen hinaus. Politisch steht das Elsass unter dem Einfluss zweier entgegengesetzter Philosophien. Der Rhein ist die große Wasserstraße Deutschlands, die heute ab Basel eine natürliche Grenze bildet. In weniger friedlichen Zeiten bildete das flache Land zu beiden Seiten das Schlachtfeld, wann immer Franzosen und Deutsche gegeneinander Krieg führten. Als Grenze galten einstmals die Vogesen, auf deren östlichen Vorbergen sich die Weinberge des Elsass ausbreiten. 1870 geriet das Elsass unter die Herrschaft Deutschlands, 1918 ging die Region wieder an Frankreich; 1940 wurde das Elsass erneut von den Deutschen besetzt, bevor es 1945 endgültig an Frankreich zurückfiel.

Nach mehreren Generationen wechselnder nationaler Zugehörigkeit identifiziert sich die Region mit ihrem dualen Charakter. Die Elsässer bekennen sich stolz, ja fast aggressiv dazu, dass sie genauso französisch sind wie alle Franzosen. Doch die Namen der meisten Dörfer sind deutsch, und die Dörfer selber sehen aus, als wären sie Kulissen für ein deutsches Volksstück; die meisten Familiennamen sind deutsch (die Vornamen jedoch französisch), und der elsässische Dialekt ist eine alemannische Mundart.

REBSORTEN UND WEINE

Auch die Rebsorten, aus denen der elsässische Wein hergestellt wird, sind zum großen Teil deutsche Sorten. Die beiden berühmtesten, Riesling und

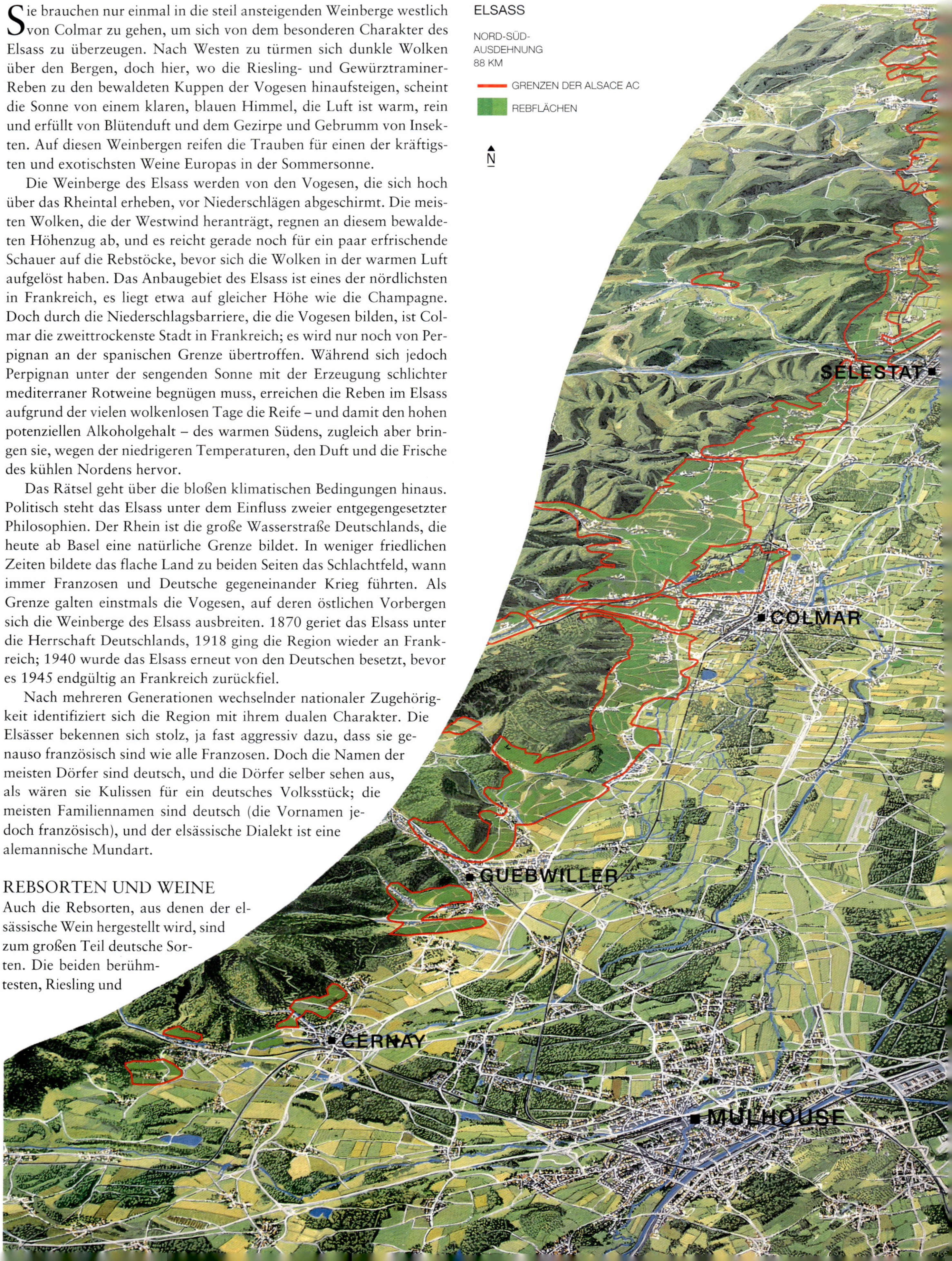

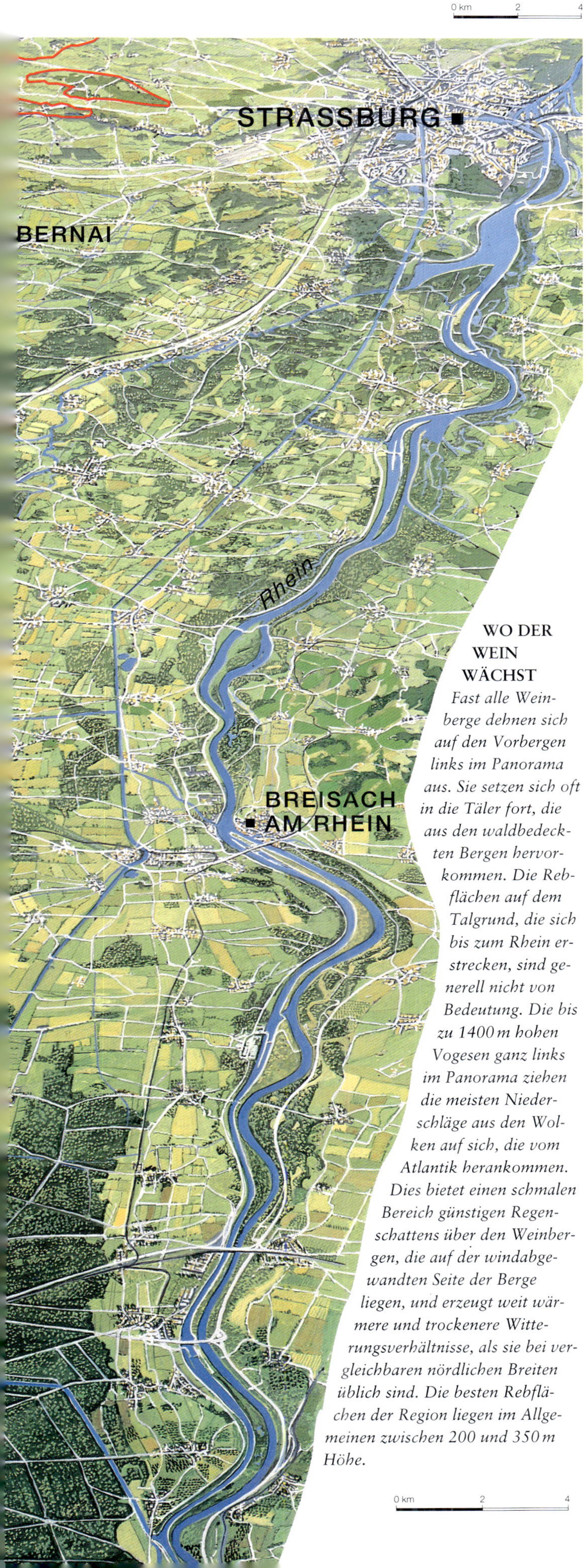

WO DER WEIN WÄCHST

Fast alle Weinberge dehnen sich auf den Vorbergen links im Panorama aus. Sie setzen sich oft in die Täler fort, die aus den waldbedeckten Bergen hervorkommen. Die Rebflächen auf dem Talgrund, die sich bis zum Rhein erstrecken, sind generell nicht von Bedeutung. Die bis zu 1400 m hohen Vogesen ganz links im Panorama ziehen die meisten Niederschläge aus den Wolken auf sich, die vom Atlantik herankommen. Dies bietet einen schmalen Bereich günstigen Regenschattens über den Weinbergen, die auf der windabgewandten Seite der Berge liegen, und erzeugt weit wärmere und trockenere Witterungsverhältnisse, als sie bei vergleichbaren nördlichen Breiten üblich sind. Die besten Rebflächen der Region liegen im Allgemeinen zwischen 200 und 350 m Höhe.

Gewürztraminer – die in Deutschland und auch sonst in Mitteleuropa häufig angepflanzt werden –, fehlen in allen anderen Appellationsbereichen Frankreichs. Auch der Sylvaner (wie der Name in Frankreich geschrieben wird) taucht in Frankreich sonst nirgendwo auf, und den Sorten Pinot Gris (in Deutschland als Ruländer oder Grauburgunder bezeichnet) und Pinot Blanc (als Weißburgunder bekannt) wird sonst nur in Burgund eine bescheidene Rolle zugestanden. Lediglich Pinot Noir, die beste rote Rebsorte Burgunds, und der weiße Muscat, der in den Süßwein-Appellationen rund ums Mittelmeer angebaut wird, gelten als legitime französische Sorten. In Deutschland jedoch werden aus Riesling, Gewürztraminer, Weißburgunder, Ruländer und sogar Silvaner – in Franken und Rheinhessen – die meisten bedeutenden Weine gekeltert.

Der doppelgesichtige Charakter des Elsass findet sich auch in den Weinen wieder. Die französischen Rebsorten des Elsass nehmen ein »germanisches« Parfum an, während die »deutschen« Trauben sich stolz von den Aromen distanzieren, die man jenseits der Grenze in Deutschland selbst vorfindet.

Traditionell war der Unterschied besonders beim Riesling spürbar, da die meisten großen deutschen Weine mehr oder weniger süß waren. Heute werden in Deutschland immer mehr trockene Weine gemacht – darunter viele sehr gute –, doch sind sie im Allgemeinen sehr fest, schlank und von zurückhaltendem Duft. Die besten Rieslinge des Elsass dagegen sind im Mund fett und rund, doch herrlich trocken und durchsetzt mit kühler Säure – und trotzdem von voller, öliger Reife. Der elsässische Riesling gerät am besten im hügeligeren Département Haut-Rhin im Süden, dessen geschützte Lagen mit sandig-tonigem Lehm sich im Frühjahr rasch erwärmen.

Auch die anderen Weine der beiden Länder unterscheiden sich ebenso deutlich. Der deutsche Gewürztraminer wird im Allgemeinen mit einer üppigen Süße und einem reichen Bukett ausgebaut. Das Elsass lockt mit dem Duft von Rosen, reifen Litschis und Mango. Der Gewürztraminer braucht eine lange Reifeperiode, und er liebt das trockene, sonnige Wetter des Elsass, das weit in den Herbst hinein zu verzeichnen ist. Der deutsche Ruländer ist angenehm honigartig und leicht süß, als in Eiche ausgebauter Grauburgunder ist er allerdings auch trocken anzutreffen. Unter dem Namen Pinot Gris zeigt er im Elsass würzig-runden, moschusartigen und exotischen Charakter. Die meisten Elsässer Pinots Noirs sind hell und blumig, während aus Deutschland eine Anzahl Spätburgunder von eindrucksvoller, »burgundischer« Tiefe kommen. Die Elsässer Muscats besitzen ein leichtes, trockenes Traubenbukett, im Gegensatz zu den betörenden, schweren Treibhausaromen, die an den Muscats aus Südfrankreich geschätzt werden.

Kaysersberg: Die Fachwerkhäuser im Elsass sehen nicht anders aus als die in Baden jenseits des Rheins.

APPELLATIONEN UND KLASSIFIKATIONEN

Alsace AC Die allgemeine Appellation Contrôlée für das gesamte Elsass. Es kann jede der zugelassenen Rebsorten verwendet werden. Gegenwärtig sind Bestrebungen im Gange, zwischen der Alsace AC und dem Alsace Grand Cru die Klassen Premier Cru und Villages einzuführen.

Alsace Grand Cru AC Diese AC gilt für bestimmte Anbauflächen (siehe S. 79) und ist nur für die Sorten Gewürztraminer, Muscat, Pinot Gris und Riesling zugelassen.

Crémant d'Alsace AC Diese AC gilt für Schaumwein, der in der gesamten Region nach traditioneller Methode erzeugt wird, normalerweise aus Pinot Blanc oder Riesling.

Vendange Tardive Spätlese aus sehr reifen Trauben der Sorten Gewürztraminer, Riesling, Pinot Gris und gelegentlich Muscat.

Sélection de Grains Nobles Eine höhere Kategorie als Vendange Tardive, die aus noch reiferen Trauben erzeugt wird (Beerenauslese).

Das Herz des Elsass

Die Weinberge des Elsass erstrecken sich nach Norden bis an die Grenze zu Deutschland bei Wissembourg und nach Süden fast bis Mulhouse – das ist eine Entfernung von etwa 110 km. Die besten Weine stammen aber praktisch alle vom mittleren Abschnitt der Rebflächen im Département Haut-Rhin westlich von Colmar, der wunderbar erhaltenen mittelalterlichen Marktstadt, die mit Recht als Weinhauptstadt des Elsass gilt. Gute Weine werden auch im Nordelsass, im Département Bas-Rhin, erzeugt, sie können jedoch selten die Reife und Intensität der Weine von den Rebflächen des Haut-Rhin weiter südlich vorweisen.

Die Weinberge, die sich an den östlichen Vorbergen der Vogesen entlangziehen, sind mit zauberhaften kleinen Dörfern durchsetzt, die trotz ihrer touristischen Attraktivität einen unverdorbenen Charme ausstrahlen. Dies ist kein Disneyland. Hier wohnen die Leute, die in den Weinbergen die Reben und im Keller den Wein pflegen, in ihren schiefen Giebelhäusern; verwitterte Holztore führen in die Keller hinunter, die seit Hunderten von Jahren die Bottiche und Fässer beherbergen.

Auch die Weinberge auf diesen Hängen gehen bis auf die Römer zurück, die hier schon im zweiten Jahrhundert Reben anpflanzten. Es gibt einige Weinberge wie Goldert in Gueberschwihr und Mambourg in Sigolsheim, deren Ruf sich bis ins achte Jahrhundert dokumentarisch zurückverfolgen lässt, als das Elsass von den Franken regiert wurde. Diese alten Weinberge bilden heute das Herz des Grand-Cru-Systems der Weinklassifizierung im Elsass.

GRANDS CRUS

Grand Cru bedeutet »großes Gewächs«. Diese Bezeichnung gilt für bestimmte Parzellen, die von jeher die besten Trauben hervorgebracht haben. Ein ähnliches System in Burgund hat berühmte Namen wie Le Montrachet und Chambertin hervorgebracht, die sich seit Jahrhunderten weltweiter Reputation erfreuen. Dagegen kennt – außer ein paar besonders begeisterten Liebhabern – kaum jemand die Namen der Grands Crus des Elsass; dort wurde erst 1983 eine vorläufige Liste der Grand-Cru-Lagen erstellt. Das ist unter anderem auf die turbulente elsässische Geschichte zurückzuführen, denn es dauert geraume Zeit, die Reputation eines Cru aufzubauen. So konzentrierte sich das Elsass im neunzehnten und in der ersten Hälfte des zwanzigsten Jahrhunderts, als Gebiete wie Burgund und Bordeaux ihren Ruhm mehrten, darauf, seine Rebflächen auf die flachen, fruchtbaren Böden der Rheinebene auszuweiten, um billige Weine zu erzeugen.

DAS KLIMA IM ELSASS

Dass das Elsass viel Sonnenschein erhält, liegt an den bis zu 1200 m hohen Vogesen, die sich im Westen etwa 65 km in nordsüdlicher Richtung erstrecken. Dieser Bergzug schafft eine schmale, aber sehr wohltätige Zone des Regenschattens über den Weinbergen. Die vorherrschenden Westwinde bringen feuchte Luft vom Atlantik. Die Vogesen sind das erste große Hindernis, und wenn die Luftmassen aufsteigen, um sie zu überwinden, kühlen sie ab. Die Feuchtigkeit kondensiert und regnet an den Westhängen ab, während die Osthänge trocken und sonnig bleiben.

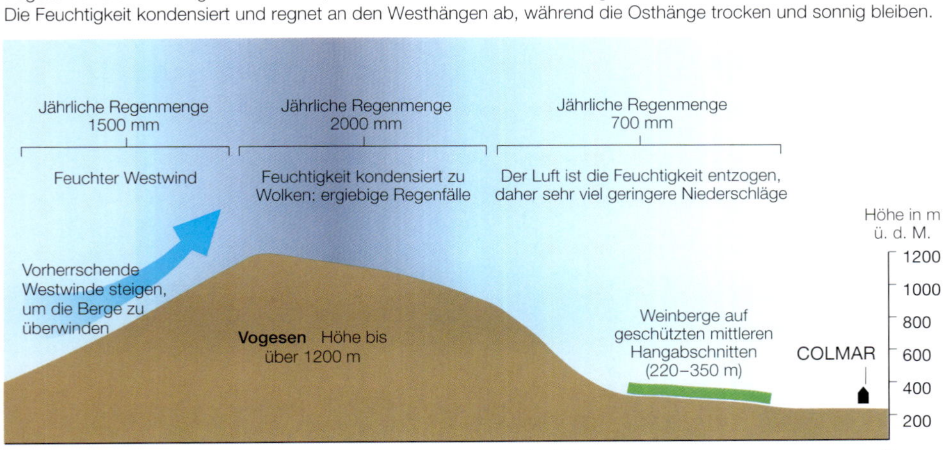

Nach dem Zweiten Weltkrieg, als das Elsass wieder an Frankreich gefallen war, beschlossen die Winzer, den Status der Appellation Contrôlée für ihre Region zu erlangen, und konzentrierten ihre Bemühungen auf eine einheitliche Appellation für das ganze Elsass, die schließlich 1962 gewährt wurde. Auf den Etiketten der besten Weine werden jedoch auch die verschiedenen Rebsorten aufgeführt, um dem Weinkenner kundzutun, welches Aroma er zu erwarten hat. Diese Angabe der Rebsorte auf dem Etikett erscheint heute – auch wegen des Einflusses der Weine aus der Neuen Welt – als gängiges Verfahren, doch für Frankreich, wo dem Appellationssystem eine möglichst exakte geografische Abgrenzung der Herkunft eines Weins zugrunde liegt, war dies neu.

Die großen Handelshäuser übernahmen die Aufgabe, das Elsass als Qualitätsweinregion zu vermarkten und zu fördern, und da sie das Ziel verfolgten, große Mengen von Wein mit verschiedenen, doch beständigen Qualitätsstufen zu erzeugen, mussten sie die Weine zahlreicher verschiedener Weingüter verschneiden. Sie nannten kaum einmal die tatsächliche Lage und zogen es vor, ihre eigenen Namen als Markennamen aufzubauen. Dies ging so lange gut, bis Exportmärkte wie England und die Vereinigten Staaten in den 1980er Jahren Interesse für Einzellagenweine europäischer Spitzenregionen entwickelten und der Konflikt zwischen den Händlern, den Weinbauern und sogar den Winzergenossenschaften unvermeidbar wurde. Obwohl sie selbst große Anteile von Grand-Cru-Anbauflächen besitzen, sträuben sich die führenden Handelshäuser Beyer, Trimbach und Hugel noch heute, die Namen von Weinlagen auf ihre Etiketten zu setzen, und sie vermarkten tatsächlich keine Grand-Cru-Weine, sondern setzen stattdessen auf ihre eigene Reputation.

Ihre Haltung ist verständlich und entspringt nicht nur dem eigenen Interesse, da Häuser wie Hugel eine große Rolle bei der Förderung der Qualitätsstufen »Vendange Tardive« (Spätlese) und »Sélection de Grains Nobles« (Beerenauslese aus edelfaulen Trauben) gespielt haben. Das Konzept erstklassiger Weinlagen ist jedoch in Randgebieten, wo nur die günstigsten Mesoklimate wirklich überragende Ergebnisse hervorbringen können, sehr wichtig. Eine gute Entwässerung und Ausrichtung zur Sonne sind in jedem Anbaugebiet von großer Bedeutung, das an die klimatische Grenze des Weinbaus stößt.

Zurzeit gibt es 50 Grand-Cru-Lagen, die 8 % der elsässischen Rebflächen einnehmen, aber nur 4 % des elsässischen Weins liefern. Die Höchsterträge sind niedriger als für einfachere Weine, mit 55 hl/ha aber immer noch hoch, und seriöse Erzeuger bleiben beständig unter dieser Grenze. Nur vier »edle« Rebsorten – Riesling, Gewürztraminer, Pinot Gris und Muscat – dürfen, sortenrein abgefüllt, für einen Grand Cru verwendet werden.

Zweifellos bringen viele erstklassige Lagen, die von erstklassigen Winzern bewirtschaftet werden, Weine von einzigartigem Charakter hervor, der den Sortencharakter dominiert, besonders beim Riesling. Die Grands Crus, die ihren besonderen Ruf wirklich verdienen und deren Reben mit Sorgfalt gepflegt werden, werden letztlich ihre eigene Reputation erlangen und Spitzenpreise verlangen können. Es gibt aber immer noch zahlreiche Weine mit Grand-Cru-Etiketten, die nichts Besonderes bieten. Allerdings bemüht man sich, ein neues Klassifikationssystem zu etablieren.

Bisher gibt es noch keine Qualitätsstufe zwischen der einfachen Alsace AC und dem Grand Cru. Man arbeitet daran, eine Gruppe von Premier-Cru-Lagen zusammenzustellen, die einmal 2000 bis 3000 Hektar umfassen könnten. Auch eine Villages-Stufe zwischen dem Premier Cru und der Alsace AC wird in Betracht gezogen. Das Vorbild ist klar: Das Burgund besitzt ein solches System, das bei einem guten Erzeuger einen zuverlässigen Wegweiser für die Rangfolge seiner Produkte darstellt.

0 km 1 2

WO DER WEIN WÄCHST *Es gibt keinen einzigen elsässischen Spitzenweinberg, der nicht im Schutz der Vogesen läge. Die meisten erstklassigen Rebflächen des Elsass sind im mittleren Abschnitt der Vorberge zwischen Bergheim und Gueberschwihr anzutreffen. Weiter nördlich werden die Berge wesentlich niedriger und bieten nicht denselben wirksamen Schutz vor Niederschlägen. Gute Weine werden auch in der nördlichen Region im Département Bas-Rhin erzeugt, doch sie haben selten die Reife und Intensität, die die Gewächse aus den hier gezeigten Weinbergen des Haut-Rhin aufweisen. Das Panorama lässt erkennen, wie sich die Rebzeilen zu den bewaldeten Bergkuppen hinaufdrängen und zum Talboden hin langsam verschwinden. Sie können sehen, dass sich die Grand-Cru-Lagen alle entweder auf der windabgewandten Seite der Hügel oder, wie im Fall von Froehn und Mambourg, auf großen, steilen Vorbergen befinden. Die ausgezeichnete Entwässerung und die günstige Exposition, die durch die steilen Hänge gewährleistet wird, sind von entscheidender Bedeutung, besonders in einer Weingegend wie dem Elsass, das sich an der nördlichen Grenze des Weinbaus befindet. Jede Minute Sonnenschein ist hier wichtig.*

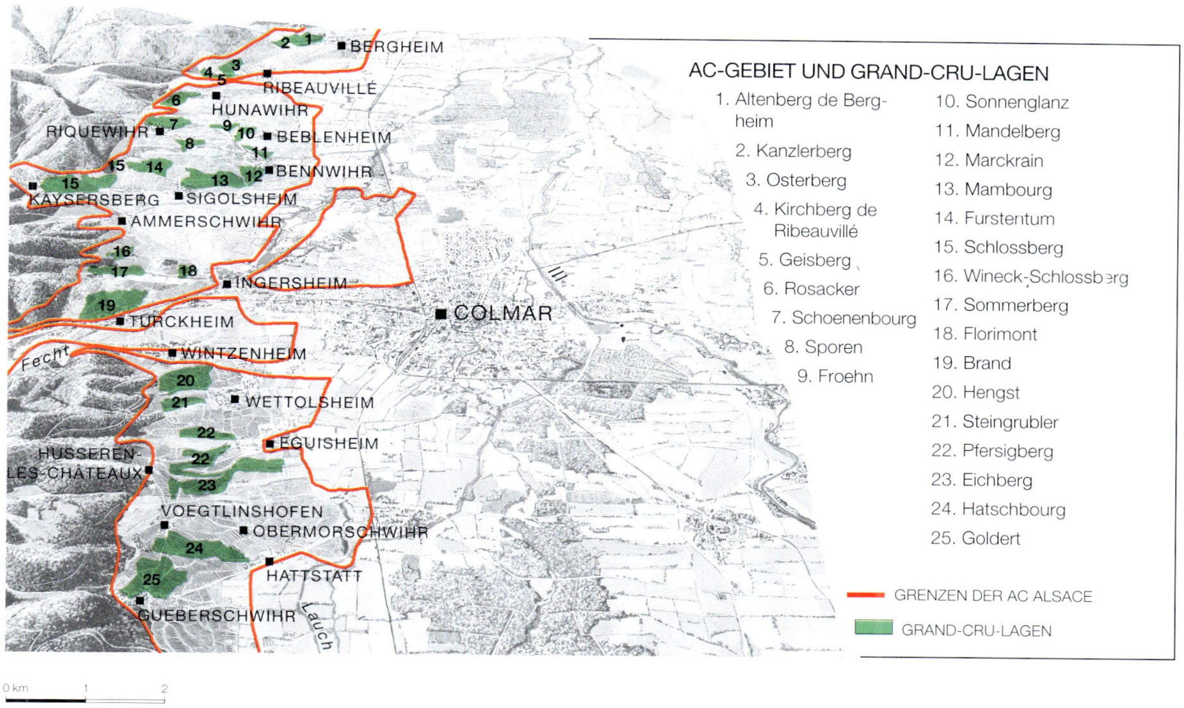

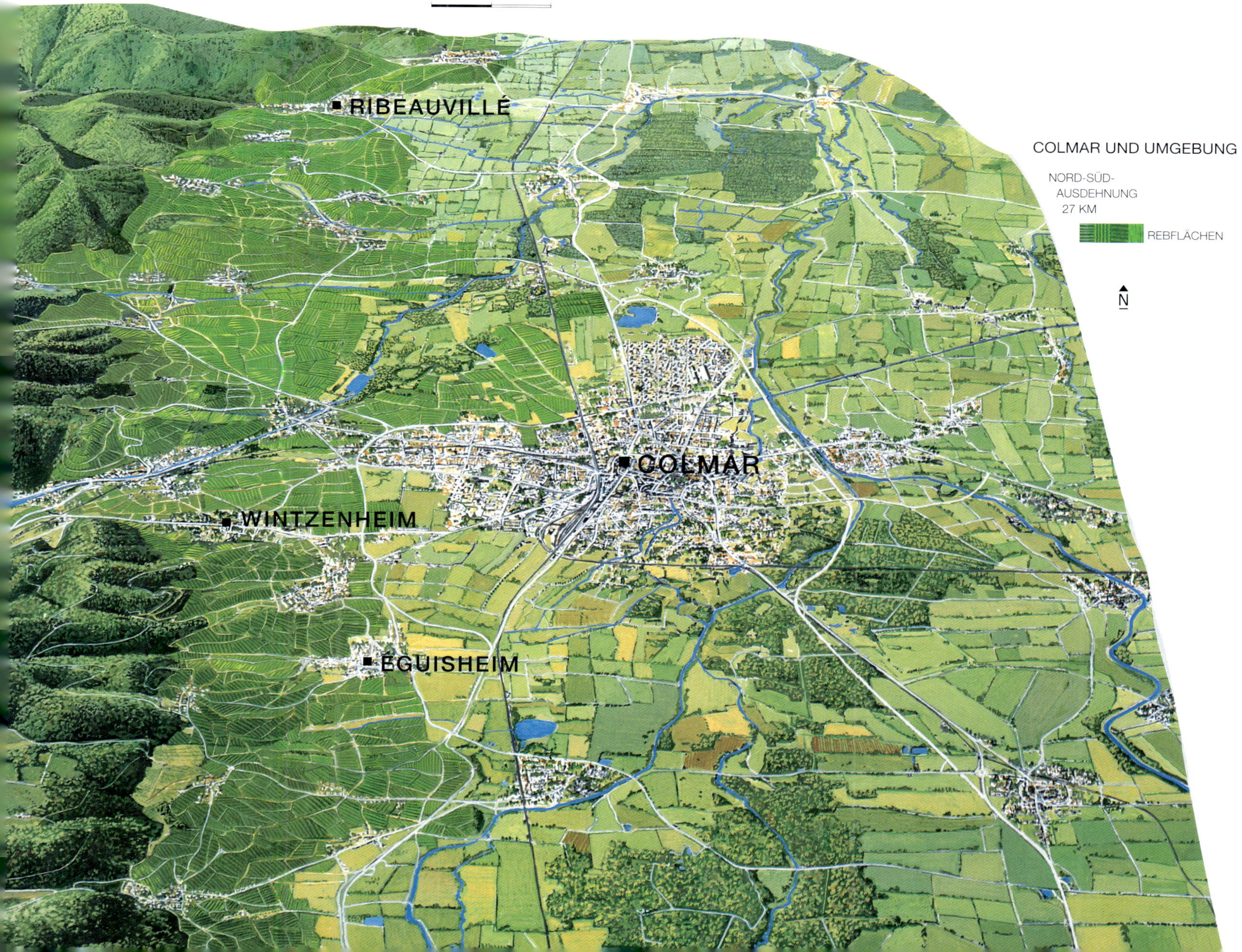

Das Loire-Tal

Manchmal frage ich mich, ob die Loire nicht länger ist, als ihr gut tut. Sie entspringt als munterer Bergbach voller Ungestüm in den Monts du Vivarais, 50 km westlich der Rhône auf der Höhe von Valence. Bis sie auf ihrem Weg nach Norden den ersten Standort mit ordentlichen Rebflächen erreicht – die Côtes du Forez und die Côte Roannaise, die beide eine passable Imitation eines guten Beaujolais aus der Gamay-Rebe zu bieten haben –, scheint die Loire bereits ein bisschen müde geworden zu sein. Auf der Höhe von Pouilly und Sancerre mit ihren ersten weltberühmten Anbaugebieten fließt sie dann schon ziemlich träge dahin. Im weiteren Verlauf, in dem der Fluss einen großen Bogen von Norden nach Westen um Orléans herum beschreibt, vorbei an den bedrohlichen Sümpfen der Sologne, und sich mit letzter Kraft nach Süden und Westen durch Blois, Tours, Angers und Nantes windet, um sich schließlich bei St-Nazaire mit dem Atlantik zu vereinen, scheint das Tal in Träumen gefangen, und dem Fluss scheint es völlig egal zu sein, ob er seinen Bestimmungsort an den stürmischen Gestaden des Golfs von Biskaya überhaupt noch erreicht. Im Fluss treten große Kiesbänke zu Tage, Kinder paddeln in den Untiefen, während die Eltern auf den warmen Kieseln picknicken. Es hat nicht den Anschein, als hätte die faule Loire des Sommers das Zeug zu einem großen Anbaugebiet, das die aufregendsten und individuellsten Weine Frankreichs hervorbringt – doch hinter dem verschlafenen Antlitz ist alles vorhanden, was dazugehört.

REBSORTEN

Die Loire ist vorzugsweise eine Weißweinregion, die riesige Mengen Wein aus der Sorte Melon de Bourgogne erzeugt, eine der neutralsten weißen Sorten der Welt. Wie der Name vermuten lässt, stammt sie aus dem Burgund, wo sie allerdings nicht mehr angebaut wird. Sie ist berühmt für den Muscadet, der im maritimen Klima der Gegend um Nantes eine besondere Frische erhält und so zu einem ausgezeichneten Begleiter für Fisch und Meeresfrüchte wird.

Sauvignon Blanc braucht ein relativ kühles Klima, um seine charakteristische knackige Säure, seine strahlende grünlich-grasige Stachelbeerfrucht und das leicht rauchige Aroma zu bekommen. Aus der Hand guter Erzeuger in Sancerre und Pouilly kommen exzellente Beispiele für solche prickelnde Frische. Ein Sauvignon Blanc kann allerdings auch einen unangenehmen scharfen Geruch nach Katze haben, ein sicheres Zeichen für unreife Trauben.

Chenin Blanc hingegen braucht Wärme, sonst gerät er hart und rau. An wenigen anderen Orten der Welt wird Chenin Blanc ernst genommen, und hier an der Loire erreicht er Höhen, von denen man sonst wo nur träumen kann. Der Tuffboden, ein kreidiges Kalkgestein, hält den Säurepegel hoch, was großartige trockene und süße Chenins ergibt, die Jahrzehnte überdauern und zu runder, mineralischer Üppigkeit reifen. Chenin wird für alle Arten Wein verwendet, vom Schaumwein bis zum edelfaulen Süßwein. Meist sind die Loire-Chenins-Blancs zu frühzeitigem Genuss gemacht, die Weine aus Vouvray und Savennières altern aber auch hervorragend. In der Tat kann ein Vouvray in der Jugend schneidend sauer sein und mindestens zwei Jahrzehnte der Reifung benötigen. Dann wird er weich und halbtrocken mit wunderbaren Nuancen von Geißblatt und Quitte. Und wenn es einen langen, freundlichen Herbst gibt, gewinnt man große Süßweine aus edelfaulen oder rosinierten Trauben.

Cabernet Franc, die in Bordeaux weithin als »Würz-Traube« verwendet wird, ist an der Loire die rote Hauptsorte. In Bourgueil, St-Nicolas-de-Bourgueil und Chinon liefert sie mit ihrem anregenden Duft und ihrer weichen Textur einen der angenehmsten Rotweine Frankreichs; auch Rosés werden hergestellt. Cabernet Franc besitzt eine unverkennbare, sehr ansprechende Himbeerfrucht und sommerliche Nuancen von Schwarze-Johannisbeer-Blättern. Er ist jung köstlich und kann auch sehr langlebig sein.

Pinot Noir, die große Rebsorte Burgunds, wird an der Loire bei Sancerre und Menetou-Salon angebaut. In guten Jahren ergibt sie Weine mit ordentlicher Frucht und Struktur; rote Sancerres sind meist jung zu trinken. Ein wenig Rosé wird ebenfalls gekeltert.

Aus Gamay macht man an der Loire frisch-saftige Beaujolais-artige Rot- und Roséweine, die jung zu genießen sind. In der Touraine wird auch die Teinturier Gamay angebaut (mit rotem Fleisch, im Gegensatz zur Gamay à Jus Blanc), ihre robusten Weine sind jedoch wenig aromatisch.

DAS NANTAIS

Beginnen wir unsere Reise im Mündungsgebiet der Loire bei Nantes. Die Weine aus dem Nantais, wie diese Gegend genannt wird, sind die mildesten Weine im ganzen Loire-Tal und bleiben am wenigsten in der Erinnerung haften, gehören jedoch zu den berühmtesten Weinen Frankreichs. Dies ist die Heimat des Muscadet und der vier Muscadet-Appellationen, die zusammen nach dem Bordeaux Rouge die zweitgrößte Menge französischen Weins erzeugen. Der Muscadet ist berühmt, weil er so untadelig anonym ist. Er hat bestenfalls eine durstlöschende Frische, einen Hauch von Zitrone und Pfeffer, eine Nuance von Aprikose und – wenn Sie Glück haben – einen Hauch von Sahne. Was man vom Muscadet nicht erwarten kann, ist ein ausgeprägter Geschmack. Gerade das ist die Grundlage für seinen Erfolg.

Muscadet ist keine geografische Einheit, sondern die örtliche Bezeichnung für die burgundische Rebsorte Melon de Bourgogne. Da dies die einzige Sorte war, die die verheerenden Fröste von 1709/1710 in der Region Nantes überlebte, wurde sie von den örtlichen Winzern bereitwillig gepflegt. Über zwei Jahrhunderte lang hatten der Muscadet und sein etwas säurehaltigerer Nachbar, der Gros Plant, billigen leichten Weißwein als Begleitung für die vorzüglichen Meeresfrüchte zu liefern.

Doch auch die Pariser essen gern Austern – den ganzen Winter über sind überall auf den Pariser Boulevards Austernstände anzutreffen; sie adoptierten den Muscadet als Leib-und-Magen-Wein zum Meeresgetier. In den 1970er und 1980er Jahren begann man in den Importländern, besonders in Großbritannien, den Muscadet als eine Art Einsteigerwein für französischen trockenen Weißwein zu betrachten.

Das Loire-Tal war im fünfzehnten und sechzehnten Jahrhundert die Spielwiese der Könige des Hauses Valois und des französischen Hofes. Das Schloss Chenonceau am Fluss Cher ist nur einer von vielen herausragenden Renaissancepalästen, die im goldenen Zeitalter der französischen Geschichte errichtet wurden.

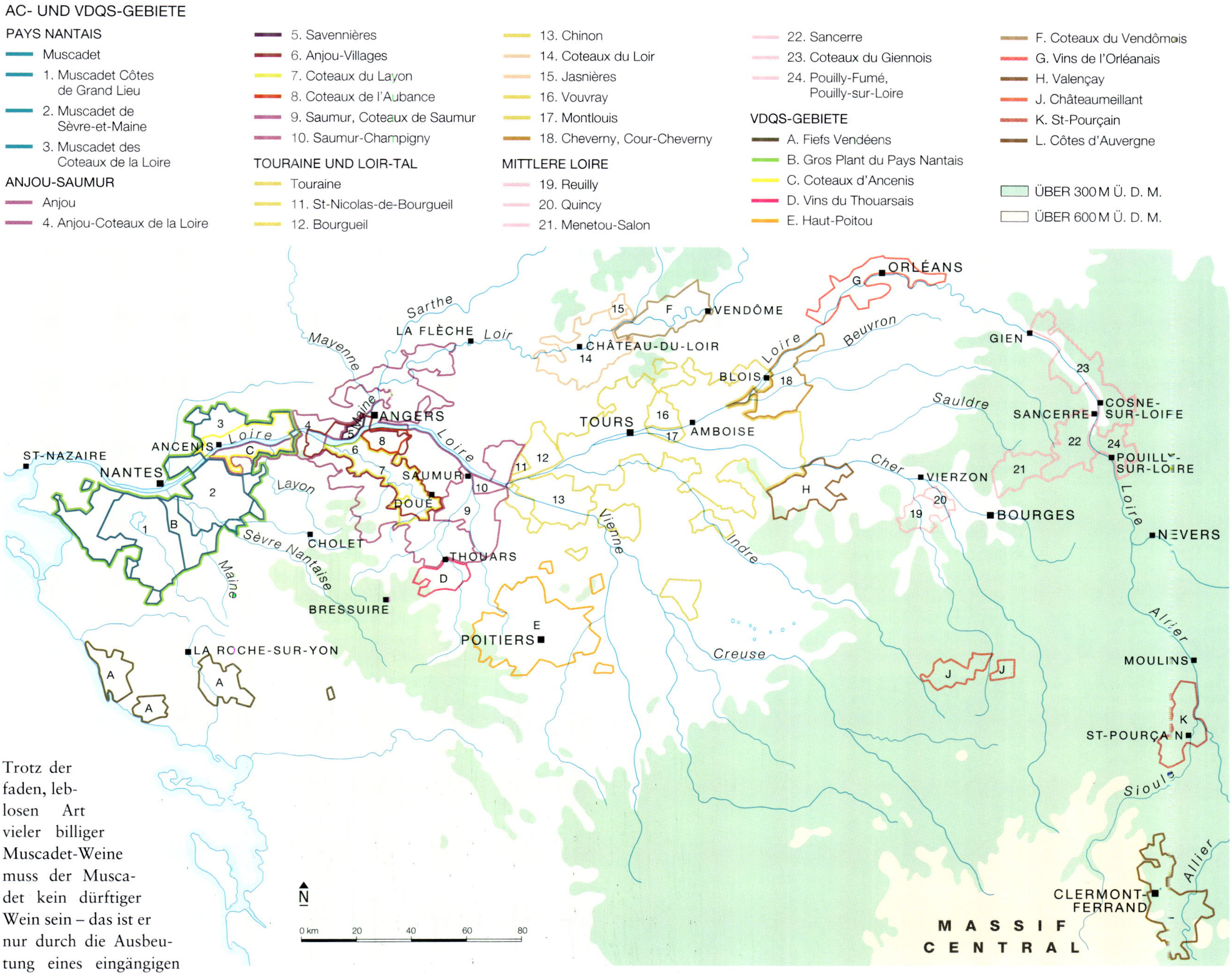

Trotz der faden, leblosen Art vieler billiger Muscadet-Weine muss der Muscadet kein dürftiger Wein sein – das ist er nur durch die Ausbeutung eines eingängigen Namens durch geldgierige Händler geworden, die minderwertiges Zeug auf den Markt werfen. Guter Muscadet, vor allem aus der herrlichen, hügeligen Landschaft Sèvre-et-Maine südöstlich von Nantes, kann ein absoluter Charmeur sein – relativ neutral im Geschmack, doch mit einem Anflug von Grapefruit und Pfeffer und einer milden Geschmeidigkeit. Wegen der natürlichen Neutralität der Rebsorte werden die besten Exemplare auf ihrer Hefe, »sur lie«, gelassen und bleiben ungestört, bis sie direkt von der Hefe auf Flaschen gezogen werden. Dadurch wird ein wenig von der hefigen Sahnigkeit und der natürlichen Kohlensäure im Wein eingefangen. Diese Weine sind durch ihre Frische, Neutralität und geschmeidige Textur perfekter Begleiter für Meeresfrüchte. Der schärfere, saurere Gros Plant du Pays Nantais von den flachen Weinfeldern südwestlich von Nantes, die von den salzhaltigen Stürmen gepeitscht werden, kann als ebenso perfekter Wein zu Fischgerichten mit dem Muscadet mithalten. Und wenn ich eine Stadt in Frankreich wählen sollte, in der man exzellente Meeresfrüchte serviert bekommt, würde ich an allererster Stelle Nantes nennen.

ANJOU-SAUMUR

Es geht weiter stromaufwärts – über Ancenis, wo überraschenderweise die elsässische Rebsorte Pinot Gris unter der Bezeichnung Malvoisie einen kleinen, etwas süßen Wein hervorbringt –, bis wir die faszinierende Vielfalt dieses Gebiets zu entdecken beginnen, die die verschlafene Erscheinung des Flusses Lügen straft. Wir erreichen die Rebflächen des Anjou mit der überaus schwierigen, aber auch überaus lohnenden Rebsorte Chenin Blanc.

Der größte Teil der Region Anjou ist nicht ideal für den Weinbau, wenn man bedenkt, dass das Loire-Tal im Westen Frankreichs die nördliche Grenze für den Weinbau darstellt. So wird das Anjou denn auch weitgehend für den Anbau von Getreide und Gemüse genutzt, die Wind und Wetter besser trotzen können als jede Rebsorte. Die Reben, die weit entfernt von den verschiedenen Flusstälern auf exponierten Standorten angebaut werden, bringen kaum mehr als den einfachsten Wein hervor, im Allgemeinen von blassem Rosa oder hellstem Weiß.

Anjou-Saumur

ROTE REBSORTEN
Für Rosé wird Groslot verwendet, für Rotwein hauptsächlich Cabernet Franc und etwas Cabernet Sauvignon. Auch Gamay wird im Anjou angebaut.

WEISSE REBSORTEN
Chenin Blanc ist die Hauptsorte, Chardonnay und Sauvignon Blanc nehmen zu.

KLIMA
Ein mildes Seeklima, durch den Golfstrom gemäßigt, bringt warme Sommer und milde Herbste und Winter. Die Reifung kann problematisch sein.

BODEN
Im Anjou besteht der Boden vorwiegend aus dunklem Schiefer und Ton, stellenweise mit durchlässigerem Schiefer und Kies, die die Cabernet-Rebe begünstigen. Ein großer Teil des Geländes von Saumur besteht aus Kalkstein, insbesondere hellem Kalktuff (»tuffeau blanc«).

TOPOGRAFIE
In diesem Gebiet mit niedrigen Hügeln ist eine besonders gute Sonnenexposition lebenswichtig für die Reifung. Die besten Lagen finden sich auf den steileren Hängen und sind nach Südwesten, Süden oder Südosten ausgerichtet.

Seit 1985 hat das Anjou einen ordentlichen Rotwein, dem es seinen Namen geben kann, den Anjou-Villages aus einer Gruppe von 46 Anjou-Gemeinden, die überdurchschnittliche Weinlagen vorweisen können. Für Anjou-Villages dürfen nur die Sorten Cabernet Franc und Cabernet Sauvignon verwendet werden. Ein glücklicher Zufall bescherte 1988, 1989 und 1990 ausgezeichnete Jahrgänge und der neuen Appellation damit einen großartigen Beginn, und die letzten fünf Jahrgänge des letzten Jahrhunderts waren vergleichbar erfolgreich. Die trockenen, fruchtigen Weine brauchen drei, vier Jahre Reifung.

Diese Gemeinden im Hinterland brauchten alle Hilfe, die sie bekommen konnten. Mit dem Zentrum Brissac-Quincé verteilen sie sich über das endlos weite, sanft hügelige Ackerland, das westlich von Angers bis nach Saumur reicht. Die Süßweine des Layon-Tals (siehe S. 83), die kleine, hochklassige Appellation Savennières für trockenen Weißwein westlich von Angers und die Schaum- und Rotweine von Saumur gehören zu den Enklaven im Anjou mit hochwertigem Qualitätswein. Trotz dieser Glanzlichter litt das Image der Provinz jahrzehntelang beträchtlich unter der Mittelmäßigkeit der meisten Roséweine aus dem Anjou und dem überschwefelten, lieblichen Anjou Blanc.

WO DER WEIN WÄCHST *Die Grenze zwischen dem Anjou und der Muscadet-Region Nantais liegt unmittelbar westlich außerhalb des Panoramas. Diese rauen, offenen Landstriche erfreuen sich der zwiespältigen Segnungen des maritimen Klimas. Hier gibt es nicht so extreme Temperaturunterschiede wie beim Kontinentalklima, die Herbste sind im Allgemeinen recht mild, und vom Golf von Biskaya wehen feuchte Westwinde über das Land. Eine gewisse Menge Coteaux de la Loire wird hier erzeugt, doch das bedeutet harte Arbeit. Wo dann der Layon auf die Loire trifft, ändern sich die Verhältnisse einschneidend. Am Nordufer der Loire gibt es plötzlich genug Plateaus, um die darunter liegenden Rebflächen zu schützen; Savennières profitiert unmittelbar von diesem Schutz. Der Layon bewegt sich in Mäandern von Südosten her auf die Loire zu. Seine Nordufer sind von Hügeln und Wäldern gesäumt, die den Reben Schutz bieten und den Trauben die lange Reifezeit im Herbst ermöglichen. Von hier an bis nach Saumur ist das Land waldig und hügelig. Dadurch werden zahlreiche örtliche Mesoklimate geschaffen, wo selbst eine spät reifende Sorte wie Chenin Blanc die Chance hat, genug Zucker zu bilden. In Saumur stoßen wir auf den Tuff-Untergrund, der auch in der Touraine vorherrscht und ausgezeichnete Bedingungen für weiße Rebsorten bietet.*

Der Trend der Weintrinker weg vom Rosé zwang die Weinhersteller des Anjou zum Umdenken. Viele Anbauflächen dort sind zu exponiert, und der Boden ist zu kalt und feucht, um irgendetwas Besonderes hervorzubringen, und die Winzer haben nur die Wahl, ihre Rebflächen zu roden oder mit der langweiligen Groslot für Rosés oder der spät reifenden Chenin-Rebe für Weißweine weiterzumachen.

Das Problem ist, dass das Anjou sich zum großen Teil nicht für den Weinbau eignet, was die großen Flächen beweisen, die mit Getreide, Sonnenblumen und Gemüse bepflanzt sind. Doch die modernen Weinbereitungsmethoden können Abhilfe schaffen. Eine kleine Menge Anjou-Gamay wird mit der im Beaujolais verwendeten Gärmethode der Kohlensäuremaischung (siehe S. 68) zu einem recht rustikalen, doch saftigen, purpurroten Wein, der zu großen Teilen im November als Primeur verkonsumiert wird.

Bei den Weinen auf Cabernet-Basis ist das Problem, genug Farbe und Aroma aus Trauben zu bekommen, die im Anjou kaum je reif werden, ohne zu riskieren, dass man das bittere, harte Tannin unreifer Beerenhäute und Kerne erhält. Die Lösung liegt in Ertragsreduzierung, Blattauslichtung und für Spitzenqualität auch Traubenselektion. Mit der Mikrooxidation extrahiert man Aroma und Farbe. In ähnlicher Weise konzentrieren sich die Weißweinerzeuger auf optimale Traubenreife, Edelstahltanks und Gärung bei niedrigen Temperaturen. Manche lassen den Most auch im neuen Fass gären. Die Kluft zwischen guten und schlechten Erzeugern ist allerdings groß, und mehr denn je ist auf den Namen des Erzeugers zu achten als auf den der Appellation.

SAVENNIÈRES

Der einzige trockene weiße Anjou, der schon immer hoch geschätzt wurde, ist der Savennières. Die Anbauflächen machen nicht mehr als 60 Hektar aus, die über die Inselchen und Wasserläufe der breiten

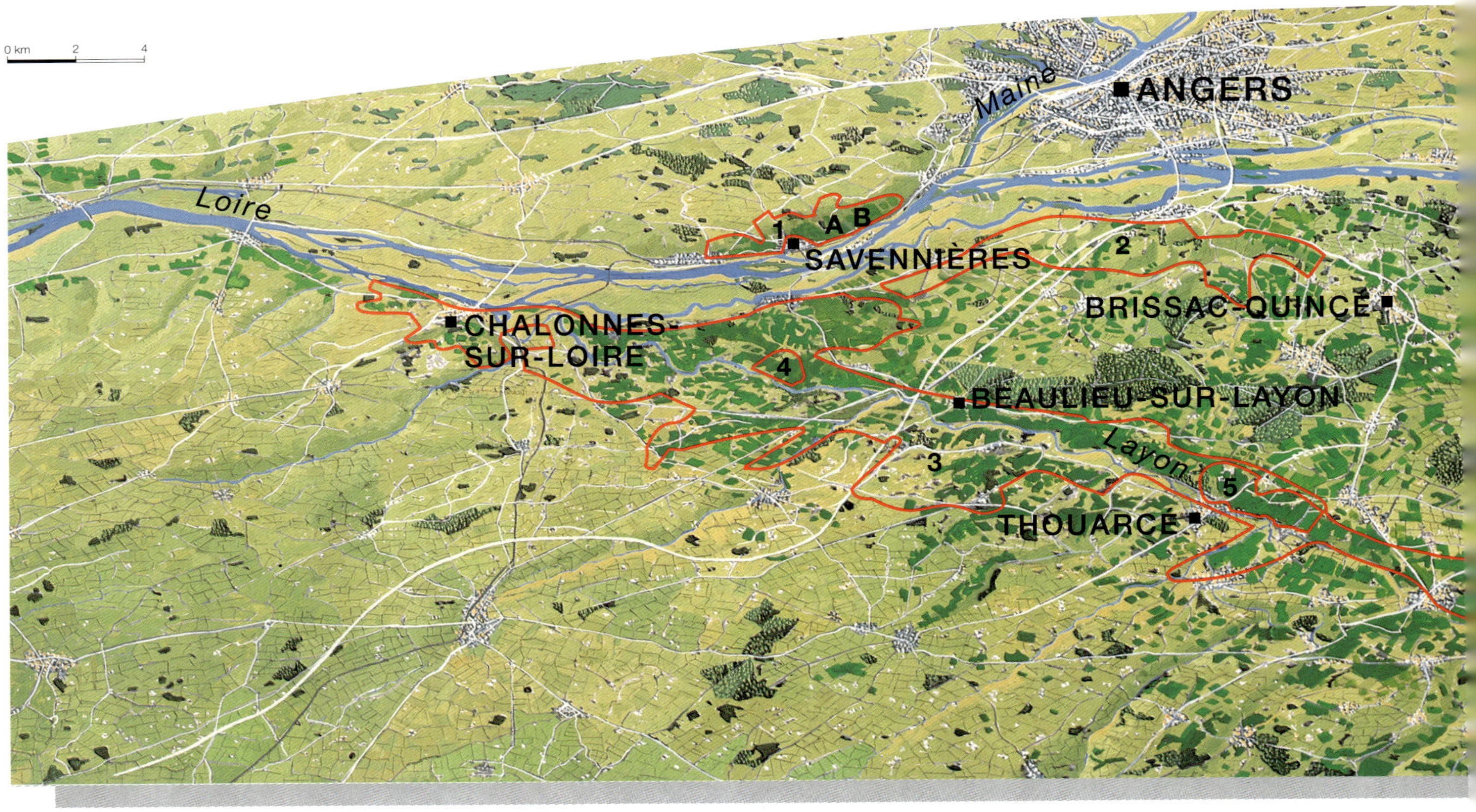

Loire zur Mündung des Flusses Layon blicken, und bringen die besten Weißweine der Loire-Region hervor.

Als diese Appellation 1952 verliehen wurde, setzte man den zulässigen Ertrag künstlich niedrig und den Mindestalkoholgehalt extrem hoch an, da der Wein damals allgemein süß war, und gute süße französische Weine haben immer sehr niedrige zulässige Erträge und hohe Mindestalkoholgehalte.

Heute ist der Savennières fast immer trocken, und die Beschränkungen stellen eine zwiespältige Segnung dar. Auf den Schiefer- und Lehmböden lässt sich ein hoher Alkoholgehalt in den meisten Jahren nur aufgrund des geringen Ertrags erzielen, und es ist gerade dieser – selten erreichte – hohe Reifegrad der heiklen Chenin-Traube, der dem Savennières-Wein die Fähigkeit verleiht, eine Generation oder länger zu altern und sich dabei zu verbessern. Es gibt zwei kleine Grand-Cru-Gebiete, La Roche-aux-Moines und Coulée-de-Serrant, deren steile Hänge und ausgezeichnete Sonnenlage das straffe und dabei tiefe Aroma dieser Weine noch verstärken.

Die beiden Spitzenlagen von Savennières, Coulée-de-Serrant im Vordergrund und Roche-aux-Moines mit seinem Schloss im Hintergrund, fallen recht steil zur Loire ab.

SAUMUR

Saumur ist bekannt für seinen Schaumwein und für seine Rotweine aus Cabernet Franc. Der Boden ändert sich, wenn man in südöstlicher Richtung von Angers nach Saumur fährt. An die Stelle des dunklen Tons und Schiefers von Angers tritt vorwiegend Kalkstein, besonders eine Schicht von Kalktuff (»tuffeau blanc«), die zuweilen über 50 m mächtig ist und nicht nur einen völlig anderen Untergrund für die Reben bietet (besonders entlang dem Südufer der Loire, wo die roten Rebsorten angebaut werden), sondern auch perfekte Weinkeller.

Die Weinerzeugung der Champagne in Nordostfrankreich basiert auf der Kreide: Die Reben wachsen auf Kreide, ihre Weine reifen in Stollen in der Kreide. In Saumur ist es ähnlich, wo man die Länge der unterirdischen Gänge und Keller auf 1000 km schätzt. Der Schaumwein von Saumur wird hauptsächlich aus Chenin-Trauben erzeugt, mit einem zulässigen Anteil von jeweils 20 % Chardonnay- und Sauvignon-Trauben wie bei dem begehrten Saumur Blanc. Bis zu 60 % rote Trauben sind für den weißen Schaumwein und bis zu 100 % für den Rosé-Schaumwein zugelassen. Am Ostrand des Anjou trifft man auch auf den raren Chenin-Süßwein Coteaux de Saumur.

Der rote Stillwein von Saumur wird meist aus Cabernet Franc hergestellt, aber auch Cabernet Sauvignon und die seltene Pineau d'Aunis sind zugelassen. Auf den Kreideböden von Saumur gedeiht Cabernet Franc am besten, wo die Sorte leichte, häufig angenehm grasige Rotweine hervorbringt, und in dem kleinen Bereich Saumur-Champigny, besonders auf den Plateaus südöstlich der Stadt, gesellt sich dazu oft noch eine deutliche Frucht von Schwarzen Johannisbeeren und Himbeeren, die einem das Wasser im Munde zusammenlaufen lässt.

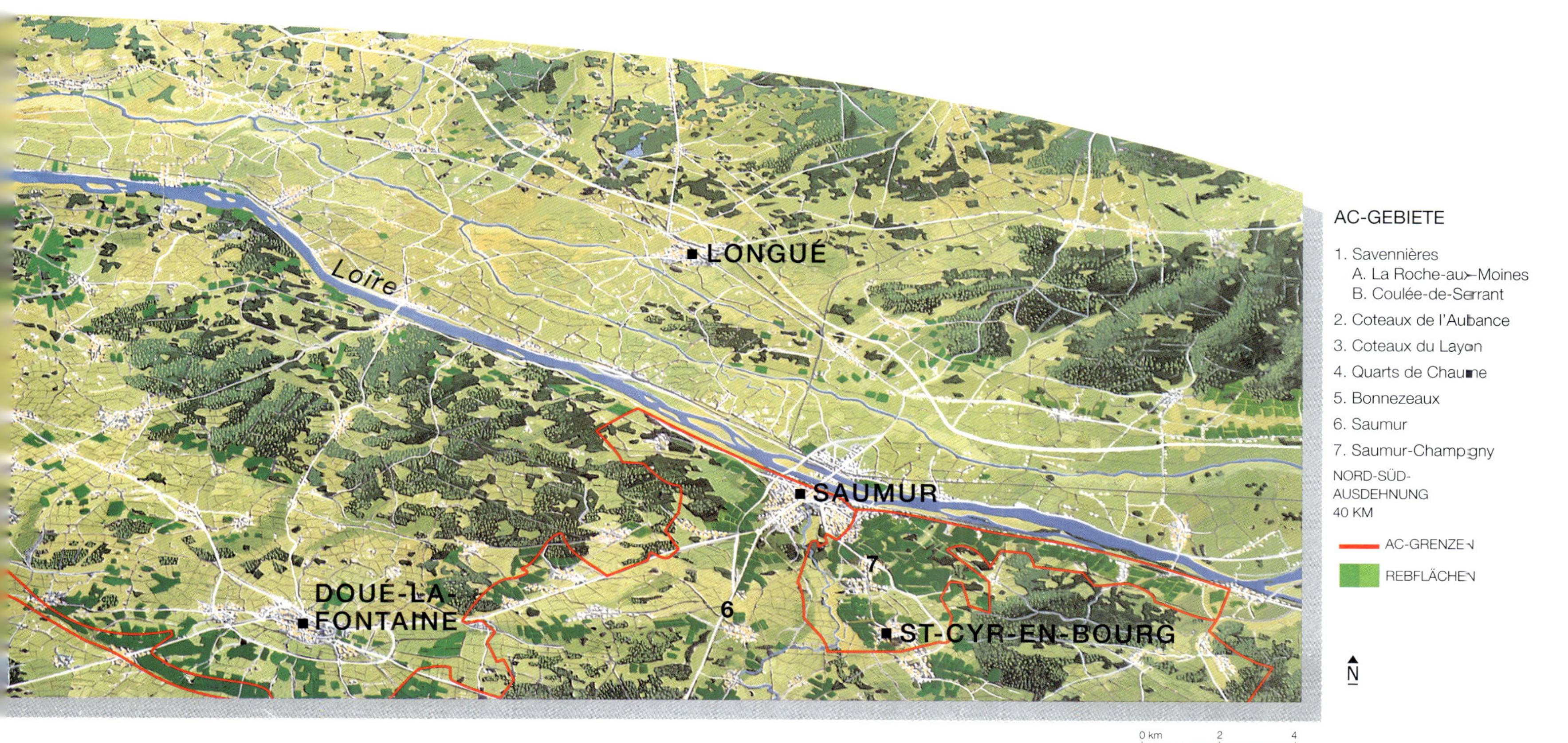

Touraine

ROTE REBSORTEN
Gamay macht zwei Drittel der Rotweine der Touraine aus, die Qualitätstraube ist jedoch Cabernet Franc. Andere, weniger bedeutende Sorten sind Cabernet Sauvignon, Malbec (Cot) und Pineau d'Aunis.

WEISSE REBSORTEN
Chenin Blanc dominiert, daneben werden verbreitet auch Chardonnay und Sauvignon Blanc angebaut.

KLIMA
Das Klima entspricht dem von Anjou-Saumur, es gibt aber weniger Regen. Der Frühherbst ist gewöhnlich sonnig.

BODEN
Das Flachland am Fluss besteht vorwiegend aus sandigem Schwemmland mit zwischengeschalteten Kiesflächen. Die Hänge und Plateaus bestehen meist aus Kalkstein und weißem Kalktuff mit etwas Ton.

TOPOGRAFIE
Die Weinberge liegen zwischen 40 und 100m hoch und normalerweise auf Südhängen.

Ein Winzer in Vouvray prüft seine Trauben auf den Befall mit Botrytis, der entscheidend ist, wenn Süßwein produziert werden soll.

Dies ist das einzige Mal, dass ich mich in diesem Buch fast mehr mit Granit, Ziegelsteinen und Mörtel statt mit dem Aroma des Weins oder der Lage von Anbauflächen befasse, denn die Touraine ist mit ihrem Aufgebot an einzigartigen Schlössern einfach einmalig. Warum wurden alle diese Meisterwerke der Renaissance an den Ufern der Loire und ihrer Nebenflüsse Cher, Indre und Vienne gebaut, die westlich von Tours zur Loire stoßen? Die Nähe zu Paris und das Klima spielen wohl die Hauptrolle. Der Lauf der Loire von Orléans nach Tours und Saumur ist von riesigen Wäldern gesäumt, voll von jagdbarem Wild, und das fruchtbare Flusstal eignet sich hervorragend für die Erzeugung von Obst und Gemüse. Diese natürliche Fülle des Landes und das milde Klima am Mittellauf der Loire boten sich dem französischen Hof ganz selbstverständlich als Tummelplatz an.

Die Hinterlassenschaft besteht aus einigen wahrlich großartigen Schlössern, von denen ich ein paar herausgreifen möchte. Das traumhafte Schloss Azay-le-Rideau – wo Balzac die Inspiration für mehrere seiner Romane fand – liegt auf einer Insel inmitten des Indre. Ein Flügel von Chenonceau, ein Schloss von besonderer Grandeur, überspannt den Fluss Cher. Chambord, östlich von Blois gelegen, ist das größte aller Schlösser mit 440 Zimmern und 365 Kaminen, für jeden Tag im Jahr einen. Chinon an der Vienne thront über der hübschen Stadt mit ihren Giebelhäusern, wo Rabelais das Trinken lernte, wo Richard Löwenherz starb und wo Johanna von Orléans zum ersten Mal ihrem König, Karl VII. von Frankreich, mutig zur Seite stand.

Der größte Teil der Touraine eignet sich so gut für Gemüse, Blumen, Getreide und praktisch alles, was im Erdreich wächst, dass der Rebstock, der am besten auf unfruchtbarem Boden gedeiht, weithin durch Abwesenheit glänzt. Im Frühsommer ist die ganze Region ein Blütenmeer. Im Spätsommer biegen sich die Äste der Bäume unter Frankreichs besten Birnen und Äpfeln, Nüssen und Pflaumen. Und im Frühherbst ist das Tal in eine wunderbare Wärme getaucht, die für Gemüse oder Obst zu spät kommt, aber die die Grundlage für die edlen Weine bildet.

Der Chenin Blanc, die an der Loire heimische Rebsorte, reift spät und braucht die warmen Spätherbsttage dieser Region, um seine anfänglich dünne, saure Beschaffenheit zu überwinden. Chardonnay und Sauvignon Blanc reifen leichter und werden verbreitet angebaut. Auch die roten Sorten brauchen die zusätzliche Wärme des Herbstes und werden hauptsächlich aus den Bordeaux-Sorten gekeltert – Cabernet Franc, Cabernet Sauvignon und Malbec (oder Cot, wie diese Sorte hier genannt wird). Auch die Gamay-Traube, die eigentlich mehr an das heiße Sommerwetter des Beaujolais im südlichen Burgund gewöhnt ist, spielt eine gewichtige Rolle unter den Rotweinen der Touraine.

WEINBAUGEBIETE

Unser Panorama zeigt das Herz der Touraine und ihre berühmtesten Weine, darunter Vouvray östlich von Tours und die Gruppe der Rotweine – Chinon, Bourgueil und St-Nicolas-de Bourgueil – im Westen von Tours. »Touraine« ist die allgemeine Herkunftsbezeichnung für Rot-, Weiß-, Rosé- und Schaumweine, die aus den weniger begünstigten Anbaugebieten stammen. Drei höher bewertete Ortslagen – Mesland, Amboise und Azay-le-Rideau – können ihren eigenen Namen zur Touraine AC hinzusetzen.

Südöstlich von Blois, in Cour-Cheverny, liefert die eigenartige Romorantin-Traube einen recht rauen Wein. Nördlich von Tours am Fluss Loir (nicht verwechseln mit der Loire) liefert Jasnières strenge, doch gelegentlich auch lohnende, staubtrockene Weißweine aus der Chenin-Traube.

VOUVRAY UND MONTLOUIS

Zurück zur Loire, zu den Weinbergen von Vouvray, die über den niedrigen Kreidefelsen am Nordufer des Flusses liegen. Unter ausschließlicher Verwendung von Chenin Blanc bringt Vouvray eine ganze Palette unterschiedlicher Weine hervor, darunter den besten Schaumwein im ganzen Loire-Gebiet.

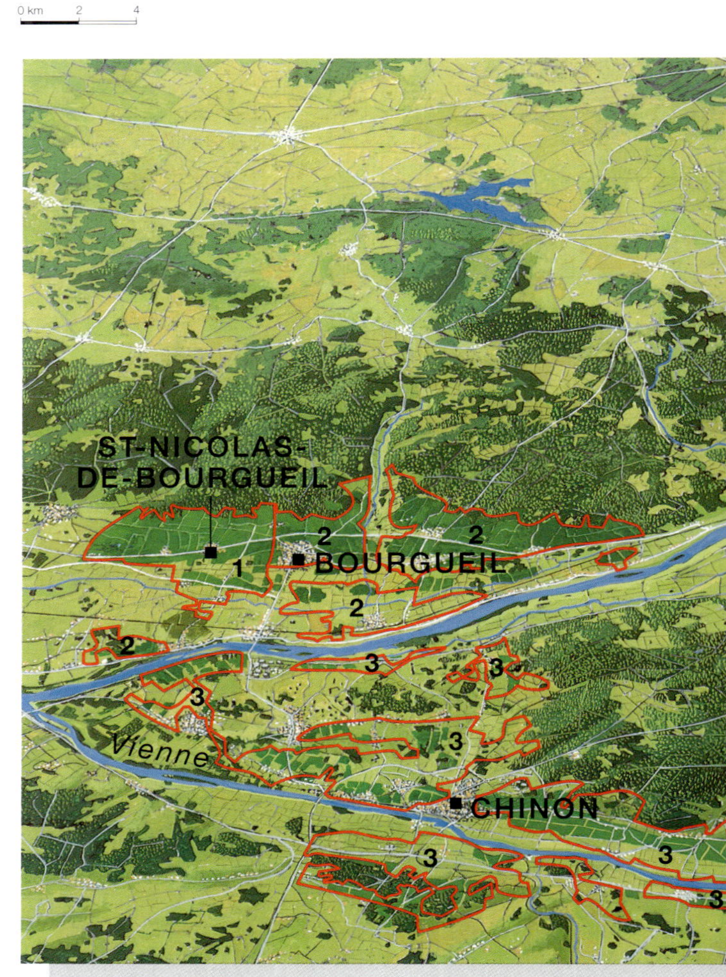

Die Stillweine können beißend trocken sein, wenn sie jung sind, machen jedoch eine wundersame Entwicklung durch, wenn man sie 20 bis 30 Jahre lagert. Der Vouvray kann auch verschwenderisch üppig sein und im Lauf eines halben Jahrhunderts ständig weitere Aromanuancen entwickeln. Er kann auch irgendwo dazwischen liegen, ein lieblicher »demi-sec«, der, wenn er von einem tüchtigen Erzeuger sorgfältig ausgebaut wird, eine himmlische Balance zwischen hohem Säuregehalt und weicher Quittenfrucht und Geißblattduft erreicht.

Ein Rat zur Vorsicht: Billiger, anonymer Vouvray »demi-sec« ist wahrscheinlich ein ziemlich dürftiger Stoff. Wenn Sie einen ähnlichen Wein wie den von Vouvray, aber zu einem geringeren Preis wünschen, greifen Sie eher zum Montlouis, der südöstlich von Vouvray hergestellt wird. Die große Palette von Weinen in Vouvray ist den Boden- und Klimabedingungen zu verdanken. Die niedrigen Klippen bestehen aus Kreidekalk, mit einer Deckschicht aus Ton und Kies, der manchmal mit Feuerstein durchmischt ist. Dieser Kalkstein-Untergrund bedeutet, dass die Weine selbst in den heißesten Jahren Säure behalten. Wenn der Herbst lang ist – manchmal kann er bis in den November andauern –, können große Süßweine entstehen, entweder durch Dehydrierung der Trauben aufgrund der Hitze (wie 1989) oder Edelfäule (wie 1990).

In weniger warmen Jahren erfreut sich der »demi-sec« größerer Beliebtheit. In einem schlechten Herbst ist nur die trockene Version möglich, doch meist wird dann Schaumwein produziert.

CHINON, BOURGUEIL, ST-NICOLAS-DE-BOURGUEIL

Die besten Rotweine der Loire (sowie etwas Rosé) kommen aus diesen drei Orten am westlichen Rand des Panoramas, wo die Vienne vom

Südosten her in die Loire mündet. Die Rotweine von Chinon, Bourgueil und St-Nicolas-de-Bourgueil zeichnen sich dadurch aus, dass sie eine frische Himbeernote und einen sommerlichen Duft nach warmer Erde und Steinen verströmen und trotzdem so gut altern können wie die besten Bordeaux-Weine. Aus Chenin Blanc wird eine geringe Menge weißer Chinon hergestellt.

Wieder liefern das Klima und der Boden einige Anhaltspunkte. Die Cabernet-Franc-Rebe, hier die vorherrschende Sorte, braucht nicht so viel Wärme zum Reifen wie Cabernet Sauvignon (die von einigen Erzeugern in geringerem Umfang ebenfalls verwendet wird). Daher reicht der milde Sommer aus, um gefällige, leicht gebaute Weine mit einem Anklang von roten Beeren zu liefern. In einem guten Herbst bekommen die Weine einen viel intensiveren Farbton und wesentlich mehr Kraft, verlieren jedoch nie ihr herrliches, weiches Parfum von Himbeere und Erde, das manchmal noch durch einen betörenden Veilchenduft überlagert wird. In diesem ganzen Bereich gibt es weniger Regen als bei den Nachbarn. Besonders Bourgueil hat ein warmes, trockenes Mesoklima, weil seine besten Anbauflächen vor den kalten, feuchten Nordwinden durch ein 120 m hohes bewaldetes Plateau abgeschirmt werden.

Die tiefsten, dunkelsten Weine stammen von den Hängen der Coteaux aus Kreidetuff und lehmigem Kalksteinboden, die zum Plateau hin aufsteigen. Darunter liefern kiesige Böden gute Weine, und auf den Loire-Ufern steht sandiger Kies an, der leichte, gefällige Aromen hervorbringt. Die besten Ergebnisse erzielt man oft durch den Verschnitt von Weinen von verschiedenen Böden, da Bourgueil von den Coteaux für sich allein recht aggressiv und unerfreulich sein kann und eine jahrelange Reifung erfordert, um seine verborgene Frucht und sein Bukett zu entfalten.

WO DER WEIN WÄCHST *Das Zentrum des Loire-Gebietes liefert die besten Rotweine sowie ausgezeichnete trockene oder süße Weißweine und guten Schaumwein. Die Rotweine stammen aus dem westlichen Teil, wo die Vienne in die Loire mündet. Das Gebiet zwischen dem Fluss, St-Nicolas-de-Bourgueil und Bourgueil besteht meist aus flachem Schwemmland, daneben gibt es ein paar Sand-Kies-Flächen. Die besten Bourgueil-Weine stammen von den Weinbergen, die unterhalb des Waldsaums der Hügel in Richtung Norden zu sehen sind. Dieses Plateau versorgt Bourgueil mit einem besonders trockenen Mesoklima. Die niedrigeren Hänge hier sind relativ kiesig, während die höheren Hänge, besonders jene nordöstlich von Bourgueil oberhalb von Restigné, aus Kalkton über Kreidetuff bestehen und die volleren, dunkleren Rotweine liefern. Die besten Rotweine von Chinon stammen von den Hängen unmittelbar östlich der Stadt und von den Kreidehängen im Norden und Westen. Es gibt auch sandige Böden an den Ufern der Vienne, die leichte Rot- und Roséweine hervorbringen. Die Anbauflächen von Vouvray liegen zum größten Teil auf Plateaus oberhalb der Kreidefelsen zwischen Tours und Noizay. Die ähnlichen Weine von Montlouis wachsen großenteils östlich der Stadt entlang einem sanft ansteigenden Sand-Lehm-Plateau auf kreidigem Untergrund, das nach Süden zum Fluss Cher hin abfällt.*

Die Anbauflächen von St-Nicolas-de-Bourgueil gehören im Wesentlichen zwei Typen an, nämlich Kiesterrassen und Kalksteinhänge. Die Weine von verschiedenen Böden werden in zunehmendem Maße separat ausgebaut und abgefüllt.

Die Rotweine von Chinon besitzen generell mehr Duft und sind schon jung zugänglich, vor allem wenn sie auf Sand wachsen. Solche von Kalksteinhängen brauchen etwas mehr Zeit, Weine von Kiesböden liegen dazwischen. Die Besten unter ihnen können auf jeden Fall mindestens so gut altern wie ein guter Médoc aus dem Bordelais.

Sancerre und Pouilly

ROTE REBSORTEN
Was an Rotwein produziert wird, ist Pinot Noir.

WEISSE REBSORTEN
Die Sauvignon-Blanc-Rebe besetzt die besten Lagen in der ganzen Region. Auf minderen Lagen in Pouilly wird eine kleine Menge Chasselas angebaut. In Reuilly wird aus Pinot Gris ein Rosé gewonnen.

KLIMA
Mit dem Schwinden des maritimen Einflusses werden die Sommer länger und wärmer und die Winter kälter und trockener. Im Frühjahr kann Frost zum Problem werden. Der Schutz vor dem vorherrschenden Nordwind ist wichtig.

BODEN
Der Boden ist kalksteindominiert. Die flachen, kieseldurchsetzten Kimmeridge-Formationen von Sancerre bieten die besten Rebflächen. Feuersteinschichten in Sancerre und Pouilly sollen Einfluss auf das Aroma des Weins haben.

TOPOGRAFIE
Die Hügel erreichen eine Höhe von etwa 350 m über NN. Tiefe Einschnitte in den Hängen bieten günstige Süd- und Südwestlagen.

Ich freue mich immer ganz besonders, wenn der aus dem Loire-Tal aufragende große Hügel von Sancerre auftaucht. Endlich eine Landmarke im konturlosen Mittelfrankreich, an der ich mich orientieren kann. Ich habe mich Sancerre schon aus allen Richtungen genähert, meist aber von den eintönigen Ebenen mit den Wasserstraßen und dem Marschland her, die die Sologne bilden, Hintergrund für Alain-Fourniers wunderbare Erzählung »Le Grand Meaulnes«. Doch dann ragt plötzlich der Hügel von Sancerre auf: schöne Gebäude, Stadtmauern, ein Marktplatz voller Gedränge, mit Bars und Restaurants – und einer Aussicht auf Täler, Kreideriffe und den trägen Flusslauf der Loire. Dann setze ich mich mit einem Glas kalten, frischen Weißweins auf dem Marktplatz in die Sonne – das ist Sancerre. Obwohl mit zunehmender Popularität der Preis für den Sancerre gestiegen und seine Qualität gesunken ist, ist er für mich immer noch der Inbegriff eines durstlöschenden, pikanten, prickelnd frischen Weißweins.

Tatsächlich ist es eine Familie von fünf Weißweinen (sechs, wenn wir den Coteaux du Giennois einige Kilometer flussabwärts mitzählen), die aus der Sauvignon-Blanc-Rebe das Beste herausgeholt haben. Dieser kleine Winkel Frankreichs bringt auch Rot- und Roséweine hervor, doch berühmt wurde die Region durch den gaumenkitzelnden Weißwein aus der Sauvignon-Blanc-Rebe.

WEINBAUGEBIETE

Sancerre ist der größte und wichtigste dieser Appellationsbereiche und umfasst 14 Gemeinden auf dem Westufer der Loire. Die besten von ihnen drängen sich unter den Steilhängen bei Sancerre selbst. Pouilly-Fumé ist eine reine Weißwein-Appellation am Ostufer der Loire, ein paar Kilometer stromaufwärts von Sancerre. Seine Weine sind von gleicher Qualität, haben jedoch manchmal mehr Gewicht und etwas weniger von dem bissigen Aroma der Stachelbeeren.

Menetou-Salon liefert Rotwein, Weißwein und Roséwein aus zehn verschiedenen Gemeinden der bezaubernden Landschaft zwischen Sancerre und Bourges. Seine Weißweine aus der Sauvignon-Rebe haben einen ähnlichen Standard wie die Weine aus Sancerre, sind aber durchgängig preiswerter. Quincy ist ein kleiner Appellationsbereich auf Kiessand westlich von Bourges und erzeugt weiße Sauvignon-Weine mit einer markanten, aber angenehmen Aggressivität von Stachelbeeren. Ein paar Kilometer weiter westlich liegt das noch kleinere Reuilly, das mit seinem Kreideboden gute Weißweine liefert, ordentliche Rote und überraschend gute blasse Rosés aus Pinot Gris und Pinot Noir.

WO DER WEIN WÄCHST *Sehen Sie, wie die kleine Stadt Sancerre sich auf ihrem Hügel festklammert. Umgeben ist er von einer kleinen Ansammlung von Hängen und Tälern; hier dringen Kalkschichten pittoresk aus dem eintönigen, flachen Bauernland hervor. Die steilen Südhänge dieser Hügel sind voll gepackt mit Rebflächen. In Pouilly, gegenüber auf dem anderen Loire-Ufer, gibt es in einer von Getreidefeldern und Wiesen beherrschten Landschaft plötzlich Rebflächen. Diese beiden Anbaugebiete bringen einen ähnlichen Wein hervor, der gemeinhin als das vollkommenste Beispiel für die scharfen, nach Gras und Stachelbeeren duftenden trockenen Weine gilt, die in der ganzen Welt zum Maßstab für guten Sauvignon Blanc geworden sind. Die offene Landschaft in diesem Teil Frankreichs wäre normalerweise nicht warm genug, um Sauvignon oder Pinot Noir, die in Sancerre für Rosé und Rotwein verwendet werden, reifen zu lassen. Die Grundlage des Bodens ist Kalkstein, daneben weisen Pouilly bei St-Andelain und St-Satur nördlich von Sancerre einen guten Anteil an Feuerstein auf, der das Aroma des Weins beeinflusst. Man kann in der Tat einen guten Pouilly-Fumé an seinem Duft erkennen, der an aneinander geschlagene Feuersteine erinnert.*

Die Rebflächen von Pouilly fallen sanft nach Süden und Südwesten hin ab und sind zudem dem wärmenden Einfluss der Loire ausgesetzt. Die besten Weinberge von Sancerre in Bué, Chavignol, Verdigny und Menétréol schmiegen sich in die Einschnitte der Kalkhügel, die Schutz vor Wind und Regen bieten. Chavignol ist auch berühmt für seinen Ziegenkäse, den Crottin.

Einer der örtlichen Erzeuger erfreut sich des Namens Olivier Cromwell – doch ansonsten gibt es keine Anzeichen für eine antiroyalistische Einstellung.

Die kleineren Appellationen profitieren heute alle von der gewachsenen Beliebtheit des Sancerre und des Pouilly-Fumé, die bis in die 1950er Jahre noch unbekannte Landweine waren. Sie wurden durch eine Gruppe von Pariser Journalisten und Restaurantbesitzer bekannt, die sich ein paar schöne Tage in der Gegend gemacht hatten und den Sancerre und den Pouilly-Fumé als letzten Schrei in Paris einführten.

Sancerre und Pouilly waren jedoch nicht von Anfang an Weißweingegenden. Das wachsende Interesse an rotem Sancerre nimmt die Situation wieder auf, die herrschte, bevor die Reblaus im späten neunzehnten Jahrhundert die Weinberge zerstörte. Wegen der Nähe zu Paris wurden die Anbauflächen intensiv bewirtschaftet und meist mit ertragreichen roten Rebsorten minderer Qualität voll gestopft, von denen riesige Mengen billigen Massenweins in den unkritischen Kehlen von einer Million Parisern verschwanden. Weitere 2000 Hektar brachten einen ordentlichen Rotwein aus Pinot Noir hervor. Nach der Reblauskrise wurden die Anbauflächen mit der Sauvignon-Blanc-Rebe als Ersatz für beide Weine neu bepflanzt, da sie ertragreich war und sich leichter auf reblausresistente Rebunterlagen pfropfen ließ.

Pinot Noir wurde im Allgemeinen nur auf den weniger geeigneten, exponierten, nach Norden ausgerichteten Parzellen in Sancerre neu gepflanzt, in Pouilly jedoch überhaupt nicht. Die heutigen Anbauflächen umfassen 1600 Hektar in Sancerre und etwa 600 Hektar in Pouilly. Auch wenn inzwischen ein, zwei Sancerre-Erzeuger einen Teil ihres guten Landes an die Pinot-Noir-Rebe abgegeben haben, werden

die meisten besten Lagen mit Sauvignon Blanc bestockt. Das ist nach meiner Meinung die richtige Entscheidung. Der Sancerre Pinot Noir kann bestenfalls einen angenehmen, aber ziemlich schwachen Kirschduft entwickeln. Die Sauvignons Blancs aus Sancerre und Pouilly hingegen verströmen Düfte nach Hecken und Wiesen von nachhaltiger Intensität. Sie können das Aroma frisch gerösteter Kaffeebohnen oder einen aufregenden Duft von frisch geschnittenem Gras, den Blättern von Schwarzen Johannisbeeren und Stachelbeeren haben, der die Geschmacksknospen attackiert. Das alles können sie – doch die übermäßige Popularität hat ihrer Qualität nicht gut getan.

Im Gebiet von Sancerre kommen die besten Weine aus den kleinen Dörfern nahe der Stadt Sancerre, normalerweise von den steilen Südhängen. Eine windgeschützte Lage und gute Exposition sind sehr wichtig, oft wichtiger als die verschiedenen Bodentypen. Trotzdem hat der Boden natürlich auch ein Wort mitzureden. Je mehr Kalkstein, desto besser, und die Formationen aus Kimmeridge-Kalken und Ton, die den besten Chablis hervorbringen, tauchen hier wieder auf und liefern einen intensiv duftenden Wein. Es gibt auch Flecken mit kalkigem Kies und ein paar Stellen mit Feuerstein. In Pouilly nehmen die Rebflächen weniger Land ein, sind aber dichter und kompakter gruppiert. Das meiste Weinland besteht aus demselben kalksteindominierten Ton, es gibt jedoch auch einen Flecken mit feuersteinhaltigem Silex-Boden nahe St-Andelain, der, wie manche meinen, schwerere, mineralischere Weine hervorbringt.

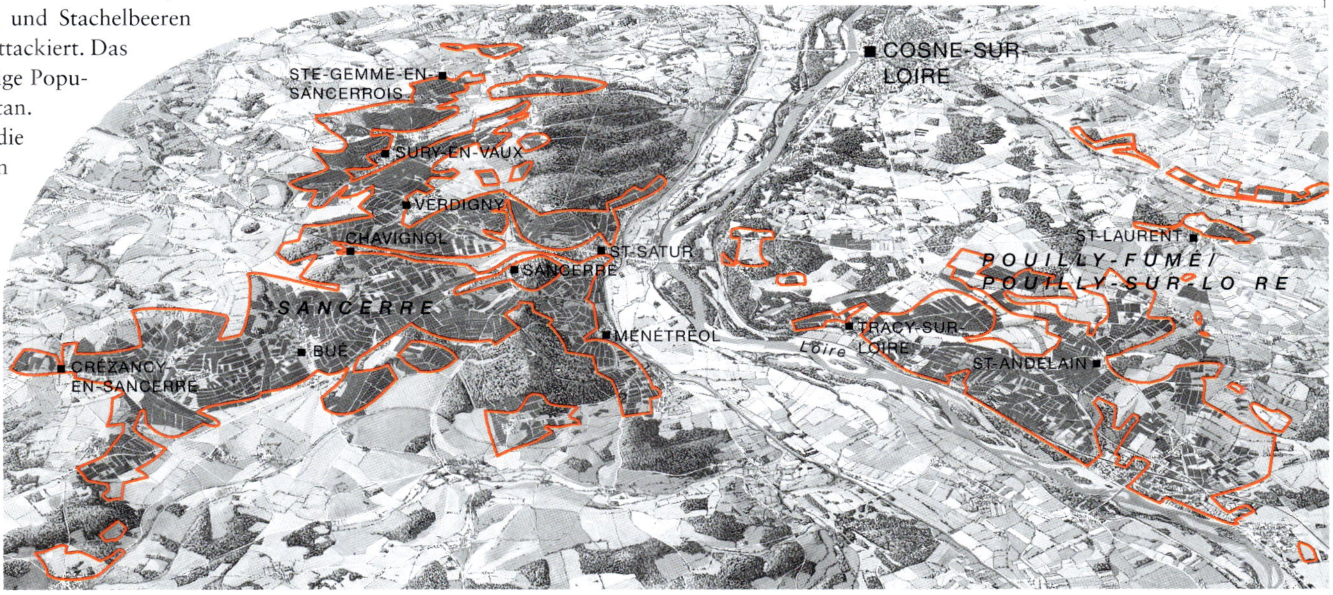

Das Rhône-Tal

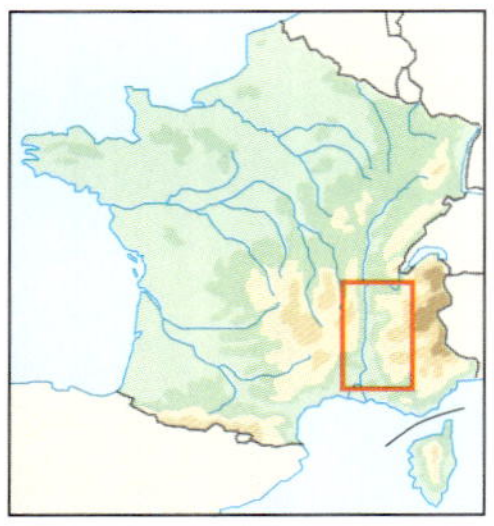

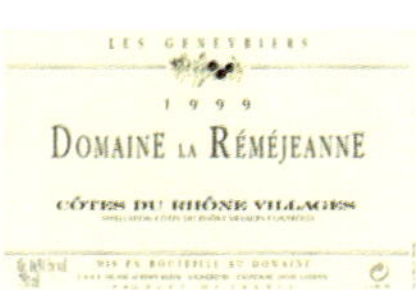

Am Ende des Weinjahres leuchten die Blätter der Syrah-Rebstöcke der Côte Rôtie golden im Abendlicht. Hier werden die Reben aufgrund der Steilheit des Geländes und der heftigen Winde an Pfählen festgebunden.

Einer meiner Lieblingsplätze in Frankreich liegt unmittelbar hinter dem lärmenden, Schreck erregenden, abgaserfüllten Tunnel, der das Zentrum von Lyon unterquert und in einem Durcheinander von hektischen Autofahrern und irreführenden Straßenschildern in der Nähe des Hauptbahnhofs wieder ans Tageslicht kommt – in einem heruntergekommenen, verwahrlosten Teil der Stadt. Warum ich diesen Ort so liebe? Nun, an dieser Stelle biege ich rechts ab, ins Rhône-Tal, lasse endgültig den düsteren Norden hinter mir und tauche ein in die weiten, offenen Horizonte, die balsamische Luft und das glitzernde Licht des Mittelmeerraums.

Die Rhône ist für mich weit mehr als ein geografischer Bestimmungsort, sie ist ein emotionales Ziel – und das trifft wohl für jeden Reisenden aus dem Norden zu, der diese Sehnsucht nach dem Süden verspürt. Jeder, der die langen, dunklen Wintertage warm eingehüllt verbringt, um sich vor Kälte, Wind und Schnee zu schützen, oder wer im Sommer den bleigrauen, wolkenverhangenen Himmel nach einem Sonnenstrahl absucht, weiß, was ich meine. Die Rhône, diese Arterie, die den Südosten Frankreichs durchströmt, nimmt uns mit zu den Freuden der mediterranen Welt.

Mit der Kraft eines Schnellzugs bahnt sich die Rhône ihren Weg durch Lyon und durch die tiefen Kanäle, die sie in die östlichen Ausläufer des Massif Central südlich von Vienne gegraben hat, bevor sie die sonnendurchglühte offene Landschaft südlich des Hermitage-Bergs bei Tain erreicht. Dann verfällt sie in ein geruhsameres Tempo, besitzt aber immer noch gewaltige Kraft, bis sie, kaum durch menschliche Eingriffe gebändigt, in der zunehmend trockeneren, roten Landschaft südlich von Avignon breit dahinströmt. Schließlich teilt sie sich zu einem Fächer auf, dessen östliches Mündungsgebiet uns an Marseille und Toulon vorbei in die Provence lenkt, während zum Westen hin zahllose Wasserläufe ein riesiges Delta von Schwemmland und Lagunen bilden, hinter dem sich die rauen Hügel von Languedoc, Minervois und Corbières und schließlich die fernen Pyrenäen erheben. Die Rhône mit ihrem ausgedehnten Delta zwischen der Provence und dem Languedoc ist – wenn auch spät – zu einer meiner Lieblingslandschaften geworden.

Die Rhône entspringt in den Schweizer Alpen und ist fast von Anfang an von Reben gesäumt, bis zum Zusammenfluss mit der Durance nördlich des Rhône-Deltas. Von ihrem Oberlauf stammen sowohl einige der leichtesten Weißweine Europas als auch überraschend körperreiche Rot- und Weißweine, die auf den steilen Sonnenlagen des Wallis wachsen. Nachdem sich die Rhône mit den weiten, stillen Wassern des Genfer Sees vereinigt hat und auf der anderen Seite der französischen Grenze wieder aufgetaucht ist, setzt sie ihren Lauf gen Süden, in Richtung Mittelmeer, fort. Die ersten Weine auf französischem Boden, die noch immer alpin geprägt und von kristallklarem Charakter sind, sind die Weine von Savoyen und des Bugey. Mit die besten Weißweine, aus der lokal Bergeron genannten Sorte Roussanne, kommen aus Chignin bei Chambéry (siehe S. 99). Bei den Rotweinen dominiert die pfeffrig-robuste Mondeuse.

Die nördliche Rhône

Die Industriegebiete südlich von Lyon begleiten noch etwa 50 km weit, und erst hinter Vienne spürt man, dass man sich einer Weingegend nähert. Bei der Autobahnausfahrt Ampuis sollte sich Ihr Puls beschleunigen: Schauen Sie den Fluss hinunter zu den Weinbergen der Côte Rôtie. Ihre nach Osten gerichteten Abhänge sind so steil wie kaum welche in der Weinwelt und tragen einen Fleckenteppich von Rebstöcken, der aussieht, als sei er an die Felsen geklebt. Es ist schwer vorstellbar, dass ein menschliches Wesen über diesen Abgründen arbeiten kann oder ein Rebstock auf den rutschigen Schieferplatten Halt findet. Doch eine Gruppe von engagierten Winzern bewirtschaftet diese Steilhänge, und die Rebstöcke, die einmal ein Wurzelsystem aufgebaut haben, bringen Weine hervor, die es mit den besten Weinen Frankreichs aufnehmen können.

Diese steilen Abhänge sind der Inbegriff der nördlichen Rhône, des Flussabschnitts zwischen den Städten Vienne und Valence, dessen großartige Rebflächen durch die Steilheit ihrer Felshänge aus kristallinem Gestein und die besonderen Rebsorten, die dort angebaut werden, gekennzeichnet sind. Das Leben hier ist nicht leicht, und die Mühen und Opfer, die erforderlich sind, um großen Wein herzustellen, spiegeln sich in dem leidenschaftlichen Aroma der Rotweine und dem ungestümen, schweren Parfum der Weißweine wider.

Hier kann sich vor allem die Syrah-Rebe perfekt entfalten. Schon um 600 v. Chr. wurden hier womöglich Syrah-Reben angebaut, wenn man den örtlichen Überlieferungen und Sagen um den Berg von Hermitage Glauben schenken will. Und die Syrah-Weine können tatsächlich so eigene Merkmale und Aromen haben, dass sie aus einer anderen Zeit zu stammen scheinen. Die größten Rotweine der nördlichen Rhône sind Côte Rôtie, Hermitage und Cornas, daneben werden auch in St-Joseph und Crozes-Hermitage edle Weine gekeltert.

Die hinreißendsten Weißweine der nördlichen Rhône werden aus der Viognier gekeltert, die auf den steinigen Terrassen bei Condrieu und Château-Grillet wächst. In ihrer besten Form strömen diese Weine betörende Düfte aus, wie sie in einem Gewächshaus im Sommer herrschen, doch zugleich wird das Aroma von Pfirsich und Aprikose durch eine köstliche Frische, wie von Maiglöckchen in einer Frühlingsbrise, durchbrochen. Die Viognier gehörte mit ihren geringen und unzuverlässigen Erträgen früher zu den rarsten Reben der Welt, heute ist sie die Modesorte schlechthin: Reaktivierte Weinberge in Condrieu und riesige Neupflanzungen im Languedoc sowie in Übersee – in den USA, in Australien, Chile und Argentinien – machen sie fast schon zu einer alltäglichen Erscheinung. Doch trotz der weltweiten Verbreitung erreichen nur wenige Erzeuger die Höhen eines guten Condrieu.

Die Marsanne- und die Roussanne-Reben, die die Weißweine von Hermitage, Crozes-Hermitage, St-Joseph und St-Péray liefern, sind nicht ganz so spektakulär. Anfangs oft ein wenig flach und breit, können sie vielschichtige, reiche, geschmeidige Aromen entwickeln – man muss nur abwarten können. St-Péray markiert eine natürliche Zäsur im Rhône-Gebiet. Bis hierher kommen die meisten edlen Weine von Ost- und Südhängen aus Granit, die den Rand des Zentralmassivs bilden. Jetzt wird das Rhône-Tal zunehmend breiter und ändert seinen Charakter.

DIE SÜDLICHE RHÔNE

Im südlichen Teil des Rhône-Tals versammeln sich alle edlen Weine auf dem Ostufer, und mit Ausnahme von Châteauneuf-du-Pape stammen alle wirklich interessanten Weine von den Rebflächen auf der windabgewandten Südseite des Mont Ventoux und der Dentelles de Montmirail.

Dieser natürliche Übergang macht sich nicht nur im Wein bemerkbar, sondern auch in der Luft, die man atmet, im ausgedörrten Boden und im deutlichen Unterschied in der Vegetation; Birnen-, Aprikosen- und Kirschplantagen sowie Gemüsegärten weichen zunehmend Oliven- und Pfirsichhainen, Lavendel- und Melonenfeldern und kräuterbewachsenen Felsrücken, die so hell gebleicht sind wie Knochen in der Wüste.

Hier scheint die Sonne auch nicht unbedingt länger, doch dieses breite Flussbecken liegt völlig offen und ungeschützt da. Und sobald der Mistral einsetzt, spürt man, was das bedeutet. Dieser mehr als kräftige Nordwind, der den Windkanal des Rhône-Tals hinunterbraust, sucht Menschen und Vegetation an bis zu 300 Tagen im Jahr heim. An den restlichen Tagen wiederum kann es passieren, dass vom Süden her der Scirocco bläst. Die Reben werden daher meist in Bodennähe in kleinen Büschen gezogen, damit sie vor dem Wind geschützt sind und zusätzliche Wärme aus dem steinigen Boden erhalten. Der Mistral macht angeblich viele Leute krank, auf die Vegetation wirkt er sich dagegen wohltuend aus, da er die Feldfrüchte nach Regenfällen schnell trocknet, so dass es hier selten Probleme mit Fäulnis gibt.

Während sich die nördliche Rhône auf hochwertige, in kleinen Mengen produzierte Rot- und Weißweine spezialisiert hat, stößt die südliche Rhône riesige Mengen vorwiegend roter Côtes-du-Rhône-Weine aus. Nach dem Bordelais und Burgund ist das Rhône-Gebiet der drittgrößte Erzeuger von AC-Weinen in Frankreich, und 85 % seiner Produktion entfallen auf den schlichten Côtes du Rhône, der überwiegend aus dem Gebiet zwischen Montélimar und Avignon stammt. In den letzten zehn Jahren ist die Qualität allgemein gestiegen, und viele kleine Erzeuger leuchten viel heller, als es der bescheidenen Appellation entspräche.

Dieses Gebiet hat auch noch andere Glanzlichter. Die kleine Appellation Clairette de Die am Nebenfluss Drôme erzeugt köstlichen Schaumwein. Dann gibt es einige ölig süße, aufgespritete Weine, angeführt vom Muscat de Beaumes-de-Venise, und einige wahrlich große Tischweine, allen voran die sagenhaften Rotweine von Châteauneuf-du-Pape, gefolgt von den Weinen von Gigondas, Vacqueyras, Lirac und den besten Côtes du Rhône-Villages wie Cairanne und Rasteau. Nicht zu vergessen auch die ordentlichen Rosés von Tavel und Lirac und die strahlenden, frischen Weißweine von Châteauneuf-du-Pape.

Die vorherrschende Sorte ist die fleischige, alkoholreiche rote Grenache, die sich in trocken-heißen Klimaten wie der südlichen Rhône wohl fühlt. Die meisten Weine hier sind jedoch Verschnitte. Beim Châteauneuf-du-Pape sind nicht weniger als 13 Sorten zugelassen, und die meisten Rotweine enthalten mindestens Syrah, Cinsaut und/oder Mourvèdre. Die wichtigsten weißen Sorten sind Grenache Blanc, Clairette, Bourboulenc und Roussanne.

Die Ruinen der päpstlichen Burg in der Hitze des Sommers. Große Kieselsteine, die das Licht reflektieren und noch in der Nacht Wärme abgeben, reihen die Weinberge von Châteauneuf-du-Pape unter die heißesten Lagen Frankreichs ein.

VIN DOUX NATUREL

Rasteau und Beaumes-de-Venise sind zwei führende Gemeinden in der Produktion des roten Côtes du Rhône-Villages. Doch wenn man auf einen wirklich guten trockenen Rotwein aus ist, sollte man das Etikett genauer prüfen. Beaumes-de-Venise ist eigentlich mehr für seinen goldgelben, süßen Wein als für den Rotwein bekannt, und aus Rasteau kommt ein berüchtigter, eher süßer als trockener Rotwein. Wenn ich mich in diesem ausgedörrten Landstrich einen Tag in den Weinbergen und Weindörfern herumgetrieben habe, finde ich den süßen Rotwein nicht gerade erfrischend, während der Weiße, gut gekühlt unter dem schattigen Dach einer Platane serviert, eine der großen Köstlichkeiten auf Erden ist.

Diese beiden »Ausreißer« inmitten einer Gegend, die derbe Rotweine hervorbringt, werden »vins doux naturels«, natürliche Süßweine, genannt. Ich würde sie eher als unnatürlich bezeichnen, da sie mit einer ordentlichen Dosis von beinahe reinem Alkohol angereichert werden, wenn die Gärung noch in Gang ist. Dadurch wird die Gärung gestoppt, und der restliche, unvergorene Traubenzucker bleibt als Süße im Wein erhalten.

In Rasteau wird die rote Rebsorte Grenache verarbeitet, und obwohl der resultierende Wein – entweder in der scharfen, klebrigen, doch relativ fruchtigen oder in seiner müden, oxidierten »Rancio«-Spielart – wie ein Rückfall in eine vorsintflutliche Weinkultur erscheint, wird der süße Rasteau erst seit 1932 hergestellt. Er hat bisher nur vor Ort Anhänger gefunden und befindet sich inzwischen auf dem verdienten Rückzug. Die neuesten Zahlen zeigen, dass die Produktion heute nur noch ein Viertel des Ausstoßes zu Beginn der 1980er Jahre beträgt.

Der Muscat de Beaumes-de-Venise wird seit Beginn des neunzehnten Jahrhunderts als Süßwein ausgebaut, aber erst seit dem Zweiten Weltkrieg mit Alkohol angereichert. Die verwendete Muscat-Varietät ist die ausgezeichnete Muscat à Petits Grains, die es sowohl in einer weißen wie in einer roten Spielart gibt. Ihre reiche, ölige Frucht hat ein schweres Obst- und Blütenaroma. Das Ziel des Weinherstellers – das oft mit großem Erfolg erreicht wird – besteht darin, diese Aromen mit einer sehr feinen alkoholischen Note zu verbinden; trotz der Unterbrechung der Gärung beträgt der Alkoholgehalt bis zu 21,5 %. Als Aperitif oder Dessertwein, in Form eines Sorbets oder zu einem Sorbet serviert, ist Muscat de Beaumes-de-Venise einfach köstlich.

Aus Cairanne im großen Bereich der südlichen Rhône kommen mächtige Rotweine auf der Basis von Grenache, Syrah und Cinsaut.

Das nördliche Rhône-Tal

ROTE REBSORTEN
Syrah ist die einzige rote Sorte.

WEISSE REBSORTEN
Die früher seltene Viognier ist die meistangebaute Sorte, daneben gibt es etwas Marsanne und Roussanne.

KLIMA
Das kontinentale Klima mit seinem mediterranen Einfluss bringt heiße Sonne und heftigen Mistral. Der Mistral verstärkt die Wirkung der Kälte im Frühjahr, hält jedoch die Reben trocken. Hagel kann ein Problem sein.

BODEN
Die steinigen Hänge bestehen aus Kristallin und Granit und sind mit einer dünnen Bodenschicht aus verwittertem Glimmerschiefer oder Granit überzogen. Durch schwere Regenfälle während der Vegetationszeit abgetragener Humus wird wieder auf die Terrassen hinaufgebracht.

TOPOGRAFIE
Steil ansteigende Terrassen mit Süd- bis Südostlage bieten schwierige Bedingungen für die Winzer. Inzwischen werden mehr Schwemmböden verwendet. Die Hauptrebflächen bedecken die Hänge entlang den Rhône-Ufern zwischen Vienne und Valence.

Der Côte Rôtie wird aus Syrah gekeltert. Einige Winzer setzen auch eine kleine Menge von aromatischem weißem Viognier zu, wobei die beiden Traubensorten zusammen vergoren werden müssen.

Von der Côte Rôtie bei Ampuis bis Cornas und St-Péray gegenüber von Valence hat sich die Rhône über eine Strecke von 60 km in die Kristallin- und Granitfelsen des Zentralmassivs eingegraben und ein vielgestaltiges Muster von schwindelerregend steilen Hängen geschaffen. Wo diese nach Süden bis Südwesten gehen, liefern sie ausgezeichnete Lagen für Weinberge, fordern jedoch fast übermenschliche Anstrengungen, sie zu bewirtschaften. Die Terrassen der Côte Rôtie, von Condrieu, St-Joseph und Cornas haben in der Vergangenheit häufig brachgelegen, nachdem sie von entmutigten Weinbauern nach lebenslanger, vergeblicher Mühsal aufgegeben worden waren. Der menschliche Tribut war einfach zu hoch und der Ertrag zu gering.

Eine der erfreulichsten Entwicklungen der 1980er, 1990er Jahre war die Anerkennung, die die großartigen Weinberge der nördlichen Rhône fanden. Die Natur hat hervorragende Standorte zur Verfügung gestellt, die jedoch den Männern und Frauen, die diesen Boden bearbeiten, enorme Opfer und großes Engagement abverlangen. Bis in die 1980er Jahre wussten wenige Weinliebhaber von diesen verborgenen Schätzen, und noch weniger waren bereit, einen angemessenen Preis dafür zu bezahlen. Doch in den Achtziger- und frühen Neunzigerjahren stiegen die Preise auf über das Dreifache, und heute wird ein Spitzen-Côte-Rôtie alle roten Bordeaux-Weine bis auf die teuersten ausstechen, während ein Condrieu die Preise eines Spitzen-Premier-Cru von Meursault erzielen kann.

Für die Erzeugnisse von den besten terrassierten Steilhängen mit ihren niedrigen Erträgen und bemerkenswert konzentrierten Aromen ist dies der gerechte Lohn. Im Panorama erkennen Sie die steilen Felsen bei Ampuis, Condrieu und Château-Grillet, die mit ihren speziellen Kleinklimaten die Voraussetzungen für einen großen Wein schaffen. Auf dem weiten, leicht hügeligen Hochland oberhalb der Steilhänge sind Bauernhöfe und Obstplantagen voller Kirsch-, Birn- und Pflaumenbäume anzutreffen und leider auch ganz neue Rebflächen. Es ist unmöglich, dass diese fruchtbaren Plateaus einen großen Rotwein wie den Côte Rôtie oder einen ausgezeichneten Weißwein wie den Condrieu hervorbringen, trotzdem führen diese neuen Rebflächen deren Herkunftsbezeichnung. Man sollte vielleicht nicht zu hart urteilen, nachdem sich hier Generationen fast umsonst abgemüht haben. Doch wenn man zulässt, dass die faden Weine dieser jungen Reben auf dem windgepeitschten Plateau die Qualität der großen Weine der Steilhänge verwässern, werden schließlich alle darunter leiden, der Konsument und der Erzeuger.

Die Weine der nördlichen Rhône sind heute zu Recht in Mode, doch inzwischen haben sich Pflanzungen mit der roten Syrah-Rebe über ganz Südfrankreich und zunehmend in der Neuen Welt ausgebreitet, darüber hinaus wurden riesige neue Flächen mit der weißen Viognier-Rebe in der Ardèche und an der Rhône und im Languedoc weiter südlich angelegt. Nur wenn Côte Rôtie, Condrieu, Château-Grillet, St-Joseph und die übrigen Spitzenweine der nördlichen Rhône besser sind als diese neue Konkurrenz, können sie auf die Dauer ihre hohen Preise halten.

Diese Weine, die es qualitativ mit jedem Wein in Frankreich oder irgendwo sonst in der Welt aufnehmen können, beziehen ihre bemerkenswerten Aromen aus nur zwei Rebsorten. Die rote Sorte ist die Syrah, die sicherlich den Sorten Cabernet Sauvignon von Bordeaux oder Pinot Noir von Burgund gleichkommt, doch bis vor kurzem nicht als Rebsorte von internationaler Bedeutung galt. Die Viognier ist die weiße Qualitätsrebe des nördlichen Rhône-Gebiets, die Weine mit köstlichem Aprikosenduft hervorbringt, allerdings geringe Erträge bringt und auch anfällig für Krankheiten ist.

CÔTE RÔTIE, CONDRIEU UND CHÂTEAU-GRILLET

Ich kann mir nicht vorstellen, dass man irgendwann so zum Spaß angefangen hat, Terrassen in die steilen Hänge der Côte Rôtie, die Neigungen bis zu 55° aufweisen – steil wie der Auslaufhang einer Skischanze –, zu hauen, um sie mit Reben zu bepflanzen. An dieser Stelle wurden möglicherweise bereits vor über 2400 Jahren Reben angebaut, und nach den Überlieferungen eines römischen Schriftstellers waren die Steilhänge auf beiden Seiten der Rhône mit Gewissheit schon vor 2000 Jahren mit Reben bedeckt. Ich bezweifle jedoch, dass das ursprüngliche Motiv darin bestand, diese Steilhänge mit Rebstöcken voll zu pflanzen. Eher könnte ich mir vorstellen, dass die Winzer von Ampuis es leid waren, dass ihre Rebflächen immer wieder durch die launische Rhône unter Wasser gesetzt wurden, und vielleicht aus diesem Grund Terrassen aus den Glimmerschieferhängen herausgehauen haben. Und vielleicht kamen ein paar Jahre später die Leute zu ihnen herauf, um dort ihren sonntäglichen Frühschoppen zu zelebrieren, weil es sich herumgesprochen hatte, dass der Wein von den Steilhängen, die viel mehr Sonne bekamen und besser vor dem heftigen Mistral abgeschirmt waren, unendlich viel besser schmeckte als der dünne, flache Wein von den Flussufern, mit dem sie sich bisher hatten begnügen müssen.

Und so arbeiteten sich Generationen von Winzern immer höher an dieser fast senkrechten Felswand empor und meißelten in Schwindel erregender Höhe die Terrassen aus dem Gestein. Und alles nur, weil die Aromen des Weins voller Würze und Parfum waren, die rubinrote Frucht so üppig war wie Nektar und eine oder zwei Karaffen dieses Weins sie mit Leidenschaft und Fantasie erfüllten.

Die Syrah-Rebe, deren Rebstöcke übrigens immer zu vieren wie ein Indianerzelt zusammengebunden sind, gedeiht auf den steilen, sonnendurchglühten Hängen der Côte Rôtie und überall sonst im nördlichen Rhône-Gebiet bis hin nach Cornas im Süden, wo sie günstig gelegene Granithänge vorfindet. Die Weine von diesen Standorten sind meist dunkel und komplex, und gute Jahrgänge können 20 Jahre oder länger gelagert werden. Inzwischen erzeugen immer mehr Winzer auf Flächen außerhalb der Appellationen – westlich des Flusses und jenseits der

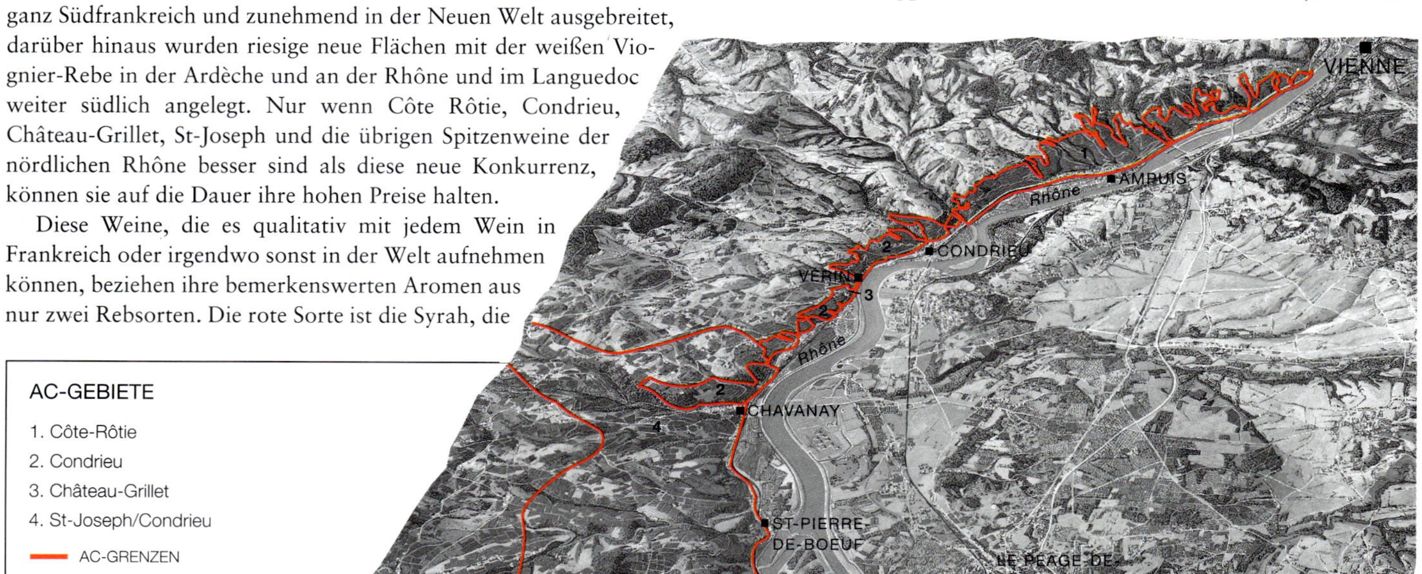

steilen Hänge – aus Syrah Vin de Pays und einfache Tafelweine; ein »Vin de Pays des Collines Rhodaniennes« eines guten Erzeugers ist einen Versuch wert. In ähnlicher Weise wurde auch in Crozes-Hermitage das flache Ackerland südlich von Tain weithin mit Reben bepflanzt. Kirschen und Aprikosen bringen nicht so viel ein, weshalb man die Obstbäume gerodet hat. Der überwiegend aus Ton bestehende Unterboden ergibt fleischige Weine mit Schwarze-Johannisbeer-Aroma, aber ohne die festen Tannine der Syrahs von Granitböden, ein köstliches Getränk ohne notwendige lange Reifezeit.

Die weiße Viognier-Traube wird in den Appellationsbereichen Condrieu und Château-Grillet verwendet und auch in der Côte Rôtie da und dort angebaut, wo sie mit der Syrah-Rebe verschnitten werden kann. Der Anbau der Viognier ist schwierig, sie braucht viel länger als andere Sorten, bis sie hochwertige Trauben liefert, und ist unbeständig im Ertrag. Die Mühen des Winzers werden jedoch durch einen hervorragenden, geschmeidigen Wein belohnt, der an Aprikosen mit Crème fraîche und den Duft von Maiglöckchen erinnert.

Die Weine von Château-Grillet, einer der kleinsten Appellationen Frankreichs mit weniger als 4 Hektar Reben, sind rar und überteuert und lange Zeit ihrem Ruf nicht gerecht geworden. In den letzten Jahren hat sich die Qualität verbessert, doch schmecken viele Top-Condrieus besser – bei niedrigerem Preis.

HERMITAGE

Wenn Sie am Fuß des Hermitage-Bergs bei Tain stehen, eingezwängt zwischen der Bahnlinie und den steil ansteigenden Rebhängen, haben Sie möglicherweise den ältesten Weinberg im Rhône-Tal vor sich. Die Einheimischen sind überzeugt, dass die Phokäer, Reisende aus dem antiken Griechenland, die von Marseille her die Rhône hinaufzogen, Rebstöcke mitbrachten, bei denen es sich wahrscheinlich um die Syrah-Rebe gehandelt hat. Sie müssen von dem imposanten Berg Hermitage so beeindruckt gewesen sein – wie die Einheimischen behaupten –, dass irgendwann nach 600 v. Chr. einige von ihnen sich hier niederließen und einen Weinberg anlegten. Damit wäre Hermitage nicht nur der älteste Weinberg im Rhône-Tal, sondern sicherlich auch einer der ältesten in ganz Frankreich.

Ich wünsche mir, dass diese Geschichte wahr ist, denn Hermitage hat diese Lobeshymne verdient. Es ist eine herrliche Weinlage, und als Vergil vor etwa zweitausend Jahren schrieb, dass »Rebstöcke einen offenen Hügel lieben«, hätte er keinen besseren finden können als den von Hermitage. Er kann majestätische Rotweine und bezaubernde Weißweine hervorbringen, die vor der Geschichte so gut bestehen können wie alle anderen französischen Weine. In den Rotweinen vereinigt sich eine ungeschliffene, animalische Kraft mit lieblicher Frucht und

Die Terrassen der Côte Rôtie oberhalb von Ampuis. Die Rebstöcke sind an vier Pfähle gebunden, eine der arbeitsintensivsten Anbaumethoden der Welt.

WO DER WEIN WÄCHST *Sehen Sie sich an, wie steil diese Abhänge an den Nord- und Westufern des Flusses sind. Doch ihre Sonnenexposition, die hervorragende Entwässerung der Granithänge, die frei zirkulierende Luft, die Fäulnis und Pilzkrankheiten verhindert, und die dennoch vor dem Mistral geschützte Lage machen diese Terrassen zu einem einmaligen Standort. Diese Steilhänge sind natürlich außerordentlich schwierig zu bewirtschaften, und die Erträge sind beschränkt. Die Côte Rôtie nimmt lediglich 160 Hektar ein. Die besten Trauben stammen von den Steilhängen um Ampuis. Neuerdings angelegte Pflanzungen auf dem dahinter liegenden Plateau bringen deutlich minderen Wein hervor. (Dass das Flachland überhaupt bepflanzt wurde, ist ein Zeichen der wachsenden Beliebtheit des Weins.) Condrieu hat sich seit 1965 um das Zehnfache erweitert, und zu viele dieser neuen Flächen wurden auf dem ungeschützten Hochland angelegt, das zwar gefälligen weißen Viognier hervorbringen kann, jedoch nichts, was den Preis und den Ruf von Condrieu verdiente. Château-Grillet besitzt ein geschütztes kleines Amphitheater mit Reben unmittelbar außerhalb von Vérin.*

NÖRDLICHE RHÔNE – VON DER CÔTE RÔTIE BIS ST-JOSEPH

NORD-SÜD-AUSDEHNUNG 20 KM

REBFLÄCHEN

N

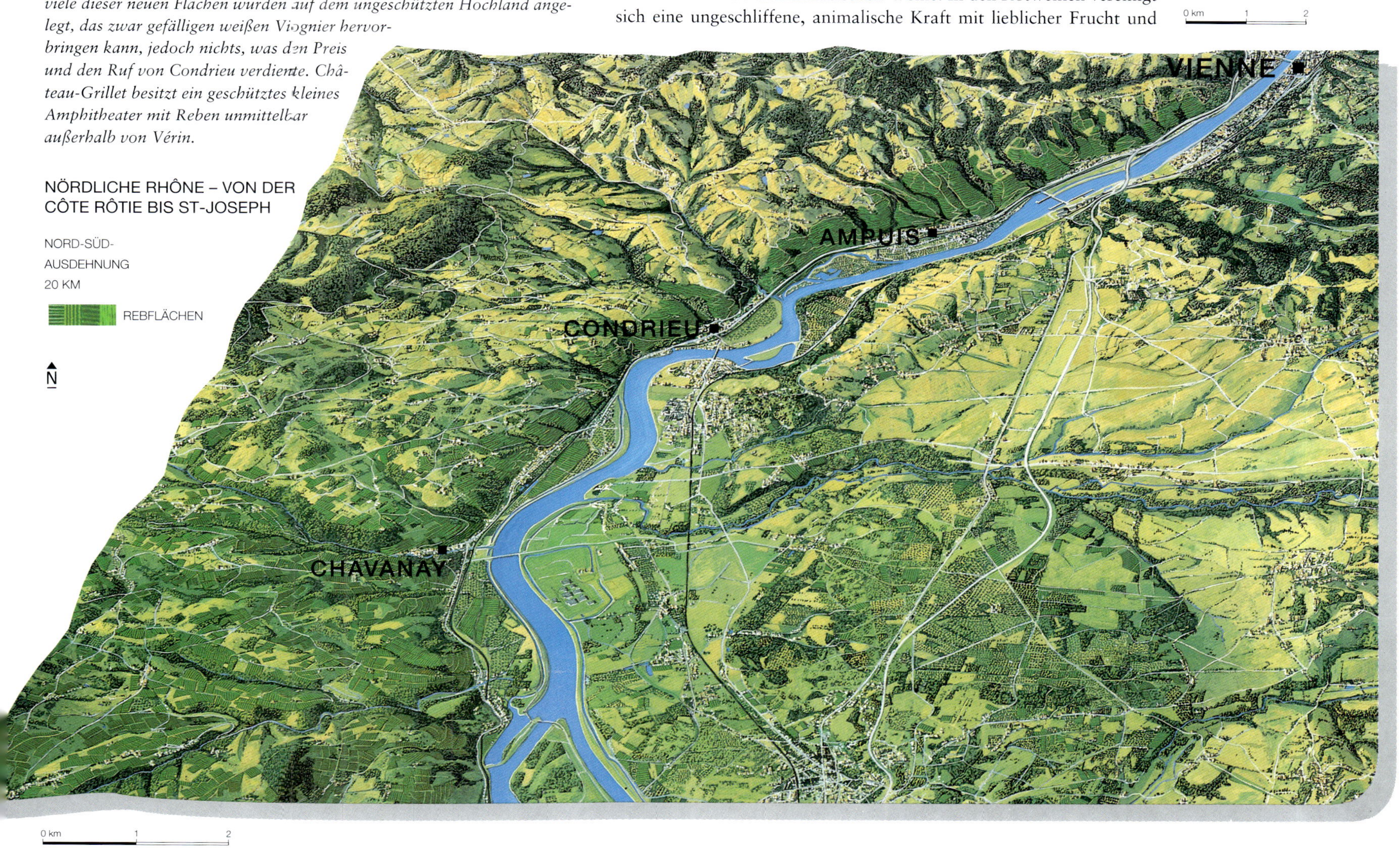

Der Hermitage-Berg ragt hoch über die Stadt Tain auf. Von seinen Hängen kommen einige der mächtigsten Rotweine Frankreichs und eine kleine Zahl sehr langlebiger trockener Weißweine.

wildem Parfum. Mag er damit auch nicht an einen großen Bordeaux oder Burgunder heranreichen, so überfällt er einen doch unvermittelt und macht einen schwindeln, wie dies kein anderer Rotwein vermag. Dem weißen Hermitage fehlt es an dem unmittelbaren Charme und Duft der anderen großen Weißweine Frankreichs, und er mag erst fett und abweisend erscheinen, doch dann, wenn er erst einmal in Flaschen abgefüllt ist, wächst er zu seiner vollen Größe heran. Ich glaube, dass auch viele Erzeuger des Rhône-Tals sich nicht erklären können, weshalb ein guter weißer Hermitage-Wein – der oft allein aus der Marsanne-Traube, meist jedoch mit ein wenig Roussanne verschnitten gekeltert wird – immer jünger zu werden scheint, je älter sein roter Bruder wird. Der Weißwein kann eine immer schlankere, frischere mineralische Note entwickeln, verliert dabei jedoch nie sein reiches, reifes Aroma von Honig, Mandeln und feinen Hefebrötchen.

Der Hermitage-Hügel besitzt nur 126 Hektar mit Reben, und im Panorama ist zu erkennen, wie günstig sie der Sonne ausgesetzt sind. Die Einheimischen sagen, dass die Sonne auf diesen Granithängen immer zuletzt untergeht, doch offensichtlich geht sie dort auch zuerst auf! Die im Allgemeinen auf Granit stehenden Böden und die zahlreichen Terrassenmauern erwärmen sich unter der Sonneneinstrahlung und fördern die Reifung der Trauben. Die Entwässerung ist ausgezeichnet, und der Mistral bläst alle überschüssige Feuchtigkeit hinweg – Vergil hätte am Hermitage seine reine Freude gehabt! Über zwei Drittel der Hermitage-Weine sind roter Syrah. Die wuchtigsten, kraftvollsten Rotweine kommen von den abschreckendsten Granitflächen, Les Bessards und Méal.

CROZES-HERMITAGE

Der Appellationsbereich Crozes-Hermitage zieht sich nördlich, östlich und südlich um den ganzen Hermitage-Berg herum. Der hier angebaute Rotwein (daneben gibt es eine kleinere Menge Weißwein) entwickelt sich immer mehr zu einem der am meisten geschätzten Rhône-Weine, da der rauchige, dunkelfruchtige Charakter der Syrah-Traube deutlich hervortritt und die Weine bereits relativ bald gut trinkbar sind. Zwei Typen von Weinen kommen von den 1230 Hektar großen, wachsenden Weinbergen von Crozes-Hermitage. Die Granithänge von Gervans und Erôme liefern gut strukturierte Weine mit schönem Tannin und leicht mineralischen, an rote Früchte erinnernden Aromen. Die überwiegend aus Ton bestehenden Böden von Les Chassis, der Ebene bei La-Roche-de-Glun, erbringen Weine von offenerer, weicherer, fruchtbepackter Art, die vor Schwarze-Johannisbeer-Aromen überströmen. Die meisten Erzeuger haben einen fruchtigen Wein, der innerhalb von etwa vier Jahren zu trinken ist, und eine in mehr Holz ausgebaute Cuvée im Programm, die größere Komplexität besitzt und länger reifen soll.

ST-JOSEPH

Der Appellationsbereich St-Joseph hat dagegen durch seine Vergrößerung gelitten. Er umfasste ursprünglich eine einzige Hügellage – die südöstlich ausgerichteten Terrassen, die zwischen Tournon und Mauves zu erkennen sind. Die erste Expansion bezog die steil terrassierten Hänge von sechs Gemeinden auf dem Westufer der Rhône zwischen Glun und Vion ein, mit insgesamt knapp 100 Hektar gutem Weinland. 1969 wurde der Bereich erneut erweitert, diesmal um 25 Gemeinden, die im Süden gegenüber von Valence beginnen und sich etwa 65 km in nördlicher Richtung bis nach Condrieu erstrecken. Viele der neuen Weinstöcke wurden auf den flachen, fruchtbaren Rhône-Ufern angepflanzt, und der Ruf der wunderbar duftenden, fruchtigen Rotweine und der schweren, reifen Weißweine von den ursprünglichen Granithängen wurde durch die Neuankömmlinge erheblich geschädigt. Die Appellation umfasste schließlich 640 Hektar und wäre beinahe noch auf 7000 Hektar erweitert worden, wenn nicht Anfang der 1990er Jahre die Vernunft die Oberhand gewonnen hätte und jede weitere Vergrößerung der Anbauflächen gestoppt worden wäre. Jetzt werden die Terrassen oberhalb von Mauves, Tournon und St-Jean-de-Muzols wieder aufgebaut – und damit wohl auch der Ruf von St-Joseph als einem der köstlichsten gehaltvollen, fruchtigen und gut trinkbaren Rotweine.

CORNAS UND ST-PÉRAY

Cornas dürfte immun gegen das Expansionsfieber sein. Der Name Cornas bedeutet »verbrannte Erde« und bezieht sich auf das steile Amphitheater mit Syrah-Reben, das ein sonnenerfülltes Rund um den kleinen Ort Cornas bildet. Dieser fast beengend wirkende Halbkreis mit südöstlich ausgerichteten Rebstöcken, die selbst vor dem zerstörerischen Mistral abgeschirmt sind, ist im Sommer ein wahrer Glutofen. Die Rebflächen hier liefern den schwärzesten, feurigsten Rotwein des Rhône-Tals, vielleicht von ganz Frankreich, dessen dunkle, aromatische Essenzen aus dem Inneren der Erde zu stammen scheinen.

Doch sogar hier ist eine Vergrößerung der Anbaufläche noch nicht endgültig vom Tisch. Die Verwendung von ertragreicheren Syrah-Klonen, die nicht den dicken, schwarzen, teerigen Saft hervorbringen, der einen großen Cornas ausmacht, und die allmähliche Zunahme niedrig gelegener Rebpflanzungen auf derzeit insgesamt 90 Hektar bedrohen

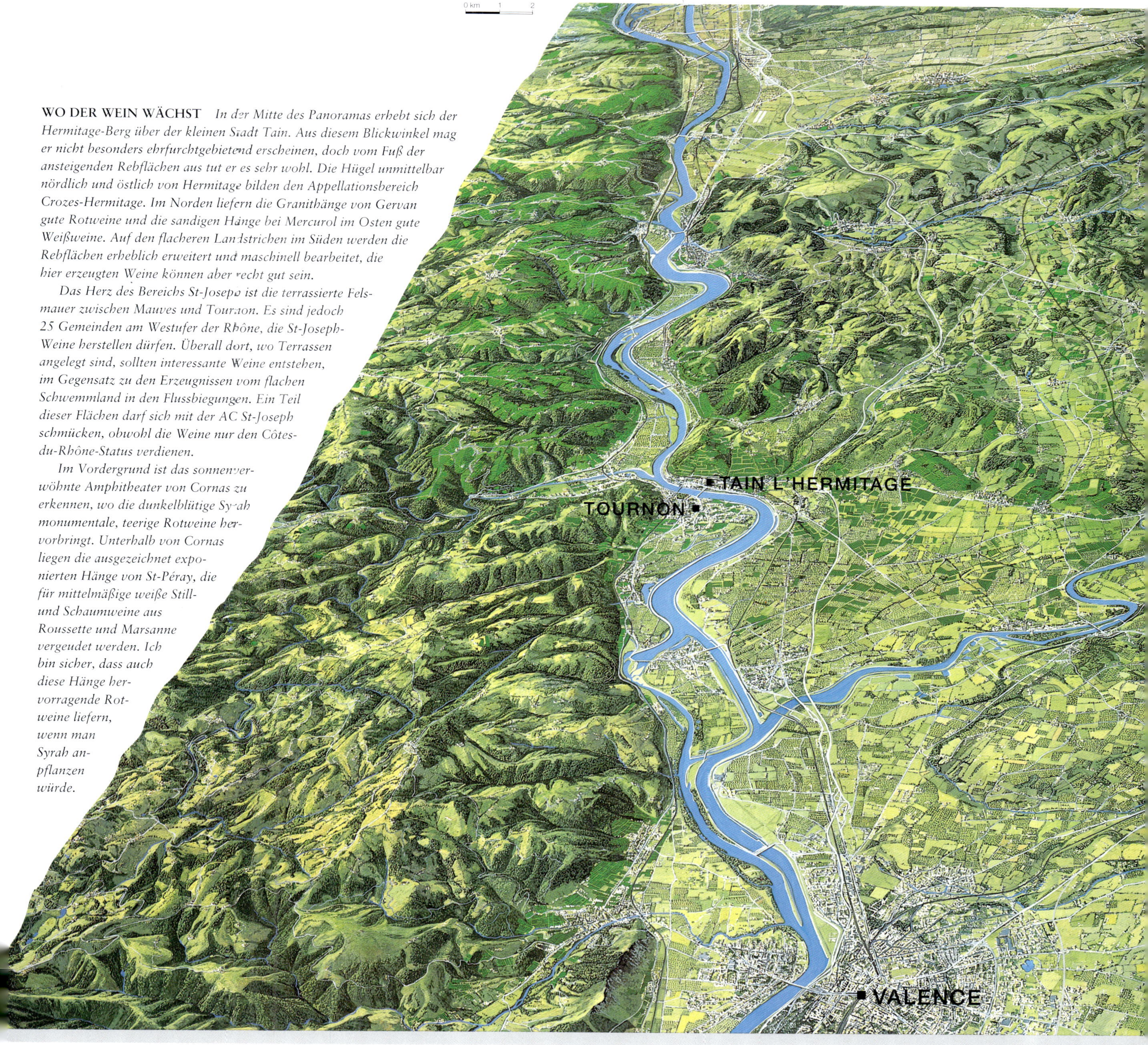

WO DER WEIN WÄCHST *In der Mitte des Panoramas erhebt sich der Hermitage-Berg über der kleinen Stadt Tain. Aus diesem Blickwinkel mag er nicht besonders ehrfurchtgebietend erscheinen, doch vom Fuß der ansteigenden Rebflächen aus tut er es sehr wohl. Die Hügel unmittelbar nördlich und östlich von Hermitage bilden den Appellationsbereich Crozes-Hermitage. Im Norden liefern die Granithänge von Gervan gute Rotweine und die sandigen Hänge bei Mercurol im Osten gute Weißweine. Auf den flacheren Landstrichen im Süden werden die Rebflächen erheblich erweitert und maschinell bearbeitet, die hier erzeugten Weine können aber recht gut sein.*

Das Herz des Bereichs St-Joseph ist die terrassierte Felsmauer zwischen Mauves und Tournon. Es sind jedoch 25 Gemeinden am Westufer der Rhône, die St-Joseph-Weine herstellen dürfen. Überall dort, wo Terrassen angelegt sind, sollten interessante Weine entstehen, im Gegensatz zu den Erzeugnissen vom flachen Schwemmland in den Flussbiegungen. Ein Teil dieser Flächen darf sich mit der AC St-Joseph schmücken, obwohl die Weine nur den Côtes-du-Rhône-Status verdienen.

Im Vordergrund ist das sonnenverwöhnte Amphitheater von Cornas zu erkennen, wo die dunkelblütige Syrah monumentale, teerige Rotweine hervorbringt. Unterhalb von Cornas liegen die ausgezeichnet exponierten Hänge von St-Péray, die für mittelmäßige weiße Still- und Schaumweine aus Roussette und Marsanne vergeudet werden. Ich bin sicher, dass auch diese Hänge hervorragende Rotweine liefern, wenn man Syrah anpflanzen würde.

die Rolle von Cornas als Lieferant des berühmtesten altmodischen Rotweins in Frankreich. Zum Glück wird das wohl noch lange dauern – bisher ist mir noch kein Cornas-Wein begegnet, der so leicht ist, dass man hindurchsehen könnte.

Unmittelbar südlich von Cornas erkennt man eine weitere Kette von Hügeln mit guter Sonnenexposition. Sie scheinen den Teppich dunkler, schwerer roter Rhône-Weine aus der großartigen Syrah-Rebe fortzusetzen, sind jedoch mit weißem Roussanne und Marsanne bepflanzt und liefern zu 45 % nach traditioneller Methode hergestellten Schaumwein. St-Péray ist sicherlich ein Kuriosum, doch strengt man sich an, die Qualität der Stillweine zu verbessern; das gilt auch für große Häuser wie Paul Jaboulet Ainé. Wagner soll einmal hundert Flaschen des Bitzelwassers bestellt haben, um eine Blockade bei der Arbeit am »Parsifal« zu überwinden. Ob das geklappt hat, ist eine Geschmacksfrage.

Inzwischen werden hier Häuser für die Pendler gebaut, die in den nahe gelegenen Städten arbeiten, um aus dem herrlichen Blick auf das Flusstal Kapital zu schlagen. Wenn man erlauben würde, Syrah auf diesen herrlichen Hängen anzubauen, wäre ich fast geneigt, einen Antrag auf Erweiterung der Appellation Cornas zu unterstützen.

0 km 1 2

NÖRDLICHE RHÔNE – VON ST-JOSEPH BIS CROZES-HERMITAGE

NORD-SÜD-AUSDEHNUNG 50 KM

REBFLÄCHEN

N

Das südliche Rhône-Tal

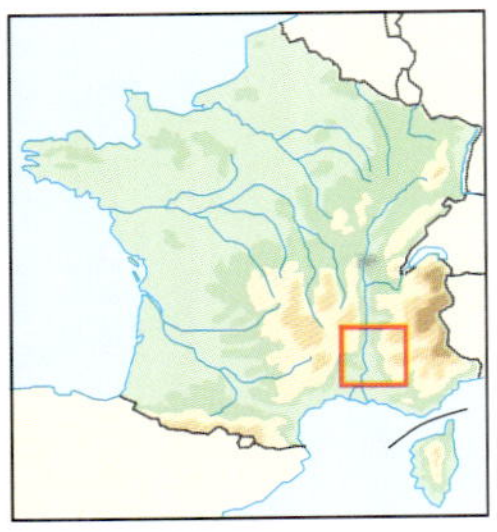

Die besten Rebflächen der Südrhône befinden sich auf praktisch flachem Gelände, das mit einer so dicken Steinschicht bedeckt ist, dass keine Spur von eigentlichem Boden zu sehen ist. In dem einzigen wirklich bedeutenden Weinbaugebiet, Châteauneuf-du-Pape, ist es fast so schwer, sein Gleichgewicht zu halten, wie in den steilen Hängen der Côte Rôtie. Die Steine, die heiß werden können wie eine Ofentür, sind so glatt und schlüpfrig, dass sie einem bei jedem Schritt unter den Füßen wegrutschen. Diese weißen und rostfarbenen Steine wirken wie eine natürliche Speicherheizung und ein Wasserfilter. Sie bringen in Châteauneuf-du-Pape einen schweren, alkoholreichen Wein voller Duft und üppiger Fruchtigkeit hervor.

Der Süden ist noch mehr als der Norden durch den Rotwein geprägt, der fast immer aus mehreren Sorten verschnitten wird. Die Grenache-Rebe, die im Norden überhaupt nicht vorkommt, ist hier die vorherrschende Sorte und wird normalerweise mit Cinsaut und Syrah, gelegentlich auch mit Carignan und Mourvèdre vermischt. Châteauneuf-du-Pape kann aus 13 verschiedenen Rebsorten bestehen, acht roten und fünf weißen. Drei der roten Sorten – Counoise, Vaccarèse und Muscardin – sind anderswo praktisch verschwunden, besitzen jedoch ungewöhnlich interessante Persönlichkeiten, deren potenzielle Vorzüge gerade erst erforscht werden.

Zwischen Valence im nördlichen Rhône-Tal und Montélimar, der Hauptstadt des weißen Nougats, gibt es eine Strecke von 44 km, in der kaum ein Rebstock anzutreffen ist. Ab Montélimar übernimmt die Rebe immer mehr die Hauptrolle unter den Feldfrüchten, sie wird auf allen Bodentypen außer den überaus fruchtbaren Schwemmböden in Flussnähe angebaut.

In einem typischen Sommer brennt die Sonne im südlichen Rhône-Gebiet so unbarmherzig vom Himmel, dass man keine besonders gut exponierten Lagen braucht. Es gibt jedoch auch einige Weinberge in Hanglagen, von denen die besten auf den Gemarkungen Gigondas, Vacqueyras und Cairanne in den Vorbergen östlich der Rhône liegen. Die besten Rebflächen von Châteauneuf-du-Pape liegen auf erhöhten Plateaus, die die Voraussetzungen zur Erzielung vollreifer Trauben

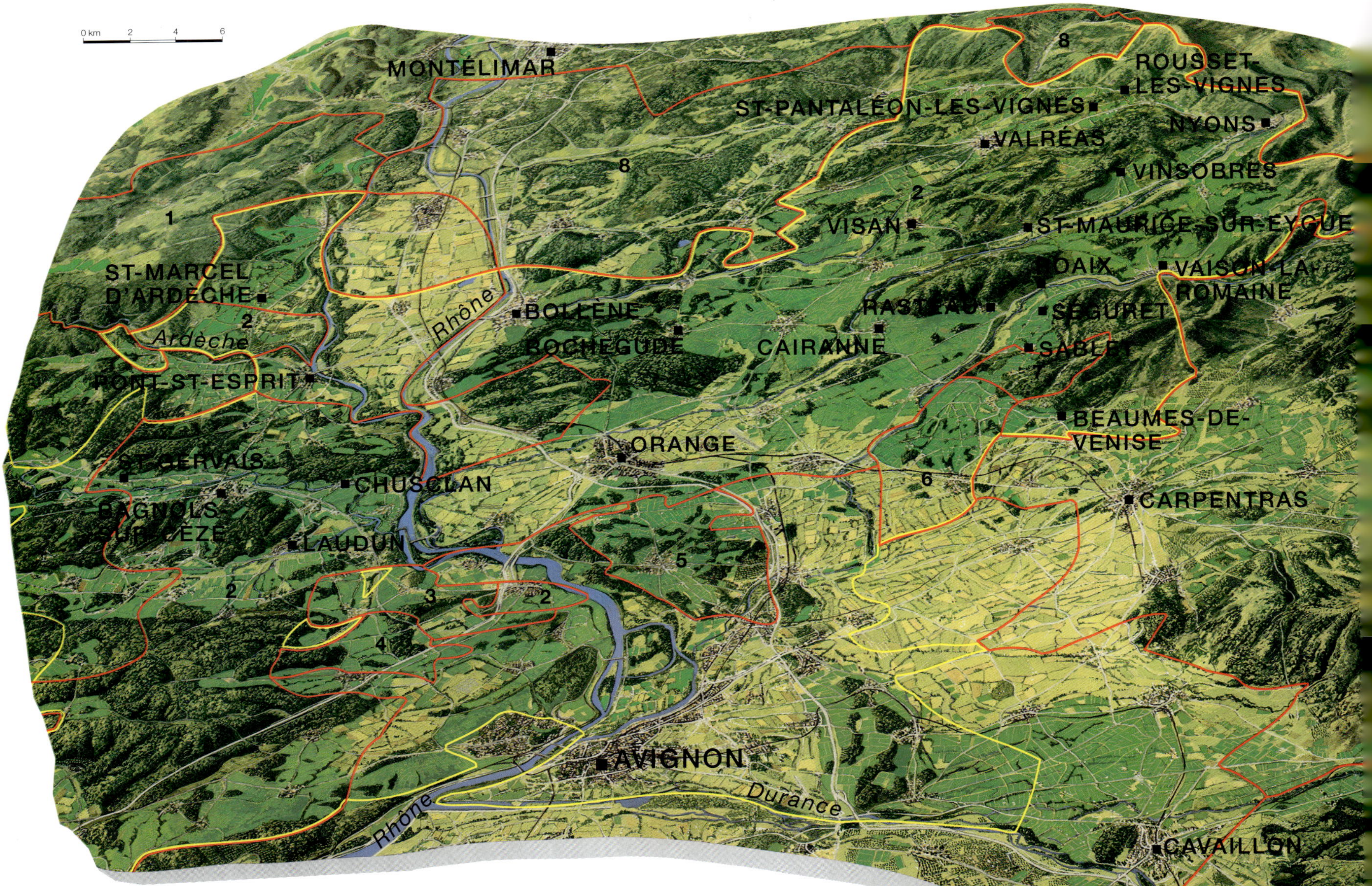

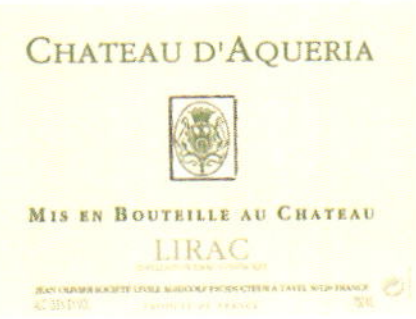

noch verbessern. Dem Mistral wird durch Windschutzmaßnahmen und durch die Rebenerziehung in niedriger, kompakter Buschform entgegengewirkt. In weniger bedeutenden Appellationsbereichen beginnt man hingegen, die Reben nach moderner Art an Drähten zu ziehen, um den Einsatz von Maschinen zu ermöglichen.

CÔTES DU RHÔNE UND CÔTES DU RHÔNE-VILLAGES

Côtes du Rhône AC ist die allgemeine Herkunftsbezeichnung für die Anbauflächen von Vienne im Norden bis Avignon im Süden. Der in diesem Bereich erzeugte Wein besteht zu 85 % aus einfachem Côtes du Rhône, und der größte Anteil stammt aus den ausgedehnten Rebflächen, die sich beiderseits der Rhône von St-Marcel-d'Ardèche, Bollène und Valréas bis südlich von Tavel erstrecken. Der hier weit überwiegend erzeugte Rotwein ist neben einfachem Bordeaux und Beaujolais Frankreichs beliebtester Rotwein für alle Tage.

Die Appellation Côtes du Rhône-Villages soll für die edleren Weine von Gemeinden gelten, die sich nicht der Mühe unterziehen wollen, ihre eigene Appellation aufzubauen. Man geht davon aus, dass die besten letztlich ihre eigenen Appellationen erhalten werden, was bisher jedoch nur auf zwei, Gigondas und Vacqueyras, zutrifft. Es bleiben 16 Gemeinden übrig, die ihren eigenen Namen auf dem Etikett zusammen mit der Bezeichnung »Côtes du Rhône-Villages« verwenden dürfen. Weitere 54 Gemeinden bauen Villages-Wein an, dürfen aber ihren Ortsnamen nicht auf das Etikett setzen.

Die Grenache-Rebe, die hier die Hauptrolle spielt, gibt dem Wein einen üppigen, schweren Kern. Dafür braucht man trockenen, steinigen Boden und eine leichte Hanglage wie in den besten Villages auf den Osthängen. Die Syrah-Traube neigt in vielen Teilen der südlichen Rhône zur Überreife, verleiht aber, wenn sie auf einem feuchteren, kühleren Boden angebaut wird, auch dem leichtesten Roten eine prächtige Tiefe von dunklen Früchten. Die meisten Spitzen-Villages wie Cairanne haben gute Parzellen mit feuchtem Tonboden, die leicht zur Ebene hin abfallen. Die spät reifende Mourvèdre-Traube bereichert die eher korpulente Grenache mit einer deutlichen, beinahe rauen Note von Kräuterduft und wilden Beeren.

COTEAUX DU TRICASTIN

Die ersten Rebflächen südlich von Montélimar gehören zu den jüngsten im Tal, nämlich den Coteaux du Tricastin. Hier wurde im neunzehnten Jahrhundert schon einmal Wein angebaut, doch ein rascher Blick auf das Wetter und den Boden macht deutlich, warum die Weinbauern damals aufgegeben haben. Hier weht der Mistral am heftigsten, er erreicht Geschwindigkeiten von über 100 km/h. Der Boden ähnelt dem von Châteauneuf-du-Pape – er ist mit runden, flachen Steinen bedeckt –, doch Châteauneuf-du-Pape war ein berühmter Wein, dessen

WO DER WEIN WÄCHST *Das Panorama zeigt das Rhône-Tal in seiner ganzen majestätischen Größe, bevor es zum Mittelmeer hin ausläuft. Im Westen drängen sich die Berge und versteckten Täler der Ardèche, wo sehr aromatische Landweine hergestellt werden. Im Osten erheben sich der mächtige Mont Ventoux, die Dentelles de Montmirail und die Vorberge der Alpen. Hier gibt es fruchtbare Täler, deren riesiges Potenzial von den Appellationen Côtes du Ventoux und Côtes du Lubéron zunehmend genutzt wird.*

Die besten Rebflächen sind optisch wenig aufregend. Sie beginnen erst zwischen Montélimar und Bollène mit den Coteaux du Tricastin und den Anfängen der Côtes du Rhône. Die besten Côtes-du-Rhône-Gemeinden liegen vorwiegend an den Hängen zwischen Bollène und Carpentras, die allerbesten – wie Gigondas und Sablet – drängen sich unter den zerklüfteten »Zähnen« der Dentelles de Montmirail. Es gibt jedoch auch einige ordentliche Gemeinden jenseits der Rhône südlich von Pont St-Esprit, insbesondere St-Gervais. Noch weiter südlich, nordwestlich von Avignon, sind Lirac und Tavel hochklassig. Das Herz der südlichen Rhône bildet die intensiv genützte Anbaufläche von Châteauneuf-du-Pape südlich von Orange. Mit einer wachsenden Zahl von Spitzengütern ist der Châteauneuf heute einer der besten Weine Frankreichs.

ROTE REBSORTEN
Grenache ist die wichtigste der vielen roten Sorten, gefolgt von Syrah und Cinsaut, dann Carignan und Mourvèdre. Daneben gibt es noch viele weniger bedeutende Sorten.

WEISSE REBSORTEN
Die Weißweine sind hier von weit geringerer Bedeutung als die Rotweine. Die Hauptrebsorten sind Clairette, Muscat und Grenache Blanc.

KLIMA
Die Region hat ein echtes mediterranes Klima: heiße, trockene Sommer und milde, feuchte Winter. Das Anpflanzen von Windschutzhecken hilft, die Kraft des kalten Mistral zu mäßigen, der von den Alpen her durch das Tal braust.

BODEN
Dieses riesige Anbaugebiet verfügt über viele verschiedene Bodentypen, von den schweren Tonböden der oberen Hanglagen von Gigondas bis zu den steinigen Flussablagerungen der Ebenen rund um Châteauneuf-du-Pape.

TOPOGRAFIE
In diesem südlich gelegenen Tiefland ist die Reifung kein Problem, und viele der besten Rebflächen befinden sich in der Ebene.

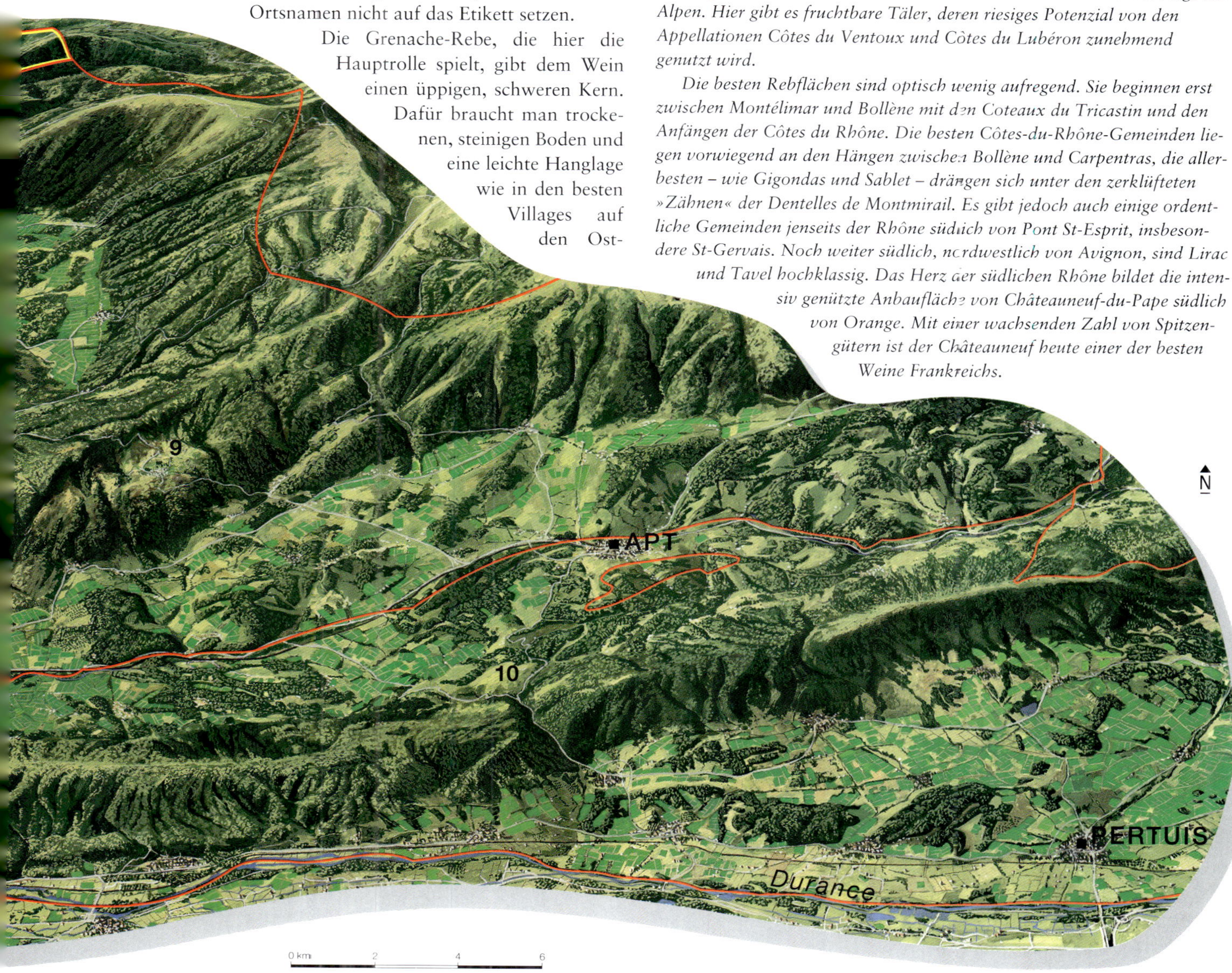

Languedoc-Roussillon

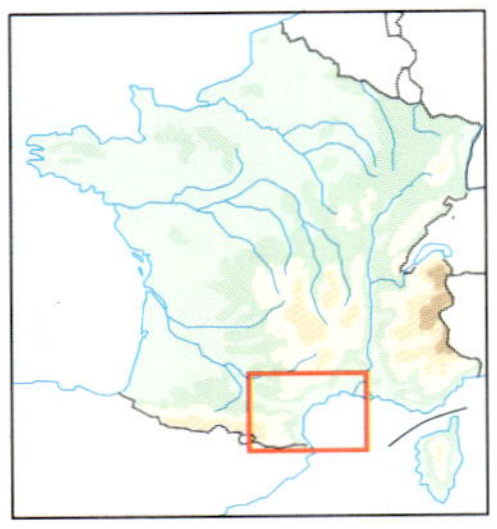

0 km 2 4 6 8

Languedoc-Roussillon ist die »vollständigste« Weinregion in Frankreich, aber auch die am meisten missbrauchte. Und sie ist die größte, mit etwa einem Drittel der französischen Anbauflächen – und hat doch keinen einzigen weltberühmten Wein, keinen charakteristischen Typ vorzuweisen. Es ist einer der altmodischsten, abgelegensten, reaktionärsten Teile der französischen Weinszene und zugleich Frankreichs modernste, aufgeschlossenste und internationalste Region. Widersprüche sind das Wesen des Languedoc-Roussillon.

Beginnen wir unsere Entdeckungsreise in einem kleinen Tal westlich von Montpellier im Hérault. Das Erdreich hier ist von einem eigenartigen Rosa, mit Steinsplittern durchsetzt, krümelig, ja fast staubig. Dies ist einer der merkwürdigsten und vollkommensten Böden für den Weinanbau in Frankreich, der sogar die Experten von Bordeaux vor Begeisterung schier ohnmächtig werden lässt. Auf dem Mas de Daumas Gassac lebt und arbeitet Aimé Guibert, der das Gut 1971 gekauft hat. Bis dato hatte dort noch nie ein Rebstock gestanden. Heute zählen seine Rot- und Weißweine zu den größten Weinen Frankreichs, und sie haben immer noch nicht die Appellation Contrôlée bekommen.

Aimé Guibert bleibt die Speerspitze, doch jedes Jahr tauchen neue passionierte, ideenreiche Weinhersteller im Süden Frankreichs auf, entschlossen, großen Wein auf ihre ganz eigene Art zu erzeugen, außerhalb der traditionellen Beschränkungen der großen Appellationen, die Innovationen ersticken und die Einhaltung der Regeln streng überwachen. Die meisten dieser Neuerer sind Franzosen, viele haben sich aus

bornierten traditionellen Regionen wie Bordeaux und Burgund – wo Traubensorten und Anbaumethoden genau vorgeschrieben sind – hierher geflüchtet. Einige kommen von noch weiter her, aus Kalifornien oder Australien, um das Weinwissen der Neuen Welt in der Alten Welt einzusetzen. In Frankreich bietet nur das Languedoc eine Alternative.

Reisen wir in südwestlicher Richtung weiter, treffen wir in jedem zweiten Dorf auf eine Weingenossenschaft. Wenn wir eine unter zehn finden, deren Wein nicht fade und flach ist, würde mich das wundern, doch noch vor zwanzig Jahren hätten wir nicht eine unter fünfzig gefunden. Aber wir sind nicht auf der Suche nach einer Genossenschaft, sondern nach einer modernen Kellerei in Servian nördlich von Béziers. Hier, auf der Domaine de la Baume, einem Betrieb des australischen Weingiganten BRL Hardy, produziert man knackig-frische, duftende Weißweine und ausgewogene fruchtige Rotweine. Die Trauben kommen vom eigenen Gut und einer Reihe von Winzern, die Sorten sind alles andere als regionaltypisch: Chardonnay, Sauvignon Blanc, Merlot, Cabernet Sauvignon. Und was war mit dem 70:30-Verschnitt von Viognier und Chardonnay? Nun, in dieser sonnenverwöhnten Ecke Frankreichs ist mit moderner Technik und ebensolchem Know-how alles möglich. Deshalb sind die Aussies hier zu finden, nicht in Bordeaux.

Die Laissez-faire-Haltung, die für die nicht zu einer Appellation gehörenden Teile des Languedoc-Roussillon kennzeichnend ist, spiegelt die Verhältnisse in Australien wider. Das gilt ebenfalls für die heiße Sonne, die trockene Erde und eine Reputation, die sich nicht auf die Vergangenheit beruft, sondern ausschließlich auf die Gegenwart und die Zukunft. Was bedeuten schon lokale Traditionen, wenn bestenfalls Mittelmäßiges aus den Weinbergen kam, deren Trauben heute die Domaine de la Baume zu einem vorzüglichen Tropfen verarbeitet?

Dies ist ein Grund, warum das Languedoc-Roussillon so interessant ist: Innovation, Neugier und das Fehlen von Beschränkungen machen aus Blei Gold. Es gibt jedoch auch eine andere Seite: einige der ältesten Weine in Frankreich, einige der ältesten und ursprünglichsten Weintypen, die auf die alten Rebsorten wie Carignan, Grenache, Syrah oder Mauzac anstelle von Cabernet oder Chardonnay zurückgehen.

Wenn wir von Béziers nördlich nach Faugères fahren, steigt die Straße von der Ebene zu den Cevennen hin an. Das Land ist eintönig, aber schön, die kleinen Straßen schlängeln sich an den niedrigen Hängen der Bergketten entlang, der Boden ist unfruchtbar, von Felsbrocken und Geröll bedeckt. Hier können nur Olivenbäume und Rebstöcke überleben. Es gibt hier Rebflächen, die mindestens auf das neunte Jahrhundert zurückgehen, als Mönche diese Hänge mit Reben bepflanzten. Sie wussten, dass nur dürftiger Boden großen Wein hervorbringt, während Früchte und Gemüse fruchtbaren Boden brauchen. Von Faugères über St-Chinian und am Fuß der Montagne Noire entlang geht es weiter nach Minerve, der Hauptstadt des Minervois, wo die Katharer während des Albigenser-Kreuzzuges im Jahr 1210 als Häretiker belagert wurden und wo schon mehr als 1000 Jahre vorher von den Römern Weinberge angelegt worden waren; dann weiter in südlicher Richtung durch das weite Aude-Tal bis zum letzten Schlupfwinkel der Katharer, den Schwindel erregenden Gebirgspässen der Corbières, die ebenfalls von den Römern mit Reben bepflanzt wurden. Dies sind große Weinberge, die jahrhundertelang vernachlässigt wurden, doch als wahre Wiege der französischen Weinkultur gelten können.

Heute ist ein überzeugender Trend zur Wiederbelebung der Weinkultur in diesen hoch gelegenen Weinbergen zu verzeichnen, ebenso in vielen anderen Teilen des Minervois, in den Bereichen der Coteaux du Languedoc wie La Clape, dem felsigen, mit Gestrüpp bedeckten Berg südlich von Narbonne, der einst den Hafenausgang schützte, als Narbonne die erste Stadt des römischen Gallien war (gegründet 118 v. Chr.), heute eines der kühlsten Anbaugebiete des Midi. Die Weine hier sind im Allgemeinen rot, häufig noch auf der Grundlage der Carignan-Rebe. Alte Carignan-Rebstöcke können in unfruchtbarem Geröll ausgezeichneten Wein hervorbringen, besonders wenn sie durch Grenache, Syrah, Cinsaut und Mourvèdre unterstützt werden.

Es gibt noch andere große historische Weine. Limoux hoch im Aude-Tal südwestlich von Carcassonne nimmt für seinen Schaumwein Blanquette de Limoux oder Crémant de Limoux – auf der Basis der Sorte Mauzac, die ein verblüffendes Aroma grüner Äpfel vermittelt – in Anspruch, der älteste Schaumwein der Welt zu sein. Verbürgtermaßen waren seine Weine schon 1388 bekannt, und die Einheimischen datieren die Entdeckung, wie man ihn zum Schäumen bringt, in das Jahr 1531 – über ein Jahrhundert vor dem Datum, das die Champagne für die Erfindung ihres Schaumweins nennt.

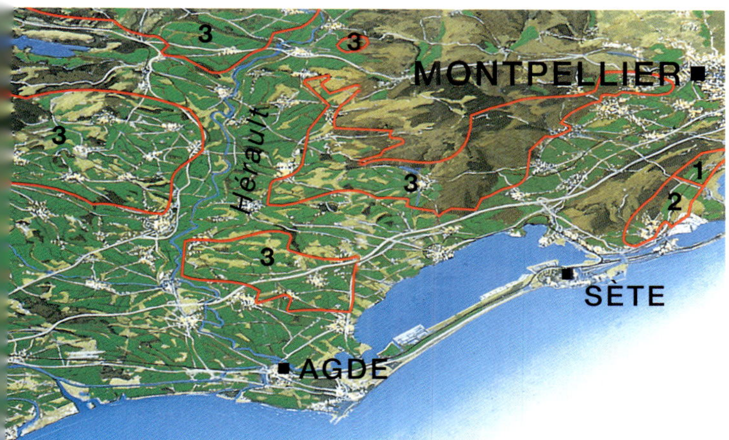

WO DER WEIN WÄCHST

Fast das einzige Gebiet im Languedoc ohne Rebstöcke ist das nördlich gelegene Bergmassiv. Je höher man kommt, desto kühler wird es. Diese Berge schirmen die Rebflächen am Tag vor den Nordwinden ab, während nachts die Luftmassen von den Bergen in die Ebene strömen, die Weinberge abkühlen und so ausgewogene Aromen in der Frucht sichern. Der Wind vom Meer her mäßigt die Hitze an der Küste, doch generell macht sich der mittelmeerische Einfluss mit großer Wärme bemerkbar. Nach Westen zu nimmt dieser Einfluss ab, das Klima wird kühler und feuchter, die gemäßigt-kühlen atlantischen Einflüsse nehmen zu. Die meisten Weinberge in größerer Höhe über dem Meeresspiegel haben unfruchtbaren, steinigen Boden und eignen sich ausgezeichnet für niedrige Erträge intensiv duftender, dunkler Trauben. Die Gebiete im Tiefland erweisen sich als außerordentlich geeignet für die Erzeugung frischer Weißweine und leichter Rotweine.

AC-, VDQS- UND VDN-GEBIETE

1. Muscat de Mireval VDN
2. Frontignan VDN, Muscat de Frontignan VDN
3. Coteaux du Languedoc, Clairette du Languedoc
4. Faugères
5. St-Chinian
6. Muscat de St-Jean-de-Minervois VDN
7. Minervois, Minervois-La Livinière
8. Cabardès
9. Côtes de la Malepère VDQS
10. Blanquette de Limoux, Crémant de Limoux, Limoux
11. Corbières
12. Fitou, Rivesaltes VDN, Muscat de Rivesaltes VDN
13. Côtes du Roussillon-Villages, Maury VDN
14. Côtes du Roussillon-Villages, Rivesaltes VDN, Muscat de Rivesaltes VDN
15. Côtes du Roussillon, Rivesaltes VDN, Muscat de Rivesaltes VDN
16. Collioure, Banyuls VDN

NORD-SÜD-AUSDEHNUNG 145 KM

GRENZEN DER AC-, VDQS- UND VDN-BEREICHE

REBFLÄCHEN

N

0 km 2 4 6 8

Neue Weinberge in Collioure nördlich der spanischen Grenze. Diese Reben werden, dem gegenwärtigen Trend folgend, fast sicher gewichtige rote Tischweine liefern anstatt der traditionellen Süßweine.

ROTE REBSORTEN
Eine große Zahl von Rebsorten, traditionelle (z. B. Carignan, Grenache, Cinsaut, Syrah) und für diese Gegend neue (Cabernet, Merlot).

WEISSE REBSORTEN
Weißwein ist weniger bedeutend, angebaut werden Grenache Blanc, Mauzac, Clairette, Muscat (für VDN), Bourboulenc.

KLIMA
Die Sommer sind heiß und trocken, die Winter kühl und feucht, die Temperatur nimmt mit zunehmender Höhe ab. Der kalte Mistral aus dem Norden und milder Wind vom Meer kühlen die Reben.

BODEN
Dieser riesige Bereich weist eine große Vielfalt von Bodentypen auf, von denen einige nur an bestimmten Orten vorkommen. Im Allgemeinen bestehen sie unter anderem aus Mergelkalk und Schiefer (in den besten Lagen mit Ton überlagert), rotem, geröll-durchsetztem Lateritboden und Schwemmkiesterrassen.

TOPOGRAFIE
Die zerklüftete Landschaft liefert zahlreiche unterschiedliche Lagen für den Weinbau, wobei die westöstliche Ausrichtung der Täler die Abschirmung vor dem Nordwind mit guten südlichen Lagen kombiniert.

Die Appellation Coteaux du Languedoc umfasst eine riesige Fläche zwischen Montpellier im Osten und Narbonne im Westen. Aus diesem Gebiet kommt eine wachsende Zahl aromatischer Rot- und Weißweine.

GESPRITETE SÜSSWEINE

Frontignan an den Ufern der Salzlagunen bei Montpellier war schon zu Zeiten von Plinius dem Jüngeren für seine süßen Muscat-Weine bekannt, und Arnaldus de Villanova, ein Arzt in Montpellier, entdeckte im ausgehenden dreizehnten Jahrhundert, wie man Süßwein durch Aufspriten herstellt. Diese Entdeckung verbreitete sich im ganzen Languedoc-Roussillon bis nach Rivesaltes und hinunter zu den Pyrenäen nach Banyuls, wo man sie für die Grenache-Traube verwendet, die man bis zur Überreife auf den terrassierten Hügeln über dem Mittelmeer hängen lässt. In Banyuls reichert man diesen schweren, purpurnen Wein nicht nur mit Weingeist an, sondern lässt ihn altern und absichtlich in Eichenfässern oxidieren, die man mindestens 30 Monate im Freien lagert. Das Ergebnis ist ein exotischer, dunkler, dickflüssiger Wein, dem kein anderer Wein in Frankreich gleicht. Und das ist es, was ich meine, wenn ich Languedoc-Roussillon als vollständigste Weinregion in Frankreich bezeichne – es bringt jede vorstellbare Art von Wein hervor und erzielt bei allen eine immer bessere Qualität.

WEINBAUGEBIETE

Wenn man das Panorama auf den vorangehenden Seiten betrachtet, kann man sich gut vorstellen, dass diese große Region eine Menge unterschiedlichster klimatischer und geologischer Bedingungen aufweist, die sich für sehr verschiedene Weintypen eignen. Es waren der einfache Anbau und die Zuverlässigkeit der Witterung, die die große wellige Ebene, die sich von Montpellier nach Narbonne erstreckt, vom frühen neunzehnten Jahrhundert an zum Lieferanten von billigem Wein werden ließen. Heute machen diese Voraussetzungen diese Ebenen zum Mittelpunkt der Bewegung des Vin de Pays d'Oc, die »vins de cépage« – sortenreine Weine – zu großer Bedeutung in Frankreich gebracht hat. Ihr wichtigster Beitrag aber ist der Nachweis, dass moderne Methoden in Weinberg und Keller einen exzellenten weißen Wein ergeben, der hier vorher nicht möglich schien.

Das Land bietet eine Unzahl verschiedener Böden und Mikroklimate, deren Potenzial man jetzt gerade erst zu erforschen beginnt. Heute existieren schon eine Reihe zunehmend besserer Appellations Contrôlées. Die besten gelten für Rotweine – Costières de Nîmes, östlich von Montpellier im Département Gard; einige der Spitzen-Crus der Coteaux du Languedoc wie La Clape, Pic St-Loup und Montpeyroux, ebenso Minervois und Corbières. Es gibt ein paar Appellationen für gute Vins Doux Naturels, angeführt vom Muscat de Frontignan, und ein oder zwei einsame Weißwein-Appellationen wie Picpoul de Pinet. Die Sonne ist hier nie ein Problem – und der stets gegenwärtige Wind mildert die Hitze. Die Meeresbrise ist ziemlich feucht und mild, während die Nordwinde, die über die Montagne Noire fegen, hart und trocken sind. Weiter im Norden, am imposanten Bollwerk des Zentralmassivs, geben die Hitze in den geschützten Lagen und der arme Boden den roten Trauben eine dunkle, süße Überreife, die – mit dem stets gegenwärtigen Duft von Lorbeerblatt und Angostura und den wilden Kräutern der Berge – in den Appellationen St-Chinian, Faugères und Minervois (jetzt mit einem Teilgebiet als eigene Appellation Minervois-La Livinière) gute moderne Weine zuwege bringen.

Corbières und Fitou werden durch die Bergketten abgeschirmt, wo die Vorberge südlich der Aude langsam zu den Pyrenäen an der spanischen Grenze ansteigen. In der Nähe des Mittelmeers ist es im Allgemeinen heiß, doch westlich von Carcassonne, wo der mediterrane dem atlantischen Einfluss weicht, sorgt eine kühlere Witterung für wahrhaft feine Rot- und Weißweine aus den Rebsorten Chardonnay, Sauvignon, Cabernet und Merlot.

Die letzte große Ebene am Mittelmeer, bevor man Spanien erreicht, ist die des Flusses Agly. Die Sonne ist hier noch ein bisschen heißer, und der erbarmungslose Tramontane-Wind versengt die Rebstöcke. Die spät reifende Carignan-Rebe wird häufig mit der Kohlensäuremaischung aufbereitet, um die Farbe und das Aroma zu extrahieren und gleichzeitig das Tannin zurückzuhalten. Mit einem Zusatz von Cinsaut, Syrah und Grenache ergibt dies kräftigen Côtes du Roussillon und, in den Vorbergen der Corbières, Côtes du Roussillon-Villages.

Rivesaltes stellt einen guten Dessertwein aus Grenache und einen noch besseren Muscat her. An der spanischen Grenze am Mittelmeer dominiert die Grenache-Rebe im Süßwein von Banyuls. Der kleine Fischerort Collioure hat seine eigene Appellation, die die üblichen roten Rebsorten des Südens verwendet. Dort hat man inzwischen herausgefunden, dass vor allem die ertragsarmen, sonnenheißen Terrassen mit ihrem grandiosen Meeresblick und den kühlen Brisen die großen Lagen für die heikle, aber feurigste aller südlichen Sorten, die Mourvèdre, darstellen. Man sagt, sie liebt es, den Kopf in der Sonne zu haben und die Füße im Wasser.

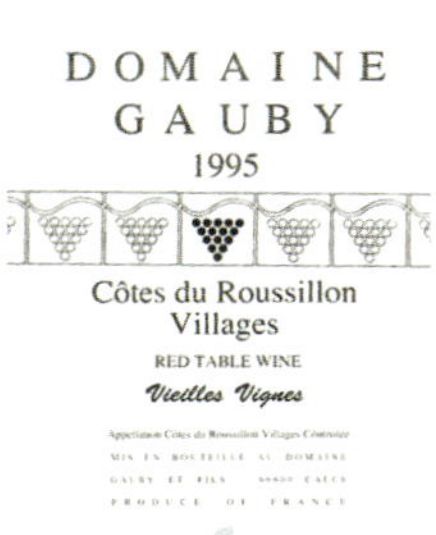

VIN DOUX NATUREL (VDN)

Es gibt zwei Hauptarten des »Vin Doux Naturel«, des »natürlichen Süßweins«: Weine auf der Grundlage von Muscat à Petits Grains oder Muscat d'Alexandrie und solche aus der Grenache. Jede erzielt in der heißen Sonne des Mittelmeeres auf natürliche Weise sehr hohe Zuckergehalte. Doch das Ziel bei der Erzeugung von Muscat-Weinen besteht darin, ihr Aroma und ihre Frucht zu erhalten. Darum lässt man sie vor einer kühlen Gärung manchmal eine Weile auf den Beerenhäuten liegen. Sie werden im Idealfall frühzeitig abgefüllt und getrunken. Frontignan ist der berühmteste, während Mireval und Lunel ziemlich obskur sind; St-Jean-de-Minervois ist rar und gut, und Muscat de Rivesaltes ist der modernste und attraktivste.

Bei der Herstellung der Grenache-Weine von Rivesaltes, Maury und Banyuls wird Alkohol zugesetzt, um die Gärung der Weine zu stoppen. Entweder wird er dem reinen Most oder dem jungen, noch auf den Häuten liegenden Wein zugesetzt, dann werden die Weine zwei bis zehn Jahre und länger in großen Fässern, Bottichen oder Glasballonen gelagert, manchmal im Freien der Luft und heißer Sonne ausgesetzt, manchmal nicht ganz gefüllt, wenn man den traditionellen oxidierten »Rancio«-Typ haben will. Hier geht es nicht um junge, frische Aromen, sondern um eine tiefgründige, dunkle Üppigkeit.

Korsika

Die alten Griechen nannten Korsika »schöne Insel« – eine zutreffende Beschreibung, zumindest für den größten Teil der Insel. Bei meinem ersten Besuch hatte ich, als das Flugzeug zur Landung ansetzte, eine wunderbare Aussicht auf sonnenbeschienene schroffe Gipfel, scharf eingeschnittene Täler, Buchten mit blendend weißem Sand und eine azurblaue See, gesprenkelt mit weißen Segeln. Mein Blick glitt über das verdorrte Land, auf der Suche nach diesen verräterischen Flecken aus weichem, üppigem Grün, die selbst in der trockensten Landschaft auf einen Weinberg hindeuten.

Es war jedoch nicht die Spur eines Rebstocks auszumachen. Ich wusste, dass Korsika einmal voll von Rebflächen gewesen war, und die Kritiker sagen auch heute noch, dass die Insel das perfekte Klima hat, mit einer durchschnittlichen Niederschlagsmenge wie Paris – was für das Mittelmeergebiet sehr viel ist – sowie Bergen und Meer, die die Hitze der sengenden Sonne mildern.

Die Kritiker sagen jedoch auch weniger freundliche Dinge. Sie meinen, dass auf dieser herrlichen Insel edle Trauben selten zu edlem Wein werden. Bei meiner ersten Verkostung korsischer Weine in London musste ich resigniert feststellen, dass der Standard der Weinbereitung enttäuschend war, mit Ausnahme des Gutes Peraldi in Ajaccio. Am ersten Abend, nachdem ich endlich ein paar Weinstöcke nördlich von Ajaccio ausgemacht hatte, probierte ich roten, Rosé- und weißen Wein. Ich trank kein einziges Glas aus. Dann kostete ich ein paar der renommierteren Gutsweine: rustikal, rau, mit einem glühenden, aber flüchtigen Aroma. Ich wechselte zu Campari Soda und blieb dabei.

Die Dinge haben sich jedoch zum Besseren gewendet, sowohl in den traditionell ertragsarmen, abgelegenen Rebflächen im Norden, Westen und Süden und in den riesigen, maschinell bewirtschafteten Plantagen auf dem flachen Land im Osten der Insel. Diese beiden Regionen streben ganz verschiedene Ziele an, und beide haben einigen Erfolg.

Die urbar gemachten sumpfigen Flächen im Osten wurden von »pieds noirs« bewirtschaftet, französischen Siedlern, die in den 1960er Jahren aus Algerien zurückkehrten. 1973 hatten sie 32 000 Hektar mit Reben bestockt. Die meisten der Rückkehrer waren nur darauf aus, die üblichen südfranzösischen Sorten – Grenache, Cinsaut, Carignan und Alicante Bouschet – zu billigem Massenwein zu verarbeiten. Für solchen gibt es keine Nachfrage mehr, und 90 % dieser Plantagen sind inzwischen gerodet; es gibt in ganz Korsika nur noch etwa 7000 Hektar Reben. Die heute erfolgreichen Anbauflächen im Osten, besonders um den Étang de Diane herum, erzeugen Vin de Pays aus Chardonnay, Syrah und Cabernet.

Die Tradition Korsikas basiert jedoch auf weniger bekannten Rebsorten, der einheimischen roten Nielluccio (die möglicherweise mit der toskanischen Sangiovese identisch ist), der roten Sciacarello sowie der weißen Vermentino, alles italienische Sorten, die uns daran erinnern, dass Korsika 700 Jahre lang italienisch war, bevor es 1769 an Frankreich kam. Seine erste Appellation Contrôlée erhielt Korsika erst 1968 – für Patrimonio –, gefolgt von Ajaccio im Jahr 1971, und die Mehrheit des korsischen Weins erfüllt immer noch nicht die Voraussetzungen für den Appellationsstatus oder strebt ihn gar nicht erst an. Man arbeitet auf der Insel aber darauf hin, die Vorschriften für die allgemeine Herkunftsbezeichnung »Vin de Corse« zu erfüllen und darüber hinaus den Mindestprozentsatz der drei heimischen Rebsorten in den Weinen zu erhöhen. Dies dürfte der richtige Weg für alle traditionellen Weingüter sein. Die Erträge sind niedrig, die Bedingungen schwierig, und so bietet die Individualität die einzige Chance, den im Vergleich zu Südfrankreich höheren Preis zu rechtfertigen.

Patrimonio im Norden zeichnet sich besonders durch seine körperreichen, nach Kräutern duftenden Rotweine aus, die von der auf lehmigen Kalksteinböden angebauten Nielluccio dominiert werden, sowie durch üppigen Muscat du Cap Corse und duftenden Vermentino. Ajaccio im Westen besitzt Granitböden, die sich für Sciaccarello eignen, und Comte Peraldi produziert auch guten Vermentino.

Von den verschiedenen Bereichen der Appellation Vin de Corse haben die Coteaux du Cap Corse im Norden schieferhaltige Böden, auf denen Vermentino gedeiht, sowie starke Winde und wenig Niederschläge, was für die Produktion von wunderbarem süßem Muscat günstig ist. Calvi erzeugt guten Rosé mit einem angenehmen Kräuterbukett und einen ordentlichen schlichten Rotwein. Die armen Sand- oder Granitböden im Süden, in Sartène, Figari und Porto-Vecchio, sind für die einheimischen Sorten geeignet; erwähnenswert sind allerdings nur das Gut Domaine de Fiumicicoli in Sartène und die Domaine de Torraccia in Porto-Vecchio.

Korsika leidet auch unter seiner Inselmentalität. Das festländische Frankreich wird »le continent« genannt, und die ganze Ausrüstung wird importiert. Ein Markt von durstigen und meist wenig qualitätsbewussten Touristen begünstigt Nachlässigkeit. Dennoch macht sich eine neue Generation bemerkbar: mit der systematischen Neubepflanzung der Weinberge mit heimischen Sorten und der Verbesserung der Kellertechnik, um gute moderne, aber authentische korsische Weine zu erzeugen.

Rote Rebsorten

Die einheimischen Sorten sind Nielluccio und Sciaccarello. Daneben werden auch andere »südliche« Sorten wie Grenache und Carignan verwendet.

Weisse Rebsorten

Vermentino wird häufig mit Ugni Blanc verschnitten. Daneben wird eine kleine Menge von süßem Muscat angebaut.

Klima

Mediterranes Klima mit langen, trockenen Sommern und warmen, feuchten Wintern. Die Winde Libeccio und Scirocco bringen im Sommer unregelmäßige Niederschläge.

Boden

Die Bodentypen sind unterschiedlich: im Norden schieferhaltige Böden, im Westen und Süden vorwiegend Granitböden.

Topografie

Die Anbauflächen befinden sich meist auf den unteren Hangabschnitten und in den Ebenen. Die jährliche Sonnenscheindauer ist eine der höchsten in Frankreich, daher ist die Ausrichtung zur Sonne hier nicht entscheidend.

SÜDWESTFRANKREICH

Südwestfrankreich scheint ganz einfach strukturiert zu sein. Da gibt es den großen König Bordeaux, der über das Land herrscht und seinen weiten Mantel von der Gironde aus über die Gegend breitet. Zu seinen Füßen knien Vasallen wie Bergerac, Côtes de Duras, Côtes du Marmandais und Buzet, die den Bordeaux-Typ imitieren, dieselben Rebsorten verwenden und im Allgemeinen gute Weine erzeugen. Die Situation ist jedoch nicht ganz so einfach. So weisen Bergerac und das Marmandais interessante eigene Merkmale auf, und Buzet überschneidet sich mit der ganz anderen Kultur des Armagnac, das den berühmten Weinbrand erzeugt. Cahors stützt sich vorwiegend auf die Bordeaux-Sorte Malbec, erzeugt daraus jedoch einen wunderbaren, für Bordeaux völlig untypischen, ja einzigartigen Wein. Je weiter man sich von Bordeaux entfernt, desto mehr wird der Einfluss des Atlantiks durch den des Mittelmeers zurückgedrängt, und man betritt einen ungewöhnlichen, faszinierenden Kosmos alter Weinberge und Rebsorten, der von der Welt des Weins erst jetzt entdeckt wird.

BERGERAC UND DIE DORDOGNE

Wenn wenn man die Grenze zwischen den Départements Gironde und Dordogne überquert, gehören die Weine aus Cabernet und Merlot, aus Sauvignon und Sémillon, die unter praktisch identischen Bedingungen angebaut werden, nicht mehr zur AC Bordeaux, sondern zur AC Bergerac oder AC Montravel. Die meisten Dordogne-Weine schmecken auch nicht so, als hätte man das Bordelais verlassen. Die Böden sind ähnlich, sie tendieren zu sandigem Ton mit gelegentlichen Kalksteinausstrichen. Sonnenscheindauer und Temperaturen sind ebenfalls ähnlich, während die Niederschläge geringer ausfallen. Die meisten trockenen Rot- und Weißweine kommen als Bergerac oder Côtes de Bergerac auf den Markt. Am Westrand des Bereichs, nördlich der

AC- UND VDQS-GEBIETE

- Bergerac, Côtes de Bergerac
- Unterbereiche von Bergerac
  1. Côtes de Montravel
  2. Haut-Montravel
  3. Montravel
  4. Saussignac
  5. Monbazillac
  6. Pécharmant
  7. Rosette
- Côtes de Duras
- Côtes du Marmandais
- Cahors
- Coteaux du Quercy
- Vins d'Entraygues et du Fel VDQS
- Vins d'Estaing VDQS
- Marcillac
- Gaillac, Gaillac Premières Côtes
- Côtes du Frontonnais
- Vins de Lavilledieu VDQS
- Côtes du Brulhois VDQS
- Buzet
- Côtes de St-Mont VDQS
- Madiran, Pacherenc du Vic-Bilh
- Jurançon
- Tursan VDQS
- Béarn
- Béarn-Bellocq
- Irouléguy
- ÜBER 500 M Ü. D. M.
- ÜBER 1000 M Ü. D. M.

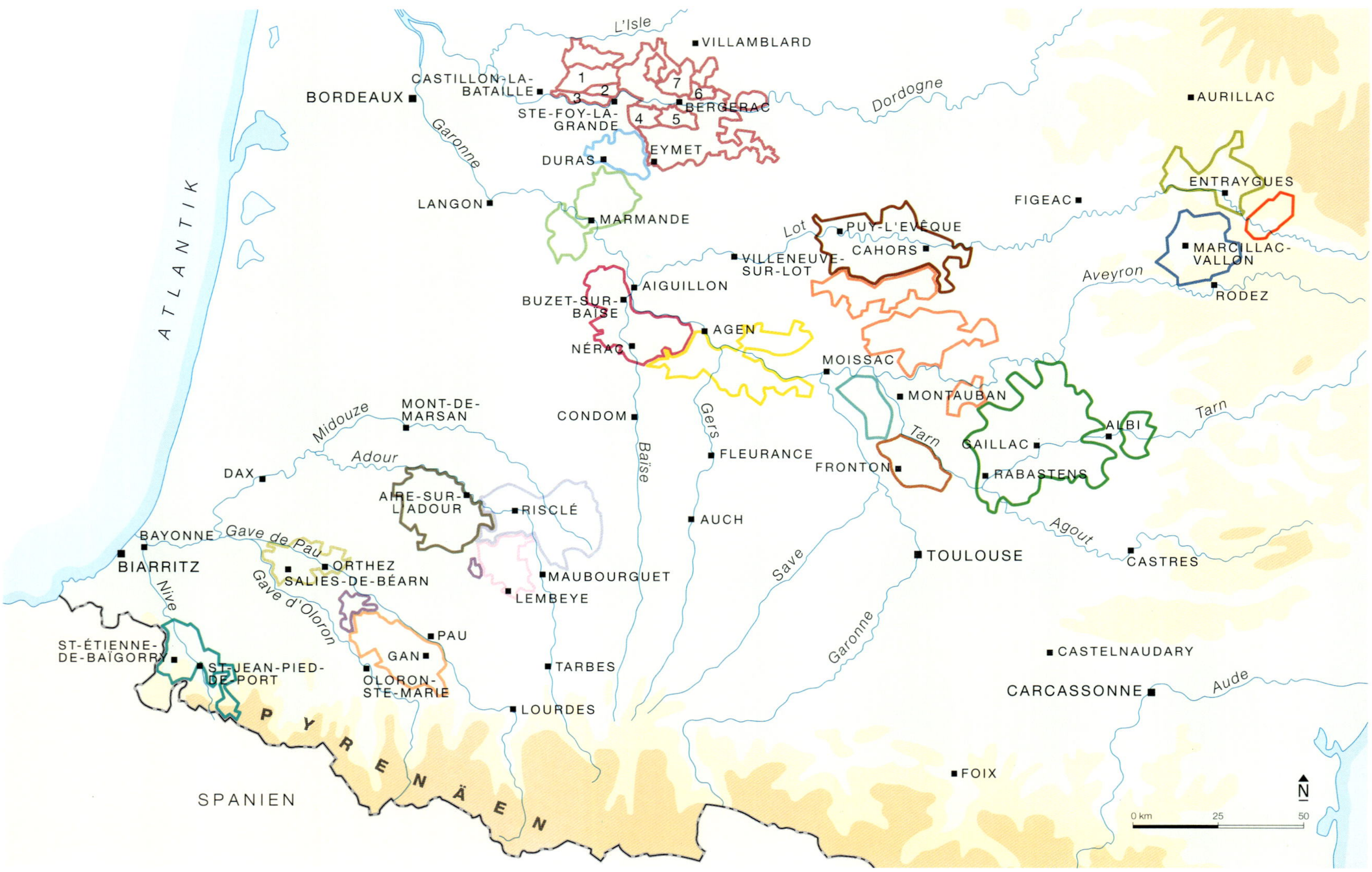

Dordogne, dürfen sich die trockenen Weißweine Montravel nennen, die halb- bzw. recht süßen Weine als Côtes de Montravel bzw. Haut-Montravel. Südöstlich von Ste-Foy-la-Grande können sich Dessertweine Saussignac nennen, tragen jedoch meist die Bezeichnung Côtes de Bergerac Moelleux. Die Weine der Appellation Bergerac selbst, die in 79 Gemeinden entlang der Dordogne erzeugt werden, lassen sich praktisch kaum von ihren Gegenstücken aus dem Bordelais unterscheiden.

Zwei Unterregionen innerhalb des Bergerac, die den Rest übertreffen und meist ihre eigenen Namen verwenden, sind Pécharmant nordöstlich der Stadt Bergerac und Monbazillac im Süden. Die Rebflächen von Pécharmant befinden sich auf einem Plateau, das vorwiegend nach Süden geneigt ist und über einem undurchdringlichen Untergrund aus Ortstein eine Schicht aus kalk- und kieshaltigen Tonböden besitzt. Die hier erzeugten Rotweine sind normalerweise die besten Bergeracs, tief und dunkel, dabei voller Frucht und gut alterungsfähig. Die Anbauflächen von Monbazillac sind häufig nach Norden ausgerichtet, profitieren aber von den Nebeln, die vom Fluss aufsteigen und die Edelfäule und damit die Erzeugung von weißem Dessertwein fördern. Der Monbazillac ist normalerweise nur leicht süß; mehr und mehr Winzer gehen jedoch das Risiko ein, die Trauben ausreichend reifen zu lassen und echten Süßwein herzustellen.

GARONNE UND TARN

An den Bereich Bergerac schließen sich die Appellation Côtes de Duras und dahinter, auf beiden Seiten der Garonne, die Côtes du Marmandais an. Diese Weine sind im Grund von der Art des Bordeaux; im Marmandais gibt die Sorte Abouriou, zusammen mit Fer Servadou, Gamay und Syrah, eine besondere Note. Auch Buzet, das südlich der Garonne und teilweise auf dem Gebiet der Weinbrandregion Armagnac liegt, verwendet die Rebsorten des Bordelais mit gutem Erfolg.

Nördlich von Toulouse, zwischen Tarn und Garonne, treffen wir auf ein Gebiet, das tatsächlich nicht mehr unter dem Einfluss des Bordelais steht: die Côtes du Frontonnais mit ihrer wunderbaren Negrette-Rebe. Diese liebt die heiße Witterung von Toulouse und die tiefgründigen Kiesbänke und bringt einen saftigen Rotwein mit weichem Kern, samtiger Struktur und der dunklen Süße von Lakritz und Himbeeren hervor. Negrette wird häufig mit Cabernet Franc und Syrah verschnitten, doch sollte der Negrette-Anteil so hoch sein wie möglich.

Weiter Tarn-aufwärts liegt der große Bereich Gaillac, der von riesigen Genossenschaftskellereien dominiert wird und ein enormes Potenzial besitzt. Sechs weiße Rebsorten werden für eine breite Palette von Weinen verwendet, von trocken bis süß, vom Stillwein über Perlwein bis zum richtigen Schaumwein. Aus acht verschiedenen roten Sorten werden Weine gekeltert, die meistens am besten sind, solange sie noch pfeffrig und jung sind, doch bisweilen so ausgebaut werden, dass sie überzeugend altern können.

LOT

Achtzig Kilometer nordwestlich von Gaillac liegt Cahors, das sich auf einen einzelnen Wein konzentriert, einen faszinierenden Rotwein mit einem Bukett aus Tabak, grünen Äpfeln und reifen Pflaumen, der hauptsächlich aus der Malbec-Rebe – hier auch Cot oder Auxerrois genannt – hergestellt wird. Berühmt für »schwarzen Wein«, der während der englischen Vorherrschaft in Aquitanien – und noch eine ganze Weile danach – sehr begehrt war für den Verschnitt mit blassen roten Bordeaux-Weinen, wurde die Region im neunzehnten Jahrhundert von der Reblaus heimgesucht, und erst in den Siebzigerjahren des zwanzigsten Jahrhunderts entdeckte eine Gruppe engagierter örtlicher Winzer, zusammen mit einer guten Genossenschaftskellerei, deren frühere Vorzüge. Heute bringt das Cahors auf Weinbergen, die auf dem hohen, steinigen Kalksteinplateau (den »causses«) und den Schwemmterrassen aus Sand und Kies weiter unten im Lot-Tal angelegt sind, in einem Klima zwischen atlantischem und mediterranem Einfluss und vielen Mesoklimaten, die der Lot mit seinen zahllosen Mäandern bildet, einige der eigenständigsten Weine im Südwesten hervor.

Weiter den Lot flussaufwärts sind drei obskure Weingebiete zu finden. Das bekannteste ist Marcillac mit seinen starken, trockenen Roten, die hauptsächlich aus der Fer Servadou gemacht werden.

AM FUSS DER PYRENÄEN

Auf der Reise von der Garonne nach Süden, nach Armagnac und weiter in die Vorberge der Pyrenäen, stoßen wir auf Madiran. Der Weinbau in diesem Gebiet lag nach dem Zweiten Weltkrieg praktisch darnieder, doch inzwischen gibt es wieder etwa 1300 Hektar Rebflächen. Die Hauptsorte hier ist die Tannat-Rebe, deren straffe, ja schroffe Weine eine ganze Weile brauchen, bis sie ihre Balance finden, und vielen gelingt das gar nicht. Moderne Vinifikationsmethoden und neue Eichenfässer glätten jedoch heute die harten Kanten ein wenig. Daneben wird etwas Weißwein der Appellation Pacherenc du Vic-Bilh erzeugt, aus einem Verschnitt von vier Rebsorten des Südwestens mit dem Schwergewicht auf der nach Feuerstein und Pfirsich duftenden Ruffiac-Rebe. Unmittelbar nördlich von Madiran verwenden die Côtes de St-Mont dieselben Rebsorten für die Herstellung attraktiver, lebendiger Rot- und gefälliger Weißweine. Der Wein aus dem Bereich Tursan VDQS ähnelt dem der Côtes de St-Mont.

Weiter in den Pyrenäen liegen Béarn, ein wenig begeisterndes Anbaugebiet, und Jurançon, das aus den Sorten Petit Manseng, Gros Manseng und Petit Courbu meist trockene Weißweine macht. Die geschützten Kleinklimate in den Tälern lassen die Trauben in der Sonne kochen. Die Trauben der ertragsarmen Sorte Petit Manseng schrumpfen häufig an den Rebstöcken, ihr konzentrierter Saft bringt üppigen süßen Wein hervor, der voller Honig- und Mandelaroma, Zimt- und Ingwerduft, mit einer säuerlichen Spur Zitrone aber immer erfrischend ist.

An der spanischen Grenze trifft man auf die winzige Appellation Irouléguy, deren eigenartiger Rotwein eine letzte trotzige Blüte der französischen Tradition darstellt, bevor – auf der anderen Seite der schneebedeckten Gipfel – die ganz andere Welt der Iberischen Halbinsel beginnt.

Die Weinberge des Jurançon in den Vorbergen der Pyrenäen liefern einige der individuellsten Weine Frankreichs, darunter die süßen Weine aus Petit Manseng.

ROTE REBSORTEN
Die Hauptrebsorten sind die Bordeaux-Sorten Cabernet Sauvignon und Cabernet Franc, Merlot und Malbec, außerdem regionale Spezialitäten wie Tannat und Negrette.

WEISSE REBSORTEN
Im Norden dominieren Sémillon und Sauvignon Blanc, im Süden Petit Manseng, Gros Manseng und andere regionale Sorten.

KLIMA
Das Klima ähnelt dem des Bordelais mit starken atlantischen Einflüssen, jedoch mit etwas höheren Temperaturen und geringeren Niederschlägen, besonders im Süden und Osten.

BODEN
Die große Vielfalt von Böden umfasst Sandstein und Mergelkalk in den Gebieten Bergerac und Tarn, Kimmeridge-Kalke in Cahors, Schwemmsand- und Kiesböden im Südwesten.

TOPOGRAFIE
Die Abschirmung gegen atlantische Windböen kann hier wichtig sein, daher werden südlich, östlich und südöstlich ausgerichtete Lagen bevorzugt.

Vin de Pays

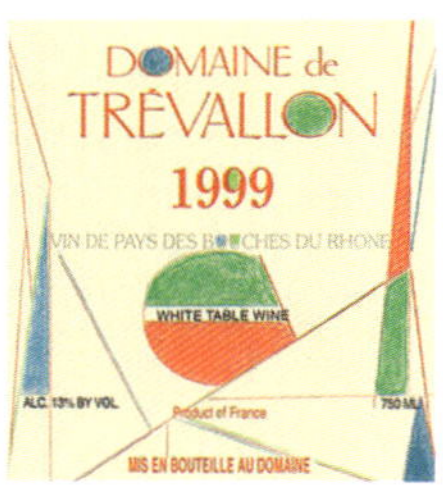

Heute kann man sich nur noch schwer vorstellen, von welch schlechter Qualität viele französische Weine noch in den 1970er Jahren waren. In den meisten Teilen Frankreichs war der Wein nichts Besonderes, man trank ihn einfach zum Essen, zum Mittagessen, zum Abendessen und in vielen ländlichen und industriell geprägten Gegenden sogar zum Frühstück oder auf dem Weg zur Arbeit. Und er hatte fast nie einen Namen, es sei denn einen fantasievollen Markennamen, den sich jemand in einer Weinhandlung ausdachte, der nicht wusste, woher der Wein kam oder aus welchen Rebsorten er gekeltert war. »Pinard« nannten ihn die Franzosen oder »onze degrés« oder »gros rouge«. »Pinard« lässt sich nicht mit anständigen Worten übersetzen, »onze degrés« bedeutet einfach »elf Prozent«, seinen Alkoholgehalt, und »gros rouge« bedeutet »großer oder grober Roter«, was nicht als Kompliment gedacht war.

Ganz Frankreich leistete seinen Beitrag zu diesem charakterlosen Weinsee, doch die weitaus bedeutendste Gegend war der Midi, die aus den Départements Gard, Hérault, Aude und Pyrénées-Orientales bestehende Region Languedoc-Roussillon. Diese Region hatte seit der industriellen Revolution der 1820er Jahre eine millionenstarke Arbeiterschaft versorgt, die durstig und unkritisch war. Im Jahr 1956 fiel der jährliche Weinverbrauch zum ersten Mal; 1968 hatte er 150 Liter pro Kopf, im Jahr 1983 dann 112 Liter erreicht. 1999 wurden in Frankreich nur noch 58 Liter Wein pro Kopf konsumiert.

Diese Zahlen bedeuten eine große Krise für die französischen Weinhersteller. Doch während beinahe alle französischen Weingebiete traditionelle Vorschriften zur Kontrollierten Herkunftsbezeichnung hatten und es sich leisten konnten, schlechte Rebflächen brachliegen zu lassen oder für andere Feldfrüchte zu nutzen, war der Süden praktisch eine Wein-Monokultur. Fast alle Weine, die zu haben waren, waren Rotweine, während die neue Generation von Weintrinkern Weißwein verlangte. Appellations Contrôlées waren im Süden der 1960er Jahre so selten wie Schneeflocken im Juli.

Während der ganzen Sechzigerjahre wurde immer klarer, dass der anhaltende Rückgang des französischen Weinverbrauchs eine größere politische und wirtschaftliche Katastrophe für den Süden in sich barg. Doch wenn man den Weinen eine neue geografische Individualität geben könnte, wenn man ein Regelwerk aufstellen konnte, das liberal genug wäre, um Weinerzeugern ohne jede Erfahrung mit Qualität Mut zu machen, doch auch wieder streng genug, um den Wein wirklich zu verbessern, dann könnte eine Katastrophe aufgehalten werden.

Mit Erlassen in den Jahren 1964 und 1968, doch besonders mit detaillierteren Vorschriften in den Jahren 1973 und 1979 wurde ein Rahmenwerk für Vin de Pays geschaffen, das geeignet war, diese Ziele zu ermöglichen. »Vin de Pays« bedeutet »Landwein« – ein hübscher Name, der einen bestimmten lokalen Charakter suggeriert –, also genau die richtige Wahl.

Es gibt drei Arten von Landwein. Wenn sich mehrere Départements unter einem Namen zusammenschließen, handelt es sich um regionalen Landwein. Es gibt fünf regionale Appellationen, von denen die bedeutendste der Vin de Pays d'Oc des Languedoc-Roussillon ist. Dann gibt es 51 Vins de Pays, die jeweils ein ganzes Département einbeziehen, und 92 Vins de Pays de Zone, die für genauer definierte Regionen innerhalb eines Départements gelten. Das ergibt insgesamt 148 verschiedene Landweine, 63 davon in den vier Départements des Languedoc-Roussillon.

In Regionen, wo es auch Appellations Contrôlées gibt, sind die zulässigen Erträge höher und der Mindestalkoholgehalt niedriger als bei Contrôlée-Weinen. Doch die Anforderungen an Landweine sind viel höher als die an den schlichten Tafelwein. Die Erträge liegen zwischen 80 und 90 Hektolitern pro Hektar, und der Mindestalkoholgehalt liegt normalerweise bei 10 %, während ein Erzeuger von Tafelwein 200 Hektoliter pro Hektar ernten darf und 8,5 % Alkoholgehalt erzielen muss. Auch spielt die Wahl der Rebsorten eine entscheidende Rolle. Die einfachen Tafelwein-Sorten sind zum Beispiel Aramon, Alicante Bouschet und Carignan. Von diesen ist nur Carignan für Landwein zugelassen, während eine ganze Reihe guter Rebsorten, die für die lokalen Appellations Contrôlées nicht zugelassen sind, für Vin de Pays erlaubt sind.

Im Süden bedeutete dies die Einführung von Rebsorten wie Cabernet, Merlot, Pinot Noir, Chardonnay, Sauvignon Blanc und Viognier. Damit konnten die Erzeuger vom gegenwärtigen Trend profitieren, auf dem Etikett die Rebsorte des Weins zu nennen, eine Praxis, die die Behörden der Appellation Contrôlée verhindern wollen, die aber vom Vin de Pays d'Oc mit großem internationalem Erfolg eingesetzt wird. Man kann dies als Frankreichs Retourkutsche an die Neue Welt betrachten, und es sind genau diese Weine, die das Interesse und die Investitionen der Neuen Welt auf sich ziehen.

Es gibt immer noch schlechte Vins de Pays, genauso wie es schlechte Appellations Contrôlées gibt, doch wenn man bedenkt, dass die meisten Weingüter, die Vin de Pays erzeugen, früher nur Vin de Table produzieren durften, ist dies ein großer Erfolg. Die Weinbau- und die Kellertechniken wurden in ungeahnter Weise verbessert: temperaturgesteuerte Gärung, neue Eichenfässer für den Ausbau, klimatisierte Lagerkeller – das alles kannte man vor zwanzig, ja zehn Jahren im Midi noch nicht.

Eine weitere Errungenschaft der Vins de Pays lag in der Ermutigung innovativer Erzeuger in Regionen wie dem Loire-Tal, wo die örtlichen Appellationen unflexibel waren und Weine vorschrieben, die sich einfach nicht gut verkauften, ebenso im Süden Frankreichs. Viele Erzeuger empfinden die Appellations Contrôlées als zu restriktiv und wählen die Vin-de-Pays-Kriterien für ihre Rebflächen, auch wenn sie innerhalb einer Appellation liegen. Häufig erzielen sie für die von ihnen hergestellten Vins de Pays höhere Preise als der örtliche Appellationswein. Oder es gibt engagierte Weinmacher wie Aimé Guibert von Mas de Daumas Gassac, der klassische Weine erzeugt, wo vorher nichts existierte, und in Qualität und Preis Maßstäbe setzt, denen viele Nachbarn nacheifern.

Der Australier James Herrick löste im Süden Frankreichs ein Erdbeben aus, als er in der Nähe von Narbonne Chardonnay anpflanzte. Man wusste dort nicht, was Chardonnay ist. Heute sind diese Vins de Pays, die die Rebsorte auf dem Etikett nennen, ein wichtiger Teil der modernen französischen Weinszene.

VINS DE PAYS REGIONALE BEZEICHNUNGEN

- Vin de Pays du Jardin de la France
- Vin de Pays du Comté Tolosan
- Vin de Pays d'Oc
- Vin de Pays des Comtés Rhodaniens
- Portes de Méditerranée

DEPARTEMENTALE BEZEICHNUNGEN

GEBIETSBEZEICHNUNGEN

1. Coteaux du Cher et de l'Arnon
2. Coteaux Charitois
3. Bourbonnais
4. Coteaux de Tannay
5. Coteaux de l'Auxois
6. Sainte Marie la Blanche
7. Coteaux de Coiffy
8. Franche-Comté
9. Urfé
10. Allobrogie
11. Balmes Dauphinoises
12. Coteaux du Grésivaudan
13. Collines Rhodaniennes
14. Coteaux de l'Ardèche
15. Comté de Grignan
16. Principauté d'Orange
17. Coteaux des Baronnies
18. Petite Crau
19. Aigues
20. Coteaux du Verdon
21. Argens
22. Maures
23. Mont Caume
24. Île de Beauté
25. Côtes du Tarn
26. Coteaux et Terrasses de Montauban
27. St-Sardos
28. Côtes de Montestruc
29. Côtes de Gascogne
30. Bigorre
31. Terroirs Landais
32. Côtes du Condomois
33. Agenais
34. Thézac-Perricard
35. Coteaux de Glanes
36. Périgord
37. Charentais

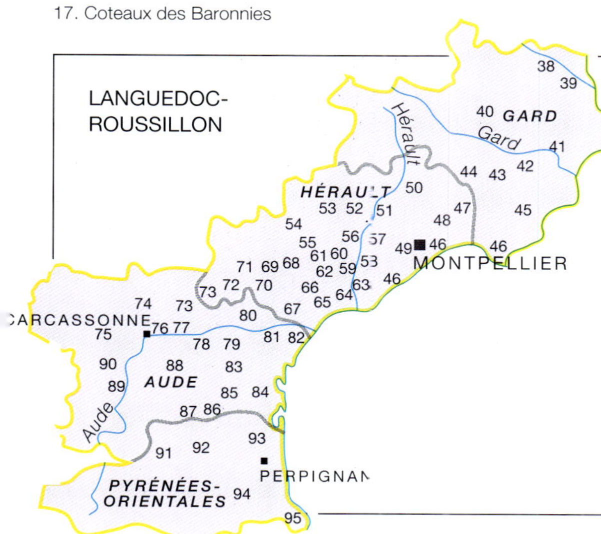

38. Coteaux de Cèze
39. Duché d'Uzès
40. Cévennes
41. Coteaux du Pont-du-Gard
42. Vistrenque
43. Vaunage
44. Côtes du Vidourle
45. Coteaux Flaviens
46. Sables-du-Golfe-du-Lion
47. Bénovie
48. Bérange
49. Collines de la Moure
50. Val de Montferrand
51. Gorges de l'Hérault
52. Mont Baudile
53. Coteaux de Salagou
54. Haute-Vallée de l'Orb
55. Coteaux de Laurens
56. Côtes du Céressou
57. Vicomté d'Aumelas
58. Coteaux de Bessilles
59. Pézenas
60. Caux
61. Cassan
62. Côtes de Thongue
63. Côtes de Thau
64. Bessan
65. Ardhaihou
66. Coteaux du Libron
67. Coteaux d'Ensérune
68. Coteaux de Murviel
69. Cessenon
70. Coteaux de Fontcaude
71. Monts de la Grage
72. Côtes de Brian
73. Coteaux de Peyriac
74. Côtes de Lastours
75. Côtes de Prouille
76. Cité de Carcassonne
77. Hauts de Badens
78. Coteaux de Miramont
79. Hauterive en Pays d'Aude
80. Val de Cesse
81. Coteaux de Narbonne
82. Côtes de Pérignan
83. Coteaux de la Cabrerisse
84. Coteaux du Littoral Audois
85. Vallée du Paradis
86. Torgan
87. Cucugnan
88. Val de Dagne
89. Haute-Vallée de l'Aude
90. Cathare
91. Coteaux de Fenouillèdes
92. Vals d'Agly
93. Côtes Catalanes
94. Catalan
95. Côte Vermeille

DEUTSCHLAND

Weinbau in Deutschland: ein Amphitheater golden gefärbter Rebstöcke, ein ruhiger Fluss und ein kleiner Ort, der sich an sein Ufer zwängt. Diese Weinberge gehören zur großartigen Lage Goldtröpfchen bei Piesport an der Mosel. Und Sonnenuhren zeigen in einigen Spitzenlagen der Mosel die Zeit an.

Wenn es je ein Land gegeben hat, dessen Weinschätze liebevoll gehegt werden müssen, dessen Erfolg jedes Jahr klimatisch auf Messers Schneide steht, dann ist das Deutschland. In kaum einem anderen Land müssen die Weinbauern ähnlich viel riskieren wie in Deutschland, um die brillanten Weine zu erzeugen, mit denen sie ihren Ruf begründet haben. Es gibt kein Land, in dem die Rebenstandorte hinsichtlich Sonnenexposition, Wind, Frostgefahr und Regen so sorgfältig ausgewählt werden müssen wie hier. Und in keinem anderen Land werden berühmteste Namen in so schändlicher Weise für Erzeugnisse benützt, die diese Namen in keiner Weise für sich in Anspruch nehmen dürften.

Die nördlichen deutschen Weinbaugebiete – insbesondere Mosel-Saar-Ruwer – liegen an der nördlichen Grenze des Weinbaus; es ist gerade noch möglich, klassische Rebsorten hier zur Reife zu bringen. Doch das Besondere an der Riesling-Traube – dem Juwel unter den deutschen Rebsorten – ist, dass sie, wenn sie in einem langen, nicht zu heißen Sommer und in einem milden Herbst reifen kann, eine subtile Harmonie zwischen Fruchtsäure und Fruchtzucker erzielt, die in der Welt einmalig ist – selbst bei sehr niedrigem Alkohol- und außergewöhnlich hohem Säuregehalt. Wenn dann noch ein wenig Edelfäule hinzukommt, ist das Ergebnis noch bemerkenswerter.

Dies ist jedoch nur in besonderen Lagen möglich, die eigentlich mit derselben Sorgfalt abgegrenzt und geschützt werden sollten, wie dies im übrigen Europa schon bei viel unbedeutenderen Lagen der Fall ist. Doch noch 1971 – als das gegenwärtige Weinrecht in Kraft trat – wurde diese Methode in Deutschland offiziell als elitär missbilligt, während das Ansehen Deutschlands in der Welt durch den verfehlten Versuch, mit großen Mengen harmloser, billiger Weine Popularität zu erlangen, ruiniert wurde. Auf dem Etikett ist zum Beispiel kein Unterschied zu erkennen zwischen dem Piesporter Goldtröpfchen – einer der großen Einzellagen in Europa – und dem Piesporter Michelsberg, einer Großlage, die Weine aus zahlreichen minderen Weinbaugemeinden umfasst.

Doch es gibt Grund zur Hoffnung. Die besten Lagen des Rheingaus sind heute offiziell als Erstes Gewächs klassifiziert. Andere Bereiche entwickeln inoffizielle Klassifikationen, in der Hoffnung, dass sie ebenfalls kodifiziert werden. Eine der bemerkenswerten Veränderungen der letzten Jahre ist die zunehmende Beachtung des Terroirs, die den Spitzenwinzern jedoch längst geläufig war. Eine andere ist die wachsende Produktion von Rotwein: Waren 1991 noch 12 % der deutschen Weinberge mit roten Sorten bestockt, waren es 2001 schon 24 %. Zwar finden die Rotweine bisher noch kaum internationale Aufmerksamkeit, doch macht eine kleine Zahl von Erzeugern aufregenden Spätburgunder (Pinot Noir).

Die Weinbaugebiete Deutschlands

Es mutet schon seltsam an, Namen auf einer Landkarte oder auf den Wegweisern zu entdecken, die man sonst von den Weinetiketten her kennt; bei allen Weinliebhabern kommen da romantische Gefühle auf. Und es lohnt sich auch in Deutschland, diese Plätze einmal selbst aufzusuchen. Eine Reise durch die Weingegenden ist für das Verständnis der Eigenart des deutschen Weins vielleicht ebenso wichtig, wie man einmal durch Burgund streifen sollte, um zu erfahren, warum der Wein aus einem Ort ganz anders schmecken kann als der aus dem Nachbarort. In Deutschland ist dieses Phänomen vielleicht noch häufiger zu beobachten, da in diesen Breiten ein sehr kühles Klima herrscht und man hier an die nördliche Grenze des Weinbaus überhaupt stößt. Die Weinerzeugung ist hier nur möglich, wenn die vier Grundbedingungen Lage, Klima, Boden und Rebe optimal zusammenwirken. Und von diesen Kriterien ist die Lage am wichtigsten.

Die Weinbaugebiete sind zum großen Teil in der südlichen Hälfte des Landes zu finden. Die besten Weine werden häufig da angebaut, wo keine andere landwirtschaftliche Nutzung möglich ist: an Hängen, die für Viehweiden zu steil sind, oder auf Böden, die für den Anbau von Getreide zu karg sind. Für Rebstöcke hingegen sind Steilhänge vorteilhaft. Sie bieten Schutz vor dem Wind, besonders wenn sie nach oben hin von Wäldern abgeschirmt sind oder vor einem Bergzug liegen. Hier ist auch die Sonneneinstrahlung stärker: Auf flachen Arealen fallen – jedenfalls im Prinzip – die Sonnenstrahlen schräg ein, während sie auf stark geneigten Hängen mehr oder weniger senkrecht auftreffen. Das bedeutet weniger Schatten und mehr Wärme.

Die Flüsse sind für den Weinbau in Deutschland von entscheidender Bedeutung. Fast alle großen Weinbaugebiete liegen an den großen Strömen Deutschlands und ihren Nebenflüssen. Der Weinbau folgt dem Lauf von Mosel und Rhein, Main und Neckar und (in geringerem Umfang) von Elbe, Saale und Unstrut. Flusstäler bieten günstige Bedingungen, weil Wasser extreme Temperaturen in der Umgebung mildert. Es gibt im Winter Wärme und in heißen, trockenen Sommern Feuchtigkeit ab. Zudem reflektiert die Wasseroberfläche Wärme und Licht an die Ufer, was sich besonders vorteilhaft bei steilen Abhängen auswirkt.

Die meisten Weingebiete liegen – wie schon bemerkt – im Süden Deutschlands. Neben den klimatischen Unterschieden zwischen dem Norden und dem Süden sind jedoch auch ostwestliche Unterschiede zu verzeichnen. Je weiter man nach Osten kommt, desto kontinentaler wird das Klima. Das gilt für Sachsen, Saale-Unstrut, Württemberg und Franken; hier ist die Gefahr von Früh- und Spätfrösten größer.

Wer von Bonn nach Basel reist, dem werden wohl keine großen klimatischen Unterschiede auffallen; die Entfernung ist ja auch nicht besonders groß. Doch in Deutschland, wo der Weinanbau an seine Grenzen stößt, zählt jedes halbe Grad. In der Pfalz, die als relativ warme Region gilt, beträgt die durchschnittliche Jahrestemperatur 10,1 °C, während sie an der Mosel, die als ausgesprochen kühl gilt, bei 9,8 °C liegt. Dieser Unterschied mag meist gering erscheinen, doch die Pfalz hat in der Vegetationszeit 138 Sonnenstunden mehr und erzeugt Weine, die kräftig und üppig sind, während die Weine der Mosel für ihren schlanken, feinen Charakter bekannt sind.

Die Böden in Deutschland sind sehr unterschiedlich. Einige Gebiete sind berühmt für ihre Böden, die dem Wein seinen ganz besonderen Charakter verleihen – Moselschiefer zum Beispiel –, doch werden die Reben auch auf Kalkstein, Sandstein, Mergel, Löß und vielen anderen Bodenarten angebaut. Die Talsohlen verfügen über fruchtbarere Schwemmböden und bringen kräftigere Weine hervor, während die Hänge mit ihren mageren Böden elegantere Weine liefern. Auf all diesen Böden gedeiht die Riesling-Traube, die den Ruhm des deutschen Weins begründet hat. Zwar gibt es auch andere Weine, die erstklassig sein können – Silvaner, Scheurebe, die verschiedenen Pinots –, doch der Riesling hat eine geheimnisvolle Gabe, alle Vorteile zu nützen, die deutsche Weingärten bieten. Er gedeiht auf vielen Böden und gibt ihren Charakter deutlich wieder. Die Traube kommt spät zur Reife und kann ihre komplexen Aromen an einem Südhang in einem langen, warmen Herbst bis in den Oktober hinein entfalten. Die Rebe ist kälteresistent und kann – was noch erstaunlicher ist – mit noch nicht ganz ausgereiften oder aber überreifen, braunen und eingeschrumpften Beeren gute Weine liefern.

Dieser Wein kommt von der Lage Erdener Prälat, einem der großen traditionsreichen Weinberge der Mosel.

DAS DEUTSCHE KLASSIFIKATIONSSYSTEM

Das deutsche Weingesetz erfasst die Herkunft eines Weins sowie die Reife und den Zuckergehalt seiner Trauben; es legt jedoch keine Rangfolge unter den Rebflächen fest. Es geht davon aus, dass es in einem kühlen Klima vor allem auf die Reife der Trauben ankommt. Die Qualitätskategorien basieren auf dem Zuckeranteil im Traubensaft oder -most, der in Öchslegraden gemessen wird, eine Methode, die das spezifische Gewicht von Most mit dem von Wasser vergleicht. Für jede Qualitätskategorie ist ein Mindest-Öchslegrad vorgeschrieben, der von Gebiet zu Gebiet verschieden sein kann.

QUALITÄTSKATEGORIEN

Deutscher Tafelwein Tafelwein aus den vier Hauptanbaugebieten.

Landwein Dem französischen »Vin de Pays« vergleichbar, hat sich jedoch nicht so durchgesetzt wie dieser. Es gibt 17 Anbaugebiete.

Qualitätswein bestimmter Anbaugebiete (QbA) Qualitätswein aus bestimmten Gebieten. Bei diesen Weinen ist es erlaubt, dem Saft Zucker zuzusetzen. Die Weine sind normalerweise recht alltäglich. Allerdings deklarieren einige Erzeuger ihre Weine als QbA, um in puncto Zuckergehalt, Reifung im Eichenfass etc. größere Freiheit zu haben.

Qualitätswein garantierten Ursprungs (QgU) Für diese neue Kategorie werden gegenüber dem QbA engere Vorschriften und besondere sensorische und analytische Anforderungen festgelegt. Die Bezeichnung gilt für ein bestimmtes Herkunftsgebiet (Bereich, Lage, Gemeinde, Ortsteil).

Qualitätswein mit Prädikat (QmP) Qualitätswein mit besonderen Eigenschaften. Er wird nach Reifegraden in fünf Kategorien eingeteilt. ***Kabinett*** Hergestellt aus reifen Trauben. Die meisten Kabinett-Weine sind leicht und enthalten oft nur 7 % Alkohol. ***Spätlese*** Aus spät geernteten Trauben. ***Auslese*** Aus selektierten spät geernteten Trauben. Einige Auslesen werden aus edelfaulen Trauben hergestellt und sind dementsprechend süß. ***Beerenauslese*** Aus ausgesuchten Beeren hergestellt, die von Edelfäule befallen sind. Der Wein ist sehr süß. ***Trockenbeerenauslese*** Hergestellt aus einzeln ausgelesenen Beeren, die überreif und eingeschrumpft sind. Diese Weine sind intensiv süß und sehr rar. ***Eiswein*** Eine Variante der Auslese; gesunde Trauben werden in gefrorenem Zustand gelesen und gepresst.

GEOGRAFISCHE DEFINITIONEN

Anbaugebiet Ein Anbaugebiet wie Pfalz oder Mosel-Saar-Ruwer.

Bereich Die nächstkleinere geografische Einheit. Manchmal bezieht sich ein Bereich auf einen bestimmten Landstrich, manchmal auf politisch definierte Gebiete. Ein Bereichswein ist meist nichts Besonderes.

Großlage Eine Gruppe von Einzellagen. Großlagen können sich über weite Flächen mittelmäßiger Böden erstrecken und leiten ihren Namen häufig aus ihrer berühmtesten Einzellage ab. Es ist unmöglich, nur aufgrund des Etiketts zu beurteilen, ob der Name eine Einzellage oder eine Großlage angibt.

Einzellage Eine einzelne Rebparzelle. Die meisten sind mindestens 2,2 Hektar groß, und viele wurden dem Weingesetz 1971 folgend vergrößert, um die darin festgelegte Mindestgröße zu erreichen. Die meisten – jedoch nicht alle – der besten Weine stammen von einer Einzellage.

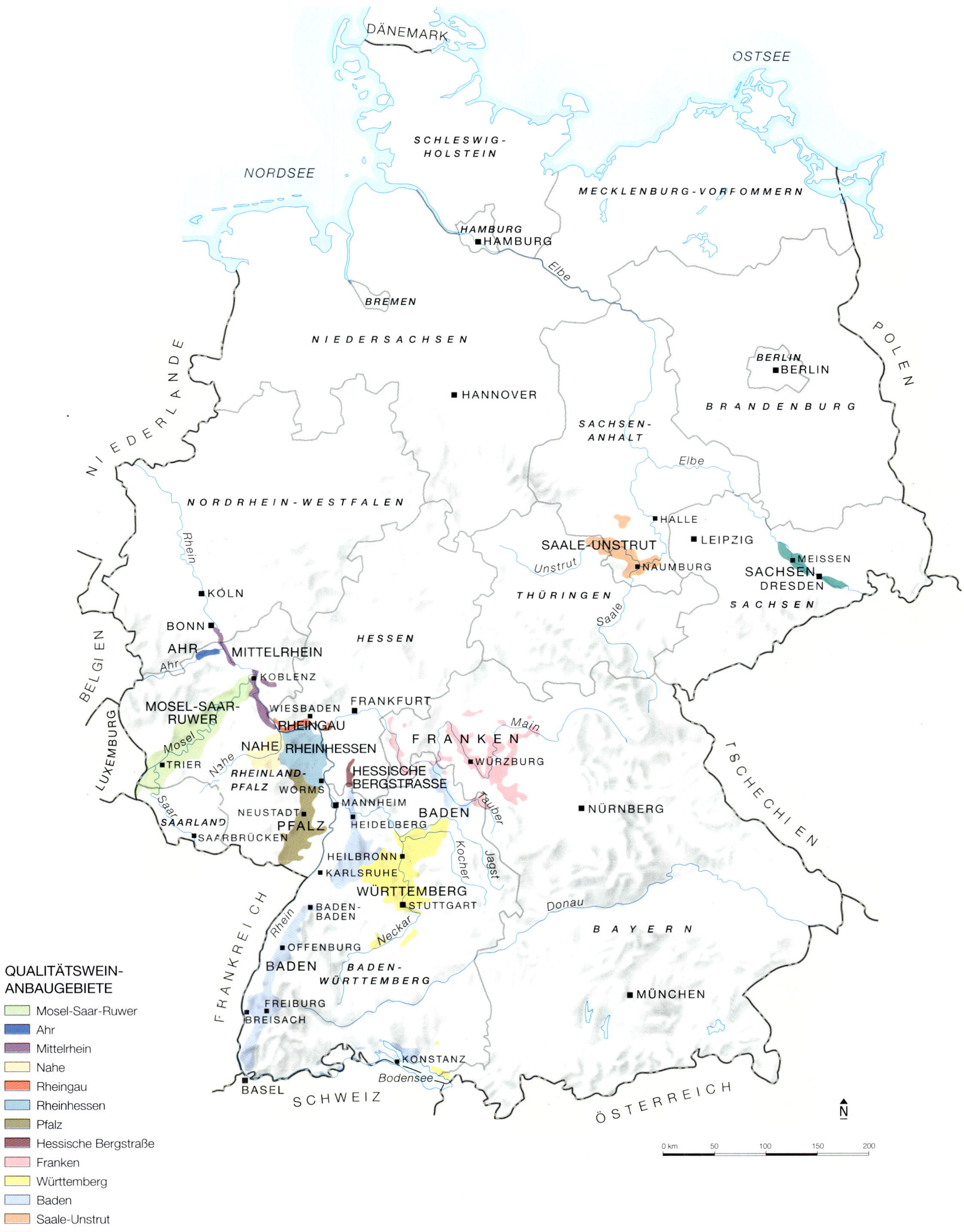

PANORAMAKARTEN DEUTSCHLAND

Mosel-Saar-Ruwer S. 114/115
Mittelmosel S. 116
Saar-Ruwer S. 118/119
Rheintal S. 121
Rheingau S. 124/125
Nahe S. 126/127
Rheinhessen S. 129
Pfalz S. 130
Franken S. 132/133
Baden S. 137

WEITERE KARTEN

Ahr und Mittelrhein S. 122
Franken S. 134
Baden und Württemberg S. 135

Mosel-Saar-Ruwer

ROTE REBSORTEN
In geringer Menge wird Spätburgunder angebaut.

WEISSE REBSORTEN
Alle großen Moselweine sind Riesling. Die zweite wichtige Rebsorte ist Müller-Thurgau.

KLIMA
Das Moselgebiet ist feucht und kühl, es gibt aber schützende Höhenzüge, und Stauwehre verbessern die kleinklimatischen Verhältnisse. Saar und Ruwer haben ein noch kühleres Klima.

BODEN
Es dominieren verschiedene Schiefertypen, abgesehen von der Obermosel, wo Kalkstein vorherrscht.

TOPOGRAFIE
Die Mosel hat viele Weinberge mit südlicher, südöstlicher und südwestlicher Ausrichtung. Die Saar fließt nach Norden und bietet weniger ideale Lagen; die Rebflächen an der Ruwer sind meist nach Westsüdwest gerichtet. Die Reben wachsen in 100 bis 350 m Höhe über dem Meer.

Sie kennen sicher diese Stimmung. Sie schauen morgens aus dem Fenster: klarer blauer Himmel; die Bäume leuchten in intensivem Grün; und der Fluss, der unterhalb der Stadt vorbeifließt, glänzt in der Sonne. Es ist wie ein Sommertag – doch es ist kühl, ja kalt: ein Tag im Mai an der Mosel. Eine Jacke oder ein dicker Pullover scheint angezeigt für den Ausflug in die Weinberge.

Doch wenn Sie die Stadt verlassen und den Fluss überquert haben, kann man die Jacke fast schon wieder ablegen. Der Fuß der Weinberge, die niedrigsten Hänge liegen in der blendend hellen Morgensonne, und der Fluss reflektiert noch mehr Licht auf die Reben. Inzwischen ist es etwas wärmer, und Sie werfen einen Blick zurück auf die Stadt, die immer noch im Schatten liegt. Die Reben um Sie herum scheinen das Sonnenlicht gierig aufzusaugen, während Sie den unglaublich steilen Hang hinaufkraxeln (haben die Winzer andere Gehwerkzeuge?). Jede Rebe ist an einem 2,5 m langen Pfahl angebunden, ihre Zweige sind nach unten gebogen, damit die Blätter möglichst viel Sonne einfangen. Übrigens kann man sich beim Klettern ohne weiteres an den Pfählen festhalten, denn sie stecken in solidem Fels. Oben angekommen, braucht man die Jacke wieder; es ist wieder kühl, meistens pfeift ein frischer Wind.

Genau dies ist es, was die Mosel ausmacht. Im besten Abschnitt, der Mittelmosel, wo der Fluss geschützte steile Abhänge aus dem Fels herausgemeißelt hat, die nach Süden, Südosten oder Südwesten gehen, reift der Riesling über unglaublich lange Zeit: 120 bis 150 Tage, verglichen mit 105 bis 115 für den Cabernet in Bordeaux. Diesen warmen Flecken hat der Fluss seinen Ruhm zu verdanken. In anderen, weniger geeigneten Lagen verschwinden die Reben allmählich; im Jahr 2001 gab es 10 445 Hektar, fast 2000 Hektar weniger als zehn Jahre zuvor.

Die Mosel überschreitet südlich von Perl die französisch-deutsche Grenze und fließt beinahe 40 km weit als Grenze zu Luxemburg nach Norden. An der Obermosel – wie dieser Abschnitt heißt – sind die Hänge sanft und der Fluss viel schmaler als an seinem Unterlauf (durchschnittlich nur 7,5 m Breite); er gibt

daher weniger Sonnenwärme an die Weinberge ab. Die Abhänge an der Obermosel bestehen aus Sandstein, Muschelkalk und rotem Mergel und zeigen sich in weicheren, wärmeren Farben als der abweisend dunkelgraue Schiefer, der weiter stromabwärts vorherrscht. Hier wird seit den Zeiten der Römer die Elbling-Rebe kultiviert; sie liefert trockene, spritzige, säurereiche Weine, die selten über die Bewertung QbA hinauskommen, doch als Sektgrundwein eine Gottesgabe darstellen. Die ertragreiche Kerner (8 % Flächenanteil) ist neben Müller-Thurgau (21 %) sowie kleinsten Mengen Bacchus, Grauburgunder, Optima, Ortega, Weißburgunder, Dornfelder und Spätburgunder der Grund, dass der Riesling – obwohl er auf 54 % der Rebflächen an Mosel, Saar und Ruwer angebaut wird – nur für 30 % des Weins verantwortlich ist. Dies alles sind, mit Ausnahme von Dornfelder und Spätburgunder, weiße Trauben.

Für rote Trauben ist es hier einfach zu kalt. Dieses kühle Klima wird im Weingesetz berücksichtigt; es lässt für die Weine des Bereichs Mosel-Saar-Ruwer (mit Ausnahme der Trockenbeerenauslese) für alle Prädikatsstufen geringere Öchslewerte zu als für die Weine aus wärmeren Gebieten wie dem Rheingau. Ein Riesling Kabinett zum Beispiel darf hier 67° Öchsle haben, im Rheingau sind 73° vorgeschrieben. Der leichte, zarte Charakter der Moselweine täuscht aber; sie können jahrelang reifen und dabei besser werden.

Die sechs Bereiche des Anbaugebiets Mosel-Saar-Ruwer sind von Süden nach Norden: Moseltor an der französischen Grenze; Obermosel; Saar und Ruwer, die zwei wichtigen Nebenflüsse; Bernkastel für die gesamte Mittelmosel; Burg Cochem (früher Zell) zwischen Zell und Koblenz für die Untermosel. In diesem nördlichsten Bereich schmiegen sich die Berge des Hunsrücks eng an den Fluss, sie lassen kaum Raum für die Besiedelung und noch weniger für den Weinbau. Trotzdem gibt es an der Untermosel einige ausgezeichnete Lagen – steile terrassierte Abhänge aus einem Sandstein, der härter ist als der Devonschiefer der Mittelmosel. Im Allgemeinen ist die Obermosel eine Spur kühler und windiger als die Mittelmosel, trotzdem werden auf den besten Lagen der Letzteren zunehmend aufregende Weine gemacht.

WO DER WEIN WÄCHST

Es ist eigentlich erstaunlich, dass die Mosel überhaupt ihren Weg zum Rhein findet, so viele Windungen in immer andere Richtungen werden ihr von dem harten Felsgestein aufgezwungen. Die Mosel hat sich in Tausenden von Jahren ihren Weg zwischen Wänden aus massivem Schiefer gebahnt und dabei einige der vielfältigsten, perfektesten Mesoklimate für den Weinbau geschaffen, die sich überhaupt finden lassen.

Die Weinberge schmiegen sich eng an den Fluss und bilden rings um Bernkastel-Kues große Amphitheater; wo auch immer die Sonne auf diese Uferbereiche trifft, finden sich dichte Rebpflanzungen. Gelegentlich erstrecken sich die Weinberge vom Fluss in flacheres Gelände oder auf nördliche Hänge. Diese Lagen sind natürlich weniger gut. Von Ende der 1960er Jahre bis 1990 wurden etwa 5000 Hektar dieser unterlegenen Flächen mit Sorten wie Müller-Thurgau, Bacchus, Ortega und Optima bepflanzt, heute werden sie allmählich wieder zu Ackerland umgewandelt.

Diese Riesling Spätlese vom Brauneberger Juffer Sonnenuhr, einem Weinberg mit perfekter Sonnenexposition, braucht mindestens zehn Jahre Flaschenreifung, um zur Bestform zu gelangen.

Saar und Ruwer

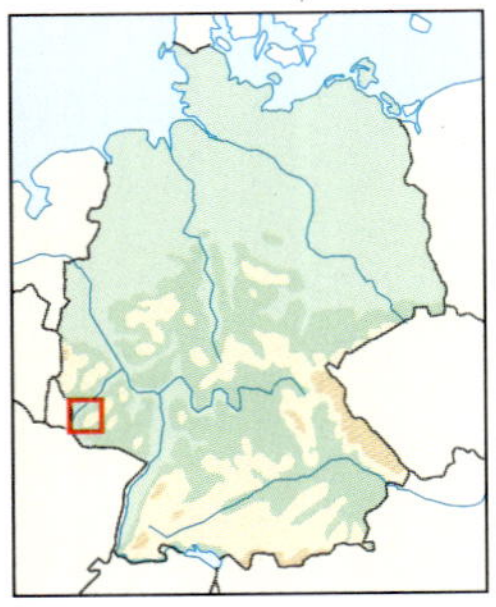

Diese beiden Nebenflüsse der Mosel, die von Süden kommend zu beiden Seiten der Römerstadt Trier in die Mosel münden, sind insgesamt kühler und versprechen weniger als die Mosel. Dafür müssten ihre Winzer dankbar sein, denn weniger berühmt bedeutet, dass sie sich dem Trend zur Massenproduktion entziehen konnten, der auch die Mosel Ende der 1960er und während der 1970er Jahre heimsuchte. Im Jahr 1953 gab es im Bereich Saar 842 Hektar Rebflächen, die bis 1971 auf 1044 Hektar und bis 1998 gerade mal auf 1340 Hektar erweitert wurden. Im viel kleineren Bereich Ruwer betrug die mit Reben bepflanzte Fläche 304 Hektar, die dann abwechselnd anstieg und wieder reduziert wurde. Sie erreichte 1970 mit 330 Hektar ihren Höchststand und fiel bis 1998 wieder auf 240 Hektar.

Der Grund für dieses mangelnde Interesse, die Anbauflächen permanent zu erweitern, liegt darin, dass man hier kein schnelles Geld machen kann. Man braucht die robuste Riesling-Rebe, die den kalten Winden trotzen kann, die hier noch stärker blasen als an der Mosel – und der Winzer braucht eine altmodische Mentalität, um sich mit den geringen Erträgen zufrieden zu geben, die hier noch niedriger sind als irgendwo sonst im gesamten Moselgebiet. Diese schwanken natürlich zwischen den einzelnen Winzern und Lagen, und Erträge, die in Deutschland als niedrig angesehen werden, gelten in anderen europäischen Spitzenregionen kaum als niedrig. 1999 belief sich der durchschnittliche Ertrag in den Bereichen Saar und Ruwer auf 90 Hektoliter pro Hektar, wobei qualitätsbewusste Spitzenerzeuger in reichen Jahrgängen maximal 80–85 Hektoliter ernten. Vergleichen Sie dies mit den 152,8 Hektoliter pro Hektar, die der Rest des Anbaugebiets Mosel-Saar-Ruwer 1999 erzielte. Mit solchen Erträgen lassen sich keine körperreichen Rieslinge machen.

Dann gibt es da das Problem, dass der Wein in der Flasche sehr langsam reift. Die Weine von Saar und Ruwer haben einen hohen Säuregehalt, und in einem kühlen Jahr, wenn die Riesling-Rebe kaum reif wird, haben sie wenig Frucht. Sind die Sommer jedoch so lang und warm, dass der Zuckergehalt dem Säuregehalt die Waage hält, dann kann ein Riesling von Saar oder Ruwer zu den interessantesten Weinen in Deutschland gehören. Aber er braucht seine Zeit – die scharfe Säure muss in der Flasche mehrere Jahre gezähmt werden, bevor der Wein sich voll entfaltet.

Im Saartal ist es sehr kühl, und nur in den besten Lagen können die Trauben reif werden. Hier stehen die Reben am Scharzhofberg noch in der Sonne, während die Gutsgebäude schon im Schatten liegen.

DIE SAAR

Obwohl die beiden Flüsse in etwa derselben Richtung fließen und nicht weit voneinander entfernt sind, bringen sie Weine unterschiedlichen Charakters hervor. Die Saar besitzt ganz verschiedene Böden wie Lehm, Quarzit und Vulkangestein bis zu hartem und weichem Schiefer, und sie sind noch steiniger als die an der Mosel. Obwohl die Saar weniger Schutz bietet und dem Wind stärker ausgesetzt ist als die Mittelmosel, macht diese Landschaft einen lieblicheren Eindruck.

Die Rebflächen zwängen den Fluss nicht in ein so enges Bett wie die von Bernkastel an der Mosel; es gibt mehr Weiden und Wald, und das Land ist vielfach zu großen Gütern zusammengefasst, deren großzügige, von Wäldern und Feldern umgebene Herrenhäuser weniger den Eindruck von kommerziellen Unternehmungen machen als die soliden Häuser der Mosel. Die Saarwinzer in ihren Herrenhäusern scheinen jedoch bemerkenswert kälteunempfindlich zu sein – an einem Tag, an dem die Touristen vor den Weinstuben von Bernkastel in der Sonne sitzen, braucht ein Besucher an der Saar einen Mantel. Hier, wo die Saar und vor allem die Ruwer nicht breit genug sind, um sich mäßigend auf das Klima auszuwirken, ist das Wetter von entscheidender Bedeutung.

Für einen so kleinen Bereich besitzt die Saar eine erstaunliche Zahl ausgezeichneter Lagen: Scharzhofberg in Wiltingen, Ayler Kupp, Ockfener Bockstein, Saarburger Rausch, Serriger Schloss Saarstein (südlich außerhalb unseres Panoramas) und verschiedene andere. Das ist umso erstaunlicher, als diese höchstens drei- oder viermal in einem Jahrzehnt Weine hervorbringen, die auch Skeptiker bekehren.

DIE RUWER

Verglichen mit der schon bescheidenen Saar ist die Ruwer, die im Hunsrück entspringt, so winzig, dass man sie leicht übersehen könnte. Mit ihren sanft gerundeten Hügeln bietet sie jedoch ein paar ausgezeichnete West-Südwest-Lagen. Wie an der Saar wird hier vor allem Riesling angebaut, und wie dort ist auch hier ein gutes Jahr erforderlich, damit die blitzblanke Säure optimal zur Geltung kommt. Dennoch sind die Weine der Ruwer auch in jungem Zustand weniger einschüchternd als die ihrer Nachbarn. Der Schieferboden an der Ruwer ist oft rötlich und mehr zu krümeligem Boden verwittert als die Steinsplitter an der Mittelmosel, und er liefert einige ausgezeichnete Reblagen. Dieser reichere Boden gibt den Ruwer-Weinen auch mehr Aroma als den Kollegen von der Saar. Große Temperaturunterschiede spielen auch hier eine Rolle: An der Ruwer sind die Nächte kälter als in Trier, die Sommertage können jedoch heißer werden. Über Spitzenlagen verfügen Maximin Grünhaus bei Mertesdorf und Karthäuserhofberg in Eitelsbach – beide ehemalige Klosterbesitzungen –, und in Kasel gibt es die Lage Nies'chen mit einer perfekten Süd-Südwest-Ausrichtung. Der Avelsbacher Altenberg befindet sich im Tal eines noch winzigeren Ruwer-Zuflusses.

WEINE

Die Riesling-Reben müssen auf den Abhängen gepflanzt werden, da die Trauben auf flacherem Gelände hier nicht reif würden. Nur auf den Hängen können sie jeden Sonnenstrahl einfangen. Allerdings ist hier der Anteil von Wein mit QbA-Einstufung viel höher als an der Mittelmosel, und nur etwa 20% des Leseguts erzielen Spätlese- oder Auslese-Niveau. Eine Beerenauslese von der Saar oder der Ruwer wäre eine Rarität, doch Eiswein ist häufig möglich. Am besten bringen wohl die Kabinett-Weine die nervige Finesse dieses Bereichs zum Ausdruck. In den drei wunderbaren deutschen Weinjahren von 1988 bis 1990 erzeugten die Winzer von Saar und Ruwer mehr Prädikatsweine als gewöhnlichen Qualitätswein. Niedrige Erträge und niedrige Reifegrade, dazu die hohen Produktionskosten (viele Rebstöcke werden noch an einzelnen Pfählen gezogen, was qualifizierte Arbeitskräfte erfordert), bedeuten, dass nur ein Riesling die hohen Preise erzielen kann, die erforderlich sind, um die Herrenhäuser zu erhalten.

Die Winzer tun natürlich alles, was sie können, um die Kosten zu senken. So werden die Reben in neuen Weinbergen an Drahtrahmen statt an Pfählen erzogen, wo sie sich leichter bearbeiten lassen. Neue Rebstöcke werden heute auch häufig mit größerem Abstand gepflanzt, damit man zwischen den Rebzeilen die schmalen Weinbergstraktoren einsetzen kann.

In beiden Bereichen gewinnt der Riesling an Boden. An der Ruwer erreicht er fast schon 100 %, an der Saar ist die Anbaufläche in fünf Jahren von 65 % auf fast 90 % gewachsen. Geringwertigere Lagen, die noch nie mit Riesling bestockt waren, werden mehr und mehr gerodet.

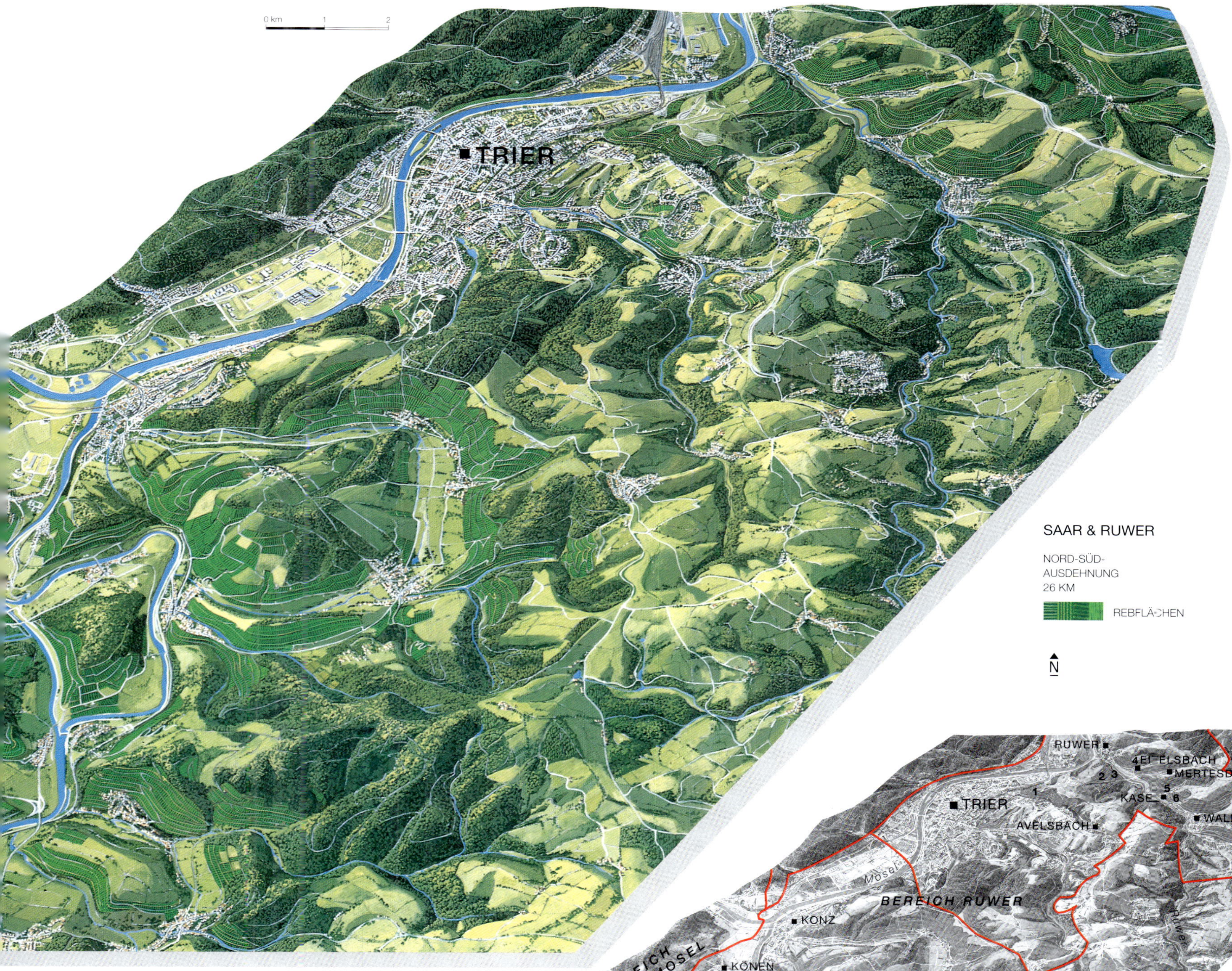

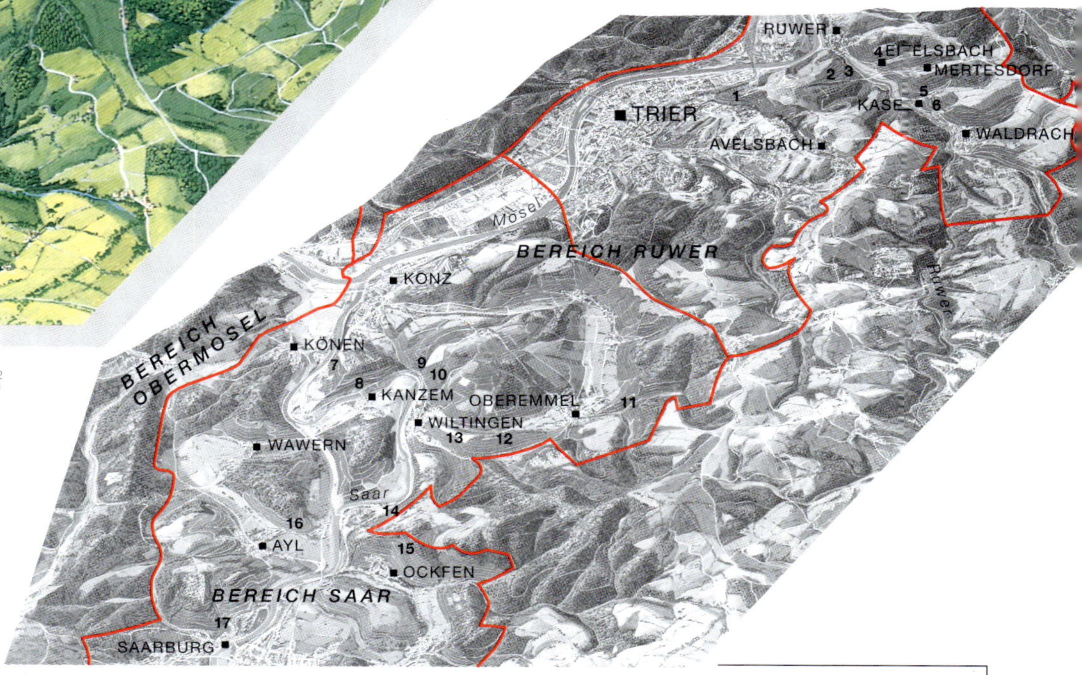

WO DER WEIN WÄCHST

Im Panorama ist erkennbar, wie Saar und Ruwer sich durch die Berge nordwärts zur Mosel hin schlängeln. Die besten Rebflächen der beiden Bereiche sind in diesen zwei kleinen Flusstälern versammelt. In diesem nördlichen Klima brauchen die Reben so viel Wärme und Schutz, wie sie bekommen können, und so sind die Weinberge stets zur Sonne ausgerichtet, im Idealfall nach Süden und Südwesten, und werden durch die bewaldeten Bergkuppen vor dem Wind abgeschirmt. Die Ruwer ist ein so kleines Flüsschen, dass man sie leicht übersehen könnte, wären da nicht diese großen Reblagen, die sich auf der Suche nach perfekter Exposition zum Fluss hin- oder sich von ihm abwenden. Folgt man der Ruwer flussabwärts, ist Waldrach der erste Weinort; hier werden nur noch die besten Lagen bewirtschaftet, die bis zum Ort Ruwer den Fluss begleiten. An der Saar ist Saarburg der Hauptweinort, doch die bedeutenden Rebflächen der Saar liegen meist weiter flussabwärts in Richtung Wiltingen. Auffällig ist, dass die Rebflächen an Saar und Ruwer viel weniger auf den Fluss ausgerichtet sind als die an der Mosel: Beide Flüsse sind ziemlich schmal, und viele Lagen befinden sich abseits der Flüsse, bisweilen ziemlich weit entfernt von den Haupttälern, so bei Oberemmel, das auf drei Seiten von großen Rebflächen umgeben ist.

SPITZENLAGEN

1. Avelsbacher Altenberg
2. Maximin Grünhäuser Herrenberg
3. Maximin Grünhäuser Abtsberg
4. Eitelsbacher Karthäuserhofberg
5. Kaseler Nies'chen
6. Kaseler Kehrnagel
7. Filzener Pulchen
8. Kanzemer Altenberg
9. Wiltinger Braune Kupp
10. Wiltinger Gottesfuß
11. Oberemmeler Hütte
12. Scharzhofberg
13. Wiltinger Braunfels
14. Schodener Herrenberg
15. Ockfener Bockstein
16. Ayler Kupp
17. Saarburger Rausch

BEREICHSGRENZEN

Das Rheintal

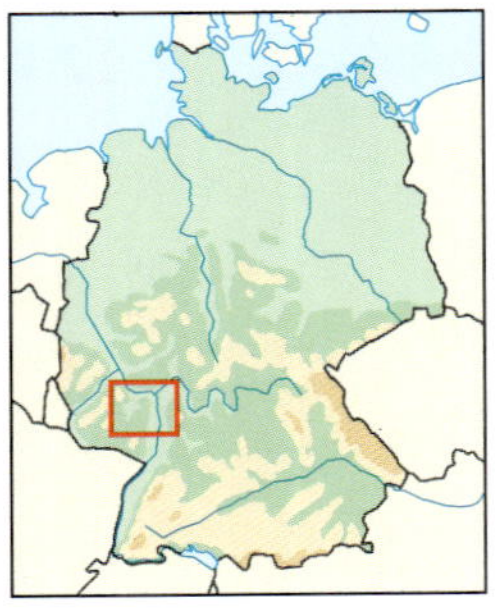

Die Weine aus der Pfalz sind im Allgemeinen fülliger und alkoholreicher als die aus weiter nördlich gelegenen Anbaugebieten.

Die schönen Weinberge von Assmannshausen am Nordufer des Rheins sind für eine Besonderheit bekannt: Von hier kommen Rotweine aus der Rebsorte Spätburgunger (Pinot Noir).

Der Rhein ist ein wahrhaft europäischer Fluss. Er entspringt in der Schweiz, bildet streckenweise deren Grenze zu Liechtenstein und Österreich und fließt – nachdem er den Bodensee verlassen hat – entlang der Schweizer Grenze zu Deutschland nach Westen. In Basel lässt er die Schweiz hinter sich und biegt nach Norden, um auf einer Strecke von etwa 170 km die Grenze zwischen Frankreich und Deutschland zu bilden, bis er dann mitten durch das Herz Deutschlands fließt. Und wenn man etwas vom Wesen des deutschen Weins erfassen will, wäre eine Fahrt von Basel nach Bonn nicht das Schlechteste.

Um sich einen Begriff vom deutschen Wein zu machen, brauchen Sie sich nur die Flusssysteme in Deutschland anzusehen – denn es sind die Flüsse, die in einem gemäßigt-kühlen Klima den Weinbau als Wirtschaftszweig möglich werden lassen. Die deutschen Anbauflächen erreichen die nördliche Grenze des Weinbaus. Auch wenn man berücksichtigt, dass die Riesling-Rebe die Kälte besser verträgt als die meisten anderen Rebsorten und der Herbst meist so lang ist, dass die Reben bis in den Oktober hinein reifen können, wäre der Anbau edler Reben im nördlichen Deutschland ein Glücksspiel, in völliger Abhängigkeit von den Launen des Wetters, wenn es die Flüsse nicht gäbe, die die klimatischen Verhältnisse verbessern. Sie mäßigen extreme Klimaunterschiede, halten den Frost in Schach und verwöhnen die Reben an ihren Ufern durch die Reflexion von Sonnenlicht und Wärme. Außerdem haben sie über Jahrtausende hinweg tiefe Schluchten in die Felsen gegraben. Die Weinberge auf diesen steilen Ufern fangen alles verfügbare Sonnenlicht ein.

Ganz im Süden des Rheintals (außerhalb des Panoramas) liegen die Weinberge von Baden, die sich bis zur Schweizer Grenze hinziehen. Baden gehört zu den wenigen wirklich warmen Landschaften in Deutschland, wo man an einem Weinberg entlangwandern und gleichzeitig von Obstbäumen Kirschen oder Aprikosen naschen kann. Der Kaiserstuhl ist das wärmste Weinbaugebiet in Deutschland, gefolgt vom Zentrum der Pfalz. Jenseits des Rheins liegt das Elsass, und eine Reihe von Rebsorten wird von beiden verwendet, so die Pinot-Arten, Riesling und Gewürztraminer. Am meisten wird in Baden jedoch leider die wenig begeisternde Müller-Thurgau angebaut. Bei Baden-Baden werden die Rebflächen unterbrochen, um sich dann weiter nördlich rechts und links des Rheins – hier mit der Pfalz – fortzusetzen.

DIE PFALZ

Die Pfalz ist praktisch die nördliche Fortsetzung des Elsass. Die südliche Pfalz hatte nie denselben Ruf wie die nördliche Pfalz, was die Qualität angeht, und das gilt im Großen und Ganzen auch heute noch. Es ist eine Region mit kleinen Genossenschaften und eine der Hauptquellen für die berühmt-berüchtigte, meist für den Export produzierte Liebfrauenmilch. Doch gibt es hier inzwischen einige ambitionierte und kreative Erzeuger, aus deren Rebgärten manche der interessantesten Weine in Deutschland stammen. Die Namen dieser Lagen sind jedoch noch unbekannt verglichen mit denen von Deidesheim, Forst und Ruppertsberg in der Mittelhaardt, die die Pfalz berühmt gemacht haben; sie sind alle im Panorama zwischen Neustadt und Bad Dürkheim zu finden.

Aber sehen wir uns die Weindörfer nördlich von Neustadt an, westlich des flachen Ackerlandes. Hier ist man weit vom Rhein entfernt, so weit, dass man die Qualität dieser Weinberge nicht mehr dem Rhein zuschreiben kann. Es sind die Berge der Haardt, einer Fortsetzung der elsässischen Vogesen, die die Weinberge auf ihren Ausläufern abschirmen und das warme Klima hier noch wärmer machen. Hier ist der Riesling auf dem Vormarsch, in der Pfalz nimmt er 21 % der Anbaufläche ein, Müller-Thurgau 18 %.

RHEINHESSEN

Wenn wir die Berge hinter uns lassen und in nordöstlicher Richtung über die sanften Hügel von Rheinhessen wandern, verschwindet der Riesling fast völlig. Stattdessen gibt es hier Müller-Thurgau und Silvaner, dazu Kerner und Scheurebe und ein paar weitere Sorten, und man muss beim Überqueren der Straßen aufpassen, dass man nicht von den Tankfahrzeugen mit einfachem Massenwein auf ihrem Weg in die Liebfrauenmilch-Kellereien überfahren wird. Erst wenn wir die Uferstädte Oppenheim, Nierstein und Nackenheim erreicht haben und über uns die rostroten Hänge des Roten Hangs ansteigen, befinden wir uns wieder in einem ernst zu nehmenden Weingebiet. Der Boden besteht aus Sandstein und verwittertem rotem Schiefer, und die Berge sind hoch genug, um gute Südostexposition zu bieten – die aber nur eine Hand voll Winzer nützen.

RHEINGAU

Hier überqueren wir den Fluss und fahren durch die Vororte von Wiesbaden. Wir befinden uns jetzt im Rheingau, der viele der berühmtesten deutschen Weinnamen zu bieten hat (jedoch auch viele, die ihr Potenzial nicht nützen). Der Rheingau ist seit jeher der Höhepunkt des Rheintals. Die Weinberge drängen sich an den Südhängen des Taunus zwischen Fluss und Wäldern. Von Wiesbaden aus nach Westen werden die Hänge höher und steiler, der Fluss reflektiert die ganze vorhandene Wärme auf die Riesling-Reben (angebaut wird hier fast ausschließlich Riesling, der Rest ist Spätburgunder). Die hiesigen Weine gehören zu den mächtigsten, feurigsten und komplexesten überhaupt.

MITTELRHEIN UND AHR

Bei Bingen nimmt der Rhein seinen Weg nach Norden wieder auf. Hier am Mittelrhein gibt es heute weniger Rebflächen als vor 50 Jahren, sogar weniger noch als vor zehn Jahren. Die besten Lagen sind häufig in den Seitentälern versteckt, und die Sektindustrie mit ihrem Bedarf an leichten, schlanken Weinen verarbeitet Trauben aus dieser Region in großen Mengen.

Bei Koblenz mündet die Mosel in den Rhein, danach gibt es nur noch einen weiteren Weinbereich, bevor man Bonn erreicht. Das kleine Ahrtal ist jedoch noch für Überraschungen gut. Die meisten Weine von der Ahr sind rot oder zumindest rosa und waren bisher vorwiegend lieblich, heute liegen eher trockene Weine im Trend. Bei Bonn hören die Rebflächen auf. Ab hier ist Bier das übliche Getränk.

WO DER WEIN WÄCHST

Ein Blick aus der Vogelperspektive auf die großartigsten deutschen Weinbaugebiete (außer Mosel-Saar-Ruwer) – zu sehen sind aber auch einige der gewöhnlichsten Provenienzen. Letztere breiten sich auf dem Flachland in der Mitte des Panoramas aus; die edlen Reblagen drängen sich in die Winkel, und man könnte sie leicht übersehen, wenn man nicht weiß, wo man sie suchen muss. Der Rhein mit seinen Nebenflüssen Nahe, Main und Neckar bildet das Rückgrat für den deutschen Weinbau; vor dem Bau der Autobahnen war er die Hauptschlagader Deutschlands überhaupt. Auch heute noch fahren hier viele Schleppkähne und Ausflugsschiffe, und an seinen Ufern liegen in unregelmäßigen Abständen die berühmtesten Weinorte Deutschlands.

Unten links zeigt das Panorama die Berge der Haardt; die Weinberge an ihren östlichen Abhängen sind die besten Standorte in der Pfalz. Weiter nördlich können Sie westlich von Bad Kreuznach an der Nahe bemerkenswerte Rebhänge erkennen. Unmittelbar am Nordufer des Rheins, nachdem er bei Wiesbaden nach Westen abgebogen ist, liegt der Rheingau, ein 32 km langer Streifen mit Weinbergen zwischen dem Rhein und der Hochfläche des Taunus.

Einen Kontrast dazu stellt das fruchtbare Ackerland dar, das sich innerhalb des großen Rheinbogens bei Mainz erstreckt. Dies ist das Anbaugebiet Rheinhessen, das mit einer kleinen Ausnahme – der Rheinfront zwischen Nierstein und Nackenheim – lieblichen, meist als Massenwein vermarkteten Wein erzeugt.

QUALITÄTSWEIN-ANBAUGEBIETE UND -BEREICHE

MITTELRHEIN
1. Bereich Loreley

RHEINGAU
2. Bereich Johannisberg

NAHE
3. Bereich Nahetal

RHEINHESSEN
4. Bereich Bingen
5. Bereich Nierstein
6. Bereich Wonnegau

PFALZ
7. Bereich Mittelhaardt/ Deutsche Weinstraße
8. Bereich Südliche Weinstraße

0 km 2 4

NORD-SÜD-AUSDEHNUNG 89 KM

BEREICHSGRENZEN

REBFLÄCHEN

Ahr und Mittelrhein

ROTE REBSORTEN
Etwas mehr als die Hälfte der Rebflächen an der Ahr ist mit Spätburgunder bestockt, ein Fünftel mit Blauem Portugieser. Der Mittelrhein liefert etwas Spätburgunder.

WEISSE REBSORTEN
An der Ahr sind Riesling und Müller-Thurgau die weißen Hauptsorten, wobei Riesling aber nur 9 % der Gesamtfläche einnimmt. Im Gebiet Mittelrhein dominiert Riesling, daneben gibt es Müller-Thurgau, Kerner und kleinste Mengen anderer Sorten.

KLIMA
Das Klima ist kühl und nördlich geprägt, die Ahr wird jedoch durch die Eifelberge nach Nordwesten hin abgeschirmt. Auch der Mittelrhein verfügt über steile, geschützte Uferhänge.

BODEN
An der unteren Ahr herrscht Lößboden vor, an der oberen Ahr Devonschiefer. Am Mittelrhein gibt es vorwiegend Quarzit und Schiefer auf Lehm, im Norden noch etwas vulkanischen Boden.

TOPOGRAFIE
An der Ahr befinden sich die Reben meist auf Uferhängen nördlich und südlich des Flusses, die häufig terrassiert sind. Am Mittelrhein wachsen die Reben auf Steilhängen.

Vom Wein erwarten wir zu verschiedenen Zeiten Verschiedenes. Manchmal brauchen wir etwas Ordentliches zu einem Gespräch unter guten Freunden oder etwas besonders Seriöses zu einem feierlichen Anlass, manchmal suchen wir etwas Umkompliziertes zur Pizza, im Urlaub wollen wir den einheimischen Wein trinken, den wir sonst nirgendwo bekommen; wir genießen ihn, während die Sonne hinter den Hügeln versinkt und der Winzer uns ein deftiges Vesper serviert.

Zum Glück gibt es zwischen Bonn und Koblenz genug Leute, die sich in solch leichter Stimmung befinden, jedenfalls genug, um bisher das Überleben der Weinberge von Ahr und Mittelrhein zu sichern. Beides sind touristisch frequentierte Gebiete, die von Leuten am Leben erhalten werden, die den Wein an Ort und Stelle trinken. Glücklicherweise sind beide Regionen sehr malerisch: Der Rhein ist hier von Schlössern gesäumt, die Dörfer sind alt und meist noch unverdorben, und die Luft ist voll von den Legenden über die Loreley und Siegfried. Man wäre enttäuscht, wenn nicht auch der einheimische Wein etwas Besonderes wäre.

AHR

Der Wein an der Ahr ist schon deshalb ungewöhnlich, weil er rot ist. Dass man im (vor der Wiedervereinigung) nördlichsten Anbaugebiet Deutschlands Rotwein herstellt, ist den geografischen Gegebenheiten zu verdanken. Zwar handelt es sich hier nicht um die schweren, körperreichen Rotweine, wie man sie in Italien oder Spanien erwartet, doch ist ein großer Wandel im Stil der Weine zu verzeichnen. Die Ahr-Weine waren leicht, hell und süßlich, nun sind sie völlig trocken, besitzen mehr Farbe und entschieden mehr Tannin. In der Tat fast zu seriös, um sie aus der Karaffe zu verkonsumieren.

Wenn die Ahr in gerader Linie östlich zum Rhein fließen würde, wäre sie perfekt: Man hätte einen einzigen durchgehenden Südhang. Doch der Fluss windet sich in allen möglichen Richtungen, die Reben wachsen auf beiden Ufern auf Süd-, Ost- und Westhängen. Und der Boden besteht, zumindest an der oberen Ahr, aus dem gleichen Devonschiefer, der an der Mittelmosel die Wärme speichert.

Die Gleichung ist also dieselbe: Steilhänge und Schiefer plus vom Fluss reflektierte Wärme ergibt einen guten Wein. Der Unterschied ist der, dass an der Ahr der Spätburgunder die besten Standorte bekommt. Das geschieht vor allem deshalb, weil Rotweine die Spezialität der Ahr sind, und wenn ein Gebiet einmal seine Spezialität hat, hält man an ihr fest. Die Lagen, die gut für Spätburgunder sind, wären auch gut für Riesling, doch Rotwein hat in Deutschland den Stellenwert einer Rarität, Riesling nicht. Daher nimmt der Spätburgunder etwas mehr als die Hälfte der Anbauflächen an der Ahr ein, Blauer Portugieser ein Fünftel, der Riesling beansprucht weniger als 10 %. Die Portugieser-Rebe, die neutralere Rotweine ergibt als Spätburgunder, war verbreiteter angebaut als Letztere, doch der Trend zu aromatischen Rotweinen verdrängt sie langsam aus der Region.

Die mächtigsten Spätburgunder kommen vom Unterlauf der Ahr, wo der Wärme speichernde Lößboden relativ weiche Weine liefert. Heppingen und Heimersheim liefern bemerkenswerte Beispiele. Weiter flussaufwärts verleiht der Devonschiefer den Weinen mehr Struktur und herrliche Reife. 93 % der Weinberge an der Ahr weisen ein Gefälle von 20 % oder mehr auf und sind häufig terrassiert, und nur 4 % liegen in der Ebene. Das sind großartige Bedingungen für hochwertigen Wein, doch sind immer weniger junge Menschen bereit, ihr Leben mit den unausgesetzten Mühen zuzubringen, so steile Terrassen zu bewirtschaften. Dennoch ist die Anbaufläche von 478 Hektar im Jahr 1992 bis zum Jahr 2000 auf 520 Hektar angewachsen. Die Touristen kommen weiterhin, und man kann von seiner Arbeit gut leben.

QUALITÄTSWEIN-ANBAUGEBIETE UND -BEREICHE

AHR
- Bereich Walporzheim/Ahrtal

MITTELRHEIN
- Bereich Siebengebirge
- Bereich Loreley

ÜBER 500 M Ü. D. M.

ÜBER 200 M Ü. D. M.

MITTELRHEIN

Der Bereich Mittelrhein muss blass sein vor Neid: Er kann mit seinen Nachbarn nicht mithalten. Hier, an den Ufern des Rheins zwischen Bingen und Bonn, wird bevorzugt Riesling angebaut. Er nimmt 79% dieser hohen, unzugänglichen, steil abfallenden Weinberge ein, und der Wein kann, wenn alles stimmt, sehr gut sein. Doch der Mittelrhein hat wenige der Vorteile der Ahr vorzuweisen. Zum einen steht er im Schatten des berühmten Nachbarn Rheingau, zum andern fließt der Strom hier in nordwestlicher oder nördlicher Richtung, und häufig gibt es nur in Seitentälern – in Bacharach, Oberwesel und Niederheimbach – wirklich gute Südhänge. Leubsdorf und Hammerstein verfügen über geschützte und warme West- und Südwesthänge. Der kleine Nebenfluss Lahn bietet an seinem Unterlauf, bevor er auf den Rhein trifft, ebenfalls einige gute Standorte. Im südlichen Teil, zwischen Boppard und Bacharach, gestalten sich die Bedingungen günstiger. Es gibt Schieferboden und viel Wärme und Nebel am Fluss, der das Auftreten der Edelfäule fördert. Bacharach verfügt über einige gute Süd- und Südosthänge, und am Bopparder Hamm sind Beerenauslesen keineswegs ungewöhnlich. Zwischen Boppard und Bacharach gibt es tatsächlich so etwas wie eine Qualitätsrenaissance.

Trotzdem befindet sich der Weinbau am Mittelrhein auf dem Rückzug. Ende des Zweiten Weltkriegs gab es noch 1200 Hektar Rebflächen auf diesen unwahrscheinlich steilen Abhängen über dem Fluss. Im Jahr 1992 waren es noch 700 Hektar, die inzwischen weiter auf 572 Hektar zurückgegangen sind. Die Terrassen werden aufgegeben; die jüngere Generation sucht sich lieber leichtere Arbeit in den Städten. Die Urlauber kommen jedoch immer noch in Scharen hierher, angezogen von der legendären Schönheit dieses Abschnitts des Rheintals. Wie an der Ahr wollen sie auch hier Wein vom Ort trinken, und die Anbaufläche wird vermutlich auf einen Stand sinken, der den Bedarf der Touristen noch befriedigt.

RHEINGAU

Die Römer waren hier, später die Zisterzienser, und noch später kam Königin Victoria, wenn auch nur zum Lunch. Auch Thomas Jefferson ließ sich sehen, doch im Gegensatz zu Königin Victoria wurde kein Weinberg nach ihm benannt. Der Grund dafür, dass die Region jahrhundertelang so viele Besucher anzog, liegt darin, dass hier guter Wein gemacht wurde. Und ein Grund, weshalb sie immer wiederkamen, war, dass die Weinberge, die sich zwischen den Ortschaften an diesem besonderen Teil des Rheins aufreihen, Jahr für Jahr wirklich großen Wein lieferten.

Wenn man hoch oben bei Kiedrich steht oder sich über Rüdesheim an die steilen Terrassen klammert und sich dabei vorstellt, wie die Sonne von ihrem Aufgang bis zu ihrem abendlichen Verglühen die großen Weinberge des Rheingaus niemals im Schatten lässt, ist ohne weiteres zu erkennen, warum unsere Vorfahren dem Landstrich verfielen. »Die Rebe liebt einen offenen Berghang«, schrieb schon Plinius – und hier hat sie über 30 km durchgehend von der Sonne verwöhnter offener Hänge zur Verfügung.

Der Rheingau ist ein Land der Berghänge – und des Rieslings. Diese Hänge sind, außer in Teilen bei Rüdesheim, wo sich der Rhein verengt und wieder nach Norden wendet, nicht so steil wie an der Mittelmosel, und es gibt nicht ganz so viel Riesling, 79 % von 3216 Hektar Rebfläche. Etwas über 11 % der Reben im Rheingau sind Spätburgunder, der fast ausschließlich in Assmannshausen – dem ersten Ort, nachdem der Rhein sich wieder nach Norden gewendet hat – kultiviert wird. Gerade 3% der Reben sind Müller-Thurgau, diese ertragreiche, den Buchhalter strahlen machende Sorte. Doch Reben und steile Hänge allein liefern noch keinen großen Wein. Was den Rheingau auszeichnet, ist etwas ganz Einfaches: massiver Fels.

Der Rhein fließt in Süddeutschland in nördlicher Richtung, bis er plötzlich bei Wiesbaden an das Bergmassiv des Taunus stößt und einen großen Bogen nach Westen schlägt, um 32 km weiter bei Rüdesheim wieder seine ursprüngliche Richtung aufzunehmen. Der westöstlich verlaufende Abschnitt des Rheins hier ist das Herz des Rheingaus, dessen Reben auf den Südhängen des Taunus über dem Fluss wachsen.

KLIMA UND WEINE

Es waren die Zisterzienser vom Kloster Eberbach, die im zwölften und dreizehnten Jahrhundert einen großen Teil des Waldes auf diesen Hängen rodeten. Kein Weinberg reicht höher hinauf als die 300 m ü. d. M., die der Hendelberg in Hallgarten erreicht. Oberhalb dieser Grenze wird es für die Trauben zu windig und zu kalt. Doch die höher gelegenen und steileren Weinberge bekommen mehr Sonne ab als die weiter unten liegenden. Der Rheingau ist ziemlich kühl für den Weinbau, doch die Berge des Taunus schirmen die Rebflächen vor den Nord- und Ostwinden ab, und der Rhein, der hier etwa 800 m breit ist, reflektiert das Sonnenlicht auf die Reben. Er begünstigt auch die Entstehung von Nebel, der an warmen Herbsttagen die Entwicklung von *Botrytis cinerea*, des Edelfäule-Schimmelpilzes, fördert. Das edelfaule Lesegut stammt daher überwiegend von den unteren Weinbergen. Manche Winzer sind der Ansicht, dass der mittlere Teil des Hangs die größten Vorzüge besitzt. Er liegt noch immer im Bereich des mäßigenden Einflusses des Rheins – auf den die höchstgelegenen Weinberge verzichten müssen –, doch es besteht nicht wie bei den untersten Lagen die Gefahr, dass sich zu viel Luftfeuchtigkeit bildet (die auch Fäulnis der falschen Art hervorrufen kann) oder die Reben in einem nassen Jahr zu viel Wasser aufnehmen.

Neben edelfaulen Trauben liefern die tiefer gelegenen Rebflächen paradoxerweise auch Eisweine, obwohl die Bedingungen für Eiswein ganz andere sind. Für den Eiswein sind Nebel und Edelfäule nicht gefragt. Was er braucht, sind gesunde Trauben ohne Fäulnis, dazu Frost, und zwar starken. Die tief liegenden Weinberge hier sind am frostanfälligsten. Im Gegensatz zu den meisten anderen Erzeugern bringt die Staatsdomäne in Eltville praktisch jedes Jahr Eiswein hervor. Da der Eiswein in Deutschland ein hervorragendes Image hat, können die Erzeuger hohe Preise für ihn verlangen. Allerdings ist die Herstellung so aufwändig, dass sie trotzdem nicht mit Gewinn rechnen können. Sie machen Eiswein, weil sie stolz auf ihn sind.

Die tiefer liegenden Abhänge bringen auch die schwersten, kräftigsten Weine hervor, während die Weine auf den höheren Lagen mehr Finesse und Eleganz entwickeln. Das hat zum Teil mit der Temperatur, teilweise auch mit dem Boden zu tun, da die nährstoffreicheren Böden weiter unten am Hang zu suchen sind. Im oberen Teil der Hänge sind die Böden weitgehend verwittert, dort gibt es Quarzit und verwitterten Schiefer. In mittlerer Höhe findet man Mergel und am Fuß Lehm, Löß, Mergel und Kiessand. Aber im Rheingau, der 286 verschiedene Böden besitzt (wie man einmal festgestellt haben will), die sich alle für Riesling eignen, sind Verallgemeinerungen schwierig. Und trotz der Tatsache, dass die Art des Bodens das Aroma der Riesling-Traube mitbestimmt, sind die Weine des Rheingaus mehr durch ihre Ähnlichkeit als durch Unterschiede gekennzeichnet.

WEINORTE

Der Rheingau beginnt südöstlich von Wiesbaden mit dem großen Dorf Hochheim, das gar nicht am Rhein liegt, sondern am rechten Ufer des Mains, kurz bevor er in den Rhein mündet. Eine Verballhornung des Ortsnamens – Hock – ist in die englische Sprache als Bezeichnung für alle Rheinweine eingegangen, doch ist er keineswegs der typischste der Rheingau-Orte. Unter anderem profitiert Hochheim nicht vom Schutz des Taunus; dennoch ist es warm dort, teils durch den Einfluss von Rhein und Main, teils aufgrund der geringen Höhe. Die Weinberge weisen nur eine geringe Neigung auf und enthalten in ihren Böden neben dem üblichen Sand und Löß des Rheingaus auch Kalkstein. Die Weine hier sind erdig und kräftig. Dies ist die Stelle, an der sich eines schönen Tages im Jahr 1850 Königin Victoria zu einem Picknick niederließ, um die Leute bei der Weinlese zu beobachten, und wo ein Winzer mit Sinn für Publicity fragte, ob er einen Weinberg nach ihr benennen dürfe. Das ist heute der Königin-Victoria-Berg, der mit seinen fünf Hektar über den Main nach Süden blickt.

ROTE REBSORTEN

11 % der Reben sind Spätburgunder, angebaut hauptsächlich in Assmannshausen.

WEISSE REBSORTEN

Der Riesling des Rheingaus ist seit Jahrhunderten berühmt und nimmt 79 % der Anbaufläche ein. Daneben gibt es kleine Mengen Müller-Thurgau und andere Sorten.

KLIMA

Das relativ kühle Klima profitiert von der Nähe des Rheins, der die Sonnenwärme auf die Weinberge reflektiert.

BODEN

Der Rheingau besitzt viele verschiedene Böden, die mit der Höhe variieren. Die höheren Lagen besitzen Quarzit und verwitterten Schiefer, die mittleren Hänge daneben auch Mergel, und die unteren Lagen haben Lehm, Löß und Kiessand. Bei Assmannshausen, Lorch, Kiedrich und Rauenthal gibt es blauen Phyllitschiefer.

TOPOGRAFIE

Die Rebhänge blicken nach Süden (in Lorch und Assmannshausen nach Südwesten) und werden durch die Berge des Taunus geschützt.

Die Weinberge des Rheingaus breiten sich auf den Hängen nördlich des Flusses aus. Hier ist die Lage Klosterlay oberhalb von Rüdesheim zu sehen, die von der Bewaldung auf dem Kamm geschützt wird.

Wo der Fluss den Bogen nach Westen macht, liegen am rechten Rheinufer Wiesbaden und am linken Rheinufer Mainz. Die beiden Städte bilden eine ziemlich uncharmante Unterbrechung in der Landschaft. Doch sobald man die westlichen Vororte Wiesbadens hinter sich gelassen hat, begegnet man einigen der berühmtesten deutschen Weinnamen. Der Höhenzug des Taunus beginnt mit flachen Hängen oberhalb von Walluf und Eltville, der Heimat der berühmten Staatsdomäne. Dann tauchen unvermittelt die großen Reblagen auf, die ohne erkennbares System auf verschiedene Höhen verstreut sind: Der Wallufer Walkenberg und Eltviller Sonnenberg liegen unmittelbar über ihren zugehörigen Städten, während der Kiedricher Gräfenberg im obersten Bereich liegt. Der sonnenverwöhnte Erbacher Marcobrunn, eine edle Lage, die seit Jahrhunderten einige der körperreichsten Rieslinge des Rheingaus hervorbringt, liegt wiederum ganz unten am Fluss, ebenfalls der Oestricher Doosberg, während Schloss Vollrads wieder ziemlich weit oben liegt. Auf halber Höhe thront Schloss Johannisberg, und Oestricher Winkel und Winkeler Jesuitengarten liegen so nah am Fluss, dass sie auch gleich im Wasser stehen könnten.

Die Stadt Johannisberg mit ihrem historischen Weingut Schloss Johannisberg ist schon lange hochberühmt – vielleicht zu ihrem Nachteil. Nicht nur die Amerikaner haben sich des Namens für ihren Riesling bemächtigt (»Johannisberg Riesling«), sondern auch der Bereich Johannisberg, der den ganzen Rheingau umfasst.

In Geisenheim mit seiner berühmten Weinforschungs- und -lehranstalt, die sich unter anderem mit der Erprobung neuer Rebenkreuzungen befasst, die dem unerbittlichen Klima in Deutschland standhalten, sind die Abhänge bereits ziemlich steil, und sie werden bis hinter Rüdesheim noch steiler, während sich der Strom verengt und für seinen endgültigen Lauf nach Norden Kraft sammelt. Hier reichen die Berge des Taunus bis ganz an den Fluss und zwingen die Rebflächen auf steile Terrassen. Die steilsten Terrassen tragen denn auch den Namen Berg: Berg Roseneck, Berg Rottland, Berg Schlossberg und Berg Kaisersteinfels. Hier werden einige der kräftigsten, üppigsten Weine im ganzen Rheingau erzeugt. Diese sonnenüberfluteten Weinberge, die nach Süden über den Rhein auf Bingen blicken, verfügen über gut dränierten Untergrund, was niedrige Erträge von etwa 50 Hektolitern pro Hektar und in guten Jahren hervorragende Qualität erbringt. Der Schiefer von Rüdesheim – er ist nicht mit dem Devonschiefer der Mosel identisch – verleiht seinen Weinen eine unnachahmliche rauchige Geschmacksnote.

Hinter Rüdesheim werden die Weine leichter und sind mehr vom Schiefer geprägt, manchmal haben sie auch Anklänge an Feuerstein. An dieser Stelle biegt der Fluss wieder nach Norden, und wir lassen diese einmaligen Weinberge hinter uns. Die Spezialität von Assmannshausen ist Spätburgunder, der von den Einheimischen sehr geschätzt (und teuer bezahlt) wird.

Der letzte Weinort im Rheingau ist Lorch, wo die Weine (hier wieder Weißwein) etwas von der schlanken Säure des Mittelrheins anzunehmen beginnen, dessen südlichste Ausläufer am anderen Ufer diesem Teil des Rheingaus gegenüberliegen. Der Rheingau setzt sich auf dem rechten Ufer noch ein paar Kilometer bis nach Lorchhausen fort.

GROSSE WEINGÜTER

Es gibt noch einen Grund, weshalb der Rheingau so berühmt ist, der nichts mit der Geografie und dem Klima zu tun hat, oder zumindest nur indirekt. Es sind die großen, reichen Adelsgüter, die gleichsam Schulter an Schulter an diesem Flussabschnitt liegen: Schloss Johannisberg, Schloss Schönborn, Schloss Reinhartshausen und weitere, von denen viele auf das Mittelalter oder noch frühere Zeiten zurückgehen.

Doch es gibt etwa tausend Winzerfamilien im Rheingau, die sich eine Fläche von 3216 Hektar teilen, und während fast alle adligen Güter ihr Potenzial nicht voll nützen (manche sogar in erschreckend geringem Maß), sind es die bürgerlichen Winzer, die gegenwärtig mit erstklassiger Qualität vorangehen. Die führenden Güter im Rheingau sind heute Georg Breuer, Peter Jakob Kühn, Johannishof, Josef Leitz, Franz Künstler, Robert Weil und Josef Spreitzer – kein Prinz ist unter den Besitzern. Und es wäre höchste Zeit, dass die großen Güter sich dies zu Herzen nähmen.

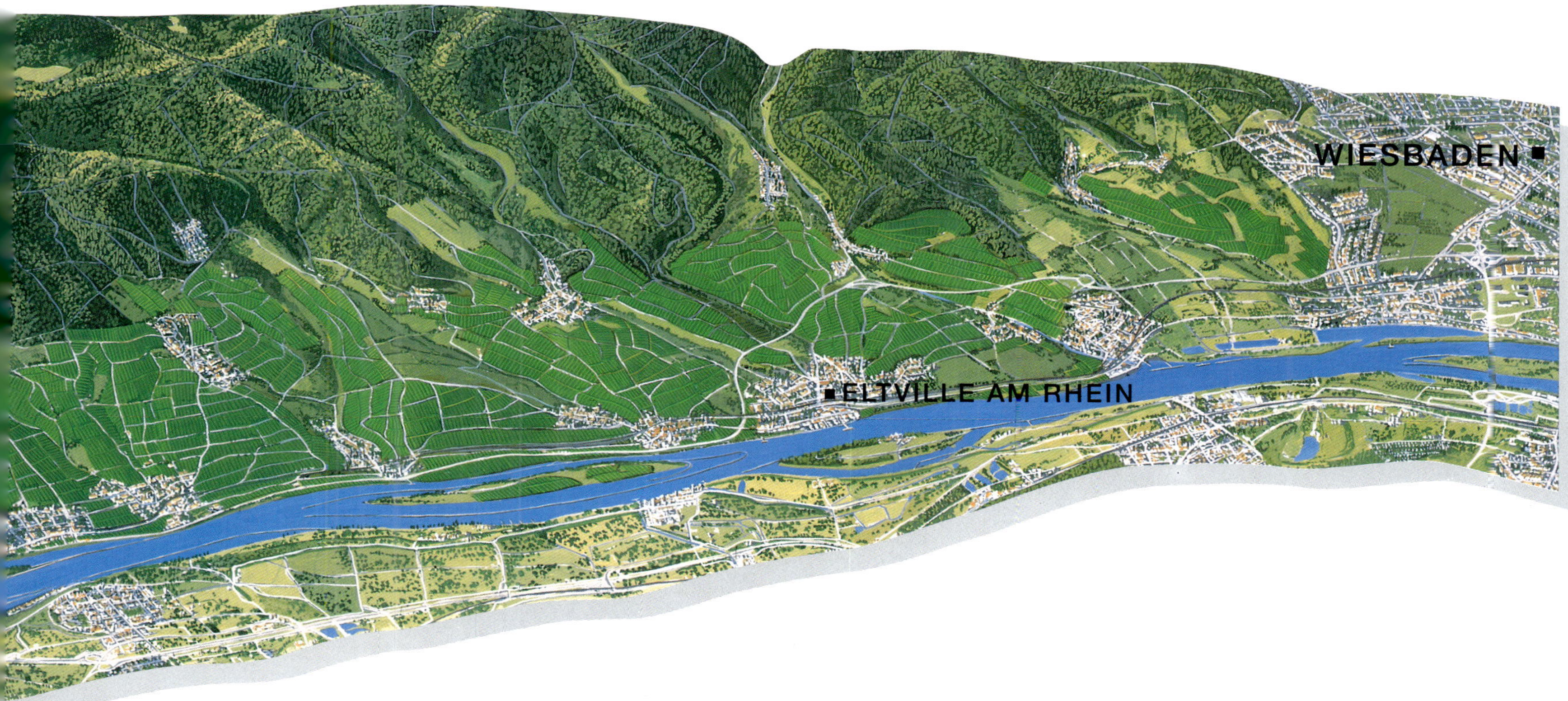

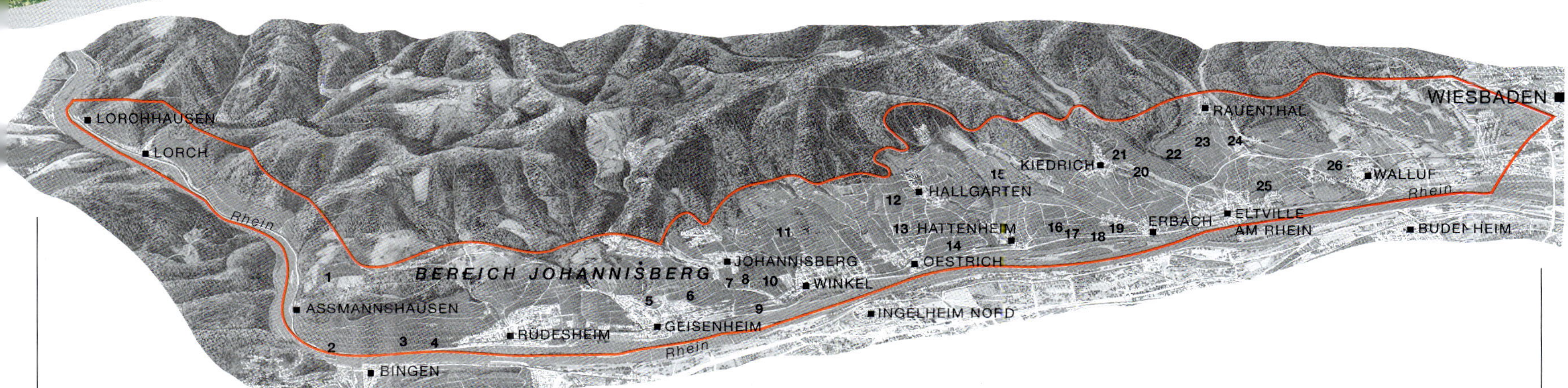

SPITZENLAGEN

1. Assmannshäuser Höllenberg
2. Rüdesheimer Berg Schlossberg
3. Rüdesheimer Berg Roseneck
4. Rüdesheimer Berg Rottland
5. Geisenheimer Rothenberg
6. Geisenheimer Kläuserweg
7. Johannisberger Klaus
8. Schloss Johannisberg
9. Winkeler Jesuitengarten
10. Winkeler Hasensprung
11. Schloss Vollrads
12. Hallgartener Schönhell
13. Oestricher Lenchen
14. Oestricher Doosberg
15. Steinberg
16. Hattenheimer Nussbrunnen
17. Hattenheimer Wisselbrunnen
18. Erbacher Marcobrunn
19. Erbacher Siegelsberg
20. Kiedricher Wasseros
21. Kiedricher Gräfenberg
22. Rauenthaler Baiken
23. Rauenthaler Gehrn
24. Rauenthaler Nonnenberg
25. Eltviller Sonnenberg
26. Wallufer Walkenberg

BEREICHSGRENZEN

WO DER WEIN WÄCHST

Das Panorama zeigt das Herz des Rheingaus westlich von Wiesbaden. An dieser Stelle ist der Rhein breit und mit Inseln durchsetzt, die gelegentlich mit Reben bepflanzt sind. Der Fluss bildet die südliche Grenze des Rheingaus; die Rebstöcke, die bei Bingen bis ans Südufer heranreichen, gehören zu Rheinhessen, und die wenigen, die in der Südwestecke des Panoramas zu sehen sind, gehören zum Bereich Nahe. Sobald das Häusermeer westlich von Wiesbaden aufhört, beginnen die Rebflächen, die allmählich jeden geeigneten Hang besetzen. Und nur 3 oder 4 km vom Fluss entfernt steigen die Berge des Taunus über den Weinbergen auf. Dort oben ist es zu kalt für die Reben, dafür schirmt der Höhenzug die Hänge ab.

Die Liste der Spitzenlagen, die im Panorama zu sehen sind, ist nicht vollständig, und wie in Burgund sind nicht alle Lagen von gleicher Qualität. Nur 18 von den 57 Hektar des Lorcher Kapellenbergs bringen Spitzenweine hervor, und von den 104 Hektar Winkeler Hasensprung gelten nur 20 Hektar als erstklassig. Doch alle 5 Hektar des Erbacher Marcobrunn sind von höchstem Rang. Andere Lagen, die rundum erstklassige Weine hervorbringen, sind Johannisberger Klaus und Hattenheimer Nussbrunnen. Etwa 30 % des Rheingaus gehören der neuen Spitzenstufe »Erstes Gewächs« an.

DIE BÖDEN IM RHEINGAU

Der Riesling, die dominierende Rebsorte im Rheingau, ergibt besonders hervorragende Weine auf den hoch gelegenen Hangpartien, deren Schieferböden gut wasserdurchlässig ist. Solche Weine – wie die des berühmten Schlosses Johannisberg – können einen schieferigen Geschmack annehmen. Von den unteren Hangpartien, die schwereren Kalkboden aufweisen, kommen körperreichere Rieslinge.

Nahe

ROTE REBSORTEN
Spätburgunder, Portugieser und Dornfelder werden in geringen Mengen angebaut.

WEISSE REBSORTEN
Hauptsächlich Riesling und Müller-Thurgau. Dazu kommen Silvaner und Kerner.

KLIMA
Gemäßigtes, sonniges Klima. Die Weinberge werden durch den Soonwald und den Hunsrück gegen Nordwesten hin abgeschirmt, erhalten aber ausreichende Niederschläge.

BODEN
An der mittleren und oberen Nahe unter anderem Porphyr, Basalt, Quarzit und Buntsandstein – die besten Riesling-Böden. In den niedrigeren Bereichen enthalten die Böden auch Quarzit und Schiefer.

TOPOGRAFIE
Die Reben wachsen in 100–300 m Höhe über dem Meer. Es gibt viele geschützte Südlagen auf den Uferhängen.

Die Nahe ist mir seit je ein Rätsel. Einige der größten deutschen Weine, die ich getrunken habe, stammen von diesem Nebenfluss des Rheins. Die Weine von dort können so komplex und reichhaltig sein wie die besten aus dem Rheingau, dazu mit einem Funken mineralischen Feuers, als ob die Metalle, die an diesen Ufern geschürft wurden, in den Wein gelangt wären. Die Reblagen hier sind genauso steil und die Winzer genauso gut wie sonst irgendwo in Deutschland. Warum ist die Nahe dann so sehr ins Abseits geraten?

Meiner Meinung nach liegt das an der wenig ausgeprägten Individualität. Die berühmtesten deutschen Weingebiete können mit wenigen Worten charakterisiert werden: Die Mosel bedeutet Schiefer und fruchtige Delikatesse, der Rheingau Fülle und Komplexität, Baden steht für Rotweine und die Pinot-Familie, und Rheinhessen ist leider am ehesten für seinen billigen Massenwein bekannt. Dem Nahewein lässt sich kein eigener Charakter zuschreiben: Er ähnelt einerseits den Weinen des Rheingaus, andererseits denen der Mosel. Der Riesling hat mit 26 % die Allerweltssorte Müller-Thurgau überholt, die 20 % der Rebflächen einnimmt; der Rest ist mit Rebsorten wie Silvaner und Kerner bepflanzt. Riesling wurde hier erst im neunzehnten Jahrhundert angebaut, und bis in die Dreißigerjahre des zwanzigsten Jahrhunderts wurde Nahewein unter dem Begriff Rheinwein verkauft. Ein großer Teil des Weins kam als Verschnittwein in die großen Kellereien an Rhein und Mosel. So gelangte nur ein geringer Anteil unter dem eigenen Namen in Flaschen und auf den Markt.

Die Rebflächen liegen weit verstreut, der Abschnitt zwischen dem Rotenfels und Schloßböckelheim kann jedoch als die Antwort der Nahe auf die riesigen Rebflächen der Mosel und des Rheingaus gelten. Norheim in seiner Mitte brachte meist ungleichmäßige Qualität, heute liefern seine Spitzenlagen exzellente Qualität.

Die meisten Anbauflächen der Nahe liegen auf sanft geneigten Hängen, von denen nur etwa ein Viertel wirklich aufregend aussehen. Die spektakulärste Weinszenerie an der Nahe ist bei Traisen mit seinem atemberaubend aufragenden Rotenfels und bei Schloßböckelheim anzutreffen, und hier konzentriert sich auch die kleine Gruppe der bekannten Erzeuger. Doch das Anbaugebiet Nahe ist groß, es reicht von dem engen Tal westlich Schloßböckelheim bis Bingen im Norden, und die meisten Gemeinden sind wenig bekannt.

Die Nahe entspringt im Hunsrück und fließt östlich, dann in nördlicher Richtung, bis sie bei Bingen in den Rhein mündet. Da und dort gibt es Weinberge, nicht nur an der Nahe selbst, sondern auch an eini-

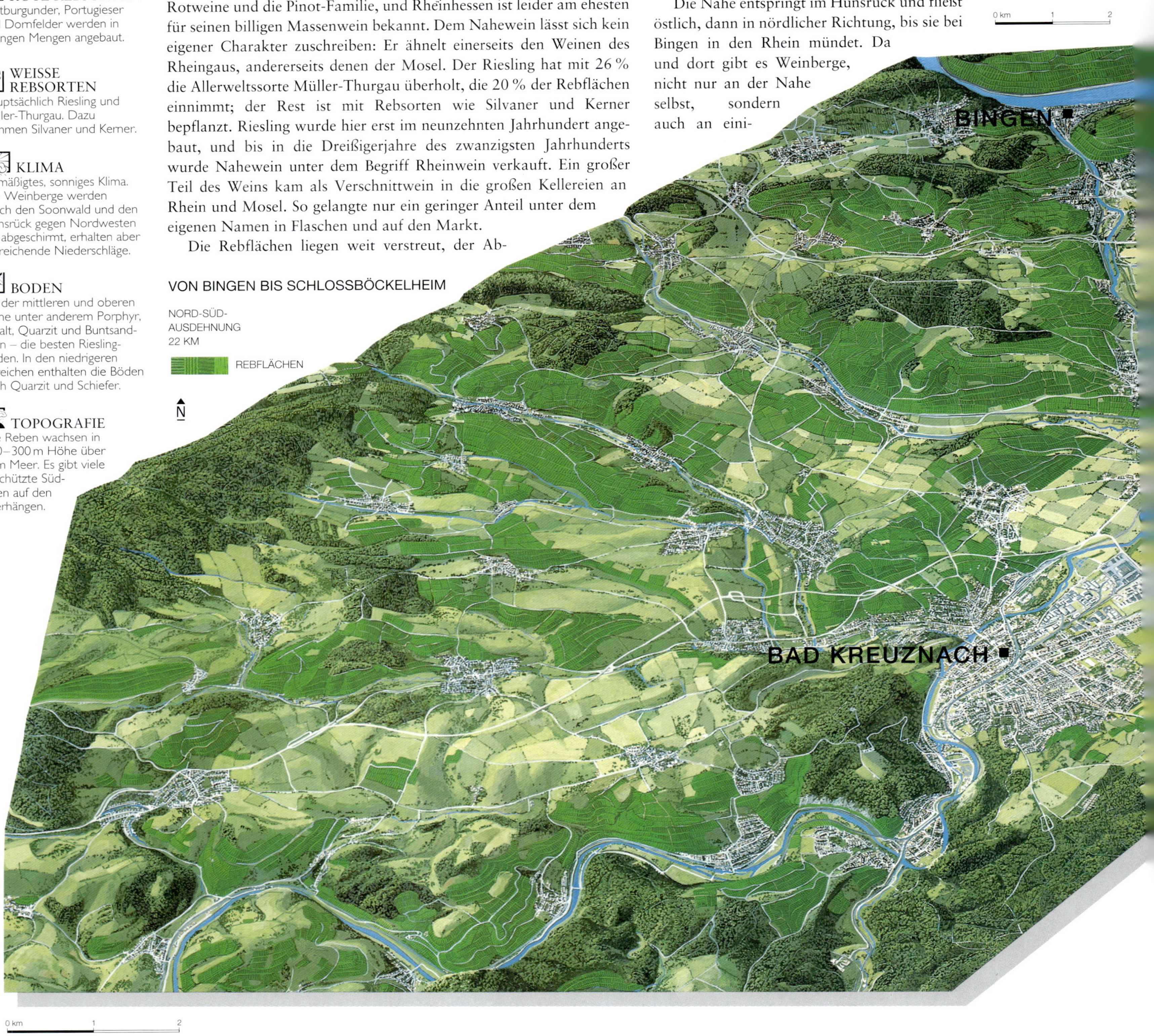

gen ihrer Nebenflüsse wie Guldenbach, Gräfenbach, Appelbach, Glan, Alsenz und Gaulsbach. Die Nahe besitzt etwa 4600 Hektar Gesamtrebfläche, die meist den Flusstälern folgt. Das Klima ist warm und sonnig, die Weinberge liegen im Allgemeinen geschützt. Hier werden alle möglichen Arten von Landwirtschaft betrieben, und so dominiert die Rebe hier nicht wie im Rheingau am gegenüberliegenden Ufer des Rheins. Doch man muss dem Lauf der Nahe folgen, um den Charakter der Weine zu verstehen.

WEINORTE

Vom Oberlauf des Flusses können intensive Weine kommen, insbesondere von Erzeugern wie Emrich-Schönleber. Dennoch sind sie weniger »dramatisch« als die vom Mittellauf, was die sanftere Landschaft reflektiert; je steiler die Lagen werden, desto straffer und fester werden die Weine, bis sie mit einem Mal, bei Schloßböckelheim, zu den besten Deutschlands zählen. Von hier bis Bad Kreuznach erstreckt sich der Kernbereich der Nahe. Hier findet man Weine mit dem typischen würzigen, mineralischen, feurigen Charakter, doch, wie so oft, ist dies leider ein recht kleines Gebiet. Die Reben haben auf einer Flussstrecke von etwa 8 km das Potenzial für erlesene Weine; ober- und unterhalb dieses Abschnitts sind sie »nur« noch sehr gut.

Der Lage Kupfergrube bei Schloßböckelheim war bis zum Beginn des zwanzigsten Jahrhunderts wirklich eine Kupfergrube, und es bedurfte der lebhaften Fantasie des Direktors der damaligen bedeutenden Staatsdomäne von Niederhausen-Schloßböckelheim, in ihr mehr als ein nacktes, gestrüppüberwuchertes Felsgelände zu sehen. Zwangsarbeiter wurden eingesetzt, um das Gestrüpp zu roden und die abenteuerlich steilen Stufen in den Berg zu hauen, bevor ein einziger Rebstock gepflanzt werden konnte. Doch die südwestlich ausgerichtete Lage war schon immer viel zu wertvoll, um sie für eine Grube zu verschwenden, und der komplexe, Wärme speichernde vulkanische Boden aus farbintensivem Porphyr bringt feurige, langlebige Riesling-Weine hervor. Die Kupfergrube ist aber nicht die allerbeste Lage des Bereichs: Dieser Lorbeer geht an die Niederhäuser Hermannshöhle, die schon in einer preußischen Klassifikation 1901 den ersten Platz belegte (der zweite ging an den Schloßböckelheimer Felsenberg).

Bis Oberhausen und darüber hinaus enthält der Boden Porphyr und anderes Eruptivgestein. Die Weinberge folgen dem Flusslauf, besetzen Südwest-, Süd- oder Südostlagen und wechseln bisweilen auf das südliche Ufer. Die eigentlichen Sonnenlagen bietet jedoch das Nordufer mit den wunderbaren Riesling-Lagen von Schloßböckelheim, Niederhausen und Norheim. Der Traiser Rotenfels aus rotem Porphyr ragt, wie man behauptet, höher auf als irgendein anderer Felsen in Europa nördlich der Alpen. An seinem Fuß findet man einen 2 Hektar großen, 95% steilen Vorsprung aus Erde und Geröll: die Verwitterungsprodukte des Rotenfels, die die perfekte Sonnenfalle der Traiser Bastei bilden. Die Riesling-Reben erbringen hier ganze 14, dafür erstklassige Hektoliter pro Hektar.

Bei Bad Kreuznach, das über einige ausgezeichnete Reblagen oberhalb der Stadt verfügt, beginnt die untere Nahe mit sanfteren Hügeln und fülligeren, dafür nicht ganz so klar konturierten Weinen. Viele Anbauflächen liegen hier an den Nebenflüssen im Westen der Nahe. Die Orte Wallhausen, Roxheim, Dorsheim und Weinsheim besitzen gute Lagen und einige ganz vorzügliche Weine. Ein Bereich, genannt Nahetal, umfasst heute das ganze Anbaugebiet.

Der Riesling von der Nahe ist für seine pikante mineralische Note bekannt. Die Lage Kupfergrube in Schloßböckelheim wurde vor hundert Jahren auf einer alten Kupfermine angelegt.

WO DER WEIN WÄCHST

Das Panorama erfasst den besten Teil des Bereichs Nahe. Der Rhein mit den Weinbergen des Rheingaus an seinem Nordufer ist am oberen Rand zu sehen. Die Rebflächen westlich von Bingen, am Südufer des Rheins, versuchen ihr Bestes, um die perfekte Südlage der Rheingau-Hänge in der Flussbiegung nachzuahmen, haben jedoch nicht den Vorteil einer großen Wasserfläche, die die Wärme reflektiert.

Wenn man von Bingen an der Nahe hinauffährt, kann man erkennen, wie die Weinberge sich die Südlagen entlang den kleinen Nebenflüssen gewählt haben, so die ideale Lage Burg Layer Schlossberg oder die südwestlich ausgerichteten Flächen Wallhäuser Felseneck und Johannisberg. Die Nebenflüsse spielen eine bedeutende Rolle in diesem Bereich, der ohne sie ziemlich klein wäre. Erst hinter Bad Kreuznach beginnen die Reben der Nahe selbst zu folgen, von dort bis Schloßböckelheim sind Rebflächen und Fluss praktisch unzertrennlich.

Der kleine Ort Traisen zwängt sich hinter Norheim, er liegt nicht am Fluss selbst. So blicken seine besten Lagen, Bastei und Rotenfels, auf den Fluss; im Panorama ist erkennbar, wie steil und hoch sie sich über das Wasser erheben. In Norheim blicken die Weinlagen Dellchen und Kafels nach Südwesten und fangen die Nachmittagssonne ein; die Lage Felsensteyer in Niederhausen geht in südöstliche Richtung und wird bereits von der Morgensonne gewärmt. Weiter die Nahe aufwärts, bei Schloßböckelheim, ist die 14 Hektar große, enorm steile Kupfergrube zu erkennen, die nach Südsüdosten gerichtet ist und durch die darüber liegenden und umgebenden Wälder abgeschirmt wird. Die Weine von der Kupfergrube gehören zu den teuersten der Region.

SPITZENLAGEN

1. Münsterer Dautenpflänzer
2. Münsterer Pittersberg
3. Dorsheimer Pittermännchen
4. Dorsheimer Goldloch
5. Dorsheimer Burgberg
6. Laubenheimer St. Remigiusberg
7. Langenlonsheimer Löhrer Berg
8. Wallhäuser Johannisberg
9. Roxheimer Berg
10. Winzenheimer Rosenheck
11. Kreuznacher Brückes
12. Kreuznacher Krötenpfuhl
13. Kreuznacher Kahlenberg
14. Bad Münsterer Felseneck
15. Traiser Bastei
16. Traiser Rotenfels
17. Norheimer Kirschheck
18. Norheimer Dellchen
19. Norheimer Kafels
20. Niederhäuser Felsensteyer
21. Niederhäuser Hermannshöhle
22. Oberhäuser Brücke
23. Niederhäuser Hermannsberg
24. Schloßböckelheimer Kupfergrube
25. Schloßböckelheimer Felsenberg
26. Schloßböckelheimer Königsfels
27. Schloßböckelheimer In den Felsen

BEREICHSGRENZE

RHEINHESSEN

ROTE REBSORTEN
Ein kleiner Teil der Reben sind Portugieser, daneben gibt es Dornfelder und Spätburgunder.

WEISSE REBSORTEN
Müller-Thurgau dominiert mit 21 % der Reben, gefolgt von Silvaner (12 %) und Riesling (10 %), gefolgt von Kerner, Scheurebe und Bacchus in etwa gleichen Anteilen.

KLIMA
Gemäßigtes Klima mit meist trockenem Herbst. Der Taunus im Norden und der Odenwald im Osten bieten etwas Schutz, ebenso der Hunsrück und der Pfälzer Wald im Westen. Besonders geschützt sind die Lagen der Rheinfront.

BODEN
Eine große Vielfalt fruchtbarer Böden, hauptsächlich Löß, auch Kalkstein, sandiger Mergel, Quarzit, Porphyr und Ton.

TOPOGRAFIE
Die Rheinfront, auf der die Reben bis in 150 m Höhe wachsen, blickt nach Osten oder Südosten. Im hügeligeren Hinterland können sie bis zu 300 m Höhe erreichen; der Rest des Gebiets ist mehr oder weniger flach.

In der ersten Ausgabe dieses Atlanten habe ich Rheinhessen als ambivalente Region beschrieben. Auf der einen Seite gibt es gute Qualität: niedrige Erträge, gute Rebsorten wie Riesling oder Silvaner, steile Weinberge, sorgfältiger Anbau und eine akribische Weinbereitung, auf dem Etikett signalisiert durch den Namen eines Spitzenerzeugers. Auf der anderen Seite gab es die Massenweine, gewöhnlich Müller-Thurgau und Kerner, die von flachen Rebfeldern stammten und den deutschen Weinsee speisten. Nun ist dieses Tauziehen entschieden, und dieses Mal sind es die »Bösen«, die im Schlamm landeten.

Wer hätte je gedacht, dass der Markt für Liebfrauenmilch und Ähnliches – etwa 60 % der rheinhessischen Weine kamen in dieser Form auf den Markt – einmal so einbrechen würde? Aus diesem Grund gingen mehr und mehr Erzeuger dazu über, ordentliche trockene Weine zu machen. Sie kommen großenteils immer noch von den Handelshäusern, die in Rheinhessen eine wichtige Rolle spielen. Die Preise für Liebfrauenmilch und Konsorten sind ins Bodenlose abgestürzt, und es gibt fast keine Käufer mehr. Hurra! Nicht dass keine Flasche von diesen Weinen mehr zu sehen wäre, aber dieser Typ Wein ist out. Lassen Sie uns hoffen, dass er out bleibt.

Dass Rheinhessen bei diesem Weintyp so erfolgreich war, ist teilweise auf seine Geografie zurückzuführen; es ist eine warme Region mit geringen Hangneigungen, die mechanische Bearbeitung möglich machen, was die Produktionskosten sehr niedrig hält. Dieselben Eigenschaften sind auch für preiswerten trockenen Wein vorteilhaft, was mich hoffen lässt, dass wir eine langfristige Umorientierung sehen und nicht nur eine kleine Zuckung des Markts.

RHEINFRONT
Die Rheinfront, der bekannteste Bereich Rheinhessens, besteht aus einer Kette von Weinorten am Westufer des Rheins südlich von Mainz. Von Norden nach Süden sind das Bodenheim, Nackenheim, Nierstein, Oppenheim, Dienheim, Ludwigshöhe, Guntersblum, Alsheim und Mettenheim. Sie sind insofern etwas Besonderes, als das Land hier ansteigt und Weinhänge bietet, die in östlicher und südöstlicher Richtung auf den Rhein blicken. Wichtig ist auch der rötliche Boden, ein roter Schiefer, der als Rotliegendes bezeichnet wird und die großen Rieslinge von Nierstein und Nackenheim hervorbringt. Er ist auch in anderen Gegenden Deutschlands anzutreffen, besonders in Erden und Ürzig an der Mosel. Oppenheim profitiert außerdem vom nördlichen Ende der Kalksteinanhöhe, die bei Alsheim beginnt. Hier stehen Reben bis in 150 m Höhe, die Hänge weisen selten ein Gefälle von mehr als 30 % auf.

Die Riesling-Weine von der Rheinfront können so mineralienbetont und komplex sein wie die besten Rieslinge aus dem Rheingau, sind jedoch immer etwas weicher und breiter. Schade ist, dass gegenwärtig nur eine Hand voll Winzer das hohe Potenzial auch nützen. In trockenen Jahren erzielt Oppenheim mit seinen sanfter ansteigenden Rebflächen, die den Reben mehr Feuchtigkeit bieten, die besten Ergebnisse, während in niederschlagsreicheren Jahren der Niersteiner Riesling an Konzentration gewinnt.

WEITERE BEREICHE
Die anderen hochwertigen Bereiche in Rheinhessen liegen südöstlich von Bingen in der nordwestlichen Ecke des Gebiets, wo bei Ingelheim die Nahe auf den Rhein trifft, sowie bei Westhofen und Flörsheim-Dalsheim im Südosten nahe Worms (außerhalb des Panoramas). Die Weinberge bei Bingen liegen an keinem der beiden Flüsse der Region, stattdessen blicken sie nach Süden und liegen auf Hängen aus rotem Quarzit, der dem Wein eine rauchige Tiefe und ein markantes Bukett verleiht. Im nahen Ingelheim überlassen Riesling und Silvaner zunehmend dem Spätburgunder das Terrain, der leichte, nach Himbeeren duftende Rotweine ergibt. Von seiner Burg aus, deren Ruinen hier zu sehen sind, soll Karl der Große festgestellt haben, auf welchen Hängen des Johannisbergs im heutigen Rheingau der Schnee zuerst schmolz. Dort ließ er dann Rebstöcke anpflanzen. Die Weinberge bei Westhofen und Flörsheim-Dalsheim machen sich erst seit jüngerer Zeit einen Namen, und die Qualität ihrer Rieslinge lässt hoffen.

Auch das Hinterland von Rheinhessen bringt einige gute Weine hervor. Doch in dieser hügeligen Gegend ist es kühler als in den Flusstälern, der Boden wird nicht mehr so schnell erwärmt, und gute Weine sind eher das Produkt eines tüchtigen Winzers als eine selbstverständliche Gabe der Natur. Einige gute Hanglagen sind im Westen anzutreffen, die die Einheimischen als ihre Version der Schweiz betrachten. Reben gibt es hier bis in 300 m Höhe. Der mittlere Teil Rheinhessens, wo die drei Bereiche Bingen im Nordwesten, Nierstein im Nordosten und Wonnegau westlich von Worms aufeinander treffen, ist als »Hügelland« bekannt.

REBSORTEN
Die wichtigste Rebsorte in Rheinhessen ist Müller-Thurgau, die 21 % der Rebflächen einnimmt. Danach kommen Silvaner (mit potenziell hoher Qualität, oft trocken ausgebaut, doch mit sinkendem Anteil – 12 % – der Anbauflächen) und der aromatische Kerner. Nur 10 % der etwa 26 390 Hektar Rebflächen in Rheinhessen sind mit Riesling bestockt, allerdings sind dies die besseren Lagen. Einige der neueren Kreuzungen wie Bacchus, Kerner und Scheurebe sind bei den rheinhessischen Winzern, die meist nur ein paar Hektar Reben besitzen und

SPITZENLAGEN

1. Nackenheimer Rothenberg
2. Niersteiner Pettenthal
3. Niersteiner Brudersberg
4. Niersteiner Hipping
5. Niersteiner Kranzberg
6. Niersteiner Glöck
7. Niersteiner Ölberg
8. Niersteiner Heiligenbaum
9. Niersteiner Orbel
10. Oppenheimer Herrenberg
11. Oppenheimer Sackträger
12. Oppenheimer Kreuz
13. Dienheimer Tafelstein

BEREICHSGRENZEN

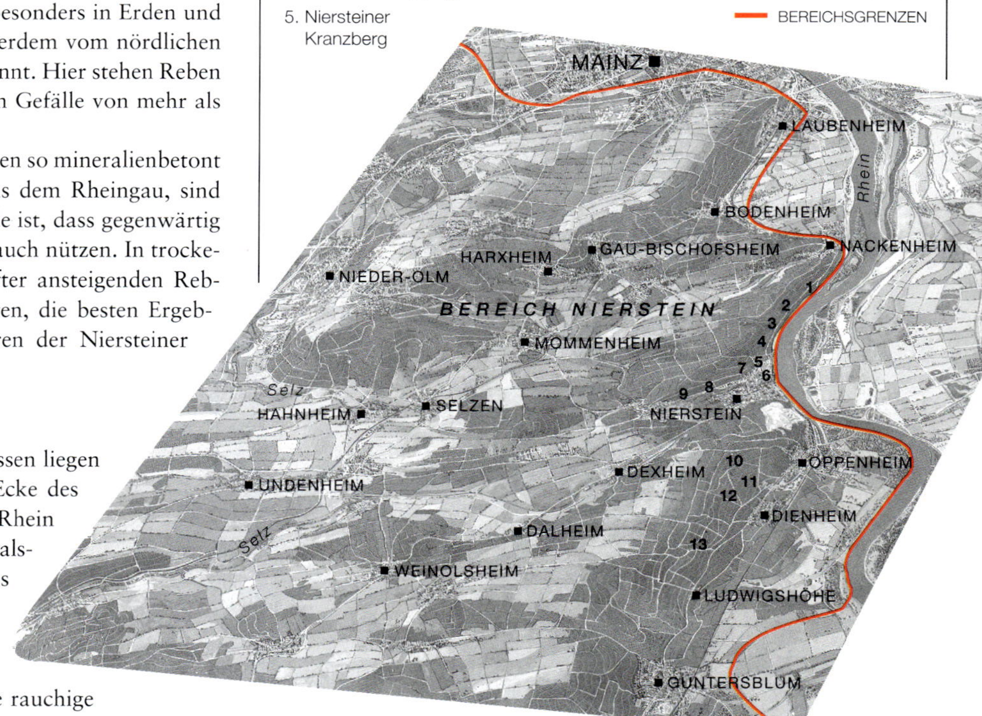

ihre Trauben an die Winzergenossenschaften verkaufen, populär. Die »neuen« trockenen rheinhessischen Weine werden im Allgemeinen aus Riesling, Silvaner, Müller-Thurgau (manchmal unter seinem Alias »Rivaner«), Weiß- und Grauburgunder gekeltert, weshalb wir wohl einen Rückgang so intensiv blumiger Sorten wie Bacchus erleben werden. Bisher hat Rheinhessen nur 11 % seiner Weine trocken ausgebaut, verglichen mit etwa 42 % im Rheingau, 30 % an der Nahe und 53 % in der kleinen Hessischen Bergstraße. Diese Ziffer ändert sich rasch, da ehrgeizige Erzeuger realisieren, dass die bequemen Tage der Liebfrauenmilch vorüber sind und eine viel bessere Zukunft winkt.

Ein Großteil der Rebflächen Rheinhessens sind mehr oder weniger eben und von keiner besonderen Qualität. Gute Weine liefert jedoch die Rheinfront bei Nierstein.

WO DER WEIN WÄCHST

Auf dem Panorama sieht alles ganz idyllisch aus. Südlich des Häusermeers von Mainz breitet sich eine bukolische Landschaft aus. Es gibt Getreidefelder, Wälder und kleine Dörfer. Selbst die Rheinfront, wahrscheinlich der bekannteste Bereich Rheinhessens, wirkt im Vergleich zu manch anderen berühmten Weinlandschaften nicht besonders aufsehenerregend.

Die Orte, die entlang der Rheinfront den Rhein säumen, profitieren von ansteigenden Rebflächen, die nach Osten und Südosten über den Fluss blicken, und von Böden, auf denen der Riesling gedeiht. Nierstein, im Zentrum der Rheinfront, besitzt ein paar wunderbare Lagen. Mit diesem guten Namen wird Missbrauch getrieben, da er auf den ganzen Osten Rheinhessens ausgedehnt wurde. Er liefert etwa ein Drittel der Weine des Gebiets, von denen nur wenige einen besonderen Eindruck hinterlassen, während die Winzer in Nierstein um ihren guten Ruf kämpfen müssen.

DIE RHEINFRONT

NORD-SÜD-AUSDEHNUNG
22 KM

REBFLÄCHEN

N

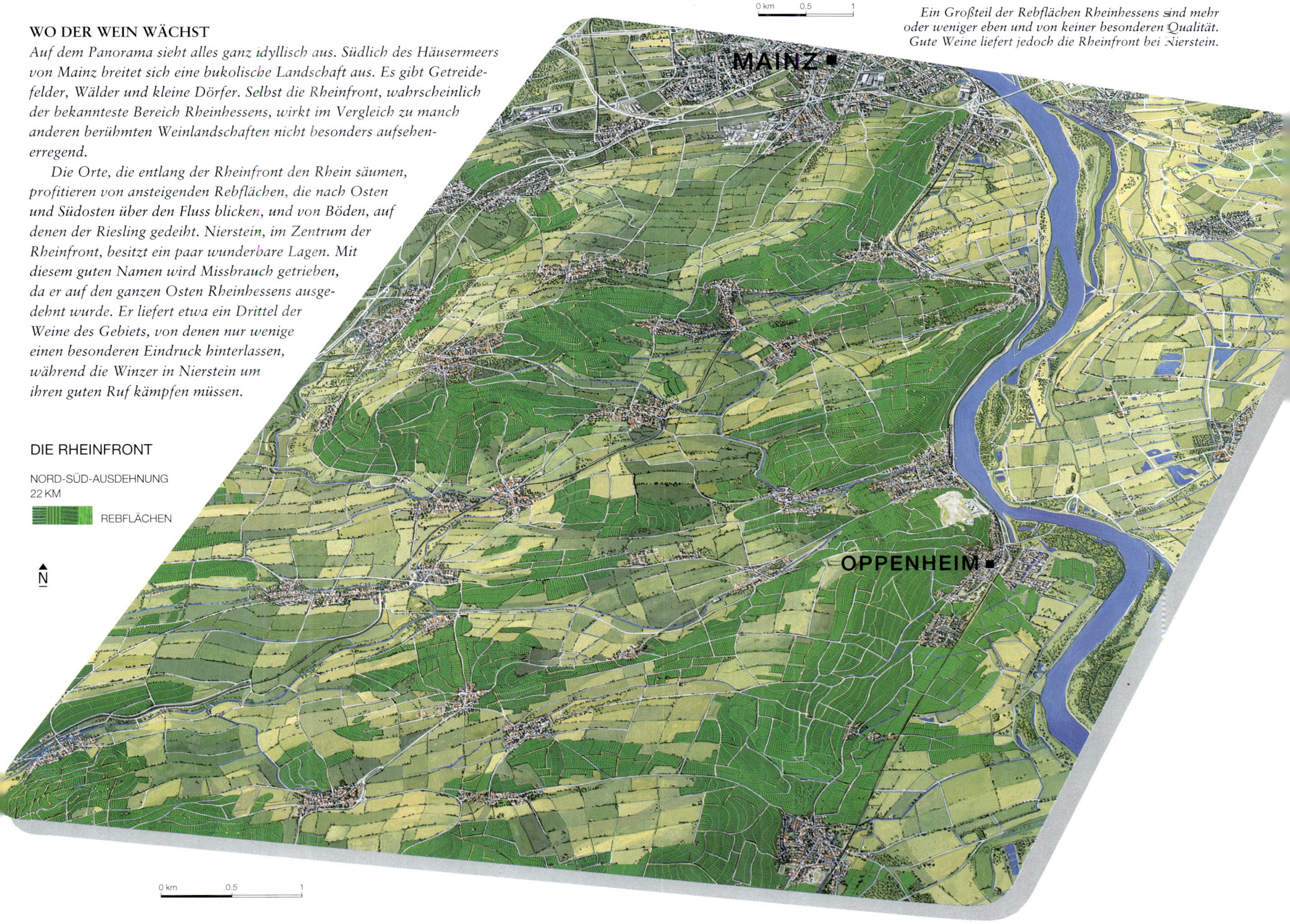

Die Pfalz

ROTE REBSORTEN
Spätburgunder (Pinot Noir) und Portugieser werden bei Bad Dürkheim angebaut.

WEISSE REBSORTEN
Als Weißweinregion hat die Pfalz große Anbauflächen mit Riesling (21%), Müller-Thurgau ist auf 18% geschrumpft. Weitere wichtige Sorten sind Kerner und Silvaner.

KLIMA
Dies ist Deutschlands sonnigstes und trockenstes Weingebiet; hier ist es beinahe so warm wie in Baden.

BODEN
Es gibt eine Vielfalt von Böden, darunter Lehm, verwitterter Sandstein (besonders in der Nähe der Haardt-Berge), Muschelkalk, Granit und Schiefer. Die Südliche Weinstraße besitzt schwerere, nährstoffreichere Böden als die Mittelhaardt.

TOPOGRAFIE
Die Reben werden in der Ebene und auf den sanft geneigten Osthängen der Haardt bis in eine Höhe von 250 m angebaut.

Ein Großteil der pfälzischen Weinstöcke stehen auf flachem Gelände. Die Weinberge von Schloss Wachenheim steigen zur Wachtenburg an.

Der Name allein klingt schon so viel versprechend, dass vor dem inneren Auge die Vorstellung von einem Land mit fruchtbarem Boden und guter Lebensart, handfestem Essen und kräftigem Wein aufsteigt. Die Pfalz ist die nördliche Fortsetzung der elsässischen Landschaft: Die Berge sind im Elsass ähnlich, der Fluss ist derselbe und fließt ebenso in einiger Entfernung von den Weinbergen, viele Erzeuger tragen deutsche Namen – nur die Sprache und die Aromen sind anders.

Die Berge der Haardt, die die Pfälzer Weinberge nach Westen abschirmen, stellen die nördliche Fortsetzung der Vogesen dar. Die Böden sind so vielfältig wie im Elsass und die Dörfer genauso malerisch. Doch irgendetwas geschieht mit den Weinen, wenn man die Grenze von Frankreich nach Deutschland überschreitet. Auch wenn sie heutzutage vorwiegend trocken ausgebaut werden, sind sie immer noch auf schwer fassbare, jedoch definitive Weise deutsch, so wie die elsässischen Weine definitiv französisch sind, obwohl sie aus deutschen Sorten erzeugt werden. Die Pfalz ist in zwei Bereiche unterteilt, Mittelhaardt/Deutsche Weinstraße nördlich von Neustadt und Südliche Weinstraße; die besten Weine kommen traditionell aus dem Norden.

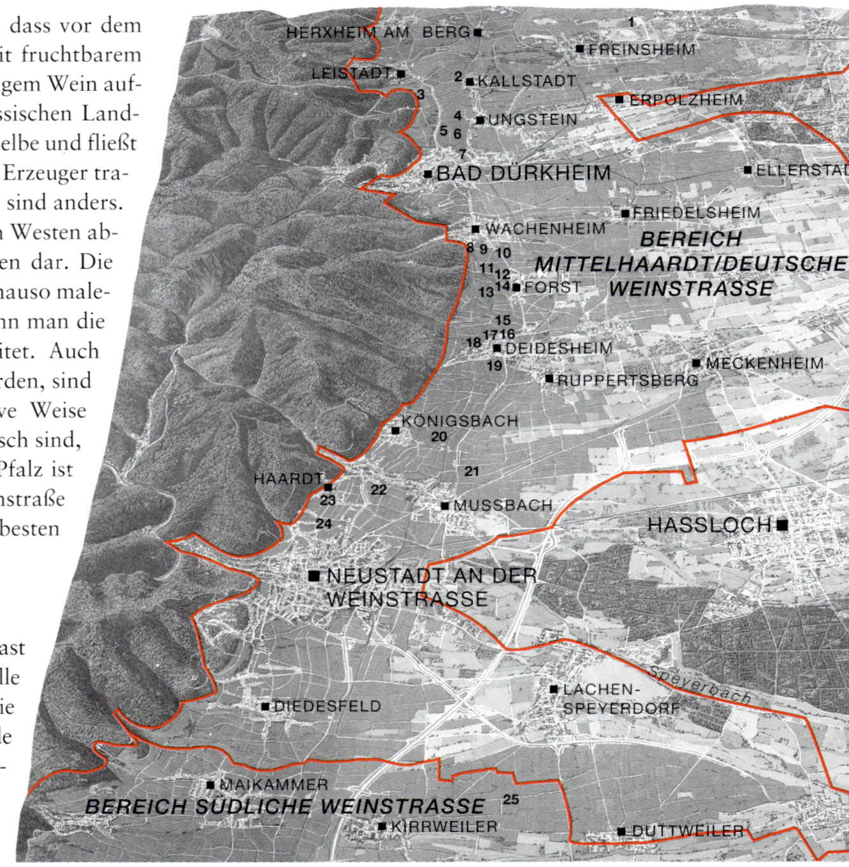

SPITZENLAGEN

1. Freinsheimer Goldberg
2. Kallstädter Saumagen
3. Kallstädter Annaberg
4. Ungsteiner Weilberg
5. Dürkheimer Spielberg
6. Ungsteiner Herrenberg
7. Dürkheimer Michelsberg
8. Wachenheimer Belz
9. Wachenheimer Rechbächel
10. Wachenheimer Goldbächel
11. Forster Pechstein
12. Forster Jesuitengarten
13. Forster Ungeheuer
14. Forster Kirchenstück
15. Deidesheimer Kalkofen
16. Deidesheimer Grainhübel
17. Deidesheimer Hohenmorgen
18. Deidesheimer Leinhöhle
19. Ruppertsberger Reiterpfad
20. Königsbacher Idig
21. Mußbacher Eselshaut
22. Gimmeldinger Mandelgarten
23. Haardter Herrenletten
24. Haardter Bürgergarten
25. Kirrweiler Mandelberg

BEREICHSGRENZEN

SÜDLICHE WEINSTRASSE

Die Südliche Weinstraße galt lange als Heimat plumper, fast ordinärer Massenweine. In jüngerer Zeit war sie Quelle eines Großteils der Liebfrauenmilch-Produktion: Wie Rheinhessen weist sie flache, leicht zu bewirtschaftende Rebflächen mit einem großen Anteil ertragreicher Rebsorten wie Müller-Thurgau und Kerner auf. Doch die Zeiten haben sich geändert, und diese stillen, ländlichen Weinorte in der Südpfalz gewinnen den Ruf, zu den interessantesten Weinbaugebieten Deutschlands zu gehören. Ambitionierte Winzer sind darauf aus, sich mit Qualität einen Namen zu machen, während der Zusammenbruch des Liebfrauenmilch-Marktes seine Wirkung zeigt. Hoch ertragreiche Rebflächen gibt es hier immer noch, doch die Entdeckung, dass sich das Umpfropfen existierender Rebstöcke in der warmen Pfalz bewährt, bedeutet, dass gute Erzeuger ihre Weinberge bald auf bessere Sorten und Klone umstellen werden.

Die Südliche Weinstraße ist noch fruchtbarer als der Norden. Diese schweren, kalkreichen Böden bringen hohe, oft zu hohe Erträge. Als Rebsorten werden hier eher die aromatischen Arten gewählt. So gibt es nicht viel Riesling, dafür Weißburgunder, Pinot Gris (Grauburgunder) und, vor allem ganz im Süden, Gewürztraminer. Auch Silvaner ist hier blumiger als anderswo, und der Müller-Thurgau kann ein wahres Potpourri an Aromen entfalten. Die besten Erzeuger sorgen für geringe Erträge, lassen den Most vollständig vergären und brechen häufig ein ungeschriebenes Gesetz der deutschen Winzerzunft, indem sie die Weine aus der Pinot-Familie in neuen Eichenfässern reifen lassen. Aber Eiche ist für die Pinots gut geeignet, vorausgesetzt sie wird dezent eingesetzt.

Wenig geneigte oder ganz ebene Flächen werden üblicherweise für ertragreiche Weinberge genützt, und die Spitzenlagen sind – selbst hier in der Südlichen Weinstraße – stärker geneigt, manche sogar steil. Hier gibt es kleine Winzer, meist im Nebenerwerb; der durchschnittliche Reblandbesitz beträgt in der Pfalz nicht einmal einen Hektar. Die großen Güter sind in der Mittelhaardt anzutreffen.

MITTELHAARDT/DEUTSCHE WEINSTRASSE

Zwar bringt dieser Teil der Pfalz die besten Qualitäten hervor, doch sind die Resultate immer noch uneinheitlich: Die Rebflächen breiten sich in der sandigen Flussebene aus, und es wird auch hier viel Massenwein hergestellt. Andererseits sind die Orte zwischen Neustadt und Wachenheim die Glanzlichter der Pfalz.

Neustadt hat keine besonders steilen Lagen. Die Weinberge ziehen sich auf Hängen mit sandigen Böden bis hinter Ruppertsberg hin und werden bei Deidesheim plötzlich steiler. Auf diesen Hängen wachsen die Reben bis in eine Höhe von 250 m und erhalten durch die im Westen liegenden Bergkämme Schutz; der Rhein liegt zu weit weg, um sich hier noch klimatisch auszuwirken. Wir befinden uns jetzt im Riesling-Gebiet; in den besten Teilen der Mittelhaardt bedeckt Riesling etwa 70% der Rebflächen. Nirgendwo sonst in der Pfalz ist Riesling so wichtig; tatsächlich nimmt er dort insgesamt nur 21% der Anbaufläche ein, allerdings bei steigendem Anteil, während Müller-Thurgau rückläufig ist und nur noch 18 % ausmacht.

In Forst wird der Boden durch einen Ausstrich von schwarzem Basalt unterbrochen, der den warmen Boden noch wärmer hält, und es überrascht nicht, dass Winzer, die keinen haben, ihn auf ihre Lagen bringen, wovon besonders die Lagen Mariengarten und Kirchenstück sowie die in Deidesheim profitieren. Der Unterboden besteht aus Wasser speicherndem Ton, und es hat den Anschein, dass dies dem Wein

0 km 1 2

DIE MITTELHAARDT

NORD-SÜD-
AUSDEHNUNG
26 KM

REBFLÄCHEN

N

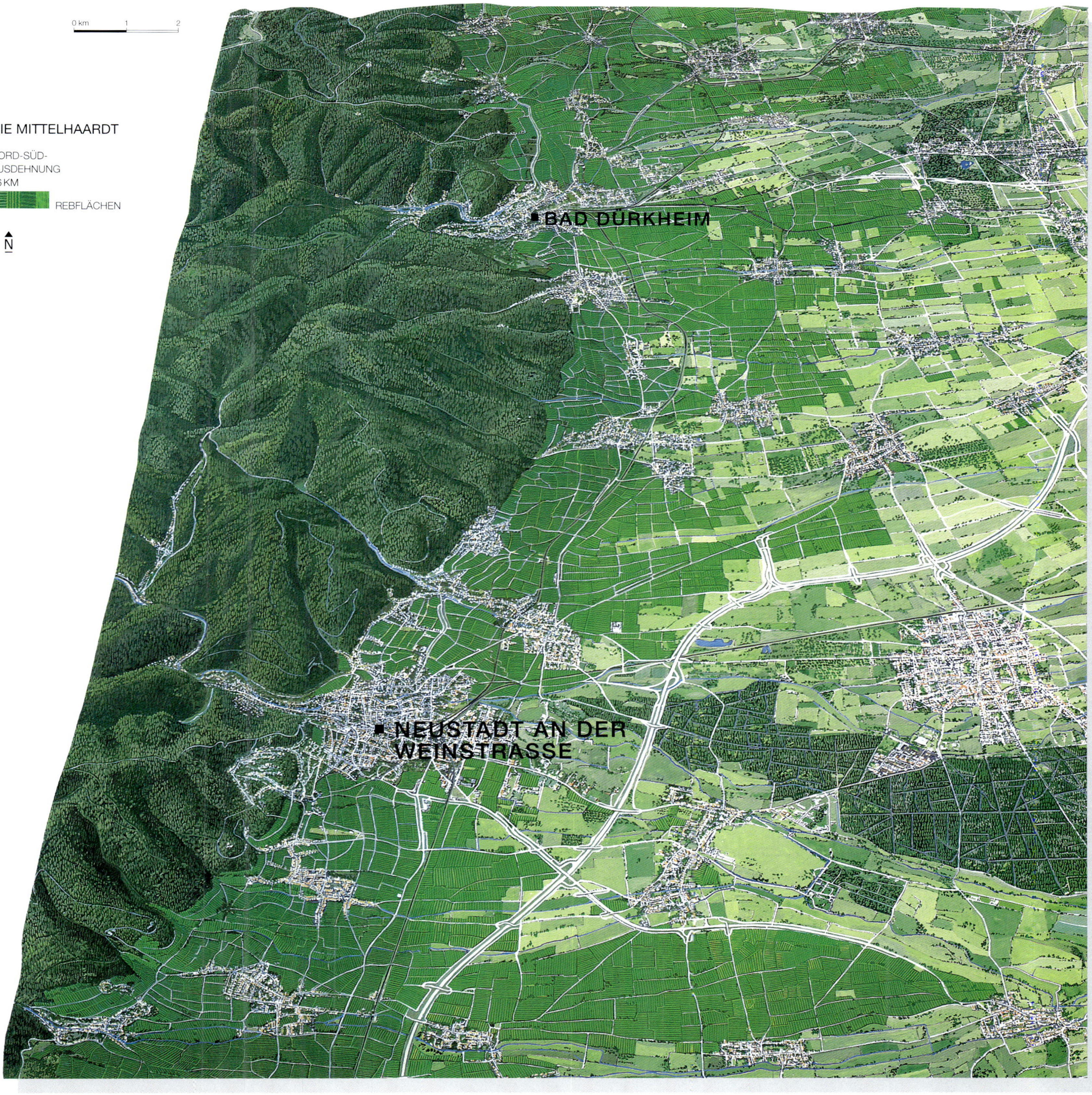

0 km 1 2

sein faszinierendes Rückgrat verleiht. Doch das Geheimnis von Forst ist nicht nur der Boden. Seine Weinberge sind durch die Höhen der Haardt perfekt geschützt; anders als in Neustadt oder Bad Dürkheim gibt es hier keine Lücken oder Taleinschnitte. Den Mangel an steilen Lagen kompensiert Forst somit in mehrfacher Hinsicht. Forst besitzt wohl die berühmtesten Lagen der Pfalz überhaupt: Kirchenstück und Jesuitengarten. Die meisten großen Weinlagen hier und in Wachenheim sind zu 100 % mit Riesling bestockt. In Bad Dürkheim werden jedoch – außer in den besten Lagen – rote Rebsorten wie Spätburgunder und Blauer Portugieser vorgezogen.

WO DER WEIN WÄCHST

Deutlich zu erkennen sind die Haardt-Berge mit ihren bewaldeten Kuppen, die die Weinberge nach Westen hin abschirmen. Auch wenn die südliche Pfalz immer wieder beweist, dass flache Rebenfelder ausgezeichneten Wein hervorbringen können, gibt es in der Mittelhaardt, die das Panorama zeigt, eine klare Unterscheidung zwischen der Ebene und den Hügeln. Die Ebene liefert mit ihrer Intensivwirtschaft und den höheren Erträgen vor allem Massenwein, meist aus Kerner und Müller-Thurgau, während sich der Riesling auf die Osthänge nördlich von Neustadt konzentriert. Bei Deidesheim werden die Hänge steiler.

FRANKEN

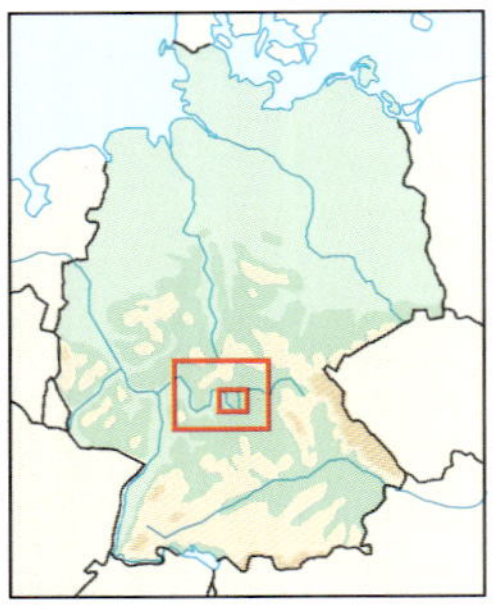

ROTE REBSORTEN
Es wird sehr wenig Spätburgunder angebaut.

WEISSE REBSORTEN
Silvaner erzielt in Franken die besten Ergebnisse, allerdings nimmt Müller-Thurgau beinahe die Hälfte der Rebflächen ein. Weitere wichtige Sorten sind Bacchus, Rieslaner und Kerner. Es gibt ein wenig Riesling, Scheurebe, Perle, Ortega und Traminer.

KLIMA
Franken hat Kontinentalklima mit einer kurzen Vegetationszeit, heißen Sommern und kalten Wintern.

BODEN
Es gibt eine Vielfalt von Böden, mit schwerem, verwittertem rotem Mergel im Steigerwald, Lehm/Kalkstein und Löß im Maindreieck und verwittertem Buntsandstein im Mainviereck.

TOPOGRAFIE
Die meisten Reben werden auf Südhängen angepflanzt, normalerweise in Flusstälern. Viele Reblagen sind steil mit bis zu 60 % Neigung.

Der Bocksbeutel wird seit dem achtzehnten Jahrhundert für den Frankenwein verwendet. Genauer: Er wurde 1718 vom Bürgerspital eingeführt, um die Echtheit des Weins zu signalisieren.

Mit dem Frankenwein ist es so eine Sache. Er macht mich schrecklich durstig. Ich war damit beschäftigt, in den Kellereien von Würzburg und in den kleinen Dörfern um die Stadt herum die Weine zu probieren, aber nach zwei oder drei Stunden mit eindrucksvollen, doch außerordentlich trockenen Exemplaren von Silvaner und Müller-Thurgau, nur gelegentlich durch eine bukettreiche und fülligere Version unterbrochen, sehnte ich mich nach einem Bier. Und davon hat Würzburg genug – Kellerrestaurants, wo das Bier aus dem Fass schäumt und Bratwürste und Blaue Zipfel serviert werden.

Man vergisst manchmal, dass es in Deutschland nicht leicht ist, Wein zu machen, der sich für das traditionell handfeste deutsche Essen eignet. Hier haben die Frankenweine ihren Ruf begründet – der erdige Silvaner, der im Allgemeinen nicht für ausgeprägte Persönlichkeit bekannt ist, kommt in Franken groß heraus und liefert Weine mit weit gewichtigerer Textur als die meisten anderen deutschen trockenen Weine. Und darum geht Frankenwein auch kaum ins Ausland; man bezahlt im Lande gern den hohen Preis, der verlangt wird.

Es gibt noch einen anderen Grund: das Klima. Abgesehen von den noch weiter östlich liegenden Weinbaugebieten Saale-Unstrut und Sachsen ist dies das einzige Gebiet in Deutschland, das ein echtes kontinentales Klima mit kalten Wintern und warmen Sommern vorzuweisen hat. Die Vegetationszeit ist kurz, und Frühjahr und Herbst sind unberechenbar. Das zeitige Frühjahr kann warm sein und die Reben zum vorzeitigen Austreiben verführen; anschließend kann es noch einmal strengen Frost geben, der die Ernte vernichtet. Im Februar 1985 machten in Franken Temperaturen von –25 °C in mehreren Nächten hintereinander 2,5 Millionen Rebstöcken den Garaus, wobei der südliche Teil und das Maindreieck am schlimmsten betroffen waren. Der Herbst kann lang und warm sein und Süßweine möglich machen – er kann aber auch kalt und nass sein. Die Erträge können hier daher stärker schwanken als irgendwo sonst in Deutschland.

Das Anbaugebiet konzentriert sich auf den Flusslauf des Mains. Die Rebflächen liegen verstreut, manchmal so weit voneinander entfernt, dass die Bürokraten es nicht für nötig befanden, sie Großlagen zuzuweisen. Folglich werden häufig Bereichs- oder Lagennamen verwendet. Der Bereich Mainviereck liegt im Westen, und zwar an zwei Seiten des Vierecks, das der Main beschreibt; der Bereich Maindreieck, wo der Fluss zwei Seiten eines Dreiecks bildet, liegt in der Mitte, und im Osten liegt der Bereich Steigerwald.

Die Böden in Franken sind sehr vielgestaltig: Es gibt reichlich Mergel und Sandstein und einigen Lehm, Gips und Ton, im Maindreieck Kalkstein. Einige Lagen bieten Spitzenqualität, darunter der steile, nach Südsüdwest weisende Casteller Schlossberg, der Rödelseer Küchenmeister oder in Iphofen der Julius-Echter-Berg, ebenfalls ein Steilhang mit ausgezeichneter Südsüdwest-Exposition.

REBSORTEN

Die besten Sorten in Franken sind Silvaner und, in geringerem Umfang, Riesling. Die Riesling-Rebe ist in Franken weniger beliebt, da sie für die kurze Vegetationszeit zu spät reift, außer in den günstigsten Lagen. Der Silvaner erreicht hier jedoch Höhepunkte wie nirgendwo sonst. Er wird gewöhnlich als »erdig« beschrieben; ferner ist er mineralisch, extraktreich und relativ säurearm. Trocken ausgebaut (die Frankenweine sind immer trocken – mit maximal 4 g Restzucker statt der in Deutschland sonst erlaubten 9 g –, es sei denn, die Edelfäule hat einen ihrer seltenen Auftritte), ist er ein idealer Tischwein.

Insgesamt ist jedoch Müller-Thurgau mit 41 % der Rebfläche die verbreitetste Sorte in Franken. Diese Rebe kann hier gute Ergebnisse erzielen, sicherlich bessere als in den meisten übrigen Weingebieten Deutschlands, reicht jedoch auch hier nicht an den Silvaner heran. Es ist schade, dass in den 1960er, 1970er Jahren so viel Land auf Kosten des Silvaners mit Müller-Thurgau bepflanzt wurde.

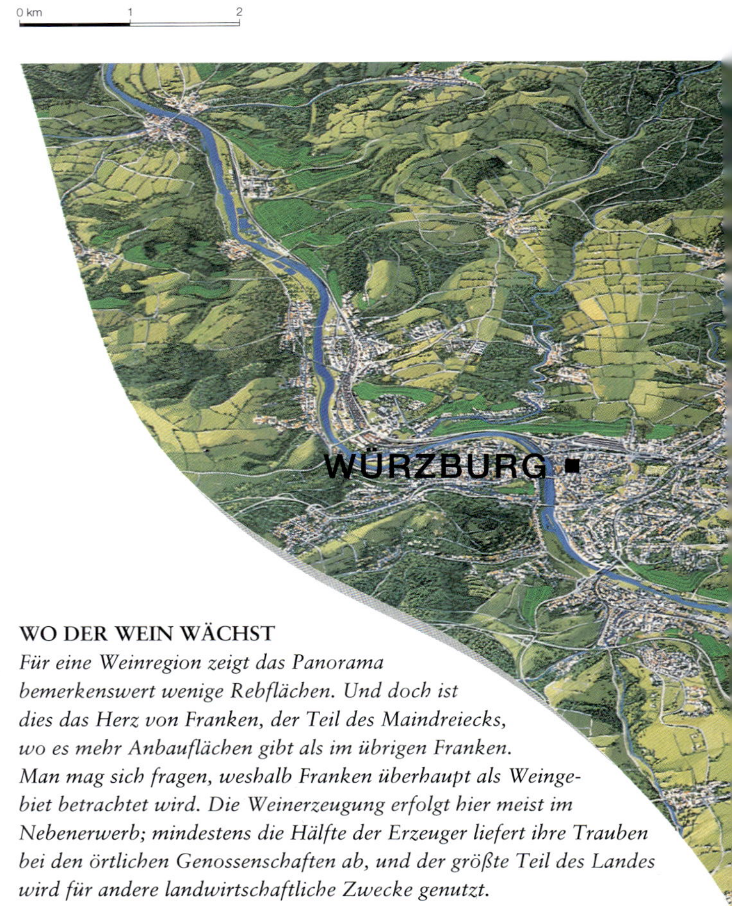

WO DER WEIN WÄCHST

Für eine Weinregion zeigt das Panorama bemerkenswert wenige Rebflächen. Und doch ist dies das Herz von Franken, der Teil des Maindreiecks, wo es mehr Anbauflächen gibt als im übrigen Franken. Man mag sich fragen, weshalb Franken überhaupt als Weingebiet betrachtet wird. Die Weinerzeugung erfolgt hier meist im Nebenerwerb; mindestens die Hälfte der Erzeuger liefert ihre Trauben bei den örtlichen Genossenschaften ab, und der größte Teil des Landes wird für andere landwirtschaftliche Zwecke genutzt.

Der Main fließt in diesem Teil des Gebiets zunächst in südlicher, dann in nordwestlicher Richtung und passiert Würzburg. Südlich der Stadt gibt es einen nach Südwesten ausgerichteten Wall von Reben, die Weinberge von Randersacker. Weiter nördlich ist eine gerade, südlich ausgerichtete Klippe zu erkennen: die Lage Stein, die so ziemlich alles hat, was ein Weinberg von der Natur verlangen kann. Der Fluss und die Stadt halten ihn warm, das Wasser reflektiert Licht und Wärme, so dass hier die Temperaturen im Sommer 40 °C erreichen können. Auslesen und noch edlere Weine sind nicht ungewöhnlich.

Der Silvaner nimmt 21 % der 5992 Hektar fränkischer Rebflächen ein, danach folgt eine ganze Reihe von Neuzüchtungen wie Bacchus und Kerner. Sie machen sich hier nicht schlecht, werden jedoch nie das Format eines guten Silvaners erreichen. Die erste Kreuzung, Müller-Thurgau, wurde 1882 gezüchtet, doch der Drang, immer neue Kreuzungen zu kreieren, ist neu. Die Neuzüchtungen verfolgen alle dasselbe Ziel. Der Riesling hat viele Vorteile, darunter seine Kälteresistenz. Seine Erträge sind jedoch nur mittelmäßig, und er reift erst spät, gerade dann, wenn die Kälte einsetzen kann und die Gefahr besteht, dass er überhaupt nicht mehr reif wird. Der ideale Weinstock müsste alle Vorteile des Rieslings haben, aber früher reifen und einen höheren Ertrag abwerfen.

Die Neuzüchtungen, die die strengen Tests der Züchter bestehen und im Weinberg auftauchen, sind natürlich nur ein winziger Anteil aller Kreuzungen, die gezüchtet und erprobt werden. Die meisten von ihnen haben den Riesling in ihrer Ahnentafel. Zu den erfolgreichsten Kreuzungen gehört die Scheurebe aus Riesling × Silvaner (dieselben Eltern – dachte man – wie bei Müller-Thurgau, der sich in der DNA-Analyse jedoch als Riesling × Chasselas de Courtillier herausstellte), die ausgezeichnete edelfaule Weine mit guter Säure und einem Bukett von rosa Grapefruit und Pfeffer hervorbringt.

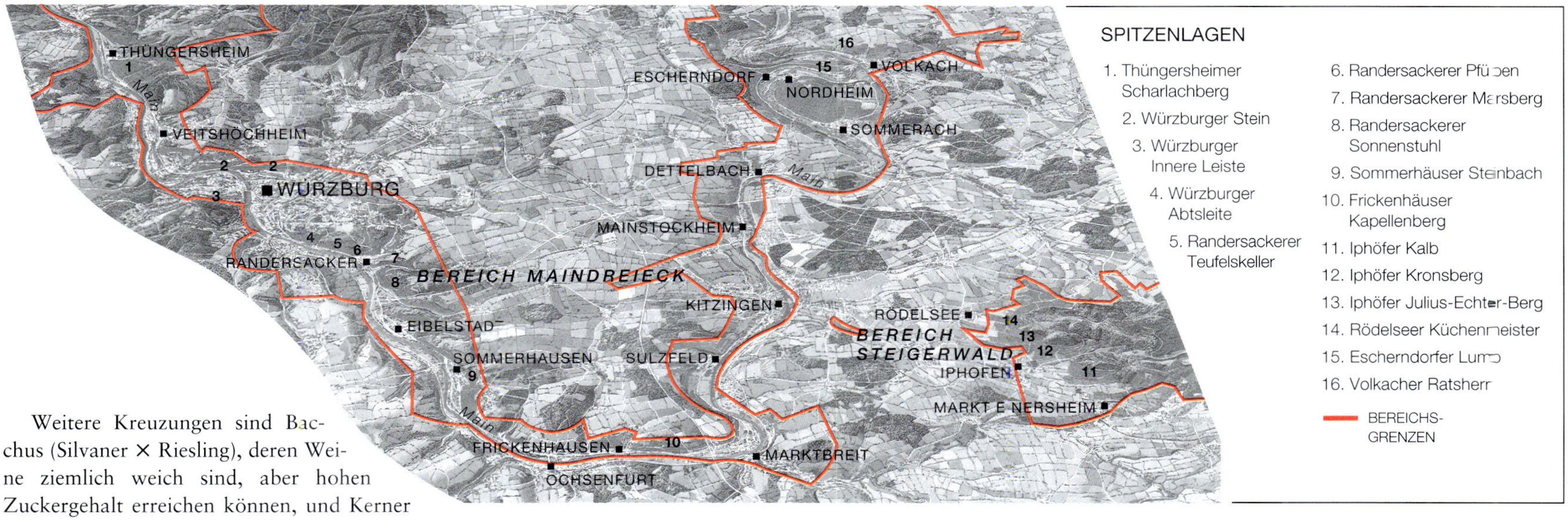

Weitere Kreuzungen sind Bacchus (Silvaner × Riesling), deren Weine ziemlich weich sind, aber hohen Zuckergehalt erreichen können, und Kerner (Riesling × Trollinger), die den Vorteil früher Reife hat. Bei guter Ausgewogenheit zeigt ihr Wein eine Ähnlichkeit mit Muscat. Die Sorten Perle (Gewürztraminer × Müller-Thurgau) und Ortega (Müller-Thurgau × Siegerrebe) sind ebenfalls aromatisch. Mit Ausnahme der Scheurebe ist jedoch keine unter ihnen besonders aufregend. Doch bei einem fränkischen Winzer, der seine Trauben an eine Genossenschaft verkauft und große Probleme mit den frühen, kalten Wintern hat, ist die Vorliebe für Kreuzungen verständlich.

Einstige politische Macht und kulturelle Bedeutung sind in der Barockstadt Würzburg unlösbar miteinander verknüpft. Es gehört sich, dass die Festung Marienberg, Sitz der Fürstbischöfe bis ins 18. Jahrhundert, ihren eigenen Weinberg hat, den Schlossberg.

QUALITÄTSWEIN-ANBAUGEBIETE UND -BEREICHE

FRANKEN

- Bereich Mainviereck
- Bereich Maindreieck
- Bereich Steigerwald
- ÜBER 200 M Ü. D. M.
- ÜBER 500 M Ü. D. M.

BEREICH MAINDREIECK

Das Maindreieck besitzt Kalksteinböden. Etwa 70 % des Frankenweins stammen aus diesem zentralen Bereich, dem Hausgarten Würzburgs. Würzburg besitzt die berühmtesten aller fränkischen Weinlagen, von denen eine dem Frankenwein insgesamt seinen Übernamen gegeben hat: Steinwein. Genau gilt der Name nur für den Wein der Lage Stein, einer großen Kalkklippe, die nach Süden über die Stadt blickt. Silvaner und Riesling von hier machen klar, was Frankenwein ist. Würzburg hat jedoch noch mehr zu bieten als Wein (und Bier) – es gehört zu den schönsten Städten Deutschlands. Die herrliche, mit bedeutenden Schätzen ausgestattete Residenz der Fürstbischöfe, die in Franken herrschten, besitzt sogar ein Fresko von Tiepolo, nebenbei das größte Gemälde der Welt.

Um Würzburg herum gibt es mehr Rebflächen als irgendwo sonst in Franken. In den Ortschaften nördlich und südlich der Stadt werden auf beiden Seiten des Mains, überall wo die Hanglage es erlaubt, Reben angepflanzt. Weiter flussaufwärts gibt es bei Volkach eine weitere Silvaner-Spitzenlage, den überaus steilen, nach Süden orientierten Escherndorfer Lump, dessen Boden aus mergeligem Ton auf einem Untergrund von Kalkstein steht.

BEREICH STEIGERWALD

Dies ist der östlichste Bereich Frankens. Die Rebflächen liegen verstreut auf den westlichen Abhängen des Steigerwaldes in einiger Entfernung vom Main, östlich und südöstlich von Kitzingen. Das Klima ist hier noch kontinentaler ausgeprägt als im restlichen Franken, und die tiefen, reichhaltigen Böden liefern bukettreiche, fruchtige Weine mit lebhafter Säure. Die besten Weinorte im Steigerwald sind Iphofen, Rödelsee und Castell, alle besitzen schwereren, mergeligen Lehm.

BEREICH MAINVIERECK

Der kleinste und am wenigsten ambitionierte der drei Bereiche Frankens ist der Bereich Mainviereck. Er besitzt am wenigsten Rebflächen, die von Wertheim bis Aschaffenburg am Main entlang verstreut sind. Ein paar Weinberge gibt es außerdem am Nordufer der Rück, eines Nebenflusses des Mains nördlich von Klingenberg, sowie um Hörstein an der Grenze zu Hessen. Hier wird vorwiegend Riesling angebaut, südlich von Aschaffenburg auch etwas Spätburgunder. Die Böden bestehen überwiegend aus Sandstein und feinem Lehm, wobei der Erstere vor allem mit Spätburgunder bepflanzt wird. Rote Rebsorten sind am Main auch in Erlenbach, Klingenberg, Miltenberg, Großheubach und Bürgstadt anzutreffen. Die Weine haben ihre Qualität in jüngeren Jahren dramatisch verbessert.

Dies hört sich vielleicht alles so an, als sei der Weinbau in Franken ein schwieriges Geschäft. Die Anbaufläche hat sich jedoch seit den frühen 1980er Jahren um mehr als 50 % vergrößert; 1981 bestand sie aus lediglich 3847 Hektar. Das Gebiet leidet zwar unter kalten Wintern – deshalb drängen sich die Rebflächen am Fluss oder im Windschatten von Wäldern –, doch sind die Sommer heiß und ermöglichen die Produktion von trockenen Weinen ohne Probleme. Zu problemlos vielleicht: Die Popularität des Frankenweins auf dem deutschen Markt sinkt deutlich, da andere deutsche Regionen lernen, wie man trockenen Wein macht, und da die berühmten führenden fränkischen Weingüter bedauerlicherweise ihr Potenzial nicht voll nützen.

DREI GROSSE WEINGÜTER

»Groß« hinsichtlich wirtschaftlicher Größe und Bedeutung, doch gegenwärtig eher aufgrund der alten Reputation. Franken hat wie der Rheingau herrliche alte adelige Weingüter, doch die besten Produkte kommen von kleinen Familienunternehmen wie Rudolf Fürst, Horst Sauer, Johann Ruck und Hans Wirsching. Zu den großen fränkischen Weingütern gehörten seit dem Mittelalter karitative Institutionen ähnlich den Hospices de Beaune in Burgund. Ihr Grundsatz war derselbe: die Unterstützung der Armen und Bedürftigen durch Einkünfte aus dem Weinbau. Das Bürgerspital zum Heiligen Geist, die ältere Institution dieser Art in Würzburg, wurde 1319 gegründet, um die alten Menschen zu versorgen; im Mittelalter war Franken mit einer Rebfläche von 40 000 Hektar Deutschlands größtes Weinbaugebiet.

Der Niedergang begann im sechzehnten Jahrhundert, etwa um die Zeit, als Würzburgs andere große karitative Institution, das Juliusspital, 1576 von Fürstbischof Julius Echter von Mespelbrunn gegründet wurde. Wie man das von einem Fürstbischof erwarten kann, stattete er das Spital verschwenderisch aus. Das Juliusspital und das weltliche Bürgerspital bekamen ausgezeichnete Weinlagen zugeteilt, und sie erwarben im Lauf der Zeit noch mehr hinzu: Heute besitzt das Bürgerspital 120 Hektar, wozu der Großteil der Lage Stein gehört; das Juliusspital verfügt über 127 Hektar und ist damit das drittgrößte Weingut in Deutschland und größer als die Hospices de Beaune. Es besitzt einen Teil der Lage Stein, ferner Teile vom Escherndorfer Lump und vom Iphöfer Julius-Echter-Berg.

Das dritte große fränkische Weingut hat den zunächst unromantisch klingenden Namen Staatlicher Hofkeller: Doch man muss wissen, dass es sich um den Keller der Residenz handelt, der einmal die Kellerei der Fürstbischöfe von Würzburg war. Im Jahr 1803 wurde er säkularisiert und vom bayerischen Staat übernommen; heute besitzt er 150 Hektar Weinland. Dem Juliusspital gelang es, sich der Übernahme durch den Staat zu entziehen, und es überlebte wie das Bürgerspital.

Der Weinbau in Franken ging jedoch weiter zurück, wobei die zunehmende Beliebtheit von Tee und Kaffee, die Konkurrenz durch das Bier, die industrielle Revolution und schlechte Witterungsverhältnisse im neunzehnten Jahrhundert alle ihre Rolle spielten. Damals wie heute war das Fehlen eines Marktes für Frankenweine außerhalb Frankens von Bedeutung. Tatsächlich war der fränkische Weinhandel unterentwickelt, und im achtzehnten Jahrhundert wurde der Verkauf von Wein sogar strikt verboten, offenbar um zu verhindern, dass Würzburg der Wein ausging. Die Weinkatastrophen des neunzehnten Jahrhunderts – Echter und Falscher Mehltau, die Reblaus – taten das Ihre. Heute florieren die Weinberge Frankens wieder, wenn auch mit weniger Anbauflächen – und die Franken behalten ihren Wein immer noch für sich.

Baden-Württemberg

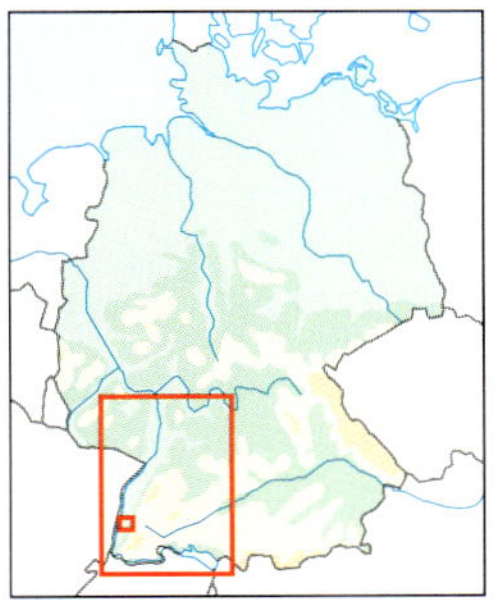

Baden und Württemberg sind die Einzelgänger unter den deutschen Weinbaugebieten. Sie stellen Weine her, die sich von den übrigen deutschen Weinen, aber auch voneinander unterscheiden. Beide Gebiete sind bemerkenswert vielseitig hinsichtlich Rebsorten und Weintypen, zudem hat Baden noch einen Bereich, der eigentlich gar nicht in Baden, sondern in Franken liegt. Diese beiden Regionen sind zum Land Baden-Württemberg zusammengeschweißt, und während Baden seit einigen Jahren den Zugang zu den ausländischen Märkten sucht, beginnen die Erzeuger in Württemberg damit erst. Bisher konnte man sich dort auf die Einheimischen als Konsumenten verlassen, doch das ist nun anders geworden. Mit einem Male muss man sich woanders nach Käufern umsehen.

BADEN

Unter Baden stellt man sich den langen, schmalen Streifen von Rebflächen vor, der sich über 140 km von Basel das Rheintal hinunter bis zur Bäderstadt Baden-Baden erstreckt. Dies ist sicher der größte Teil, 80% der badischen Weine stammen von hier. Doch es gibt auch badischen Wein aus dem Bereich Tauberfranken, das zwischen Südfranken und Nordwürttemberg liegt und nur aufgrund einer politischen Grenzziehung zu Baden gehört. Südwestlich davon gibt es noch einen größeren Bereich mit badischen Rebflächen, und zwar die Badische Bergstraße, die sich südlich an die Hessische Bergstraße anschließt, und den Kraichgau südlich von Heidelberg. Und noch am Bodensee wächst in einer kleinen Enklave badischer Wein. Selbst die Beamten erkennen an, dass, obwohl alle diese Regionen zu Baden gehören, nicht für alle die gleichen Kriterien gelten können. So sind für die fünf Bereiche Südbadens – Markgräflerland, Tuniberg, Kaiserstuhl, Breisgau und Ortenau – andere und allgemein höhere Mindestmostgewichte für jede Weinkategorie (Kabinett, Spätlese usw.) vorgeschrieben als für die anderen. Ganz Baden wird nach den EU-Richtlinien in die Weinbauzone B eingestuft (zusammen mit Weinbaugebieten wie Loire und Champagne) anstatt wie die übrigen deutschen Weinregionen in die kühlere Zone A. Dies zeigt, wie wenig viele Bürokraten von den tausendfach unterschiedlichen Bedingungen in einem Weinbaugebiet verstehen.

In Baden ist es tatsächlich wärmer, auch im Winter. In Freiburg beträgt die Durchschnittstemperatur im Januar 1,1 °C, sie liegt höher als in Straßburg. Die fünf Bereiche, die den Hauptteil von Baden ausmachen, liegen zwischen dem Rhein und den Ausläufern des Schwarzwalds – sie sind praktisch das Spiegelbild des elsässischen Weingebiets auf der anderen Seite des Rheins. Das Klima ist nicht ganz so günstig wie im Elsass; es ist etwas kühler und feuchter, obwohl auch hier die Reben durch die Wälder abgeschirmt werden, die den Höhenzug krönen.

Das Markgräflerland ist vom Schweizer Weinbau beeinflusst. Die Spezialität dieses lieblichen, fruchtbaren Gebiets ist der Gutedel, in der Schweiz Chasselas genannt, der einen frischen, ziemlich neutralen Wein liefert, der normalerweise recht unauffällig ist. Erst bei der schönen mittelalterlichen Stadt Freiburg taucht der typische badische Wein auf: trocken, füllig, weinig statt blumig, und mit relativ wenig Säure.

Seinen Höhepunkt erreicht der Weinbau in den Bereichen Kaiserstuhl und Tuniberg. Der Kaiserstuhl, der ausschließlich mit Reben bepflanzt ist, ist ein drei Millionen Jahre alter und mit angewehtem Löß bedeckter Vulkankegel. Seine Südhänge, besonders um Ihringen herum, sind die wärmste Gegend Deutschlands.

Hier wird, wie fast überall in Baden, Riesling angebaut, doch Baden hat noch etwas Besseres zu bieten. Hier kommen die diversen Pinots zum Zuge, mit einer Tiefe und Fülle, wie sie den Weinen des Elsass am anderen Rheinufer eigen sind. Ruländer/Grauburgunder oder Pinot Gris, Weißburgunder oder Pinot Blanc und Spätburgunder oder Pinot Noir kommen hier zur vollen Reife – Südbaden gehört zu den wenigen

Im warmen Klima Badens entstehen schöne trockene Grauburgunder (Pinot Gris).

QUALITÄTSWEIN-ANBAUGEBIETE UND -BEREICHE

BADEN

- Bereich Tauberfranken
- Bereich Badische Bergstraße/Kraichgau
- Bereich Ortenau
- Bereich Breisgau
- Bereich Kaiserstuhl
- Bereich Tuniberg
- Bereich Markgräflerland
- Bereich Bodensee

WÜRTTEMBERG

- Bereich Kocher-Jagst-Tauber
- Bereich Württembergisch Unterland
- Bereich Remstal-Stuttgart
- Bereich Oberer Neckar
- Bereich Württembergischer Bodensee
- Bereich Bayerischer Bodensee
- ÜBER 500 M Ü. D. M.
- ÜBER 1000 M Ü. D. M.

ROTE REBSORTEN
In Baden stehen etwa 55 % der deutschen Spätburgunder-Reben. Die rote Hauptsorte in Württemberg ist Trollinger, gefolgt von Schwarzriesling.

WEISSE REBSORTEN
Müller-Thurgau führt mit 27 % in Baden vor Grauburgunder (9 %), Gutedel und Riesling in der langen Liste weißer Sorten. In Württemberg ist Riesling mit 23 % die Hauptsorte vor Kerner und Müller-Thurgau.

KLIMA
Baden ist das wärmste Weinbaugebiet in Deutschland. Schwarzwald und Odenwald schützen vor ungünstigen Witterungseinflüssen. Württemberg ist ebenfalls recht warm, die Rebflächen befinden sich v. a. im Schutz der Flusstäler.

BODEN
Am Bodensee gibt es Kies, sonst kommen in Baden Kalkstein, Lehm, Mergel, Granit, Löß und sandiger Mergel vor, dazu vulkanischer Boden am Kaiserstuhl. Die Böden in Württemberg sind normalerweise tiefgründig und wasserdurchlässig. Es gibt roten Mergel, Lehm, Löß und Muschelkalk.

TOPOGRAFIE
Die meisten Rebflächen in Baden, abgesehen von Kaiserstuhl und Tuniberg, befinden sich auf ebenem oder leicht ansteigendem Terrain, in Württemberg an den Abhängen der Flusstäler.

Die Weinberge Deutschlands wurden neu gestaltet, um Kosten zu sparen und die Produktivität zu erhöhen. Diese breiten Terrassen am Kaiserstuhl, einem erloschenen Vulkan, entstanden in den 1970er Jahren.

Gegenden Deutschlands, in denen der Spätburgunder zuverlässig jedes Jahr reif wird. Dagegen entwickeln sich nicht einmal am Kaiserstuhl mit seinen warmen Temperaturen edelfaule Trauben, denn hier ist es zu trocken für den Botrytis-Pilz; außerdem haben die Weine nicht immer den hohen Säuregehalt, der als Gegengewicht für so eine hohe Zuckerkonzentration erforderlich ist.

Der Tuniberg ist mit 304 m Höhe niedriger als der Kaiserstuhl, der 576 m erreicht. Auch hier ist fast jeder Quadratzentimeter mit Reben bedeckt. Der Untergrund ist nicht vulkanischen Ursprungs, sondern besteht aus Kalkstein und ist etwas kühler und feuchter als der Untergrund des Kaiserstuhls, obwohl beide Berge eine Bodenschicht aus Löß besitzen.

Löß sowie Muschelkalk und Gneis sind im Bereich Breisgau nördlich von Freiburg zwischen Rhein und Schwarzwald die Regel. Hier fällt etwas mehr Regen, und der Wein hat einen etwas höheren Säuregehalt. Wie überall in Baden wurden die Hänge in den 1960er und 1970er Jahren im Rahmen der Flurbereinigung neu aufgeteilt und terrassiert, wodurch sich die Anbauflächen insgesamt verdoppelt haben. Auch der Ertrag stieg steil an, bis den badischen Winzern klar wurde, dass sie ihre Erträge beschränken müssen. Vom Jahrgang 1984 an haben sie sich auf höchstens 90 Hektoliter pro Hektar festgelegt – das ist immer noch ziemlich großzügig, doch eine definitive Verbesserung. Es gibt auch immer mehr organisch betriebenen Weinbau, was zu weiteren Reduzierungen der Erträge führt. Die badischen Erträge sind damit niedriger als in allen anderen Anbaugebieten in Deutschland mit Ausnahme des Rheingaus. (Solche umfassenden Entscheidungen werden dadurch erleichtert, dass etwa 90 % des badischen Weins von Winzergenossenschaften erzeugt werden und Einzelerzeuger eine Minderheit darstellen.)

Einige der besten badischen Riesling-Weine stammen aus dem Bereich Ortenau, vor allem von den Granithügeln östlich von Offenburg. Der Riesling aus Durbach (der hier Klingelberger genannt wird) ist der Archetyp: trocken und mineralbetont. Es gibt kleine Täler, die sich nach Osten in den Schwarzwald ziehen und auf ihren Südhängen regelmäßig Spätlesen und Auslesen hervorbringen. Der Weißherbst, ein Rosé, ist eine Spezialität Badens und vor allem der Ortenau; doch in Zeiten gesteigerter Nachfrage nach Rotwein sinkt das Interesse an ihm. Das ist ganz in Ordnung, und die Rotweine der Ortenau sind von attraktiver Fruchtigkeit, wenn auch nicht mit der Power der Roten vom Kaiserstuhl.

Bei Baden-Baden hören die Rebflächen plötzlich auf, um bei Pforzheim wieder einzusetzen. Hier beginnt der Bereich Badische Bergstraße/Kraichgau, der sich bis über Heidelberg hinaus nach Norden zieht. Die Rebflächen liegen hier verstreut in der Landschaft, wechseln sich mit Getreide und anderen Feldfrüchten ab und finden gelegentlich eine gute Süd- oder Südwestlage an den Ufern des Neckars.

Im Bereich Tauberfranken zeigen die Weine fränkischen Charakter, sie sind kraftvoll und trocken. Sie werden entlang der Tauber angebaut, die bei Wertheim in den Main mündet.

Der Seewein vom Bodensee schließlich wird im Wesentlichen bei Meersburg fast ausschließlich aus der Müller-Thurgau-Rebe erzeugt oder aus Spätburgunder, der auch zu Weißherbst verarbeitet wird. Die große Seefläche mildert das kühle Klima und wärmt die Reben, die bis in eine Höhe von 570 m über dem Meeresspiegel wachsen. Damit ist dies das höchste Anbaugebiet nördlich der Alpen. Die häufigen Nebel am See bereiten allerdings auch Probleme, weshalb klassisch edle Sorten hier nur schwer reifen und Müller-Thurgau vorgezogen wird.

WÜRTTEMBERG
In Württemberg sind die Rebflächen beinahe zur Hälfte mit roten Rebsorten bestockt, vor allem mit Trollinger, der einen hellroten, leicht fruchtigen Wein ergibt; beliebt ist auch der Verschnitt mit dem kräftigeren, dunklen Lemberger. Rote Trauben werden auch mit weißen (bei der Maischung) für den »Schillerwein« gemischt, der nicht nach dem berühmten Sohn des Landes benannt ist, sondern nach seiner Farbe. Beliebt sind auch der Schwarzriesling (Pinot Meunier) und unter den weißen Sorten der Kerner. Der Favorit unter den Weißen ist jedoch der Riesling mit 23 % der Rebfläche. Der Großteil des Weins wird in Literflaschen für den täglichen Bedarf verkauft – die Nachfrage gilt vor allem soliden, frischen, trockenen und gefälligen Weinen, die nicht zu komplex oder anspruchsvoll sind. Die Roten können immer noch etwas lieblich sein.

Württemberg eignet sich besser für die Erzeugung von Rotwein als die meisten deutschen Regionen. Sein Klima hat größere Extreme als das von Baden, mit kälteren Wintern, aber sonnigeren Sommern, so dass die roten Rebsorten gut reifen. Leider stützen sich die meisten Winzer auf den gefälligen Trollinger, anstatt auszuprobieren, was mit anspruchsvolleren Sorten wie Dornfelder und Spätburgunder möglich ist. Die Böden bestehen vorwiegend aus Mergel und Kalk, und die Reben werden dort angebaut, wo es gute, geschützte Sonnenlagen gibt. Württemberg ist aber ein sehr großes, heterogenes Anbaugebiet, und selbst im Zentrum, dem Bereich Württembergisch Unterland mit drei Viertel der Rebflächen, liegen diese weit verstreut.

Die Standorte für den Weinbau werden vor allem durch die Flusstäler bestimmt. So ist der gewundene Lauf des Neckars immer wieder von Reben gesäumt, auch die Täler von Tauber, Jagst und Kocher sind überall mit Reben bepflanzt, wo sich ein geeigneter Fleck anbietet. Und so sind Reben sogar noch am Nordrand der Schwäbischen Alb bei Metzingen anzutreffen.

Weitere kleinere Bereiche Württembergs sind der Obere Neckar im Süden, der nur 60 Hektar Rebflächen aufweist, der Württembergische und Bayerische Bodensee mit 6 Hektar und der Bereich Remstal-Stuttgart, zu dem 40 Hektar Reben im Stadtgebiet Stuttgarts gehören.

FLURBEREINIGUNG
Die Flurbereinigung, die Neugestaltung der Rebflächen, stellt möglicherweise das radikalste und ehrgeizigste Projekt dar, das in den Weingärten Deutschlands durchgeführt wurde, seitdem die Römer den Weinbau einführten. Sie wird nur auf den ausdrücklichen Wunsch jeder Weinbaugemeinde vorgenommen, wobei die Stimme jedes Winzer, auch des Nebenerwerbswinzers, gleich viel zählt. Alle Rebstöcke werden gerodet, jahrhundertealte Terrassen planiert und die Grenzen zwischen den Parzellen vorübergehend aufgehoben. Hänge werden geglättet, neue, größere Terrassen angelegt. Gleichzeitig werden neue Wirtschaftswege gebaut und die Dränage verbessert. Dann wird das Land wieder an die Besitzer verteilt. Dieser Prozess begann im neunzehnten Jahrhundert, bekam in den 1920er Jahren neuen Schub durch die nach der Reblauskrise erforderliche Neubepflanzung, legte in den 1950er Jahren noch einmal zu und war in den 1970er Jahren fast überall im Gange. Die Flurbereinigung ist ein aufwändiges Unternehmen, es bedeutet vier Jahre Verzicht auf Ernte und Gewinn, auch wenn es Subventionen von der Regierung gibt. Bis zu 15 % der Fläche gehen an neue Straßen verloren, doch die Arbeitskosten fallen bis zu 25 %, und die Erträge können dramatisch ansteigen. Über die Hälfte der deutschen Rebflächen sind inzwischen bereinigt worden, in Baden, das das Programm mit besonderem Engagement umsetzte, 80 %.

DER KAISERSTUHL

NORD-SÜD-AUSDEHNUNG
18 KM

REBFLÄCHE

N

WO DER WEIN WÄCHST

Vor drei Millionen Jahren war der Kaiserstuhl ein aktiver Vulkan. Im Lauf der Zeit erlosch er und wurde durch die Naturgewalten abgetragen, bis er in Dienst genommen werden konnte. Es wurden Terrassen angelegt und mit Reben bepflanzt. Die Weinorte drängen sich in den Tälern, und bis auf die waldbedeckten Gipfel wird dieser hufeisenförmige, 576 m hohe Vulkanfelsen für den Weinbau, für Obstplantagen und Weiden genützt. Die höher gelegenen Teile sind ein Naturschutzgebiet mit vielen seltenen Pflanzen, Insekten und Vögeln.

Die Sonnenexposition auf diesen süd- und südwestlich ausgerichteten Hängen ist ideal. Das Kleinklima ist trocken, und der Rhein nahe genug, um extreme Temperaturen zu mäßigen. Die Reben entwickeln während der langen Vegetationsperiode Kraft, Fülle und Komplexität. An Sommertagen erreicht das Thermometer oft mediterrane Temperaturen von 30 °C und mehr. Ihringen, das in die südlichen Hänge eingebettet ist, gilt als wärmster Ort Deutschlands, und die Weine vom Kaiserstuhl erreichen oft 13–14 % Alkohol, ohne mit Zucker aufgebessert zu werden.

Der Tuniberg macht mit seinen 304 m Höhe einen bescheidenen Eindruck. Diese Kalksteinanhöhe (eine Laune der Erdgeschichte; der Tuniberg ist nicht vulkanischen Ursprungs) kann vollständig für Reben genützt werden, da er nirgends zu kühles Klima aufweist. Die Rebflächen auf beiden Bergen wurden im Zuge des Flurbereinigungsprogramms vollkommen umgestaltet, die alten Terrassen wurden durch neue ersetzt.

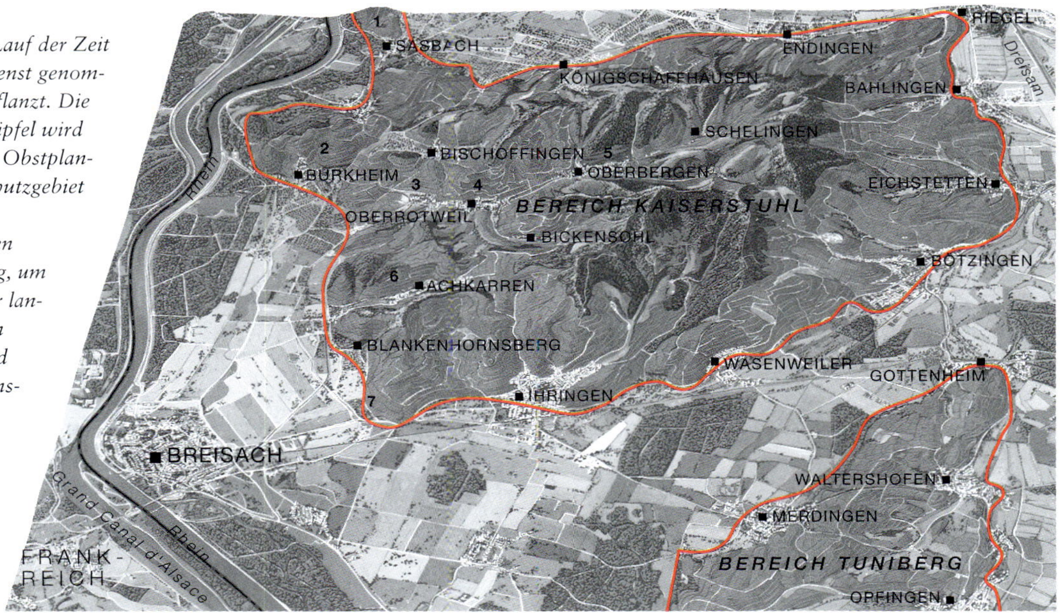

SPITZENLAGEN

1. Sasbacher Limburg
2. Burkheimer Feuerberg
3. Oberrotweiler Henkenberg
4. Oberrotweiler Eichberg
5. Oberbergener Pulverbuck
6. Achkarrer Schlossberg
7. Ihringer Winklerberg

BEREICHSGRENZEN

Hessische Bergstrasse

ROTE REBSORTEN
Es gibt eine kleine Menge Spätburgunder.

WEISSE REBSORTEN
Der Riesling nimmt 55% der Anbaufläche ein. Daneben sind Müller-Thurgau (11%) und Grauburgunder (8%) bedeutend.

KLIMA
Das Klima ist mild, und der Frühling beginnt sehr früh.

BODEN
Es gibt verschiedene leichte Verwitterungsböden mit Löß, Kies, Gneis und Basalt.

TOPOGRAFIE
Die Reben stehen auf den Westhängen sowie auf den Südhängen der ost-westlich verlaufenden Täler. Der Odenwald hält den kalten Ostwind ab.

In den malerischen Hügeln der Hessischen Bergstraße ist die altmodische Mischkultur noch lebendig. Die Reben – hier die Lage Streichling bei Bensheim – teilen sich den Platz mit Kirsch-, Aprikosen- und Pfirsichbäumen.

Die Bergstraße. Bei diesem Namen denkt man an Ausflügler mit Wanderschuhen und Rucksack, die durch die Berge wandern. In früheren Zeiten waren hier Reisende von der Universitätsstadt Heidelberg nach Darmstadt und Frankfurt unterwegs. Noch früher sah man hier Mönche auf dem Weg zum Kloster Lorsch mit seinen Weinbergen, das westlich von Bensheim liegt. Und in der Antike marschierten hier römische Legionen, denn ursprünglich geht die Bergstraße, die »strata montana«, auf die Römer zurück, die auch die Reben pflanzten und damit den Weinbau in Deutschland begründeten.

Die Bergstraße setzt sich im Süden über Heidelberg hinaus fort, liegt dort aber in Baden und heißt Badische Bergstraße. Der Teil der Bergstraße, der zu Hessen gehört, bildet einen eigenen Weinbaubereich, eben die Hessische Bergstraße.

Bis zur Wiedervereinigung, durch die die beiden Weingebiete der einstigen DDR (Saale-Unstrut und Sachsen) wieder ins Spiel kamen, war die Hessische Bergstraße das kleinste Weingebiet Deutschlands. Wahrscheinlich war es außerhalb des Landes auch das unbekannteste, und es ist wohl nur auf die Tatsache zurückzuführen, dass das Wandern durstig macht, wenn der Weinbau hier floriert. Die Wanderer strömen zuverlässig herbei, denn die Hessische Bergstraße ist eine besonders reizvolle Gegend, die sich mit ihren Rebflächen und Obstgärten über 16 km am Westrand des Odenwaldes hinzieht. Berühmt ist die sehr frühzeitige, üppige Obstblüte im Frühling, die entsprechend viele Ausflügler anlockt.

Der Rhein fließt hier, westlich der Hessischen Bergstraße, durch ein breites, fruchtbares Tal. Im Osten steigt der Odenwald an, auf dessen Ausläufern der Wein angebaut wird, und zwar auf den südwestlich ausgerichteten Hängen sowie auf den Südhängen der kleinen Seitentäler.

Die Hessische Bergstraße ist eigentlich die nördliche Fortsetzung von Baden, doch das Flurbereinigungsprogramm, das die badischen Rebflächen in den letzten drei Jahrzehnten von arbeitsintensiven Terrassen in flache Hänge umgewandelt hat, die mit Traktoren bearbeitet werden können, hat diese Region kaum berührt. Hier gibt es immer noch kleine Terrassen, die mühsam aus den Bergflanken geschnitten wurden; jede trägt nur ein paar Rebzeilen, was einen enormen und teuren Unterhaltungsaufwand erfordert. Vor einer Generation sahen die meisten deutschen Weinberge noch so aus.

REBSORTEN

Die Hessische Bergstraße wird in zwei Bereiche unterteilt: Starkenburg mit dem 16 km langen Hang, der den größten Teil der Hessischen Bergstraße ausmacht, und Umstadt, ein weiter nördlich gelegener, isolierter Bereich östlich von Darmstadt. Im Bereich Umstadt wachsen Müller-Thurgau, Silvaner und Riesling, der mit 55 % den größten Teil der Rebflächen einnimmt.

In der Hessischen Bergstraße bekommt die Riesling-Rebe die besten, wärmsten und günstigsten Lagen und kann Spätlese- und Ausleseniveau – manchmal auch das der Beerenauslese – erreichen, der Wein bleibt jedoch meist recht schlank. Er besitzt eine gute Frucht, und wenn die Weine auch nicht die strukturierte Fülle des Rheingaus, die schlanke Eleganz der Mosel oder aber die ölige Breite der Pfalz aufweisen, besitzen sie bei gutem Preis-Leistungs-Verhältnis gute Qualität. Die weniger geschätzte Müller-Thurgau, die 11 % der Anbaufläche einnimmt, liefert einen einfachen, frischen und gefälligen Wein für alle Tage.

In kleinen Mengen werden noch zahlreiche andere Reben angebaut: Silvaner, Grauburgunder (Pinot Gris), Kerner, Ehrenfelser (eine Neuzüchtung), die nach Grapefruit duftende Scheurebe sowie Traminer. Außerdem gibt es noch einen kleinen Anteil Spätburgunder, doch bei weitem nicht so viel wie in Baden; er liefert leichte Weine, die eher Kuriositäten darstellen als ernsthafte Rotweine.

Die Erträge sind allgemein ziemlich niedrig, in etwa vergleichbar mit denen der Nahe, im Gegensatz zu dem enormen Hektarertrag Rheinhessens und der Pfalz. Sie sind auch niedriger als im wärmeren und fruchtbareren Baden.

WEINORTE

Es gibt einige sehr gute Weinlagen, die jedoch kaum über die Grenzen des Bereichs hinaus bekannt sind. Bei Heppenheim sind die Lagen Centgericht und Steinkopf zu nennen, die sich im Besitz des Staatsweinguts Bergstraße befinden. Sie eignen sich besonders für trockenen oder halbtrockenen Riesling Kabinett. Die andere führende Gemeinde ist Bensheim mit der guten Südlage Streichling. In Schönberg gibt es den Herrnwingert, der ebenfalls im Besitz der Staatsdomäne ist.

Außer dem Staatsweingut gibt es wenige andere selbstständige Kellereien. Bei etwa 1000 Weinbauern, die gerade 456 Hektar besitzen, sind die Weinberge meist sehr klein, und der größte Teil des Weins wird von der Winzergenossenschaft in Heppenheim gekeltert. Einige Erzeuger betreiben den Weinbau neben ihrem landwirtschaftlichen Hauptbetrieb, andere hegen ihre Reben an den Wochenenden und fahren unter der Woche zur Arbeit in die Städte.

KLIMA UND BODEN

Der Riesling gedeiht in diesem milden Klima mit langer Vegetationszeit hervorragend. Die Hessische Bergstraße hat im Sommer eine längere Sonnenscheindauer zu verzeichnen als die warme Pfalz auf der anderen Seite des Rheins, und es ist fast so warm wie Baden weiter südlich. Daher all die Obstbäume, und nicht umsonst ist die Hessische Bergstraße als der Frühlingsgarten Deutschlands bekannt. Ihre spät gelesenen Weine können köstlich sein, ihr Niveau geht meist nicht über die Kategorie Spätlese hinaus. Gemäß dem modernen Trend nützt man das günstige Klima, um trockene und halbtrockene Weine von guter Qualität zu produzieren.

Die Böden sind unterschiedlich, doch im Allgemeinen recht leicht. Es sind gerade diese leichten Böden, die zu einer Beschränkung der Erträge beitragen. Nördlich von Bensheim gibt es verwitterten Granit, der sich nach Norden bis Zwingenberg hinzieht. Heppenheim hat Löß und gelben Sandstein vorzuweisen, im Übrigen besteht der Boden meist aus Sand oder leichtem Lehm.

Das Problem der Hessischen Bergstraße ist die Bedrohung durch den Wohnungsbau. Dennoch ist die Anbaufläche in jüngster Zeit gewachsen – vielleicht haben der Tourismus und der Wein die Immobilienagenten hinauskomplimentiert, ich hoffe es jedenfalls.

Saale-Unstrut und Sachsen

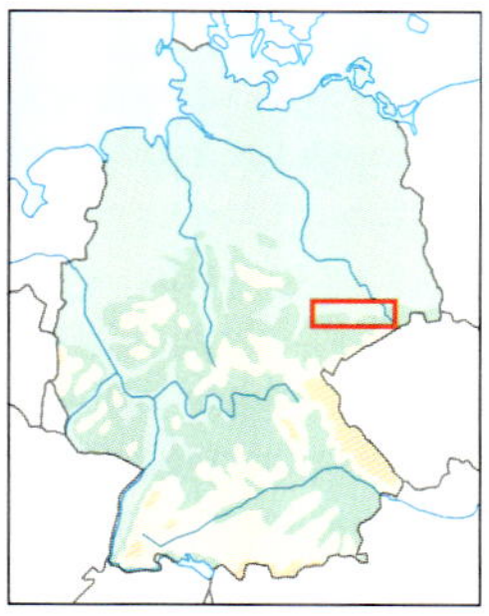

Wie viel hat sich in so wenigen Jahren verändert! Die beiden Weingegenden Ostdeutschlands galten als ebenso heruntergewirtschaftet wie das ganze Land, und die Leute dort, dachte man, wollten alle Coca-Cola trinken. Sie hatten aber auch kaum eine Chance, ihren eigenen Wein trinken zu können. Er war den Parteibonzen vorbehalten oder wertvolles Handelsgut, um Autoersatzteile oder was immer man brauchte einkaufen zu können, wenn Geld allein nicht ausreichte. Wie der Wein schmeckte, war nicht so wichtig, vor allem auch deswegen, weil kein guter Wein ins Land kam, mit dem man hätte vergleichen können.

Nach der Wiedervereinigung blieben die Bereiche Saale-Unstrut und Sachsen zehn Jahre lang vom EU-Verbot der Anpflanzung neuer Rebflächen ausgenommen (dieses Verbot soll eine Überproduktion verhindern und gilt für alle AC- und vergleichbare Regionen der Mitgliedsstaaten). Ein gut Teil der alten Rebflächen hatte Jahrzehnte lang brach gelegen, seit den 1930er Jahren. Die Wiederbepflanzung ist nun abgeschlossen, so dass Saale-Unstrut heute über 616 Hektar, Sachsen über 409 Hektar verfügt – verschwindend wenig im Vergleich zu Rheinhessen mit über 26 000 Hektar, aber der Zuwachs war beträchtlich.

Der Einschnitt durch die Wiedervereinigung war dramatisch. Die beiden Weinbaugebiete fanden sich 1990 plötzlich unter dem Dach des westdeutschen Weingesetzes von 1971 wieder. Der Westen schickte Experten für Weinbau, für Kellertechnik, für dies und jenes. Die ehemaligen DDR-Bürger lernten schnell. Ihr erstes Ziel war, so schnell wie möglich so viel wie möglich zu erzeugen. Heute arbeiten in beiden Regionen sehr gute, ernst zu nehmende Erzeuger, insbesondere Schloss Proschwitz und Klaus Zimmerling in Sachsen und Lützkendorf in Saale-Unstrut.

Die Erträge sind mit 30 bis 40 Hektolitern pro Hektar in beiden Bereichen winzig. Das hat mehrere Gründe: Zum einen ist die Pflanzdichte gering, dann waren die Rebklone, die aus Ungarn und der Tschechoslowakei importiert werden mussten, nicht gut – teilweise ist aber auch das Wetter schuld. Der geringe Ertrag ist nicht unmittelbar Anzeichen für hohe Qualität; es ist der Ertrag pro Rebstock, der entscheidet.

KLIMA UND BODEN

Das Wetter kann in diesen Bereichen ziemlich rau sein, doch die Sommer sind heiß und sonnig und bringen ausreichend Aromastoffe in den Wein, um den hohen Säuregehalt auszugleichen; die Winter sind dagegen lang und kalt. Das Anbaugebiet Saale-Unstrut ist die nördlichste Weingegend in Deutschland, dann kommt gleich Sachsen. Im Gebiet Saale-Unstrut vernichten Spätfröste in etwa drei von zehn Jahren 20 bis 80 % der Ernte. In Sachsen können Frühjahrsfröste, die bis Mitte Mai drohen, 90 % der Ernte vernichten.

In beiden Gebieten haben die Reben also nur an den sonnigsten und am besten geschützten Standorten überhaupt eine Chance, reif zu werden. Die einzige Möglichkeit sind Südhänge in Flusstälern, wie sie Saale und Unstrut bereitstellen, an der Saale im Allgemeinen nach Südosten und an der Unstrut nach Südwesten gerichtet. An der Unstrut ist Freyburg das Zentrum des Weinbaus; hier bieten steile, süd- oder westlich ausgerichtete Kalkabhänge den Reben die besten Voraussetzungen der ganzen Region. In Sachsen konzentrieren sich die Anbauflächen auf die südliche Elbe, wo die meisten Weinberge um die Stadt Meißen zu finden sind. Hier und in Dresden werden wohl Touristen auch in Zukunft die Hauptabnehmer sächsischer Weine sein.

Den größten Unterschied zwischen den beiden Gebieten gibt es bei den Böden, und mit besseren Methoden in Weinberg und Keller werden die Weine echten Charakter entwickeln. Die Rebflächen des Gebiets Saale-Unstrut befinden sich auf Kalk-, gelegentlich auch Sandsteinböden; seine Weine sind fruchtig, körperreich und großzügig, auch wenn sie ein kräftiges Säurerückgrat aufweisen. In Sachsen wachsen die Reben auf einem Granituntergrund und bringen schlankere, rassigere Weine hervor. Sie erscheinen oft weniger alkoholreich, als sie tatsächlich sind, und erreichen 11 bis erstaunliche 14 % Alkohol. Die Oberböden bestehen hier aus Lehm, Löß, Sandstein oder Porphyr mit Sand auf niedrig gelegenen Standorten an den Flüssen. Es gibt auch viel Sandstein, der im Allgemeinen jedoch nicht mit Reben bepflanzt ist.

REBSORTEN

In beiden Regionen sind die besten und wärmsten Standorte mit Riesling bepflanzt, obwohl der Herbst hier eigentlich zu früh kommt und zu kalt ist, als dass diese spät reifende Traube sich richtig entfalten könnte. Die Hauptsorte ist die früh reifende und zuverlässige Müller-Thurgau-Rebe, die aufgrund der niedrigeren Erträge einige Struktur erhält. Im Gebiet Saale-Unstrut gibt es einige gute Silvaner, und beide Bereiche erzeugen kleine Mengen Weißburgunder, Traminer und Gutedel, daneben etwas Rotwein; doch niemand erwartet hier eine großartige Farbe oder Reife. Sachsen hat alle drei letztgenannten Sorten, und das in erheblich größerer Menge. Im Anbaugebiet Saale-Unstrut werden die Weine normalerweise trocken ausgebaut, während Sachsen einen weicheren, leichteren Wein erzeugt.

WEINBAU

Die Weinberge sind in Terrassen angelegt, die zu Zeiten der DDR verfielen. Jetzt werden die Steinmauern, die die Terrassen abstützen, wieder instand gesetzt, und man will sie in dieser Form erhalten. Bisher ist nicht geplant, die Terrassen zu beseitigen, wie das im übrigen Deutschland praktiziert wurde. Der Freyburger Schlufterburg im Gebiet Saale-Unstrut wird unter der Beratung der Geisenheimer Lehr- und Forschungsanstalt für Weinbau in einen Musterweinberg verwandelt. Die Weinterrassen stellen ein prägendes Element der Landschaft dar und sind damit auch für den Fremdenverkehr wichtig (beide Gebiete haben bereits Weinstraßen eingerichtet). Ein weiterer Grund könnte sein, dass ein Flurbereinigungsprogramm horrende Kosten verursachen würde und im Augenblick nicht machbar ist. Auch wenn die Zahlen des Mittelalters nicht mehr erreicht werden, als 5000 bis 6000 Hektar allein in Sachsen mit Reben bestockt waren, hat der Weinbau in Ostdeutschland wieder Fuß gefasst.

ROTE REBSORTEN

Es gibt kleine Mengen Portugieser, Spätburgunder und Dornfelder.

WEISSE REBSORTEN

Müller-Thurgau nimmt in beiden Bereichen fast ein Viertel der Rebflächen ein, Weißburgunder 10 bis 15 %. Silvaner hat in Saale-Unstrut 9 %; Riesling ist in Sachsen mit 16 % vertreten, jedoch kaum in Saale-Unstrut. Beide Bereiche haben außerdem Grauburgunder, Gutedel und Traminer, Sachsen ein wenig Kerner.

KLIMA

Kontinentalklima mit kalten Wintern, heißen Sommern und Spätfrösten im Frühjahr.

BODEN

Der Bereich Saale-Unstrut besitzt Kalkstein und roten Sandstein auf den Hängen und tiefere, fruchtbare Böden in den Tälern. In Sachsen gibt es Lehm, Löß, Granit und verwitterten Porphyr.

TOPOGRAFIE

Im Bereich Saale-Unstrut werden die Reben bis in 200 m Höhe an den Ufern von Saale und Unstrut und auf den Hügeln bei Freyburg angepflanzt. In Sachsen sind die meisten Reben auf südöstlich ausgerichteten Abhängen des Elbtals anzutreffen.

Die Wiederbelebung der Weinberge im Osten Deutschlands schritt seit der Wiedervereinigung nur langsam voran. Über der kleinen Stadt Freyburg im Unstrut-Tal ragt das Schloss Neuenburg auf, rechts ist die Lage Edelacker zu sehen.

HESSISCHE BERGSTRASSE

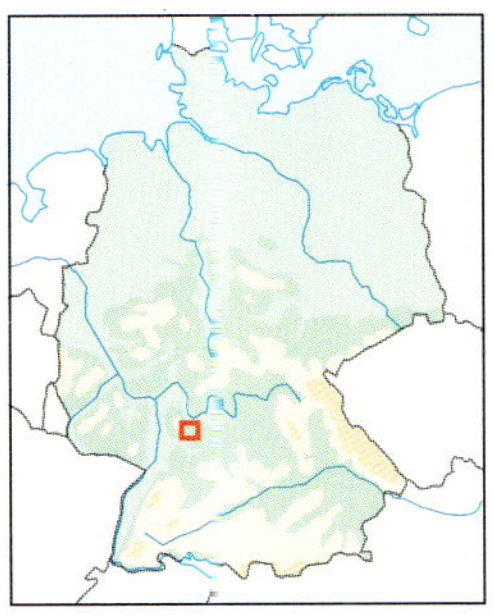

ROTE REBSORTEN
Es gibt eine kleine Menge Spätburgunder.

WEISSE REBSORTEN
Der Riesling nimmt 55% der Anbaufläche ein. Daneben sind Müller-Thurgau (11%) und Grauburgunder (8%) bedeutend.

KLIMA
Das Klima ist mild, und der Frühling beginnt sehr früh.

BODEN
Es gibt verschiedene leichte Verwitterungsböden mit Löß, Kies, Gneis und Basalt.

TOPOGRAFIE
Die Reben stehen auf den Westhängen sowie auf den Südhängen der ost-westlich verlaufender Täler. Der Odenwald hält den kalten Ostwind ab.

In den malerischen Hügeln der Hessischen Bergstraße ist die altmodische Mischkultur noch lebendig. Die Reben – hier die Lage Streichling bei Bensheim – teilen sich den Platz mit Kirsch-, Aprikosen- und Pfirsichbäumen.

Die Bergstraße. Bei diesem Namen denkt man an Ausflügler mit Wanderschuhen und Rucksack, die durch die Berge wandern. In früheren Zeiten waren hier Reisende von der Universitätsstadt Heidelberg nach Darmstadt und Frankfurt unterwegs. Noch früher sah man hier Mönche auf dem Weg zum Kloster Lorsch mit seinen Weinbergen, das westlich von Bensheim liegt. Und in der Antike marschierten hier römische Legionen, denn ursprünglich geht die Bergstraße, die »strata montana«, auf die Römer zurück, die auch die Reben pflanzten und damit den Weinbau in Deutschland begründeten.

Die Bergstraße setzt sich im Süden über Heidelberg hinaus fort, liegt dort aber in Baden und heißt Badische Bergstraße. Der Teil der Bergstraße, der zu Hessen gehört, bildet einen eigenen Weinbaubereich, eben die Hessische Bergstraße.

Bis zur Wiedervereinigung, durch die die beiden Weingebiete der einstigen DDR (Saale-Unstrut und Sachsen) wieder ins Spiel kamen, war die Hessische Bergstraße das kleinste Weingebiet Deutschlands. Wahrscheinlich war es außerhalb des Landes auch das unbekannteste, und es ist wohl nur auf die Tatsache zurückzuführen, dass das Wandern durstig macht, wenn der Weinbau hier floriert. Die Wanderer strömen zuverlässig herbei, denn die Hessische Bergstraße ist eine besonders reizvolle Gegend, die sich mit ihren Rebflächen und Obstgärten über 16 km am Westrand des Odenwaldes hinzieht. Berühmt ist die sehr frühzeitige, üppige Obstblüte im Frühling, die entsprechend viele Ausflügler anlockt.

Der Rhein fließt hier, westlich der Hessischen Bergstraße, durch ein breites, fruchtbares Tal. Im Osten steigt der Odenwald an, auf dessen Ausläufern der Wein angebaut wird, und zwar auf den südwestlich ausgerichteten Hängen sowie auf den Südhängen der kleinen Seitentäler.

Die Hessische Bergstraße ist eigentlich die nördliche Fortsetzung von Baden, doch das Flurbereinigungsprogramm, das die badischen Rebflächen in den letzten drei Jahrzehnten von arbeitsintensiven Terrassen in flache Hänge umgewandelt hat, die mit Traktoren bearbeitet werden können, hat diese Region kaum berührt. Hier gibt es immer noch kleine Terrassen, die mühsam aus den Bergflanken geschnitten wurden; jede trägt nur ein paar Rebzeilen, was einen enormen und teuren Unterhaltungsaufwand erfordert. Vor einer Generation sahen die meisten deutschen Weinberge noch so aus.

REBSORTEN

Die Hessische Bergstraße wird in zwei Bereiche unterteilt: Starkenburg mit dem 16 km langen Hang, der den größten Teil der Hessischen Bergstraße ausmacht, und Umstadt, ein weiter nördlich gelegener, isolierter Bereich östlich von Darmstadt. Im Bereich Umstadt wachsen Müller-Thurgau, Silvaner und Riesling, der mit 55 % den größten Teil der Rebflächen einnimmt.

In der Hessischen Bergstraße bekommt die Riesling-Rebe die besten, wärmsten und günstigsten Lagen und kann Spätlese- und Ausleseniveau – manchmal auch das der Beerenauslese – erreichen, der Wein bleibt jedoch meist recht schlank. Er besitzt eine gute Frucht, und wenn die Weine auch nicht die strukturierte Fülle des Rheingaus, die schlanke Eleganz der Mosel oder aber die ölige Breite der Pfalz aufweisen, besitzen sie bei gutem Preis-Leistungs-Verhältnis gute Qualität. Die weniger geschätzte Müller-Thurgau, die 11 % der Anbaufläche einnimmt, liefert einen einfachen, frischen und gefälligen Wein für alle Tage.

In kleinen Mengen werden noch zahlreiche andere Reben angebaut: Silvaner, Grauburgunder (Pinot Gris), Kerner, Ehrenfelser (eine Neuzüchtung), die nach Grapefruit duftende Scheurebe sowie Traminer. Außerdem gibt es noch einen kleinen Anteil Spätburgunder, doch bei weitem nicht so viel wie in Baden; er liefert leichte Weine, die eher Kuriositäten darstellen als ernsthafte Rotweine.

Die Erträge sind allgemein ziemlich niedrig, in etwa vergleichbar mit denen der Nahe, im Gegensatz zu dem enormen Hektarertrag Rheinhessens und der Pfalz. Sie sind auch niedriger als im wärmeren und fruchtbareren Baden.

WEINORTE

Es gibt einige sehr gute Weinlagen, die jedoch kaum über die Grenzen des Bereichs hinaus bekannt sind. Bei Heppenheim sind die Lagen Centgericht und Steinkopf zu nennen, die sich im Besitz des Staatsweinguts Bergstraße befinden. Sie eignen sich besonders für trockenen oder halbtrockenen Riesling Kabinett. Die andere führende Gemeinde ist Bensheim mit der guten Südlage Streichling. In Schönberg gibt es den Herrnwingert, der ebenfalls im Besitz der Staatsdomäne ist.

Außer dem Staatsweingut gibt es wenige andere selbstständige Kellereien. Bei etwa 1000 Weinbauern, die gerade 456 Hektar besitzen, sind die Weinberge meist sehr klein, und der größte Teil des Weins wird von der Winzergenossenschaft in Heppenheim gekeltert. Einige Erzeuger betreiben den Weinbau neben ihrem landwirtschaftlichen Hauptbetrieb, andere hegen ihre Reben an den Wochenenden und fahren unter der Woche zur Arbeit in die Städte.

KLIMA UND BODEN

Der Riesling gedeiht in diesem milden Klima mit langer Vegetationszeit hervorragend. Die Hessische Bergstraße hat im Sommer eine längere Sonnenscheindauer zu verzeichnen als die warme Pfalz auf der anderen Seite des Rheins, und es ist fast so warm wie Baden weiter südlich. Daher all die Obstbäume, und nicht umsonst ist die Hessische Bergstraße als der Frühlingsgarten Deutschlands bekannt. Ihre spät gelesenen Weine können köstlich sein, ihr Niveau geht meist nicht über die Kategorie Spätlese hinaus. Gemäß dem modernen Trend nützt man das günstige Klima, um trockene und halbtrockene Weine von guter Qualität zu produzieren.

Die Böden sind unterschiedlich, doch im Allgemeinen recht leicht. Es sind gerade diese leichten Böden, die zu einer Beschränkung der Erträge beitragen. Nördlich von Bensheim gibt es verwitterten Granit, der sich nach Norden bis Zwingenberg hinzieht. Heppenheim hat Löß und gelben Sandstein vorzuweisen, im Übrigen besteht der Boden meist aus Sand oder leichtem Lehm.

Das Problem der Hessischen Bergstraße ist die Bedrohung durch den Wohnungsbau. Dennoch ist die Anbaufläche in jüngster Zeit gewachsen – vielleicht haben der Tourismus und der Wein die Immobilienagenten hinauskomplimentiert, ich hoffe es jedenfalls.

WO DER WEIN WÄCHST

Vor drei Millionen Jahren war der Kaiserstuhl ein aktiver Vulkan. Im Lauf der Zeit erlosch er und wurde durch die Naturgewalten abgetragen, bis er in Dienst genommen werden konnte. Es wurden Terrassen angelegt und mit Reben bepflanzt. Die Weinorte drängen sich in den Tälern, und bis auf die waldbedeckten Gipfel wird dieser hufeisenförmige, 576 m hohe Vulkanfelsen für den Weinbau, für Obstplantagen und Weiden genützt. Die höher gelegenen Teile sind ein Naturschutzgebiet mit vielen seltenen Pflanzen, Insekten und Vögeln.

Die Sonnenexposition auf diesen süd- und südwestlich ausgerichteten Hängen ist ideal. Das Kleinklima ist trocken, und der Rhein nahe genug, um extreme Temperaturen zu mäßigen. Die Reben entwickeln während der langen Vegetationsperiode Kraft, Fülle und Komplexität. An Sommertagen erreicht das Thermometer oft mediterrane Temperaturen von 30 °C und mehr. Ihringen, das in die südlichen Hänge eingebettet ist, gilt als wärmster Ort Deutschlands, und die Weine vom Kaiserstuhl erreichen oft 13–14 % Alkohol, ohne mit Zucker aufgebessert zu werden.

Der Tuniberg macht mit seinen 304 m Höhe einen bescheidenen Eindruck. Diese Kalksteinanhöhe (eine Laune der Erdgeschichte; der Tuniberg ist nicht vulkanischen Ursprungs) kann vollständig für Reben genützt werden, da er nirgends zu kühles Klima aufweist. Die Rebflächen auf beiden Bergen wurden im Zuge des Flurbereinigungsprogramms vollkommen umgestaltet, die alten Terrassen wurden durch neue ersetzt.

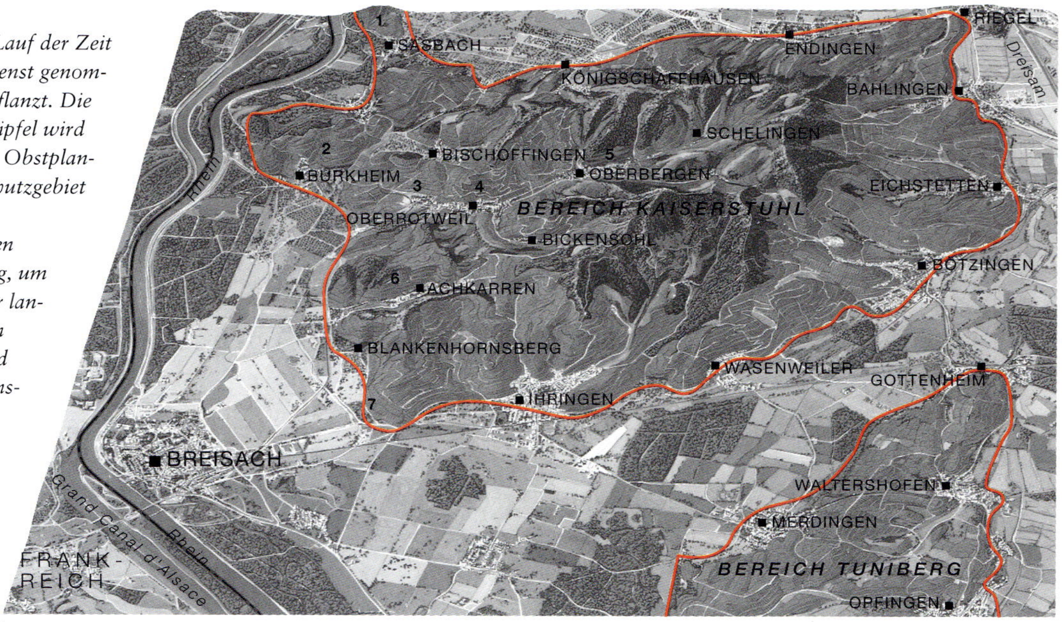

SPITZENLAGEN

1. Sasbacher Limburg
2. Burkheimer Feuerberg
3. Oberrotweiler Henkenberg
4. Oberrotweiler Eichberg
5. Oberbergener Pulverbuck
6. Achkarrer Schlossberg
7. Ihringer Winklerberg

BEREICHSGRENZEN

ITALIEN

Weinberge von Castello dei Rampolla im toskanischen Chianti, frisch geerntete Nebbiolo-Trauben im piemontesischen Barolo-Land: Lange Zeit waren diese Regionen und ihre Produkte die tragenden Säulen des italienischen Rotweins, heute fordern sie ganz Italien mit neuen Ideen heraus.

Italien, was für ein anstrengendes Land! Kein anderes kann mich so begeistern angesichts der Größe und Schönheit seines kulturellen Erbes – und mich so erzürnen angesichts des schonungslosen Umgangs mit den Gaben der Natur.

Es gibt Länder, in denen man sich über das Potenzial und das mögliche Spektrum der Weine leicht ein Bild machen kann. Diese Länder sind berechenbar, einförmig, und es ist unwahrscheinlich, dass sie einen enttäuschen, aber ebenso unwahrscheinlich, dass sie einen positiv überraschen. Zu diesen Ländern gehört Italien nun wahrlich nicht. Von einigen der berühmtesten Weinberge stammen einige der schlechtesten Weine, während manche der großartigsten bis 1995 überhaupt keinen gesetzlich anerkannten Status hatten. Das DOC-System, das 1963 eingeführt wurde, um Ordnung in die Anarchie der italienischen Weine zu bringen, wurde genauso sehr dazu benützt, Mittelmäßigkeit und Inkompetenz zu schützen, wie dazu, Qualität und regionalen Charakter zu fördern. In Gebieten wie der Toskana, wo große Weinnamen wie Chianti und Vino Nobile di Montepulciano bedeutungslos geworden waren, sahen sich innovative, qualitätsbewusste Erzeuger gezwungen, den gesetzlichen Rahmen zu verlassen. Sie konnten sich keinen Regelungen unterwerfen, die nicht überragende Leistungen zum Ziel hatten, sondern nur der politischen Zweckmäßigkeit dienten.

Und trotzdem. Von den Terrassen unter den schneebedeckten Gipfeln der Südtiroler Alpen im Norden bis zu den winzigen Inseln im Süden, fast schon in Sichtweite der nordafrikanischen Küste, besitzt Italien mehr zusammenhängende Anbaugebiete als jedes andere Land. Italien ist der größte Weinkonsument der Welt, und doch hat es noch genug übrig, um auch der weltgrößte Weinexporteur zu sein. Das Rückgrat des Apennins, der in der Mitte des Landes von Norden nach Süden verläuft, sorgt dafür, dass die zunehmende Sonneneinstrahlung fast immer durch größere Höhe ausgeglichen werden kann. Vom umgebenden Meer wird das Klima in allen Weinbaugebieten – außer denen im hohen Norden – günstig beeinflusst. Und die meisten Rebsorten sind italienische Originale.

Das klingt alles nach einem Weinparadies. Das war Italien jedoch lange Zeit nicht, da man über Generationen hinweg versäumte, aus diesen Gaben das Beste zu machen. Heute aber ist Italien voller enthusiastischer, talentierter junger Winzer und Weinmacher. Der moderne Weintrend in aller Welt ging vor allem von den französischen Vorbildern und den französischen Rebsorten aus; das einundzwanzigste Jahrhundert verlangt aber nach neuen Ideen, nach neuen Geschmacksprofilen. Italien mit seiner ausgeprägten Individualität, seinen anspruchsvollen Weinen und seiner unendlichen Palette von Rebsorten ist bereit, die Führerrolle zu übernehmen, der es so lange ausgewichen ist.

Die Weinbaugebiete Italiens

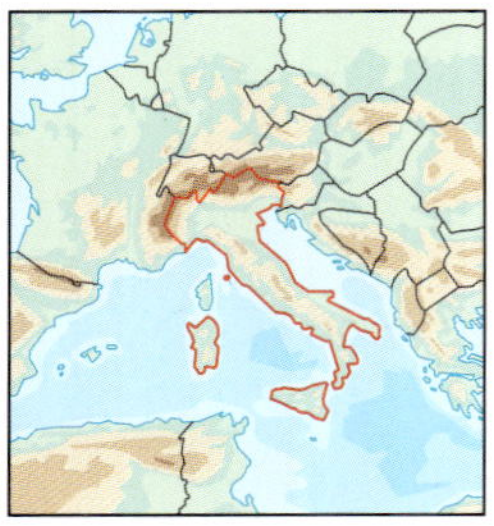

Weinbau und Italien gehören zusammen. Angesichts der Mengen von Wein, die Italien produziert, könnte ein Besucher, der zum ersten Mal hierher kommt, erwarten, dass jedes verfügbare Stückchen Land mit Reben bepflanzt ist. Doch dem ist nicht so. Es gibt zwar riesige Rebflächen in Italien, doch sind sie auf eine Hand voll Regionen konzentriert: Piemont im Nordwesten, Südtirol-Trentino im Norden, Veneto und Friaul im Nordosten, die Toskana und Emilia-Romagna im westlichen Mittelitalien, Marken und Abruzzen im östlichen Mittelitalien, Apulien im Süden sowie die Inseln Sizilien und Sardinien.

Trotzdem wachsen in Italien mehr Reben als in jedem anderen Land der Erde. Wenn man sich vor Augen hält, wie lang die Halbinsel Italien ist, erscheint die enorme Vielfalt der Weintypen nur zu verständlich. Die kühlen Täler der südlichen Alpen liegen viel näher an der Nordsee als an der winzigen Insel Pantelleria, die fast Tuchfühlung mit der tunesischen Küste hat. Und von den Alpen bis nach Sizilien reicht das gewaltige Rückgrat des Apennins. Etwa 80 % des Landes bestehen aus Hügeln oder Bergen, deren unendlich vielfältige Form unendlich viele Hanglagen mit exzellenter Exposition bietet. Auch ihre Höhe ist bedeutsam. Während im Norden die Alpen Weine von kristalliner Reinheit hervorbringen, sind im Süden die Bergeshöhen entscheidend, um die Kraft der gleißenden Sonne zu mildern.

Auch die Nähe zum Wasser kann lebenswichtig sein. Die lange, schmale Form Italiens bringt es mit sich, dass viele Weinberge vom kühlenden Effekt des Adriatischen und des Tyrrhenischen Meers profitieren. Binnenseen wie der Gardasee im Nordwesten oder der Trasimenische See in Umbrien schaffen örtliche Klimate, die den Typ des Weins erheblich bestimmen. Dann gibt es die Flüsse: von der Etsch, die aus den Dolomiten herunterrauscht, über den Tanaro im Piemont, der die Grenze zwischen dem Roero und den Langhe bildet, den Po, der Norditalien von Mittelitalien trennt, bis zum Arno der Toskana und dem Tiber Latiums. In einigen Fällen tragen diese Flüsse zur Mäßigung des Klimas bei, während andere fruchtbare Täler bereitstellen, in denen die Rebe Leistungen erbringt wie ein gedopter Athlet.

Angesichts der großen klimatischen und topografischen Vielfalt überrascht es kaum, dass Italien ein großes Spektrum einheimischer Rebsorten aufweist, von denen die meisten nur in ihrer gewohnten Umgebung richtig gedeihen. So ist die Nebbiolo-Rebe am besten im Piemont aufgehoben, und dort nirgendwo besser als auf den kalkreichen Böden der Langhe; die Moscato-Traube, die überall auf der Halbinsel angebaut wird, erbringt die besten Resultate auf den weißen, kreidigen Böden um Canelli in den Bergen des Piemonteser Monferrato.

Weiter östlich, bei Verona, gedeihen die weiße Garganega und die rote Corvina, während in den Bergen an der slowenischen Grenze internationale Sorten wie Pinot Grigio (Grauburgunder) und Sauvignon mit einheimischen Sorten wie Tocai Friulano und Ribolla um die Vorherrschaft kämpfen. In den Marken und den Abruzzen behauptet sich die Montepulciano-Rebe; Versuche, sie über den Apennin in die Toskana zu importieren, wurden durch das dortige kühlere Klima vereitelt. Die Sangiovese, die an der Ostküste nur magere Weine liefert, kommt in der Toskana in den Gebieten Chianti, Montalcino und Montepulciano groß heraus. Sie ist auf der ganzen Halbinsel angepflanzt, ebenso Barbera und die weiße Trebbiano, immer noch die meistangebaute Rebsorte Italiens, die fast 10 % aller Rebflächen einnimmt. Während jedoch Barbera und Sangiovese große Weine hervorbringen können, sind die einzigen Pluspunkte der Trebbiano ihre Krankheitsresistenz und ihre gewaltigen Erträge, und sie verliert rasch an Boden.

Weiter südlich stoßen wir auf Sorten, die vor 3000 Jahren von den Griechen ins Land gebracht wurden: Negroamaro, Uva di Troia, Aglianico, Gaglioppo und Greco di Tufo, die alle in der südlichen Hitze ausgezeichnet gedeihen. Wenn man nördliche Sorten wie Sangiovese und Trebbiano im Süden anpflanzt, werden sie bereits im August reif und bringen Weine von unsäglicher Banalität hervor; diese einheimischen Reben haben eine viel längere Wachstumszeit, in der die Trauben interessante und komplexe Aromen entwickeln können.

Auch die Inseln haben ihre eigenen Sorten. Für Sizilien sind etwa Nero d'Avola und Inzolia zu nennen, während in Sardinien mit Sorten wie der roten Cannonau (der spanischen Garnacha) und Carignano (Cariñena) sowie der weißen Vermentino (angeblich eine Variante der Malvasia) noch Spuren der spanischen Herrschaft im Mittelalter zu finden sind. Hier darf, wie überall in Italien, nicht unterschätzt werden, wie wichtig es ist, diesen Rebsorten den passenden Boden und das geeignete Klima anzubieten.

Gaja ist der berühmteste Erzeuger Italiens und »Sperss« eine Spitzenlage im Barolo, dennoch verwendet Gaja lieber die weniger restriktive Appellation »Langhe«.

Das italienische Klassifikationssystem

Die Weingesetze Italiens entwickelten sich aus dem Chaos der 1950er Jahre. 1963 führte die italienische Regierung ein System der »denominazione di origine« (Herkunftsbezeichnung) ein, das sich an das französische System der »appellation contrôlée« anlehnte. Bis vor kurzem wurden nur etwa 10% der enormen italienischen Weinproduktion von den Weingesetzen erfasst. Dies ändert sich gegenwärtig, da die 1992 in Kraft getretenen Reformen – bekannt als Goria-Gesetz – ihre Auswirkungen zeigen und mehr Weine in die verschiedenen Kategorien einbeziehen.

Qualitätskategorien

Der Wein wird in zwei Hauptkategorien eingeteilt: Qualitätswein (DOCG und DOC) und Tafelwein (IGT und VdT).

Denominazione di Origine Controllata e Garantita (DOCG) Diese höchste Stufe des italienischen Weins begann als eine enger gefasste DOC und war als Anerkennung der edelsten Weine gedacht. Die Beschränkung der Rebsorten und Erträge war strenger, und der Wein musste von einer speziellen Prüfungskommission analysiert und verkostet werden, bevor er das begehrte Siegel erhielt. Obwohl bereits 1963 eingeführt, wurde die erste DOCG erst 1980 vergeben, und 2001 gab es erst 21 Weine mit dem DOCG-Status. Mit ihm wird die offensichtliche Klasse von Weinen wie Barbaresco, Barolo, Brunello di Montalcino und Vino Nobile di Montepulciano anerkannt.

Denominazione di Origine Controllata (DOC) Diese Stufe gilt für Weine aus festgelegten Rebsorten, die in festgelegten Zonen angebaut und nach vorgeschriebenen Methoden verarbeitet werden.

In einem gewissen Umfang dienen die DOC-Regelungen dazu, bestehende Traditionen (die während der Jahre nach dem Zweiten Weltkrieg eher mit dem Blick auf Quantität als Qualität begründet wurden) auf Kosten des Fortschritts zu erhalten, und garantieren nicht immer gute Qualität. In den 1970er, 1980er Jahren wuchs die Zahl von VdT-Weinen beträchtlich, und viele übertrafen die DOC-Weine, was zur Einrichtung der Kategorie IGT 1992 führte.

Indicazione Geografica Tipica (IGT) Dies ist eine höhere Stufe des Vino da Tavola, eine italienische Version des erfolgreichen französischen Vin de Pays. Die Weine können eine geografische Bezeichnung auf dem Etikett kombiniert mit einer Rebsortenangabe tragen. Da eine Reihe von Erzeugern von den DOC-Bestimmungen enttäuscht sind, weil sie ihre Eigenständigkeit und Initiative behindern, tragen einige der größten Weine Italiens diese bescheidene Bezeichnung.

Vino da Tavola (VdT) Die unterste Kategorie. Auf dem Etikett dürfen keine geografischen oder sortenbezogenen Angaben gemacht werden. Besonders hinterhältig ist das Verbot einer Jahrgangsangabe, was die meisten Erzeuger veranlasst, ihren Wein mindestens in die IGT zu bringen.

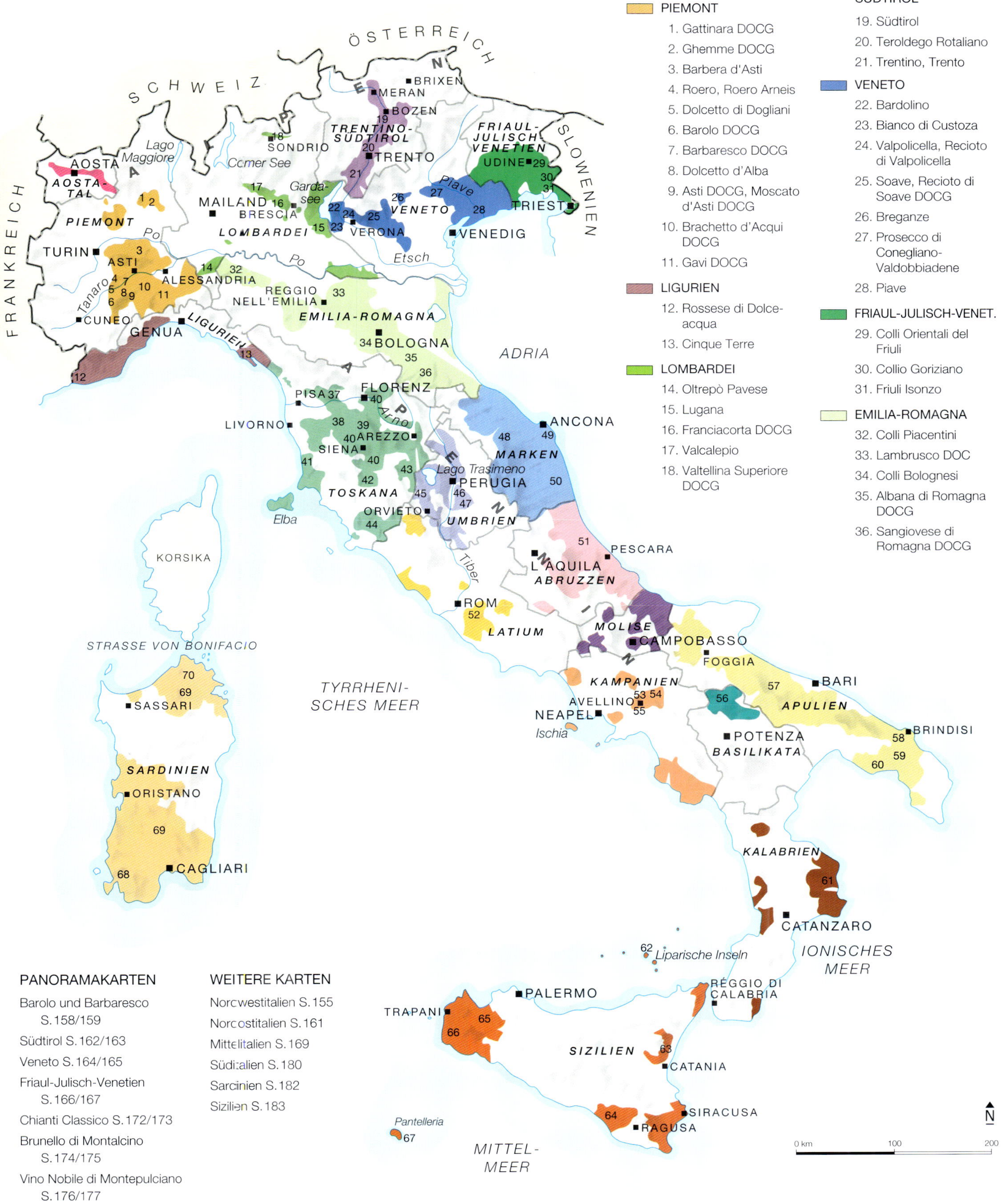

WICHTIGE DOCG/DOC-BEREICHE

AOSTA-TAL

PIEMONT
1. Gattinara DOCG
2. Ghemme DOCG
3. Barbera d'Asti
4. Roero, Roero Arneis
5. Dolcetto di Dogliani
6. Barolo DOCG
7. Barbaresco DOCG
8. Dolcetto d'Alba
9. Asti DOCG, Moscato d'Asti DOCG
10. Brachetto d'Acqui DOCG
11. Gavi DOCG

LIGURIEN
12. Rossese di Dolceacqua
13. Cinque Terre

LOMBARDEI
14. Oltrepò Pavese
15. Lugana
16. Franciacorta DOCG
17. Valcalepio
18. Valtellina Superiore DOCG

TRENTINO-SÜDTIROL
19. Südtirol
20. Teroldego Rotaliano
21. Trentino, Trento

VENETO
22. Bardolino
23. Bianco di Custoza
24. Valpolicella, Recioto di Valpolicella
25. Soave, Recioto di Soave DOCG
26. Breganze
27. Prosecco di Conegliano-Valdobbiadene
28. Piave

FRIAUL-JULISCH-VENET.
29. Colli Orientali del Friuli
30. Collio Goriziano
31. Friuli Isonzo

EMILIA-ROMAGNA
32. Colli Piacentini
33. Lambrusco DOC
34. Colli Bolognesi
35. Albana di Romagna DOCG
36. Sangiovese di Romagna DOCG

TOSKANA
37. Carmignano DOCG
38. Vernaccia di San Gimignano DOCG
39. Chianti Classico DOCG
40. Chianti DOCG
41. Bolgheri
42. Brunello di Montalcino DOCG
43. Vino Nobile di Montepulciano DOCG
44. Morellino di Scansano

UMBRIEN
45. Orvieto
46. Torgiano Rosso Riserva DOCG
47. Montefalco Sagrantino DOCG

MARKEN
48. Verdicchio dei Castelli di Jesi
49. Rosso Conero
50. Rosso Piceno

ABRUZZEN
51. Montepulciano d'Abruzzo

LATIUM
52. Frascati

MOLISE

KAMPANIEN
53. Greco di Tufo
54. Taurasi DOCG
55. Fiano di Avellino

BASILIKATA
56. Aglianico del Vulture

APULIEN
57. Castel del Monte
58. Brindisi
59. Salice Salentino
60. Primitivo di Manduria

KALABRIEN
61. Cirò

SIZILIEN
62. Malvasia delle Lipari
63. Etna
64. Faro
65. Alcamo, Bianco d'Alcamo
66. Marsala
67. Moscato di Pantelleria

SARDINIEN
68. Carignano del Sulcis
69. Cannonau di Sardegna, Vermentino di Sardegna
70. Vermentino di Gallura DOCG

PANORAMAKARTEN

Barolo und Barbaresco S. 158/159
Südtirol S. 162/163
Veneto S. 164/165
Friaul-Julisch-Venetien S. 166/167
Chianti Classico S. 172/173
Brunello di Montalcino S. 174/175
Vino Nobile di Montepulciano S. 176/177
Bolgheri S. 178/179

WEITERE KARTEN

Nordwestitalien S. 155
Nordostitalien S. 161
Mittelitalien S. 169
Süditalien S. 180
Sardinien S. 182
Sizilien S. 183

NORDWESTITALIEN

Wenn ich Zeit habe und der Pass geöffnet ist, nehme ich am liebsten den anstrengenden Weg nach Italien, die lange, kurvige Strecke über den Kleinen St. Bernhard von Bourg-St-Maurice ins Aosta-Tal. Was für ein Gefühl, wenn sich das Tal weitet und Italien vor mir liegt! Das ist die Reaktion eines sonnenhungrigen Nordwesteuropäers, der sich plötzlich in den lichtdurchfluteten Landschaften Italiens wiederfindet – für den Weinliebhaber kommt noch die Vorfreude auf eine der größten italienischen Weinbauzonen dazu, die noch etwa eine Fahrstunde von hier bei Alba in den Hügeln der Langhe liegt.

Die wellige voralpine Hügellandschaft der Langhe liefert mit ihren Ton- und Kalksteinböden die perfekte Umwelt für den Weinbau, und engagierte Winzer produzieren hier einige der aufregendsten Weine Italiens. Doch dass mir bei dem Gedanken an die Langhe das Wasser im Mund zusammenläuft, ist ein ziemlich neues Phänomen. Früher hätte ich das Gesicht verzogen bei der Aussicht, strenge Weine probieren zu müssen, wie es die Barolos und Barbarescos einmal waren. Doch inzwischen fühle ich mich zunehmend zu dem neuen Typ köstlich harmonischer Weine hingezogen, die in dieser Region auftauchen, Weine, die ihren alten Ruf für Kraft und Noblesse keineswegs verraten, sondern auf ganz erstaunliche Weise neu interpretieren und neu begründen. Diese Weine, die nichts von der Arroganz des alten Barolo und Barbaresco verloren haben, übernehmen dennoch nichts von der jovialen, kumpelhaften Art der Neuen Welt. Doch unter dem schroffen Äußeren ist ein Kern von süßer Frucht und betörendem Parfum zu spüren, der früher durch die langjährige Lagerung in alten Holzfässern zerstört wurde, heute jedoch die Tannin-Rüstung mit einem Feuerwerk von Brombeeren und Teer, Walderdbeeren und dem strahlenden, süßen Duft von Rosenblüten durchbricht.

Die Hügel der Langhe bilden jedoch keine Insel der Qualität in einem Meer der Mittelmäßigkeit, wie es noch vor einigen Jahren der Fall war. Zwar werden traditionsreiche Namen wie Gattinara und Ghemme durchgängig ihren Möglichkeiten nicht gerecht, doch sind die Leistungsverweigerer früherer Zeiten, wie die Barberas von Asti und aus dem Monferrato, heute wirklich hervorragend und aufregend. Außerdem findet man einige außerordentlich schmackhafte, innovative Verschnitte – nicht nur aus den heimischen Rebsorten Nebbiolo und Barbera (nebenbei bemerkt eine potenziell segensreiche Verbindung), sondern auch einer der beiden oder beider mit Cabernet oder Merlot, ja sogar Pinot Noir.

Die internationalen Sorten gewinnen auch beim Weißwein an Boden; Chardonnay, Sauvignon Blanc und sogar Viognier nehmen inzwischen im Piemont, noch mehr aber im lombardischen Franciacorta und Oltrepò Pavese an der Konkurrenz teil, wobei Franciacorta wohl als der größte Rivale des Champagners überhaupt gelten darf.

Es gibt in der Tat keinen Grund, weshalb Nordwestitalien keinen hervorragenden Wein hervorbringen sollte, denn es hat alle erforderlichen natürlichen Voraussetzungen dazu. Berge – die Alpen im Norden und Westen, der Apennin im Süden – bilden einen schützenden Halbkreis und stellen auch die natürliche Grenze zwischen dem Piemont (der Name bedeutet so viel wie »am Fuß der Berge«) und der Küstenregion Ligurien im Süden dar. Flüsse wie Po, Tanaro und Bormida bewässern die üppigen, niedrig gelegenen Täler, die mit das beste Obst Italiens hervorbringen, während die Hügel der Langhe und des Monferrato sowie die Hänge der Voralpen in der Lombardei ideale Anbaubedingungen bieten.

Der Po, Italiens längster Fluss, entspringt in den Alpen nahe der französischen Grenze, bevor er sich ein breites Bett durch die Ebenen des Piemont, der Lombardei und des Veneto gräbt und auf dem Weg nach Osten das alpine Italien von der Emilia-Romagna und Mittelitalien trennt. Die breite, fruchtbare Po-Ebene, die sich nicht für den Weinbau eignet (ihre Fruchtbarkeit hat so manchen geldgierigen Winzer in Versuchung gebracht), wird im Norden durch einen Kamm von Kalkstein und Dolomit begrenzt, der die Ausläufer der lombardischen Alpen bildet. Diese erstrecken sich bis in das Veneto hinein, wo sie die Classico-Zonen Valpolicella und Soave beherbergen, während sie in der Lombardei hauptsächlich für die Weine von Franciacorta zuständig sind.

Während Italien insgesamt wenig echtes Binnenland aufweist, hat im Nordwesten nur Ligurien Zugang zum Meer. Dank der Lage am Wasser hat diese schmale, halbmondförmige Region ein ausgeglicheneres Klima als das Piemont, die Lombardei und das Aosta-Tal im Norden. Im Binnenland sind die Winter bitterkalt, die Sommer lang und heiß und die Herbste im Allgemeinen schön, bis sich Anfang Oktober dicke Nebelbänke über das Land legen.

PIEMONT

Im Piemont, der größten Region Italiens, sind die Hügel der Langhe und des Monferrato (die zusammen über 90% der Weinproduktion der Region liefern) häufig in dichten Nebel getaucht. Und der Nebel, im Italienischen »nebbia«, hat auch einer der größten Rebsorten des Piemont – und ganz Italiens – den Namen gegeben: Nebbiolo. Diese heikle Sorte, die sortenrein für den Barolo und den Barbaresco verwendet wird, reift spät und hat es oft schwer, die nötige Reife zu erlangen, wenn sich der Nebel über die Täler und niedrig gelegenen Hangteile legt. Wenn die Nebbiolo die Schlacht gewinnt, sind die Ergebnisse hervorragend; wenn der Nebel die Oberhand behält, müssen sich die Winzer mit einem ziemlich faden, grünen und rauen Rotwein zufrieden geben, bei dem die Verkoster das Gesicht verziehen und sich fragen, was der ganze Aufwand soll.

Doch wie gesagt, Piemont hat noch mehr Pfeile im Köcher als die edle Nebbiolo-Traube. Auch aus anderen roten Sorten wie Barbera und Dolcetto entstehen beträchtliche Mengen Wein. Barbera ist eine wuchsfreudige Sorte, die zu gedeihen scheint, wo immer sie gepflanzt wird; sie reift leicht und bringt einen schweren Wein mit dunkler Frucht hervor, der einen guten Säuregehalt aufweist und erfreulich wenig Tannin enthält. In den letzten Jahren hat sich Barbera für den Barriqueausbau als erstaunlich gut geeignet erwiesen, ebenso gut reagiert sie auf eine Ertragsbeschränkung mit Weinen von bemerkenswerter Konzentration und Eleganz. Dolcetto wiederum galt in seiner Bestform als ein lebendiger, purpurroter Wein, voll gepackt mit pflaumiger Frucht und Würze, schlicht, unkompliziert und herrlich leicht zu trinken; heute dringt er dank Behangausdünnung und Ausbau im Eichenfass in höhere Marktsegmente vor.

Piemont ist für seine Rotweine berühmt, es liefert jedoch auch große Mengen Weißwein, hauptsächlich aus der Moscato-Traube, die in den Monferrato-Hügeln angebaut wird. Ihr himmlischer Duft nach weißem Pfirsich und Holunderblüten ist in den besten Asti- und Moscato-d'Asti-Weinen zu spüren und bildet einen idealen Kontrast zu den schweren Rotweinen aus den Langhe. Weniger zuverlässig, doch herrlich duftend, mit einer Frucht zwischen Birnen und weißen Pfirsichen, sind die Stillweine aus den Sorten Arneis und Favorita.

WEITERE REGIONEN

Der Rest der nordwestitalienischen Weine wird durch den Koloss Piemont zu Zwergen degradiert. Der Wein Liguriens, der weniger als 0,5% der italienischen Produktion ausmacht, wird hauptsächlich von den Sommerurlaubern konsumiert und erleidet im Allgemeinen das Schicksal, das mühelose Popularität und eine aufnahmefähige Tourismusindustrie einer Region bescheren – mittelmäßige Qualität bei hohen Preisen. Doch das Potenzial für Qualität ist auch in Ligurien hoch. Der vorherrschende Eindruck, den gute Beispiele von Rebsorten wie Ormeasco, Rossese, Pigato und Vermentino bei mir hinterließen, ist der eines runden, reifen Körpers, der den italienischen Weinen so oft fehlt, verbunden mit faszinierenden Aromen. Dies lässt sich dadurch

Das heiter und flott gestaltete Etikett lässt den riesigen Abstand zum überernsten traditionellen Barolo erkennen: Cerequoio ist eine Lage im Besitz von Roberto Voerzio, einem der führenden Modernisten in Barolo.

erklären, dass die Reben meist auf warmen Berghängen angebaut werden, die starken maritimen Einflüssen unterliegen. Leider gibt es nicht besonders viele gute Exemplare, doch es lohnt sich, nach ihnen zu suchen.

Das Aosta-Tal hat das gleiche Problem – durstige Touristen in den Skiorten, die alles schlucken, egal zu welchem Preis. Das Aosta-Tal ist jedoch ein hoch gelegenes, kaltes Tal, und es ist hier keineswegs leicht, die Trauben zur Reife zu bringen. Ich habe zwar recht gute, nach Kräutern duftende Gamays und Nebbiolos und ein paar ordentliche Moscatos angetroffen, doch während ich jeden Umweg auf mich nehme, um gute ligurische Weine aufzutreiben, trinke ich Weine aus dem Aosta-Tal eigentlich nur, wenn ich auf der Durchreise bin.

An Rebfläche und produzierter Weinmenge kann es nur die Lombardei mit dem Piemont aufnehmen. Leider ist vieles von dem, was aus der ausgedehnten Zone Oltrepò Pavese im Südwesten der Lombardei kommt, nur ordentlich, nicht begeisternd, und wird auf jeden Fall von Mailand, dem Industriezentrum Italiens und der nächsten Großstadt, absorbiert. Doch Franciacorta, zwischen Breganze und Brescia gelegen, wird zunehmend für seine Weine in französischem Stil bewundert, und das weit nördlich gelegene Valtellina – der einzige bedeutende Vorposten der Nebbiolo außerhalb des Piemonts – hat gegenwärtig sein qualitatives Comeback. Die besten Weine gehören zur Valtellina Superiore DOCG mit den Unterbereichen Grumello, Inferno, Sassella und Valgella.

Traube ein empfindliches Geschöpf. Innerhalb der fast 1200 Hektar

viel Sonne einzufangen.

VENETO

Es kann gut sein, dass einer der ersten italienischen Weine, den Sie je getrunken haben, aus dem Veneto stammte. Es war vielleicht ein Soave, Bardolino oder Valpolicella, ein Bianco, Rosso, Merlot oder Tocai del Veneto oder ein Pinot Grigio, Chardonnay oder Cabernet. Das Veneto produziert nämlich nicht nur eine breite Palette, sondern auch eine gewaltige Menge Wein auf seinen Weinbergen, die über die ganze Region verstreut sind – von den Ufern des Gardasees im Westen bis zum Piave-Tal im Osten, von den Voralpenhügeln im Norden bis zum monotonen Flachland der Po-Ebene im Süden. Die Qualität schwankt zwischen anonymen Weißweinen und grasigen Rotweinen und den wenigen herausragenden Gewächsen, die in der Valpolicella- und der Soave-Classico-Zone in den Bergen im Umkreis von Verona erzeugt werden.

Zwar trifft man, im Großen und Ganzen, in der Toskana und im Piemont auf größere Rotweine, doch bringt keine andere italienische Region eine solche Palette unterschiedlicher Weine mit einem so annehmbaren durchschnittlichen Qualitätsniveau und zu so moderaten Preisen hervor wie die Region Veneto. Die Weine, von einheimischen Trauben wie der roten Corvina und der weißen Garganega bis zu internationalen Stars wie Chardonnay und Pinot Grigio, Cabernet und Merlot, sind im Allgemeinen weich, zugänglich und von internationaler Art, während die gleichmäßige Qualität der önologischen Lehr- und Forschungsanstalt in Conegliano im nordöstlichen Veneto zu verdanken ist (die erste, die in Italien eingerichtet wurde).

Namen wie Valpolicella und Soave sind weltberühmt. Zunächst, in den 1960ern, galten sie als gute Weine für relativ wenig Geld, doch trugen sie bald dazu bei, das Image des italienischen Weins als eines preiswerten und gefälligen Weins zu prägen, das er bis heute hat. Trotz dieses Images sind die Classico-Weinberge dieser beiden Zonen in den Voralpen, die sich unvermittelt aus der nördlichen Po-Ebene erheben, immer noch die edelsten in der Region, sowohl was die gegenwärtige Qualität als auch was das realisierbare Potenzial betrifft. Beide Classico-Zonen sind von den Weinen aus der Ebene zu unterscheiden, die nur die einfachen Bezeichnungen Valpolicella und Soave tragen dürfen. Die Böden in der Ebene sind das Produkt von Gletschern und reich an Kies, daher wird verbreitet künstlich bewässert, und die Erträge sind höher. Die Weine von hier, besonders die von Valpolicella, sind folglich nur ein schwacher Abklatsch derjenigen von den steinigen Kalkhügeln der Classico-Zonen.

Die Zone Soave Classico wird von der Garganega-Traube beherrscht. Während sie früher durch die Trebbiano di Soave ergänzt wurde, um den Weinen mehr Aroma zu geben, wird sie heute mit Chardonnay oder Sauvignon verschnitten; die meisten Spitzenerzeuger erreichen aber diesen Verschnitt. Soaves von guten Erzeugern besitzen eine attraktive, saubere Frucht und verhaltene Aromen und eignen sich ausgezeichnet als Getränk zu frischem Fisch und Schalentieren. Die süße Recioto-Version aus rosinierten Trauben rückte zur DOCG auf.

Die Steilhänge der Zone Valpolicella Classico, deren Klima durch die Nähe des Gardasees sehr mild ist, eignen sich hervorragend für die Sorten Corvina und Corvinone. Leider wurde in den Nachkriegsjahren die Corvina mit schlechteren Sorten verdünnt. Der verwendete hohe Prozentsatz der Molinara und die traditionelle Rebenerziehung in einer hohen Pergolaform, die meist zu übermäßigen Erträgen und einer weiteren Verwässerung der Qualität führt, sind die Gründe, weshalb viele den Valpolicella für einen leichten Rotwein halten. Dieses Bild ändert sich jedoch, da immer mehr Winzer hervorragende Tischweine liefern, wie Allegrini mit seinen Weinen La Poja und La Grola. Weine, die einen hohen Corvina-Anteil besitzen oder mit guten Anbaumethoden erzeugt werden, haben erheblich mehr Tiefe und Intensität und können es mit der Konzentration eines guten Chianti aufnehmen. Eine solche

VALPOLICELLA CLASSICO UND VALPANTENA

GRENZEN DER DOC VALPOLICELLA

VALPOLICELLA CLASSICO = VALPOLICELLA-UNTERBEREICH

UNTERBEREICHS-GRENZEN

NORD-SÜD-AUSDEHNUNG 16 KM

REBFLÄCHEN

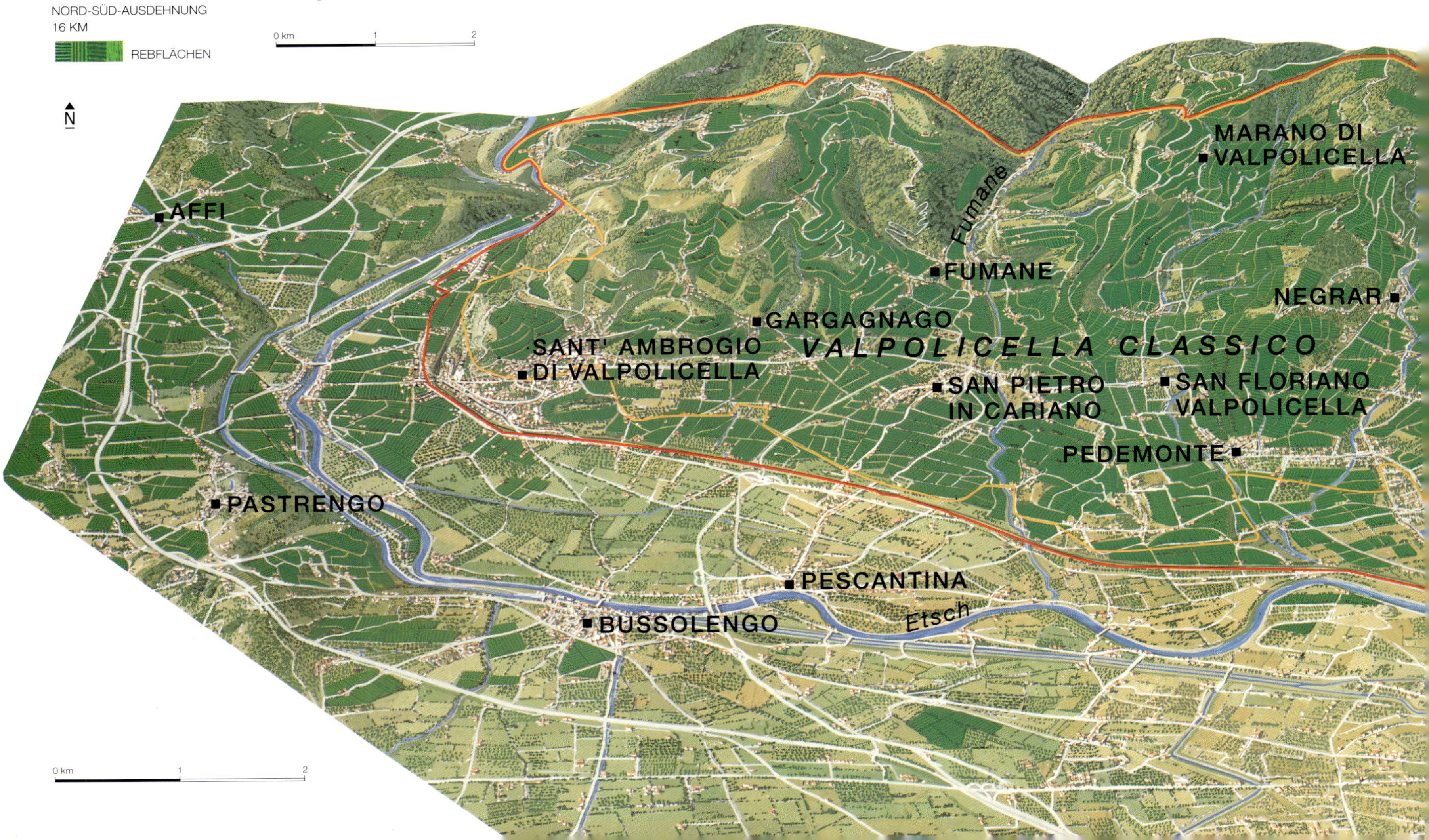

Konzentration wurde traditionell dadurch erreicht, dass die jungen Weine auf den Schalen der getrockneten Trauben, die für Amarone und Recioto verwendet worden waren, eine zweite Gärung durchmachten. Diese erneut vergorenen Weine, als »ripasso« bezeichnet, haben einen höheren Alkoholgehalt, mehr Gewicht und höhere Viskosität als die jüngeren Weine und sind oft weicher.

Die großen Valpolicella-Weine sind jedoch der trockene Amarone und der süße Recioto. Die Trauben (hauptsächlich Corvina) werden früh gelesen, auf Matten ausgebreitet und einige Monate, maximal bis Februar, getrocknet. Durch diesen Trocknungsprozess werden Zucker, Säure und Aromen konzentriert, und es entstehen einzigartige Weine, die stark, intensiv und alkoholreich sind.

Westlich von Valpolicella liegt der Gardasee, dessen von den Eiszeiten geformte Ufer dicht mit Reben bestanden sind. Die roten Rebsorten, eine ähnliche Mischung wie die von Valpolicella, liefern den Bardolino, der aufgrund des Moränenbodens leichter ist als sein berühmterer Nachbar. Der Weißwein dieser Zone ist Bianco di Custoza, ein manchmal überraschend charaktervoller Verschnitt aus Garganega, Tocai, Trebbiano und Cortese.

Im Osten von Valpolicella beherbergt die Kette der Voralpenhügel die DOC Breganze. Sie liegt nördlich von Vicenza und umfasst eine breite Palette von sortenreinen Weinen, darunter Tocai, Pinot Grigio, Pinot Bianco, Vespaiolo, Merlot, Cabernet und Pinot Nero. Weiter östlich, auf den Bergen bei Conegliano, verdrängt die Prosecco-Traube fast alle Konkurrenten und liefert einen weichen, sahnigen Perlwein, der zum Modegetränk avanciert ist. Die vulkanischen Hügel südlich von Vicenza sind Heimat der DOC-Zonen Colli Berici und Colli Euganei, in denen eine ähnlich breite Palette von Sorten verwendet wird. Die besten Weine von hier sind intensiver als die der Breganze.

In den östlichsten Bereichen des Veneto gehen die Berge in die weiten Ebenen des Piave-Tals über, das eine scheinbar unerschöpfliche Quelle für Merlot und Cabernet ist. Jenseits des Piave, an der Grenze zu Friaul, liegt die Zone Lison-Pramaggiore, die zuverlässige Weine aus Cabernet, Merlot, Tocai und Pino Grigio erzeugt.

WO DER WEIN WÄCHST

Die besten Valpolicella-Lagen befinden sich in den steilen Bergen nördlich von Verona in den Zonen Classico, Valpantena und Val d'Illasi. Ihre Höhen reichen von 100 bis 400 m über dem Meeresspiegel, der Boden besteht zum großen Teil aus Kalkkieseln. Die Classico-Zone setzt sich aus drei Haupttälern zusammen: Negrar, Marano und Fumane. Alle sind nach Norden hin offen und wirken wie Kanäle für den kühlen Wind, der von den Monti Lessini herunterbläst. Fumane ist das weiteste dieser drei Täler und erhält daher mehr Licht, wodurch die Trauben eine bessere Reife erzielen und robustere Weine hervorbringen. Marano ist das engste Tal, und da wenige seiner Weinberge Südlagen sind, sind die Weine hier leichter und feiner und verfügen meist über mehr Säure. Negrar hat einige der besten Reblagen (Jago und Moron) in der gesamten Classico-Zone, doch ein höherer Anteil an Molinara-Reben in den Weinbergen hier verdeckt die wahre Qualität der Lagen, die edle, mächtige, wunderbar alternde Weine hervorbringen können. Sant'Ambrogio im Westen liegt in der Biegung der Etsch, seine Weinberge sind mehr dem mäßigenden Einfluss des nahen Gardasees (links außerhalb der Karte) ausgesetzt als den Nordwinden.

Im Osten sind das Valpantena und das Val d'Illasi (außerhalb des Panoramas) die einzigen Täler, die ähnliche Klima- und Bodenbedingungen haben wie die Classico-Zone. Die kühle Brise, die im Valpantena herunterweht, sorgt für außerordentlich elegante Weine. Die besten kommen seit jeher von Bertani, dessen Gut in Grezzana einige hervorragende Reblagen besitzt. Dal Forno gilt bei einigen als großartigste Quelle von Valpolicella, obwohl das Gut weit von der Classico-Zone entfernt im Val d'Illasi angesiedelt ist.

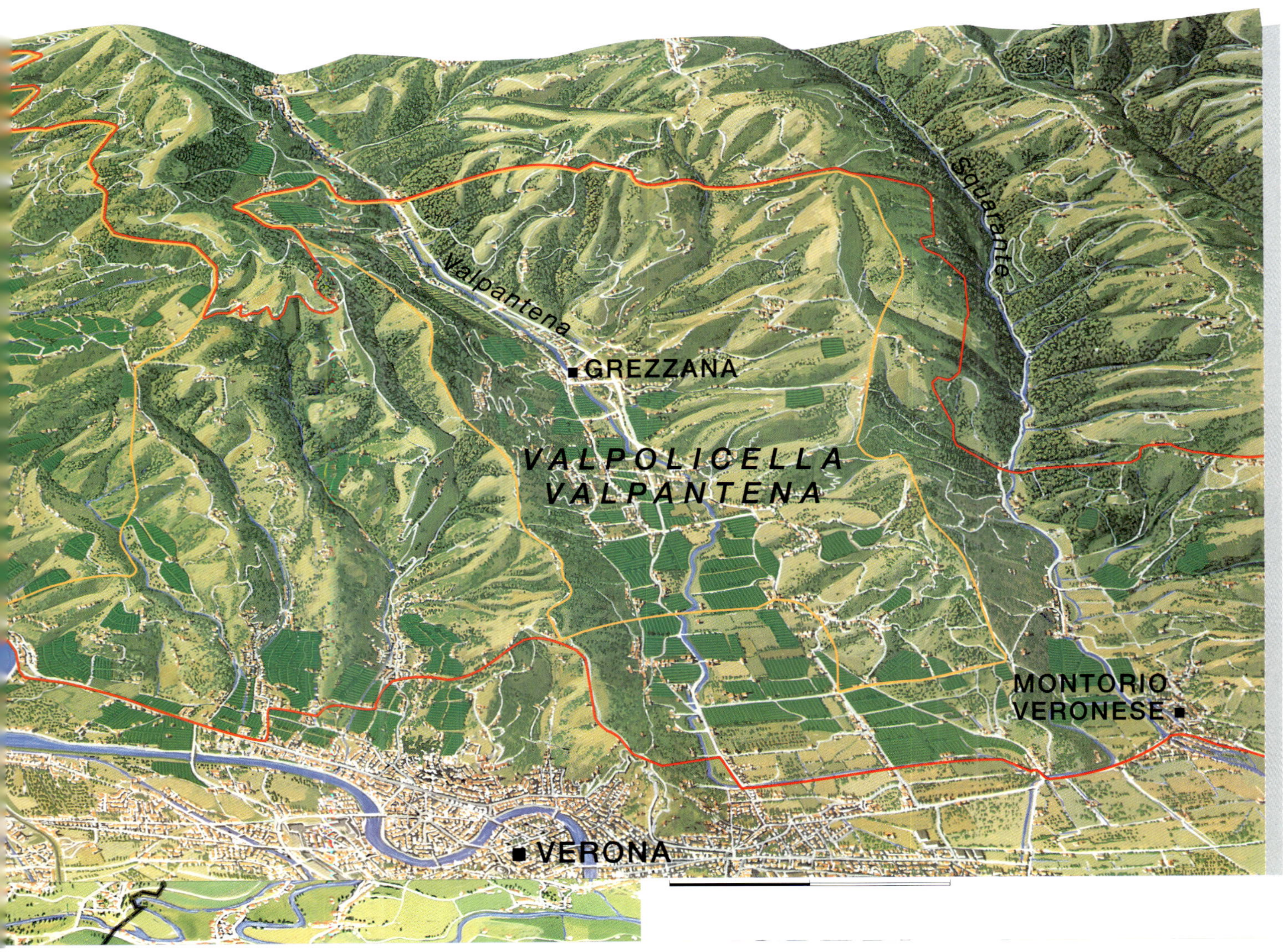

ROTE REBSORTEN
Corvina, Molinara und Rondinella werden für Valpolicella und Bardolino verwendet. Im Veneto sind Merlot und Cabernet populär.

WEISSE REBSORTEN
Garganega wird überall angebaut, jedoch in Soave am verbreitetsten. Trebbiano di Soave, eine hochwertige Unterart der Trebbiano, wird häufig zum Verschneiden verwendet. Prosecco ergibt einen beliebten Schaumwein.

KLIMA
Der Einfluss des Gardasees und der Schutz durch die Voralpen erzeugen ein allgemein mildes Klima. Im Sommer kann es in den Talebenen ziemlich heiß sein. Hagel ist eine ständige Bedrohung.

BODEN
Um den Gardasee gibt es Moränen, sandigen Kies und Ton, weiter östlich kalkhaltigen Ton und Kalkstein. Piave besitzt Sand- und Tonböden über Kies und in der Nähe der Adriaküste feinen Lehm.

TOPOGRAFIE
Die besten Reblagen liegen an den Hängen, da die Ebenen für hochwertige Weine zu fruchtbar sind.

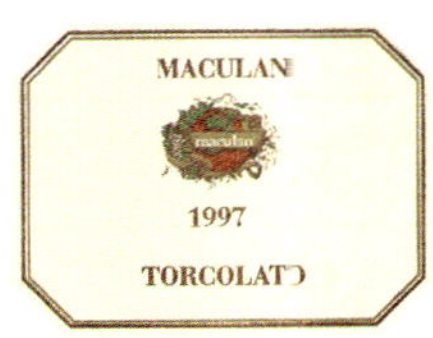

CHIANTI

CHIANTI CLASSICO:
VON GREVE BIS SIENA

NORD-SÜD-
AUSDEHNUNG
28 KM

REBFLÄCHEN

N

Ich verfiel dem Chianti-Gebiet von der ersten Sekunde an. Ich stieg in Florenz aus dem Zug, bestaunte die Stadt und machte mich nach ein paar Stunden auf den Weg nach Süden in die Hügel; ich wusste, dies ist der Nordteil des Chianti Classico. Und was war mit dem Wein? Der erste Schluck von dem überschwänglichen, prickelnd-säuerlichen, nach roten Früchten schmeckenden Stoff, genossen an der Landstraße aus einer Flasche ohne Etikett, war eine Offenbarung. Doch der übergroße Teil der Chianti-Weine, die ich bis Mitte der 1990er Jahre zu trinken bekam, bewegte sich zwischen langweilig und schandbar. Der Wandel in Qualität und Charakter zu Ende des zwanzigsten Jahrhunderts ist absolut bemerkenswert.

In den Vordergrund trat das Chianti zu Beginn des dreizehnten Jahrhunderts. Damals entwickelte sich Florenz zur Geldmetropole der Welt. Seine Bankiers, Mitglieder der Medici, Strozzi, Frescobaldi und anderer Geschlechter, finanzierten die rücksichtslosen Feldzüge der Despoten im mittelalterlichen Europa und sammelten dabei enorme Reichtümer an. Von diesem Reichtum fiel auch etwas an das umliegende Land ab, wo die großen Villen und Besitzungen, die heute die Touristen in diese grünen Hügel locken, sich zu landwirtschaftlichen Gütern entwickelten. Der Name Chianti war bereits zu Beginn des fünfzehnten Jahrhunderts etabliert, wurde aber auch von Konkurrenten missbraucht, die ihre meist minderen Produkte an den Mann zu bringen versuchten. Um Betrügereien zu verhindern, legte im Jahr 1716 der Großherzog der Toskana die Grenzen der Zone fest und weitete sie bei dieser Gelegenheit nach Norden bis Greve und Panzano aus.

Das trug jedoch wenig dazu bei, den Strom von Pseudo-Chianti zu bremsen, der bis zum Ende des neunzehnten Jahrhunderts noch anwuchs, als der Chianti aufgrund der durch die Reblaus hervorgerufenen Weinknappheit einen großen Aufschwung erlebte. Zu diesem Zeitpunkt wurde praktisch jeder Rotwein der Toskana, unabhängig von seiner Herkunft oder Geschichte – und einige, wie die Weine von Rufina, Carmignano und Montepulciano, hatten ebenso vornehme Traditionen vorzuweisen –, unter dem Namen Chianti verkauft.

Es gab zu diesem Zeitpunkt viele Stimmen, die eine Art gesetzliche Definition befürworteten, um den Namen Chianti zu schützen, doch wurde dies in der Gier nach Umsatz allgemein ignoriert. Es dauerte einige Jahrzehnte, bis man während der Flaute, die zwangsläufig auf eine Hochkonjunktur folgt, umzudenken begann. Schließlich wurde die Dalmasso-Kommission eingesetzt, die die Chianti-Frage klären sollte, und aufgrund ihres Berichts wurden 1932 neue Grenzen festgelegt. Die ursprüngliche Zone wurde um die niedrigeren Hügel mit schweren Tonböden in der Nähe von Florenz erweitert, womit sich ihre Fläche verdoppelte, und wurde Chianti Classico genannt. Dieser neue Name hob diese Zone aus den sechs neuen Chianti-Zonen heraus, die geschaffen wurden, indem eine geografische Bezeichnung an den Namen gehängt wurde. Meist wurden dabei alle Weinberge in einer bestimmten Provinz wie Florenz oder Siena zusammengefasst, die nicht bereits in eine andere Zone fielen. Das ist eine ziemlich törichte Basis für die Definition eines Weines. Sie wurde jedoch durch die DOC-Gesetze von 1967 bestätigt und 1984 nochmals bekräftigt, als die

0 km 1 2

0 km 1 2

DOCG-Bezeichnung eingeführt wurde, und ist bis heute gültig. In der Provinz Siena etwa darf für alle geeigneten Trauben, die außerhalb des Sieneser Anteils an der Classico-Zone oder außerhalb der Zonen Montepulciano und Montalcino angebaut werden, die Bezeichnung Chianti Colli Senesi verwendet werden. Es wird dabei nicht berücksichtigt, dass die Zone eine solche Vielfalt von Böden und Kleinklimaten aufweist, wie man sie sich nur wünschen kann; sie entspricht einfach den politischen Grenzen der Provinz Siena. Auch in Florenz wird die ganze Anbaufläche, die nicht in die Zonen Rufina, Pomino, Carmignano, Montalbano und Classico fällt, als Chianti Colli Fiorentini geführt, trotz der Tatsache, dass dabei so unterschiedliche Gebiete wie Val d'Arno und Val d'Elsa mit einbezogen werden. Durch die Ausweitung des Namens Chianti auf weite Teile der Toskana, von den grünen Hügeln des Classico-Gebiets im Zentrum bis zu den trockenen Hängen des Senese, von den kühlen Landstrichen der Rufina bis zu den niedrig gelegenen Weinbergen der Colline Pisane, haben es die italienischen Behörden fertig gebracht, nicht nur den entdeckungsfreudigen Weintrinker zu verwirren, sondern auch die Winzer ihrer Identität zu berauben.

Es gibt etwa 7000 Winzer in den sieben Chianti-Zonen, und angesichts der unterschiedlichen Böden, Höhenlagen, Witterungsverhältnisse sowie – in geringerem Maße – der Komposition der Weine gibt es wahrscheinlich genauso viele unterschiedliche Weine. Selbst in der Classico-Zone schwankt die Höhe zwischen 150 und 550 m ü. d. M., was große Temperaturunterschiede mit sich bringt. Die Weinberge in den zentralen Classico-Bergen liegen höher und sind kühler als die an der Küste, was in feineren, aromareicheren Weinen resultiert.

Die Nähe zu Wäldern, Tälern oder Flüssen bringt weitere, die Verhältnisse noch komplizierter machende Variablen ins Spiel. So kommen von den Weinbergen am Westrand der Classico-Zone vor allem infolge der Wärme, die das Elsa-Tal bringt, fülligere Weine als von ihren Nachbarn einige Kilometer weiter östlich. In der Zone Rufina dagegen sorgt die kühle Brise, die durch das Sieve-Tal vom Apennin herunterweht, für ein einzigartiges Mesoklima und einen eigenständigen Weintyp, die diesen winzigen Bereich von seinen Nachbarn unterscheiden.

Doch bei allen Unterschieden in Klima, Boden und Höhe innerhalb der Chianti-Zone scheint es jedoch einen konstanten Faktor zu geben: die Sangiovese-Traube (siehe S. 170). Sie ist das »Fundament« der Zone; sie wird in einigen der besten Weine sortenrein verwendet, ansonsten mit heimischen Sorten wie Canaiolo und Colorino oder auch internationalen Sorten wie Merlot und Cabernet verschnitten. Bei weniger guten Weinen werden manchmal noch Trauben wie Trebbiano und Malvasia zugesetzt, Überbleibsel aus den mageren Zeiten der Toskana, als sie die Produktion steigern und den Wein leichter und früher trinkfertig machen sollten. Durch die Neubepflanzung der Weinberge verringert sich ihr Anteil, zumindest bei qualitätsbewussten Erzeugern.

ROTE REBSORTEN
Die wichtigste Rebsorte ist Sangiovese (auch Sangioveto genannt). Bisweilen werden Canaiolo Nero und Colorino für den Chianti verwendet sowie zunehmend Cabernet und Merlot.

WEISSE REBSORTEN
Trebbiano ist verbreitet gepflanzt, nimmt jedoch rasch ab. Auch Malvasia del Chianti ist auf dem Rückzug, während Chardonnay und Sauvignon Blanc als sortenreine Weine in Mode kommen.

KLIMA
Das Hügelland der Zone Chianti Classico ist kühler und gemäßigter als das Küstengebiet. Im Sommer kann Hagel zu Problemen führen, und gelegentlich können strenge Fröste auftreten.

BODEN
Steinige, kalkhaltige Böden wechseln sich mit Parzellen aus Kalkstein, Sand, Ton und Schiefer ab. Im Herzen der Zone Chianti Classico bringt der Tonmergel »galestro« Wein mit besonders gutem Körper hervor. Die Colli Senesi und die Colli Aretini verfügen über Ton, zur Küste hin wird der Boden sandiger und leichter.

TOPOGRAFIE
Die Region ist durch Rebhänge inmitten von Wäldern und Olivenhainen gekennzeichnet. Die Höhe spielt eine Schlüsselrolle für den Charakter und die Qualität des erzeugten Chianti.

WO DER WEIN WÄCHST

Im Panorama sind die südliche Hälfte der Zone Chianti Classico und die drei Gemarkungen Radda, Castellina und Gaiole zu sehen, die das historische Chianti bildeten, den Bereich, der seit dem dreizehnten Jahrhundert für die Qualität seiner Rotweine berühmt ist. 1932 wurde die Zone um die niedrigeren Hügel erweitert, die sich südlich von Florenz ausbreiten. Im Allgemeinen sind jedoch die besten Weinberge immer noch im hier zu sehenden Hügelland von Siena zu suchen. Die Böden in der Zone sind sehr unterschiedlich, was in Verbindung mit dem chamäleonartigen Charakter der Sangiovese-Traube zu sehr unterschiedlichen Weinen führt, von aristokratischen bis zu bäuerlich-einfachen Erzeugnissen. Der Tonboden von Greve und im nördlichen Teil der Zone geht in Panzano in den »galestro« über, einen krümeligen, schieferigen Ton, der zusammen mit dem Kalkboden »alberese« die idealen Wachstumsbedingungen für die Sangiovese-Rebe bildet. »Galestro« und »alberese« beherrschen die Weinberge von Radda und Gaiole, während im Süden, um Castelnuovo Berardenga, das potente Gemisch aus Tuffstein und »galestro« in Gütern wie Felsina einige der größten Chianti-Weine hervorbringt. In den letzten 15 Jahren haben viele Güter, darunter Fontodi, Rampolla und Isole e Olena, ihre höher gelegenen Weinberge neu bepflanzt, die in den 1960er und 1970er Jahren aufgegeben worden waren.

DOC-BEREICH CHIANTI CLASSICO UND SPITZENWEINGÜTER

1. Badia a Passignano
2. Poggio al Sole
3. Vecchie Terre di Montefili
4. Querciabella
5. Villa Cafaggio
6. La Massa
7. Castello dei Rampolla
8. Fontodi
9. Casa Emma
10. Isole e Olena
11. Monsanto
12. Castello della Paneretta
13. La Brancaia
14. Castellare
15. Rocca delle Macie
16. Castello di Fonterutoli
17. Terrabianca
18. Castello di Volpaia
19. Montevertine
20. Poggerino
21. Badia a Coltibuono
22. Riecine
23. Castello di Ama
24. Rocca di Castagnoli
25. Cacchiano/Rocca di Montegrossi
26. Ricasoli/Castello di Brolio
27. San Giusto a Rentennano
28. San Felice
29. Fattoria di Felsina

Brunello di Montalcino

ROTE REBSORTEN
Brunello ist ein anderer Name für Sangiovese. Einige Erzeuger haben Versuchspflanzungen mit Merlot und Cabernet angelegt.

WEISSE REBSORTEN
Moscato Bianco wird für Moscadello di Montalcino angebaut. Daneben wird auch Chardonnay und Sauvignon Blanc zunehmend gepflanzt.

KLIMA
Das gemäßigte Hügelklima profitiert von dem Einfluss des Tyrrhenischen Meeres, während der nahe Monte Amiata Schutz vor Stürmen bietet.

BODEN
Die besten Weinberge befinden sich auf »galestro«, einem bröckeligen Ton. Sonst ist sandhaltiger, mit Kalkstein vermischter Ton häufig.

TOPOGRAFIE
Die langlebigsten Weine stammen von den relativ kühlen, höher gelegenen Weinbergen auf den vier großen Hängen, die Montalcino beherrschen. Weitere Pflanzungen wurden inzwischen auf niedrigerem Gelände angelegt.

Castello di Argiano liegt unterhalb der im Hintergrund zu sehenden höheren Teile von Montalcino. Das trägt zum runden, reifen Charakter seiner Weine bei.

Wenn man die grünen, zypressenbestandenen Hügel des Chianti und die alten Türme von Siena hinter sich lässt und sich auf den Weg nach Süden Richtung Orvieto macht, hat man den Eindruck, als sei es nun vorbei mit den Weinbergen der Toskana. Die Hügel des Val d'Orcia sind verdorrt und braun, der schwere Tonboden ist eher für Getreide geeignet, das sich im sanften südlichen Wind wiegt, als für den Rebstock. Der Horizont ist weit, nur ein paar Buckel bieten gelegentlich eine Abwechslung in der ansonsten unbehinderten Aussicht.

Dann, unmittelbar hinter Buonconvento, biege ich nach rechts ab. Hier, wo sich die Straße bergauf schlängelt, geht der Tonboden in »galestro« über, an die Stelle des Weizens treten Reben, und in 600 m Höhe erreiche ich Montalcino, die Stadt, die für ihren Brunello berühmt ist, Italiens langlebigsten und, wie einige sagen würden, größten Wein. Dies ist eine Stadt, die vom und für den Wein lebt. Auf der Hauptstraße gibt es eine großartige Bar, die Fiaschetteria, die alle Arten von Brunello und viele weitere Weine im Glas serviert. Da eine längere Belüftung früher als unabdingbar galt, um die Aromen des Brunello aus ihren dunklen Tiefen hervorzulocken, kann man das Glück haben, dass ein alter Grobian, der ein paar Tage offen hinter der Bar gestanden hat, endlich aufgetaut ist. Moderne Brunellos sollten allerdings erst an dem Tag geöffnet werden, an dem man sie trinkt.

Der heutige Ruf des Brunello ist ein ziemlich junges Phänomen. Tatsächlich drangen erst in den 1960er Jahren Gerüchte über Weine von unglaublicher Langlebigkeit aus den Kellern eines Erzeugers in Montalcino namens Biondi-Santi an die Außenwelt. Der legendäre 1891er, von wenigen gekostet, doch von allen gelobt, brachte zuerst Biondi-Santi und dann Montalcino auf die Weinlandkarte. Eine Legende war geboren, und wie bei allen legendären Weinen kletterten die Preise von Biondi-Santi in sagenhafte Höhen. Einige Erzeuger, die ihre Weine zum halben Preis verkaufen konnten (immer noch das Doppelte von dem, was die besseren Chiantis erzielten), überließen Biondi-Santi gern die Rolle des Vorreiters. Andere, die auf diesen Zug aufspringen wollten, pflanzten Weinberge, steigerten die Anbaufläche von weniger als 100 Hektar im Jahr 1968 (bald nachdem die von Biondi-Santi angeregten DOC-Vorschriften in Kraft getreten waren) bis auf über 1300 Hektar heute.

Montalcino ist zum Weinbau geradezu berufen. Aus der Ebene mit ihren Tonböden ansteigend, ist das Gebiet von einem Schutzwall von Tälern umgeben – im Westen vom Ombrone-Tal, im Süden und Osten vom Orcia-Tal – sowie von Bergen, wobei der abweisende Monte Amiata an der Südflanke von Montalcino Wache hält. Diese Berge schützen die Rebflächen vor rauem Wetter und sorgen dafür, dass die Brunello-Zone mit etwa 500 mm Regen im Jahr das trockenste toskanische Weinbaugebiet ist. Die trockene Hitze der Region wird jedoch durch kühle Meeresbrisen gemildert, ein Luxus, der weder Chianti noch Montepulciano gewährt wird.

Das trockene, heiße Klima bringt die Trauben schneller zur Reife als im Chianti oder in Montepulciano. In manchen Jahren haben die Erzeuger in Montalcino ihre Trauben bereits sicher in den Gärbottichen, wenn ihre Kollegen im Norden im einsetzenden Herbstregen sich noch abmühen, die Lese einzubringen. In übermäßig heißen Jahren können die Weine von Montalcino jedoch ziemlich derb geraten.

Vielleicht wegen ihrer mächtigen Statur hat man die Weine von Montalcino traditionell über längere Zeit in großen, alten Eichenfässern ausgebaut, um ihre strengen Tannine zu bändigen. Ein verbindlicher vierjähriger Ausbau im Holzfass wurde 1966 in das DOC-Gesetz aufgenommen, unlängst aber auf zwei Jahre verkürzt, wobei die Gesamtreifezeit aber bei vier Jahren blieb. Diese lange Reifung mag vor einer Generation angemessen gewesen sein, als die Geschmäcker anders waren, doch führt sie zu häufig dazu, dass alle Frische unter der Attacke des Holzes erlischt. Die großen alten Weine von Biondi-Santi (die »jüngsten« stammen von 1964 und 1975) hatten das Zeug, diese Alterung zu überstehen, und ihr hoher Säuregehalt machte sie auch für die Reifung in der Flasche gut geeignet. Doch wie steht es um die leichteren Jahrgänge, bei denen Eleganz wichtiger ist als Körper? Vier Jahre oder mehr im Eichenfass würden jegliche Finesse zugrunde richten, die der Wein anfangs vielleicht hatte. Manche halten bei leichteren Jahrgängen sogar die zwei Jahre im Holzfass für zu lang und die Gesamtzeit von vier Jahren für absurd: Warum, so argumentieren sie, sollte nicht – wie im Fall des Bordeaux – der Konsument die Verantwortung für die Flaschenreifung übernehmen? Demgegenüber glauben die Traditionalisten, dass sie schon sehr weit gegangen sind; ein Brunello sei nun einmal schon immer ein anspruchsvoller Wein gewesen.

Einst gründete der Anspruch des Brunello auf Größe in der Langlebigkeit des Weins (und einem überhöhten Preis). Dieser »klassische« Stil, wie ihn Biondi-Santi verkörperte, wird immer noch von Erzeugern im Zentrum der Zone gepflegt. Hier ist der Boden reich an »galestro«, und die Weinberge liegen ziemlich hoch, zwischen 400 und 500 m über dem Meer. In neuen Weingütern im Nordwesten und Nordosten der Zone haben Erzeuger wie Castiglion del Bosco, Caparzo und Altesino Weinberge auf Tonböden angelegt, die zuvor nicht mit Reben bestockt waren. Die Weine von diesen Lagen sind gut, brauchen aber oft noch ein wenig Schliff durch den Zusatz von Wein aus den Weinbergen um Sant'Angelo im Süden der Zone oder von den galestro-reichen Weinbergen um Montosoli.

Die Vielgestaltigkeit der Weine aus den verschiedenen Gebieten von Montalcino macht einmal mehr deutlich, wie viele Gesichter der alte Haudegen Sangiovese haben kann. Im Zuge der Mythenbildung verbreiteten die Erzeuger in Montalcino, allen voran Biondi-Santi, die Theorie, dass ihr besonderer Sangiovese-Klon, Brunello genannt, den

WO DER WEIN WÄCHST

Mit der Ausweitung von Montalcino wurden bisher unbebaute Gebiete mit Reben bepflanzt, und Montalcino erzeugt heute auf seinen Weinbergen eine viel größere Vielfalt von Weinen als je zuvor. Was als der klassische Stil von Biondi-Santi bezeichnet werden könnte, lebt weiter, nicht nur auf deren Gut Il Greppo, sondern auch bei anderen Erzeugern im Zentrum der Zone um Montalcino. Hier enthält der Boden mehr »galestro« als Ton, was zusammen mit der größeren Höhe Weine mit mehr Säure und einer schlankeren, stahligeren Frucht als in den niedriger gelegenen Weinbergen der Peripherie zeitigt. Dieser Typ kommt am besten auf dem Gut Colle al Matrichese von Costanti und bei Biondi-Santi zum Ausdruck.

Im Süden, um Sant'Angelo Scalo herum, wird ein anderer Typ von Wein produziert. Hier enthält der Boden mehr Ton und Kalkstein, und die Wärme vom nahen Orcia-Tal erbringt schwerere Weine mit weniger Säure, die jung fleischiger und zugänglicher sind, ohne dabei ihre Lagerfähigkeit zu verlieren.

MONTALCINO

N

NORD-SÜD-AUSDEHNUNG
19 KM

REBFLÄCHEN

0 km 1 2

Klonen in der übrigen Toskana überlegen sei. Unabhängige Forschungen ergaben jedoch, dass es in ihren Weinbergen zahlreiche verschiedene Sangiovese-Klone gab, worauf sie eine neue Position bezogen; sie behaupteten nun, dass Brunello ein örtlicher Name für diese toskanische Traube sei. Versuche kalifornischer Erzeuger, am Erfolg Montalcinos zu partizipieren, indem sie ihre Weine »Brunello« nannten, haben dann die Italiener dazu bewegt, Brunello nicht mehr als Rebsortenbezeichnung zu verstehen, sondern als Namen für einen Wein.

Wie dem auch sei, die ausschließliche Verwendung der Sangiovese-Traube für ihre Weine gibt den Erzeugern von Montalcino tatsächlich eine Sonderstellung in der Toskana. Doch jetzt, da Erzeuger im Chianti und anderswo nach denselben Maximen verfahren und die Qualität ihrer Ausgangsmaterialien verbessern, müssen die Erzeuger von Montalcino sich anstrengen, um ihre Vorrangstellung zu halten.

Sie haben begriffen, dass die Preise, zu denen sie ihre Weine verkaufen, eine gewisse Verantwortung hinsichtlich Qualität bedeuten, und führten bereits 1984 eine »Junior«-DOC mit der Bezeichnung Rosso di Montalcino ein, der 1996 die noch weiter gefasste DOC Sant'Antimo folgte. Diese »Junior«-DOCs haben sich als besonders erfolgreich erwiesen, nicht nur aufgrund des allgemeinen hohen Qualitätsstandards, sondern auch weil damit eine Palette moderner, attraktiver Rotweine kreiert wurde, die das Angebot der Toskana erweitert.

DOCG-BEREICH BRUNELLO DI MONTALCINO UND SPITZENWEINGÜTER

1. Castiglion del Bosco
2. Altesino
3. Caparzo
4. Casanova di Neri
5. Cantina di Montalcino
6. Siro Pacenti
7. Val di Suga
8. Salvioni
9. Fuligni
10. Costanti
11. Biondi-Santi
12. Poggio Salvi
13. Castelgiocondo
14. Barbi
15. Pian delle Vigne (Antinori)
16. Case Basse/Soldera
17. Poggio Antico
18. Pieve Santa Restituta
19. Mastrojanni
20. Ciacci Piccolomini d'Aragona
21. Lisini
22. Talenti
23. Il Poggione
24. Argiano
25. Banfi
26. Col d'Orcia

DOCG-GRENZEN

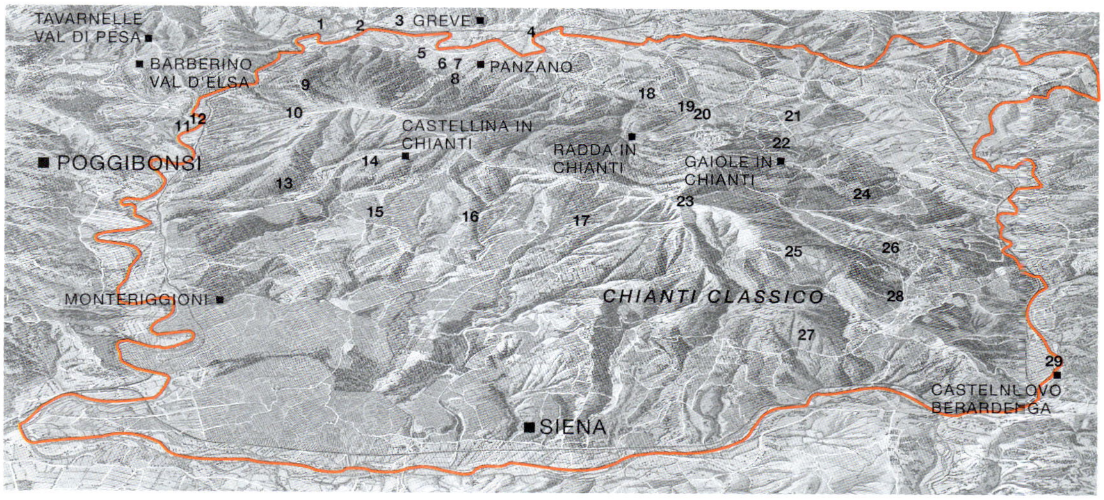

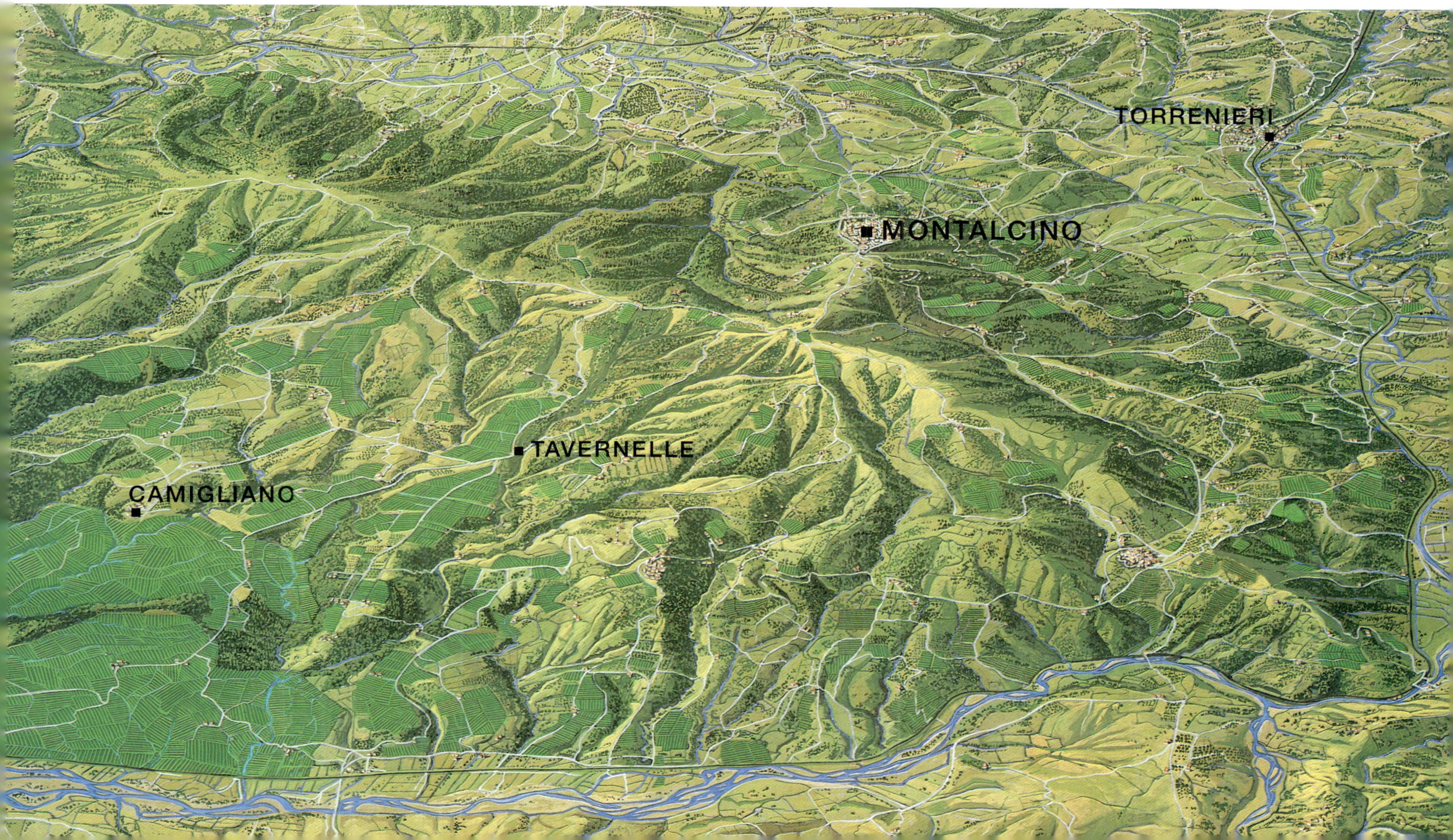

Vino Nobile di Montepulciano

ROTE REBSORTEN
Sangiovese, hier Prugnolo Gentile genannt, ist absolut dominierend. Canaiolo ist zu 20 % im Verschnitt zugelassen, ebenso Cabernet Sauvignon und Merlot.

WEISSE REBSORTEN
Ein Verschnitt aus Chardonnay und Sauvignon Blanc ergibt die besten Weißweine. Trebbiano und Malvasia verlieren an Boden, außer für Vin Santo.

KLIMA
Relativ kontinentales Klima mit heißen Sommern und kalten Wintern. Der nahe Trasimenische See wirkt sich etwas mildernd aus.

BODEN
Vorherrschend klassischer Alberese und hoch geschätzter Galestro (schieferiger Ton), teils mit Sand vermischt.

TOPOGRAFIE
Die meisten Vino-Nobile-Weinberge, die bis in 550 m Höhe reichen, sind nach Osten oder Südosten ausgerichtet.

Die Stadt Montepulciano – es sei hier gleich darauf hingewiesen: Sie hat nichts mit der gleichnamigen Rebsorte zu tun, die in der Toskana kaum angebaut wird (siehe S. 168) – ist eine der verführerischsten in Italien. Im geschichtsträchtigen Montepulciano wurde 1454 Angelo Poliziano geboren, Humanist und bevorzugter Poet Lorenzos de' Medici. Es erhebt sich in strategischer Lage auf einem hohen Hügel, und von den mittelalterlichen Mauern hat man einen herrlichen Blick über die gewellten Weinberge und Olivenhaine bis zum Horizont in blauer Ferne – ein Bild, das sich wahrscheinlich jahrhundertelang nicht geändert hat.

Montepulciano, dessen Name sich vom lateinischen »mons Politianus« ableitet, liegt etwa 40 Autominuten östlich von Montalcino in der Provinz Siena und von den klassischen Anbaugebieten der Toskana am weitesten im Binnenland. Sein Klima ist daher am meisten kontinental geprägt, und die Weinberge liegen im Durchschnitt höher als die seiner Konkurrenten. Wie Montalcino stützt es sich auf die Sangiovese, die hier Prugnolo Gentile genannt wird; dieser althergebrachte Name wird aber nur aus Marketinggründen weiter benützt, denn die hier verwendeten Klone sind im Großen und Ganzen mit denen in Montalcino und Chianti identisch.

Montepulciano, schon im vierzehnten Jahrhundert der bevorzugte Wein der Päpste, wurde zum großen Teil vom örtlichen Adel produziert, wovon der Name »Vino Nobile« herrührt. Im Jahr 1680 ging Francesco Redi, Dichter und Arzt der toskanischen Herzöge, sogar so weit, ihn als »König über alle Weine« zu bezeichnen, ein Titel, den ihm andere Weinbaugebiete der Toskana, um nicht zu sagen Italiens, heute in Frage stellen würden. Spätestens gegen Ende der 1970er Jahre hatte diese Majestät die meisten ihrer königlichen Attribute eingebüßt; der noble Name war ihr geblieben, die Qualität entsprach aber nur noch der eines gewöhnlichen Chianti.

Wie beim Chianti gestatteten die örtlichen Regeln eine ordentliche Portion weißer Trauben im Verschnitt – fast ein Drittel war erlaubt und mindestens ein Zehntel vorgeschrieben. Genug, um einen Rotwein mit dem Anspruch auf Spitzenklasse zu ruinieren. Darüber hinaus musste der Wein mindestens 10 % Canaiolo enthalten, eine mindere rote Sorte, und die exzessive Reifungsprozedur fand in alten Fässern statt, was dem Wein zu guter Letzt alle Frische, alle Qualität nahm, die er bis dahin noch hatte.

Die Erhebung in den DOCG-Stand 1980 war damals ein Witz, wirkte aber als der nötige Stimulus, dass die Winzer ihr Geschäft in Ordnung brachten. Das neue Gesetz, das immer noch weiße Sorten im Verschnitt erlaubte und Canaiolo vorschrieb, war anscheinend flexibler, und die besten Erzeuger begannen – in alter italienischer Tradition – seine Idiotien zu ignorieren und ihre eigene Rezepturen zu entwickeln. Dies führte zur Entwicklung reiner Sangiovese-Weine und Verschnitten mit Cabernet oder Merlot, alle illegal, bis das Gesetz wieder angepasst wurde.

Der erste Produzent, der aus der Asche wieder auferstand und internationalen Ruf erlangte, war wohl Avignonesi. Diese Firma wurde nicht nur für eine elegante Version des Vino Nobile berühmt, sondern auch für Weine »internationalen« Zuschnitts wie den Grifi, einen (heute nicht mehr hergestellten) Supertoskaner aus Sangiovese und Cabernet, sowie den Marzocco (Chardonnay). Außerdem machte sie in winzigen Mengen den begehrtesten Vin Santo der ganzen

MONTEPULCIANO

NORD-SÜD-AUSDEHNUNG
13 KM

REBFLÄCHEN

Toskana, einen Süßwein aus nicht von Botrytis befallenen Trauben, der im Barrique reift.

Der Schlüssel zur Renaissance des Vino Nobile lag jedoch in der Zähmung seiner Tannine und Säuren, die ihn zwar zum langlebigsten Wein der Toskana machten (bevor man weiße Trauben zusetzte), aber auch unendlich rau in jungen Jahren. Seit Anfang der 1990er Jahre werden im Weinberg, bei Gärung und Ausbau französische Techniken verwendet, insbesondere die Reifung im Barrique, was konzentrierte, extraktreiche Weine ermöglicht, die aber schon innerhalb zwei bis fünf Jahre nach der Ernte genießbar sind.

Heute ist der Vino Nobile dem Brunello di Montalcino oder dem Chianti Classico noch nicht ebenbürtig; Ersterer leistet als purer Sangiovese Besseres, Letzterer liefert – schließt man die IGT-Supertoskaner ein – erstklassige Sortenweine und Verschnitte. Allerdings gibt es hier entschieden weniger Erzeuger und noch weit weniger mit »hochwertiger Vergangenheit«. Die Zeichen stehen jedoch sehr günstig, und ich bin schon seit einiger Zeit zutiefst davon überzeugt, dass der Vino Nobile di Montepulciano zu Beginn des einundzwanzigsten Jahrhunderts wieder zu seiner alten Glorie zurückfinden wird.

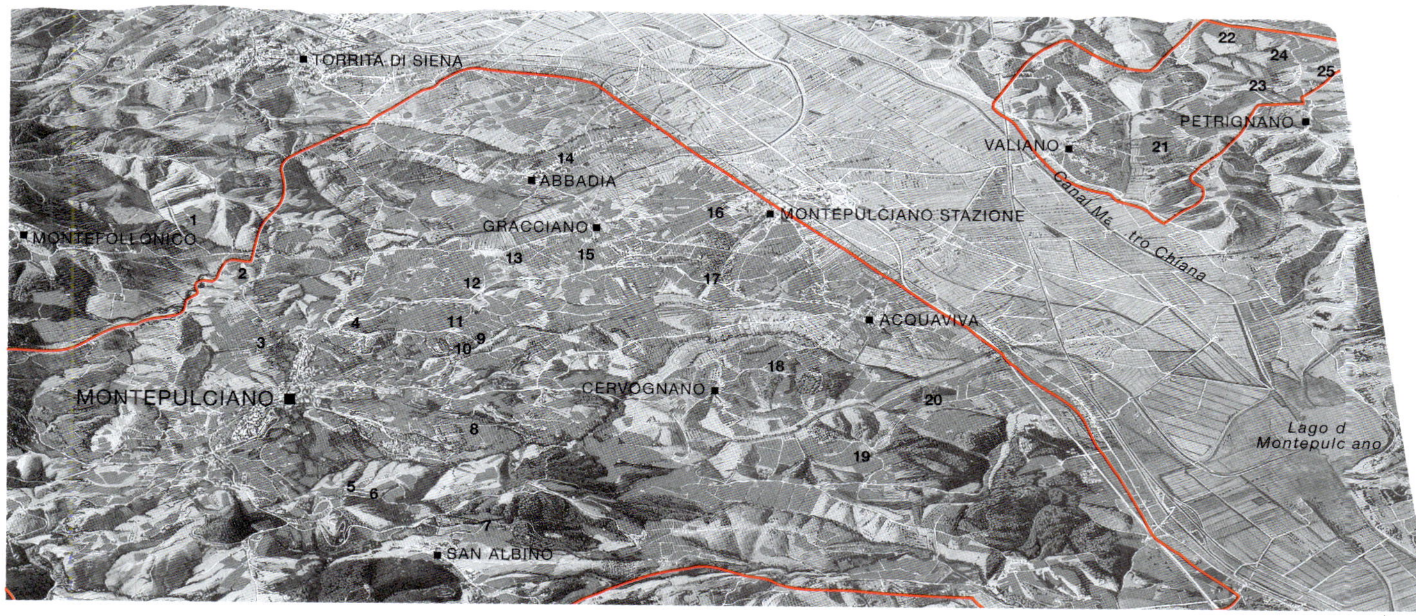

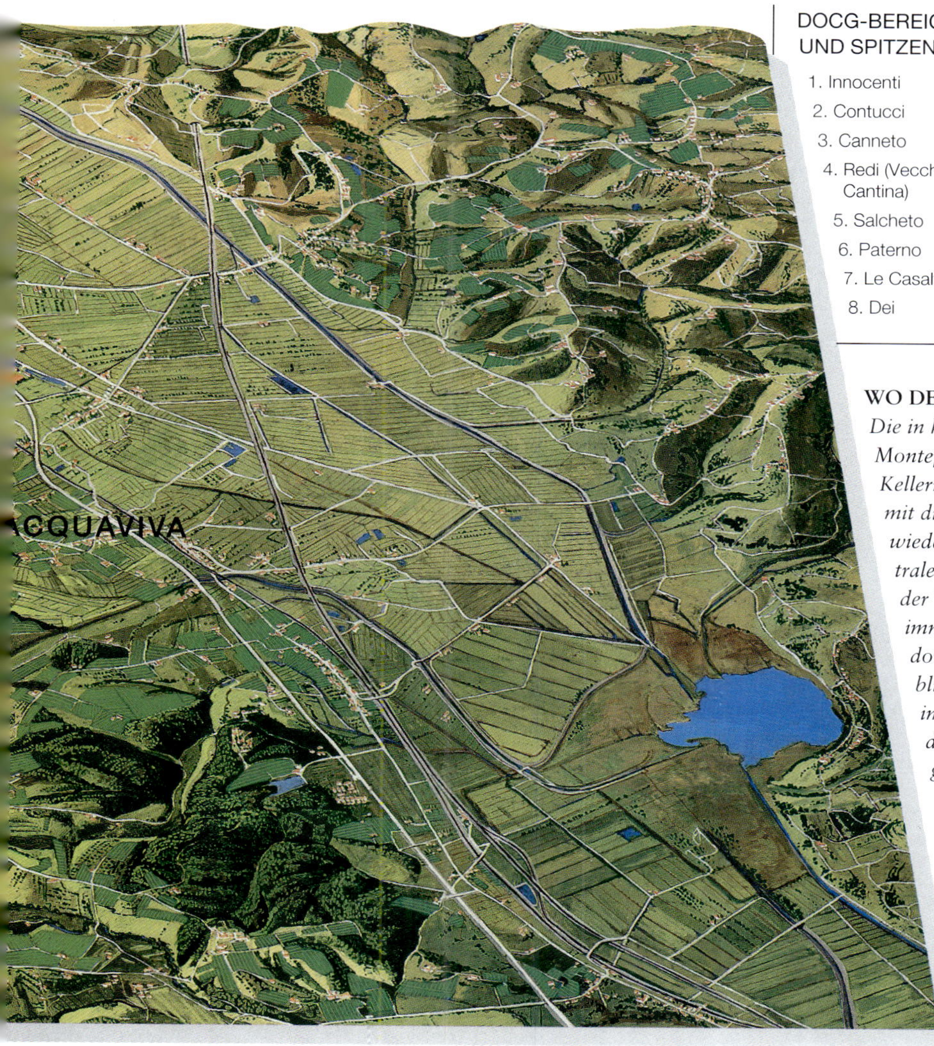

DOCG-BEREICH VINO NOBILE DI MONTEPULCIANO UND SPITZENWEINGÜTER

1. Innocenti
2. Contucci
3. Canneto
4. Redi (Vecchia Cantina)
5. Salcheto
6. Paterno
7. Le Casalte
8. Dei
9. La Casella
10. Valdipiatta
11. La Ciarliana
12. Il Macchione
13. Fassati
14. Villa Sant'Anna
15. Lombardo
16. Poliziano
17. Romeo
18. Boscarelli
19. Del Cerro
20. Bindella
21. Lodola Nuova
22. Avignonesi
23. Trerose
24. La Calonica
25. La Braccesca

DOCG-GRENZEN

WO DER WEIN WÄCHST

Die in königlicher Manier auf dem Hügel thronende Stadt Montepulciano ist mit ihren großartigen Palazzi, Kirchen und Kellern ohne Zweifel »nobel«, auch wenn der Wein, der sich mit diesem Titel schmückt, sich seiner erst in jüngster Zeit wieder zunehmend würdig erweist. Gehen Sie hinauf zur zentralen Piazza Grande im höchsten Teil der Stadt, eingedenk der Tatsache, dass der Wein und andere Köstlichkeiten immer besser und billiger werden, je höher sie kommen. Von dort können Sie auch viele hervorragende Reblagen überblicken, die sich fächerartig über die sanft gewellten Hänge im Norden und Nordosten ausbreiten – aber erst, wenn Sie die grandiose toskanische Landschaft rund um die Stadt gebührend bewundert haben.

Von der 500 m hoch gelegenen Stadt ziehen sich Weinberge mit meist südöstlich ausgerichteten Hängen ins Chiana-Tal hinunter. Bei etwa 250 m Höhe überlassen sie das flachere Gelände westlich des Flusses den Sonnenblumen und dem Getreide. Jenseits des Tals und der Autostrada steigt das Terrain wieder an; hier bildet der mittelalterliche Ort Valiano eine kleine Exklave der DOCG Vino Nobile mit einigen ausgezeichneten Weingütern.

Bolgheri

ROTE REBSORTEN
In erster Linie Cabernet Sauvignon für die Spitzenweine, dazu etwas Cabernet Franc, Petit Verdot und Syrah. Merlot nimmt zu, Sangiovese ab.

WEISSE REBSORTEN
Die traditionelle weiße Qualitätstraube ist Vermentino; Sauvignon Blanc und Chardonnay nehmen zu.

KLIMA
Hier an der niedrig gelegenen Küste ist es deutlich heißer als im toskanischen Hinterland; der Wind vom Meer wirkt mildernd.

BODEN
Der Schlüssel zur Qualität von Bolgheri ist der Wasserabzug, der durch die Kies- und Sandanteile im Mergel verbessert wird.

TOPOGRAFIE
Die meisten Rebflächen liegen auf flachem bis sanft ansteigendem, nach Süden oder Westen geneigten Gelände. Hanglagen gibt es nur wenige.

Im Jahre 1974 siegte in einer Verkostung, die von der britischen Weinzeitschrift *Decanter* veranstaltet wurde, ein sechs Jahre alter Sassicaia zu allgemeiner Verblüffung über ein Sortiment illustrer Grands Crus aus Bordeaux. Von da an war Bolgheri ein Name auf der Weinlandkarte. Kein Mensch hatte es für möglich gehalten, dass ein Cabernet – und schon gar kein großer – aus Mittelitalien kommen könnte. Genauso erstaunlich war, dass in der einst malariaverseuchten toskanischen Küstenebene, dem Nordteil der Maremma, irgendein hochwertiger Wein erzeugt werden konnte. Kaum jemand hatte bis dahin von dem stillen Dorf Bolgheri in der Provinz Livorno etwas gehört, außer vielleicht einigen Künstlern, Touristen oder Pferdeliebhabern, die die herrlichen Tiere sehen wollten, die auf den riesigen Gütern der Della Gherardesca und anderer adliger Familien gezüchtet werden.

Bolgheri selbst ist ein unscheinbarer Ortsteil (»frazione«) der Gemeinde Castagneto Carducci, eines hübschen, auf einem Hügel gelegenen Städtchens ein paar Kilometer weiter südlich. Ohne Zweifel ist die Tatsache, dass der Sassicaia bei Bolgheri gemacht wird, der Grund für die ehrenvolle Benennung der DOC nach einer »frazione« anstatt nach der Gemeinde. Die Weine der Bolgheri DOC können jedoch fast aus der ganzen Gemarkung Castagneto kommen, ausgenommen ist nur der Küstenstreifen westlich der Via Aurelia.

Dieser Küstenstreifen ist flach und steigt landeinwärts sanft an, bis nach etwa 10 km die ersten Hänge der Colline Metallifere erreicht werden. Die DOC-Rebflächen liegen sowohl in der Ebene als auch am Hang, und einige Erzeuger, inklusive der Tenuta San Guido (Sassicaia), mischen die Weine von dem unterschiedlichen Terrain. Die Böden weisen unterschiedliche Anteile von Mergel, Sand und Kies auf, die Entwässerung ähnelt den Verhältnissen in Bordeaux, und das Klima – das zunächst für Bordeaux-Sorten als weitaus zu heiß erscheint – wird durch das Meer entscheidend gemildert. Und es stehen hier viele Schirmpinien, Zypressen und sogar Eukalyptusbäume, die die manchmal sehr steifen Brisen vom Meer bändigen.

Eine Geschichte als Weinbaugebiet hat Bolgheri eigentlich nicht, es war nur als Quelle von Rosé aus Sangiovese bekannt. Diese Rebsorte reift hier gut (manche meinen, zu gut) und liefert marmeladige, unelegante Weine, wenn in Weinberg und Keller nicht besonders sorgfältig gearbeitet wird. Heute kommen aus Bolgheri herausragende Sangiovese-Rotweine, etwa der Vigna al Cavaliere von Michele Satta. Doch sobald die Marchesi Incisa della Rocchetta – die hinter dem Sassicaia stehen – zusammen mit ihren Beratern Giacomo Tachis und Professor Émile Peynaud Bolgheri als idealen Standort für Cabernet nachgewiesen hatten, wandten sich die Winzer unter wachsendem Applaus den Bordeaux-Sorten zu.

Als Erster wagte Lodovico Antinori (Bruder von Piero und Cousin von Niccolò Incisa, verwandt über ihre Della-Gherardesca-Mütter) Anfang der 1980er Jahre den Sprung ins Wasser. Auf seinem Gut Ornellaia pflanzte er Cabernet Sauvigon, Cabernet Franc, Merlot und Sauvignon an, und er zeigte der Welt, welche Leistungen Merlot (der Wein heißt Masseto) und Sauvignon Blanc (Poggio alle Gazze) dort vollbringen. Sein Bruder Piero folgte auf seiner Tenuta Belvedere mit einem Cabernet-Merlot-Syrah-Verschnitt (Guado al Tasso). Wenige Jahre später kaufte sich ein weiterer großer Name, Angelo Gaja aus dem Piemont, mit dem Gut Ca' Marcanda in Bolgheri ein.

Die 1994 eingerichtete DOC Bolgheri eröffnet einen großen Spielraum. Die roten Verschnitte können auf Cabernet Sauvignon (bis zu 80 %), Merlot oder Sangiovese (bis zu 70 %) basieren und mit anderen Sorten »aufgefüllt« werden. Der Bolgheri Sassicaia etwa besteht aus 80 % Cabernet Sauvignon und 20 % Cabernet Franc (interessanterweise ist dies die erste Unterzone einer italienischen DOC, die nach dem Wein eines Guts benannt ist). Die Weißweine werden hauptsächlich aus Sauvignon, Vermentino oder Trebbiano gemacht (bis zu 70%), den Rest stellen andere Sorten wie Viognier oder Chardonnay.

Marchese Lodovico Antinori, ein Mitglied der berühmten toskanischen Weindynastie, spielte bei der Entwicklung von Bolgheri eine Schlüsselrolle. Zu sehen sind hier die Cabernet-Franc-Reben des Guts Tenuta dell'Ornellaia am Ortsrand von Bolgheri, das 2002 in den Besitz der Familien Mondavi und Frescobaldi überging.

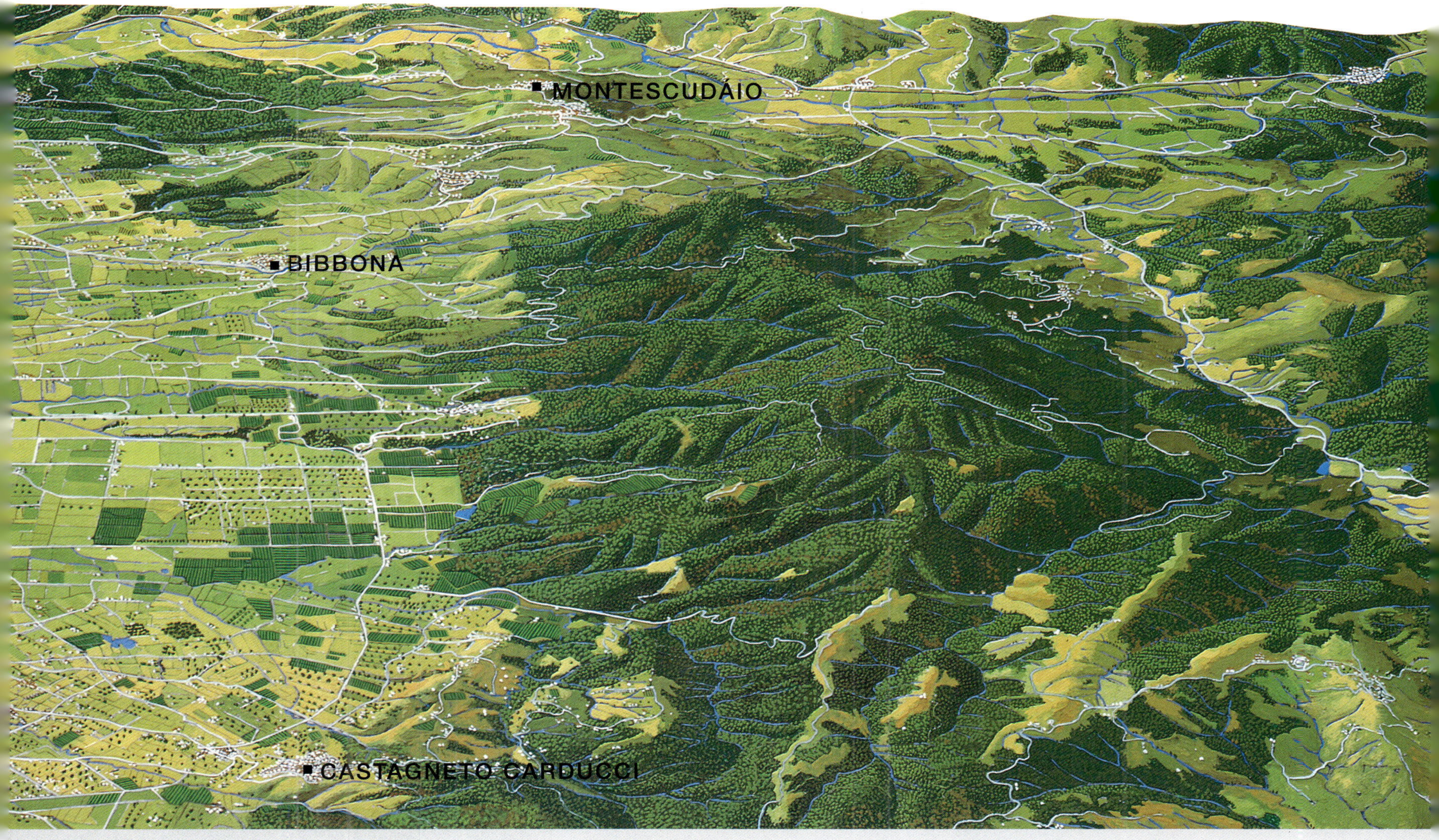

WO DER WEIN WÄCHST

Es brauchte Jahre, bis ich dahinter kam, was das Besondere an Bolgheri und seinem weiter landeinwärts liegenden Nachbarn Montescudaio ist. Die toskanische Küste zwischen Livorno und Piombino ist von einer so unerschütterlichen Eintönigkeit, dass es da noch etwas anderes geben musste – und glücklicherweise war es so.

Das Fehlen einer erwähnenswerten Tradition in Weinbau und Weinbereitung und das Fehlen restriktiver Bestimmungen hinsichtlich der verwendbaren Rebsorten waren für den Erfolg dieses Gebiets entscheidend. Auch die armen, unfruchtbaren Böden in den Weinbergen, die sich in den Hügeln verstecken (die einen Hektar große steinige Hanglage, von der der erste Sassicaia kam, liegt etliche Kilometer weit in den Hügeln), sind ebenso wichtig.

Die Seewinde mäßigen die toskanische Sommerhitze, dennoch reifen die Trauben bei den sehr geringen Erträgen, die die Böden hier erlauben, meist zwei bis drei Wochen vor dem Herz der Toskana. Trotz der vielen Erfolgsgeschichten gibt es hier erst sehr wenige Winzer, doch ihre Güter sind sehr groß, und das für den Weinbau geeignete Land ist begrenzt.

Die Weinberge von Montescudaio liegen durchschnittlich über 300 m hoch, was zusammen mit dem kühlenden Wind vom Meer her eine erstaunliche Palette weißer Sorten gedeihen lässt und auch einige aufregende Rotweine ermöglicht.

DOC-BEREICHE UND SPITZENWEINGÜTER

MONTESCUDAIO
1. Poggio Gagliardo
2. La Regola
3. Merlini

BOLGHERI
4. Tenuta San Guido (Sassicaia)
5. Lage Sassicaia
6. Tenuta Guado al Tasso (Antinori)
7. Lage Guado al Tasso
8. Le Macchiole
9. Tenuta dell'Ornellaia
10. Ca' Marcanda (Gaja)
11. Grattamacco
12. Michele Satta

BOLGHERI = DOC-BEREICH

DOC-GRENZEN

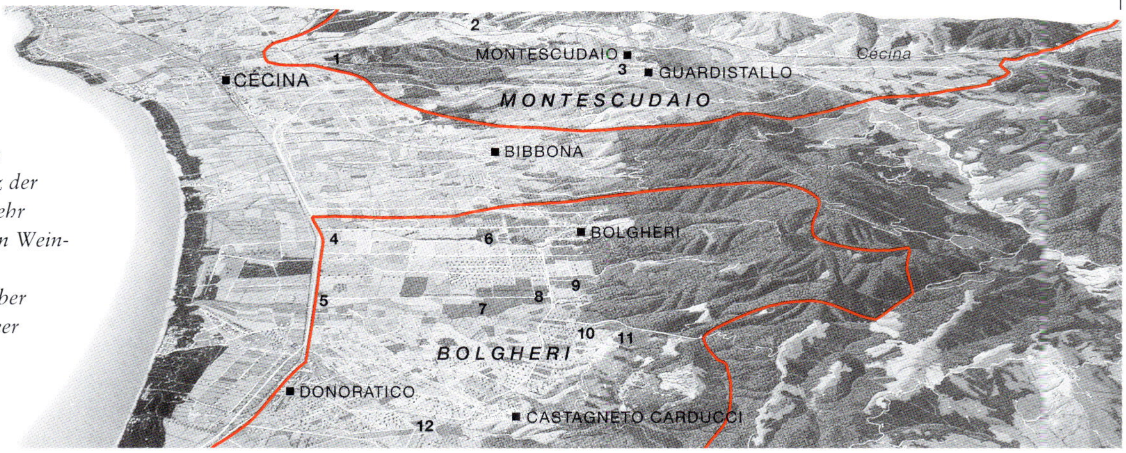

SPANIEN

Grün und Gold, die Farben Spaniens: riesige Areale mit Getreidefeldern, unterbrochen durch das frische Grün der Weinstöcke. Das große Bild zeigt die Bodegas Nekeas, eines der fortschrittlichsten Weingüter in Navarra. Oben 60 Jahre alte Reben in Ribera del Duero, einem der Spitzenweingebiete Spaniens; die Trauben werden sorgfältig in Plastikkisten geschichtet zum Dominio de Pingus transportiert.

Die letzten Jahre des zwanzigsten Jahrhunderts brachten für die lange vernachlässigten spanischen Weine dramatische Verbesserungen und für viele Weinregionen, die bisher im Schatten des übermächtigen Duos Rioja und Jerez standen, internationale Beachtung. Eine tief greifende Modernisierung der Weinbereitung ermöglichte es Regionen wie Priorat, Ribera del Duero, La Mancha, Rueda und Toro, sich mit kraftvollen, fruchtig-körperreichen Weinen, die den Geschmack des heutigen Konsumenten treffen, in den Vordergrund zu drängen.

Spanien ist erheblich heißer und trockener als sein berühmterer Weinnachbar Frankreich, und das Spektrum der Rebsorten, die optimale Bedingungen vorfinden, ist begrenzt. Es hat lange gedauert, bis Spanien die Bedeutung von Kleinklimaten erkannte, die durch die Höhe und die kühlende Wirkung des Meeres bestimmt werden. Und es hat eine Weile gedauert, bis man feststellte, dass Rebsorten für heiße Witterungsverhältnisse wie Garnacha, Cariñena, Tempranillo, Verdejo und Monastrell köstliche Aromen hervorbringen können, wenn sie mit modernen Methoden nach der Art der Neuen Welt verarbeitet werden.

Der Nordwesten mit seinen grünen Hügeln wird stark durch die feuchtkühle Witterung des Atlantiks beeinflusst; seine duftenden Weißweine und bissigen, saftigen Rotweine besitzen einen erfreulich individuellen Charakter. Weiter südlich werden am Duero Rot- und Weißweine erzeugt, die zu den aufregendsten in Spanien gehören. Andalusien in Südwestspanien hat an Tischweinen nicht viel zu bieten; die gespriteten Weine von Jerez und Montilla-Moriles gehören allerdings zu den großartigsten der Welt. Der Ruhm Málagas ist seit dem neunzehnten Jahrhundert verblasst, doch gelegentlich findet man Exemplare, die zeigen, wie gut diese Weine sein können. Das große Gebiet im Osten Spaniens zwischen Alicante und Valencia und das riesige Plateau von La Mancha und Valdepeñas südlich von Madrid standen für billige, raue Weine, die von internationalen Marken im Besitz von Brauereien und Brennereien vermarktet wurden. Doch man hat nun endlich das enorme Potenzial für preiswerten, attraktiven Wein erkannt, und die großen Weinunternehmen gehen daran, ihre Kellereien und Weinbereitungsmethoden zu modernisieren.

Der Nordosten gilt mit seinen berühmten Rot- und Weißweinen von Rioja und Penedès und dem schäumenden Cava traditionell als das spanische Zentrum für Qualitätswein. Aber auch hier weht der Wind des Wandels, und Gebiete wie Navarra, Somontano, Campo de Borja und Costers del Segre leisten aufregende Beiträge für das neue, faszinierende Spanien. Nach langem Warten im Schatten von Weinnationen wie Italien und Frankreich könnte das einundzwanzigste Jahrhundert zum Jahrhundert Spaniens werden.

Die Weinbaugebiete Spaniens

Wie sehr die Neue Welt auch die Anhänger der modernen Weine verlockt und entzückt – Spanien schafft es trotzdem, sein Renommee als eines der exotischsten Weinländer zu wahren. Wie dies? In den 1980er Jahren war ein großer Teil der spanischen Weine von hoffnungslosem Mittelmaß, und die Weinkenner wandten sich den Ländern in Mitteleuropa zu, um preiswerte Qualität zu bekommen. Doch in den 1990er Jahren haben auf der gesamten Iberischen Halbinsel die Einführung neuer Kellertechnik, die Neubepflanzung der Weinfelder mit besseren Sorten und gesunden Reben sowie der Einsatz hoch qualifizierter Önologen, auch aus dem Ausland, den Enthusiasmus der spanischen Weinerzeuger wieder belebt. In der Zeit, in der wir uns über die Qualität der spanischen Weine zu beklagen hatten, hat die spanische Weintradition ihren Zauber dennoch für uns nie ganz verloren.

Dies ist nicht allein dem Reichtum Spaniens an heimischen Rebsorten, sondern auch der Unterschiedlichkeit der Anbaugebiete zuzuschreiben: das breite Duero-Tal, die felsigen Vorberge der kühlen Pyrenäen, die Weiden auf den Hügeln Galiciens, die versengten, steinigen Hochebenen der Mancha oder die ausgedörrten weißen Ebenen von Jerez in Andalusien. In all diesen Landschaften und Klimaten gibt es Rebfelder; in der Tat besitzt Spanien die größte Weinanbaufläche der Welt. Allerdings ist es nicht der größte Weinerzeuger. Seine Produktion beruhte lange Zeit auf sehr ertragsschwachen, nicht bewässerten alten Rebflächen. Neu angelegte Weinberge und die heute zugelassene Tropfbewässerung haben dies alles geändert; zum Beispiel wuchs die Produktion in Rioja zwischen 1990 und 2000 fast auf das Doppelte, und zu hohe Erträge wurden, zum ersten Mal in der Geschichte, zum Problem.

Die wichtigsten geografischen Merkmale Spaniens sind das riesige zentrale Hochplateau, die »meseta« in der Mitte des Landes, und hohe Gebirgszüge, die dieses Plateau umgeben und durchqueren: Die Pyrenäen, die Kantabrische Kordillere und die Sierras Nevada, Guadarrama und Morena sind die wichtigsten. In einem großen Land mit so verschiedenen Landschaften gibt es natürlich große Klimaunterschiede, vom kühlen Hochland über die schmalen Küstengürtel an Mittelmeer und Atlantik zu den trockenen Halbwüsten in der zentralen Hochebene mit ihren extremen Temperaturunterschieden.

Die Vielfalt ist der Schlüssel zu den spanischen Weinbaugebieten. Die wichtigen Weinbaugebiete im Nordosten befinden sich in Navarra, Aragón und Katalonien. Die große Region Navarra ist ein bedeutender Erzeuger beifällig aufgenommener Rotweine und Rosados, während die kleine DO Somontano in Aragón, ein malerischer Fleck in den Ausläufern der Pyrenäen, atemberaubende Fortschritte in der Weinbereitung macht. Weiter südlich finden Campo de Borja und Calatayud Anschluss an die moderne Weinwelt. In Katalonien weiter östlich sind die Rebflächen auf eine Reihe kleiner Gebiete aufgeteilt: Die auf das Meer blickenden Weinberge von Alella liefern guten Weißwein, und das zerklüftete Priorat hat mit seinen mächtigen Rotweinen immens von besserer Vinifikation profitiert. An Navarra schließt die Region Rioja mit ihren weltberühmten Weinen aus dem oberen Ebro-Tal an.

Der Nordwesten des Landes wird wegen seines atlantischen Klimas und der hohen Niederschläge das »grüne Spanien« genannt. In Galicien, nördlich der portugiesischen Grenze, liegen die feuchten Regionen Rías Baixas, wo aus der Albariño-Traube einige der duftreichsten Weißweine Spaniens gewonnen werden, und Ribeiro, eine hübsche Hügellandschaft, deren Weinqualität rasche Fortschritte macht. Im País Vasco, dem Baskenland an der nördlichen Atlantikküste, liegen die kleinen DOs Getariako Txakolina (Chacolí de Getaria) und Bizkaiko Txakolina (Chacolí de Bizkaia) mit dem gleichnamigen traditionellen Wein der Baskenküste. In Castilla y León, das der Duero auf seinem Weg nach Portugal durchquert, liegen das flache Gebiet Toro mit guten Rotweinen und Rueda, das frische Weißweine hervorbringt. Nördlich davon gibt es in der winzigen DO Cigales viel frischen Rosado, und westlich von Cigales gewinnt der hoch gelegene, wellige, mit Pinien bewachsene Rotwein-Bereich Ribera del Duero, »das Ufer des Duero«, zunehmende Bekanntheit und Beliebtheit.

Zentralspanien ist ein heißes und ausgedörrtes Land, wie man es in Europa kaum sonst findet. Castilla-La Mancha bildet ein riesiges, trockenes Plateau mit Reben und verstreuten Windmühlen, das von kalten Wintern und unglaublich heißen Sommern heimgesucht wird. In dieser dürren und unwirtlichen Region befinden sich aber über die Hälfte der Rebflächen Spaniens. Zur Mancha gehört ganz im Süden noch die DO Valdepeñas, die zunehmend für sehr angenehme Rotweine bekannt wird. Im Osten der Mancha dehnen sich die Regionen Valencia und Murcia aus, die einst nur für traubige Moscatel- und Verschnittweine bekannt waren, heute aber echtes Potenzial für Rotwein zeigen. Insbesondere wurde die ausgezeichnete lokale Sorte Monastrell (in Frankreich Mourvèdre genannt) wiederentdeckt.

Weiter östlich liegt Málaga, dessen berühmte Süßweine stark an Bedeutung verlieren. Nördlich von Málaga liefern in Montilla-Moriles, einem weiteren sonnendurchglühten Gebiet, weiße Erde und Pedro-Ximénez-Trauben Sherry-ähnliche Weine.

Der richtige Sherry wird weiter westlich in Jerez und Manzanilla hergestellt, wo riesige, leicht geneigte Rebfelder auf Kreideboden stehen, der als »albariza« bezeichnet wird. Der Nachbar von Jerez im Nordwesten, Condado de Huelva, verkaufte früher seine Trauben an die Sherry-Erzeuger, befasst sich heute jedoch mehr mit der Herstellung leichter Weißweine.

Pesquera, eines der Spitzengüter in Ribera del Duero, macht aus Tinto Fino (Tempranillo) mächtige Rotweine.

DAS SPANISCHE KLASSIFIKATIONSSYSTEM

Das spanische Weingesetz wird vom Landwirtschaftministerium sowie den Autonomen Regionen verwaltet und von den Consejos Reguladores der einzelnen Anbaubereiche umgesetzt. Die Gesetzgebung beruht auf dem System der DO (Denominación de Origen), das 1986 revidiert wurde, als Spanien der EU beitrat. Wie in allen EU-Ländern wird der Wein in Spanien in zwei Stufen eingeteilt, Qualitätswein (Vino de Calidad Producido en Región Demarcada, VCPRD) und Tafelwein (Vino de Mesa).

Qualitätswein

Denominación de Origen (DO) Entspricht etwa den französischen ACs und erfasst die bekannten klassischen Weine Spaniens. Heute gibt es über 40 DOs. Jede DO hat ihren eigenen Consejo, der zusammen mit der örtlichen Verwaltung und dem Landwirtschaftministerium in Fragen der Qualitätskontrolle – wie zulässige Erträge und Rebsorten – entscheidet.

Denominación de Origen Calificada (DOC) Diese Spitzenkategorie wurde 1991 mit der Verleihung des DOC-Status an Rioja eingeführt. Sie ist Weinen vorbehalten, die schon lange für ihre hohe Qualität bekannt sind. Die Regelungen sind strenger und beinhalten rigorose Weinprüfungen. Das Priorat wurde 2001 zur DOC befördert.

Tafelwein

Vino de la Tierra (VdlT) Diese Kategorie entspricht etwa dem französischen Vin de Pays und umfasst Wein aus einer begrenzten Region, der derzeit keinen DO-Status hat, aber einen identifizierbaren regionalen Charakter aufweist. Mindestens 60% des Weins muss aus der genannten Region stammen.

Vino Comarcal (VC) Die nächstniedrigere Qualitätsstufe. Es gibt zurzeit 28 Bereiche, die keine großen Ansprüche auf Qualität anmelden. Die Erzeuger dürfen den Jahrgang auf dem Etikett erwähnen.

Vino de Mesa (VdM) Ein Wein, der aus Trauben nicht klassifizierter Rebflächen hergestellt wird, oder Wein, der durch Verschneiden aus verschiedenen klassifizierten Regionen heruntergestuft wurde. Auf dem Etikett wird kein Jahrgang angegeben.

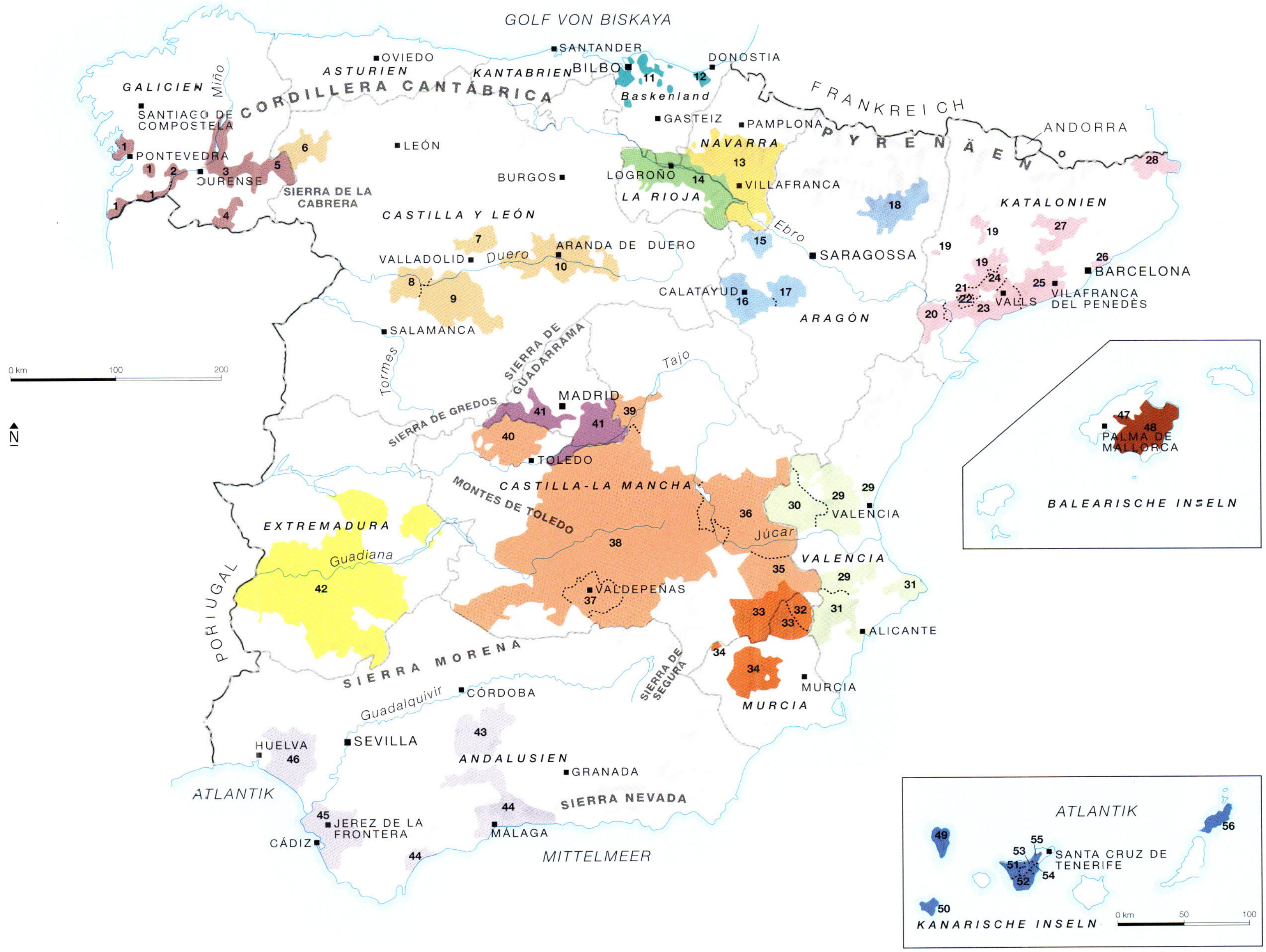

■ GALICIEN
1. Rías Baixas
2. Ribeiro
3. Ribeira Sacra
4. Monterrei
5. Valdeorras

■ CASTILLA Y LEÓN
6. Bierzo
7. Cigales
8. Toro
9. Rueda
10. Ribera del Duero

■ BASKENLAND
11. Bizkaiko Txakolina
12. Getariako Txakolina

■ NAVARRA
13. Navarra

■ LA RIOJA
14. Rioja DOC (auch im Baskenland und in Navarra)

■ ARAGÓN
15. Campo de Borja
16. Calatayud
17. Cariñena
18. Somontano

■ KATALONIEN
19. Costers del Segre
20. Terra Alta
21. Montsant
22. Priorat DOC
23. Tarragona
24. Conca de Barberá
25. Penedès
26. Alella
27. Pla de Bages
28. Empordà-Costa Brava

■ VALENCIA
29. Valencia
30. Utiel-Requena
31. Alicante (auch in Murcia)

■ MURCIA
32. Yecla
33. Jumilla (auch in Castilla-La Mancha)
34. Bullas

■ CASTILLA-LA MANCHA
35. Almansa
36. Manchuela
37. Valdepeñas
38. La Mancha
39. Mondéjar
40. Méntrida (auch in Madrid)

■ MADRID
41. Vinos de Madrid

■ EXTREMADURA
42. Ribera del Guadiana

■ ANDALUSIEN
43. Montilla-Moriles
44. Málaga
45. Jerez-Xérès-Sherry und Manzanilla de Sanlúcar de Barrameda
46. Condado de Huelva

■ BALEAREN
47. Binissalem-Mallorca
48. Plá i Llevant

■ KANAREN
49. La Palma
50. El Hierro
51. Ycoden-Daute-Isora
52. Abona
53. Valle de la Orotava
54. Valle de Güímar
55. Tacoronte-Acentejo
56. Lanzarote

PANORAMAKARTEN
Penedès S. 190/191
Rioja S. 192/193
Ribera del Duero S. 198/199
Jerez S. 204/205

WEITERE KARTEN
Nordostspanien S. 189
Nordwestspanien S. 196
Zentralspanien S. 201
Südspanien S. 203

NORDOSTSPANIEN

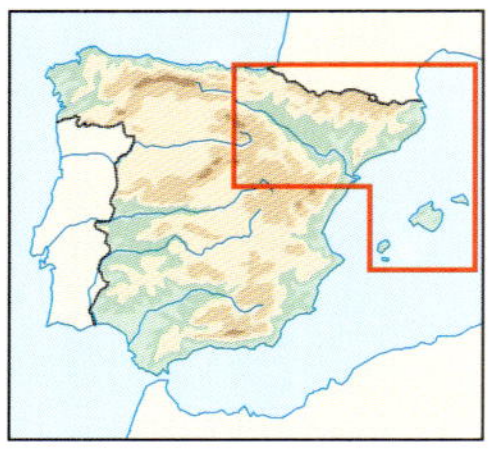

ROTE REBSORTEN
Tempranillo, Garnacha Tinta, Cariñena, Monastrell, Moristel und Graciano sind die Hauptsorten. Daneben wird auch Cabernet Sauvignon und Merlot angebaut.

WEISSE REBSORTEN
Die Hauptsorten sind Macabeo (Viura), Garnacha Blanca, Xarel-lo, Parellada, Malvasía, daneben gibt es etwas Chardonnay.

KLIMA
Das Klima schwankt zwischen der feuchten Kühle der baskischen Küste im Norden, der angenehm gemäßigten Witterung in Rioja sowie an der katalanischen Küste und den Halbwüsten im südlichen Aragón und im katalanischen Binnenland.

BODEN
Die Böden sind vielfältig und reichen von dem rötlich-braunen Kalkstein von Navarra und Cariñena bis zu dem kalkhaltigen Ton in Teilen von Rioja und Kreide bei Penedès.

TOPOGRAFIE
Rebfelder liegen auf flachen Plateaus, Hügeln in Küstennähe und hoch gelegenen Terrassen im Binnenland.

Priorat ist ein altes Weinbaugebiet in der Nähe von Tarragona. Seine mächtigen Rotweine sind wieder sehr gefragt, wie der L'Ermita von 100 Jahre alten Garnacha-Reben, die auf 45° steilen Hängen stehen.

Ich glaube, ich bin in Nordostspanien mehr herumgekommen als im übrigen Europa. Unseren allerersten Familienurlaub im Ausland verbrachten wir an der Costa Brava, und das erste Mal, dass ich der Familie entfloh, um ohne sie Ferien zu machen, strandete ich sehr nervös auf der Fahrt nach Tarragona und Tanger spätnachts im Bahnhof von Barcelona. Ich war gerade sechzehn, und meine Eltern wähnten mich auf einem gemütlichen Zeltplatz in der Normandie. Ein oder zwei Jahre später hatte ich meine erste, nicht besonders erfreuliche Begegnung mit Chacolí (Txakoli im Baskischen) in San Sebastián (Donostia). Diesmal war ich auf einem Zeltplatz, und normalerweise schmeckt einem auf einem Zeltplatz alles. Der Chacolí jedoch nicht. Meine erste Begegnung mit Rioja muss etwas erfolgreicher gewesen sein, denn ich konnte mich anschließend nicht mehr erinnern, wie ich mich in der Schlucht bei Cenicero zur Nachtruhe gebettet habe (wo ich im Morgengrauen dann fast von einem Zug überfahren worden wäre). Der örtliche Wein muss also geschmeckt haben.

Seitdem habe ich immer wieder die Pyrenäen durchquert – der Länge nach, zwischen Frankreich und Spanien wechselnd, auf winzigen Gebirgsstraßen, bis nach Navarra und Huesca, und jedes Mal, wenn die weiten Prärien des Ebro-Tals zu bedrückend wurden, flüchtete ich wieder in die Berge. Ich wagte mich in das dürre und traurige Hinterland westlich von Barcelona, bis hinter Lleida und Saragossa, wo ich die wenigen, öden Städte mit unerklärlicher Begeisterung begrüßte und mich beim Vorüberfahren wunderte, welch weise Voraussicht die Familie Raventós bewegt haben mochte, ihr Gut Raïmat in dieser abgelegenen Vorhölle zu errichten.

Dieses eindrucksvolle Gut wurde in einem der hoffnungslosesten Landstriche in Spanien angelegt, doch ist der Nordosten im Allgemeinen mit sehr unterschiedlichen Voraussetzungen ausgestattet. Der Unterschied zu den unordentlich wuchernden Reben, die in den feuchtkühlen Hügeln bei San Sebastián halbwegs zur Reife kommen und ihre Feuchtigkeit direkt aus dem Golf von Biskaya beziehen, könnte nicht größer sein. Der dünne, grasige Chacolí wurde ausschließlich von den Einheimischen getrunken, bis er seit 1990 deutlich besser wurde und sogar entfernt Reife aufwies.

Südlich der baskischen Rebflächen erhebt sich die Kantabrische Kordillere und fängt die restliche Feuchtigkeit ab, die von der Biskaya ins Landesinnere dringt. Diese Berge bieten den entscheidenden Schutz für die Rebfelder von Rioja und Navarra, ohne den Trauben wie Tempranillo und Garnacha niemals reif würden.

Die Pyrenäen, die die Grenze zu Frankreich bilden, sind kein so großer Schutz, da von ihren frostigen Gipfeln eiskalte Winde durch die Täler nach Süden wehen. Sie liefern jedoch Wasser, zwar kein Regenwasser, aber für die Bewässerung geeignete Flüsse, die aus den Bergen herunterstürzen, bevor sie in den Ebro münden und mit ihm nach Osten zum Mittelmeer fließen. Ohne sie wäre ein großer Teil von Aragón und Westkatalonien nahezu eine Wüste. Es ist erstaunlich, wie nahe man ans Mittelmeer kommt, bevor die Landschaft lieblicher und die Hügel weniger schroff und abweisend werden. Der nutzbare Küstenstreifen von der französischen Grenze über Barcelona bis zur Ebro-Mündung hinter Tarragona ist ziemlich schmal, doch die Katalanen sind es gewohnt, aus jedem Fleckchen Land etwas zu machen.

PAÍS VASCO (BASKENLAND)
Wo könnten wir unsere Tour durch Nordostspanien besser beginnen als in Getariako Txakolina und Bizkaio Txakolina, den kleinsten DO-Gebieten im Baskenland? Hier, an der kantabrischen Küste Spaniens, ist es bei einer jährlichen Niederschlagsmenge von etwa 1600 mm außerordentlich feucht. Außerdem ist es ziemlich kühl, was die Einheimischen jedoch nicht daran hindert, ein paar Reben der heimischen Sorte Hondarribi Zuri anzubauen, aus der sie den traditionellen, Cidreähnlichen baskischen Weißwein herstellen, den sie zu frischen Meeresfrüchten aus dem Atlantik trinken. Daneben wird eine kleine Menge Rotwein aus der Hondarribi Beltza erzeugt. In dieser feuchten Region, die das Gedeihen von Schimmelpilzen begünstigt, werden die Reben von alters her an übermannshohen Spalieren erzogen. Die Einführung neuer Techniken Ende der 1980er Jahre und die Außerdienststellung alter Holzfässer wurde 1990 durch die Verleihung des DO-Status belohnt.

Die besten baskischen Rebflächen liegen im Süden der Region in der Provinz Alava. Die Teilregion Rioja Alavesa, die anders als der Rest des Rioja zum Baskenland gehört, besitzt mit die besten Rioja-Lagen (siehe S. 192).

NAVARRA
Diese große Region, die einst für ihren Rosado (Rosé) aus der Garnacha-Rebe berühmt war, hat im letzten Jahrzehnt große Fortschritte gemacht, die beispielhaft für das restliche Spanien sind. Neue Technik, dazu bessere Weinbaumethoden haben auf Navarras weichen, tiefgründigen, fruchtbaren Böden zu ausgezeichneten Weinen aus der traditionellen Garnacha und zunehmend auch aus Tempranillo, Merlot und Cabernet Sauvignon geführt (siehe S. 195). Die staatlich finanzierte Versuchskellerei Evena in Olite hat nicht nur großen Einfluss auf die Region, sondern ist auch eine der wichtigsten in Europa.

LA RIOJA
Die Region La Rioja hat nur einen klassifizierten Wein – Rioja – aufzuweisen, doch sie war das erste spanische Weinbaugebiet, das in die Superkategorie über der DO, die DOC, eingestuft wurde. Die drei Teilregionen von Rioja breiten sich auf einem Teil des oberen Ebro-Tals zwischen Haro und Alfaro aus, mit der Rioja-Hauptstadt Logroño als Zentrum. Rioja wird auf S. 192/193 ausführlich behandelt.

ARAGÓN
Das frühere Königreich Aragón nimmt einen weiten Landstrich südlich der mittleren Pyrenäen ein, den der Ebro in südöstlicher Richtung durchfließt. An den Rändern des breiten, flachen Flusstals liegen die Weinberge der Region. Aragón produzierte früher Mengen uninteressanter Weine, doch die Standards werden inzwischen allgemein besser (siehe S. 194). Unmittelbar südlich von Rioja liegt Campo de Borja, wo, wie in Rioja, die Landschaft im Wesentlichen durch den Ebro bestimmt wird. In Campo de Borja ist das Klima deutlich kontinental, das heißt, die Sommer sind glühend heiß, und die Winter können sehr kalt sein. Dazu kommt noch ein trockener Wind aus dem Norden, so dass wir es hier insgesamt mit schwierigen Bedingungen für den Weinbau zu tun haben. Die Weine aus der roten Garnacha-Traube erreichen hier einen maximalen Alkoholgehalt. Calatayud, das durch mehrere kleine Gebirgszüge vom Ebro-Tal abgeschnitten ist, hat eine etwas feuchtere Witterung als Cariñena.

Der interessanteste DO-Bereich von Aragón liegt jedoch nördlich von hier jenseits des Ebro. Somontano ist ein hübscher Fleck in den Ausläufern der Pyrenäen. Kleine Bergbäche und hohe Niederschläge machen dieses Gebiet grün und fruchtbar, und sein gemäßigt kontinentales Klima im Schutz der Pyrenäen sorgt dafür, dass hier interessante Weine entstehen, unter anderem aus den traditionellen örtlichen roten Rebsorten Moristel und Parraleta sowie aus internationalen Sorten wie Cabernet Sauvignon, Merlot und Chardonnay.

CATALUÑA (KATALONIEN)
Die florierende Großstadt Barcelona und ihr Hinterland haben Katalonien zu einer der wohlhabendsten Regionen Spaniens gemacht, ihr unabhängiger Geist und eine starke kulturelle Tradition kommen in der zweiten offiziellen Landessprache, dem Katalanischen, zum Ausdruck. Katalonien hat in der Weinbaugeschichte des Landes eine

wesentliche Rolle gespielt, was sich in der Anhäufung von Weinbaugebieten am Küstengürtel mit seinem warmen mediterranen Klima bemerkbar macht (siehe S. 190/191). Sein blühender Weinbau beruht zum großen Teil auf dem Cava, doch ist Penedès, das Herz der Cava-Produktion, auch bekannt für gute stille Rot- und Weißweine.

Südwestlich von Penedès liegen im zerklüfteten Bergland die landschaftlich reizvollen Gebiete Terra Alta und Priorat: Die alten, rauen Weine dort machen allmählich einem faszinierenden neuen Weintyp Platz, dessen Power und Extrakt durch moderne Kellermethoden gezähmt werden; darüber hinaus geben internationale Sorten, vor allem Cabernet Sauvignon und Syrah, den auf Garnacha und Cariñena basierenden Weinen zusätzliche Komplexität.

Die zersplitterte DO Costers del Segre im trockenen Westen Kataloniens ist als Sitz der Kellerei Raïmat bekannt; die kühle, hoch gelegene Region Conca de Barberá erzeugt große Mengen aromatischer weißer Trauben für Cava sowie immer bessere internationale Sorten, während Tarragona, die größte katalanische DO, große Mengen schlichter, vorwiegend weißer Weine ausstößt; in ihrer begünstigten Unterregion Falset werden aber auch an das Priorat erinnernde Rotweine gemacht. Nördlich von Barcelona liegt Alella, das einige gute, frische Weißweine hervorbringt, und ganz im Norden der DO-Bereich Empordà-Costa Brava. Im Jahr 2000 wurde die umfassende Cataluña DO geschaffen, die eine ähnliche Rolle spielen soll wie die einfache Bordeaux AC, als »Dach« für billigere Verschnitte und Weine aus geringerwertigen Teilen der Region.

CAVA

Die wie der Champagner nach traditioneller Methode hergestellten katalanischen Schaumweine wurden im Volksmund »champaña« genannt, doch nach etlichen Rechtsstreitigkeiten mit den französischen Champagner-Herstellern erklärten sich die Spanier 1970 bereit, den Namen durch das katalanische Wort »cava« (Keller) zu ersetzen. Der erste Cava, der Codorníu, wurde in Sant Sadurní d'Anoia im Herzen des Penedès von José Raventós gemacht. Raventós hatte 1872 die Champagne besucht und war mit dem Entschluss nach Spanien zurückgekehrt, die örtlichen Trauben Macabeo, Parellada und Xarel-lo zu einem ähnlichen Schaumwein zu verarbeiten. Diese Sorten werden noch heute verwendet. Macabeo schmeckt ziemlich neutral, wenn auch etwas scharf, und eignet sich daher gut als Ausgangsbasis für Schaumwein; Xarel-lo liefert ein erdiges Aroma und einen höheren Alkoholgehalt, während Parellada feiner und blumig ist. 1986 wurde auch Chardonnay zugelassen, und seine Anbaufläche ist seitdem rasch gewachsen. Cava unterscheidet sich von allen übrigen spanischen DOs insofern, als er nicht auf einen geografischen Bereich beschränkt ist und die Trauben aus 159 festgelegten Orten aus ganz Nordspanien stammen können; die meisten kommen jedoch aus Penedès in Katalonien.

DIE BALEAREN

Auch Mallorca besitzt ein Weinbaugebiet, Binissalem DO, nördlich von Palma de Mallorca und östlich von El Pla, dem hügeligen Zentralplateau der Insel. Im Norden schirmt die Sierra de Alfabia die Rebflächen vor den feuchten Nordwinden ab. Heiße Sommer, milde Winter und Kalkstein in leichten Böden summieren sich zu guten Bedingungen für den Anbau von Reben, und die Trauben können extrem reif werden. Während im neunzehnten Jahrhundert Süßwein aus der Malvasía-Traube aus Binissalem beliebt war, bringen die heimischen Sorten Manto Negro und Callet heute trockene Rotweine hervor; Moll (Prensal) wird für leichte Weißweine verwendet.

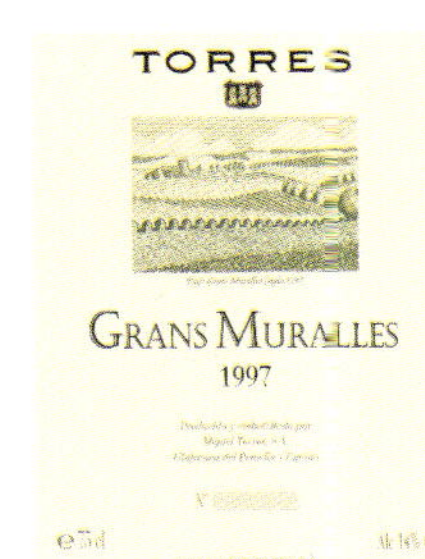

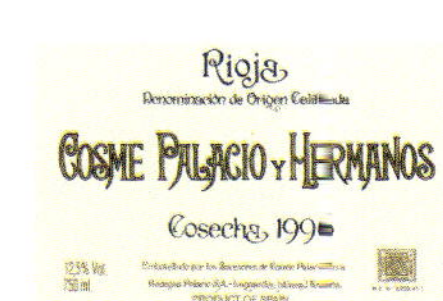

KATALONIEN

Es ist beinahe so, als würde man die Grenze zu einem anderen Land überschreiten. Mit seiner eigenen Sprache, seiner pulsierenden Hauptstadt Barcelona und einem einzigartigen Unabhängigkeitsdrang erscheint Katalonien (Cataluña) in der Nordostecke Spaniens wie ein eigenes kleines Königreich. Katalonien war schon immer ein wohlhabendes Land, und zu diesem Wohlstand haben der Cava, der nach der traditionellen Methode hergestellte Schaumwein Spaniens, und der bahnbrechende Weinerzeuger von Penedès, Miguel Torres, beigetragen. Katalonien besitzt viele zerklüftete Berglandschaften: Die Pyrenäen beherrschen den Norden der Region, und Berge säumen die Mittelmeerküste bis weit in den Süden. Der Küstenbereich, in dem viele der Rebflächen liegen – einige mit Blick auf das glitzernde Meer –, erfreut sich eines milden mediterranen Klimas. Wenn man jedoch landeinwärts in Richtung Aragón fährt, wird das Klima kontinentaler, mit heißeren Sommern und kälteren Wintern.

PENEDÈS

Die Penedès DO liefert in diesem Teil Spaniens die größte Vielfalt an Weinen. Vor über dreißig Jahren war Penedès nicht bekannter als die anderen katalanischen Weinbaugebiete, doch das war, bevor Miguel Torres 1961 von seinen önologischen Studien in Frankreich zurückkehrte, um in der Bodega der Familie in Vilafranca del Penedès im Herzen der Region zu arbeiten. Seitdem hat er auf Rebfeldern eine ganze Menge internationaler Rebsorten eingeführt – nicht nur Cabernet Sauvignon und Chardonnay, sondern auch Riesling, Gewürztraminer, Muscat d'Alsace, Sauvignon Blanc und Pinot Noir –, außerdem die Spaliererziehung, eine größere Pflanzdichte, organische Anbaumethoden und den maschinellen Rebschnitt, was alles in Spanien zu jener Zeit noch kaum bekannt war. Neben der Entwicklung neuer Anbaumethoden hat Torres im Keller experimentiert: frühere Abfüllung von Rotwein, Gärung in temperaturgeregelten Edelstahltanks, sortenreine Weine, Verschnitt der heimischen Sorten Parellada und Tempranillo mit internationalen Sorten sind nur ein paar Beispiele.

Der Einfluss von Torres ist nicht auf Penedès beschränkt. Im angrenzenden Conca de Barberá liefern seine Weingüter Milmanda und Grans Muralles gesuchte Rot- und Weißweine. Schade ist nur, dass Katalonien nicht als Ganzes dem Weg gefolgt ist, den Torres vor einer Generation eröffnete; die Weißweine ragen allerdings weiterhin mit Duft und schön balancierter Frucht heraus. Etwa 90% der Penedès-Weine sind weiß, hergestellt hauptsächlich aus den Rebsorten Xarel-lo, Macabeo und Parellada (die die beste Qualität liefert); seit 1986 ist Chardonnay zugelassen. Der Rotwein wurde aufgrund des Cava-Booms in Penedès ziemlich vernachlässigt. Schlechte Kellermethoden ruinieren häufig, was die hochwertigen Trauben bringen, und selbst die einst bahnbrechenden Rotweine von Torres stehen nicht mehr an der Spitze.

DO-BEREICH PENEDÈS

NORD-SÜD-AUSDEHNUNG 39,5 KM

DO-GRENZEN

REBFLÄCHEN

Penedès ist die wichtigste Region für die Cava-Produktion (siehe S. 189). Inzwischen befindet sich ein Fünftel der Penedès-Rebflächen im Besitz der Cava-Unternehmen, und viele der großen Erzeuger haben ihren Sitz in Sant Sadurní d'Anoia, einige machen auch Stillweine. Die Weinproduktion in Penedès entwickelt sich um zwei regionale Zentren, Sant Sadurní d'Anoia und Vilafranca del Penedès, wo man in jeder Straße am Rand der Wohngebiete auf Schritt und Tritt Wegweiser zu den Bodegas sieht. Der Wohlstand und das Fachwissen, die durch die prosperierende Cava-Industrie erzeugt wurden, haben Penedès eine unangefochtene Spitzenposition in Katalonien verschafft, doch das ist gleichzeitig das Problem von Penedès. Der Cava ist so bekannt und die Marke Torres so berühmt, dass die Region selbst keine Identität entwickelt hat.

WEITERE KATALANISCHE ANBAUGEBIETE

Eine bedeutende Entwicklung ist in Lleida zu verzeichnen, im ausgedörrten Ödland zwischen Barcelona und Saragossa. Hier steht mitten in der Garrigue die Kellerei Raïmat, die sich im Besitz der Familie Raventós befindet, den Eignern der riesigen Codorníu-Gruppe. Ihre Initiative führte zur Verleihung des DO-Status für mehrere Rebflächen in dem Gebiet, das heute Costers del Segre genannt wird. Raïmat besitzt hier inzwischen über 1800 Hektar, über ein Drittel der gesamten DO-Pflanzungen, die künstlich bewässert werden und mit Chardonnay, Cabernet Sauvignon, Tempranillo, Pinot Noir und Merlot bestockt sind. Keiner der traditionellen regionalen Weißweine ragte bisher heraus, doch die Weine von Raïmat, sowohl Stillweine (besonders Chardonnay, Cabernet Sauvignon und Tempranillo) als auch Schaumweine, haben bewiesen, dass in diesen unwirtlichen Umständen ausgezeichnete Qualität möglich ist.

Ganz im Norden Kataloniens, an der Grenze zu Frankreich, liegt die winzige DO Empurdà-Costa Brava eingezwängt zwischen Mittelmeer und den Pyrenäen. Hier fallen die Berge fast bis zum Meer hin ab, und auf den unteren Hangbereichen stehen die Reben. Doch das ist kein Ferienidyll an dieser schönen Felsenküste: Die Reben werden hier fest an Pfähle gebunden, um einem gefürchteten Wind zu trotzen, der als »tramontana« bezeichnet wird und tagelang mit brutaler Kraft blasen kann. Die hiesigen Weine sind meist Rotweine aus Garnacha und Cariñena, die Weißweine stammen von der Macabeo- und der Xarel-lo-Traube. Wie in anderen Bereichen von Katalonien, etwa Pla de Bages, so dringen auch hier die internationalen Rebsorten (hauptsächlich Cabernet Sauvignon, Merlot und Chardonnay) in die Weinberge ein.

Weiter südlich in Katalonien drängen sich die Weinbaugebiete um Barcelona und Tarragona. Während die Großstadt wächst, verschwinden die Rebflächen von Alella, die recht wohlschmeckende, frische Weißweine hervorbringen können, unter den Neubauten. 1989 wurde der DO-Status auf höher gelegene Landstriche ausgedehnt, so dass Alella heute von der Küste ins Landesinnere bis in die Ausläufer der Katalanischen Kordillere hineinreicht. Die neuen Gebiete im Schutz der Berge sind kühler, weil sie höher liegen, und besitzen einen Kalksteinuntergrund. Die Reben an der Küste sind meist Garnacha Blanca, in den neuen, höheren Weinbergen findet man Pansa Blanca (Xarel-lo) und inzwischen auch ordentlichen Chardonnay.

Wenn man eine spektakuläre Bergszenerie liebt, muss man in das Priorat und die Terra Alta fahren, relativ schwer zugängliche Bereiche im Landesinneren im Süden Kataloniens. Die Straßen sind kurvig und steil, doch die Fahrt lohnt sich. Die Weinberge hier gehören zu den dramatischsten Lagen in Europa; zerklüftete Berge bilden den Hintergrund für die kleinen terrassierten Weinberge, die in die steilen Bergflanken gehauen und mit Mandel- und Olivenbäumen durchsetzt sind.

Das Priorat hat einen besonderen Boden, der als »llicorella« bezeichnet wird und aufgrund von Glimmerpartikeln schimmert. Seine Wärme speichernden Eigenschaften bringen unglaublich mächtige und alkoholreiche Rotweine hervor. Um das Dorf Gratallops im Herzen des Priorat ließ sich in den 1980er Jahren eine Gruppe neuer Erzeuger nieder, die neben den heimischen Reben Garnacha und Cariñeña französische Sorten wie Cabernet Sauvignon pflanzten, moderne Kellertechnik sowie neue französische Eichenbarriques einführten und einen neuen Typ des Priorat kreierten, der die Welt im Sturm eroberte. Als Resultat dieser raren, teuren Weine wurde das Priorat im Jahr 2001 zur DOC befördert (bisher war nur Rioja im Besitz der höchsten spanischen Kategorie). Die Terra Alta, das »hohe Land«, hatte bis zum Beginn des zwanzigsten Jahrhunderts wenig Kontakt zum Rest des Landes, und das ist noch erkennbar. Es ist die südlichste DO Kataloniens und mit grünen Oasen gesprenkelt, die zwischen den Bergen liegen.

Die übrigen DO-Gebiete Kataloniens breiten sich fächerartig über die Ebene von Tarragona aus. Das große DO-Gebiet Tarragona erstreckt sich in einem Radius von 30 km um die gleichnamige Stadt. Die Unterregion Falset, die an das Priorat grenzt und dieselben Vorteile genießt – ein etwas kühleres Klima und ertragsarme Weinberge –, erzeugt heute Rotwein von Spitzenqualität und wurde 2001 zur DO Montsant heraufgestuft. Conca de Barberá liegt in einem natürlichen Becken im Schutz der Gebirgszüge Tallat, Prades und Montsant. Das Gebiet produziert große Mengen von Haselnüssen und Mandeln sowie einen großen Teil des Grundweins für Cava. Es beherbergt auch die Torres-Weingüter Milmanda und Grans Muralles.

WO DER WEIN WÄCHST

Das Panorama zeigt das Herz des Penedès mit den Städten Sant Sadurní d'Anoia, dem florierenden Zentrum der Cava-Produktion, und Vilafranca del Penedès, wo Torres seine hypermoderne Weinfabrik hat.

Die Rebflächen in Penedès sind in drei Etagen angeordnet, die stufenweise von der Küste ansteigen und eine breite Palette von Anbaubedingungen bieten. Der heiße, flache Küstenstreifen wird als Bajo Penedès bezeichnet. Die Rebflächen dort sind traditionell mit Moscatel bepflanzt, doch inzwischen werden immer mehr robuste rote Rebsorten angebaut, die die glühende Sommersonne vertragen.

Auf der anderen Seite des Hügelkamms, in dem weiten Tal um Vilafranca del Penedès, liegt das Medio Penedès mit 80% der Penedès-Rebflächen. Hier ist es immer noch ziemlich heiß, doch die Mischung verschiedener Rebsorten (hauptsächlich Xarel-lo und Macabeo für Cava, aber auch einige rote Sorten) profitiert vom kühleren Klima in größeren Höhen zwischen 250 m und 500 m.

Weiter landeinwärts und noch höher – bis zu 800 m – liegt Penedès Superior mit einem Klima, das beinahe so kühl ist wie das im Bordelais. Wenn man höher hinaufkommt, gibt es kaum noch Dörfer, doch die hier verstreut liegenden Weinberge werden sehr geschätzt. Hier finden sich die hochwertigen weißen Trauben, meist die aromatische Parellada für Cava, aber auch Versuchspflanzungen mit internationalen Sorten wie Chardonnay, Gewürztraminer, Riesling und Muscat.

Alte Garnacha-Rebstöcke nach der Ernte. Sie stehen bei Gratallops im Herzen des Priorat auf steinigem Schieferboden.

ROTE REBSORTEN

Die wichtigsten traditionellen roten Sorten sind Garnacha Tinta, Cariñena, Monastrell, Tempranillo (auch Ull de Llebre genannt), daneben gibt es zunehmend Cabernet Sauvignon, Merlot, Syrah und sogar Pinot Noir.

WEISSE REBSORTEN

Die Hauptsorten sind Macabeo, Garnacha Blanca, Xarel-lo und Parellada; Malvasía ist auf dem Rückzug. Für die neuen Weißweine werden Riesling, Muscat, Chardonnay, Gewürztraminer und Sauvignon Blanc angebaut.

KLIMA

An der Küste Kataloniens herrscht ein mediterranes Klima, während es landeinwärts trockener und extremer wird.

BODEN

Der Boden ist in den zerklüfteten Bergregionen und in den Küstengebieten unterschiedlich. In den nördlichen Küstengebieten gibt es etwas Kalkstein. Die tiefen Regionen von Penedès haben Sandböden, die höheren Tonböden. Quarzit und Schiefer bilden im Priorat einen besonderen Boden, der »llicorella« genannt wird.

TOPOGRAFIE

Es gibt tief liegende Rebflächen an der Küste bis 200 m Höhe, während landeinwärts die Reben auf Terrassen an steilen Berghängen angebaut werden, bis zu 800 m hoch im Priorat und Terra Alta, oder in Flusstälern auf Schwemmboden wie in Tarragona.

Rioja

ROTE REBSORTEN
Die wichtigste Rebsorte ist Tempranillo, gefolgt von Garnacha Tinta und etwas Mazuelo und Graciano. Versuchsweise wird Cabernet Sauvignon angebaut.

WEISSE REBSORTEN
Viura (Macabeo) ist die Hauptsorte. Es gibt winzige Mengen Malvasía und Garnacha Blanca.

KLIMA
Die Sierra de Cantabria schirmt die meisten Rebflächen vor atlantischen Einflüssen ab. Rioja ist größtenteils sonnig und hat gemäßigte Temperaturen. Rioja Baja im Südosten hat mediterranes Klima und ist heißer und trockener.

BODEN
Rioja Alavesa hat gelbe, kalkhaltige Tonböden, ebenso wie Teile von Rioja Alta. Rioja Alta und Rioja Baja besitzen vorwiegend Schwemmland-Schluff mit eisenhaltigem Ton auf höheren Arealen.

TOPOGRAFIE
Die Reben werden in den Teilregionen Alavesa und Alta in relativ hohen Lagen gepflanzt, normalerweise zwischen 400 m und 800 m, in der Region Baja auf dem flachen, fruchtbaren Talgrund bis hinunter auf 300 m.

Ich kann mich noch an das wunderbare Aroma von Erdbeeren und Schwarzen Johannisbeeren mit Vanille erinnern, das die ersten Rioja-Rotweine, die ich probierte, besaßen. Sie waren so weich, so leicht zu genießen. Es war damals nicht üblich, dass Rotwein so zugänglich war, so unwiderstehlich, so leicht zu verstehen. In der Zeit, bevor die Weinrevolution der Neuen Welt uns lehrte, dass man einfach Freude an gutem Wein haben sollte, wies der Rioja den Weg. Und so wurde er ohne Mühe zu Spaniens führendem Tischwein. Er ist noch der bekannteste, doch obwohl er als Einziger bisher die (der Idee nach) höhere DOC-Einstufung erhielt, waren die 1990er Jahre für ihn eine schwierige Zeit: Zu viel zweitrangige Areale waren bebaut, Überproduktion war üblich und wurde durch die Einführung der Bewässerung gegen Ende der Neunziger noch gesteigert, die Preise fuhren Achterbahn. Es muss deutlich gesagt werden: Zu viele Riojas sind heute ohne Charakter und überbezahlt, was der Region – und Spanien – keinen Gefallen erweist.

Die Rioja DOC besteht aus drei Teilregionen: Rioja Alavesa liegt nördlich des Ebro vollständig in der Provinz Alava im Baskenland; Rioja Alta ist die westlichste Teilregion und gehört zur Provinz La Rioja. Rioja Baja liegt ebenso wie die Navarra- und Burgos-Exklaven östlich von Logroño zu beiden Seiten des Ebro. Logroño, die Hauptstadt des Rioja mit 120 000 Einwohnern, liegt unmittelbar westlich von dem Punkt, an dem die drei Teilregionen aufeinander treffen, etwa in der Mitte des sich in westöstlicher Richtung über 120 km ausdehnenden DOC-Gebiets Rioja.

Zwar liegt Rioja relativ nahe am Meer, doch schützen die Gebirgszüge, die das Gebiet am Nordrand umgeben, besonders die Sierra de Cantabria, den Nordteil vor den kalten Atlantikwinden, so dass auf die Weinberge hier die Sonne scheint, während sich in der Ferne drohende Wolken über den Berggipfeln zusammenballen.

WO DER WEIN WÄCHST

Das Panorama zeigt die westliche Hälfte des DOC-Gebiets Rioja, die Teilregionen Rioja Alavesa und Rioja Alta (die flachere, wüstenähnlichere Rioja Baja beginnt weiter östlich von Logroño). Die Rebflächen von Alavesa liegen nördlich des Ebro und erstrecken sich von den Ausläufern der Sierra de Cantabria bis hinunter zum Fluss. Die Rebflächen der Rioja Alta dehnen sich – außer einer kleinen Exklave am Nordufer nordöstlich von Briones – südlich des Flusses aus. Die DOC ist ganz auf das Ebro-Tal konzentriert, während die Sierra de Cantabria eine beeindruckende Kulisse im Norden bildet und die Rebflächen vor der atlantischen Witterung abschirmt. Der Großteil der Talsohle war Ackerland und bringt keine hochwertigen Trauben hervor. Die Parzellen sind meist klein – 85 % der Rebflächen befinden sich im Besitz von insgesamt 14 000 Weinbauern.

DIE BÖDEN VON RIOJA

Roja besitzt drei Bodentypen. Der beste Wein entsteht auf kalksteindurchsetztem Ton, der in der ganzen Teilregion Rioja Alavesa und in Teilen von Rioja Alta zu finden ist. Der gelbliche Boden ist intensiv mit Reben bepflanzt. Tempranillo, der auf Kalkstein gut gedeiht, ergibt hier Trauben mit hohem Säuregehalt und konzentrierten Aromen. Der zweite Bodentyp, ein eisenhaltiger Ton, ist südlich des Ebro in isolierten höher liegenden Bereichen in Gebieten mit Schwemmboden anzutreffen, dem dritten Bodentyp. Eisenhaltiger Ton erzeugt kräftige Weine mit hohem Alkoholgehalt. Große Teile von Rioja Baja und Rioja Alta bestehen aus Schluff, der für hochwertige Trauben häufig zu fruchtbar ist. Weine von diesen Böden sind alkoholreich und werden meist dazu verwendet, die leichteren Weine von Alavesa und Alta zu verstärken.

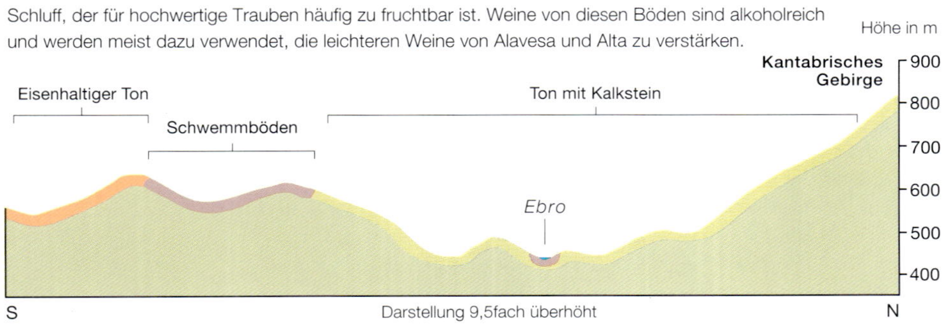

RIOJA ALAVESA UND RIOJA ALTA

Die Rebflächen von Rioja Alavesa beginnen zwischen den Vorbergen der Sierra de Cantabria und reichen hinunter bis zum steil abfallenden Nordufer des Ebro; die Rebterrassen reichen aus 800 m Höhe bis auf 400 m hinunter. Auf der anderen Seite des Flusses liegt Rioja Alta, das, abgesehen von Sonsierra, einer bedeutenden Exklave am Nordufer, dem Südufer des Ebro folgt. Die beiden Teilregionen unterscheiden sich nicht wesentlich voneinander, ihre gemeinsame Grenze folgt einfach den Provinzgrenzen anstatt den Bodentypen oder Klimaunterschieden. Wir befinden uns hier in ziemlich großer Höhe, besonders im Süden von Rioja Alta, wo das Land wieder bis auf 700 m über dem Meeresspiegel ansteigt. Trotz der schützenden Umarmung durch die Berge dringen immer noch kühle Brisen vom Atlantik her ein, die die Temperaturen im Sommer mäßigen und für kalte Winter sorgen. Allgemein gilt: Je weiter man nach Osten auf Logroño zukommt, desto wärmer und trockener wird das Klima.

Einige der elegantesten, am herrlichsten duftenden Rotweine der Region stammen von den gelben kalkhaltigen Tonböden von Rioja Alavesa, die sich bis nach Rioja Alta fortsetzen. Die vielfältigeren Böden von Rioja Alta, die Flecken mit eisenhaltigem Ton und angeschwemmtem Schluff enthalten, bringen festere, schlankere Weine hervor. (Traditionell achten die Rioja-Erzeuger aber kaum auf den Bodentyp; der Charakter des Weins beruhte lange mehr auf der Behandlung im Keller als auf dem Terroir. Ich würde sagen, auch hier war es Zeit zum Umdenken.) Beide Teilregionen sind weithin mit Tempranillo bepflanzt, die Kreide- und Tonböden sowie relativ kühles Klima bevorzugt. In Rioja Alta wird daneben eine geringe Menge Garnacha Tinta angebaut – vorzüglich für kraftvollen Rosado –, doch das Hauptanbaugebiet für diese Rebsorte ist die dritte Teilregion, Rioja Baja.

RIOJA BAJA

Diese niedriger gelegene Teilregion, die östlich von Logroño beginnt und bis nach Alfaro reicht, hat ein viel wärmeres, eher mediterranes Klima als das restliche Rioja; einige Teile sind sogar als semiarid zu bezeichnen. Hier konkurrieren die Reben mit Feldfrüchten wie Artischocken, Spargel und rotem Paprika. Die Garnacha Tinta leistet hier Gutes und kann in einem langen und warmen Herbst große Reife erreichen, was aber zu wenig subtilen, fetten, alkoholreichen Weinen mit bis zu 15% Alkoholgehalt führt. Tempranillo wird zunehmend in den höheren, hügeligeren Bereichen angebaut.

ROTER UND WEISSER RIOJA

Der in Rioja hergestellte Rotwein ist meist ein Verschnitt von Wein aus allen drei Teilregionen und aus verschiedenen Rebsorten. Einst wurden hier über 40 verschiedene Sorten angebaut, während die DOC-Vorschriften heute nur noch sieben zulassen. Die Tempranillo-Rebe nimmt mehr als die Hälfte der Rebflächen ein; sie ist für das gefällige Erdbeeraroma des roten Rioja und seine lange Lagerfähigkeit verantwortlich. Garnacha Tinta wird zugesetzt, um dem Verschnitt mehr Körper zu verleihen, und wenn man Glück hat, enthält der Wein auch noch etwas Graciano und Mazuelo. Es gibt Versuchsweinberge mit Cabernet Sauvignon – die noch nicht offiziell zugelassen ist –, manche würden auch die Syrah verwenden. Weißer Rioja wird hauptsächlich aus der Viura-Rebe hergestellt. Die unzähligen Kombinationen, die die verschiedenen Unterregionen und Rebsorten bereithalten, erlauben es den Bodegas, einen charakteristischen »Verschnitt des Hauses« zusammenzustellen. Roter Rioja wurde traditionell mit einem Schuss Viura heller gemacht, auch tat dies der Säurebalance gut.

Die dicht gepflanzten Rebstöcke werden in Buschform (Gobelet) erzogen, um sie vor den Elementen der Natur zu schützen. Vor einigen Jahrzehnten enthielt jeder Weinberg noch viele verschiedene Rebsorten, die alle zusammen geerntet wurden. Heute wird jede Rebsorte getrennt angepflanzt und separat gelesen, häufig auf kleinen Parzellen, die für die Region typisch sind. Ebenso wie man an den Parzellen mit niedrigen Buschreben erkennt, dass man sich in Rioja befindet, erkennt man dies auch an den Küfern. Es gibt wohl nur wenige Weinbaugebiete auf der Welt, in denen so viel Eichenholz verwendet wird – die schätzungsweise 600 000 Eichenfässer (normalerweise »barricas« mit 225 l Inhalt) sind seit alten Zeiten aus amerikanischer Eiche, die Vanille- und Butter-Aromen verleiht; französische Eiche ist im Kommen.

Der »Rioja joven« (»junger Rioja«) kommt kaum oder gar nicht mit Eichenholz in Berührung, und es werden auch einige frische Weißweine ohne Holzkontakt erzeugt. Ein großer Teil des Rotweins kommt als »Crianza« in seinem dritten Jahr auf den Markt, nachdem er zwölf Monate im Eichenfass gelagert hat; der »Reserva« wird im vierten Jahr freigegeben, nachdem er mindestens ein Jahr in Eiche und zwei Jahre in der Flasche gereift ist; der »Gran Reserva« wird traditionell nur in außergewöhnlichen Jahren hergestellt und kommt erst in seinem sechsten Jahr in den Verkauf, nachdem er mindestens zwei Jahre im Eichenfass und drei Jahre in der Flasche verbracht hat. Weißer »Crianza« muss sechs Monate lang im Fass liegen.

RIOJA ALTA UND RIOJA ALAVESA

NORD-SÜD-AUSDEHNUNG 24 KM

RIOJA ALTA = RIOJA-TEILREGION

GRENZEN DER DOC RIOJA

GRENZEN DER TEILREGIONEN

REBFLÄCHEN

N

0 km 1 2

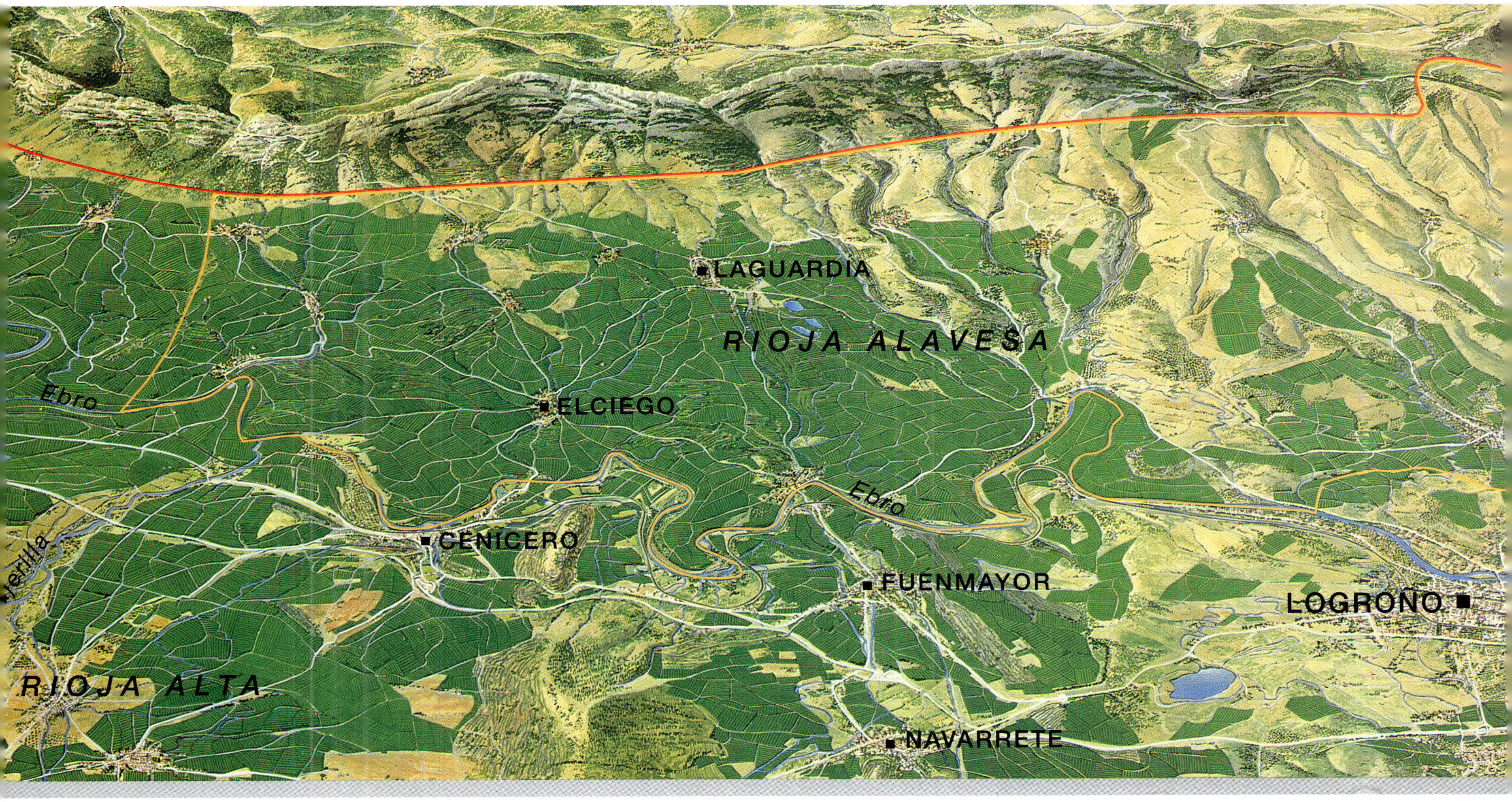

Ribera del Duero

ROTE REBSORTEN
Am meisten verbreitet sind Tinto Fino (Tinta del País), eine regionale Variante der Tempranillo. Daneben gibt es auch Garnacha Tinta, Cabernet Sauvignon, Merlot und Malbec.

WEISSE REBSORTEN
Weißweine sind nicht in die DO Ribera del Duero aufgenommen, doch bisweilen wird Albillo für roten Verschnittwein verwendet.

KLIMA
Das Klima ist eine Mischung aus kontinentalem und gemäßigtem Klima – heiße, trockene Sommer und lange, kalte Winter mit erheblichem Frostrisiko bis Ende Mai aufgrund der Höhenlage.

BODEN
Es gibt Ton und Schwemmboden am Duero, auf den höheren Abhängen Kalkstein.

TOPOGRAFIE
Hier wird der Wein in 700 bis 850 m Höhe angebaut. Die Weinberge beginnen am Fluss und steigen die Abhänge hinauf.

Was ist es nur, das die Weine von Ribera del Duero so aufregend macht? Die Landschaft ist jedenfalls nicht so spektakulär wie in manchen anderen Weingebieten Spaniens. Abgesehen von den Bergen mit ihren flachen Kuppen und einem gelegentlichen beeindruckenden Akzent wie der Burg in Peñafiel besteht Ribera größtenteils aus welligen Plateaus und bewaldeten Hügeln. Hier herrscht ein eher gemäßigtes Klima, doch wegen der großen Höhe sind die Rebstöcke häufig von Frösten bedroht. Bis in jüngere Zeit gab es nur ein paar Vorzeigegüter in der Region, die sich wirklich großartiger Weine rühmen konnten.

Inzwischen zählt Ribera del Duero zu den bedeutendsten spanischen DO-Bereichen; es läuft seinen Nachbarn in Castilla y León durch die Qualität seiner Rotweine und den schier atemberaubenden Fortschritt den Rang ab. Die Region ist voller Leben, immer mehr Weinerzeuger investieren und experimentieren und setzen auf den aufgehenden Stern Ribera.

Ribera del Duero bedeutet »Ufer des Duero«. Dieser Fluss, genauer sein Unterlauf, ist als Douro berühmt, der durch das Gebiet des Portweins in Nordportugal fließt. Die Region liegt im Herzen von Castilla y León, 190 km nördlich von Madrid, im breiten Flusstal des Duero, der die Provinzen Burgos, Valladolid und Soria durchquert. Auch in der nördlichen Provinz Segovia gibt es einige Reben; insgesamt sind es etwa 12 000 Hektar. Das Gebiet ist Bestandteil des spanischen Zentralplateaus, der »meseta«; daher liegen die Rebfelder in ziemlich großer Höhe, zwischen 700 und 850 m.

Diese Höhe, bei der der Weinbau an seine Grenzen stößt, ist entscheidend für den Erfolg von Ribera. Die sommerlichen Temperaturen können hier am Tage sehr hoch sein – bis zu 40 °C –, sinken aber in der Nacht stark ab und verleihen den Trauben wunderbar intensive Aromen. Dazu kommt der optimale Boden für den Weinbau (nährstoffarm, aber leicht zu bearbeiten), und man erhält Rebstöcke, die ihren wenn auch noch so kleinen Trauben konzentriertes Aroma und hohe Säure verleihen. Das kontinentale Klima wird durch atlantische Einflüsse temperiert, die Niederschläge sind mäßig, und der Nebel vom nahen Duero liefert willkommene Feuchtigkeit.

Der Erfolg von Ribera ist typisch für viele moderne Weinregionen, nur noch eindrucksvoller. Obwohl hier seit Jahrhunderten Rotwein produziert wird, wurde er, wie in irgendwelchen zweitrangigen spanischen Weingebieten, meistens als Massenwein verkauft. Niemand hatte eine Ahnung von seinem Potenzial. Riberas Aufstieg zum Ruhm begann in der Mitte des neunzehnten Jahrhunderts, als Don Eloy Lecanda Chaves im äußersten Westen der Region, unmittelbar südlich von Valbuena de Duero, eine Bodega errichtete. Das Gut war als Pago de la Vega Santa Cecilia y Carrascal bekannt, ein schwieriger Name, der schließlich zu Vega Sicilia abgekürzt wurde. Man warf die örtlichen Traditionen über Bord und bepflanzte die Rebfelder mit den roten Bordeaux-Sorten Cabernet Sauvignon, Merlot und Malbec, außerdem mit den gewohnten Sorten Albillo (weiß) und Tinto Fino. Die Einheimischen halten Letztere stolz für ihren einzigartigen Klon der Tempranillo; jedenfalls ist sie an die rauen Verhältnisse exzellent angepasst und liefert kleine Beeren mit intensivem Aroma. Mehr als ein Jahrhundert lang war Vega Sicilia als eine der besten Bodegas in Spanien bekannt, und die Preise ihrer mächtigen, komplexen Rotweine konkurrierten mit denen, die für Spitzen-Bordeaux gezahlt wurden. Selbst der König von Spanien muss anstehen, um seine Zuteilung zu bekommen. Es blieb jedoch das einzige Gut, das in Ribera Erfolg hatte.

Ende der 1970er Jahre errichtete Alejandro Fernández eine Bodega, um aus der Tinto Fino einen Rotwein mit der Bezeichnung Pesquera zu keltern. Fernández entdeckte, dass diese Traube aufgrund der großen Höhe der Rebflächen von Ribera eine dicke Haut und viel Säure entwickelt, und die resultierenden reichen, aromatischen Rotweine waren eine Offenbarung. Die Weine schienen zudem noch sehr gut zu altern, was die Aufmerksamkeit der internationalen Kritik weckte; Mitte der 1980er Jahre war man schon allseits begeistert. 1982 erhielt die Region den DO-Status. Ribera del Duero war endlich am Ziel.

Die Region erzeugt auch ein wenig Rosado, meist aus der Garnacha-Traube, doch die besten Exemplare enthalten etwa 50% Tinto Fino. Es wird auch etwas weißer Albillo angebaut, der bisweilen dem Rotwein-

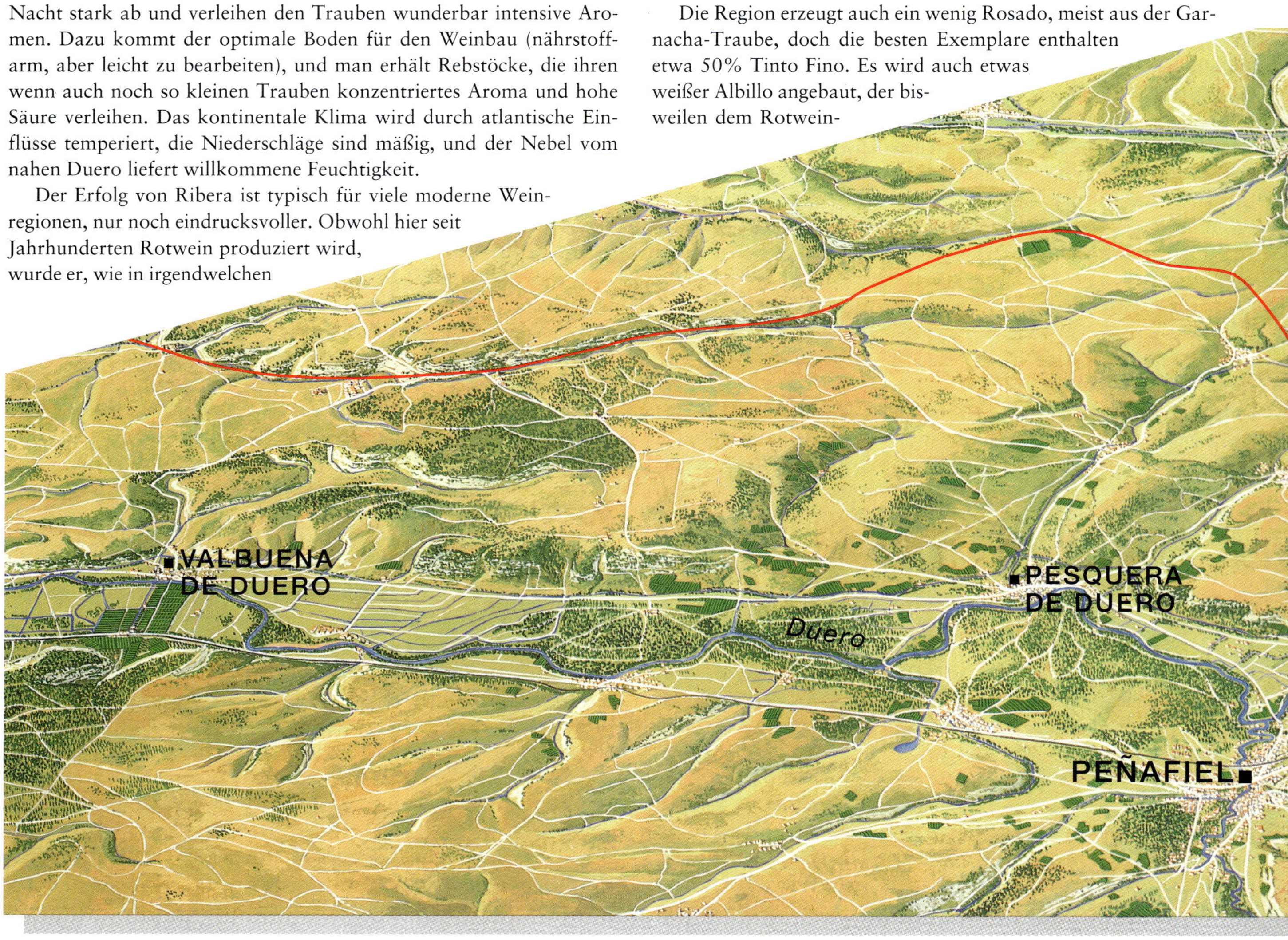

VON VALBUENA BIS FUENTECÉN

DO-GRENZEN

NORD-SÜD-AUSDEHNUNG 24 KM

REBFLÄCHEN

N

verschnitt zugesetzt wird, um die Weine aromatischer zu machen und ihre tintige Farbe aufzuhellen. Daneben werden auch Weißweine in der Region hergestellt, die jedoch noch nicht als DO klassifiziert sind. Etwa 85% der Rebflächen sind mit Tinto Fino bestockt, einige Bodegas folgten dem Beispiel von Vega Sicilia und haben Cabernet Sauvignon und Merlot angepflanzt. Weine der Ribera del Duero DO müssen mindestens 75% Tinto Fino enthalten.

Viele dieser Weinfelder erreichen die Obergrenze des Weinbaus bei 850 m Höhe, und der Fluss liegt selbst nur wenig tiefer. Der Charakter der Rebflächen ändert sich, je weiter man sich vom Fluss entfernt, und jede Art des Geländes hat ihren eigenen Namen. Die niedriger gelegenen Parzellen an den Ufern des Flusses, die aus lehmigem Schwemmboden mit etwas Sand bestehen, heißen »campiñas«. Wenn man ein wenig höher steigt, erreicht man die »laderas«, die höheren Abhänge, mit mehr Kalk im Boden. Stellenweise sind diese Rebflächen so weiß, dass sie den berühmten »albariza«-Weinbergen in Jerez ähneln. Dies sind die besten Parzellen, und der örtliche Consejo Regulador sorgt dafür, dass hier viel investiert wird. Dann kommen die »cuestas«, die weniger intensiv für den Weinbau genutzt werden, da sich das Land weniger leicht bewirtschaften lässt. Das am höchsten gelegene Land, auf äußerst steilen Abhängen und flachen Berggipfeln, wird als »paramos« bezeichnet und ist meist zu exponiert, um Reben anzubauen – Alejandro Fernández hat es mit gutem Erfolg dennoch getan.

Die berühmtesten Rebflächen von Ribera liegen mit den Weinbergen von Vega Sicilia und Pesquera im Nordwesten von Peñafiel. Viele der noch vorhandenen alten Rebstöcke und auch viele hervorragende Lagen sind jedoch im Zentrum von Ribera um La Horra und Roa de Duero zu finden. Weiter östlich entwickelt sich das Gebiet bei Aranda de Duero, das bisher für Rosados bekannt war, rasch zur Heimat progressiver Erzeuger.

Ein buntes Durcheinander von kleinen und großen Rebflächen, mit über 14 000 bewirtschafteten Parzellen, zieht sich mitten durch Ribera. Die kleineren – unter einem Hektar Fläche – sind für die ganze Region von Bedeutung, da sie beinahe 90% der Rebflächen einnehmen. Dies bedeutet zwangsläufig, dass es mehrere wichtige Winzergenossenschaften in Ribera gibt, und weiterhin, dass die Qualität zwar steigt, aber – im Gegensatz zu den Preisen – nicht gleichmäßig.

WO DER WEIN WÄCHST

Das Panorama zeigt den westlichen Bereich der Region Ribera del Duero bei der kleinen Stadt Peñafiel. Dies ist das traditionelle Herzland des DO-Bereichs mit zweien der bekanntesten Weingüter von Ribera, dem weltberühmten Vega Sicilia in Valbuena am Südufer des Duero und dem Gut Pesquera von Alejandro Fernández unmittelbar östlich der gleichnamigen Stadt. Beachten Sie, wie die Weinfelder von Ribera dem Duero-Tal folgen. Viele von ihnen liegen nahe am Fluss, sowohl am Nord- als auch am Südufer. Die Grenzen des Weinbaugebiets sind bis zu 35 km vom Duero entfernt. Am interessantesten ist der Bereich in der Mitte – besonders in deren nördlichem Teil –, wo bei Roa und La Horra dicht gedrängte Rebflächen zu erkennen sind. Hier wurden früher Trauben für einfache Rosados angebaut, doch birst das Gebiet vor Aktivität; die Erzeuger experimentieren mit modernen Techniken und verwenden teilweise amerikanische oder französische Eichenfässer für die Alterung. Alejandro Fernández hat in Roa, das sich rasch zur neuen Weinhauptstadt von Ribera entwickelt, seine zweite Bodega mit eigenen Weinbergen errichtet.

Ein herrliches Schloss thront über der Stadt Peñafiel. Eine Reihe der vielen Tunnels unter der Stadt werden von Weinkellereien genutzt, und dieses seltsame kleine Bauwerk dient der Luftzufuhr.

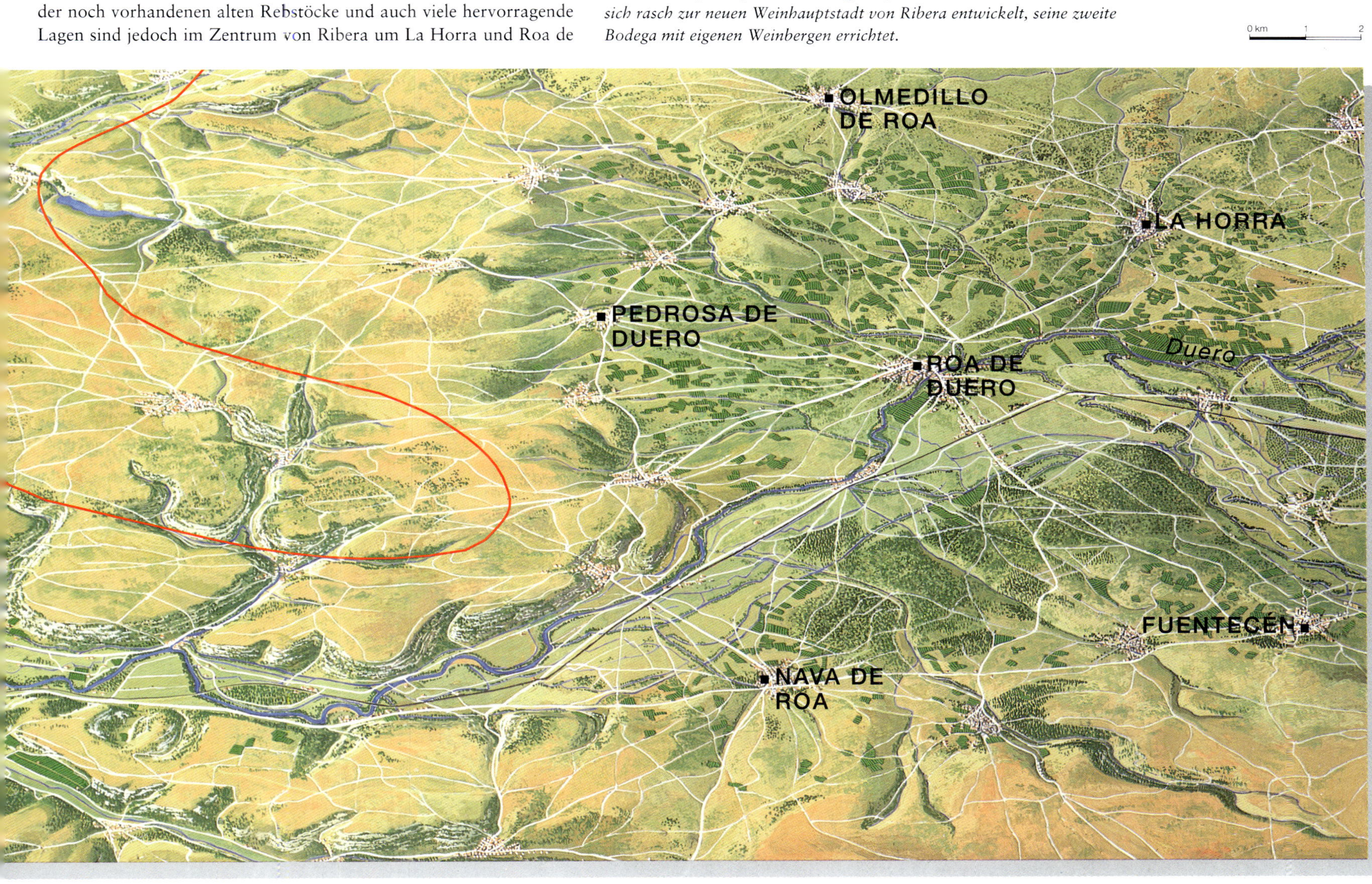

Südspanien

ROTE REBSORTEN
Versuchsweise werden in Montilla-Moriles etwas Cabernet Sauvignon und Tempranillo angebaut und um Ronda diverse internationale Sorten.

WEISSE REBSORTEN
Palomino Fino ist die klassische Sherry-Traube, während Pedro Ximénez (PX) überall in den andalusischen Weinbaugebieten angebaut wird.

KLIMA
Erfrischende atlantische Brisen mäßigen die heißen Sommertemperaturen in Condado, auch die Rebfelder an der Küste bei Málaga profitieren vom Seewind. Jerez und Montilla-Moriles weiter landeinwärts haben ein heißes Kontinentalklima.

BODEN
Jerez hat einen berühmten Kreideboden, die »albariza«; Montilla-Moriles profitiert ebenfalls von Kalkböden. In Condado gibt es rötlichen sandigen Boden, in Málaga sind die Böden unterschiedlich.

TOPOGRAFIE
Die Rebflächen von Condado beginnen bei etwa 25 m über dem Meer. Das Land steigt in Jerez und Málaga zu sanften Hängen und in Montilla-Moriles bis in eine Höhe von 300 bis 700 m an.

Südspanien ist das, was man sich unter Spanien überhaupt vorstellt: eine sonnenerfüllte Ansichtskartenlandschaft mit stolzen Flamencotänzerinnen, goldenen Stränden und weiß getünchten Dörfern auf den Hügeln. Nicht zu vergessen die sieben Jahrhunderte maurischer Kultur. Andalusien ist auch die Heimat der »tapas«, der kleinen Happen mit Wurst, Schinken, Meeresfrüchten, Oliven, gesalzenen Mandeln und Brot, die man im Stehen in einer Bar zu sich nimmt und mit einer »copita« gekühltem Sherry krönt.

Andalusien, zu Spanisch Andalucía, ist die zweitgrößte Region Spaniens und nimmt den ganzen südlichen Teil des Landes ein. Es grenzt im Südwesten an den Atlantik und auf der anderen Seite der Meerenge von Gibraltar an das Mittelmeer. Im Norden bildet die Sierra Morena eine natürliche Grenze zwischen Andalusien und dem Hochplateau von Castilla-La Mancha, während sich im Osten zwischen Granada und der Küste die Sierra Nevada erhebt, der höchste Gebirgszug Spaniens. Ein großer Teil Andalusiens ist gebirgig, während der Rest der Region aus dem Becken und dem Delta des Guadalquivir zwischen Sevilla und Cádiz besteht.

So weit südlich ist das Klima natürlich heiß, doch nicht unangenehm, weil die erfrischenden Brisen vom Atlantik wie eine überdimensionierte Klimaanlage wirken. In Bereichen, in denen Feldfrüchte angebaut werden, ist der Boden dank des Guadalquivir sowie einer geschickten Bewässerungstechnik, die noch auf die Mauren zurückgeht, relativ fruchtbar. Wo man also ausgedörrte Ebenen ohne grüne Vegetation erwarten könnte, gibt es wellige Ebenen und Plateaus, die dicht mit silbergrünen Olivenbäumen, Zitrushainen, Mandelplantagen und natürlich Weingärten bedeckt sind.

Alle acht andalusischen Provinzen erzeugen etwas Wein; die östlichen, besonders Almería, sind allerdings eher für ihre Tafeltrauben berühmt. Angeführt von den weltberühmten Sherrys aus der Region Jerez (siehe S. 204), ist der für Andalusien traditionelle Weintyp der gespritete Wein, der im Solera-System reift. Doch der weltweite Trend zu leichten, trockenen Tischweinen hat einige andalusische Erzeuger veranlasst, sich auf solche Produkte zu verlegen.

CONDADO DE HUELVA

In der Nähe Portugals gelegen, ist dies die westlichste DO von Andalusien. Im Süden grenzt die Appellation an den Atlantik und an den Nationalpark Coto de Doñana, ein geschütztes Feuchtgebiet von großer ornithologischer Bedeutung im Mündungsdelta des Guadalquivir. Die meisten Rebflächen von Condado sind um die Stadt Bollullos par del Condado an der Straße zwischen Sevilla und Huelva angesiedelt, und zwar auf niedrig liegenden Ebenen, manchmal nur 25 m über dem Meeresspiegel. Die Böden bestehen vorwiegend aus rötlichem Sand, wobei die besten Parzellen auch viel Kalk enthalten. Das Klima entspricht etwa dem in Jerez weiter südlich, mit heißen, trockenen Sommern und relativ milden, feuchten Wintern. Die Weine im Sherry-Stil, die aus dieser Region kommen, erfreuten sich schon früh weltweiter Bekanntheit: Sie wurden schon im vierzehnten Jahrhundert von Chaucer in »The Pardoner's Tale« erwähnt.

Heute verfügen die Sherry-Produzenten über mehr Wein aus eigener Produktion, als sie verwerten können, und so wurde ein Teil der Rebflächen in Condado in Anbauflächen für Erdbeeren, Getreide, Zuckerrüben und Oliven umgewandelt. Die örtlichen Winzer versuchen, sich vom gespriteten Wein abzusetzen, und stellen aus der neutralen heimischen Sorte Zalema – die immer noch 91% der Condado-Rebflächen einnimmt – leichten Tafelwein (»joven afrutado«, das heißt »jung und fruchtig«) her. Noch mehr Rebflächen werden mit der klassischen Sherry-Traube Palomino Fino (hier Listán genannt) und der Garrido Fino neu bepflanzt, zwei Rebsorten, die nicht gerade als charaktervoll gelten, aber immerhin interessanter sind als die erschreckend nichtssagende Zalema. In diesem Klima mit einer durchschnittlichen Jahrestemperatur von 18 °C ist es schwierig, leichte Weißweine herzustellen. Trotz einer frühen Lese im August oxidiert die Zalema-Traube häufig und verdirbt, sofern nicht außergewöhnliche Sorgfalt zwischen Lese und Verarbeitung waltet. Die traditionellen gespriteten Weine Condado Viejo (»oloroso«, von trocken bis süß) und Condado Pálido (mindestens zwei Jahre unter der Florhefe gereift, ähnlich dem »fino«, aber weniger elegant) werden immer noch an Ort und Stelle getrunken.

Die Trauben für die besten Sherrys wachsen auf »albariza«, einem hellen Kreideboden, der die winterlichen Niederschläge aufsaugt und im Untergrund speichert, so dass die Rebstöcke den grausam heißen Sommer überstehen.

MÁLAGA

Von Jerez aus gesehen jenseits der Serranía de Ronda liegt die Málaga DO, eine weitere Region mit ruhmreicher Tradition, die sich zu Beginn des dritten Jahrtausends aus der Mode gekommen sieht. Armes Málaga – sein süßer, nussiger und karamellartiger Wein war als einer der besten »sacks« in Großbritannien berühmt, begehrter noch als die Sherrys. Die Region wurde gegen Ende des neunzehnten Jahrhunderts als erste in Spanien das Opfer der Reblaus *Phylloxera vastatrix*. Die Zerstörung der Weinberge (die damals enorme 113 000 Hektar umfassten) durch die Reblaus, die Verwüstung der Stadt Málaga im spanischen Bürgerkrieg und geänderte Trinkgewohnheiten haben dazu geführt, dass dies heute mit gerade 1036 Hektar Reben eine der kleinsten DOs Spaniens ist. Und wenn Malága nicht einer der wichtigsten Tourismusflughäfen wäre und die Urlauber nicht gerne eine Flasche als Souvenir mitnähmen, wäre die Anbaufläche sicher noch kleiner.

Die Weinberge sind auf zwei Gebiete aufgeteilt, eines im Westen der Region um Estepona an der Küste, ein Areal, das eigentlich für seine als Tafeltrauben gefragten Moscatel-Trauben berühmt ist, und ein zweites und bedeutenderes um die Stadt Málaga selbst. Ein paar Rebfelder sind in den Küstenbereichen um Nerja und weiter landeinwärts – entlang der Grenze zur Provinz Granada – zu finden, die meisten Rebstöcke für Málaga wachsen auf dem welligen Antequera-Plateau um den Ort Mollina. Hier, in einem heißen Binnenland, sind die Rebflächen etwa zur Hälfte mit Pedro Ximénez (»PX«) bepflanzt.

Es gibt eine große Palette von Weinen mit verschiedenen Süßegraden. PX ist die Haupttraube im traditionellen Málaga-Wein, daneben werden auch Rebflächen mit einer Mischung neutraler Sorten, die hier als »vidueno« bekannt ist – gewöhnlich Airén (örtlich Lairén genannt) und Doradillo –, bepflanzt. Moscatel de Málaga kann ebenfalls für die Herstellung von Málaga verwendet werden, ist jedoch normalerweise nur in den kühleren Rebflächen an der Küste anzutreffen. Die ertragreiche Lairén wird auch für einfachen Weißwein verwendet.

Der gespritete Wein reift mindestens zwei Jahre in einzelnen Fässern oder im Solera-System in der Stadt Málaga an der Küste, weil es dort kühler ist als im Binnenland, wo die Weine vergoren werden. Der deutliche Geschmack von Karamell ist auf das komplizierte Verschneiden verschiedener Weine und Traubensaft zurückzuführen, einschließlich des »arrope«, eines dunklen Traubensaftkonzentrats, und des »vino tierno«, eines Süßweins aus Trauben, die in der Sonne getrocknet werden. Klassischer Málaga reift in Holzfässern, außer dem aus Moscatel gemachten, der daher leichter und frischer ist.

Eine Reihe von Gütern in den Provinzen Málaga (in Ronda), Granada und Almería, die außerhalb der DO-Grenzen liegen, machen auf hoch gelegenen Weinbergen interessante Rotweine.

MONTILLA-MORILES

Montilla-Moriles, unmittelbar nördlich von Málaga, nimmt den südlichen Teil der Provinz Córdoba ein. Bis weit in das zwanzigste Jahrhundert hinein war es als Teil des Sherry-Gebiets eingestuft und wurde erst 1933 als eigenes Weinbaugebiet anerkannt. Der Wein wird genauso hergestellt wie Sherry, mit einer ähnlichen Palette von Typen von sehr trocken bis sehr süß. Er wird jedoch aus der PX-Traube hergestellt und nicht aus der sensiblen Palomino Fino.

Die sanfte Landschaft von Montilla besteht aus niedrigen Hügeln und kleinen Ebenen, die mit Rebstöcken, Oliven- und Mandelbäumen überzogen sind. Die Dörfer liegen meist auf den Hügeln, und gelegentlich unterbricht ein schroffer Felsen wie die berühmte »Lengue« (»Zunge«) die ruhige Szenerie. Am weitesten landeinwärts von allen andalusischen Weinbaugebieten gelegen, verfügt die Gegend über ein kontinentales Klima. Im Hochsommer können die Temperaturen 45 °C erreichen, während die Winter kurz und kalt sind. Die Rebstöcke drängen sich unter den Bäumen, um Schatten zu finden und etwas

DO-BEREICHE
ANDALUSIEN

- Condado de Huelva
- Jerez-Xérès-Sherry und Manzanilla de Sanlúcar de Barrameda
- Montilla-Moriles
- Málaga
- ÜBER 500 M Ü.D.M.
- ÜBER 1000 M Ü.D.M.

von der kostbaren Feuchtigkeit zurückzuhalten – auch die Erntehelfer sind sicher für die Bäume dankbar.

Die Rebflächen mit den besten Böden, die »zonas de superior calidad«, sind östlich der weiß getünchten Stadt Montilla in der etwas höheren und kühleren Sierra de Montilla und in der Teilregion Moriles Alto um den Ort Moriles anzutreffen. Hier enthalten die fast weißen Böden große Mengen Kalkstein und ähneln den Kreideböden, den »albarizas«, von Jerez. Im Sommer backt die Sonne die Oberfläche des Bodens zu einer harten Kruste zusammen, die nicht nur die Hitze reflektiert, sondern auch dazu beiträgt, dass die von den Niederschlägen im Winter stammende Bodenfeuchtigkeit im Sommer nicht völlig verdunstet. Andere Rebflächen im DO-Gebiet haben minderwertigen rötlichen Sandboden mit Ton und Kalkstein und heißen »ruedos«.

Beinahe 90% der hier angebauten Trauben sind Pedro Ximénez, eine Rebe, die die sengende Hitze besser verträgt als die Palomino Fino. Kleine Mengen Airén und Torrontés werden ebenfalls kultiviert. Diese Trauben werden entweder dazu verwendet, einen etwas weniger alkoholreichen Verschnitt herzustellen (PX kann hier ohne Schwierigkeiten einen Wein mit 15% Alkohol hervorbringen), oder für die neuen, leichten Tafelweine (»Joven afrutado«). Es ist die gleiche Geschichte wie in Condado: Die traditionellen gespriteten Weine, die im Solera-System reifen, befinden sich auf dem Rückzug, obwohl die besten von ihnen sehr gut sind, und fortschrittliche Weinerzeuger verlegen sich auf andere Weintypen, um ihr Einkommen wieder aufzubessern.

Traurig ist nur, dass die gespriteten Weine von Montilla-Moriles – seine »finos«, »amontillados«, »olorosos« und »palo cortados« – gerade die Stärke dieser Gegend ausmachen; trockene Weißweine werden viel besser in anderen Gebieten Spaniens hergestellt, zum Beispiel in Rueda und Rías Baixas im kühleren Nordwesten des Landes. Ich liebe die fabelhaft starken, lebhaften gespriteten Weine Andalusiens, und nicht nur die berühmten aus Jerez. Hoffen wir, dass die launische Mode sich wieder anders besinnt, bevor wir diese Weine für immer verlieren.

Der »Mountain« war einst ein berühmter Wein aus der Region Málaga. Seine Wiederauferstehung ist dem hoch talentierten freien Weinmacher Telmo Rodriguez zu verdanken.

Jerez

Wenn ich mich ins Sherry-Land wage, brauche ich unbedingt meine Sonnenbrille. Nicht, dass es hier allzu heiß wäre; im August können die Temperaturen zwar 40 °C erreichen, doch die sanften, frischen Brisen vom nahen Atlantik machen die Hitze einigermaßen erträglich. Es ist vielmehr das von dem ausgebleichten Land reflektierte Sonnenlicht, das mich blendet und meine Augen peinigt. Die Rebfelder von Jerez sehen aus, als hätte jemand alle Bäume gefällt, einen großen Kübel Tünche über der ganzen Landschaft ausgeschüttet und dann diese Szenerie mit grünen Rebstöcken belebt. Diese Wirkung wird durch den speziellen Kreideboden dieser Region, »albariza« – »schneeweiß« – genannt, verursacht. Dies ist einer der Schlüsselfaktoren für den einzigartigen Charakter des Sherrys, dieses mit Alkohol angereicherten Weins, der Tausende von Nachahmern gefunden hat, original aber nur aus dieser Ecke in Südwestspanien bei Cádiz kommt.

Es überrascht viele Reisende, die die Vorstellung eines von der Sonne versengten und trockenen Südspaniens haben, wenn sie feststellen, dass Jerez relativ viel Niederschläge hat, mit 635 mm im Jahr viel mehr als zum Beispiel Rioja im Nordwesten Spaniens. Im Gebiet von Jerez ist der März der nasseste Monat, doch auch im Winter regnet es häufig. Und hier bewährt sich der Kreideboden hervorragend, denn er saugt den Regen auf und speichert ihn im Untergrund. Diese großen Wassermengen bringen die Reben über die langen heißen Sommermonate. Während der Regenzeit werden die Rebflächen so umgepflügt, dass das Wasser aufgenommen wird und nicht die sanften Hänge hinabläuft. Im Sommer backt die Sonne die Oberfläche der Kreide zu einer glatten Kruste zusammen, die verhindert, dass zu viel Wasser verdunstet. Der weiße Boden begünstigt auch die Reifung der Trauben, da er die Sonnenhitze reflektiert. All dies sind gute Bedingungen für genügsame, ertragreiche Rebstöcke, insbesondere die weiße Rebsorte Palomino Fino, die selbst unter ungünstigsten Bedingungen große Erträge bringt.

Palomino Fino nimmt heute 95% der Rebflächen von Jerez ein. Wenn man aus diesen Trauben Tischwein machen wollte, würde das ein sehr fades Zeug ergeben. Doch der neutrale Most mit seinem relativ geringen Säuregehalt eignet sich hervorragend für die magische Verwandlung, bei der Jerez-Wein zu Sherry wird.

Die Erzeugung von Sherry erfordert eine weitere kluge Leistung der Natur. Die Feuchtigkeit vom nahen Atlantik führt dazu, dass sich auf der Oberfläche des frisch vergorenen Weins eine Hefeschicht, »flor« (»Blume«) genannt, bildet, gewöhnlich aber nur, wenn der Wein von recht sauren Trauben stammt und mit »aguardiente« (Traubenbrand) angereichert wurde. Zuerst sieht der Flor wie Puder aus, doch die Hefe breitet sich schnell aus und entwickelt sich zu einer sahnigen, schützenden Schicht, die die Oxidation verhindert und dem im Fass reifenden Wein ihre charakteristischen Aromen von saurer Sahne und Nüssen verleiht. Der knochentrockene, blasse, strohfarbene Sherry, der aus diesem Verfahren hervorgeht, ist der »fino«. Dieser Sherry wird in den Bodegas in den Städten Jerez de la Frontera und El Puerto de Santa María in großen Mengen hergestellt. In Sanlúcar de Barrameda, einem Fischerort an der Küste, bewirkt das feuchte Klima, dass die Florhefe auf dem Wein im Fass dicker und dichter wird als in der übrigen Re-

WEISSE REBSORTEN
Die klassische Sherry-Traube ist Palomino. Palomino Fino ist die bei weitem beste Rebsorte und wird in den meisten Rebfeldern angepflanzt. Es werden auch etwas Palomino de Jerez und Pedro Ximénez sowie Muscatel für die Süßweine angebaut.

KLIMA
Die langen, heißen Sommer (mit bis zu 40 °C) werden durch den Einfluss des Atlantiks gemäßigt. Die Feuchtigkeit nahe der Küste ist entscheidend für die Entwicklung der Florhefe und die Produktion von Sherry. Im Winter fällt in der Region ziemlich viel Regen.

BODEN
Kreideboden (»albariza«) mit kleineren Mengen Ton und Sand ist der beste Bodentyp für Sherry-Reben. Die weniger guten Böden enthalten große Mengen Ton, Schlamm oder Sand.

TOPOGRAFIE
Die Rebflächen liegen überwiegend auf nackten, welligen Hügeln bis in eine Höhe von 150 m oder auf flachem Land.

Valdespino ist eines der großen Unternehmen in Jerez und bereits über 700 Jahre alt. Der Inocente, ein wunderbarer, trockener Fino, kommt von der Lage Macharnudo nordwestlich von Jerez de la Frontera.

gion. Sanlúcar produziert einen besonderen Typ von Fino, der als Manzanilla bezeichnet wird und salziger, leichter und zarter ist als der Fino. Amontillado-Sherry ist ein Fino, den man zu einem runderen Nussaroma hat reifen und oxidieren lassen. Oloroso ist ein Sherry, der keine Hefeschicht ausbildete und daher eine ausgeprägte dunkle Färbung und füllige, oxidierte Aromen besitzt. Jeder Sherry ist im Solera-System gereift. Das ist ein Stapel von Fässern, wobei alte Weine zuunterst liegen, darüber zunehmend jüngere. Aus den »ältesten« Fässern wird ein geringer Teil auf Flaschen gefüllt, der aus der darüber liegenden Reihe ersetzt wird, und so fort. Gewöhnlicher Sherry wird durch den Zusatz von konzentriertem Traubensaft gesüßt.

In jüngeren Jahren hat der Consejo Regulador von Jerez-Xérès-Sherry und Manzanilla de Sanlúcar (Spaniens ältester Consejo) finanzielle Anreize dafür geschaffen, dass die Weinbauern Rebflächen in weniger guten Gegenden aufgeben und in Jerez Superior neu anlegen. Das haben einige auch getan, während andere sich ganz aus der DO zurückgezogen haben und keinen Sherry mehr herstellen. Infolgedessen nimmt die Anbaufläche in Jerez Superior zu, während die Rebflächen insgesamt abnehmen. Das ist auch gut so, da ein Boom auf dem Sherry-Markt während der 1970er Jahre zu einer Verdoppelung der Rebflächen und damit zur Verwendung ungeeigneter Areale geführt hatte. Heute steigt die Qualität, und die Gesamtmenge nimmt ab, da mehr von den besseren Kreideböden für den Anbau verwendet werden.

Wie sieht nun das Sherry-Land aus? Wenn Sie das grelle Licht aushalten, haben Sie eine weite Sicht über sehr sanft gewelltes Hügelland mit endlosen Reihen ordentlich geschnittener Rebstöcke. Sie bestehen beinahe ganz aus Palomino Fino. Vor hundert Jahren wurde hier noch die traditionelle örtliche Rebe, Palomino de Jerez oder Palomino Basto, angepflanzt. Sowohl diese Rebsorte als auch die für die Anreicherung von Sherry verwendete Traube Pedro Ximénez mussten den größten Teil ihres Territoriums an die Palomino Fino abtreten.

Sanlúcar und El Puerto de Santa María liegen auf tieferem, flacherem Land an der Küste. Die Rebflächen von Sanlúcar finden sich meist auf dem »albariza«-Boden im Flachland, während Puertos Boden weniger Kreide enthält. Die Trauben werden nicht unbedingt dort verwertet, wo sie geerntet werden – sie gehen an Bodegas in der ganzen Region. Es ist nur wichtig, dass ein Sherry, der als Manzanilla gelten soll, in Sanlúcar gereift haben muss. Die Seeseite der Stadt mit ihren kleinen blauen und weißen Fischerbooten auf dem Strand und den üblichen Bars, die alle gekühlten Sherry direkt vom Fass servieren, gehört zu den schönsten Flecken in der Region. Danach ist das Sherrytrinken zu Hause nie wieder wie früher …

Der Charakter eines Fino-Sherry beruht auf der Entstehung einer dünnen Hefeschicht (»flor«) auf der Oberfläche des Weins. In den Bodegas Domecq können dies die Besucher an einem Fass mit Glasboden selbst begutachten.

JEREZ SUPERIOR

NORD-SÜD-AUSDEHNUNG
28 KM

REBFLÄCHEN

N

WO DER WEIN WÄCHST

Die drei wichtigen Zentren der Sherry-Produktion, Jerez de la Frontera, Sanlúcar de Barrameda und El Puerto de Santa María, bilden ein Dreieck nördlich des Flusses Guadalete, wobei die meisten Rebflächen sich fächerförmig um Jerez und Sanlúcar in der welligen Landschaft ausbreiten. Jerez war immer die wichtigste dieser drei Städte, und sein maurischer Name Seris liegt dem englischen Wort Sherry zugrunde.

Vor Jahrhunderten lagen die Weinberge überwiegend östlich von Jerez, im Lauf der Jahre wanderten sie jedoch allmählich nach Westen, um die Kreideböden westlich der Stadt zu nützen. Die Straße zwischen Jerez und Sanlúcar führt durch einige der bedeutendsten Sherry-Flächen. Es gibt noch im Norden und im Süden weitere Weinberge, doch die Rebflächen zwischen den drei Sherry produzierenden Städten, die im Panorama zu sehen sind, bilden das, was als Jerez Superior bekannt ist, die beste Zone für Sherry-Reben, und 75% der Gesamtrebfläche ist hier versammelt. Die meisten Weinberge liegen auf weiten, sehr sanft geneigten Hügelflanken, die von wenigen Gebäuden und Bäumen unterbrochen werden. Da die Exposition der Rebflächen in diesen südlichen Breiten nicht von Bedeutung ist, werden die Hügel normalerweise auf allen Seiten mit Reben bepflanzt. Die meisten Rebfelder sind klein und im Besitz von etwa 5000 Weinbauern.

ALBARIZA-KREIDE

Die besten Sherry-Reblagen befinden sich auf »albariza« genanntem Boden, der zu 60 bis 80% aus Kreide besteht. Dieser Boden enthält sehr viel Calcium. Er besitzt ein feinkörniges Gefüge, was in Jerez sehr wichtig ist, da es hier im Winter und im zeitigen Frühjahr ausgiebig regnet. Der Albariza-Boden saugt den Regen wie ein Schwamm auf und bietet den Rebstöcken während des Sommers ausreichend Feuchtigkeit.
Der größte Teil der Albariza-Flächen findet sich in zwei Bereichen zwischen Sanlúcar und Jerez. Die weiter außen liegenden Rebflächen verfügen hauptsächlich über kargere, dunklere Böden, die weniger Kreide enthalten – »barros rojos«, Tonböden mit bis zu 30% Kreide, und »arenas«, sandige Böden mit etwa 10% Kreide. Um die Qualität zu verbessern, wurde der Anteil der Rebflächen, die auf Albariza-Böden angelegt sind, von 50% im Jahr 1960 auf heute 80% erhöht.

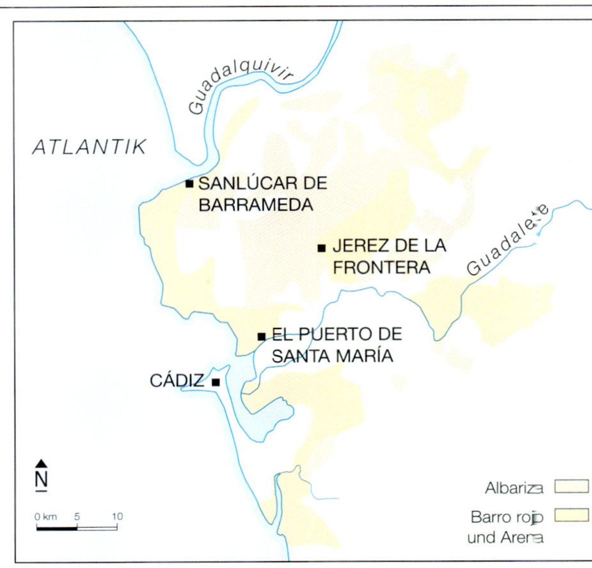

PORTUGAL

Traditionsreiches Portugal: terrassierte Weinberge im Douro-Tal und bemalte Fliesen im Bahnhof von Pinhão, einem der Hauptorte der Region. Jahrhundertelang musste in den steilen Hängen von Hand gearbeitet werden. Die neu angelegten Terrassen rechts sind nun mit einem schmalen Traktor befahrbar.

Es ist noch nicht lange her, dass ich mich über die portugiesische Weinlandschaft nur ärgern konnte. Die nicht genützten Möglichkeiten überwogen bei weitem das Vergnügen, das mir dann und wann ein wirklich großartiger Tropfen bereitete. Portugal schien mit seiner Unzahl von Traubensorten, die es sonst nirgends gab, ein so riesiges Potenzial zu haben, aber die Erzeuger kümmerten sich nicht darum, was man im Ausland gerne trank.

Nun, das ist nur die halbe Geschichte. Portugal verfügt über Weine, die seit je für den Export gemacht werden: Die großen gespriteten Ports und Madeiras wurden von Händlern erfunden, insbesondere solchen aus Großbritannien; die lieblichen, leicht perlenden Rosés von Mateus und Lancers wurden nach dem Zweiten Weltkrieg für den Export konzipiert; doch der Rest wurde zum größten Teil vom heimischen Markt und von Ländern mit starken Bindungen an Portugal wie Brasilien und Angola aufgenommen.

Das bedeutet, dass viele Weinerzeuger erst vor kurzem begonnen haben, ihre Methoden und Ausrüstungen auf den modernen Stand zu bringen. Aber es bedeutet auch, dass einem plötzlichen Drang, alte Rebsorten zu roden und sie durch die internationalen Favoriten wie Chardonnay und Cabernet zu ersetzen, nur in sehr geringem Umfang nachgegeben wurde. Dafür sollten wir dankbar sein, denn Portugal ist eine wahre Schatzkammer alter Rebsorten. In einer Welt der zunehmenden Standardisierung steht Portugal wie ein Wahrzeichen für Eigenständigkeit. Es hatte bisher ein goldenes Zeitalter als Erzeuger von gespriteten Weinen. Sein goldenes Zeitalter als Tischweinerzeuger hat gerade erst begonnen.

So bietet Portugal, das in all seinen Küstenbereichen den mäßigenden Einfluss des Atlantiks genießt, bereits eine faszinierende Palette von Weinen. Sie reichen vom säuerlichen Vinho Verde aus dem Minho im Norden über die majestätischen Portweine und üppigen, weichen Rotweine des Douro-Tals, über die muskulösen Rotweine von Bairrada und die großartigen Rot- und Weißweine von Dão bis hin zu den großen Arealen im Zentrum und im Süden, die eine geradezu verblüffende Wandlung durchgemacht haben: vom einfachen Massenwein zum »global player« mit einigen der eigenständigsten, aufregendsten Aromen Europas. Natürlich gibt es noch viel ärmliches Zeug, vor allem in der Estremadura und im Touristenmekka Algarve; aber die Hügel von Alenquer, die weiten Flächen des Ribatejo im Hinterland Lissabons, der Bereich um Setúbal und die ausgedörrten Ebenen des Alentejo bringen inzwischen ordentliche Weißweine und große Rotweine hervor – wobei man kaum je eine Chardonnay- oder eine Cabernet-Sauvignon-Rebe zu Gesicht bekommt.

DIE WEINBAUGEBIETE PORTUGALS

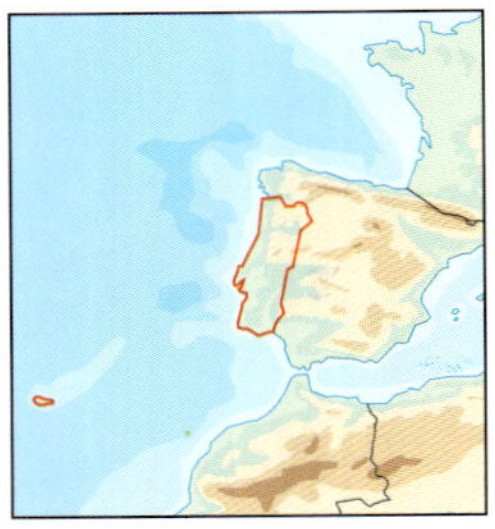

Stellen Sie sich zwei nebeneinander stehende volle Weingläser vor. Der eine Wein, ein Vinho Verde, ist beinahe wasserhell, mit ein paar trägen Perlen an der Glaswand. Er duftet unbestimmt nach Zitronen und erschreckt Sie mit seiner kratzigen Säure. Das andere Glas enthält Portwein mit seiner tiefen, undurchdringlichen Farbe. Ein schwerer Duft von überreifen Früchten entsteigt dem Glas, und seine üppigen, mächtigen Aromen sind wärmend und beruhigend und beschwören Bilder von einem heimeligen Winterabend am Kamin.

Es ist schwer vorstellbar, dass die beiden Weine, deren Alkoholgehalt um mindestens 10% differiert, aus demselben Land, ja aus angrenzenden Regionen stammen – doch der Vinho Verde und der Portwein leben Seite an Seite im Norden Portugals, in einem Land, das sich gerade über 160 km ausbreitet. Ehe man sich's versieht, gelangt man von einem Weinbaugebiet ins andere.

Das macht die Schönheit Portugals aus. In diesem kleinen Land gibt es ein ausgeprägtes Regionalbewusstsein, bei dem das Klima eine lebenswichtige Rolle spielt. Mit seinen vorherrschenden Westwinden übt der Atlantische Ozean einen starken Einfluss auf den Küstengürtel aus, der jedoch schnell nachlässt, wenn man ins Landesinnere kommt. Wenn man einen Gebirgszug überquert, verschwinden mit einem Mal die grauen Regenwolken, die vom Meer landeinwärts getrieben werden. Die statistischen Klimawerte für den nördlichen Landesteil verdeutlichen diesen Übergang. Die Atlantikküste nördlich von Porto erhält über 1200 mm Niederschläge im Jahr, die im gebirgigen Hinterland auf 2000 mm ansteigen. Das ist eine Zahl, die mit Bergen an der Küste Norwegens zu vergleichen ist. Im anschließenden Regenschatten östlich der Berge fällt diese Zahl bis zur spanischen Grenze allmählich auf 400 mm, was bereits einem Dürregebiet nahe kommt. Zwischen diesen beiden Extremen befindet sich das Zentrum des Douro-Tals, das mit Niederschlägen von etwa 700 mm ein ideales Klima für die Trauben bietet, aus denen der Portwein, Portugals berühmtester Wein, erzeugt wird.

Diese unterschiedliche regionale Identität findet ihren Ausdruck auch in der großen Vielfalt der portugiesischen Weine. Zwei gespritete Weine, Portwein und Madeira, sind weltberühmt, während andere, wie Setúbal und Carcavelos, die im neunzehnten Jahrhundert beliebt waren, unter dem kommerziellen Druck des ausgehenden zwanzigsten Jahrhunderts praktisch aufgegeben haben. Abgesehen vom leichten, spritzigen Vinho Verde bringt der Norden des Landes auch Rotweine ganz unterschiedlicher Art hervor. Die besten Rotweine aus dem Douro-Tal haben eine üppige, parfumreiche, weich strukturierte Tiefe, Bairrada fordert mit aggressiven, aber eindrucksvollen Weinen heraus, und Dão zeigt endlich wieder, warum es vor einigen Generationen so hoch geachtet war. Die modernen Weinbereitungsmethoden bringen immer attraktivere frische Weißweine hervor. Im Süden ist die Reife der entscheidende Faktor; die gesunden roten Trauben, die manchen Franzosen aus kühleren Anbaugebieten vor Neid erblassen lassen würden, werden zu Weinen verarbeitet, die randvoll sind von den Aromen reifer Beeren. Hier zeigt Portugal das größte Potenzial, und eine Reihe internationaler Weinmacher hat sich bereits hierher locken lassen.

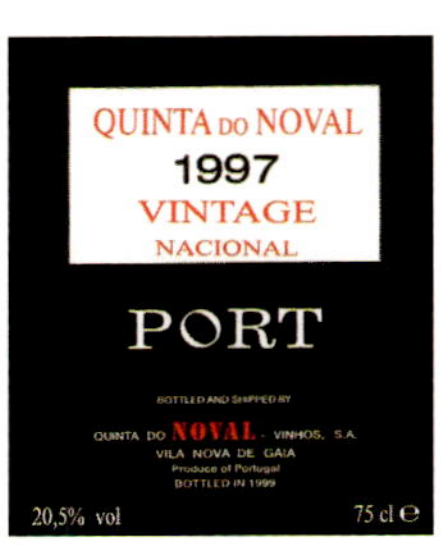

Doch die alten Traditionen, die oft tief in der ländlichen Kultur verwurzelt sind, werden nur zögernd aufgegeben. Nirgendwo sonst wird dies anschaulicher verdeutlicht als in den ziemlich chaotischen Weinbergen Portugals. Eine Rebsorte kann vier oder fünf verschiedene Namen haben, je nachdem, wo sie wächst. Die portugiesischen Behörden haben nun – von der EU angetrieben – ihre Köpfe zusammengesteckt und für jede Sorte den Hauptnamen festgelegt. Die rote Sorte Castelão Francês zum Beispiel, die auch als João de Santarém und Periquita bekannt ist, wird nur mehr als Castelão bezeichnet. Das wird auf kleine Weinbauern kaum einen Effekt haben, da viele keine Ahnung haben, was in ihren zusammengewürfelten Weinbergen steht. Für größere Erzeuger hingegen wird sich das als bedeutsam herausstellen, denn die meisten haben ihre Rebflächen nach Rebsorten getrennt neu angelegt.

Vorbildern auf der ganzen Welt folgend, setzt Portugal heute auf die Rebsorte. Varietäten wie Touriga Nacional mit ihren tieffarbenen, aromatischen Weinen, die am Douro und in Dão zu Hause ist, tauchen jetzt landauf, landab auf den Etiketten auf. Ähnlich ist es mit Tinta Roriz (die noch als Aragonez reist und unter ihrem spanischen Namen Tempranillo besser bekannt ist), Trincadeira, Tinto Cão und Castelão, alles ungewohnte Namen auf der internationalen Weinkarte. Portugal hat erkannt, dass diese Trauben das Zeug zu Weltklasseweinen haben.

Einige noch obskurere weiße einheimische Sorten sind ebenfalls ins Rampenlicht getreten. Im Gebiet des Vinho Verde gibt es das weiße Dreigestirn Alvarinho, Loureiro und Trajadura, von denen jede heute für sortenreine Weine verwendet wird. Dann sind da noch Bical, Fernão Pires und in Südportugal die Arinto, die in der heißen Sonne ihre frische Säure bewahren kann.

Die Portugiesen begannen ihre chaotischen Weinberge zu ordnen, als das Land 1986 der Europäischen Gemeinschaft beitrat. Seitdem hat sich viel verändert. Beeindruckende Straßen, die durch das Gebirge brechen, verbinden die Zentren an der Küste – in denen der Großteil der Bevölkerung wohnt – mit dem Binnenland. Ergebnis sind die neuen Edelstahl-Kellereien in meeresfernen Gegenden wie Dão und am Douro, die nun von der Großstadt Porto mit dem Auto in ein, zwei Stunden zu erreichen sind; früher dauerte die Fahrt über einen halben Tag.

Die Quinta do Crasto bahnte den Weg zu den neuen, aufregenden, oft sortenreinen Tischweinen vom Douro. Hier der Touriga Nacional.

DAS PORTUGIESISCHE KLASSIFIKATIONSSYSTEM

Die portugiesischen Weingesetze befinden sich im Fluss, seitdem das Land 1986 der EU beigetreten ist – eine freundliche Umschreibung für das Chaos, das durch das Zusammentreffen von Brüsseler und Lissabonner Bürokraten entstand. Die neuen Weinbaugebiete passen sich allmählich in einen neuen Rahmen ein, doch das Durcheinander der letzten Jahre lenkt von der Tatsache ab, dass Portugal das moderne Appellationssystem schon vor über zweihundert Jahren ins Leben rief. Nach einer Periode von Betrügereien und Skandalen in der jungen Portweinwirtschaft zog der autokratische, doch weitsichtige Premierminister, der Marquis von Pombal, 1756 eine Grenze um die Weinberge am Douro, um die Authentizität des Weins zu schützen – eines der ersten Beispiele für die Einführung einer Herkunftsbegrenzung. Dann geschah nicht viel bis zum Beginn des zwanzigsten Jahrhunderts, als verschiedene andere portugiesische Weinregionen ähnlich festgelegt wurden. Diese Situation blieb bis nach der Revolution von 1974 bestehen, als die Rebfelder von Bairrada (die von Pombal gerodet worden waren) schließlich den Herkunftsstatus erhielten. Beim Eintritt in die Europäische Union wurde die portugiesische Weinklassifikation an die der anderen EU-Länder angeglichen.

Denominação de Origem Controlada (DOC) Diese oberste Kategorie löste 1990 die Região Demarcada (RD) ab. Sie entspricht der französischen Appellation d'Origine Contrôlée (AC, AOC).

Indicação de Proveniência Regulamentada (IPR) Diese mittlere Kategorie wurde 1989/90 gesetzlich festgelegt. Zu Beginn gab es über 30 IPR-Gebiete, die meisten wurden inzwischen zur DOC heraufgestuft.

Vinho Regional (VR) Eine zunehmend bedeutende Kategorie, besonders im Süden, wo die Weine häufig aus Trauben hergestellt werden, die über ein großes Gebiet verstreut angebaut werden. Diese großen Regionen entsprechen den französischen Vins de Pays und lassen eine ähnliche Flexibilität zu, womit sie bei den Weinmachern beliebter sind als unbekannte DOC- oder IPR-Bezeichnungen.

Vinho de Mesa Tafelwein, die unterste Kategorie.

WEINBAUGEBIETE

Eine Rundreise durch die Weinbaugebiete Portugals lässt sich nicht mit der Stoppuhr planen. Von der Provinz Minho, die im Nordwesten an der Grenze zu Spanien liegt, bis zur Algarve im Süden sind es in Luftlinie etwa 650 km, doch dazwischen liegen über 30 amtlich anerkannte Weinbaugebiete sowie eine Reihe von Vinhos Regionais (VR), die den größten Teil des Landes einnehmen. Wo immer man in Portugal hinkommt, mit Ausnahme der höchsten Gipfel, wo kein Weinbau möglich ist, trifft man auf jemanden, der Wein herstellt.

Das größte Weinbaugebiet ist Vinho Verde, das den ganzen feuchten Nordwesten des Landes einschließlich der unteren Bereiche des Douro-Tals umfasst. Das Weinbaugebiet Douro selbst, das sowohl für Port- wie für Tischwein qualifiziert ist, beginnt etwa 80 km stromaufwärts und erstreckt sich nach Osten bis an die spanische Grenze. In den Granitbergen südlich davon dehnt sich die Region Dão über drei Flusstäler aus, in denen die Weinberge in die Ausläufer der Serra da Estrêla hinaufsteigen, des mit 1993 m höchsten Gebirgszugs von Portugal. Bairrada nimmt mit seinen festen, tanninreichen Rotweinen den flachen Küstenstreifen zwischen der nebligen Aveiro-Lagune und der Universitätsstadt Coimbra ein.

An den welligen Küstenhügeln nach Süden erstreckt sich die Estremadura (auch als »Oeste«, Westen, bezeichnet), eine farbenfrohe Region mit florierenden Weinbergen, die große Mengen von Massenwein für den Durst der Einheimischen hervorbringen. Viele Jahre lang war die Region vor allem wegen ihrer historischen Enklaven Bucelas, mit dessen Weißweinen die Armee Wellingtons während des Kriegs gegen Napoleon 1808–1814 versorgt wurde, und Colares mit hundertjährigen reblausfreien Rebstöcken auf Sandboden bekannt. In jüngerer Zeit gab die Stadt Alenquer einem neuen Weinbergsareal ihren Namen, das bei einer Reihe fortschrittlicher Weingüter Beachtung findet.

Der Fluss Tejo, der bei Lissabon in den Atlantik mündet, trennt den gebirgigen Norden von den großen Ebenen des Südens. Im Binnenland umfasst die Region Ribatejo das breite Flusstal, dessen fruchtbare Schwemmböden dicke, saftige Tomaten und große Mengen gut gereifter Trauben hervorbringen. Die Halbinsel Setúbal südöstlich von Lissabon ist eines der wenigen portugiesischen Weinbaugebiete, die auch ausländische Rebsorten kultivieren, die auf den Kalksteinhängen der Serra da Arrábida eine Nische gefunden haben. Im Osten und Süden erstreckt sich die wellige Alentejo-Ebene bis zur spanischen Grenze, mit Rebflächen, die sich um die kleinen weiß getünchten Weinorte Portalegre, Borba, Granja-Amareleja, Moura, Redondo, Reguengos und Vidigueira scharen, nicht zu vergessen Évora, die Regionalhauptstadt. Zu guter Letzt trennt die Serra de Monchique die Region Alentejo von der Algarve, deren warmes maritimes Klima Winzer bislang weniger anzieht.

Aber Portugal hat noch mehr zu bieten als das Festland oder den »continente«, wie es in der Landessprache heißt. Zu Portugal gehört eine Reihe von vulkanischen Inseln im Atlantik, die von seinen frühen Seefahrern entdeckt wurden. Im fünfzehnten Jahrhundert führten portugiesische Siedler Rebstöcke auf den Azoren ein. Zwei Inseln dieser fernen Inselgruppe, Pico und Graciosa, exportieren gespritete Weine, doch der Weinbau wurde im neunzehnten Jahrhundert durch Pilzkrankheiten und die Reblaus fast ausgelöscht. Die Insel Madeira, 1100 km südwestlich von Lissabon, besaß seit ihrer Entdeckung im fünfzehnten Jahrhundert eine florierende Weinindustrie, und am Ende des siebzehnten Jahrhunderts gab es bereits 30 Weinhandelsfirmen auf der Insel. Auch Madeira wurde von Pilzkrankheiten und der Reblaus heimgesucht, doch die Weinwirtschaft erholte sich langsam und unter Schwierigkeiten wieder. Das feuchte, subtropische Klima und das Verfahren der Weinerhitzung trennen die Insel von Portugal; auch geht die Modernisierung nicht so rasch voran.

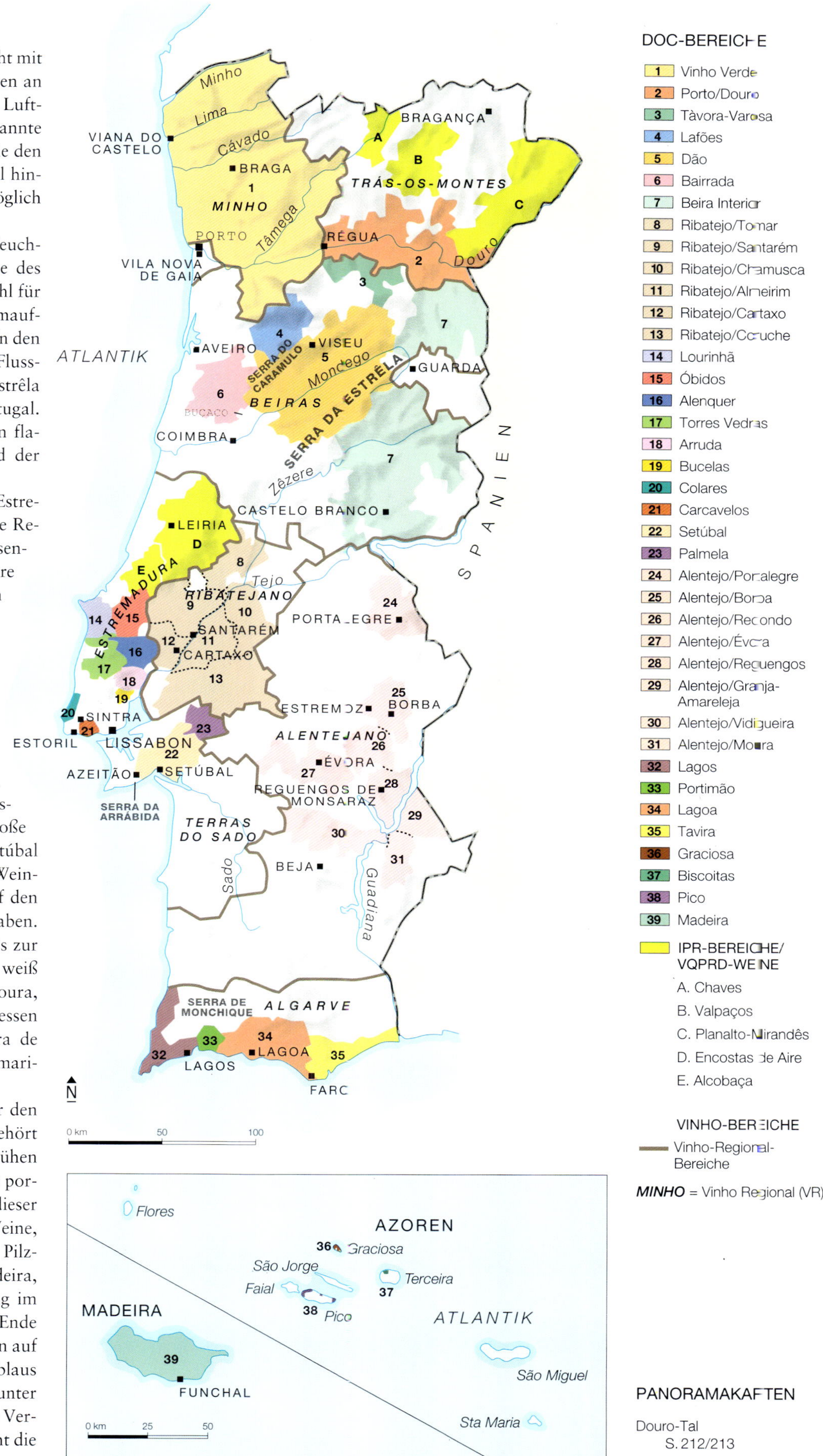

NORDPORTUGAL

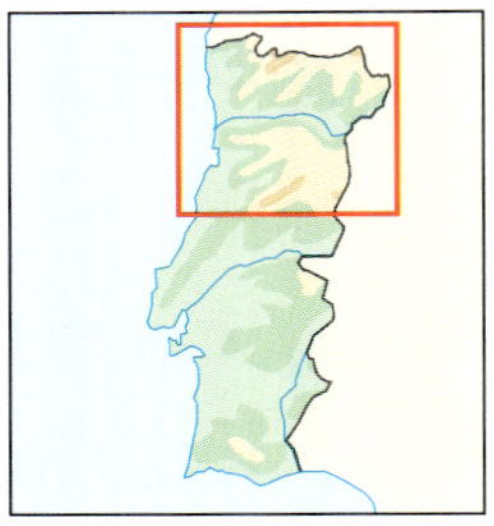

ROTE REBSORTEN
Die besten Sorten sind Touriga Nacional, Touriga Francesa, Tinta Roriz und Tinto Cão, in Bairrada die Baga.

WEISSE REBSORTEN
Alvarinho, Loureiro, Trajadura, Viosinho und Gouveio sind die Hauptsorten.

KLIMA
Der Atlantik bringt reichlich Regenfälle und eine lange, warme Reifezeit. Im Douro-Tal im Binnenland gibt es harte Winter und heiße Sommer.

BODEN
Sandhaltiger Ton in Bairrada, im Douro-Tal Granit mit Schiefer und in Dão Granit.

TOPOGRAFIE
Gebirgiges Binnenland mit steilen Terrassen am Douro, flaches Gelände am schmalen Küstenstreifen.

Viele erstklassige Portweinhäuser wurden von Nordeuropäern gegründet, wie von den Niepoorts aus den Niederlanden im Jahr 1842.

In Nordportugal kann man sich leicht verfahren. Die Straßenkarte enthält einen Irrgarten von Landstraßen, die winzige Dörfer miteinander verbinden, doch es gibt wenige Straßenschilder, die dem Reisenden den richtigen Weg weisen. Das bedeutet, dass sie nur von Einheimischen benützt werden. Und nicht immer zum Fahren. Sie überholen knarrende Ochsenkarren, die hoch bepackt sind mit Heu oder einer ganzen Familie mit einem Hund, die neugierig über den Rand schauen. Sie passieren Frauen, die Körbe mit lebenden Hühnern oder mit Wasser gefüllte Krüge auf dem Kopf tragen, und Sie müssen auf Hunde achten, die mitten auf der Straße dösen. Doch Achtung, an der nächsten unübersichtlichen Ecke kann Sie ein funkelnagelneuer BMW schneiden – das bukolische Idyll verändert sich.

Doch was dem gelegentlichen Besucher wie der Traum vom Landleben erscheint, ist von innen gesehen bedrückende Armut. Nordwestportugal ist neben dem benachbarten Galicien jenseits der spanischen Grenze eines der am dichtesten besiedelten Gebiete der Iberischen Halbinsel. Den frühen Siedlern, die von den unfruchtbaren Wüsten Zentralspaniens hierher gekommen waren, muss es wie das Paradies erschienen sein. Die Flüsse und Bäche, die durch warme, Regen bringende Atlantikwinde bis zum Rand gefüllt sind, bringen eine vielfältige Vegetation hervor. Doch im Lauf der Jahrhunderte, in denen Generationen ihr ererbtes Land aufteilten, sind die Besitztümer immer kleiner geworden, so dass sie kaum noch eine Familie ernähren. Von einer Parzelle kleiner als ein Schrebergarten kann man den Lebensunterhalt nicht erwirtschaften. Die Landstraßen sind von zahlreichen kleinen Feldern mit den verschiedensten Feldfrüchten gesäumt. Je nach Jahreszeit stehen dort vielleicht ein paar hohe Kohlstauden neben etwas Mais, dann eine Ziege oder Kuh, und über allem wölbt sich ein üppiges Dach aus mit Trauben behangenen Reben, die wegen des feuchten Klimas an Pfosten hochgezogen sind.

VINHO VERDE

Die Trauben, die man hier sieht, sind für den Vinho Verde, den berühmten »grünen Wein« Portugals, bestimmt. Die meisten Menschen außerhalb Portugals stellen sich unter Vinho Verde einen leichten, etwas perlenden, halbtrockenen Weißwein vor. Doch wenn man in einer der zahlreichen einfachen Bars an der Straße ein Glas Vinho Verde bestellt, ist man höchstwahrscheinlich über die Wahrheit schockiert: Ein großer Teil der regionalen Produktion ist ein dunkler, kratzender, perlender Rotwein, der nur in Nordportugal getrunken wird. Selbst der weiße Vinho Verde schmeckt hier anders. Das Fehlen jeglicher Restsüße, die verweichlichte Ausländer brauchen, lässt die beißende Säure hervortreten, die das Wahrzeichen des echten Vinho Verde ist. Große Erträge konspirieren mit dem feuchten Klima und ergeben alkoholarme, säurereiche Weine.

Doch der Vinho Verde schreitet voran, wenn auch mit seinem eigenen Tempo. Die Reben, die an Spalieren entlang den Feldern gezogen werden – die den Kern der Vinho-Verde-Produktion bildeten –, sind immer noch zu sehen, ebenso die Reben, die sich an Pappeln emporwinden (auch in Italien kann man noch auf sie stoßen). Bedenken Sie aber, dass viel Wein für den Eigenbedarf gemacht wird. Das dürfte der ruppigste sein, und Sie werden ihn kaum je kennen lernen. Der nächstbessere Wein ist der aus den örtlichen Genossenschaften, aber auch der begeistert selten. Große private Güter ziehen ihre Reben in richtigen Weinbergen an Drähten und erzielen damit größere Reife. Auch bepflanzt man heute zunehmend die Hänge anstatt ebenes Land. Wenn es übers Jahr auch viel Niederschläge gibt, etwa 1500 mm, kann es im Sommer sehr trocken sein, und die Reben leiden unter Wasserstress. Das Klima ist somit ebenfalls nicht unproblematisch. Erzeuger, die höherpreisige Weine exportieren wollen – private Gesellschaften und Weingüter –, investieren am meisten Mühe in die Bearbeitung des Laubdachs, was reifere und aromatischere Trauben ergibt.

Die Alvarinho, die am Fluss Minho im äußersten Norden der Region wächst, ergibt einen relativ vollmundigen, doch zarten, trockenen Weißwein mit dem Aroma frisch gepflückter Cox-Orange-Äpfel. Weiter südlich in den Tälern des Lima und Cavado um Braga liefert die Loureiro-Traube einen leichteren, frischen, typischeren Stil des Vinho Verde, der bisweilen einen mineralisch-blumigen Anklang an Riesling hat. Die Trajadura, die häufig zusammen mit Loureiro verwendet wird, ergibt einen etwas weicheren Wein, während im Binnenland an den unteren Abschnitten und Nebenflüssen des Douro die pikante Avesso-Traube vollere Aromen hervorbringt.

Der Jahrgang wird meist nur auf den Etiketten von Gutsweinen genannt, von denen jedoch nur sehr wenige lange lagerfähig sind. Die anderen Weine stammen meist von der letzten Lese, daher der Name Vinho Verde, weil er »grün«, das heißt in seiner ersten Jugend, getrunken werden sollte. Ein eiskalter, absolut trockener Vinho Verde ist immer ein großartiger Picknick-Wein.

TRÁS-OS-MONTES

Die hoch gelegene, öde Landschaft Nordostportugals, die ihren Namen Trás-os-Montes (»hinter den Bergen«) verdient hat, wird durch Gebirgszüge von dem dicht besiedelten Küstengebiet im Nordwesten getrennt. Die extremen klimatischen Bedingungen in diesem Binnenhochland erschweren die Landwirtschaft, und die Berghänge haben den Wanderern wesentlich mehr zu bieten als den Bauern. Es gibt hier jedoch drei IPR-Weingebiete, in denen zum Teil aus denselben Rebsorten wie im Douro-Tal weiter südlich Wein gemacht wird: Chaves, das eher für seinen Schinken (»presunto«) bekannt ist, das heiße, trockene Gebiet Planalto-Mirandês an der Grenze zu Spanien, das nur über ein paar struppige Rebfelder verfügt, und Valpaços, dessen Genossenschaft zu den besseren im Nordosten gehört.

DÃO

Bis vor kurzem lebte die Region Dão im Herzen Portugals, um Viseu herum, noch in einer anderen Zeit. Über 30 Jahre lang hatten schlampige Genossenschaften die Weinerzeugung der Region fest im Griff und ließen niemanden mit auch nur einem Jota Initiative hochkommen, wobei die Dão-Weine immer schlechter wurden. Die Vorschriften und Regelungen, die dieses Monopol zementierten, wurden von Brüssel hinweggefegt, als Portugal 1986 der EU beitrat und Dão eine neue Chance erhielt. Potenzial ist sicherlich vorhanden. Flaschen, die noch vor dem finsteren Zeitalter abgefüllt worden waren, sind gut gealtert und besitzen noch ihre mächtige, würzige Konzentration, und einige neuere Weine des riesigen Unternehmens Sogrape – das die Region wieder auf die Beine bringen will – haben etwas von diesem Charakter. Die Touriga Nacional hat sich als beste rote Rebsorte für Dão durchgesetzt, gefolgt von Tinta Roriz, Jaen und Alfrocheiro Preto.

Wie so viele Gebiete in Nordportugal hat auch Dão Tausende winziger Parzellen auf den abgeholzten Flächen zwischen den duftenden Pinien- und Eukalyptuswäldern, die die Granithügel bedecken. Dão ist beinahe vollständig von wilden, abweisenden Bergen umgeben, mit einer engen Lücke südlich der Serra do Buçaco, durch die der größte der in Portugal entspringenden Flüsse, der Mondego, zur Küste hinunterfließt. Die Berge schirmen diesen luftigen Ort vor den unberechenbaren atlantischen Stürmen ab. Die Sommermonate sind daher meist warm, während die Wintertemperaturen oft unter den Gefrierpunkt fallen. Auch Spätfröste sind ein Problem, der Frost kann noch bis Mitte Mai zuschlagen, und es gibt kaum eine wirtschaftliche Methode zur Vermeidung von Frostschäden; da und dort setzt ein Gut ein Gebläse ein. Die beste Weg ist, bei den Lagen zu bleiben, die am längsten genützt werden: Die Vorfahren waren nicht dumm und konnten eine frostfreie Parzelle ebenso gut erkennen wie irgendjemand heute. Weit weg von der neuen Autobahn, die sich durch die Granitberge windet, gibt es Dörfer, die den pikanten lokalen Käse Queijo da Serra liefern, der gut zu einem Glas mit pfeffrigem rotem Dão passt.

Die Serra do Buçaco markiert mit ihren Pinienwäldern die Grenze zwischen Dão und dem Küstenstreifen Bairrada mit seinem fruchtbaren Tonboden. Das im neunzehnten Jahrhundert erbaute prächtige Buçaco Palace Hotel vor den Toren von Luso kauft Trauben aus Dão und Bairrada auf, um seine eigenen Rot- und Weißweine herzustellen; für Liebhaber des ultratraditionellen Charakters gehören sie zu den besten in Portugal. Ob die jüngeren Jahrgänge je die Qualität der alten Weine erreichen, darf bezweifelt werden. Jedenfalls sind sie nur den Gästen des Hauses vorbehalten, die dafür die vorsintflutlichen Installationen und die elende Küche des Hotels in Kauf nehmen müssen.

BAIRRADA

Auch Bairrada ist den Launen des Atlantiks ausgeliefert, der häufig Nebel und jährlich bis zu 1000 mm Niederschläge liefert. Die Landschaft ist weitgehend flach und eintönig, mit hohen Pinien und Eukalyptusbäumen, die kleine Parzellen mit Getreide, Bohnen und knorrigen alten Rebstöcken vor den Unbilden der Witterung schützen.

Bairrada ist für Portugal insofern ungewöhnlich, als in der Region fast nur eine Rebsorte, die Baga, angebaut wird, deren kleine, dunkle Beeren schrecklich tanninreiche Rotweine ergeben. Andere Sorten wie Castelão und sogar Cabernet Sauvignon bringen Weine hervor, die in ihrer Jugend weicher und zugänglicher sind. Die besten Weine jedoch, die von traditionellen Erzeugern wie Caves São João, Casa de Saima und Luís Pato stammen, lohnen die notwendige Geduld. Es wird eine kleine Menge aromatischer, trockener Weißweine hergestellt, die zumeist für die örtliche Schaumweinindustrie bestimmt sind. Es lohnt sich, einen Abstecher von der Autobahn Lissabon–Porto zu machen, um sich einen aromatischen roten Bairrada zu der örtlichen Delikatesse »leitão« (Spanferkel) schmecken zu lassen.

DAS DOURO-TAL

Nach dem Tejo ist der Douro, der in Spanien entspringt und dort unter dem Namen Duero bereits eine bedeutende Rolle spielt, der wichtigste Fluss in Portugal. Das Douro-Tal (siehe S. 212/213) ist ein wilder und schöner Teil Portugals: Die Armut an natürlichen Ressourcen hat die Einheimischen außerordentlich erfinderisch gemacht, wie man einem Boden, den man kaum so nennen kann, seinen Lebensunterhalt abringt. Die Rebfelder dürften zu den arbeitsintensivsten der Welt gehören. Um überhaupt etwas auf diesen steilen Schieferfelsen anbauen zu können, mussten Terrassen in die Abhänge gehauen werden, auf denen manchmal nicht mehr als eine oder zwei Rebzeilen gepflanzt wurden. Hangprofile wie die einer Stufenpyramide lassen einem das Douro-Tal wie eines der Sieben Weltwunder erscheinen, und in der Tat überlegt die UNESCO, es in die Liste des Weltkulturerbes aufzunehmen. Wenn die amalfitanische Küste in Italien dazugehört, warum nicht auch der Douro? Die Mechanisierung der Weinberge war unmöglich, bis Anfang der 1980er Jahre ein Neupflanzungsprogramm angekurbelt wurde. Heute werden im Douro-Tal vier verschiedene Weinbaumethoden angewandt (siehe Erläuterung rechts). Einen Rebschnitt oder eine Lese mit Maschinen wird es jedoch nur auf leicht geneigten Hängen geben können.

Das Douro-Tal wurde im achtzehnten Jahrhundert als Herkunftsgebiet von Portwein offiziell abgegrenzt und gilt heute als Quelle immer besser werdender Tischweine. Viele dieser Rotweine, die aus denselben Sorten wie der Portwein hergestellt werden, zeigten sich bisher eher hart und unzugänglich, wahrscheinlich nicht weit entfernt von den im Englischen als »blackstrap« (Wagenschmiere) bezeichneten Weinen, die vor 300 Jahren aus dem Douro-Tal exportiert wurden. Inzwischen fassen jedoch in Keller und Weinberg moderne Techniken Fuß. Der Barca Velha von Ferreira, der im oberen Abschnitt des Douro nahe der spanischen Grenze hergestellt wird, ist das beste Beispiel dafür, was man hier erreichen kann. Stromabwärts gelegene Güter wie Quinta do Côtto, Quinta do Crasto, Quinta de la Rosa, Quinta Vale Dona Maria, Quinta de Gaivosa und das zu Niepoort gehörende Redoma folgen bereits diesem Beispiel.

Einige Güter verwenden ebenso viel Mühe auf ihre Tischweine wie auf ihre Ports. Erst im letzten Augenblick wird entschieden, was die Trauben ergeben sollen, wobei die allerbesten für Erstere verwendet werden (in jedem Jahr gibt es einen bestimmten Anteil von Port, der nicht überschritten werden darf). Manchmal gehen auch die Trauben mit höherem Säure- und niedrigerem Zuckergehalt in die Tischweinproduktion, die von den höchstgelegenen Rebflächen kommen; hier reifen sie später und ergeben leichte Weine, die für den Port weniger gut taugen. Solche Weine wurden früher zu Weingeist destilliert.

Im Frühjahr nach der Ernte werden die jungen Weine flussabwärts nach Vila Nova de Gaia verfrachtet, das gegenüber Porto an der Douro-Mündung liegt. Dort werden sie in Holzfässer gefüllt, wo sie relativ kühl und ruhig in lang gestreckten, niedrigen Gebäuden altern. Hier entwickeln die Weine ihren jeweiligen Charakter. Der Ruby Port ist der einfachste Wein, der jung abgefüllt wird und so seinen würzigen Charakter und seine dunkle rubinrote Farbe behält. Einen »Reserve« oder »Premium Ruby« (manchmal auch »Vintage Character« genannt) lässt man vor dem Abfüllen in Flaschen etwa fünf Jahre altern. Tawny Ports werden noch länger gelagert, bis sie eine weiche, samtige Textur haben, manchmal 20 bis 30 Jahre. »Vintage Port« (Jahrgangs-Port) ist ein Wein aus einem bestimmten, außergewöhnlichen Jahr und wird nach einer kurzen Zeit im Holzfass in Flaschen abgefüllt, wo er dann noch weitere 20 Jahre oder mehr altert, eine Kruste oder Depot bildet, während er an Farbe verliert und an Komplexität gewinnt. Ein »Late Bottled Vintage« (LBV) ist ein Portwein aus einem einzigen Jahr, der trinkfertig abgefüllt wird, nachdem er drei bis sechs Jahre im Holzfass gereift hat. »Crusted Port« ist ein Verschnitt aus zwei oder drei Jahrgängen, der nach drei bis vier Jahren abgefüllt wird. Aus weißen Trauben wird auch eine kleine Menge weißer Portwein hergestellt.

TERRASSIERUNG IM DOURO-TAL

Seit dem ausgehenden neunzehnten Jahrhundert sind im Douro-Tal verschiedene Terrassierungsmethoden erprobt worden, um Aufwand und Kosten zu senken

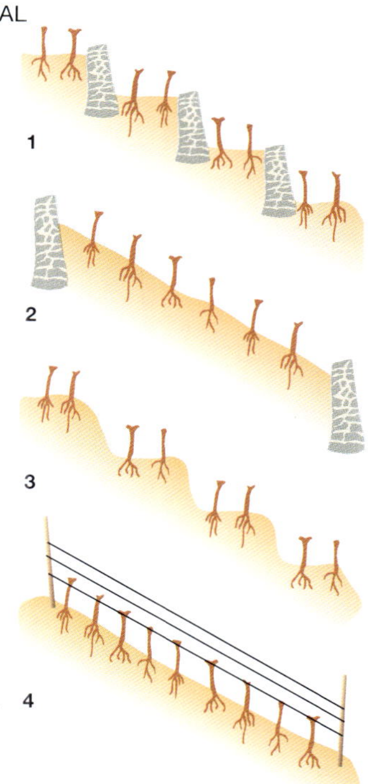

1 Traditionelle »socalcos«. Diese schmalen, mit Stützmauern versehenen Terrassen, die den Konturen des Hangs folgen, wurden hauptsächlich im neunzehnten Jahrhundert errichtet, als es genügend billige Arbeitskräfte gab. Da die Mechanisierung hier unmöglich ist, haben die Lohnkosten diese traditionelle Methode ständig verteuert.
2 Die moderneren »socalcos«. Diese geneigten Terrassen wurden Anfang des zwanzigsten Jahrhunderts bevorzugt, sind jedoch ähnlich kostspielig in der Unterhaltung.
3 »Patamares« oder »Konturenterrassen«. Diese Terrassen ohne Stützmauern haben praktische Fahrrinnen für kleine Traktoren. Das in den 1970ern entwickelte System wird aufgrund der niedrigeren Arbeitskosten verbreitet angewendet, verbraucht jedoch zusätzliche Flächen und sieht nicht besonders schön aus.
4 Vertikale Bepflanzung des Hangs oder »vinha ao alto«. Diese Technik der 1980er Jahre ermöglicht eine leichtere Unterhaltung und ist daher weniger kostenträchtig. Obwohl die Bodenerosion nicht so groß ist wie vorausgesagt, ist diese Methode auf Hänge mit unter 30° Steigung beschränkt.

Im Douro-Tal werden bei der Lese noch die traditionellen Körbe verwendet. Diese warten darauf, in die Kellerei der Quinta do Saxo südlich von Pinhão gebracht zu werden (im Hintergrund zu sehen).

Das Douro-Tal

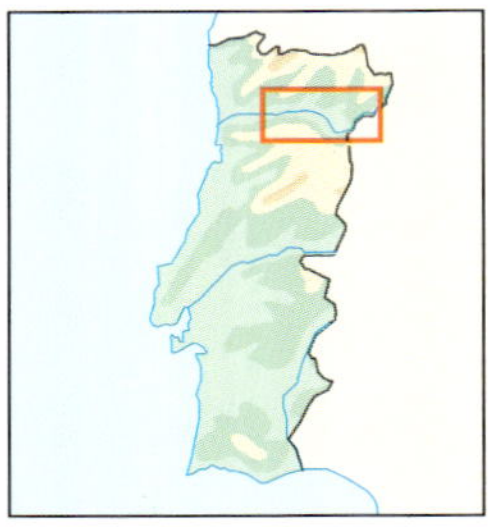

ROTE REBSORTEN
Etwa 80 Sorten sind zugelassen, als die besten haben sich Touriga Nacional, Touriga Francesa, Tinta Roriz und Tinto Cão bewährt.

WEISSE REBSORTEN
Für weißen Portwein werden Codega, Rabigato, Gouveio und Viosinho verwendet.

KLIMA
Das feuchte atlantische Klima in Porto eignet sich gut für die Alterung von Port. Weiter östlich ist das Klima trockener.

BODEN
Portwein-Reben werden nur auf Schieferböden gepflanzt.

TOPOGRAFIE
Der Douro ist berühmt für seine steilen Terrassen, die auf den Abhängen der engen Flusstäler angelegt sind.

Lassen Sie Ihren Wagen stehen. Nicht wegen des Portweins, sondern weil man sich den Douro am besten vom Zug aus ansieht. Es gibt zwar eine feine neue Straße von Porto aus, und man kommt in der halben Zeit nach Pinhão – doch was ist Zeit? Der Zug bietet eine der großen Eisenbahnfahrten der Welt. Die eingleisige Strecke verläuft meist unmittelbar am Fluss entlang, und wenn Sie einen Eindruck vom Douro bekommen wollen – von seinen kurvigen Weinbergsterrassen, den hoch oben gelegenen Dörfern, den Fischerbooten –, dann ist das der richtige Weg. Doch bevor sie losfahren, sollten Sie einen Blick von der doppelstöckigen Brücke werfen, die Porto mit Vila Nova de Gaia verbindet: auf die schwarzen Dächer der Portwein-Lagerhallen (die nachts von Neonreklame beleuchtet werden) und die Ufer mit den typischen Booten, den »barcos rabelos«, die einst den jungen Wein hierher brachten, bevor der Fluss in den 1970er Jahren gestaut wurde.

Die Weinberge des Douro liegen 80 bis 200 km stromaufwärts von Porto entfernt, der Stadt, die dem »Vinho do Porto« oder Portwein den Namen gab. Wenn man die düsteren Vororte und die Nebel des Atlantiks hinter sich gelassen hat, durchquert der Zug das chaotische Vinho-Verde-Land mit seinen charakteristischen hohen Pergolen von Reben. Nach etwa einer Stunde kommt der Douro in Sicht, der dann den Zug bis zum Ende seiner Fahrt begleitet. Es ist durchaus üblich, dass die Fahrgäste bei offener Tür auf den Stufen des Wagons sitzen, und es gibt sogar Stellen entlang den Gleisen, wo man beinahe seine Füße in das stille Wasser des Flusses hängen lassen könnte.

Dann macht der Zug einen Bogen, und die Landschaft ändert sich. Harter grauer Granit geht in schuppigen, silbern schimmernden Schiefer über. Hier beginnen die Weinberge, die den Portwein liefern, genauso wie im achtzehnten Jahrhundert, als der vorausschauende Premierminister von Portugal, der Marquis von Pombal, als Erster die Grenze der Douro-Weinberge festlegte, um den echten Portwein zu schützen.

Die Douro DOC besteht inoffiziell aus drei Teilregionen. Die westlichste, Baixo Corgo, liegt bei der Stadt Régua. Hier ist das Klima kühler und feuchter als weiter flussaufwärts, und die Weine von hier sind leichter und weniger substanziell – ideal für junge Rubys und leichte Tawnys, die den unersättlichen Durst der Franzosen nach billigem Portwein stillen. In der Tat kommt die Hälfte der ganzen Port-Produktion aus Baixo Corgo. Der Zug hält in Régua, doch es lohnt sich, weiter flussaufwärts zu fahren, zumindest bis Pinhão. Dies ist das Herz der nächsten Teilregion, der Cima Corgo, und vom Bahnsteig in Pinhão mit seinen »azulejos« kann man die Quinta da Foz von Cálem, die Quinta do Seixo von Ferreira, die Quinta do Bomfim von Dow und die Quinta das Carvalhas von Royal Oporto sehen. Das Pinhão-Tal birgt die Quinta do Noval und Güter der Firmen Taylor, Warre und anderen. Während sich der Zug Tua nähert, kommen weitere berühmte Port-Namen in Sicht, darunter die Quinta da Roêda von Croft und die Quinta dos Malvedos von Graham.

Oberhalb von Tua hören die Weinberge für eine Weile auf. Ein Granitmassiv zwängt den Fluss in eine enge, bedrohliche Schlucht. Der Zug verschwindet in einem Tunnel, um wieder zwischen terrassierten Weinbergen aufzutauchen, die in den Schiefer gehauen sind. Diese am weitesten östlich liegende Teilregion wird als Douro Superior bezeichnet. Sie hat Portwein-Händler wie Cockburn, Ferreira und Ramos Pinto angezogen, die als Erste Rebfelder auf dem relativ flachen Land

WO DER WEIN WÄCHST
Dieses Panorama des Douro-Tals zeigt die Teilregionen Cima Corgo und einen Teil von Douro Superior, wo die besten Weinberge für Portwein liegen. Die edelsten Tawnys (»hellbraune« Ports), Jahrgangs-Portweine und »Late Bottled Vintages« stammen aus dem Gebiet Cima Corgo, wo alle größeren Portwein-Händler große Weingüter besitzen. Die kleine Stadt Pinhão ist von steilen Rebterrassen umgeben, auf deren hohen Mauern einige der berühmtesten Namen des Portweins auf großen Schildern verkündet werden. Die Weingüter (»quintas«) werden nach zwölf verschiedenen Kriterien, darunter Höhe, Sonnenlage, Standort und Boden, offiziell in fünf Kategorien (A–F) eingeteilt. Beinahe alle Quintas mit der Bewertung A und B liegen in Sichtweite des Douro oder eines seiner Nebenflüsse Tedo, Távora, Torto und Pinhão. Die höher gelegenen Weinberge bei den Städten Sabrosa, Alijó und São João da Pesqueira sind niedriger bewertet (C, D, E und F), und ein viel geringerer Anteil ihrer Produktion wird zu Portwein verarbeitet. Sie liefern jedoch gute Tischweine, die weniger Körper und mehr Säure besitzen als für Port notwendig.

zur spanischen Grenze hin anlegten. Der Zug überquert den Fluss, und dann erscheinen zwei der großartigsten Weingüter: als Erstes die Quinta de Vargellas von Taylor, dann die Quinta do Vesúvio von Symington, die beide ihre eigene Bahnstation haben. Danach wird die Landschaft zunehmend trockener, und die Rebflächen verlagern sich auf das Hochland außer Sichtweite vom Fluss. Bevor der Zug die Endstation erreicht, kommt die Quinta do Vale do Meão von Ferreira in Sicht, einst Heimat des beliebtesten roten Tischweins Portugals, des legendären Barca Velha. Heute wird er auf einem anderen Gut produziert, der Quinta da Leda, die nicht am Fluss liegt. In Pocinho rangiert der Lokführer die Lokomotive ans andere Ende des Zugs, der dann nach Porto zurückkehrt.

Doch nur wenige Besucher gelangen so weit. Für die meisten ist Cima Corgo, von Pinhão aufwärts, der Inbegriff des Portwein-Lands: steile Schieferhänge mit Weinbergen, die in alle Himmelsrichtungen weisen; Wärme ist überall genug vorhanden. Mangel aber herrscht an Wasser. Die unteren Hangteile enthalten mehr Schiefer und speichern Wasser gut, ebenso die alten Terrassen aus der Zeit vor der Reblaus – die mit den mühsam aufgeführten Trockenmauern, die ständig gepflegt werden müssen. Im Bereich Douro Superior ist das Wetter am zuverlässigsten, doch in den Tälern von Pinhão und Torto ausgewogener mit etwas mehr Niederschlägen. Weiter flussaufwärts dürfte Bewässerung die Weine sicher harmonischer machen. Im abgelegenen Douro Superior verabschiedet sich die Landschaft vom gewohnten Klischee. Einen Steinwurf von der spanischen Grenze entfernt liegen die Weinberge auf sanfthügeligem Gelände, und zwar maschinell bewirtschaftete Weinberge. Mechanisierung am Douro ist allerdings nicht dasselbe wie Mechanisierung in Australien; sie betrifft allenfalls den Vorschnitt, vollendet wird von Hand. Auch hier steigen die Lohnkosten, weshalb sogar die Helfer, die die Trauben mit den Füßen zerquetschen, durch Roboter ersetzt werden sollen.

Um im soliden Douro-Schiefer Reben zu pflanzen, muss er 1,5 m tief aufgebrochen werden, damit die Wurzeln Fuß fassen können. Nach fünf Jahren erreichen sie das Grundgestein, wo sie leichter an Wasser kommen. Der Boden ist im ganzen Tal recht homogener Schiefer. Was unterschiedlich ist und den Weinen individuellen Charakter gibt, sind Exposition, Höhe und Klima. Und natürlich die Arbeit im Keller.

SPITZENWEINGÜTER

1. Qta. de Nápoles
2. Qta. do Crasto
3. Qta. da Água Alta
4. Qta. de São Luiz
5. Qta. do Panascal
6. Qta. da Boa Vista
7. Qta. do Porto
8. Qta. da Côrte
9. Qta. do Seixo
10. Qta. do Bom Retiro
11. Qta. das Lages
12. Qta. de la Rosa
13. Qta. da Foz
14. Qta. das Carvalhas
15. Qta. do Bomfim
16. Qta. do Noval
17. Qta. da Cavadinha
18. Qta. de Terra Feita
19. Qta. do Cruzeiro
20. Qta. do Passadouro
21. Qta. de Sto António
22. Qta. da Roêda
23. Qta. da Gricha
24. Qta. dos Malvedos
25. Qta. do Tua
26. Qta. de Vargellas
27. Qta. dos Canais
28. Qta. do Vesúvio

GRENZE DER INOFFIZIELLEN TEILREGIONEN

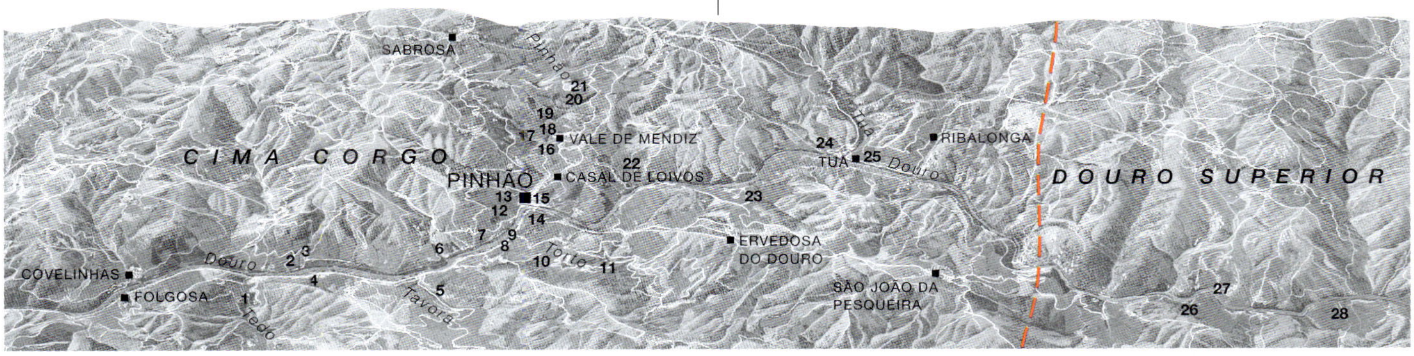

0 km 1 2

VON FOLGOSA BIS VESÚVIO

NORD-SÜD-AUSDEHNUNG 17 KM

REBFLÄCHEN

N

0 km 1 2

Mittel- und Südportugal

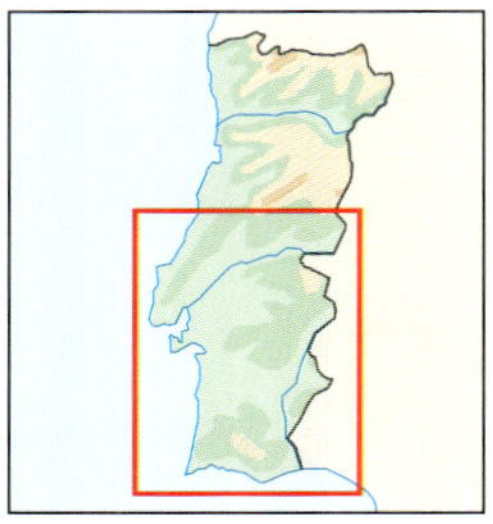

ROTE REBSORTEN
Castelão ist überall anzutreffen, in der Estremadura Tinta Miuda, im Ribatejo und im Alentejo die Trincadeira. Etwas Cabernet Sauvignon und Merlot werden im Ribatejo und auf der Halbinsel Setúbal angebaut.

WEISSE REBSORTEN
Arinto hat das Potenzial für gute Weine. Im Ribatejo ist Fernão Pires verbreitet gepflanzt, auch etwas Chardonnay. Im Alentejo sind Roupeiro und Antão Vaz die besten weißen Sorten. In Setúbal gibt es Muscat.

KLIMA
Der Einfluss des Atlantiks macht sich besonders im Westen bemerkbar. Weiter landeinwärts kann es im trockenen Alentejo im Sommer sehr heiß sein.

BODEN
Die Estremadura hat kalkhaltigen Ton und Kalkstein, Ribatejo Ton, Sand und fruchtbares Schwemmland und das Alentejo Granit, Kalkstein und roten Ton.

TOPOGRAFIE
Die Ebenen des Ribatejo und des Alentejo kontrastieren mit den hügeligeren Bereichen Torres Vedras, Alenquer und Arruda.

João Portugal Ramos gehört zu der neuen Generation von Weinmachern, die sich auf sortenreine Weine konzentrieren.

Der schlammige Tejo fließt in südwestlicher Richtung durch Mittelportugal und teilt das Land in zwei beinahe symmetrische Hälften. Unmittelbar nördlich des Flusses treten die Berge zurück, die Straßen nach Süden werden gerader, und das Flickwerk armer, intensiv bewirtschafteter kleiner Anwesen des Nordens geht in große Güter oder »latifúndios« über, von denen einige in der Tiefebene Tausende von Hektar einnehmen.

ESTREMADURA

Dieser Streifen hügeliger Landschaft, der sich vom dicht besiedelten Hinterland von Lissabon an der wilden und windigen atlantischen Küste hinzieht, ist gemeinhin als »Oeste«, der Westen, bekannt. Obwohl die Estremadura mehr Wein hervorbringt als irgendeine andere Region in Portugal, gab es bis in jüngste Zeit kaum ein paar Weine von guter Qualität. Die Region ist in einige kleine DOC-Gebiete unterteilt, doch außer Alenquer werden wenige Aufsehen erregen. Die meisten Weine kommen aus riesigen Genossenschaften, die seit dem Beitritt Portugals zur EU von beträchtlichen Investitionen profitiert haben.

Die malerischen Städte und Dörfer sind bei weitem bemerkenswerter als die meisten Weine. Üppige, ertragreiche Rebfelder, die mit nichts sagenden weißen Rebsorten bepflanzt sind, lieferten einst große Mengen Weine für die Destillation; heute kommen sie auf den anspruchslosen heimischen Markt. Die Reifung kann in diesem relativ kühlen Seeklima schwierig sein, und Rotweine aus der allgegenwärtigen Castelão-Traube schmecken häufig dünn und gewöhnlich.

Doch die Region gibt Anlass zur Hoffnung. Eine Anzahl von Gütern rund um Alenquer macht heute immer bessere Rotweine aus Touriga Nacional und Tinta Roriz, aber auch Cabernet, Merlot und Syrah. Quinta de Pancas, Quinta da Cortezia, Quinta do Carneiro, Quinta do Monte d'Oiro, Quinta das Setencostas und Casa de Santos Lima sind Namen, auf die man achten sollte. Die Region wurde außerdem von José Neiva handstreichartig erobert, der mit seiner Firma DFJ Vinhos – hauptsächlich für qualitätsbewusste Exportmärkte – große Mengen sehr angenehmer Weine macht.

Zwei winzige Enklaven der Estremadura lohnen einen Umweg. Die windgepeitschten Rebfelder von Colares am Atlantik, nur 35 km westlich vom Zentrum Lissabons, wachsen in sandigem Boden auf den Klippen. Ihre Wurzeln sind fest in der darunter liegenden Tonschicht verankert. Dieser Sand schützt die Reben vor der Reblaus, die im neunzehnten Jahrhundert die Weinberge in ganz Europa heimsuchte. Folglich gehört die heimische Ramisco-Rebe zu den wenigen wurzelechten europäischen Sorten, die nie auf reblausresistente amerikanische Unterlagen gepfropft wurden. Der Anbau von Reben im Sand ist schwierig und teuer, und die Region befindet sich seit 30 Jahren in einem langsamen Niedergang. Doch die wenigen knorrigen alten Rebstöcke, die noch geblieben sind, sind zum Pilgerziel für unheilbare Weinromantiker geworden, die diese seltsam wilden, tanninreichen Rotweine am liebsten hier in der salzigen Luft des großen Ozeans genießen.

Landeinwärts, durch eine niedrige Hügelkette von dem feuchten, nebligen Mündungsgebiet des Tejo abgeschirmt, erzeugt die Region Bucelas trockene Weißweine aus zwei Rebsorten, der Arinto und der Sorte mit dem treffenden Namen Esgana Cão, was so viel wie »Hundewürger« bedeutet. Beide Rebsorten, besonders letztere, behalten trotz des relativ warmen Klimas viel natürliche Säure und bringen frische, trockene Weißweine hervor, die im neunzehnten Jahrhundert in Großbritannien als »portugiesischer Hock« populär wurden, eine Bezeichnung, die einem Brüsseler Bürokraten von heute die Haare zu Berge stehen ließe. Carcavelos, ein starker, rosinenartiger, gespriteter Wein mit einem nussigen, portweinähnlichen Abgang, genoss im achtzehnten Jahrhundert kurzen Ruhm, wird heute jedoch kaum noch angebaut. Mit der ständigen Ausdehnung der Stadt Lissabon an der Tejo-Mündung sind die meisten Rebfelder mit Carcavelos-Reben unter Straßen und Häuserblocks verschwunden.

RIBATEJO

Weiter landeinwärts dient das breite Tejo-Tal, das Ribatejo genannt wird, der Hauptstadt als Gemüsegarten. Tomaten, Bohnen, Mais und Trauben konkurrieren um den Platz auf der fruchtbaren Schwemmlandebene, die regelmäßig vom angeschwollenen Fluss überflutet wird. Wie die benachbarte Estremadura wurde das Ribatejo, das zur DOC aufrückte, in eine Reihe kleiner Weinbaugebiete aufgeteilt. Die zum Verwechseln ähnliche Bezeichnung »Ribatejano« gilt für Weine der Kategorie Vinho Regional, überwiegend solchen aus internationalen Rebsorten.

Die Weine des Ribatejo variieren mit dem Boden. Fruchtbare Schwemmböden in den Ebenen am Tejo, als »leziria« bezeichnet, erbringen große Mengen an leichtem, substanzlosem Weiß- und Rotwein. Das vom Fluss entfernte Heideland (»charneca«) liefert körperreichere Weine, insbesondere im Südwesten der Region, wo sie Ähnlichkeit mit den Weinen des Alentejo zeigen. Das Ribatejo wird von großen Genossenschaften dominiert, daneben tauchen aber immer mehr Güter mit immer besseren Weinen auf; zu nennen sind etwa Casa Cadaval, Falcoaria, Quinta da Lagoalva und Quinta do Santo André. Der australische Weinmacher Peter Bright (von Bright Brothers) bezieht für einen Großteil seiner Weine – die mehr als nur einen Hauch Neue Welt zeigen – Sauvignon-, Chardonnay-, Cabernet- und Merlot-Trauben von dem riesigen Gut Fiúza. José Neiva von DFJ konzentriert sich lieber auf heimische Sorten: die mildaromatische weiße Fernão Pires, die üppige rote Castelão und die würzige Trincadeira.

DIE HALBINSEL VON SETÚBAL

Zwei elegante Hängebrücken überspannen den Tejo und verbinden das Nordufer des Flusses mit der dicht besiedelten Halbinsel von Setúbal auf der anderen Seite. Nach einer Weile hören die Vororte von Lissabon allmählich auf, und man fährt durch einen Wald duftender Schirmpinien, die auf der warmen, sandigen Ebene wachsen. Im Süden der Halbinsel erheben sich die zerklüfteten Arrábida-Hügel aus der Ebene und fallen dann steil zum Atlantik hin ab. Die Region um Setúbal, die heute als Palmela DOC sowie Vinho Regional Terras do Sado (nach dem südlich begrenzenden Fluss) firmiert, beheimatet einige der tatkräftigsten Weinerzeuger Portugals. Ein Hauch Neue Welt ist in Unternehmen wie José Maria da Fonseca Successores zu spüren, die einen in Kalifornien ausgebildeten Kellermeister haben, und JP Vinhos, früher als João Pires bekannt, dessen Weine früher von Peter Bright gemacht wurden.

Nach dem großen Fischerhafen Setúbal an der Mündung des Sado ist ein öliger, rosinenartiger gespriteter Wein benannt, der hauptsächlich aus Muscat-Trauben hergestellt wird, die von den Kalksteinhügeln über der Stadt stammen. In den letzten Jahren wurde dieser traditionelle süße Muscat durch andere Weine aus der Region in den Hintergrund gedrängt, darunter den leichten, trockenen João Pires Muscat, der zum ersten Mal 1981 aus einem Überschuss an Moscatel-Trauben hergestellt wurde, und den Quinta de Bacalhôa, einen runden, minzigen Rotwein aus einem Bordeaux-Verschnitt von Cabernet Sauvignon und Merlot. Auch Chardonnay scheint sich gut für die nach Norden gerichteten Kalksteinhänge der Arrábida-Hügel und das warme Seeklima zu eignen. Doch ausländische Rebsorten haben es immer noch schwer, einheimische Trauben wie Castelão (immer noch unter dem inoffiziellen Namen Periquita) zu verdrängen, die auf der weiten sandigen Ebene um die Festungsstadt Palmela gedeiht. Der nach Himbeeren duftende rote Periquita von José Maria da Fonseca gehört zu den bekanntesten Rotweinen Portugals. Fonseca erzeugt außerdem einige ausgezeichnete Garrafeiras (Reserves) unter merkwürdigen Bezeichnungen wie »CO« und »TD«.

Weinberge, so weit das Auge sehen kann, gibt es im Bereich Arruda in der Estremadura nördlich von Lissabon. Die Estremadura ist seit langem ein Lieferant von Massenwein, die rasche Modernisierung zeitigt aber schon eindrucksvolle Resultate.

ALENTEJO

Nach einem kurzen Halt bei dem alten Kellereigebäude von Fonseca Successores in der Hauptstraße von Azeitão geht es weiter nach Osten. Nach ein paar Kilometern auf gerader Strecke – eine Wohltat nach den kurvigen Straßen in Nordportugal – beginnt sich die Landschaft zu verändern, und vor uns breitet sich eine riesige, wellige Ebene aus. Das ist das Alentejo – goldene Weizenfelder, so weit das Auge reicht, durchsetzt von tiefgrünen Korkeichen und Olivenbäumen, die kleinen Herden von Schafen, Ziegen und schwarzen Schweinen Schatten bieten. Die Landschaft ist im Frühjahr von einem leuchtenden Grün und nimmt im Sommer einen dunklen Ockerton an, wenn die Temperaturen häufig über 40 °C hinausgehen. Die Niederschläge erreichen kaum 600 mm im Jahr. Die weite Szenerie wird nur hier und da von einer blendend weiß getünchten Ortschaft mit den gezackten Umrissen einer Burgruine auf einem niedrigen Hügel unterbrochen.

Auf den ersten Blick fallen die Rebfelder gar nicht auf, doch in der Nähe der Städte gibt es ausgedehntere Pflanzungen. Vor gar nicht langer Zeit bestand die Hauptverbindung des Alentejo zum Wein in der Korkenherstellung, und die Korkeichen gehören mit ihren geschälten Stämmen zum Bild der Landschaft. Heute dürfen acht kleine Weinbaugebiete die Alentejo DOC mit dem Zusatz des eigenen Namens verwenden: Borba, Évora, Granja-Amareleja, Moura, Portalegre, Redondo, Reguengos und Vidigueira. Die ganze Provinz zwischen dem Tejo im Norden und der Algarve im Süden wurde als Vinho Regional Alentejano klassifiziert.

Die Portugiesen pflegten die Region Alentejo geringschätzig als »Land des schlechten Brotes und des schlechten Weins« zu bezeichnen. Nach der herkömmlichen Logik war das Klima einfach nicht für den Weinbau geeignet. Die Erzeugung von gesunden, fehlerfreien Weinen schien unmöglich angesichts der hohen Sommertemperaturen und der unbarmherzigen Sonne, vor der die Einheimischen in ihre Häuser fliehen. Dies änderte sich auch nicht, als sich 1974 der Süden bei der Abschaffung der Diktatur als entschlossenster und aggressivster Landesteil zeigte. Im Gegensatz zur Region Douro, wo die Beziehungen zwischen Landbesitzern und Arbeitern eng waren und die Revolution von 1974 sich eher »gentlemanlike« vollzog, besetzten die Bauern und Arbeiter im Alentejo die großen Güter, auf denen die Landbesitzer meist gar nicht ansässig waren. Leider waren sie nicht daran interessiert, dass die Betriebe funktionierten, nicht einmal auf der Basis von Genossenschaften. Inzwischen hat das Alentejo mit der Einführung glänzenden Edelstahls bewiesen, dass es gute Weine hervorbringen kann, besonders Rotweine aus gleichmäßig gereiften heimischen Trauben.

Von den roten Rebsorten machen sich Trincadeira und Aragonez besonders gut, und die weißen Sorten Arinto und die aromatische Roupeiro behalten trotz der Hitze eine gute, frische natürliche Säure. Einige Güter experimentieren auch mit Syrah. Die besten Rebfelder des Alentejo liegen im Osten in der Nähe der spanischen Grenze – Cartuxa bei Évora, Quinta do Carmo und Quinta da Moura bei Estremoz, Esporão bei Reguengos und Cortes de Cima in Vidigueira sind nur fünf Güter des Alentejo, die ausgezeichnete Weine liefern. Genossenschaften in Borba, Redondo und Reguengos erzeugen Wein in größerem Maßstab, bringen aber auch einige ordentliche, bukettreiche Rotweine zustande.

ALGARVE

Der Titel »Land des schlechten Weins« hätte wahrscheinlich an die Algarve weitergereicht werden können, wo zwei große Winzergenossenschaften Kopfschmerzen verursachende Weine für Tausende von Touristen abfüllen, die jedes Jahr die Region bevölkern. Cliff Richard hat jedoch gezeigt, was mit ernsthaftem Engagement möglich ist, und auch José Neiva hat sich hier angesiedelt. Die Genossenschaft Lagoa erzeugt einen interessanten trockenen Aperitif-Wein, der wie Fino-Sherry unter Florhefe reift.

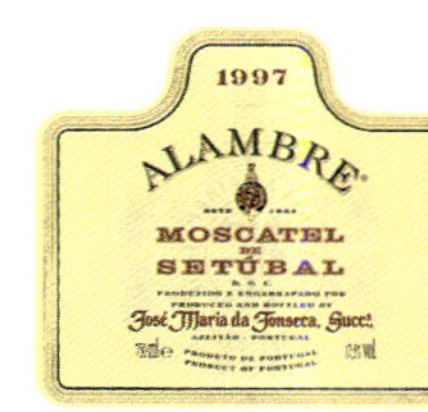

MADEIRA

ROTE REBSORTEN
Die auf Madeira am häufigsten angebaute Sorte ist die Tinta Negra Mole.

WEISSE REBSORTEN
Weiße Sorten werden nur in kleinen Mengen kultiviert: Sercial, Verdelho, Bual und Malvasia.

KLIMA
Das warme, feuchte subtropische Klima bedeutet, dass Mehltau und Botrytis zum Problem werden können. Die Niederschläge schwanken zwischen 3000 mm im Innern der Insel und etwa einem Drittel davon an der Küste.

BODEN
Vulkanischer Boden. Die Basaltkiesel sind oft rot verwittert.

TOPOGRAFIE
Die Weinberge sind auf Terrassen angelegt, die im Süden bis zu 1000 m hoch liegen, im Norden in geringeren Höhen.

Es ist schwierig, eine gute Sicht auf Madeira zu bekommen. Die frühen portugiesischen Seefahrer, die eine schwarze Wolkenbank über dem Atlantik erblickten, meinten, sie hätten das Ende der Welt erreicht, und machten einen weiten Bogen um die Insel. Wenn man sich heute dem unsicheren Flughafen von Madeira mit den dunklen, in Wolken gehüllten Bergen auf der einen Seite und dem Ozean auf der anderen Seite nähert, kann man die Seefahrer verstehen.

Wenn man sicher gelandet ist, gibt es zwei Arten, sich mit Madeira vertraut zu machen. Zuerst sollte man zum felsigen Ufer hinuntergehen, das hier als Strand gilt, und von dort einen Blick auf das Land werfen. Hinter der subtropischen Küste mit ihren dekorativen Palmen und exotischen Blumen steigen winzige Terrassen an den Bergflanken hoch, bis sie in den Wolken verschwinden. Dann sollte man auf einer der kurvigen Straßen von der Küste zum Pico de Arieiro fahren, der mit 1818 m über dem Meeresspiegel beinahe der höchste Punkt der Insel ist. Unterwegs durchquert man einen Abschnitt mit nasskaltem Nebel, um dann wieder in gleißendem Sonnenlicht aufzutauchen, bevor man den Gipfel erreicht. Von hier aus hat man einen Blick auf die Vulkangipfel, die über die Wolkendecke ragen – und an einem der seltenen wolkenlosen Tage ist sogar das Meer zu sehen.

Auf den ersten Blick kann man sich nicht vorstellen, dass auf Madeira Wein angebaut werden kann. Doch diese feuchte, subtropische Insel, die 700 km von der nordafrikanischen Küste entfernt ist, hat lange, warme Winter und sehr trockene Sommer; mit einer durchschnittlichen Jahrestemperatur von 19 °C in Funchal hat die Insel kaum das gemäßigte Klima, aus dem die besten Weine der Welt kommen. Doch der Madeira-Wein besitzt mit Sicherheit Individualität, und einem ehrwürdigen Malmsey mangelt es wahrhaftig nicht an Finesse. Des Rätsels Lösung liegt im Alterungsprozess. Es mag sein, dass die Geografie der Insel ihre Einflüsse hat, aber wenn der Weinbau auf hohe Erträge kaum reifer Trauben angelegt ist, die von nicht einmal 15 Jahre alten Rebstöcken kommen, kann man kaum einen Hauch von Terroir im Wein erwarten.

Wie so viele gute Erfindungen kam der Madeira eher zufällig zustande. Bald nachdem die Insel unter ihrer ständigen Wolkendecke entdeckt worden war, entwickelte sie sich zu einem wichtigen Stützpunkt für Schiffe auf der Fahrt nach Afrika und Fernost. Der Wein war eines der vielen Produkte, die an Bord genommen wurden, und man fügte ihm einen ordentlichen Tropfen Brandy zu, um ihn für die lange Seereise haltbarer zu machen. Das Schwanken und Schlingern der Schiffe auf ihrem Weg in die Tropen schien dem Madeira gut zu tun, denn er schmeckte, wenn er seinen Bestimmungsort erreicht hatte, oft besser als zu Beginn der Reise. Der Geschmack fand Anklang, und der »vinho da roda«, der Wein, der den Äquator überquert hatte, kam in Mode.

Als im neunzehnten Jahrhundert Großbritannien und die USA wichtige Kunden für Madeira wurden, suchten die Händler nach Wegen, die lange, kostspielige Seereise in die Tropen zu simulieren, die sich als so wohltätig für den Wein erwiesen hatte. Sie bauten »estufas«, Lagerräume mit riesigen Kesseln, die mit Feuer erhitzt wurden, um die firnigen (»maderisierten«) Aromen zu erzeugen, an die sich die Welt gewöhnt hatte. Der Aufschwung setzte im achtzehnten Jahrhundert ein, als die Nachfrage nach Madeira die Vorräte zu übersteigen begann. Er dauerte bis in die 1850er Jahre, als der Echte Mehltau die Insel erreichte und sich dank des feuchtwarmen Klimas rasch in den Weinbergen ausbreitete. Schließlich fand man heraus, dass das Bestäuben der Weinblätter mit Schwefel eine wirksame Vorbeugung darstellte, doch da war die auf der Monokultur basierende Wirtschaft bereits ruiniert.

Zwanzig Jahre später schlug dann die Reblaus zu und zerstörte ganze Weinberge. Die Exporteure verließen die Insel, und der Weinhandel, der dann auch wegen der Russischen Revolution und der Prohibition in den USA Rückschläge erlitt, hat sich nie wieder richtig er-

holt. Bananen ersetzten den Wein als bedeutendstes Produkt der Insel, und die verbliebenen Weinberge wurden mit krankheitsresistenten Hybriden bepflanzt, die große Mengen langweiliger Weine hervorbrachten. 1913 schlossen sich mehrere Handelsfirmen zur Madeira Wine Association zusammen, dem Vorläufer der Madeira Wine Company, die heute den Löwenanteil an Madeira erzeugt und die Hälfte der Exporte unter Kontrolle hat. Wenige der Handelsfirmen besitzen Weinberge. Sie kaufen ihre Trauben von zahllosen winzigen Parzellen auf den kleinen Terrassen (»poios«) an den Bergflanken – bei etwa 4000 Winzern, die sich 1800 Hektar teilen, beträgt der durchschnittliche Besitz lediglich einen halben Hektar, und der größte Weinberg der Insel nimmt weniger als 4 Hektar ein. Das ist kaum eine Basis für ordentlichen oder gar fortschrittlichen Weinbau.

Neben Wein bauen die Farmer auch Bananen, Avocados, Limonen und, besonders im Osten der Insel, Weiden für Körbe und andere Souvenirs an. Wegen des feuchtwarmen Wetters müssen die Reben hoch erzogen werden, um Pilzkrankheiten vorzubeugen. Das macht die Arbeit in den Weinbergen äußerst mühsam, da die Arbeiter für die Rebenpflege und die Ernte sich unter das chaotische Geflecht der Äste und Triebe bücken müssen. Landwirtschaft ist auf Madeira nur wegen der hohen jährlichen Niederschläge in den Bergen möglich, die mehr als dreimal so ergiebig sind wie in Funchal an der Küste. Dieses Regenwasser wird in ein kompliziertes Netz von künstlichen Kanälen, »levadas« genannt, von über 2000 km Länge geleitet, die für eine gleichmäßige Wasserversorgung jeder einzelnen Parzelle sorgen.

Die Masse des Madeira-Weins (hauptsächlich für den französischen Markt und eher zum Kochen als zum Trinken bestimmt) wird aus der vielseitigen, doch langweiligen *Vinifera*-Sorte Tinta Negra Mole hergestellt. Diese blassen, rosaroten Weine werden mit Weingeist aufgespritet und in einer »estufa« mindestens 90 Tage lang auf etwa 40 bis 50 °C erhitzt. Die billigeren Weine, die auf diese etwas plumpe Art hergestellt werden, riechen und schmecken häufig grob und verschmort und sind eine dürftige Imitation des wirklichen Madeira. Die edelsten Madeiras werden normalerweise aus einer der vier hochwertigen, »edlen« Rebsorten Sercial, Verdelho, Bual und Malvasia ohne jede künstliche Erhitzung hergestellt. Diese Weine altern langsam auf »canteiros« (Gestellen) unter den Dachtraufen der Hütten in Funchal, der Hauptstadt der Insel. Durch die Sonneneinstrahlung auf natürliche Weise erwärmt, entwickeln sie allmählich einzigartig pikante und intensive Aromen. Nach dieser langen, langsamen Reifung behält der edle Madeira wie kein anderer Wein über viele Jahre seine hohe Qualität.

Traditionell unterscheiden sich die verschiedenen Madeira-Typen in den Rebsorten, aus denen sie gemacht werden. Die Typen reichen von trocken bis süß. Von den vier »edlen« Rebsorten werden am meisten Verdelho und Malvasia angebaut, daneben gibt es kleinere Mengen von Sercial und Bual. Zusammen machen diese Sorten aber nur 7 bis 20% aller Rebstöcke aus; die wahre Anzahl kennt niemand.

Sercial fühlt sich in den kühlsten Weinbergen am wohlsten und wächst auf der Nordseite der Insel und im Süden in den größten Höhen. Mit einem niedrigeren Zuckergehalt ergibt diese Rebsorte den trockensten Wein mit einem deutlich scharfen, säuerlichen Biss. Verdelho wird auch an der kühleren Nordküste, jedoch an etwas wärmeren Standorten angebaut und reift leichter als Sercial, ihr Wein ist weicher und halbtrocken. Bual ist auf der wärmeren, feuchten Südseite der Insel anzutreffen und liefert reichere, halbsüße Weine. Die Malvasia-Rebe (bekannter unter ihrem englischen Namen Malmsey) wächst an den wärmsten Standorten in geringer Höhe an der Südküste, zum Beispiel in den imposanten Weinbergen am Fuß der höchsten Klippe der Insel, Cabo Girão. Der dunkelste und süßeste Madeira, ein guter Malmsey, schmeckt rosinenartig und rauchig, hat jedoch immer noch eine charakteristische Säure, die verhindert, dass der Wein unangenehm wird. Die Süßegrade werden als »seco« (trocken), »meio seco« (halbtrocken), »meio doce« (halbsüß) und »doce« (süß) bezeichnet.

Die ertragreichen amerikanischen Hybridsorten, die sich nach der Reblauskatastrophe in den Weinbergen breit machten, dürfen nicht mehr für Flaschenwein verwendet werden, und der meiste Madeira stammt jetzt aus der Allzwecktraube Tinta Negra Mole. Mit der EU-Gesetzgebung müssen die Produzenten sortenreine Weine aus mindestens 85 % der auf dem Etikett genannten Sorte keltern. Gegenwärtig wird ein Neupflanzungsprogramm durchgeführt, um die Erzeugung der vier edlen Sorten zu steigern, deren Erträge knapp sind.

Auf Madeira ist nur auf terrassiertem Land Ackerbau möglich. Rebstöcke teilen sich den Platz mit Gemüse und anderen Feldfrüchten.

WO DER WEIN WÄCHST

Die Landwirtschaft auf dieser kleinen, dicht besiedelten Insel ist auf den schmalen Küstensaum beschränkt, wo Bananenstauden mit Rebstöcken und anderen Feldfrüchten um den kostbaren Platz auf den winzigen terrassierten Feldern konkurrieren. Die Rebflächen konzentrieren sich um die Hauptstadt Funchal auf der wärmeren Südseite der Insel, wo die besten Malvasia- und Bual-Weinberge liegen. In den letzten Jahren wurden die Rebstöcke auf einigen der besten Flächen oberhalb des malerischen Fischerdorfs Câmara de Lobos durch Bananen verdrängt. Bei Jardim da Serra (»Berggarten«) gibt es in 900 m Höhe über der Südküste Parzellen mit Sercial-Reben, doch die Trauben für die trockeneren Madeiras stammen hauptsächlich von den kühleren Weinbergen, die an beinahe senkrechten Abhängen auf der Nordseite der Insel kleben. Diese spektakulären Weinberge müssen durch hohe Windbrecher aus Bambus und Reisig vor den starken Nordwinden geschützt werden.

England und Wales

Die Weinproduktion in England und Wales ist nicht länger die Domäne von pensionierten Offizieren, Hobbywinzern und Exzentrikern. Die Winzer, die mit der Apathie des heimischen Marktes, mit einer Verwaltung, die sie anscheinend vernichten will, und dem zuverlässig unzuverlässigen Wetter zu kämpfen haben, sind in den letzten zwanzig Jahren sehr viel professioneller geworden. Viele Weingüter, die in den 1960er und 1970er Jahren entstanden, werden entweder nicht mehr bewirtschaftet oder konzentrieren sich ausschließlich auf den Anbau von Trauben, während sie die Weinherstellung denen überlassen, die es besser können. Führende Firmen wie Valley Vineyards, Chapel Down Wines, Denbies und Three Choirs arbeiten so kommerziell wie jede andere auf der Welt. Ein Großteil der erfolgreichen Weinmacher haben im Ausland Erfahrungen gesammelt, und sie wissen, gegen welche Konkurrenz ihre Produkte im Ladenregal antreten.

Rebflächen gibt es bis hinauf nach Leeds, doch die große Mehrzahl liegt südlich einer Linie zwischen dem Wash und dem Bristol Channel; Kent, East Sussex und West Sussex sind die Hauptregionen. Die britischen Weinberge liegen an der nördlichen Grenze des Weinbaus, der hier nur durch den mäßigenden Einfluss des Golfstroms möglich wird. Im Sommer fehlt die Wärme, die die Reben lieben, und die Erträge sind viel niedriger als auf dem Kontinent. Doch mit den richtigen Rebsorten und Anbaumethoden ist es kein Problem, Trauben zur Reife zu bringen, und die Weine sind heute durch die Bank gut.

Die Rebflächen stehen auf verschiedenen Untergründen, darunter Kalkstein, Kies, Kreide (South Kent), Ton (Essex, North Kent) und Kimmeridge-Mergel (Dorset). Noch wichtiger ist allerdings ein Kleinklima, in dem die Trauben reif werden. Die besten Lagen befinden sich auf geschützten Hängen mit südlicher Ausrichtung in Höhen von weniger als 100 m über dem Meer.

Man baut nur Rebsorten an, die in diesem extremen Klima zur Reife kommen, vor allem deutsche Kreuzungen, die für kühle Bedingungen gezüchtet wurden. Müller-Thurgau ist mit 13% der Gesamtfläche am meisten verbreitet, hat aber seit den 1970er Jahren stark abgenommen. Dann kommen die frühreife, ertragreiche Reichensteiner, die Seyval Blanc (eine französische Hybride, die aufgrund ihrer Krankheitsresistenz beliebt ist und die besten Weine Englands hervorbringen kann, sowohl Still- als auch Schaumweine), die aromatische Bacchus – dem Sauvignon Blanc nicht unähnlich – und Schönburger, die ein wenig an Gewürztraminer erinnert.

Die besten Weine sind zart und aromatisch, mit Aromen von Äpfeln, Grapefruit, Holunderblüten und Trauben sowie rauchigen Nuancen, wobei gute Rundung und Tiefe die knackige Säure ausbalancieren. Weine aus Bacchus, Reichensteiner und Schönburger können schon jung genossen werden, und die Kellerei Three Choirs produziert sogar einen »Nouveau«, der schon im November auf den Markt kommt. Bisher wurde häufig gezuckert, um die hohe Säure auszugleichen, doch das ändert sich. Saubere, traubige Frucht hat bei den guten Weinen die plumpe Art abgelöst, wobei man die Restsüße bei der Gärung erhält, anstatt sie nachher zuzusetzen. Auch einige sehr gute spät gelesene, edelfaule Süßweine sind zu haben. Auch die Schaumweine werden rasch besser, wobei für Spitzenprodukte geeignete Klone von Chardonnay und Pinot Noir verwendet werden. Gute Still- als auch Schaumweine gewinnen, wenn man sie ein paar Jahre altern lässt.

Rote Trauben werden in diesem Klima nicht leicht reif, doch mit besseren Rebsorten und Verfahren (einschließlich der Verwendung von erstklassigen Barriques aus französischer und amerikanischer Eiche) sind eindrucksvolle Ergebnisse möglich. Zwar sind rote Sorten viel weniger verbreitet als weiße, doch werden sie – mit Rondo (einer jüngeren deutschen Züchtung), Dornfelder und Pinot Noir – zunehmend populär. Die besten Weine kommen von Chapel Down, Denbies und Valley Vineyards.

Im Jahr 1992 wurden eilends Vorschriften für Qualitätsweine erlassen, um zu vermeiden, dass die EU einen Anbaustopp erlässt. Diese Vorschriften, die durch solche für regionale Weine (entsprechend dem französischen Vin de Pays) ergänzt wurden, finden keinen allgemeinen Beifall. Die Tatsache, dass Hybriden wie Seyval Blanc und Rondo, die einige der besten Weine der Nation liefern, von den Bestimmungen ausgeschlossen werden, ist nicht sehr verbraucherfreundlich, und einige Erzeuger ignorieren sie völlig. Wie eigentlich bei jedem Weinbaugebiet ist die beste Qualitätsgarantie der Ruf des Herstellers.

● WICHTIGE WEINGÜTER

1. Astley
2. Frome Valley
3. Three Choirs
4. Sugar Loaf
5. Llanerch
6. St Augustine's
7. Camel Valley
8. Beenleigh Manor
9. Sharpham
10. Wylye Valley
11. Beaulieu Abbey
12. Danebury
13. Northbrook Springs
14. Wickham
15. Priors Dean
16. Bothy
17. Boze Down
18. Chiltern Valley
19. Valley Vineyards
20. Nutbourne
21. Nyetimber
22. Denbies
23. RidgeView
24. Breaky Bottom
25. Hidden Spring
26. Davenport
27. Chiddingstone
28. Penshurst
29. Battle Wine Estate
30. Sandhurst
31. Chapel Down Wines
32. Tenterden
33. Biddenden
34. Leeds Castle
35. Bearsted
36. Barnsole
37. Great Stocks
38. New Hall
39. Mersea
40. Carters
41. Warden Abbey
42. Shawsgate
43. Bruisyard

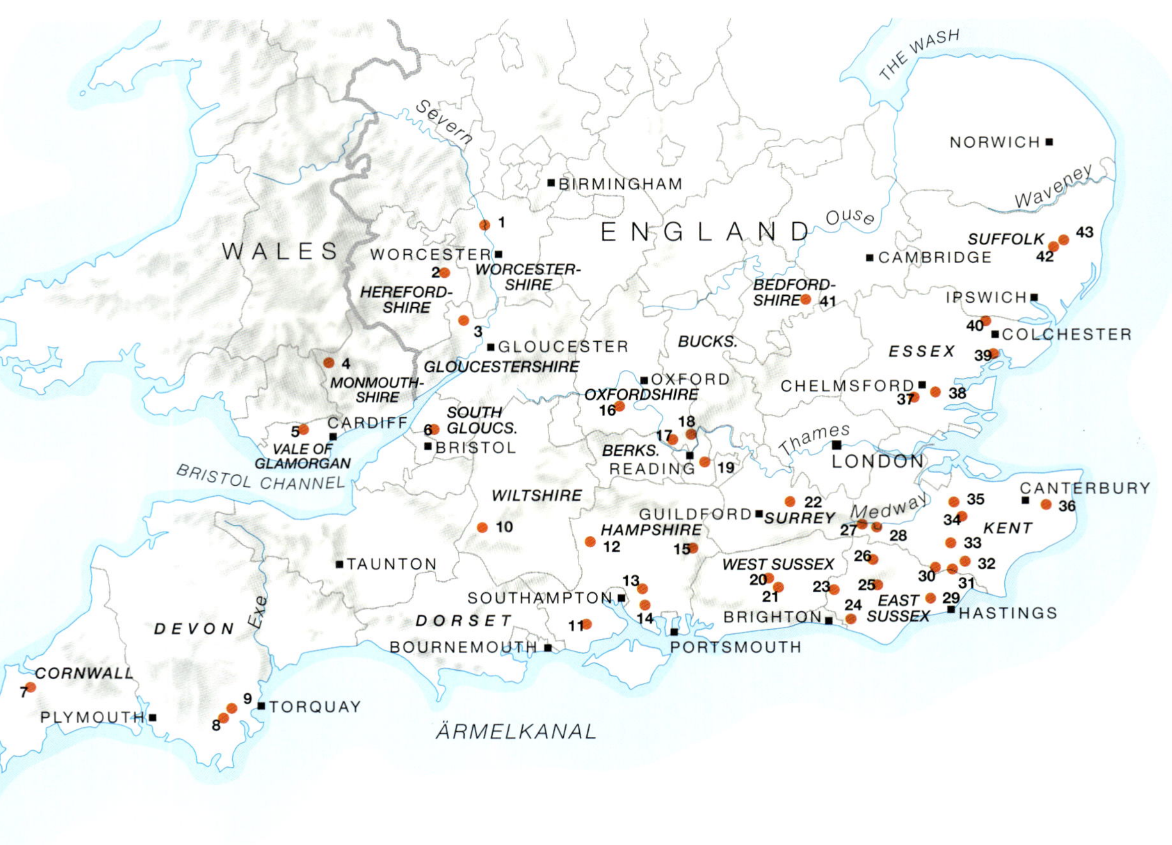

Tschechien und Slowakei

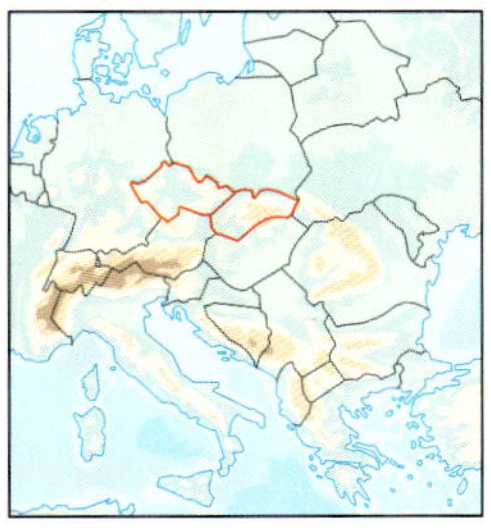

In den Tagen der alten Tschechoslowakei gab es zwischen den beiden Landesteilen eine Art natürliche Grenze: Die Slowakei machte den Wein, die Tschechen brauten das Bier. Diese Einteilung ist jedoch eine Vereinfachung. Zweifellos besitzt die Slowakei, die zudem noch einige der ursprünglich ungarischen Tokaj-Dörfer in ihren Grenzen hat, generell die besseren Bedingungen für den Weinbau; die tschechischen Weingebiete in Mähren sind jedoch nicht viel schlechter. Aber wenn man mich fragt, welche Weine der beiden Länder mir bisher am besten gefallen haben, würde ich den nach Veilchen duftenden St. Laurent, den bukettreichen Irsay Oliver und den erfrischenden, pfeffrigen Grünen Veltliner nennen, die aus der Slowakei stammen.

Trotz des süffigen St. Laurent – und des gelegentlichen Frankovka – sind beide Länder eher für den Anbau von Weißwein geeignet. Das Potenzial für Qualität ist groß: Die beiden Länder liegen praktisch auf demselben Breitengrad wie das Elsass, und viele der besten Weine besitzen dieselbe würzige Fülle. Die meisten Unternehmen besitzen eine angenehme menschliche Größenordnung; australische und französische Weinmacher, die hier als Berater arbeiten, berichten von der recht ordentlichen Ausrüstung in einer Reihe von Kellereien.

Nach der Gründung der Tschechischen und der Slowakischen Republik im Jahr 1993 verfügt die Slowakei über zwei Drittel der ehemals tschechoslowakischen Weinberge. Die Gäste der Prager Cafés und Weinstuben schwören allerdings, dass die beste Qualität aus den mährischen Regionen auf tschechischem Gebiet kommt. Die Prager Cafés sind zweifellos sehr verführerische Orte, doch ich werde vorerst der Slowakei die Treue halten, insbesondere da unabhängige Weinberater sich nach Kräften bemühen, den Standard anzuheben, ohne die Individualität zu opfern.

In beiden Ländern herrscht ein gemäßigtes Kontinentalklima: warm und trocken während der Vegetationszeit, mit trockenem, kühlem Herbst und wenig Unterschied zwischen den einzelnen Regionen; in der Slowakei ist es etwas wärmer. Beginnen wir im Westen. Der größte Teil der 500 Hektar Rebfläche in Böhmen ist an der Elbe (Labe) und deren Nebenflüssen konzentriert. Die Weine, die selten außerhalb der Region auftauchen, ähneln ihren Gegenstücken in Sachsen jenseits der Grenze: trocken mit markanter Säure (weshalb die meisten Bier trinken). Weiter südöstlich, in Mähren, stehen 11 500 Hektar Reben in den Flusstälern der Dyje, der Svratka und der Morava (March), die in die Donau münden. Verwendet werden hauptsächlich Grüner Veltliner, Müller-Thurgau, Welschriesling, Riesling und Pinot Blanc für Weißwein, für Rotwein die St. Laurent sowie Lemberger. Zu den weniger bekannten Sorten gehört die Pálava, eine weiße Traube. Die Weine aus der Umgebung von Znojmo haben einen guten Ruf, in Mikulov und Bzenec wird auch Schaumwein hergestellt.

Die 20 000 Hektar umfassenden Rebflächen der Slowakei liegen im Wesentlichen an den Flüssen Váh, Nitra und Hron, die in die Donau münden. Die Reben wachsen im hügeligen Land um Bratislava und auf den Ausläufern der Tatra. Daneben gibt es noch mehrere kleine Weinbauregionen entlang der ungarischen Grenze in östlicher Richtung, die bukettreiche Weißweine wie Irsay Oliver, Veltliner und Riesling sowie leichte Rotweine hervorbringen (wobei die roten Sorten drei Viertel der Fläche einnehmen). Der wichtigste slowakische Erzeuger ist die staatliche Kellerei in Nitra, während westliches Kapital den kleinen Kellereien weiter südlich und westlich, wie Gbelce und Hurbanovo an der ungarischen Grenze bei Komárno, zu besserer Qualität verhilft. Die Rebsorten sind praktisch die gleichen wie in Tschechien, dazu kommen noch einige schmackhafte Grüne Veltliner, der fruchtige Frankovka-Rotwein und die örtlichen Sorten Ezerjó und Leányka. Im äußersten Osten der Slowakei, in Tokai, sollen Furmint, Hárslevelü und Muskat-Ottonel Weine von ähnlichem Charakter liefern wie die berühmteren Nachbarn aus Ungarn.

Durch den Verlust des sowjetischen Marktes Ende der 1980er Jahre müssen die Kellereien mehr denn je in westliche Länder exportieren. Die staatliche Verwaltung scheint sich in Tschechien schneller entwickelt zu haben als in der Slowakei, doch wollen ausländische Unternehmen – und auch die heimischen Firmen – erst noch klarer sehen, bevor sie investieren.

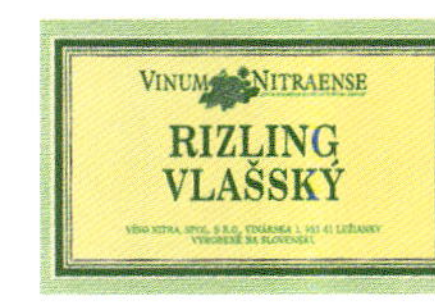

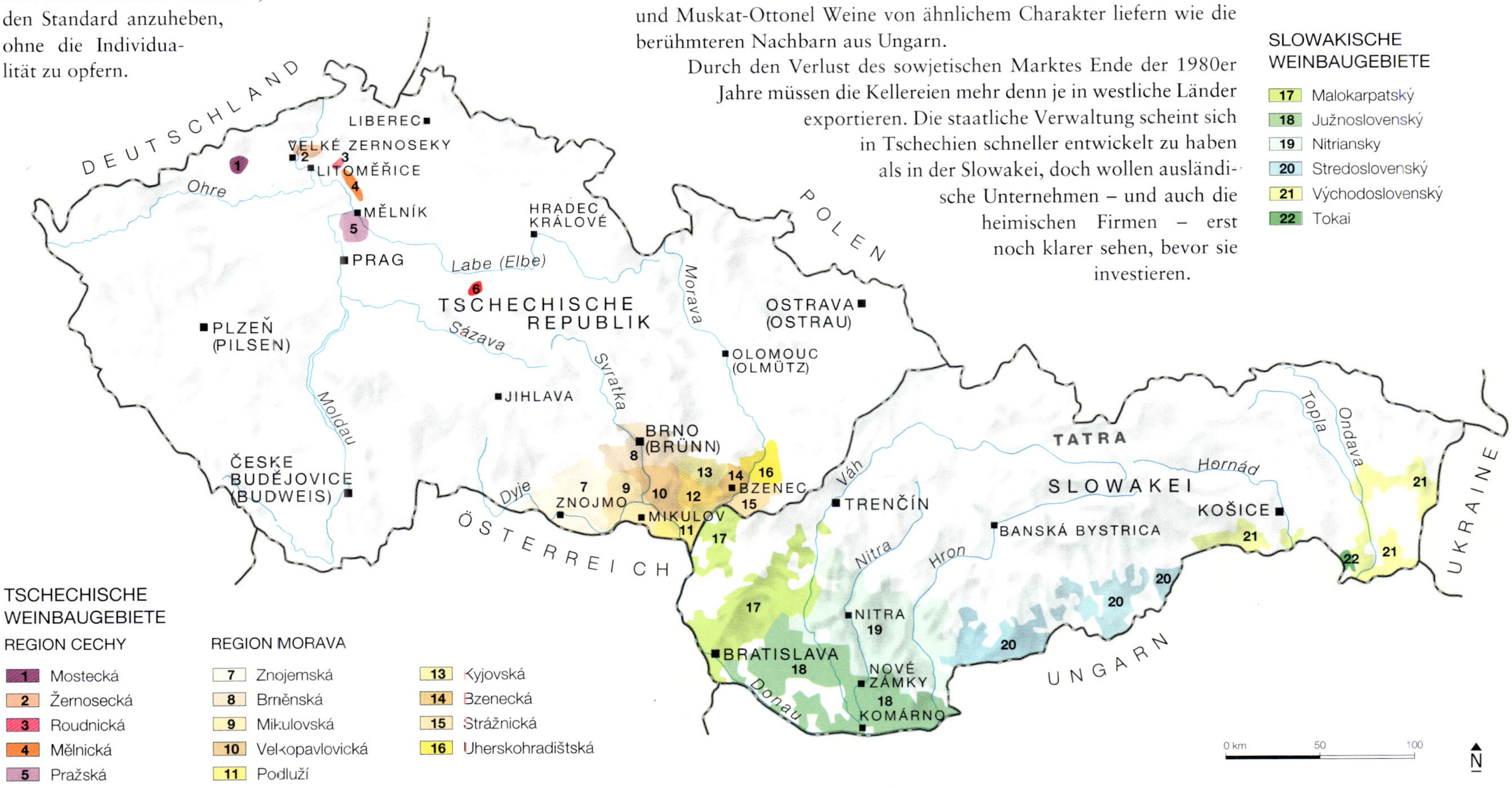

Ungarn

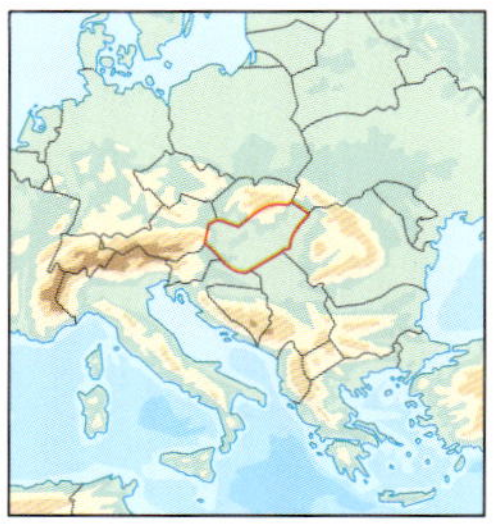

Ich glaube, ich habe bisher nur einem einzigen Wein die absolute Höchstnote gegeben: einem 1957er Tokajer. Irgendwie musste diese Flasche der Uniformierung entgangen sein, der die ungarischen Weinbaugebiete nach der sowjetischen Invasion 1956 zum Opfer fielen. Von allen Nationen Osteuropas hatte Ungarn die stolzesten und eigenständigsten Weinbautraditionen, die nun unter der Planwirtschaft sowjetischer Provenienz dahinstarben.

In den 1960er Jahren wurden edle Rotweine immer noch unter dem Etikett Egri Bikavér (Erlauer Stierblut) auf den Markt gebracht. Es waren tatsächlich die internationalen Großhändler, die um die Rechte für einen so marktgängigen Namen kämpften und die Behörden veranlassten, diesen hervorragenden Wein zu deklassieren. Ende der 1960er konnte man noch immer wunderbare, feurige Weißweine von goldgelber Farbe und beinahe dickflüssiger Konsistenz finden, mit einem würzigen Parfum unter ihren trockenen, doch reifen Fruchtaromen. Traditionelle Weißweine wie der Hárslevelű (»Lindenblättriger«) aus Debrői – einem alten Weinbaugebiet, heute Teil der Mátraalja – und der Szürkebarát (»Grauer Mönch«, Pinot Gris) sowie der Kéknyelű (Blaustengler) aus Badacsonyi fielen in den 1970er und 1980er Jahren in einen Dornröschenschlaf, bis Anfang der 1990er die Ungarn ihren Stolz und ihre Energie wieder entdeckten.

Die Wiedergeburt Ungarns als große Weinnation, die mit halsbrecherischer Geschwindigkeit erfolgte, hat einer ruhigen, stetigen Weiterentwicklung Platz gemacht. Der Exportboom in den 1990er Jahren wurde von den internationalen Rebsorten angeführt, insbesondere Chardonnay, Sauvignon, Cabernet und Merlot, und das Land hat die fliegenden Weinmacher von den Antipoden enthusiastisch willkommen geheißen. Jetzt gibt es ungarische Spitzenfachleute, die die Ideen der Neuen Welt in die Tat umsetzen und die große Vergangenheit Ungarns wieder entdecken, mit dem Ziel, aus internationalen wie aus heimischen Sorten großartige Weine zu machen. Die Tokajhegyalja hat bereits multinationale Investoren und Berater angezogen. Auch der Rest des Landes, der mit internationalen Rebsorten und herrlichen einheimischen Sorten reich versorgt ist, verfügt über eine ideale Basis für das einundzwanzigste Jahrhundert.

Die weißen Reben dominieren mit 58% der Fläche, wobei ihr Anteil jedoch abnimmt. Die Gesamtfläche von 80 000 Hektar ist auf 22 Regionen verteilt. Der größte Teil der nationalen Produktion – gefällige, wenig anspruchsvolle Weine aus Olaszrizling (Welschriesling) und Kékfrankos (Blaufränkisch) – kommt aus der Großen Tiefebene (Alföld) zwischen der Donau (Duna) und der Theiß (Tisza), deren Sandboden für wenig anderes geeignet ist als für den Weinbau. Das Klima ist stärker kontinental geprägt als das in Mitteleuropa, vor allem in der Tiefebene, mit warmen, trockenen Sommern und kalten Wintern. Die Rebflächen um den Plattensee (Balaton) profitieren von der temperierenden Wirkung des größten Binnensees Mitteleuropas.

Rebzeilen über dem Plattensee mit dem Schloss Szigliget. Der wärmende Einfluss des Sees und gute Sand- bzw. vulkanische Böden ergeben einige der besten Weißweine Ungarns, vor allem aus den Sorten Szürkebarát und Kéknyelű.

UM DEN PLATTENSEE

Badacsony und Balatonfüred-Csopak am Nordufer erzeugen einige der besten Weißweine des Landes. Sie verfügen über wasserdurchlässigen Boden, eine Mischung aus Sand und vulkanischem Gestein, und bekommen noch zusätzliche Wärme durch die Reflexion der Sonne auf der Seeoberfläche. Badacsony liefert guten bis ausgezeichneten Olaszrizling (Welschriesling), Szürkebarát und Traminer sowie seine eigene Rebsorte, den würzigen, leider immer rarer werdenden Kéknyelű. Das östlich von Badacsony gelegene Balatonfüred war zu den Zeiten der Römer eine Wein- und bedeutende Bäderstadt. Die Weinberge befinden sich auf den niedrigeren Südhängen der Bakony-Berge und sind leider zu 60% mit Olaszrizling bestockt.

Dél-Balaton am Südufer des Sees gehört zu den jüngsten Weinbaugebieten des Landes. Die als Balaton oder Balatonboglár bezeichneten Weine sind hauptsächlich weiß, hergestellt aus vertrauten Sorten wie Chardonnay, Sauvignon Blanc, Welschriesling, Riesling und Traminer sowie den weniger bekannten Sorten Irsai Olivér und Királyleányka (»Königliche Mädchentraube«). Sie können auch einen Schaumwein auf Chasselas-Basis sowie gelegentlich einen Rotwein aus Merlot, Pinot Noir, Cabernet Sauvignon, Kékfrankos, Zweigelt und Kékoportó (Blauer Portugieser) finden. Große Investitionen zahlen sich mit deutlich verbesserter Qualität aus.

DER SÜDEN

Besser für Rotweine geeignet ist Villány-Siklós im Süden mit seinem Lehm- und Kalksteinboden. Der östliche Rand der Region (Villány) erzeugt wunderbar saftige, weiche Rotweine aus Kékoportó, Kékfrankos, Cabernet Sauvignon und Merlot, während Siklós besser für Weißweine wie Chardonnay, Olaszrizling, Traminer und Hárslevelű geeignet ist. Die Region Mecsekalja um die Stadt Pécs hat Chardonnay und guten Olaszrizling, während Szekszárd seinen eigenen Bikavér sowie Ovörös – alten Rotwein – hauptsächlich aus Kékfrankos-Trauben herstellt, der in Ungarn sehr beliebt, im Ausland aber kaum zu haben ist.

DER NORDOSTEN

Die nach Süden ausgerichteten Weinberge von Eger sind für Egri Bikavér – Erlauer Stierblut – bekannt, einst ein herzhafter Verschnitt aus Kadarka, Kékfrankos, Cabernet Sauvignon, Kékoportó und Merlot. Wenn auch der Weinmangel einen großen Teil der derzeitigen Produktion verdünnt haben mag, besonders wo die Kadarka-Rebe ersetzt wurde, sind noch gute Beispiele anzutreffen, besonders aus den Händen der Weinmacher Vilmos Thummerer und Tibor Gál. Und neue strikte Vorschriften bezüglich Rebsorten, Ausbaudauer und Qualität heben den allgemeinen Standard.

Es gibt interessante Weißweine aus der Leányka und der Hárslevelű (»Lindenblättriger«) und Cserszegi Füszeres, doch die zunehmende Präsenz von Chardonnay und Olaszrizling hat zur Folge, dass sie schwer aufzutreiben sind. Nagyréde in den Ausläufern der Mátra-Berge ist für seine Rot- und Roséweine aus der Kadarka-Traube bekannt, doch die besten Weine sind die Weißen, die von internationalen Beratern wie Hugh Ryman und Kym Milne gemacht werden.

DER TOKAJER

Der Wein aus der Region Tokajhegyalja, den Tokajer Bergen, ist geradezu legendär. In St. Petersburg wurde eine Kommission für ungarische Weine eingesetzt, um die regelmäßige Versorgung des Zaren zu sichern, und Flaschen mit dem kostbaren Trank standen auf den Nachttischen malader Monarchen. Neue Besitzverhältnisse lassen nun den früheren Glanz wieder auferstehen.

Der Tokajer wird seit der Mitte des sechzehnten Jahrhunderts erzeugt. 56 Jahre vor der Festlegung der Rebflächen am portugiesischen Douro, im Jahr 1700, führte die Familie Rákóczi, einst Prinzen von Transsilvanien, die erste Bewertung der Tokajer Lagen durch, die sich im Gebiet von 28 Dörfern nordwestlich der Stadt Tokaj am Zusammenfluss von Theiß und Bodrog ausbreiten. Eine weitere Klassifizierung im Jahr 1804 definierte drei große Gewächse, gefolgt von ersten, zweiten, dritten und unklassifizierten Gewächsen. Die drei »Grands Crus« stammten alle von den Abhängen des Kopaszhegy, des Kahlen Bergs. Davon ist nur noch Mézesmály in Tarcal geblieben, während der Rest mit verschiedenen anderen »Premier-Cru«-Bereichen zusammengelegt wurde.

Die meisten Reben stehen auf südöstlich bis südwestlich ausgerichteten Hängen; doch was die großen Reblagen wirklich groß macht, ist ihr Boden. In Tarcal, in Teilen der Tokajhegyalja und im angrenzenden Mád besteht der Boden aus wasserdurchlässigem Löß, die meisten anderen Böden sind steinige Tone. Die Reben auf dem Löß reifen schneller und ergeben die stärksten Weine mit den großartigsten Aromen; die auf Ton wachsenden Trauben liefern vor allem Weine mit höherem Säuregehalt und möglicherweise längerer Haltbarkeit.

Die Region wird durch die Karpaten nach Nordosten hin geschützt, während warme Winde aus der Ungarischen Tiefebene für hohe Temperaturen sorgen. Während der Lese kann Trockenheit zum Problem werden. Die vom Fluss Bodrog im Herbst aufsteigenden Nebel fördern die Bildung der Edelfäule auf den Furmint-Trauben, die etwa zwei Drittel eines typischen Tokajers ausmachen, während der Rest aus der zuckerreichen Hárslevelű- und der Muskatály-Traube (Muskat-Ottonel) besteht.

Die edelfaulen Trauben, als *aszú* (Ausbruch) bezeichnet, werden etwa eine Woche lang in einem Eimer stehen gelassen. Während dieser Zeit tritt ein öliger Saft aus, die *eszencia*. Diese kostbare Flüssigkeit hat einen so hohen Zuckergehalt, dass die Gärung selbst mit speziellen Hefearten Jahre dauern kann. Trotz des ganzen Zuckers schmeckt die Eszencia nicht übermäßig süß, eine mächtige Säure gibt ein gutes Gegengewicht. Aber sie ist so dick, dass man sie kaum trinken kann, man muss beinahe kauen. Nach der Entfernung der Eszencia werden die restlichen Trauben zu einer sirupartigen Masse zerstampft und dann in einen Behälter zu einem trockenen Grundwein gegeben. Die Qualität des Weins wird nach der Zahl der *puttonyos* (30-Liter-Butten) mit dieser Traubenmaische eingestuft, die einem *gönc* (dem Göncer Fass mit 136 Liter Inhalt) mit trockenem Wein zugesetzt werden. Ein Wein mit zwei Puttonyos wird nicht hergestellt; solche mit drei, vier und fünf Puttonyos sind einigermaßen leicht zu finden, während ein Wein mit sechs Puttonyos nur in guten Jahren gemacht wird. Der Aszú Eszencia, der heutzutage erhältlich ist, ist ein Wein mit etwa acht Puttonyos. Der *szamorodni* (»wie es kommt«) enthält keinen Ausbruch, und man bekommt ihn süß (*édes*) oder trocken (*száraz*). Beide Arten sind nicht sehr attraktiv, ihr Sherry-artiger Charakter ruft geradezu nach einer Süßung mit Aszú-Trauben.

Nachdem die Traubenmasse etwa eine Woche lang in dem Wein mazerierte, wird der Wein abgezogen; in einem Fass beginnt er seine langwierige Gärung. In der Vergangenheit wurden die »staatlichen« Fässer nicht immer zugedeckt, und der daraus resultierende oxidierte Charakter wurde fast zur Norm. Heute überwiegt der nichtoxidative Ausbau, was die Botrytis-Aromen zur Geltung kommen lässt. Der Wein wird zudem noch von einem florähnlichen Pilz befallen, der ihm weitere Komplexität verleiht. Die dabei entstehenden Aromen – ein duftender Cocktail aus Aprikosen, Marzipan, Blutorangen, Rauch, Gewürzen, Tee und Tabak – sind etwas gewöhnungsbedürftig, doch sicherlich einmalig in der Welt des Weins.

Der Süßegrad eines Tokajers wird in puttonyos *(Butten) angegeben. Ein Wein mit fünf Butten wie dieser ist sehr süß, aber noch nicht der süßeste.*

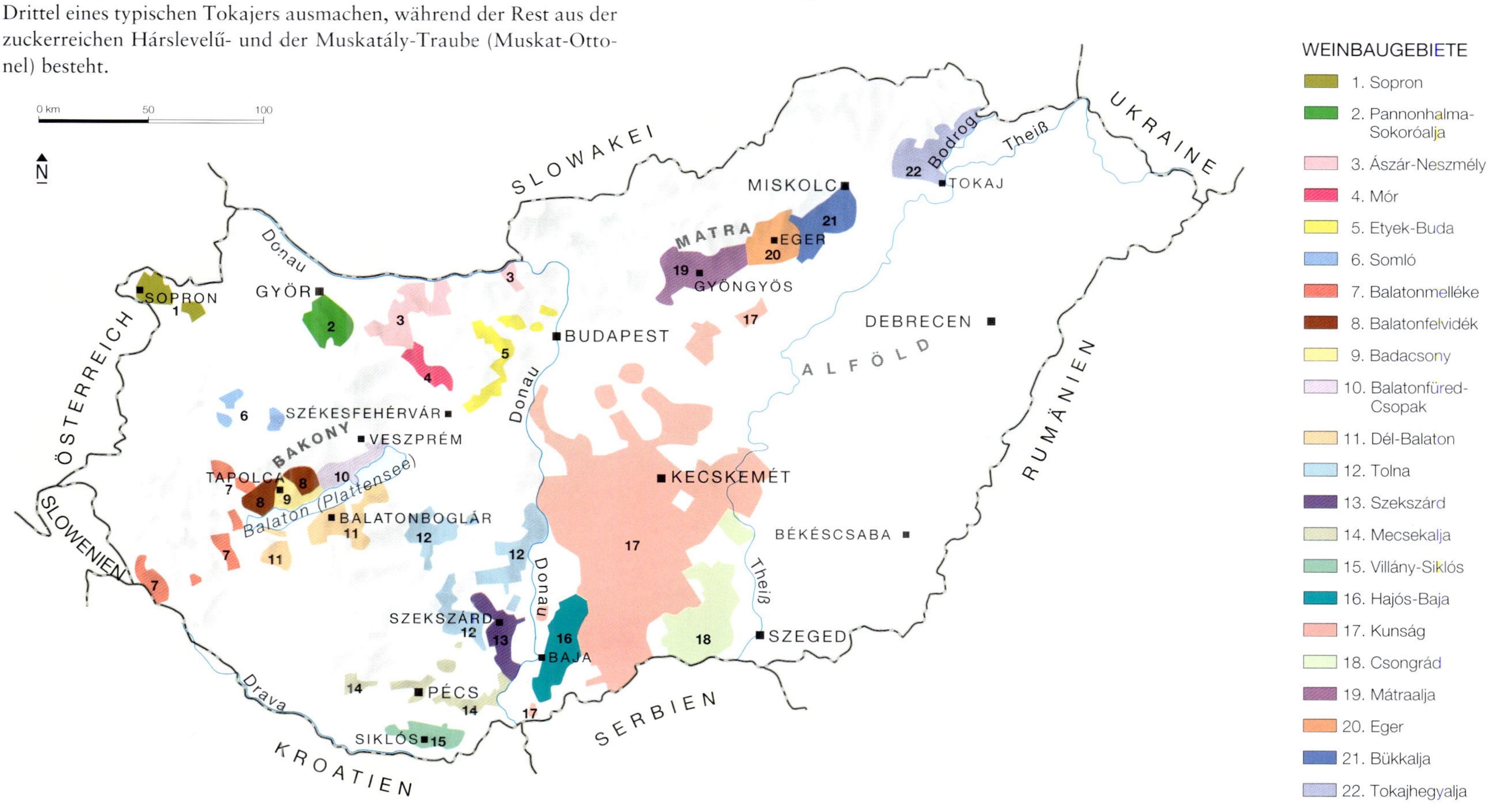

Schwarzes Meer und Kaukasus

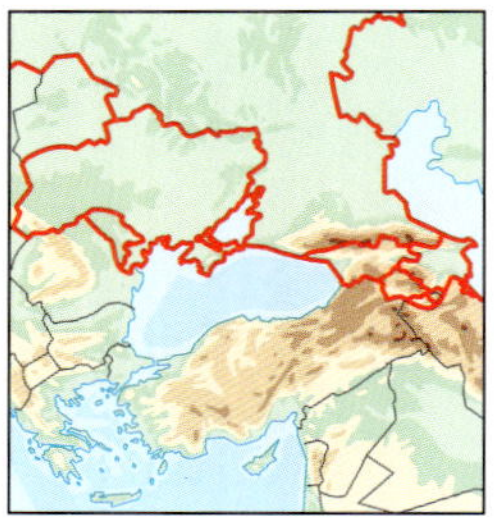

Für mich ist seit dem Zusammenbruch der Sowjetunion die Lage der Weinwirtschaft nicht klarer geworden. Einige alte Sicherheiten wurden durch ein ganzes Bündel neuer Unsicherheiten ersetzt, und bisher haben sich nur wenige für den Wein als vorteilhaft erwiesen.

MOLDAWIEN

Eine meiner sonderbarsten Entdeckungen Anfang der 1990er Jahre war ein Wein, den man vor dem Trinken etwa zehn Stunden lang offen stehen lassen musste. Er war in staubigen, unförmigen Flaschen abgefüllt – die Etiketten waren von Hand kyrillisch beschriftet – und schmeckte wie ein großer alter Pauillac, etwa Latour oder Lafite: ein Negru de Purkar 1967. Ein dunkler, erschreckend trockener Wein, der beim ersten Schluck nach Spinnweben und Staub schmeckte, doch nach einem halben Tag geduldigen Wartens ein Aroma von Zedernholz und sorgsam gehüteten Folianten aus der Bibliothek eines alten Junggesellen entwickelte, durchsetzt mit dem Aroma von Schwarzen Johannisbeeren, die im Lauf der Zeit ihre ganze Süße verloren, doch ihre Essenz und Intensität für alle Ewigkeit bewahrt zu haben schienen. Diese Weine aus der heimischen Saperavi-Traube, gemildert durch ein bisschen Cabernet Sauvignon und Rara Niagra, waren die Creme der moldawischen Weinlese, kredenzt nur zu den Festen der lokalen Parteibosse. Diese Flaschen Negru de Purkar – und mehrere andere der gleichen Art – zeigten, dass Moldawien nicht ohne Grund im neunzehnten Jahrhundert einen guten Ruf hatte und dieser Ruf wiederhergestellt werden könnte.

Die Weinproduktion ist ein wichtiger Wirtschaftszweig Moldawiens, man zählt über 100 Erzeuger, doch leidet die Republik immer noch erheblich unter den Folgeerscheinungen der Unabhängigkeit. Hoffentlich wird es nicht nur leicht trinkbare »internationale« Weine geben, hoffentlich werden der Negru de Purkar und andere große Weine seiner Art wieder auferstehen. Der kleine Staat, der ein Fünftel des Weins der Sowjetunion produzierte – 7,5% der landwirtschaftlich genutzten Fläche sind mit Reben bepflanzt –, ist der wichtigste der Gemeinschaft Unabhängiger Staaten (GUS); seine Rebflächen sind inzwischen halb so groß wie die Australiens, die Traubenproduktion ging allerdings in den letzten Jahren um die Hälfte zurück.

Die Standards der Weinbereitung und der Kellerausrüstung lassen noch immer sehr zu wünschen übrig, die Qualität der Trauben ist jedoch gut. International operierende Größen wie Jacques Lurton, Alain Thiénot, Hugh Ryman und Southcorp Wines berichteten übereinstimmend von großem Potenzial.

Es gibt sieben bedeutende Weinbaugebiete: Purcari, Bălti, Ialoveni, Stauceni, Hincesti, Romaneşti und Cricova. Obwohl das Land keine Küste besitzt, macht sich der mäßigende Einfluss des Schwarzen Meers auf das Kontinentalklima bemerkbar. Die Sommer sind trocken und recht warm, und in den übrigen Monaten fällt genug Regen, so dass man ohne künstliche Bewässerung auskommt. Wasserdurchlässige Löß- und Lehmböden bedecken drei Viertel des Landes, wobei die südlichen Regionen mehr Ton und die nördlichen mehr Kalkstein und Mergel aufweisen.

Die mittlere Zone eignet sich für Sorten wie Sauvignon und Chardonnay. Die wärmeren, trockeneren Zonen im Süden und Südosten sind besser für rote Rebsorten geeignet. Von den weißen Rebsorten ist Aligoté die wichtigste, gefolgt von Rkatsiteli, Sauvignon, Feteasca, Chardonnay und Traminer. Die führende rote Sorte ist Merlot, dann kommen Cabernet Sauvignon, Pinot Franc und Saperavi.

Die Weinberge um Bălti im Norden des Landes sind vorwiegend mit weißen Rebsorten bepflanzt. In Purcari im Südosten des Landes spielt

WEINBAUGEBIETE

- MOLDAWIEN
- UKRAINE
- RUSSLAND
- GEORGIEN
- ARMENIEN
- ASERBAIDSCHAN

Cabernet eine wichtige Rolle. Negru de Purkar, ein Verschnitt aus Cabernet und Saperavi, mit einem gelegentlichen Zusatz von Rara Niagra, ist sehr alterungsfähig und kann sich zu einem Wein entwickeln, der einem edlen, altmodischen Médoc ähnelt, trotz Korken von der Größe eines Fingerhuts. Romaneşti, ein weiterer guter Rotwein, der nördlich von Chişinău beheimatet ist, hat seinen Namen von den früheren Besitzern eines Weinbergs, den Romanows. Cricova erzeugt ausgezeichneten Cabernet, doch ist es eher für seine Schaumweine bekannt. Diese werden hauptsächlich aus Chardonnay und Pinot Franc gemacht und gehören zu den besten Schaumweinen der GUS, die nach der traditionellen Methode hergestellt werden. Sie reifen in riesigen unterirdischen Kellern, die mit einem 65 km langen Straßennetz mit Straßenschildern und Verkehrsampeln ausgestattet sind.

Einige der besten Weißweine – oft aus heimischen Sorten hergestellt – kamen von einem Unternehmen in Vitis Hincesti, 40 km südwestlich von Chişinău, an dem die australische Penfolds-Gruppe und der Weinmacher Hugh Ryman beteiligt waren. Sie zeigten, dass die Trauben hochwertig sind, doch im finanziellen und politischen Chaos Moldawiens gibt es gegenwärtig nur wenige Außenseiter, die größere Summen oder gar das Leben riskieren wollen.

UKRAINE

Der Weinbau macht ein Fünftel der landwirtschaftlichen Aktivität der Ukraine aus. Er beruht auf drei Hauptanbaugebieten: die Krim im Süden, Odessa im Südwesten und die schrumpfende Region um Cherson am Dnjepr. Die Weinberge der Krim sind im Wesentlichen auf der Halbinsel im Schwarzen Meer zu finden, da im Winter die Temperaturen im Inland zu tief sinken können. Hier dominieren Schaumweine und süße Stillweine, unter denen der portweinartige Cagur der beliebteste ist. Der Ruby of Crimea, ein kräftiger roter Verschnitt aus Saperavi, Matrassa, Aleatica, Cabernet und Malbec, besitzt ebenfalls einen guten Ruf, allerdings war ich nie so tapfer, eine Flasche zu leeren, wenn ich ihn außerhalb des Landes antraf.

Odessa besitzt etwa 30 000 Hektar Rebflächen am Schwarzen Meer und eine lange Tradition in der Schaumweinproduktion. Dies geht zurück auf das Jahr 1896, als ein Mitglied der Familie Roederer ein russisch-französisches Unternehmen gründete, um aus heimischen Trauben Sekt zu machen. Heute werden hauptsächlich Aligoté, Rkatsiteli, Sukhul Lamanski (was »trockenes Meer« bedeutet) und Chardonnay angebaut; Weine aus Cabernet Sauvignon und Odessa Black (einer Kreuzung aus Cabernet Sauvignon und Alicante Bouschet) werden seit kurzem nach Großbritannien exportiert.

Die interessanteste Weinregion ist jedoch die Krim. Die besten Weine, die dort je produziert wurden, waren die aus der Kellerei Massandra bei Jalta. Diese exzellenten Dessert- und gespriteten Weine, die ursprünglich für den Sommersitz des Zaren bei Livadia bestimmt waren, wurden seit Anfang des neunzehnten Jahrhunderts hergestellt. Die Qualität der gegenwärtigen Erzeugnisse erreicht nicht die grandiosen Höhen dieser Museumsstücke (einige über 100 Jahre alte Flaschen erregten bei einer Auktion, die Sotheby's 1990 in London veranstaltete, ziemliches Aufsehen), doch das Potenzial zur Rückkehr zu alter Glorie ist ohne Zweifel da. Im Großen und Ganzen macht die Weinwirtschaft leider einen ziellosen Eindruck. Dennoch findet ein wenig ausländisches Kapital ins Land, und weitere europäische Investitionen könnten bald unterwegs sein.

GEORGIEN

Über 5000 Jahre Weinbaugeschichte machen Georgien zum ersten Anwärter auf den Titel als Wiege des Weins. Die ehemalige Republik der GUS, die zwischen Russland und der Türkei liegt, ist heute ein unabhängiger Staat, der sich von 70 Jahren Sowjetherrschaft und den politischen Wirren der 1990er Jahre noch nicht erholt hat. Mit einem gemäßigten bis subtropischen Klima, frostfreien Wintern und sehr unterschiedlichen Böden produzieren die fünf Anbaugebiete – Kakheti, Kartli, Racha-Lechkhumi, Imereti und der subtropische Bereich am Schwarzen Meer – eine große Palette von Weinen. Die Rebfläche ist auf etwa 60 000 Hektar geschrumpft, wobei der Löwenanteil der für die Weinproduktion bestimmten Trauben (gut 70 %) aus Kakheti kommt, das im Osten des Landes die südöstlichen Kaukasus-Vorberge einnimmt. Die Weine von dort sind bukett-, aber auch gerbstoffreich. Die »europäischsten« Weine stammen aus dem Zentrum des Bereichs Kartli, der die georgische Hauptstadt Tbilisi umgibt.

Den Weinmachern des Landes stehen Hunderte von Rebsorten zur Verfügung, zur Weinherstellung sind aber nur 38 – heimische wie internationale – Sorten zugelassen. Die größten Hoffnungen unter den autochthonen Reben macht die Saperavi, die fleischig-pfeffrige, an Syrah erinnernde Rotweine ergibt. Ihnen wird gesundheitsfördernde Wirkung nachgesagt, ein hoher Kaliumgehalt soll die Blutgefäße flexibel erhalten – einer der Gründe für die sagenhafte Langlebigkeit der Georgier. Zwei der bekanntesten Weißweine Georgiens, Gurjaani und Tsinandali, sind Verschnitte aus Rkatsiteli und Mtswane, die drei Jahre lang in Eichenfässern reifen. Weitere wichtige Rebsorten sind Chinuri (besonders für Schaumwein), Krachuna, Tsitska und Tsolikauri.

Georgische Weine gibt es in allen denkbaren Farben und Süßegraden. Die meisten Weine, die einst für den leider zusammengebrochenen russischen Markt bestimmt waren, lassen viel zu wünschen übrig, allerdings zeigen jüngere Investitionen langsam Wirkung. Der größte Weinerzeuger und -exporteur ist die Georgian Wines & Spirits Company, die 1993 als Jointventure mit Pernod Ricard gegründet wurde und 600 Hektar Reben sowie eine bestens modernisierte Kellerei in Telavi besitzt. Der australische Weinmacher David Nelson sorgt dort für ein gewisses New-World-Feeling. Die Herausforderungen, denen sich die Weinwirtschaft in Ländern wie diesem in den kommenden Jahren stellen muss, sind hartnäckiger Traditionalismus, ein hässlicher Hang zur Fälschung und das Fehlen jeglicher Bestimmungen zur Überwachung der Qualität in Rebbau und Weinbereitung.

RUSSLAND

In Russland diktiert das Klima den Erfolg des Weinbaus. Es besitzt zwei Hauptanbaugebiete, beide in Landschaften, in denen ausgedehnte Wasserflächen die Wirkung der eisigen Winter mäßigen. Bei Krasnodar in der Nähe des Schwarzen Meeres werden Riesling, Aligoté, Sauvignon, Sémillon, Pinot Gris und Cabernet Sauvignon für Still- und Schaumweine verwendet. Die besten Erzeugnisse kommen von den Reblagen um Anapa. Weiter nördlich bei Rostow, wo der Don in das Asowsche Meer mündet, werden aus den Rebsorten Plechistik und Schwarze Tsimljanskij Schaumweine in verschiedenen Farbtönen und Süßegraden hergestellt. Stawropol nördlich des Kaukasus ist für trockenen Riesling und Silvaner sowie süßen Muscat bekannt. Reblagen an der Küste des Kaspischen Meeres bei Machatschkala bringen Rot- und Dessertweine hervor.

KASACHSTAN, ASERBAIDSCHAN UND ARMENIEN

Kasachstan hat einen alten Ruf für Dessertweine und Riesling. Weiter südlich bringen die Rebflächen von Aserbaidschan Bayan Shirey, Matrassa, Isabella und mehrere andere Sorten hervor. Der rote Matrassa und der weiße Sadilly aus dem Gebiet um Baku am Kaspischen Meer sind keine besonders hellen Sterne am Himmel der aserbaidschanischen Dessertweine; lediglich mit ihrem Alkoholgehalt ähneln sie einem Portwein. Die ähnlich alkoholreichen Rotweine und angereicherten Weine von Armenien sind ebenfalls nicht aufregend, während die Weine der Region Edschmjadsin recht gut sein sollen. Doch wie soll man das wissen? Die politische Situation ist in solchen Regionen derart, dass man nicht hinein- und der Wein nicht herauskommt.

Rumänien

Rumänien, das von Völkern slawischen Ursprungs umgeben ist, wurde durch Sprache und Kultur der Römer geprägt. Rumäniens Hauptstadt Bukarest hat auch nach dem Gewaltregime Ceauşescus und dem folgenden Chaos noch viel von der Atmosphäre und der Architektur zu bieten, die der Stadt den Beinamen »Klein Paris« einbrachten. Es überrascht auch nicht, wenn man erfährt, dass in diesem Land seit mehr als 6000 Jahren Wein angebaut wird.

Das Land erstreckt sich weitgehend über dieselben Breitengrade wie Frankreich, hat jedoch ein ganz anderes, im Großen und Ganzen kontinentales Klima mit heißen Sommern und kalten Wintern. Das Schwarze Meer übt einen mäßigenden Einfluss auf die Temperaturen aus, während die Karpaten als Abschirmung gegen kühlere Wettersysteme im Norden dienen. Im Allgemeinen begünstigen die nördlichen Regionen des Landes, besonders Moldau und Transsilvanien (Siebenbürgen), die Herstellung von Weißwein, während die besten Rotweine aus Muntenia und Dobrogea im Süden stammen.

Größere Neupflanzungsprogramme nach der Reblausplage gegen Ende des neunzehnten Jahrhunderts und in den 1960er Jahren unter den Kommunisten führten dazu, dass Rumänien heute mehr Wein erzeugt als die anderen Balkanstaaten und die fünftgrößte Anbaufläche in Europa besitzt (nach Spanien, Frankreich, Italien und Portugal). Das erste Pflanzprogramm führte französische Sorten ein, insbesondere Cabernet Sauvignon, Merlot und Pinot Noir. Bei der zweiten Aktion dieser Art wurden hauptsächlich heimische Rebsorten verwendet. Daher verfügt Rumänien heute über die besten Ausgangsmaterialien in Form reifer, einigermaßen gesunder Reben vieler bekannter und unbekannter Sorten sowie einiger superber Lagen.

Diese Ausgangsposition müsste zu einem groß angelegten Angriff Rumäniens auf den globalen Weinmarkt führen, doch die politische Situation verhindert einen wesentlichen Fortschritt, und die Weinwirtschaft benötigt dringend neue Investitionen. Ein britisches Handelshaus, Halewood International, vertraut dem Potenzial des Landes und hat mehrere Kellereien im Bereich Dealul Mare gekauft, was der Qualität und der Zuverlässigkeit aufhelfen sollte. Deutsche Investitionen gehen da einen kürzeren Weg mit Weinen, die ihren rumänischen Ursprung verbergen. Im Jahr 1990 wurde Vinexport gegründet, eine Firma, die sich zu 10 % in staatlicher Hand, zu 40 % im Besitz von rumänischen Weingütern und zu 50 % im Besitz englischer, deutscher, niederländischer und dänischer Unternehmen befindet; etwa 80 % des rumänischen Exports sind allein in ihrer Hand.

Moderne Verfahren in Weinberg und Keller, ausländisches Knowhow und neue Ausrüstung lassen bereits den Unterschied spürbar werden. Der Mangel an Flaschen, widersprüchliche Steuervorschriften und begrenzte Eigentumsrechte sind jedoch weiterhin große Hürden. Ebenso hinderlich ist der nationale Geschmack. Rumänische Weintrinker halten hohes Alter für ein Zeichen von Qualität und Tannin bei Rot- wie Weißweinen für einen Fehler. Ihre Vorliebe für starke süße Weine, besonders Rotweine, läuft der Produktion von Weinen zuwider, die für den internationalen Markt und ausländische Devisen interessant sind. Doch es gibt keinen Zweifel, dass mit temperaturgeregelter Gärung und etwas verbleibendem Restzucker sich gute, wenn nicht gar große Weißweine herstellen lassen. Die Dessertweine können ausgezeichnet sein, ob sie aus edelfaulem Lesegut stammen oder nicht. Die Tendenz zu hoher Säure bedeutet, dass Weine mit

WEINBAUBEREICHE UND WICHTIGE TEILBEREICHE

TRANSSILVANIEN
1. Târnave
2. Sebeş-Apold
3. Alba Iulia
4. Aiud
5. Lechinţa

MOLDAWISCHE BERGE
6. Cotnari
7. Iaşi
8. Huşi
9. Tutova
10. Bujoru
11. Zeletin
12. Nicoreşti
13. Iveşti
14. Panciu
15. Odobeşti
16. Coteşti

MUNTENIA-OLTENIA
17. Dealul Mare
18. Stefaneşti
19. Samtbureşti
20. Drăgăşani
21. Segarcea
22. Vânju Mare-Orevita

BANAT
23. Dealul Tirolului
24. Buziaş
25. Recaş

CRIŞANA-MARAMURES
26. Minis-Maderat
27. Simleul Silvaniei

DOBROGEA
28. Sarica-Niculitel
29. Istria-Babadag
30. Murfatlar

DONAUTERRASSEN

SÜDRUMÄNIEN

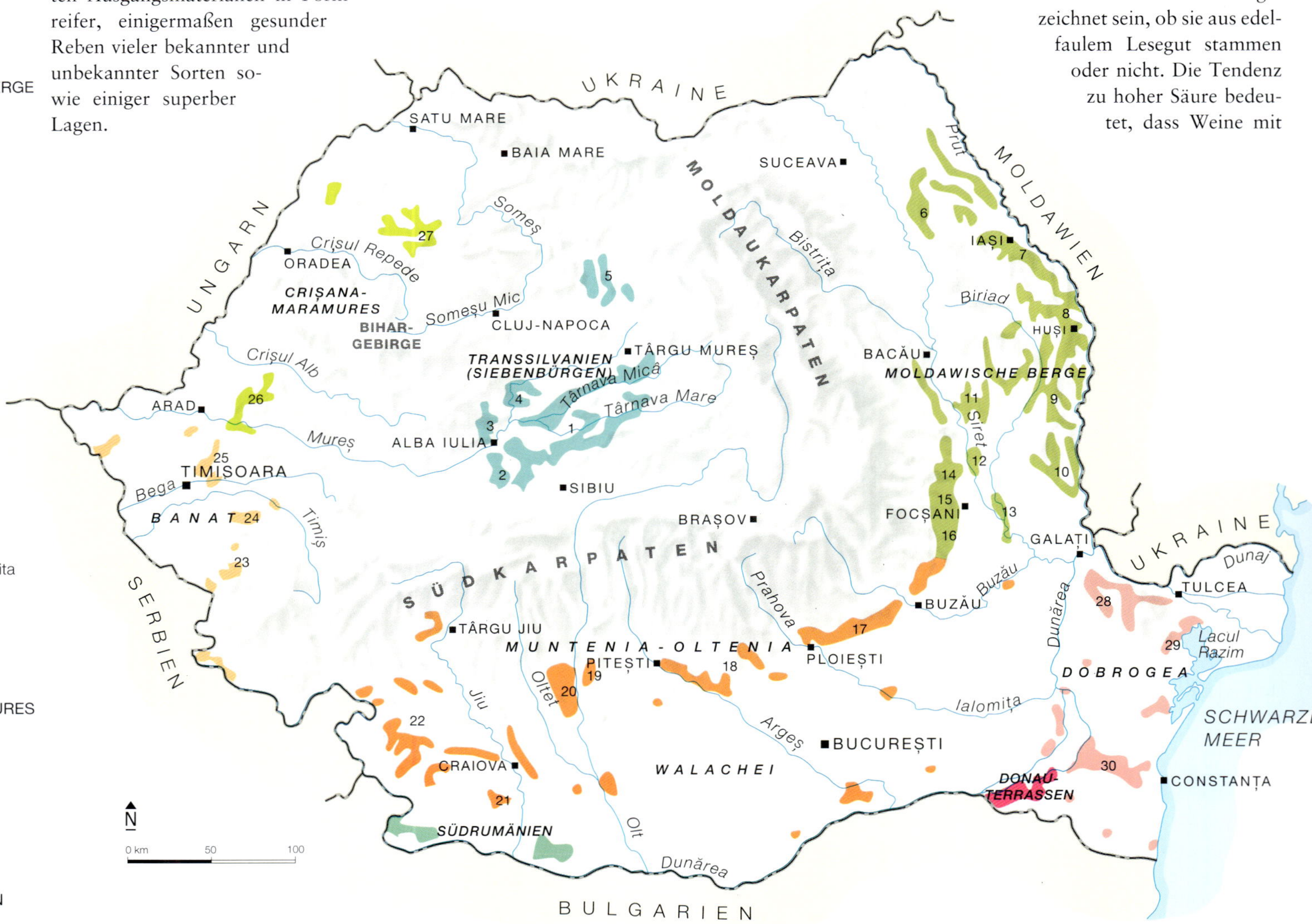

30 Jahren und mehr bemerkenswert frisch schmecken, auch wenn sie etwas mehr Frucht haben könnten.

Dasselbe könnte man über die meisten Rotweine sagen, die möglichst mild gewünscht werden und häufig süßlich schmecken. Diese Geschmacksrichtung befindet sich inzwischen allerdings auf dem Rückzug. Die warme Gärung fördert eine gewisse Klebrigkeit bei vielen Weinen, und die lange Alterung in Eichenfässern trägt nicht zu mehr Frische bei. Einige Weine sind sogar ausgesprochen schwerfällig. Die Frucht ist jedoch von ausreichender Qualität, um Fehler bei der Weinbereitung nicht hervortreten zu lassen, doch während die Weine nach recht modernen Standards produziert werden, erleben wir zu unserem Ärger, dass man die Trauben vom Stock reißt, bevor sie richtig reif sind. Die neue Ära hat eine Reihe korrekter, jedoch nach nichts schmeckender Weine hervorgebracht. Ich bevorzuge da die altmodischen Exemplare, die zumindest voll gepackt sind mit Frucht.

REBSORTEN

Von den heimischen Rebsorten ist Fetească Neagră die beste rote Traube, sie bringt dunkle, robuste, krautig-rustikale Rotweine hervor, die in ihrer Jugend vollmundig und fruchtig sind, aber auch jahrzehntelang altern können. Babeașcă Neagră und Crimpiosa bringen leichtere Weine hervor, während Cadarca, Ungarns Kacarka, im Westen des Landes einfachere Tischweine liefert.

Bei den Weißweinen ist der würzige, an Grapefruit erinnernde Fetească Albă von besserer Qualität als der Feteascǎ Regalǎ, während der allgegenwärtige Riesling immer ein Welschriesling ist und nicht der echte Riesling. Die besten Süßweine stammen gewöhnlich von Grasǎ und Tămîioasă – die aufgrund ihres Aromas Weihrauchtraube genannt wird –, während Traminer, Muskat-Ottonel und Kékfrankos, hier als Burgund Mare bezeichnet, für Weine aller Süße- und Qualitätsgrade verwendet werden.

Von den internationalen Rebsorten sind Cabernet Sauvignon, Pinot Noir und Merlot bei den Rotweinen und Chardonnay sowie Pinot Gris bei den Weißweinen am erfolgreichsten. Eine wachsende Zahl von Rebflächen stellen sich bei genauer Prüfung als Sauvignon Blanc heraus, was zum Glück für die Winzer die Preise ebenso steigen lässt wie die Nachfrage.

WEINBAUGEBIETE

In den 1998 eingeführten Weingesetzen sind die Qualitätsanbaubereiche und die Produktionsstandards festgelegt. Einfache Weine, die nicht klassifiziert sind, werden als *vin de masa* bezeichnet. 50 Bereiche sind als höhere Qualität eingestuft (VS), entsprechend dem französischen Vin de Pays. Weine mit kontrollierter Ursprungsbezeichnung heißen DOC, die Spitzenklasse ist die DOCC mit Unterklassen, die den deutschen Reifestufen entsprechen: Weine aus vollreifen Trauben sind als DOCC-CMD etikettiert, Spätlesen als DOCC-CT und Weine aus edelfaulen Trauben als DOCC-CIB – eine eigenartige Kreuzung französischer und deutscher Ideen.

Das Land ist in acht Weinbaubereiche aufgeteilt. Die Region Moldau im Nordosten ist überwiegend ein Weißweinland. In Bucium bei Iași erreichen Weißweine aus Aligoté und Traminer eine besonders hohe Qualität. Bei den Rotweinen ist Merlot der beste; seine Aromen erinnern an Minze und Eukalyptus. Er liefert auch den Grundwein für Schaumweine. Nicorești ist für seinen Babeașcă Neagră bekannt, und auch der Pinot Noir von Cotești hat einen guten Ruf. Noch bemerkenswerter ist Cotnari, der als Perle der Moldau und Rumäniens berühmtester Wein bekannt ist: ein süßer Weißwein aus edelfaulen Trauben, der einmal dasselbe Prestige genoss wie ungarischer Tokajer. Cotnari ist durch eine Hügelkette vor dem kalten Ostwind geschützt. Hier ist es warm und neblig, und die Weinlese reicht bis in den November hinein. In guten Jahren werden bis zu 300g Zucker pro Liter erreicht, die Weine, die vor Rosinen-, Honig- und Orangenschalenaromen bersten, schmecken fantastisch und sind fast unbegrenzt lagerfähig.

Die 2000 Hektar Reben in Murfatlar, im Zentrum der Region Dobrogea/Schwarzes Meer, liefern einige der besten Rotweine Rumäniens. 210 Sonnentage pro Jahr werden durch kühle Winde vom Schwarzen Meer temperiert, was eine lange Vegetationszeit bedeutet. Die langen, warmen Herbste fördern die Entstehung der Edelfäule bei Tămîioasă (Muscat), Pinot Gris und Chardonnay, aus denen gerühmte Süßweine entstehen. Wenn Rumänien erst einmal in Ordnung kommt, kann es sicher eine klassische Weinbaunation werden. So gut wie Sonoma, Coonawarra und Bordeaux. Warum nicht?

Das Hauptanbaugebiet der Region Muntenia, Dealul Mare in den Ausläufern der Karpaten, ist eines der größten (14 500 Hektar) und bedeutendsten. Das warme Klima ermöglicht die Erzeugung von guten, nicht übermäßig tanninreichen Rotweinen, insbesondere Pinot Noir, Cabernet Sauvignon und Merlot. Der einzige beachtenswerte Weißwein stammt aus Pietroasa im Osten, wo die Reben auf kalkhaltigem, steinigem Boden gut gedeihen und die Tămîioasă-Trauben häufig von Edelfäule befallen werden.

Stefanești am Fluss Argeș macht ordentliche trockene und süße Weißweine, ebenso Drăgășani am linken Ufer der Olt. Der Cabernet Sauvignon vom gegenüberliegenden Ufer in Simburești ist hoch geschätzt.

Das beste Weinbaugebiet von Transsilvanien (Siebenbürgen) ist Târnave an den Flüssen Târnava Mare und Târnava Micâ. Die große Höhe resultiert in einem kühlen Klima, wobei die Flüsse mäßigenden Einfluss ausüben. Es dominieren weiße Rebsorten, von denen der Traminer mit verschiedenen Süßestufen besonders gut ist.

Im Westen schließlich produziert das Banat große Mengen an trinkbarem Weiß- und Rotwein für den Alltag, Herausragendes war bisher nicht anzutreffen.

Das Etikett des Cotnari ist ein wenig altmodisch, doch der Wein – einst in ganz Europa bekannt – ist immer noch ein beeindruckend mächtiger süßer Tropfen.

Rumänien hat in der letzten Generation große Turbulenzen erlebt. Transsilvanien oder Siebenbürgen, das vom großen Bogen der Karpaten umgeben ist, hat sie besser überstanden als andere Regionen. Hier eine stille Straße in Ernea in der Region Târnave, aus der frische, duftende Weine aus den Rebsorten Feteașcă und Traminer kommen.

Nordwestliche Balkanstaaten

Die Staaten im Nordwesten des Balkans, die in den 1990er Jahren durch den Krieg schwer geschädigt wurden und in bestimmten Teilen immer noch nicht zur Ruhe gekommen sind, arbeiten hart, um die Weinwirtschaft wieder in Gang zu setzen. Die beste Nachricht ist, dass Slowenien als unabhängiger Staat Stabilität erlangt hat und imstande sein sollte, sein beträchtliches Potenzial bald zu realisieren.

Die Staaten des Nordwestbalkans liegen etwa auf denselben Breitengraden wie Italien und haben ähnliche Weinbaubedingungen, doch weist ihre Weinwirtschaft wenig Gemeinsamkeiten auf. Das nördlich an Slowenien grenzende Österreich lässt sich mit seinen aromatischen, teils auch süßen Weinen eher zum Vergleich heranziehen. Und Teile von Kroatien und Slowenien haben in puncto Wein starke Beziehungen zu Ungarn.

Die große Anbaufläche Kroatiens erholt sich von den Kriegsfolgen, viele Weinberge werden neu bepflanzt. Geografisch gehört die kroatische Weinwelt zwei Bereichen an. Das binnenländische Kroatien – Kontinentalna Hrvatska – reicht entlang der Drau nach Südosten bis zur Donau und bringt vorwiegend Weißweine hervor, und zwar aus Traminer, Welschriesling (hier als Graşevina bekannt), Muskat-Ottonel und Pinot Blanc, die häufig auf terrassierten Weinbergen angebaut werden. Die besten Weine sollen von den Hängen des Baranja stammen, der seit den Zeiten der Römer als »Goldener Hügel« bekannt ist.

Im kroatischen Küstenstreifen – Primorska Hrvatska – werden unter dem kombinierten Einfluss von Sonne, Meer und steinigem Boden gute Rotweine erzeugt, besonders solche aus der charaktervollen und alterungsfähigen Rebsorte Plavac Mali. Am bekanntesten sind Postup und Dingač von der Halbinsel Peljesac und Faros von der Insel Hvar. Plavac wird in unterschiedlicher Qualität und Süße an der ganzen schönen dalmatinischen Küste produziert. Die Plavac Mali zog in den 1990er Jahren unerwartete Aufmerksamkeit auf sich, als man die kalifornische Zinfandel mit ihr in Verbindung brachte. Heute ist durch DNA-Analyse nachgewiesen, dass Zinfandel und die italienische Primitivo mit einer unbekannten kroatischen Sorte identisch sind, der Crljenak, die wiederum aus Albanien oder Griechenland stammt.

Westlich von Split liefert eine weitere heimische Sorte, Babic, einen leichten Rotwein für den Alltagsbedarf. Von der Halbinsel Istrien kommt der Motovunski Teran, ein herber, krautig schmeckender Rotwein (die Sorte Teran soll mit der italienischen Refosco verwandt sein). Istrien liefert auch Malvasia, Pinot Blanc, Merlot, Cabernet Sauvignon und Gamay. Mike Grgich, der sich in Kalifornien einen großen Namen gemacht hat, hat auf der Halbinsel Peljesac eine kleine Kellerei eingerichtet, um moderne Technik in seine Heimat zu bringen. Das ist das, was jetzt nötig ist: Investitionen, neue Verfahren und Ausrüstung in Weinberg und Keller, faire Preise für die Trauben. Für Spitzenweine wird eine kontrollierte Herkunftsbezeichnung verwendet, die auch eine Verkostung vorschreibt.

WEINBAUGEBIETE

SLOWENIEN

PRIMORSKA
1. Coriška Brda
2. Vipavska Dolina
3. Kras
4. Koper

POSAVJE
5. Bela Krajina
6. Dolenjska
7. Bizelijsko-Sremič

PODRAVJE
8. Smarje-Virštajn
9. Haloze
10. Maribor
11. Srednje Slovenske Gorice
12. Ljutomer-Ormož
13. Radgona-Kapela
14. Prekmurje

KROATIEN

BINNEN-LAND
15. Plešivica
16. Zagorje-Medimurje
17. Prigorje
18. Bilogora
19. Moslavina
20. Pukuplje
21. Slavonija
22. Podunavlje

KROATISCHE KÜSTE
23. Istrien
24. Hrvatsko Primorje
25. Norddalmatien
26. Dalmatinische Berge
27. Mittel- und Süddalmatien

BOSNIEN-HERZEGOWINA

HERZEGOWINA

WOJWODINA

SUBOTICA-HORGOS-WÜSTE

SREM

BANAT

SERBIEN

POCERINA

ŠUMADIJA MORAVA
28. Belgrad
29. Mlava
30. Oplenac
31. Jagodina

TIMOK-TAL
32. Krajina
33. Knjaževac

NIŠAVA UND SÜDLICHE MORAVA
34. Aleksinac
35. Toplica
36. Niš
37. Nišava
38. Leskovac
39. Vranje

WESTLICHE MORAVA
40. Čačak
41. Kruševac

MONTENEGRO

MONTENEGRO

KOSOVO

KOSOVO

MAKEDONIEN (F. Y. R. M.)

PELAGONIJA-POLOG

POVARĐARJE

PCINJA OSOGOVSKE

Bosnien-Herzegowina war mit seiner islamischen Tradition nie ein bedeutendes Weinbaugebiet. Einige Weine wie der rote Blatina und der trockene, erstaunlich aromatische weiße Zilavka besitzen wieder einen guten Ruf. Der Wiederaufbau geht jedoch nur schleppend voran, und das Land ist kein Mekka für Investoren; stabilere Verhältnisse könnten das existierende Potenzial unter Beweis stellen. Serbien und das Kosovo, die durch den Krieg schwer geschädigt wurden, müssen nun Wiederaufbauarbeit leisten und technische Fortschritte machen. Es gab hier eine gute Basis. Die große Weinbauregion Mittelserbien besaß mit Župa im Bereich Kruševac nicht nur mit die ältesten, sondern auch die besten Weinberge Serbiens. Hier dominierten rote Rebsorten, besonders die heimische Prokupac, die häufig mit Pinot Noir und Gamay verschnitten wurde. Die nährstoffarmen Böden im Kosovo eigneten sich nur für den Weinbau. Die Rotweine überwogen, für die Pinot Noir, Cabernet Franc, Prokupac, Merlot und Gamay gepflanzt waren. Die verwendeten weißen Sorten waren Welschriesling, Riesling und Zilavka.

Makedonien ist das letzte Opfer auf dem geschundenen Balkan. Bedauerlich, denn die milden Winter und trockenen subtropischen Sommer sind für den Weinbau ideal. Der beste Wein ist der Rotwein aus den Sorten Kratosija und Vranac.

In Montenegro dominiert der rote Vranac mit seinem bitteren Kirscharoma. Die bekanntesten Weinlagen sind die auf den mageren, kiesigen Böden der südlichen und südwestlichen Abhänge am Skadar-See. Man verwendet ein ähnliches Qualitätssystem wie Kroatien.

SLOWENIEN

Die Ruhe in der heute unabhängigen Republik Slowenien, die 1991 gegründet wurde, ist dem gemeinsamen Erbe des slowenischen Volkes zu verdanken. Mit seiner florierenden Wirtschaft ist sie einer der größten Anwärter bei einer Erweiterung der EU. Wein ist ein Teil dieses Erbes, und so haben römische Schriftsteller bereits im ersten Jahrhundert n. Chr. die Weine aus Kras gerühmt. Heute besitzt Slowenien etwa 24 600 Hektar Anbaufläche, 600 Hektar mehr als 1995, und weitere Pflanzungen sind zu erwarten. Das sind allerdings noch weitaus weniger als die 50 000 Hektar Rebfläche zu Ende des neunzehnten Jahrhunderts, als das Land zum Kaiserreich Österreich-Ungarn gehörte.

Eine penibel gehandhabte Qualitätskontrolle lässt nur die besten Weine für den Export zu; normalerweise tragen die Flaschen ein Gütesiegel. Größeres Qualitätsbewusstsein ist allerdings immer noch nötig, damit das Land sein Potenzial auch realisiert.

Slowenien hat drei Weinbaugebiete. Primorska, die Küstenregion, erstreckt sich von Koper an der Adria entlang der italienischen Grenze weiter nach Norden. Es ist ein hügeliges Land mit einem Karstplateau – einer Kalksteinlandschaft mit vielen Höhlen –, und viele Rebflächen liegen in den Tälern zwischen den Bergen und dem Karst. Die Nähe der Alpen mäßigt die Einflüsse des Mittelmeerklimas. Die meisten berühmten Lagen erstrecken sich zu beiden Seiten der eher willkürlich gezogenen Grenze bei Nova Gorica und Dobrovo, in der Goriska Brda beziehungsweise auf Italienisch in den Colli Orientali. Rebsorten wie Refosco (hier Refosk oder Teran genannt), Ribolla (Rebula), Tocai Friuliano (Tokay) und Picolit (Pikolit) unterstreichen die Verbindungen zum benachbarten Friaul-Julisch-Venetien. Außerdem werden die Sorten Malvasia, Muscat Blanc à Petits Grains (für Dessertwein), Chardonnay, Sauvignon Blanc, Pinot Blanc und Gris, Merlot, Cabernet Franc und Cabernet Sauvignon sowie Barbera angebaut. Heimische Weißweinspezialitäten von Vipava sind Zelen (Österreichs Rotgipfler) und Pinela. Die Weißweine von Koper können gut sein, bei den Slowenen ist jedoch der rote Kraski Teran am bekanntesten, der aus Refosco-Trauben gewonnen wird, die um Sezana in der Kras-Region angebaut werden, wo *terra rossa*, rote Erde, den Karst bedeckt. In Vipava und Brda stehen die Zeichen mit fortschrittlichen Genossenschaften gut.

Die Weinberge des Drau-Tals in Ostslowenien sind zwischen Österreich und Ungarn eingezwängt. Mit Rebzeilen, die zwischen den bewaldeten Hügeln sorgfältig den Höhenlinien folgen, ist eine mechanische Bearbeitung noch in weiter Ferne.

Die besten Weißweine des Landes kommen aus dem Sava-Tal (Posavje) im Südosten. Hier treffen drei verschiedene Wettersysteme aufeinander, alpines, kontinentales und mediterranes Klima. Das Ergebnis ist eine Witterung mit Schauern im Frühling, heißen Sommern und warmen, sonnigen Herbsten. Hohe Zuckergehalte sind möglich, und seit kurzem wird im Distrikt Metlika auch Eiswein erzeugt. Die Rebflächen befinden sich hauptsächlich auf den Steilhängen und bringen Laski Rizling, Traminer, Sauvignon Blanc, Chardonnay, Pinot Blanc, Sipon (Furmint in Ungarn) und Silvaner hervor. Rumeni Plavac, eine weiße Verwandte der Plavac Mali Dalmatiens, wird um Bizeljsko herum angebaut, doch wegen ihres wenig ausgeprägten Charakters wird sie häufig mit Sorten wie Laski Rizling verschnitten. Die Spezialität der Region Dolenjska ist der leichte Rotwein Cviček, weitere Rot- und Roséweine werden aus den Rebsorten Blaufränkisch, Zametovka (oder Kîlner Dark), Blauer Portugieser, Pinot Noir, Cabernet und Merlot hergestellt.

Podravje, das Tal der Drava (Drau), besitzt ein ähnliches Klima, dieselben Rebsorten und dieselben Weinbereitungsmethoden wie die österreichische Steiermark jenseits der Grenze; hier werden junge, frische Weißweine mit Biss gewonnen. Der bekannteste Wein ist der Ljutomer Laski Rizling, einst der meistverkaufte Wein in Großbritannien, obwohl Gewürztraminer (hier unter dem Namen Traminec), Sauvignon Blanc und Chardonnay viel besser sind. Die halbsüße »Tigermilch« wird aus der Bouvier-Traube oder Ranina, wie sie hier heißt, erzeugt. In Gorna Radgona wird Pinot Blanc für die Herstellung von Schaumwein nach der traditionellen Methode verwendet.

Bulgarien

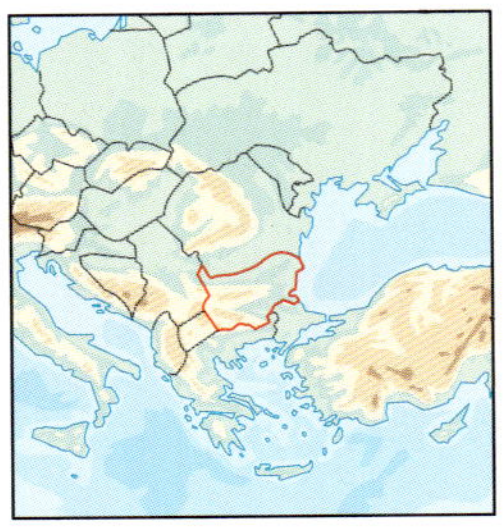

Zum bulgarischen Wein hatte ich von Anfang an eine Art Hassliebe. Meine erste Begegnung hatte ich Anfang der 1980er Jahre, als Jancis Robinson mich in letzter Sekunde vor Redaktionsschluss bat, als »Gast« einen ihrer monatlichen Newsletter zu übernehmen. Wir organisierten eine Verkostung bulgarischer Weine. Es gab da einige bemerkenswert derbe, ungestüme Rotweine – eigenartig, sämig und dick auf der Zunge. Aber es war auch Frucht zu spüren: ein stolzes, überwältigendes Bukett von Schwarzer Johannisbeere, ganz unähnlich dem zarten, delikaten Parfum von altem Bordeaux, den strahlenden, feinen Aromen von chilenischem Cabernet. Diese Rotweine waren allerdings noch bei weitem den Weißweinen vorzuziehen, deren Mischung aus beißender Säure, Schwefel und Baustellenstaub einem regelrecht den Mund zusammenzog und für die Gesundheit fürchten ließ.

Seit damals haben sich die bulgarischen Weine verändert; die Rotweine sind jedoch immer noch viel besser als die Weißweine. Die massiven alten Cabernets sind nicht mehr so eindrucksvoll, während die hellen jungen Cabernets und Merlots erheblich besser geworden sind. Man hat den Eindruck, dass der bulgarische Cabernet Sauvignon in den 1980ern für einen Exportmarkt erzeugt wurde, der nach neuen und aufregenden, aber erschwinglichen Aromen dürstete. Die Neue Welt drängte in den 1990ern auf den Markt, während Bulgarien seinen Erfolg der 1980er Jahre nicht fortsetzen konnte. Reformen in Richtung freie Marktwirtschaft folgten, insbesondere Landreformen, aufgrund deren sich bulgarische Kellereien eigene Weinberge kaufen konnten. Rationalisierung, Neuorganisation und Beschränkung der riesigen Schwankungen in der Traubenqualität ließen für die Zukunft hoffen, doch macht sich ein Fortschritt nur quälend langsam bemerkbar.

Zwar ist der Weinbau in Bulgarien schon 3000 Jahre alt, seine unmittelbare Vergangenheit reicht jedoch gerade in die 1940er Jahre zurück. Zwischen 1396 und 1918, in der türkischen Zeit, gab es keinen kommerziellen Weinbau. Nach 1918 wurden Reben gepflanzt, doch erst nachdem die Sowjetunion Bulgarien sich als großen Weinlieferanten ausgesucht hatte, wurden all die fruchtbaren Ebenen mit Reben kultiviert, die heute das Land prägen. Dann gab es einen geschickten Handel mit amerikanischen Cola-Unternehmen, der Bulgarien ein großes Gelände mit internationalen Rebsorten verschaffte.

WEINBAUGEBIETE UND CONTROLIRAN-BEREICHE

DONAUEBENE
1. Novo Selo
2. Lozitza
3. Svishtov
4. Roussenski Briag
5. Pavlikeni
6. Suhindol
7. Liaskovets

SCHWARZES MEER
8. Kralevo
9. Khan Krum
10. Novi Pazar
11. Varna
12. Preslav
13. Strandja

OSTTHRAKISCHES TAL
14. Sungulare
15. Slaviantzi
16. Sakar
17. Stambolovo

WESTTHRAKISCHES TAL
18. Asenovgrad
19. Brestnik
20. Oriachovitza
21. Rozova Dolina

STRUMA-TAL
22. Harsovo

Die Rebsorte, die man am ehesten mit Bulgarien in Verbindung bringt und die am verbreitetsten im Land angebaut wird, ist Cabernet Sauvignon. Die Weine erschienen erstmals Anfang der 1980er Jahre im Westen und waren zu dieser Zeit eine Offenbarung: ohne Anspruch, aber von gutem Geschmack und erschwinglich. Seit ihrer Einführung haben diese leichten, reifen, runden Weine genauso wie die Erzeugnisse aus Australien oder Kalifornien dazu beigetragen, dass diese Sorte zur berühmtesten roten Rebsorte der Welt geworden ist.

Diese ersten bulgarischen Weine, reichhaltig, geschmeidig und mit dem Aroma von Schwarzen Johannisbeeren, mit Eichenholznote und einigen Jahren Flaschenreifung, waren genau das, was die Weintrinker suchten, und sie wurden in Mengen konsumiert. Der steigenden Nachfrage versuchte man durch die Steigerung der Produktion zu begegnen, was zu einer nachlassenden Qualität führte. Vielleicht ist es nur Nostalgie, doch die derzeitigen Erzeugnisse scheinen nicht mehr so gut zu sein wie jene ersten Suhindol-Cabernets von Ende der 1970er Jahre.

Auch der Merlot kann gut sein, besonders der von Stambolovo. Der Gamza (Ungarns Kadarka) ist von kräftiger Frucht, wenn er jung ist, kann jedoch zu fleischiger Fülle reifen; auch die ähnlich robuste Mavrud-Rebe liefert Weine mit Charakter. Die am häufigsten angebaute heimische Sorte ist Pamid, deren Weine jedoch im Allgemeinen ohne Profil sind; eine moderne Weinbereitung könnte aus dieser Sorte vielleicht herrliche Schankweine zustande bringen. Viel besser ist der Shiroka Melnishka Losa, normalerweise Melnik genannt, ein kräftiger, fruchtiger Wein, dem die Alterung im Eichenfass sehr gut bekommt.

Zu den heimischen weißen Sorten gehören Dimiat, die sich einen recht aromatischen, geschmeidigen Charakter erhalten kann, selbst wenn sie aus hohen Erträgen stammt, und Roter Misket, eine moschusartige, traubige Sorte, die man für eine Verwandte der Muscat-Familie halten könnte (was sie nicht ist). Von den weißen Sorten wird am meisten Rkatsiteli angebaut, daneben gibt es noch Chardonnay, Ugni Blanc, Sauvignon Blanc, Riesling, Muskat-Ottonel und Aligoté.

Während das Geschäft mit den Rotweinen floriert, haben sich die Weißweine im Großen und Ganzen als Enttäuschung erwiesen. Die Rotweine wurden in Anlehnung an die französischen Methoden entwickelt und kamen mit manchmal recht primitiven Kellereibedingungen zurecht. Bei den Weißweinen folgte man zuerst den Vorbildern aus dem deutschsprachigen Raum, vorwiegend mit Riesling und Welschriesling. Doch dieses Vorbild erfordert wirklich aseptische Bedingungen, wenn es zum Erfolg führen soll. In Bulgarien waren die Trauben häufig von Krankheiten befallen und die Kellereien einfach nicht sauber genug. Daneben aber findet man eine Hand voll perfekt gemachter »internationaler« Chardonnays.

Die Anbaufläche ist heute 110 000 Hektar groß, und von den 70 Kellereien exportieren 19. Die 16 bedeutendsten investieren alle in großem Maßstab in neue Technik. Das größte Unternehmen, Bojar, vereint Kellereien in Jambol, Shumen, Sliven, Rousse und Korten unter einem Dach, um die 1000 Hektar Rebland wurden gekauft. Die Lektionen der ersten fliegenden Weinmacher hat man beherzigt; Qualität und Zuverlässigkeit sind augenscheinlich. Aber noch sind die Weine eher durch eine vage, angenehme moderne Art gekennzeichnet als durch echte Individualität. Der nächste Schritt muss ein Schritt auf der Qualitätsleiter nach oben sein; dazu wäre es nötig, für bestimmte Weine eine regionale Qualitätspyramide aufzubauen.

Die Gesetze dafür sind bereits vorhanden. Der Landwein entspricht dem französischen Vin de Pays, sortenreine Weine sind strengeren Bestimmungen unterworfen, und Premium-Weine sind noch besser. DGO-Weine kommen aus einem bestimmten Gebiet (»Declared Geographical Origin«), das in Teilregionen und Gemeinden aufgegliedert ist. An der Spitze der Pyramide stehen die »Controliran«-Weine, gegenwärtig 30 an der Zahl. Sie werden in bestimmten DGOs aus den spezifizierten Rebsorten gekeltert.

Das System funktioniert recht gut, obwohl – wie beim französischen System der Appellation Contrôlée – die Controliran-Weine nicht besonders gut sein müssen. In der Tat tragen einige der attraktivsten Weine Bulgariens das schlichte Landwein-Etikett. Darüber hinaus können Weine, die besondere Alterungsanforderungen erfüllen, den Titel »Reserve« oder »Special Reserve« beanspruchen. Da exzessive Lagerung in alten Eichenfässern ein Problem in Bulgarien ist, lohnt es sich selten, nach diesen Weinen zu greifen. Der Trend zur frühen Freigabe von »Young Vatted Cabernets« und Merlots ist da eine erfreulichere Erscheinung.

WEINBAUGEBIETE

Die Ostregion Bulgariens ist für einige der besten Weißweine des Landes bekannt. Im Umkreis von Shumen gibt es bedeutende Kellereien in Novi Pazar, Preslav und Khan Krum.

In der Nordregion werden zu etwa gleichen Anteilen Rot- und Weißweine erzeugt, von denen die Roten echte Kleinode sind. Der bekannteste Wein von Suhindol ist der Cabernet Sauvignon, daneben gibt es guten Merlot und Gamza. Suhindol war der erste bulgarische Bereich, der mit seinem Cabernet Sauvignon Berühmtheit erlangte. Neue Technik und der zurückhaltende Einsatz von Eichenfässern haben in den letzten Jahren die Qualität deutlich verbessert. Als die Qualität der Suhindol-Weine nachließ, standen bereits der Cabernet und der Merlot aus dem Hügelland um Rousse in der Nordostregion in den Startlöchern, um sich an die Spitze zu setzen. Die jungen, fruchtigen, mit der Kohlensäuremaischung hergestellten Weine werden im Ausland als »Young Vatted Cabernet Sauvignon« (»Junger Cabernet Sauvignon aus dem Bottich«) und »Young Vatted Merlot« verkauft. Daneben gibt es vollere, dunklere, im Eichenfass gereifte Versionen. Ordentlicher Cabernet kommt auch aus der Region Svishtov an der rumänischen Grenze.

Der Cabernet Sauvignon ist auch in der Südregion südlich des Balkan-Gebirges wichtig, sowohl sortenrein als auch mit Merlot oder Mavrud verschnitten. Der Cabernet von Plovdiv ist gut, doch im nahen Asenovgrad wird eine bessere Version hergestellt, neben einem eindrucksvollen, stämmigen Mavrud. Die Reben stehen auf nährstoffreichen schwarzen und roten kohlensauren Böden auf sanften Abhängen, die wegen ihrer geringen Frostanfälligkeit gewählt wurden.

Die hügeligen Bezirke Sliven, Oriachovitza und Stara Zagora am Südabfall des Balkan-Gebirges liefern ebenfalls guten Cabernet Sauvignon. Die Weinberge haben eine geschützte Südlage, und die Böden bestehen meist aus wasserdurchlässigem Sand und Ton. Sliven erzeugt ebenfalls einen gut trinkbaren Chardonnay und einen guten, preiswerten Verschnitt aus Merlot und Pinot Noir. Der Merlot aus Stambolovo in der hügeligen Südregion kann ausgezeichnet sein, seine Reserve-Weine gehören zu den besten Weinen Bulgariens.

Die Südwestregion ist die wärmste Gegend im Land. Das Kontinentalklima wird durch Warmluft gemildert, die vom Fluss Struma aufsteigt, und hat einen deutlich mediterranen Anklang; andererseits verhindert die Höhenlage, dass die Temperaturen für den Weinbau zu hoch werden. Dies ist die Heimat der Melnik, einer Sorte, die auf den Ton- und Sandböden um Damianitza und Harsovo gedeiht. Selbst unter solchen warmen Bedingungen reift die Traube spät, und Niederschläge im Herbst können gelegentlich zu Problemen mit Botrytis führen. Auf jeden Fall ist der Wein zu beachten.

Zurzeit werden Zuchtversuche angestellt, besonders mit der Melnik, um Sorten zu bekommen, deren Vegetationszeit zwei bis drei Wochen kürzer ist als die anderer Sorten, damit die Trauben vor dem Einsetzen der Regenfälle gelesen werden können. Außerdem spielen Cabernet Sauvignon, Merlot, Rkatsiteli und Muskat-Ottonel hier eine wichtige Rolle. Weiter nördlich erzeugen die Kellereien in und um Kjustendil kleine Mengen Rkatsiteli, Pamid und Cabernet Sauvignon.

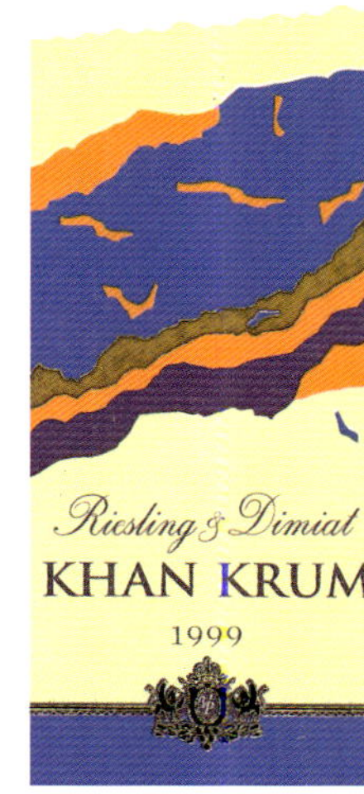

Bulgarien besitzt eine Reihe guter Rebsorten. Aus der Mavrud entstehen kräftige, runde Rotweine.

Östlicher Mittelmeerraum

In diesem Teil der Welt wird seit Tausenden von Jahren Wein gemacht. Schwere, oxidierte Weine, bevorzugt von einheimischen Konsumenten, weichen sehr rasch dem modernen, sauberen Typ. Die Besten sind wirklich sehr gut, der Rest hat aber noch einen langen Weg vor sich. Das gegenwärtig führende Land ist ohne Zweifel Griechenland, wo eine neue Generation von Weinbauern und Weinmachern – viele in Frankreich, Kalifornien oder Australien ausgebildet – entsetzt den Niedergang ihrer jahrtausendealten Weinkultur sahen und die Ärmel aufkrempelten. Die technische Aufrüstung im Keller wird von der Neuorganisation alter und der Anlage neuer Rebflächen begleitet, besonders in den relativ seltenen kühleren Teilen des Landes. Vor allem aber haben die Griechen eine Vorstellung davon, wie ihr Wein schmecken soll, und ein ermutigendes Vertrauen in ihr Land. Viele jüngere Güter, die einfach Cabernet und Chardonnay hätten pflanzen können, haben ihr Areal größtenteils mit heimischen Sorten bestockt – und ihre Weine sind modern, gleichzeitig aber wunderbare Originale. Etablierte Unternehmen wie Boutari, Kourtakis und Tsantalis haben die Messlatte ebenso höher gelegt wie eine Gruppe kleiner, qualitätsbewusster Erzeuger, etwa Gentilini, Gerovassiliou, Hatzimichalis, Constantin Lazaridi, Papaioannou, Strofilia und die jungen Mitglieder der Familie Boutaris.

NORDGRIECHENLAND

In Makedoniene werden aus der Xynomavro-Traube der dunkle, würzige, kraftvolle Naoussa und (verschnitten mit Negoska) der weichere, runde Goumenissa gekeltert. Die besten Erzeuger von Naoussa sind Boutari, Tsantalis, Chrisochoou und Kyr-Gianni. In Goumenissa ist die Kellerei Aidarinis zu beachten. Auf dem Berg Athos auf der östlichsten Halbinsel der Chalkidike hat Tsantalis vom Kloster Agios Panteleimon Weinberge gepachtet und erzeugt dort eine Aufsehen erregende Cuvée aus Cabernet Sauvignon, der heimischen Limnio sowie Merlot.

Evangelos Gerovassiliou, der in Bordeaux bei Professor Peynaud studierte, ist der renommierteste Önologe Griechenlands; er betreibt ein hochmodernes Gut in der Hügellandschaft von Epanomi. Auf seiner eindrucksvollen Produktpalette finden sich großartige, an die Rhône erinnernde Rotweine und ein sehr guter Viognier im Condrieu-Stil.

MITTELGRIECHENLAND

Auch in anderen Teilen Griechenlands wird guter Wein gemacht, so von Hatzimichalis nordwestlich von Athen, wo eine Kollektion verschiedener Sorten angebaut wird. Der Cabernet Sauvignon, Merlot und Chardonnay sowie der Weißwein vom Gut Ambelon, der zu 100 % aus Robola besteht, sind alle gut, wenn auch etwas teuer.

Auf Euböa ist die Savatiano Quelle für die meisten Retsina-Weine, die ihre besondere Note durch den Zusatz von Aleppokiefernharz während der Gärung erhalten. Ob man ihn mag oder nicht – Retsina ist ein herrlich individueller Wein. Dennoch sinkt der Absatz von Retsina rasch, im Inland wie im Ausland.

Das zu den Ionischen Inseln gehörende Kefallonia ist vor allem für seinen trockenen weißen Robola bekannt. Aufregend sind die Gentilini-Weine von Nick Cosmetatos. Sein weißer Classico, der mit seiner frischen zitronigen Säure und seinem mineralischen Bukett an australischen Semillon erinnert, ist ein Verschnitt aus Robola und einer anderen in Kefallonia heimischen Traube, der Tsaoussi, sowie einem kleinen Anteil Sauvignon Blanc. Sein Fumé ist ein im Eichenfass gereifter Verschnitt von Chardonnay und Sauvignon Blanc.

PELOPONNES

Der beste Wein der Peloponnes ist der dunkle, würzige Nemea, der aus der Agiorgitiko-Traube bereitet wird. Die Reben stehen in Höhen von 250 bis 800 m, die besten auf den Abhängen unterhalb des Bergplateaus von Asprokambos. Die Weine von Antonopoulos, Gaia, Kokotos, Kourtakis und Papaioannou sind alle lohnend. Weiter westlich liefert die weiße Moschofilero-Traube den Mantinia, einen der verheißungsvollsten trockenen bzw. halbtrockenen Weißweine Griechenlands, besonders gut sind die von Cambas, Achaia Clauss und Spyropoulos. Die Weißweine von Patras werden aus der ziemlich nichtssagenden Roditis-Traube gemacht, nennenswert ist jedoch der Kouros von Kourtakis. Es gibt hier zwei »Vins Doux Naturels«, den Muscat von Patras, der aus der Muscat Blanc à Petits Grains hergestellt wird, und den Mavrodaphne von Patras aus der gleichnamigen Traube, ergänzt durch Korinthiaki.

GRIECHISCHE INSELN

In der Ägäis erzeugt Kreta eine riesige Menge schlichten Weins, doch inzwischen hat Kourtakis begonnen, bemerkenswerte Rotweine aus wurzelechten Reben sowie saubere, frische Weißweine zu keltern. Auch Boutaris bietet einen ordentlichen Weißwein an. Bessere Weine sind auf Rhodos zu finden, besonders der Muscat, der allerdings noch vom Muscat von Samos übertroffen wird. Der nicht angereicherte Samos Nectar der Union des Coopératives de Samos ist ein herrliches Maul voll von Wein. Auf der Vulkaninsel Santorin werden die Reben in Form eines Seilwickels erzogen, damit sie dem Wind widerstehen können. Die Weißweine, die aus Assyrtiko und Aidani gekeltert werden, haben den mineralischen Biss des Sémillon, kombiniert mit einer intensiven Bratapfel-Frucht; daneben wird hier ein althergebrachter süßer »Vin Santo« erzeugt.

TÜRKEI

Nur 3% der riesigen Rebflächen in der Türkei werden für die Herstellung von Weinen verwendet, sonst werden sie für Tafeltrauben oder für die Rosinenherstellung verwendet. Wenn Türken trinken – und 99% von ihnen trinken keinen Alkohol, da sie Muslime sind –, tun sie das wegen der Wirkung und nicht wegen des Geschmacks. Die oxidierte, alkoholreiche Art vieler Weine findet in der heutigen Weinwelt wenige Anhänger. Am berühmtesten unter den Rotweinen ist der Buzbag aus Ostanatolien, der aus den heimischen Rebsorten Öküzgözü und Bogazkere bereitet wird. Er kann gut, aber auch schrecklich schlecht sein. Zu den guten Erzeugern gehören Diren in Tokat in Ostanatolien, Kavaklidere bei Ankara und Doluca in Thrakien. Hier ergeben moderne Technik, französische Eichenfässer sowie heimische und internationale Traubensorten sehr trinkbare Tropfen.

LIBANON

Im ganzen Libanon steigt der Qualitätsstandard. Von der Modernisierung wurde sogar Château Ksara erfasst, die älteste und größte Kellerei des Landes. Seine neuen Produkte – moderne Weine wie die Chardonnay Cuvée du Pape, der Cabernet-Cinsaut-Syrah-Mix Réserve du Couvent oder sortenreiner Cabernet – sind Lichtjahre von dem entfernt, was sie noch vor wenigen Jahren waren. Die wichtigsten Kellereien sind Château Musar und Château Kefraya, deren Rebflächen an den Osthängen des Berges Barouk über dem Bekaa-Tal liegen. Die große Höhe von über 1000 m über dem Meeresspiegel sorgt für niedrige Temperaturen. Clos St-Thomas, ein kleinerer Qualitätserzeuger des Tals, macht verblüffende Rotweine.

Der Spitzenrotwein von Kefraya besteht zu 70% aus Cabernet Sauvignon, dazu kommen Syrah, Mourvèdre und Grenache. Ich ziehe jedoch den exotisch duftenden Les Bretèches vor, ein Verschnitt aus Cinsaut, Cabernet und Syrah, oder auch den höchst eindrucksvollen Spitzenwein Comte de M aus Cabernet und Syrah. Die Weißweine von Château Kefraya, hergestellt aus den Rebsorten Ugni Blanc, Clairette, Bourboulenc und Sauvignon Blanc, sind ebenfalls viel besser geworden. Château Musar, das international bekannteste Gut, war lange Zeit der Stern am libanesischen Weinhimmel. Der Rotwein aus 50–80% Sauvignon und Cinsaut war ein faszinierender Rotwein mit einem Bukett aus allen Düften Arabiens, das seinesgleichen suchte. Doch während die anderen Güter des Libanons Fortschritte gemacht haben, scheint Musar in einer Zeitverwerfung stecken geblieben zu sein. Der Musar Blanc wird aus den heimischen Sorten Obaideh und Merweh verschnitten, die der Chardonnay bzw. der Sémillon ähneln.

ISRAEL

Die meisten guten Weine Israels kommen bisher aus der Region Galiläa, mit den Golan-Höhen als bester Unterregion. Die Golan Heights Winery stellt unter den Marken Yarden und Gamla gute Weißweine her, ebenso die flaschenvergorenen Yarden-Schaumweine. Die Weinberge in den Ausläufern des Hermon-Gebirges besitzen gut dränierende Böden auf Basalt- und anderem vulkanischem Gestein, die Basis für den Erfolg der Kellerei mit Cabernet, Merlot, Muscat, Chardonnay und Sauvignon. Die große Höhe hält die Tagestemperaturen unter 25 °C.

Das älteste und größte Weinunternehmen Israels, Carmel, liefert 55% des im Land erzeugten Weins. In den 1990er Jahren wurden viele Boutiquekellereien gegründet, die guten Gebrauch von der neuen Technik machen, aber meist nur winzige Mengen produzieren. Einige der vielversprechendsten Weine kommen von Castel in den Hügeln von Judäa, Galil Mountain in Galiläa und Tishbi in Shomron. Hoffen wir, dass der Friedensprozess im Nahen Osten weitergeht.

ZYPERN

Die zypriotische Weinwirtschaft leidet noch immer unter den Folgen einer dreifachen Katastrophe: des Zusammenbruchs des russischen Weinmarktes, des Verbots der Bezeichnung »Sherry« für die gespriteten Weine der Insel und der 14 Jahre dauernden Dürre, die die jährliche Produktion dramatisch auf nur noch 500000 Hektoliter senkte. Kein Wunder, dass ETKO, der älteste Erzeuger der Insel, sich auf dem griechischen Festland einkauft. Ein Nebeneffekt aber ist, dass die großen Unternehmen – ETKO, KEO, LOEL und SODAP – nun gezwungen sind, ernsthaft auf Qualität zu achten. Heimische Rebsorten, Mavro (rot) und Xynisteri (weiß), nehmen etwa 85% der gesamten Anbaufläche ein. Immer mehr Weinberge werden jedoch mit internationalen Sorten bepflanzt, besonders an den Südhängen des Troodos-Gebirges, wo die Schneeschmelze das für die Bewässerung des ausgedörrten Landes dringend benötigte Wasser liefert. Zum ersten Mal treffen wir auf sortenreine Weine, und die ersten Versuche mit Trauben wie Cabernet Sauvignon und Sémillon zeitigen bereits eindrucksvolle Ergebnisse. Der berühmteste Wein der Insel ist der Commandaria, der aus in der Sonne getrockneten Mavro- und Xynisteri-Trauben gekeltert wird und in einem Solera-System reift.

Im Bekaa-Tal, einst Schauplatz des libanesischen Bürgerkriegs, ist Frieden eingekehrt. Diese Rebflächen gehören zum bedeutenden Château Kefraya.

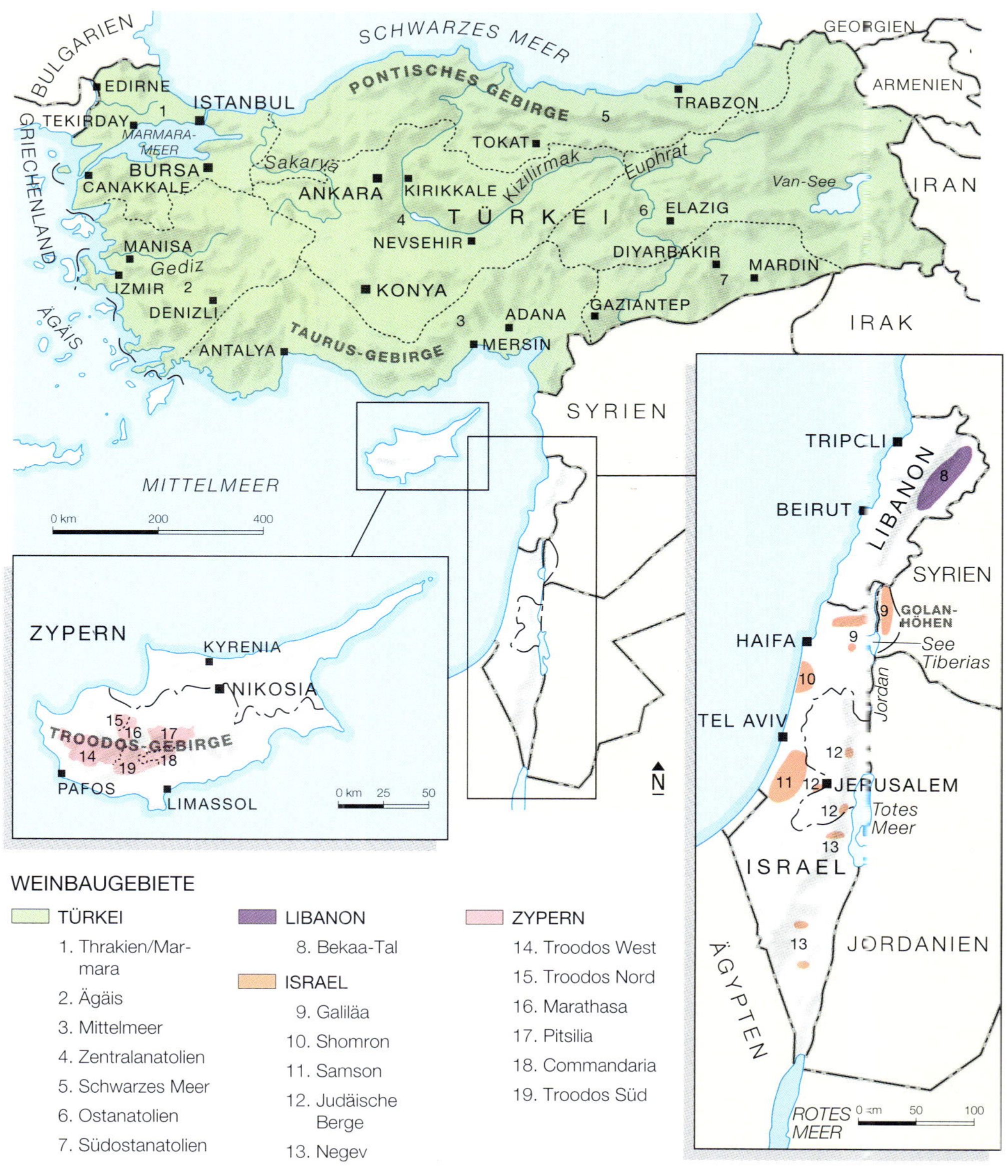

NORD-AMERIKA

Ein Weinberg muss nicht jahrhundertealt sein, um berühmt zu werden. Bien Nacido (links) im Santa Maria Valley wurde erst 1973 angelegt, doch machen die Kellereien – besonders Au Bon Climat (im Hintergrund) – aus Pinot Noir, Chardonnay und Syrah großartige Weine. Das Napa Valley ist voll mit hypermodernen Kellereien, aber auch ein wenig Geschichte ist noch erhalten, wie der Wasserturm von Franciscan Vineyards in Oakville (oben).

Am 26. Mai 1976 fand in Paris ein Ereignis statt, das sich als Wendepunkt in der Geschichte der Weinproduktion in Nordamerika erweisen sollte – das Rendezvous mit dem Schicksal, auf das das Land seit 1619 gewartet hatte, als Lord Delaware einen Weinberg mit französischen Rebsorten in Virginia anlegte. Stephen Spurrier, ein junger britischer Weinhändler, veranstaltete in Paris für die besten französischen Weinkenner eine Verkostung. Vordergründig ging es um Weine aus Bordeaux und dem Burgund, doch schloss die Probe auch ein paar kalifornische Weine ein, die die französischen Juroren denn auch ziemlich gnadenlos heruntermachten.

Doch es war eine Blindprobe, und die Weine, die sie so negativ beurteilt hatten, erwiesen sich als französische Weine, die zu den Spitzenerzeugnissen von Bordeaux und Burgund gehörten. Jene, die die Juroren als typische Beispiele großer französischer Weine priesen, stammten gar nicht aus Frankreich. Der Spitzenweißwein war ein Chateau Montelena Chardonnay 1973 aus dem kalifornischen Napa Valley, und er schlug burgundische Weine, die auf eine tausendjährige Tradition zurückblickten. Der Spitzenrotwein war ein Stag's Leap 1973 Cabernet – erst der zweite Jahrgang dieses Weins aus dem Napa Valley –, der die Herausforderung durch die Bordeaux-Weine Château Haut-Brion und Château Latour, die in einer jahrhundertelangen Geschichte verwurzelt sind, mit Glanz bestand.

Bis zu diesem Augenblick hatte Frankreich als unumschränkter Herrscher in der Welt des Weins gegolten. Damit war es nun vorbei. Der Aufsehen erregende Sieg bei der Blindprobe gab den Amerikanern die Zuversicht, dass sie es mit den besten Winzern der Alten Welt aufnehmen konnten, und zwar zu ihren Bedingungen, und er spornte die anderen Nationen der Welt, die heute Weine von Weltklasse erzeugen – von Australien und Neuseeland bis nach Südafrika und Chile –, an, es ihnen gleichzutun.

Dieser Sieg wirkte sich auch auf die amerikanischen Methoden der Weinerzeugung aus. Mit Ausnahme der Massenhersteller haben sich die Erzeuger in Kalifornien, Oregon, Washington, Texas, Virginia, New York – und jetzt auch Ontario und British Columbia in Kanada – vorgenommen, die größtmögliche Qualität zu erreichen, die Spitze zu ihrem Ziel zu machen und die beste Ausrüstung für ihre Kellereien anzuschaffen. Manchmal wird ihnen der schiere Ehrgeiz zum Verderben. Doch meist sind ihre Anstrengungen einfach Ausdruck der Begeisterung für eine neue Industrie, die sich gegen alte, verehrte Institutionen auflehnt – und die ganze Welt hat Grund, dafür dankbar zu sein.

Die Weinbaugebiete Nordamerikas

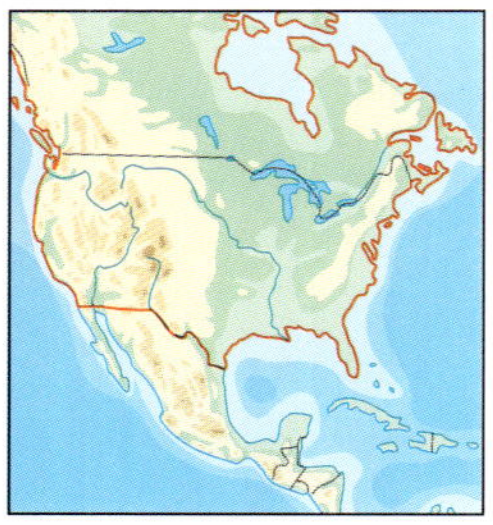

Seit der Eroberung des Kontinents durch die Europäer im sechzehnten und siebzehnten Jahrhundert gibt es umfangreiche Aufzeichnungen über die unermüdlichen Versuche in beinahe jedem Staat, Rebflächen und Kellereien anzulegen. Gleichzeitig belegt die Tatsache, dass amerikanische Weine erst in den 1970er Jahren in die erste Liga vordrangen, dass es viele natürliche und von Menschen gemachte Hindernisse gab, die die Weinerzeuger überwinden mussten.

An der Ostküste stellte die Kombination aus einem schwierigen Klima und der Existenz eines heimischen Reben vernichtenden Insekts, der Reblaus *(Phylloxera vastatrix)*, Generationen von Winzern vor riesige Probleme, die versuchten, aus europäischen Rebsorten Wein im europäischen Stil herzustellen. In der Mitte und im Süden des Landes wurden alle Pioniere bis auf die hartnäckigsten unter ihnen von den ungünstigen klimatischen Bedingungen in die Knie gezwungen. An der Westküste wurde ein hoffnungsvollerer Start mit europäischen Rebsorten durch die Invasion der Reblaus aus dem Osten weitgehend zunichte gemacht.

Diesen Versuchen wurde nun vollends ein Ende bereitet, als im ganzen Land die Prohibition eingeführt wurde. Von 1919 bis 1933 war der Alkohol in den Vereinigten Staaten eine illegale Droge. Die Leute tranken noch immer – sie tranken wahrscheinlich mehr denn je –, doch die Vorstellung von Wein als einem edlen, erhebenden Getränk war dahin. Als die Prohibitionsgesetze aufgehoben wurden, erstickte die Weltwirtschaftskrise das Interesse an den edleren Dingen des Lebens – und dann kam der Zweite Weltkrieg. In den 1950er Jahren war eine Generation herangewachsen, die Wein nur als ein süßes, künstlich mit Alkohol angereichertes Getränk kannte, das man wegen der Wirkung und nicht wegen des Geschmacks trank.

Das Bild begann sich erst Ende der 1960er Jahre zu wandeln, als Robert Mondavi seine Napa Valley Winery errichtete, womit er praktisch in ein Vakuum stieß. In den 1970er und 1980er Jahren eroberten sich die Weinpioniere jeden geeigneten Winkel in Kalifornien und im pazifischen Nordwesten. In den 1980er und 1990er Jahren gelang es den Küstenstaaten im Südwesten und Osten endlich, ihre schwierigen klimatischen Bedingungen zu bezwingen. Schließlich warfen in den 1990er Jahren auch die Kanadier von Ontario und British Columbia ihre unzureichenden Weintraditionen über Bord und wandten sich dem modernen Weinbau zu – mit überraschendem Erfolg.

AMERIKANISCHE REBSORTEN

Im siebzehnten und achtzehnten Jahrhundert berichtete jeder Besucher aus Europa, der an der Ostküste entlangreiste, von den Reben, die von Neuengland bis nach Florida gediehen. Doch alle Bemühungen, aus ihnen einen ordentlichen Wein zu machen, schlugen fehl, vor allem deshalb, weil die vorherrschende Rebart, *Vitis labrusca*, keinen Wein mit angenehmem Aroma hervorbringt, obwohl sie ausgezeichneten Traubensaft und Traubengelee liefert. So importierten Generationen von Kolonisten die europäischen Sorten der *Vitis vinifera* – doch ohne jeden Erfolg.

Der offenkundigste Grund für diese Fehlschläge waren die sehr kalten Winter und feuchtheißen Sommer, die entweder die Rebstöcke vernichteten oder optimale Voraussetzungen für Pilzkrankheiten boten. Doch es gab noch einen anderen Feind, die in Nordostamerika heimische winzige Reblaus *Phylloxera*, die sich von den Wurzeln der ausdauernden *Vitis labrusca* ernährte, ohne den Rebstock zu schwächen. Die *Vitis-vinifera*-Rebstöcke besaßen jedoch keine natürlichen Abwehrkräfte gegen die Reblaus, so dass ihr jede Anpflanzung innerhalb weniger Jahre zum Opfer fiel.

DIE OSTKÜSTE

Diese Umstände haben dem gesamten Weinbau im Nordosten der Vereinigten Staaten ihren Stempel aufgedrückt. Aus den Reben der Art *Labrusca* wurde und wird von Neuengland bis nach North und South Carolina und zu den Großen Seen Wein gemacht, doch bis heute ist es noch niemandem gelungen, aus dieser Rebart einen wirklich wohlschmeckenden Wein herzustellen. Allerdings haben sich einige reblausresistente Hybriden auf natürlichem Weg mit weniger aggressiven Aromen entwickelt, andere wurden von den Winzern bewusst gezüchtet.

Als die Franzosen im ausgehenden neunzehnten Jahrhundert verzweifelt nach reblausresistenten Pflanzreben für ihre weitgehend verwüsteten Weinberge suchten, entwickelte man eine große Zahl so genannter französischer Hybriden. Sie dominieren inzwischen die Rebflächen in den östlichen und mittleren Staaten der USA, während an der Ostküste die klassischen *Vinifera*-Sorten endlich gedeihen und in Virginia und Long Island bei New York den größten Teil des Leseguts liefern.

Aus dem Santa Maria Valley kommen einige der besten Chardonnays Kaliforniens und einige der elegantesten Etiketten.

DAS KLASSIFIKATIONSSYSTEM DER USA

Weingesetze gibt es in den Vereinigten Staaten noch nicht lange, da die Herkunft der Trauben für den in Nordamerika hergestellten Wein bis in die 1980er Jahre keine Bedeutung hatte. Auf den Etiketten wurde günstigstenfalls das Ursprungs-County angegeben, was dem Verbraucher jedoch nichts über die Qualität sagte. Die Forderung nach einer eigenen Weingesetzgebung führte 1983 zur Einführung von offiziell anerkannten »American Viticultural Areas« (AVA, Amerikanische Weinbaubereiche), die das französische Prinzip der Appellation Contrôlée bzw. das italienische der Denominazione di Origine Controllata zum Vorbild hatten.

Die AVAs unterstehen dem amerikanischen Bundesamt für Alkohol, Tabak und Schusswaffen. Die Grenzziehung zwischen den Bereichen beruht auf topografischen und klimatischen Zonen sowie Bodentypen, doch im Gegensatz zu ihren europäischen Vorbildern beinhalten die Regelungen keine Beschränkungen in Bezug auf die Rebsorten, die angebaut werden dürfen, und auf die Erträge, doch wie in Europa sind sie kein Garant für Qualität. Mit solchen Beschränkungen ist jedoch zu rechnen, da die Erzeuger ihre Erfahrungen machen, welche Sorte wo Erfolg hat, und die optimalen Erträge für Qualitätswein ermitteln können. Derzeit gibt es in den USA über 135 AVAs, von denen mehr als 80 in Kalifornien liegen.

Die wichtigsten Vorschriften der Etikettierung

Angabe der Rebsorte Der Wein muss mindestens 75% der genannten Sorte enthalten (außer in Oregon, wo mindestens 90% vorgeschrieben sind; für Cabernet Sauvignon sind 75% zugelassen, um den für diese Sorte typischen Bordeaux-ähnlichen Verschnitt zu ermöglichen). Wenn eine AVA genannt ist, müssen mindestens 85% der Trauben aus ihr stammen.

Herkunftsgebiet Die unterste Kategorie erfordert lediglich die Angabe »America«, wenn es sich um einen Verschnitt von Weinen aus zwei oder mehr Staaten handelt; das Etikett kann aber auch genauere Informationen enthalten und den Namen eines Staates oder eines Countys nennen. Wenn das Etikett nur den Namen eines Staates enthält, müssen die Trauben zu 100% aus diesem Staat stammen; wenn nur das County genannt ist, müssen – unabhängig von der Rebsorte – mindestens 75% aus diesem Bezirk stammen.

Warnhinweise Die Etiketten auf Flaschen, die für den US-Markt bestimmt sind, müssen verschiedene Warnhinweise tragen, zum Beispiel zu den Gefahren durch den Alkohol (puritanische Werte sind zählebig); ferner müssen der Sulfitgehalt (zur Haltbarmachung) und andere Zusätze aufgeführt werden.

KALIFORNIEN UND DER SÜDEN

Die Südstaaten der USA sind wegen ihrer feuchten Sommer und zu milden Winter weitgehend ungeeignet für *Vinifera*-Reben; der bekannteste Wein kommt von einer *Vitis-rotundifolia*-Sorte mit Namen Scuppernong. Trotzdem gründeten französische und deutsche Einwanderer blühende Weingüter in Arkansas und Missouri, wobei sie ein breites Spektrum von Rebsorten verwendeten. Von Mexiko aus traten im frühen siebzehnten Jahrhundert die *Vitis-vinifera*-Reben ihren allmählichen Siegeszug nach Norden an, und im Jahr 1779 pflanzten Franziskaner-Missionare die ersten Rebstöcke in Kalifornien.

Der Goldrausch von 1849 verlagerte das Zentrum der Aufmerksamkeit von Los Angeles nach San Francisco, wo die großen Weinbaugebiete von Sonoma und Napa, ferner Livermore und Santa Clara südlich beziehungsweise östlich von San Francisco und das San-Joaquin-Tal weiter landeinwärts angelegt wurden.

Ende des neunzehnten Jahrhunderts gab es in Kalifornien mehr als 800 Weinbaubetriebe, die über 300 verschiedene *Vinifera*-Sorten anbauten. Die Reblaus, zwei Weltkriege, die Prohibition und die Weltwirtschaftskrise brachten die helle Flamme des kalifornischen Weins für beinahe hundert Jahre zum Verlöschen, bis der Fortschritt im letzten Viertel des zwanzigsten Jahrhunderts die Weinszene in Nordamerika und in der ganzen Welt für immer veränderte.

DER PAZIFISCHE NORDWESTEN

Weiter nördlich, in Oregon, Washington und Idaho, machten sich Winzer daran, den Typ des amerikanischen Weins zu verändern, der bisher von den Kaliforniern definiert worden war. Doch es war das neu entfachte Feuer in Kalifornien, dessen Funken bis in diese nördlichen Staaten gelangten. Zwar besaß der Staat Washington eine Weinindustrie auf der Grundlage von Hybriden und *Labrusca*-Reben, zwar gibt es Hinweise auf Weinbaubetriebe im Willamette-Tal in Oregon, doch kamen die Dinge erst 1966 richtig in Bewegung, als ein führender amerikanischer Weinkritiker auf ein paar Universitätsprofessoren stieß, die in ihrer Garage Wein herstellten. Gleichzeitig tauchten verschiedene kalifornische »Emigranten« in Oregon auf, um sich nach einem Standort für Pinot Noir umzuschauen. Erst in den 1970er Jahren beschlossen einige Obstfarmer aus Idaho, es mit Weintrauben zu versuchen.

KANADA

Kanada ist keineswegs ein Neuling in der Weinherstellung. Es produziert seit dem neunzehnten Jahrhundert Wein und verdarb den USA ab 1916 das Geschäft, da es dem kanadischen Alkoholverbot teilweise entgehen konnte. Den Winzern gelang es, eine Ausnahme von dem Gesetz auszuhandeln, und 1927, als dort die Prohibition aufgehoben wurde, gab es über 50 Weinbaubetriebe mit einer Betriebserlaubnis. Heute wird in Ontario, Neuschottland und Québec sowie ganz im Westen in British Columbia Wein erzeugt.

Trotz harter Winter haben die Erzeuger die *Labrusca*-Sorten aufgegeben, die gewöhnlich zu süßem »Portwein« und »Sherry« verarbeitet wurden, und bauen nun mit Erfolg *Vinifera*-Sorten an, vom Chardonnay bis zum Pinot Noir. Robuste Hybriden wie Seyval Blanc, Vidal, Maréchal Foch und Baco Noir sind immer noch beliebt wegen ihrer Fähigkeit, das abwechselnde Frost- und Tauwetter im Frühjahr zu überstehen. Einen Klimafaktor haben die Weinbauern zu ihrem Vorteil genutzt: In Kanada gefrieren die Trauben jedes Jahr am Rebstock – das Ergebnis ist ein üppiger, bukettreicher süßer Eiswein. Die Qualität wird in Kanada von der Vintners Quality Alliance (VQA) kontrolliert, die 1988 gegründet wurde und eine ähnliche Aufgabe wie die AVAs südlich der Grenze erfüllt.

PANORAMAKARTEN USA

Kalifornien, North Coast S. 238/239
North Sonoma S. 240/241
Russian River Valley S. 242/243
Napa Valley, Sonoma Valley und Carneros S. 244/245
Zentrum von Napa S. 246/247
Kalifornien, South Central Coast S. 251
Santa Maria Valley, Santa Ynez Valley S. 252/253
Bundesstaat Washington S. 258/259
Oregon S. 260/261
Bundesstaat New York S. 264/265

WEITERE KARTEN

Kalifornien S. 236
Kalifornien, North Central Coast S. 248
Pazifischer Nordwesten S. 257
Ostküste S. 262
British Columbia S. 267
Ontario S. 269

Kalifornien

Bei meiner ersten Reise durch die USA kam ich zwar nicht bis Kalifornien, doch als Schauspielschüler mit notorischem Durst lernte ich – wie viele meiner Freunde – den kalifornischen Wein, so wie er damals war, gründlich kennen. Indem ich viele Flaschen Wein mit Namen wie Hearty Burgundy oder Mountain Chablis – die nichts mit den berühmten Weinbaugebieten Frankreichs zu tun hatten – leerte, machte ich meine erste Bekanntschaft mit gutem billigem Wein. Bis dahin war »billig« für mich gleichbedeutend mit »schlecht« gewesen. Doch das galt für Europa. In Kalifornien dagegen waren zum ersten Mal überall preiswerte, saftige Schankweine zu haben. Die riesige, sonnendurchglühte Wüste des kalifornischen Central Valley war von Weinerzeugern urbar gemacht worden; sie bewässerten die ausgedörrten Böden mit Hilfe der zahlreichen Bäche aus den Bergen der Sierra Nevada, um diese gefälligen Weine in Massen herzustellen. Damit waren sie ihren neuen Konkurrenten weit voraus, denn in Australien begann man erst die lange Periode zu überwinden, in der die Nationalgetränke Bier und süßer Wein gewesen waren, und in Argentinien, Südfrankreich und Osteuropa hatte man noch gar nicht begriffen, dass die Menschen vielleicht auch von einem einfachen Wein erwarten, dass er gut schmeckt.

Dies ist die eine Hälfte der kalifornischen Weingeschichte, die in den letzten zwanzig Jahren die Erzeuger von einfachen Weinen in der ganzen Welt beeinflusst hat und letztlich schlechten Wein – zu welchem Preis auch immer – zu einem Anachronismus machen wird. Aber es gibt auch einen anspruchsvolleren Teil.

Der begann in den 1970er Jahren, als ich auf meiner zweiten Amerikareise nach Kalifornien kam und, ohne es zu merken, die Revolution des Qualitätsweins miterlebte, die in den 1960er Jahren in Gang gekommen war. Es war mir damals nicht klar, aber die Namen auf den Flaschen, nach denen ich in den Regalen der Weingeschäfte griff, wie Mondavi, Heitz, Sterling, Freemark Abbey und Schramsberg, waren dabei, die Welt des Weins gründlich zu verändern. Das waren die neuen Weinbaubetriebe im Napa Valley nördlich von San Francisco, die den klassischen französischen Weinbaugebieten Bordeaux, Burgund und Champagne den Kampf angesagt hatten.

Sie versuchten diese altehrwürdigen Weine aber nicht auf der untersten Ebene, sondern auf der der größten Grands Crus und Luxuscuvées nachzuahmen. Sie verwendeten dieselben Rebsorten, dieselben Produktionsmethoden, soweit ihnen dies möglich war, und kauften die Ausrüstung, die sich nur die allerbesten französischen Erzeuger leisten konnten. Die resultierenden Weine waren sensationell. Sie ließen ihre großen französischen Vorbilder ohne weiteres erkennen, doch hatten sie gleichzeitig ihre ganz eigene faszinierende Note. Und damit wurden sie tonangebend für die Entwicklung der kalifornischen Weine, wie sie seitdem in den kühleren Weinbaugebieten des Staates mit großem Engagement verfolgt wird.

In den Temperaturen liegt aber das Problem. Das Central Valley ist eine weite, ausgedörrte, künstlich bewässerte Landschaft, die massenhaft Trau-

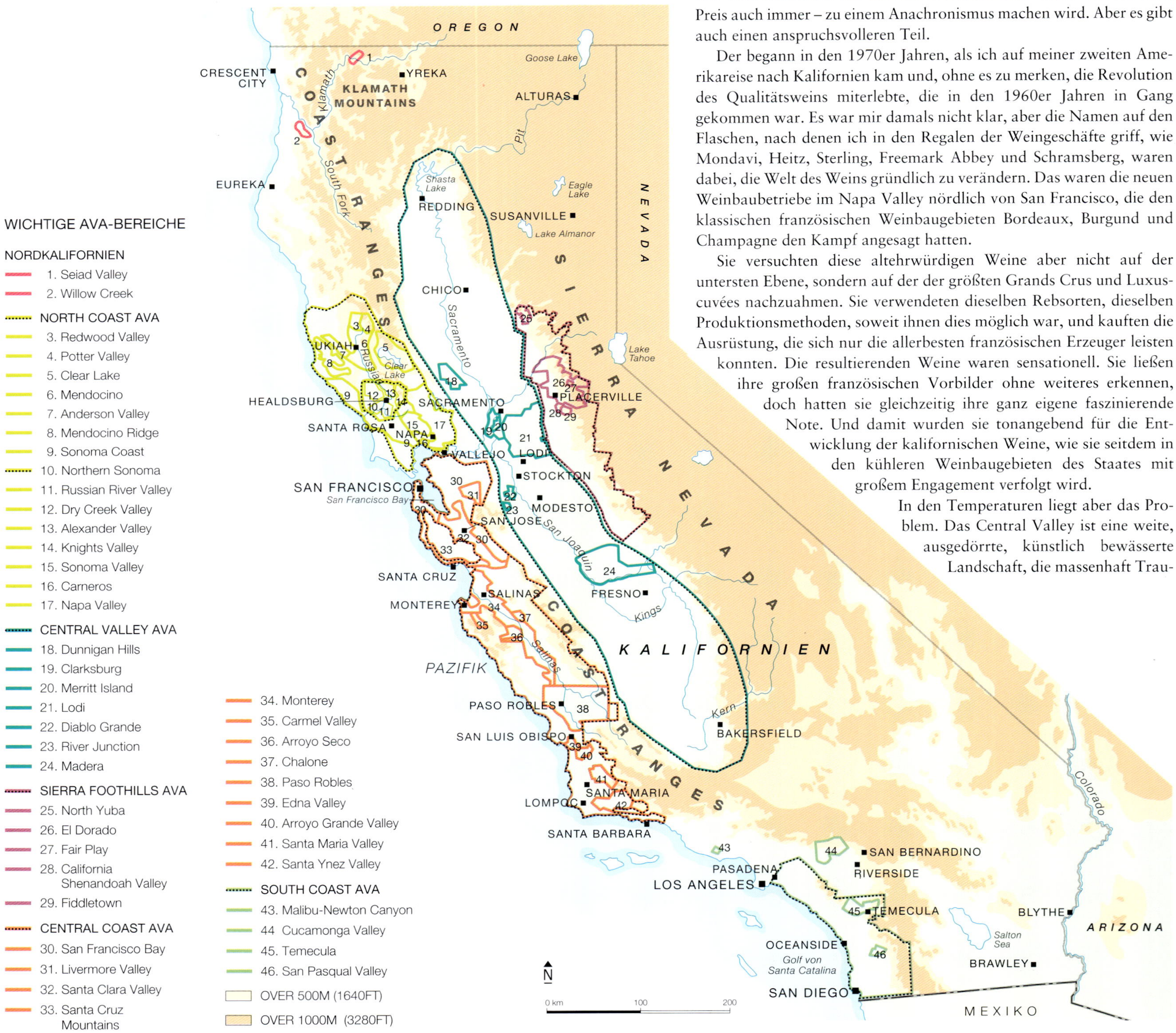

ben für Weine liefert, die niemals Größe erreichen, da die Bedingungen hier nicht günstig sind. Man braucht weniger Sonne, weniger Hitze, längere Reifungsperioden und geringere Erträge. Wie aus der Karte ersichtlich, erstreckt sich das Central Valley von Sacramento fast bis nach Los Angeles, und in diesen Breiten liegen auch alle anderen kalifornischen Weinbaugebiete, die einige der interessantesten Weine der Welt liefern. Der wesentliche Faktor, den sie – im Gegensatz zum Central Valley, das zwischen dem Küstengebirge und den Bergen der Sierra Nevada liegt – gemeinsam haben, ist, dass sie alle in Küstennähe liegen. Aber selbst das würde noch nicht ausreichen. Dieses Küstengebiet Kaliforniens bietet jedoch einmalige klimatische Voraussetzungen, da der Höhenzug an der Küste und das Central Valley selbst, unterstützt durch kalte pazifische Strömungen, jedes vorstellbare Weinbauklima erzeugen, häufig innerhalb von wenigen Kilometern.

Eine außerordentlich kalte Meeresströmung verläuft von Alaska bis zur kalifornischen Küste und sorgt im Sommer dafür, dass kalte Wassermassen aus der Tiefe an die Meeresoberfläche steigen. Da sie 7–9 °C kälter sind als das Oberflächenwasser, das sie verdrängen, kondensiert die Feuchtigkeit in der warmen Luft über dem Meer und bildet massive Nebelbänke. Gleichzeitig wird 160 km weiter landeinwärts das Central Valley an jedem Sommertag durch eine glühende Sonne aufgeheizt. Die heiße Luft steigt auf und erzeugt einen Unterdruck, der wegen der hohen Sierra nicht von Osten her ausgeglichen werden kann. Also muss die Luft aus dem Westen kommen. Das geschieht am nördlichen Ende des Central Valley, wo der San Joaquin River durch eine Lücke des Küstengebirges in die San Pablo Bay und anschließend durch das Golden Gate ins Meer mündet.

Indem sich das Central Valley erwärmt, werden Kaltluft und Nebel durch die Golden-Gate-Meerenge und über die Senken im Küstengebirge angesaugt. Der Nebel wird zum größten Teil in das San Joaquin Valley gelenkt, zum Teil auch über Carneros in das Napa Valley und das Sonoma Valley hinauf. An der ganzen Küste, von Santa Barbara im Süden bis Mendocino im Norden, dringen Nebel und kalter Wind durch alle Lücken zwischen den Bergen, durch jedes Flusstal, das den Küstenhöhenzug unterbricht, ins Landesinnere.

An der Küste selbst ist es zu kalt für den Weinbau. Doch der Nebel und der Wind, die landeinwärts wehen, verlieren allmählich ihre Kraft und werden zunehmend wärmer. Man sagt, dass mit jeder Meile, die man in einem der Täler zurücklegt, die Temperatur um gut 0,5 °C steigt. Während es also in Carneros unmittelbar an der San Pablo Bay recht kühl ist, herrschen in Calistoga, 50 km weiter nördlich im Napa Valley, sehr warme Temperaturen. In allen Tälern gibt es Winkel mit speziellen mesoklimatischen Bedingungen, und es gibt Standorte, wo die Höhe eine größere Rolle spielt als Nebel und Seewind, doch das Zusammenspiel von kühlem Pazifik und warmem Landesinneren ist der wichtigste Faktor für die Qualität der Reblagen in Kalifornien.

REBSORTEN

Es ist noch nicht lange her, dass man begann, die Eignung der verschiedenen Rebsorten für die unterschiedlichen Boden- und Klimabedingungen in Kalifornien richtig zu erforschen. Vor den 1960er Jahren überwogen die Anbauflächen mit Massensorten die mit Spitzenrebsorten noch bei weitem. Mit dem Beginn der Erzeugung hochwertiger Weine in Kalifornien änderte sich die Lage so dramatisch, dass inzwischen die Chardonnay-Rebe die meistangebaute Sorte überhaupt und Cabernet Sauvignon die meistangebaute rote Rebsorte ist. Doch hier liegt auch eine Gefahr. Da Chardonnay und Cabernet Sauvignon – und seit jüngerer Zeit auch Merlot – die höchsten Preise erzielen, wurden diese Rebsorten häufig an ungünstigen Standorten angebaut, die sich besser für andere Sorten eignen.

Ende der 1980er Jahre hatten die Erzeuger die einmalige Chance, das, was auf ihren Rebflächen angebaut wurde und wie es angebaut wurde, zu überprüfen, als die Phylloxera (oder eine Mutation mit dem Namen Biotype B Phylloxera) wieder auftauchte. Fast alle Rebflächen im Staat mussten gerodet und neu bepflanzt werden. Das wäre der geeignete Zeitpunkt gewesen, um unwirtschaftliche Rebflächen und untaugliche Rebsorten durch moderne Systeme und optimale Rebsorten zu ersetzen. Wenn dies geschehen wäre, gäbe es heute viel mehr Syrah, Sangiovese, Mourvèdre, Marsanne, Viognier …

Stattdessen sehen wir viel mehr Chardonnay, Cabernet Sauvignon und Merlot, da man sich den Kräften des Marktes unterwarf, statt die optimale Abstimmung von Boden und Rebsorte anzustreben. Nur die Syrah ist auf dem Vormarsch. Das ist sehr schade, denn einige Bereiche haben sich für bestimmte Sorten als besonders gut geeignet erwiesen. So ist Los Carneros gut für Pinot Noir und Chardonnay, ebenso das Santa Maria Valley. Santa Ynez eignet sich gut für Pinot und das Edna Valley für Chardonnay. Cabernet und Merlot bewähren sich exzellent in den Berglagen von Napa und Sonoma, und die Zinfandel-Rebe taucht an den unwahrscheinlichsten Orten in vielen verschiedenen Formen auf.

Der Morgennebel, der sich bei Calistoga im Napa Valley ausbreitet, ist für die Kühlung der Reben wichtig.

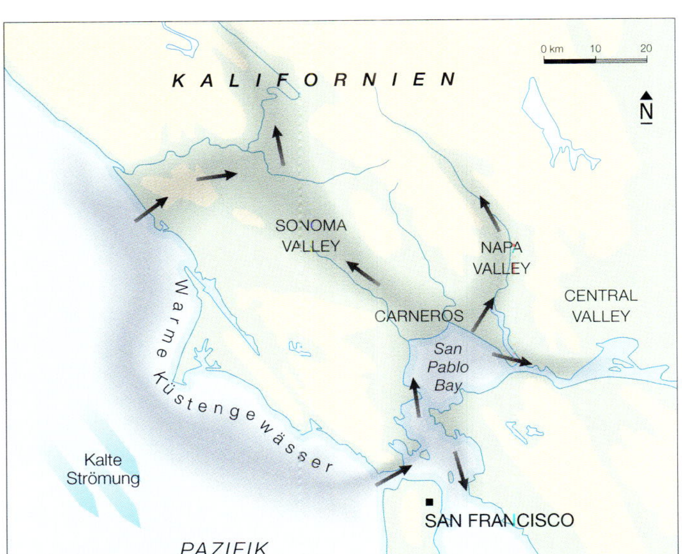

DAS KLIMA KALIFORNIENS

Die kalte Meeresströmung, die im Sommer vor der amerikanischen Westküste auftritt, wirkt sich unmittelbar auf die Produktion von hochwertigem Wein im Küstenbereich Kaliforniens aus. Diese Strömung nimmt ihren Ausgang vor Alaska und steigt vor Nordkalifornien an die Meeresoberfläche, teils wegen der starken Küstenwinde, die das Wasser umwälzen. Das kältere Wasser, das an die Oberfläche gelangt, trifft auf warme Luft, was zur Bildung massiver Nebelbänke führt.

Inzwischen heizt die Morgensonne die im Binnenland liegenden Täler auf, die heiße Luft steigt nach oben und saugt durch die Einschnitte in den Küstengebirgen die kühlere Luft von der Küste mitsamt dem Nebel an. Die Temperatur sinkt, die Nebel ziehen die ganze Nacht lang von der Küste ins Land und lösen sich am nächsten Vormittag wieder auf. Ohne diese Abkühlung wäre es in den Küstenregionen zu heiß für edle Rebsorten. Der pazifische Einfluss schwächt sich allmählich ab, je weiter der Seewind und die Nebelbänke landeinwärts ziehen. An einem typischen Sommertag gibt es zwischen dem kühlen Carneros und dem wärmeren Calistoga 50 km weiter oben im Napa Valley einen Temperaturunterschied von 10 °C.

»SVL« steht für Stag's Leap Vineyard, eine Spitzenlage der Stag's Leap Wine Cellars am Ostrand des Napa Valley.

Wenn man auf dem Highway 101 von Mendocino südlich fährt, öffnet sich nördlich von Cloverdale das Alexander Valley; hier ist es warm, und die Zinfandel-Rebe und die Rhône-Sorten kommen problemlos zur Reife. Doch was es wirklich zu bieten hat, zeigt das Tal erst südlich von Geyserville. Die weiten, fruchtbaren Landstriche mit kiesigem Lehm lassen die Reben geradezu wuchern, doch moderne Schnittmethoden und Erziehungssysteme bringen heute wunderbar gerundete Cabernets mit mächtigem Bukett hervor, die in ihrer Jugend begeistern und doch mit Anmut altern. Von größerem Interesse sind die riesigen, ertragreichen Chardonnay-Anbauflächen, die einen großen Teil des Südteils um Jimtown bedecken. Man fragt sich, wer all den Wein kaufen soll. Die kleine AVA Knights Valley weiter östlich an der Straße nach Calistoga im Napa Valley war lange Zeit ein »Ein-Weingut-Bereich«; Beringer machte aus den Trauben des Tales einen sehr schönen Cabernet, aber sonst war das Weinbauprovinz. Heute nicht mehr: Große Flächen ehemaliges Weideland wurden mit Reben bepflanzt, und große Unternehmen wie Gallo haben sich hier eingekauft. Chardonnay ist heute noch bedeutender als einst; ein gutes Zeichen ist, dass signifikante Rebflächen auf geringtragenden Hängen angelegt wurden.

Das Dry Creek Valley wurde während der 1870er Jahre von italienischen Einwanderern mit Zinfandel bepflanzt, und es ist immer noch der Zinfandel aus der windstillen, glühheißen Nordhälfte des Tals, der Dry Creek zu etwas Besonderem macht und einem das Gefühl gibt, dass inmitten der wachsenden Übermacht der großen Unternehmen noch etwas von dem alten ländlichen Amerika übrig geblieben ist. Auf beiden Seiten des Flusses gibt es Ablagerungen aus grobem, rötlichem Kies, die einen guten Wasserabzug bieten, gleichzeitig aber die überdurchschnittlich hohen Niederschläge speichern können. Diese Standorte werden zunehmend von der Cabernet-Rebe in Besitz genommen, aber es ist die gesunde, stämmige Süße der Zinfandel-Traube, die mein Herz höher schlagen lässt.

Auf dem Talgrund bringen gut entwässernde Kiesböden überraschend guten Sauvignon Blanc und Chenin Blanc hervor, während am kühleren Südende des Tals hochwertiger Chardonnay gewonnen wird.

Erst südlich von Healdsburg im AVA-Bereich Russian River Valley geht im Sonoma County das warme Klima mit ein paar kühlenden Einflüssen in ein kühles Klima mit vereinzelten warmen Flecken über, besonders in den Gegenden, die dem klimatischen Einfluss des Flusses ausgesetzt sind. An diesem Abschnitt des Russian River ist es eigentlich zu kalt für die Zinfandel-Rebe, doch vereinzelt gibt es einige wunderbare Weine, meist von Rebflächen, auf denen ebenfalls hervorragender Pinot Noir gemacht wird – fragen Sie mich nicht, wie das geht, aber das Gleiche ist in Australien zu beobachten, wo Shiraz und Riesling nebeneinander stehen. Außerdem gibt es köstlichen Gewürztraminer (leider

NORTH SONOMA

NORD-SÜD-AUSDEHNUNG 32 KM

REBFLÄCHEN

N

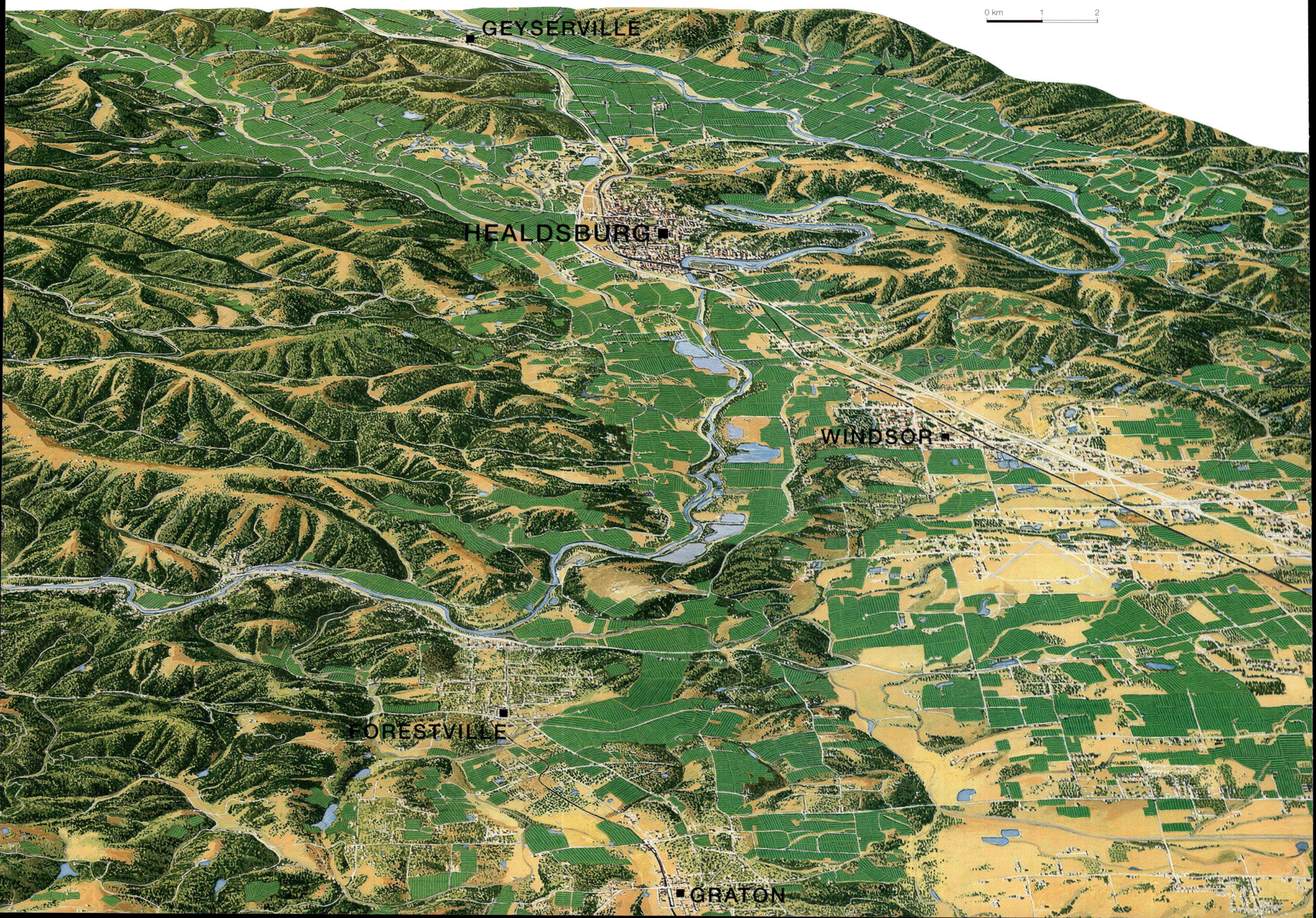

zu wenig), Syrah und Merlot. Äußerst intensive Sauvignons Blancs (die besten kommen von Rochioli) geben perfekt die Aromen von frisch geschnittenem Gras und Zitrusschale wieder, die die Sorte auszeichnen; und da Sauvignon Blanc in den USA in Mode kommt (insbesondere durch ausgezeichnete Weine aus Neuseeland), werden Sauvignon-Weinberge mit positiv geprüfter Qualität auf Nachfrage stoßen.

Bekannt wurden die kühlen Teile des Distrikts aber für Chardonnay und Pinot Noir. Die Chardonnays füllen – durch ausgewogene Eichennoten gestützt – geradezu den Mund mit exotischen Fruchtaromen. Die meisten besitzen von Natur aus viel Säure, so dass man den biologischen Säureabbau allgemein durchführt. Dank der langen Vegetationszeit der Reben behalten sie aber ihre prononcierte Frucht, anstatt labbrig zu werden.

RUSSIAN RIVER VALLEY

Das Russian River Valley gilt seit mehr als einem Jahrzehnt als eine der herausragenden Appellationen Kaliforniens für Pinot Noir. Diese Weine erregten zunächst mit ihrer Rundheit und Kraft unser Aufsehen, ein Charakter, der von dem feinen, schönen Typ, nach dem Carneros und andere Bereiche strebten, meilenweit entfernt war. Heute ist überall so etwas wie ein Kehrtschwenk im Gang. Carneros, Santa Maria, Anderson Valley und Willamette Valley in Oregon erzielen fleischigere, fülligere Weine, während die Winzer am Russian River das Ganze etwas leichter handhaben. Der typische Russian-River-Geschmack nach süßen Schwarzkirschen wird durch wilde Erdbeeren und einen Anklang an Coca-Cola ersetzt – klingt seltsam, ist bei Pinot Noir aber nicht selten.

Das soll nicht heißen, dass es am Russian River nichts anderes gäbe als Pinot Noir. Zum Beispiel besitzt sein Chardonnay guten Ruf. Hier kommen die Trauben her, die in berühmte Marken wie Sonoma-Cutrer gehen, und wenn man die Weinberge westlich von Healdsburg und Windsor durchstreift, wird man sehen, dass Chardonnay stark auf dem Vormarsch ist. Es gibt aber auch Zinfandel hier, einen glänzend anderen, saftigeren, frischeren Zin als anderswo, da die Nebel, die vom Meer her den Russian River hinaufziehen, für kühlere Verhältnisse sorgen und den Trauben bis zu zwei Wochen mehr Reifezeit am Stock verschaffen.

Ein interessante Diskussion findet derzeit am Russian River statt. Die 1983 festgelegten Grenzen der AVA waren im Grunde politische Grenzen. Die Winzer wollen sie neu bestimmen, und zwar nach den für den Weinbau herrschenden Bedingungen; insbesondere wollen sie die Appellation für die vom Nebel beeinflussten Teile reservieren. Das würde größere Teile von Alexander Valley und Chalk Hill aus- und

Aufsteigender Morgennebel über dem alten Gut Lytton Springs Vineyard im Dry Creek Valley. Die Kellerei Ridge macht aus den hier gewonnenen Trauben ihren berühmten Zinfandel, außerdem gibt es eine Reihe alter Carignan- und Petite-Sirah-Rebstöcke.

WO DER WEIN WÄCHST

Das schmale Russian River Valley, das im Westen des Panoramas in Richtung Meer verläuft, macht nicht viel her. Doch lässt auch dieses Tal genug Seewind und Nebel landeinwärts dringen, die sich mäßigend auf das Klima auswirken. Inzwischen gibt es auch ganz im Westen, in Sichtweite des Meers (und außerhalb des Panoramas), Weinberge, die ausgezeichneten Pinot Noir, Chardonnay und Schaumwein liefern. Die Rebflächen am linken Rand sind für die Erzeugung von Sekt bestimmt, und wenn man dem Fluss nach Osten folgt, gelangt man zum Green Valley, dessen Rebflächen immer noch stark von Nebel und Wind beeinflusst werden. Das Klima wird etwas wärmer, wenn man sich Santa Rosa nähert, doch an bestimmten Standorten kann Pinot Noir noch ausgezeichnet sein, wo schon guter Zinfandel wächst. Chalk Hill im Osten hat sich mit Chardonnay und Sauvignon Blanc einen Namen gemacht. Healdsburg ist das Zentrum zweier weiterer Anbaugebiete. Dry Creek Valley ist eine ausgezeichnete warme Region in einem kurzen, nordwestlich ausgerichteten Tal. Nördlich von Healdsburg liefert das Alexander Valley mit die zugänglichsten Cabernets in Kalifornien.

AVA-BEREICHE UND SPITZENWEINGÜTER/-KELLEREIEN

1. Fritz
2. Ferrari-Carano
3. David Coffaro
4. Duxoup
5. Preston
6. Frick
7. Marietta Cellars
8. Geyser Peak
9. Quivira
10. A Rafanelli
11. Pezzi King
12. Dry Creek
13. Lambert Bridge
14. Gallo-Sonoma
15. Nalle
16. Lytton Springs (Ridge)
17. Clos du Bois
18. Murphy-Goode
19. Robert Young Vineyard
20. Upper Barn Vineyard
21. Seghesio
22. Robert Mueller
23. Simi
24. Jordan
25. Belle Terre Vineyard
26. Stonestreet
27. Chalk Hill Winery
28. Siduri
29. Iron Horse
30. Marimar Torres

Weitere Kellereien siehe Karte Russian River Valley S. 242/243

DRY CREEK VALLEY = AVA-BEREICHE

AVA-GRENZEN

GRENZEN DER ALEXANDER VALLEY AVA

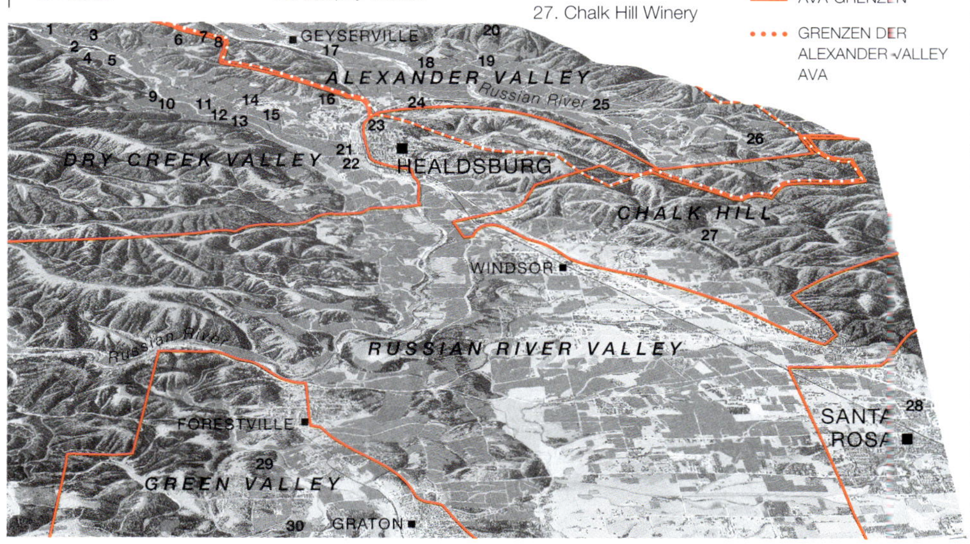

Reben im Russian River Valley. Das Grün der Kiefern zeigt ein kühles Klima an – in der Tat kommen vom Pazifik kalte Winde das Tal herauf.

weitere neblige Landstriche einschließen. Ich hoffe, dass man damit Erfolg hat, denn viele AVAs sind politisch motiviert und für den Weinbau sinnlos. Es wäre das erste Mal, dass eine AVA neu festgelegt wird, und es würde vielen anderen Bereichen den Weg dafür ebnen, den Gesichtspunkt spezifischer Umweltbedingungen zur Grundlage der Lagenabgrenzung zu machen. Damit wäre auch die Idee der Appellation in Kalifornien wesentlich gestärkt.

Das Green Valley, ein Unterbereich der AVA südlich von Forestville, ist mit seinen noch kühleren Bedingungen vorzüglich für Chardonnay, Pinot Noir und Schaumwein geeignet. Interessanterweise sind die Pinots Noirs von dort dunkler, säurebetonter und körperreicher als die aus dem restlichen Russian River Valley. Aus langsam gereiften, geschmacksintensiven Trauben werden füllige, fleischige Schaumweine hergestellt, die wunderbar altern können.

Die Bezeichnung »Sonoma Coast« ist ein Sammelsurium, das den ganzen Russian River und dazu Teile von Sonoma Valley und Carneros umfasst. Diese Grenzziehung entstand, wie viele andere AVAs in Kalifornien, in politischen Schaukämpfen und bedeutet, dass diese Appellation keinen typischen Stil besitzt; nur einige Weinberge geben dem Pinot Noir ihre besonderen Eigenschaften mit. Die Rebflächen um die Stadt Cazadero, nur wenige Kilometer vom Pazifik entfernt, gehören zu den renommiertesten in Sonoma. In Höhen von 350 bis 450 m über dem Meer liegen sie über der Nebelgrenze, wodurch ihre Trauben in vollem Sonnenlicht reifen können; die Nähe des Ozeans bringt aber sehr niedrige Temperaturen mit sich, und manchmal sogar reifen die Trauben nicht optimal. Dieser Kampf sorgt für tieffarbene – richtig purpurne – und extrem konzentrierte Pinots Noirs, die als kalifornische Version des Chambertin gelten können. Die Flowers Winery ist hier die führende Kellerei, während der Weinbaubetrieb Hirsch Vineyards einige der besten Kellereien von Sonoma mit Pinot-Noir-Trauben beliefert. Auch die Trendsetter Kaliforniens kommen in Scharen hierher. Die Reben von Marcassin stehen 457 m hoch, nur von einer Felsklippe vom Meer getrennt, und liefern aufregende Aromen; Pahlmeyer und Marimar Torres drängen an die Küste, und Failla-Jordan, dessen Besitzer Wein für Turley im Napa-Tal machen, hat sogar Syrah gepflanzt. Nicht alle Weinberge liegen so hoch (zum Beispiel ist Coastland im Süden wesentlich niedriger) und nicht alle so dicht am Meer (die neue Lage Dona Margarita von Torres ist 11 km entfernt), doch in den nächsten Jahren werden aus den Schluchten, Klippen, Bächen und Waldlichtungen, die die Sonoma Coast kennzeichnen, eine Reihe bemerkenswerter Weine kommen.

SONOMA VALLEY

Der Sonoma Creek entspringt südöstlich von Santa Rosa, die AVA Sonoma Valley erstreckt sich südlich von Santa Rosa über die niedrigen Hänge des Mayacama-Gebirges im Osten und grenzt dann an den AVA-Bereich Carneros, der bis zur San Pablo Bay reicht. Von Santa Rosa in südlicher Richtung bis nach Kenwood ist immer noch etwas von dem kühlen Nebel und der frischen Meeresluft vom Russian River her zu spüren, doch noch stärker wirken sich hier die mächtigen Nebelbänke und der kalte Wind aus, der durch das Golden Gate bei San Francisco ins Land tobt, Carneros heulend durchquert und bei Kenwood immer noch genug Kraft hat, um die vom Norden kommenden Nebelfetzen zurückzudrängen.

Dieser doppelte Einfluss schafft unberechenbare, meist kühle Witterungsbedingungen, vor allem südlich der Stadt Glen Ellen, wo das

RUSSIAN RIVER VALLEY

REBFLÄCHEN

NORD-SÜD-AUSDEHNUNG 24 KM

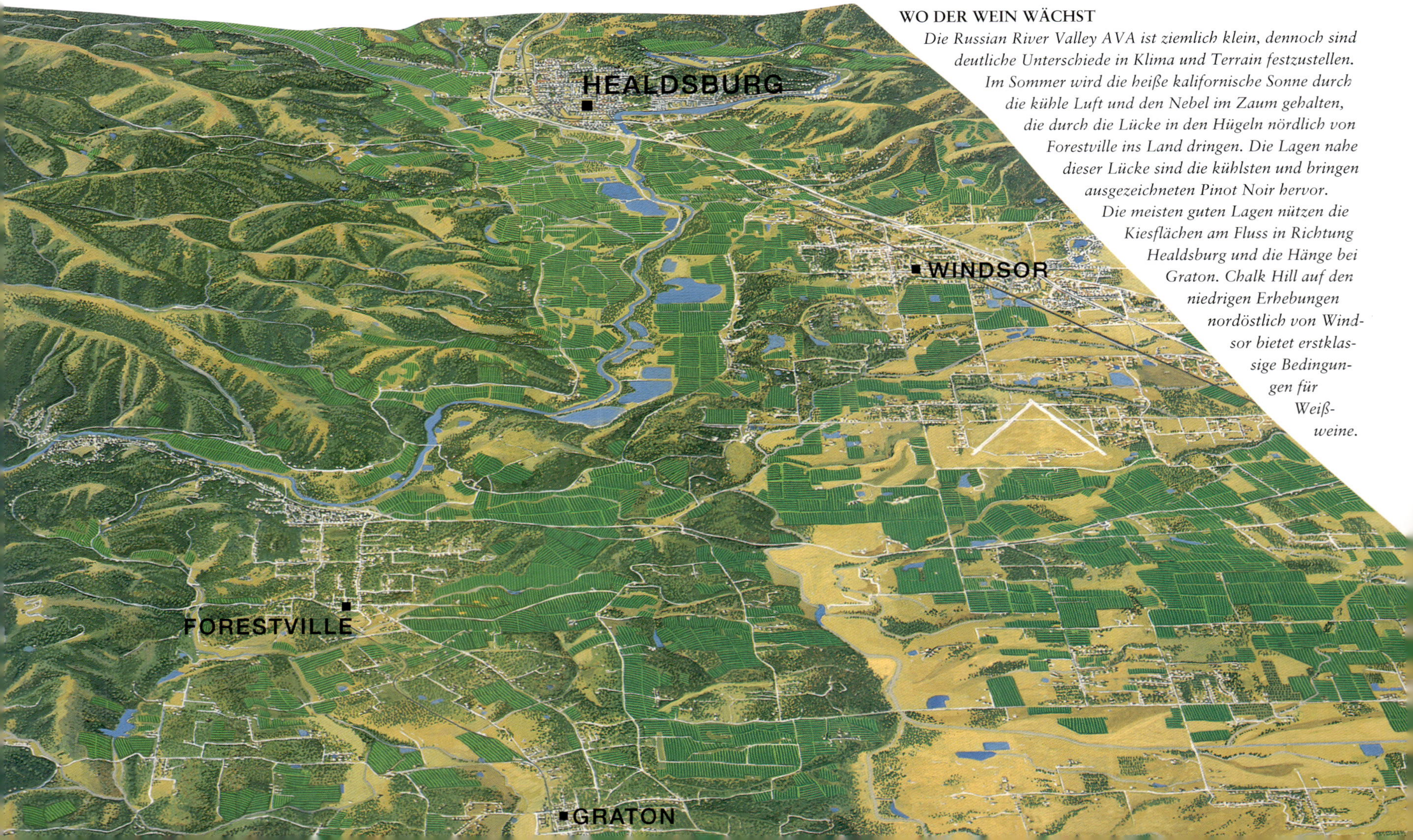

WO DER WEIN WÄCHST

Die Russian River Valley AVA ist ziemlich klein, dennoch sind deutliche Unterschiede in Klima und Terrain festzustellen. Im Sommer wird die heiße kalifornische Sonne durch die kühle Luft und den Nebel im Zaum gehalten, die durch die Lücke in den Hügeln nördlich von Forestville ins Land dringen. Die Lagen nahe dieser Lücke sind die kühlsten und bringen ausgezeichneten Pinot Noir hervor. Die meisten guten Lagen nützen die Kiesflächen am Fluss in Richtung Healdsburg und die Hänge bei Graton. Chalk Hill auf den niedrigen Erhebungen nordöstlich von Windsor bietet erstklassige Bedingungen für Weißweine.

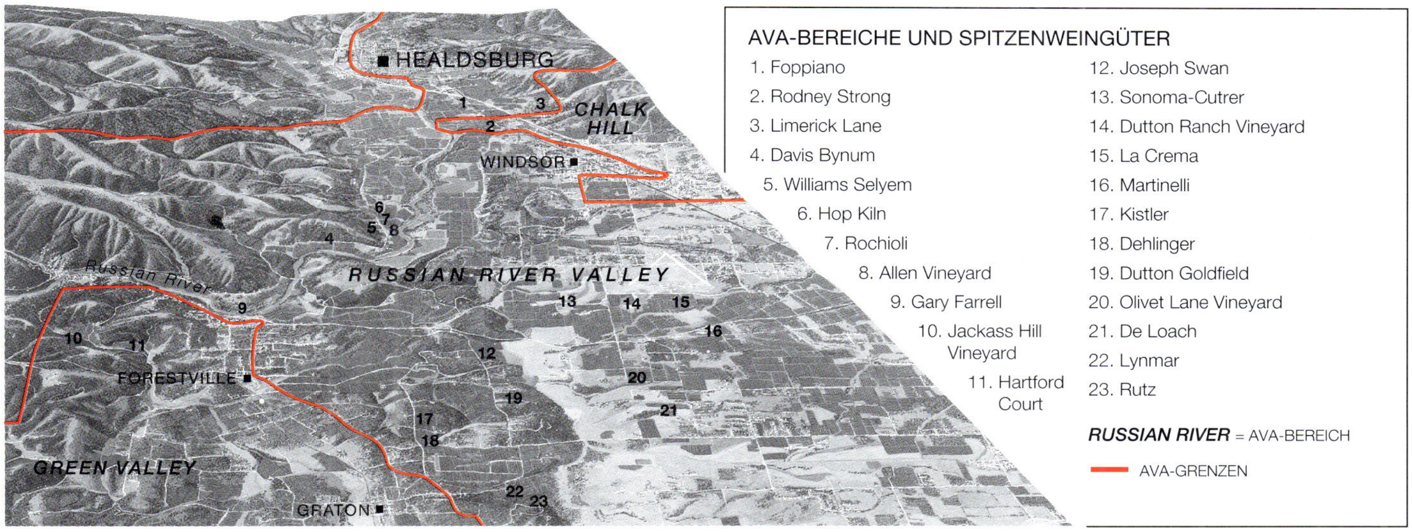

Mayacama- und das Sonoma-Gebirge vom Osten und Westen her an das Tal drängen. Bei dieser kühleren Witterung werden guter Chardonnay, Pinot Noir und Merlot gewonnen – wie man das auch von Carneros in dieser südlichen Lage erwarten kann. Nicht zu erwarten ist, dass auch Zinfandel hier Erfolg hat; diese Version zeichnet sich durch reines Brombeeraroma aus, gegenüber der Himbeerkonfitüre und den Datteln des Dry Creek Valley.

Die Bedingungen ändern sich dramatisch, wenn man über die Nebelgrenze hinauskommt. Auf den Westhängen der Mayacamas bringt die stärkere Nachmittagssonne Weine aus Cabernet und Zinfandel mit tiefer Frucht und dunklem Kern hervor. Der Sonoma Mountain befindet sich ebenfalls oberhalb der Nebelgrenze, besitzt jedoch mehr nach Osten bis Nordosten ausgerichtete Reblagen, um die unmittelbare Einwirkung der Mittags- und Abendsonne zu vermeiden. Bei relativ warmen Nächten aufgrund der Nebelbänke im Talgrund, die die wärmere Luft an den Bergflanken hinaufdrücken, werden ähnlich intensive, aber noch bukettreichere und weichere Cabernets und Zinfandels erzeugt, außerdem auf dem Gut McCrea ein berühmter Chardonnay.

CARNEROS

Carneros erstreckt sich im Panorama auf S. 244 über den ganzen unteren Bereich, südlich liegt die San Pablo Bay und außerhalb seiner Ostgrenze die Stadt Napa. Mit ihm haben wir eines der bedeutendsten Weinbaugebiete in Kalifornien vor uns. Nachdem dort schon etwa ein Jahrhundert zuvor Reben gepflanzt worden waren, wurde Carneros 1938 von dem kalifornischen Weinguru André Tchelistcheff ausgewählt, um Weine von der Komplexität und Finesse europäischer Produkte herzustellen. Es war der überaus unkalifornische Charakter, der Tchelistcheff angelockt hatte: kleine Ernten und kleine Trauben, die bei schwierigen Bodenverhältnissen, unzureichenden Niederschlägen und Nebel und Wind praktisch während der ganzen Vegetationszeit ums Überleben kämpften.

Das Weinbaugebiet von Carneros umfasst die Südenden des Napa und des Sonoma Valley, während die Mayacamas und die Sonoma-Berge mit ihren Ausläufern allmählich bis zur San Pablo Bay hin abfallen. Die Farmer wussten schon immer, dass sich auf diesem Boden nur schwer Feldfrüchte anbauen lassen, und man nützte den größten Teil als Weideland. Bei den geringen Niederschlägen, den geringsten der Bezirke Napa und Sonoma – normalerweise etwa 560 mm im Jahr –, und einem flachen, schlickhaltigen Boden, der häufig eine nur etwa einen Meter dicke Schicht über undurchdringlichem, kompaktem Ton bildet, waren wenige geneigt, hier irgendetwas anzubauen.

Dann aber, als die Suche nach einem kühlen Weinbaugebiet einsetzte, ließen sie sich bekehren. Die Meerenge des Golden Gate bei San Francisco ist die einzige Stelle, an der der Pazifische Ozean die Kette der Coast Ranges durchbricht, um die riesige Wasserfläche der San Francisco Bay und San Pablo Bay zu bilden. Die Nebelbänke und Winde, die hier durch die große Hitze der Täler im Landesinneren angesaugt werden, stoßen zuerst auf Carneros. So breitet sich in den Sommernächten der Nebel über Carneros aus und wird am nächsten Vormittag von Sonnenschein auf- und abgelöst. Dann setzt die nachmittägliche Brise ein – je nach den Umständen nur ein starker Wind oder aber ein heulender Sturm. Die kombinierte Wirkung von heißer Sonne und feuchtklammem Nebel hat eine sehr lange, kühle Vegetationszeit von Anfang März bis in den Oktober hinein zur Folge. Der Wind kühlt die Rebstöcke ab, bewirkt aber auch, dass die Reben die Photosynthese zeitweise einstellen, womit die Reifung verzögert wird. Dies würde den meisten Rebsorten den Rest geben, doch man muss bedenken, dass wir uns hier, wo die Temperaturen sich nicht wesentlich von denen im Chablis in Burgund unterscheiden, auf 38° nördlicher Breite befinden. Das entspricht der Stiefelspitze von Italien. Die Intensität der Sonneneinstrahlung ist in Süditalien natürlich viel größer als in Nordfrankreich. Und das trifft auch für Carneros zu. Diese Bedingungen sind ideal für pikanten, knackig frischen Chardonnay, herben, erfrischenden Schaumwein und natürlich für ausdrucksvollen Pinot Noir. Waren sie zunächst eher von zartem Charakter, so sorgen heute neue Klone und sorgfältige Laubdachbearbeitung für reifere Trauben, mithin für körperreichere, fleischigere Weine, die (mich jedenfalls) viel mehr begeistern.

Aus Carneros kommen auch einige gute Cabernets und Syrahs, besonders von Rebflächen, die von der Bucht weiter entfernt sind; der neue Star ist allerdings Merlot. So wie Pomerol für Merlot besser geeignet ist als Pauillac oder St-Julien im Haut-Médoc, ist auch Carneros für diese Sorte ideal. Zwei Faktoren sind hier wirksam: kühle Witterung und Tonböden. Die Merlot-Rebe liebt beides, und die Weine von hier verfügen über mehr Extrakt und Säure als die aus der Mitte des Tals. Ein Aroma von Schwarzkirschen und schmeichelnde Textur kennzeichnen diese Weine, anstatt der schlichten Himbeer- oder Cranberryfrucht und der häufig unreif-eckigen Art, die der Merlot aus den warmen Teilen des Tals aufweist.

Da so gut wie jeder verfügbare Quadratzentimeter im Napa Valley mit Reben bestockt ist, halten die Winzer ständig Ausschau nach neuen Lagen. Südlich und östlich der Stadt Napa, im Carneros-Unterbereich American Canyon, wurden Hunderte von Hektar neu bepflanzt. Niedrige Temperaturen und sanft gewellte Hügel machen ihn

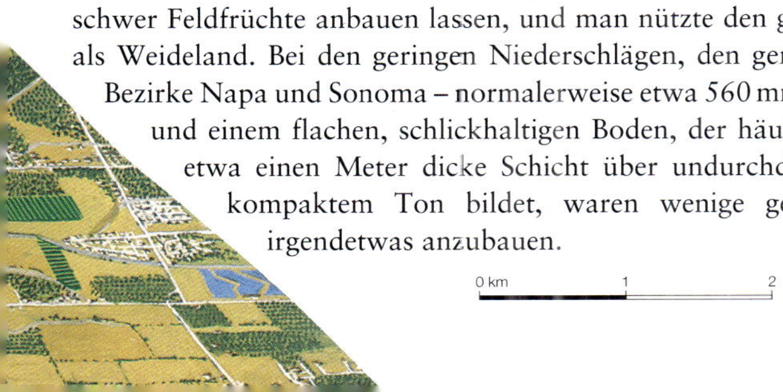

für Merlot und Chardonnay ideal; die hier gewonnenen Trauben werden von vielen Spitzenerzeugern des Tals für ihre Verschnitte verwendet, denen sie Rückgrat und Struktur verleihen. Weniger verheißungsvoll erscheinen die Rebflächen in den niedrig gelegenen Landstrichen westlich des Napa River nahe seiner Mündung in die Bay. Und definitiv beunruhigend sind die riesigen Areale nahe der Marinebasis Skaggs Island, auf Boden, der nur wenig besser ist als Sumpf. Was kann man hier schon mit Erfolg anbauen?

NAPA VALLEY

Dieses von Nordwesten nach Südosten verlaufende Tal ist nur knapp 50 km lang, doch die Änderung der Witterungsverhältnisse über diese kurze Strecke ist dramatisch. Calistoga am oberen Ende des Tals hat ein Tagesklima, das heiß genug ist, um jede bekannte rote Rebsorte reifen zu lassen, und wirkt nur deshalb nicht wie ein Kessel, in dem die Trauben zu Tode schmoren, weil von den hohen Bergen, die das Tal auf drei Seiten umgeben, sehr kalte Luft herabsinkt. Am Eingang des Tals liegt Carneros, das ständig durch Nebelbänke und stürmische Winde gekühlt wird. Hier werden Pinot Noir und Chardonnay nur wegen der kurzen sonnigen Intervalle reif, die zwischen dem Morgennebel und dem Nachmittagswind liegen.

Im größten Teil des Tals liegt es immer noch eher an der Witterung als an den Böden und der Exposition, welche Arten von Reben angebaut werden und welche Weine hervorragend geraten. Es gibt, so sagte man mir, in der Tat im Napa Valley mehr Bodentypen als in ganz Frankreich, und einige engagierte Erzeuger versuchen, bei Neupflanzungen die Sorte auf die Bodenverhältnisse abzustimmen. Abgesehen von wenigen herausragenden Ausnahmen wie den wasserdurchlässigen Böden um Rutherford und Oakville ist der Boden des Napa Valley schwer, tonhaltig, zu fruchtbar, zu schwierig zu entwässern und somit

NAPA VALLEY, SONOMA VALLEY UND CARNEROS

NORD-SÜD-AUSDEHNUNG 49 KM

REBFLÄCHEN

N

sicherlich nicht für großen Wein geeignet. Das ist weiter keine Schande, da die großartige Region Médoc im Bordelais auch nicht überall gute Trauben hervorbringt. Die einzige Schande besteht darin, dass man das leugnet. Das Problem ist, dass die Weine, die der gute Boden hervorbrachte, so gut waren, dass jeder mitmischen wollte. Als zwei Napa-Weine – ein Chardonnay und ein Cabernet Sauvignon – bei der berühmten Pariser Weinprobe 1976 gegen einen weißen Grand-Cru-Burgunder und einen Premier-Cru-Bordeaux den Sieg davontrugen, wurde Napa für Leute mit Ehrgeiz und Geld zum gelobten Land.

Es wurden Rebfelder angelegt, und Weinbaubetriebe schossen wie Pilze aus dem Boden – aus ein paar Dutzend Kellereien Ende der 1960er Jahre waren zu Beginn des neuen Jahrtausends über 300 geworden. Diese Massierung von Weinbauern und Erzeugern, die Trauben und Weine aus dem ganzen Tal und von anderen Orten verschneiden, hat zu einer Verflachung der Persönlichkeit und Verwässerung der individuellen Charaktere geführt. Einige hervorragende Jahrgänge gegen Ende der 1990er und um die Jahrtausendwende und die größere Souveränität der Winzer – die sich zuerst sklavisch an ihre Lehrbuchmethoden hielten, anstatt sich und ihren Reben Freiheit zu lassen – signalisieren jedoch eine deutliche Qualitätssteigerung. Die Bedingungen im Napa Valley sind hervorragend, und es gibt mehr engagierte Besitzer und tüchtige Kellermeister als je. Doch so wie die Qualität auf bisher unerreichte Höhen steigt, tun dies leider auch die Preise.

Calistoga am oberen Ende des Tals hat etwas von einer Grenzstadt und wirkt gegenüber den anderen Weinorten ein wenig rustikal. Hierher komme ich immer, um mit dem heimischen Bier die Gerbsäure der dunklen Cabernets von den Zähnen zu lösen. Doch Calistoga besitzt auch gute Reblagen. Ein oder zwei Kleinklimate wie Storybook Mountain nordwestlich von Calistoga erzeugen einen erstaunlichen Zinfandel, und daneben bringen die felsigen Areale und die sandhaltigen Lehme gute Ergebnisse mit Cabernet und Merlot.

Unmittelbar oberhalb von St Helena ändert das Napa Valley seine Richtung: Es biegt aus der ostsüdöstlichen Richtung mehr nach Südsüdost und behält diese Orientierung mehr oder weniger bis Carneros bei. Dort, wo das Tal sich verbreitert, erstrecken sich die Rebflächen quer über die ganze Talsohle. Die besten, etwa die von Spottswoode

Einen der teuersten Weine Amerikas macht Harlan Estate im Napa Valley aus den Bordeaux-Sorten.

WO DER WEIN WÄCHST

In den Ebenen von Sonoma, Carneros und Napa sowie an den umgebenden Bergen drängen sich hervorragende Reblagen. Beginnen wir mit Carneros am unteren Rand des Panoramas. Weiter südlich, außerhalb des Panoramas, liegt die San Pablo Bay, deren heftige Winde und Nebelbänke alle Rebflächen beeinflussen. Die kühlende Wirkung reicht weit in das Sonoma Valley und das Napa Valley hinauf. Im Nordwesten liegen die guten Rebflächen der Sonoma Mountains, ebenso gute Lagen bieten die Mayacamas unmittelbar nördlich. Östlich der Mayacamas verfügen Diamond Mountain, Spring Mountain, Mount Veeder und Howell Mountain über gute, hoch gelegene Rebflächen. Ausgezeichnet sind auch Stags Leap und die Hügel bei Napa selbst. Reben überziehen die Talsohle vom kühlen Napa bis zum warmen Calistoga; die berühmtesten Lagen befinden sich bei Oakville und Rutherford.

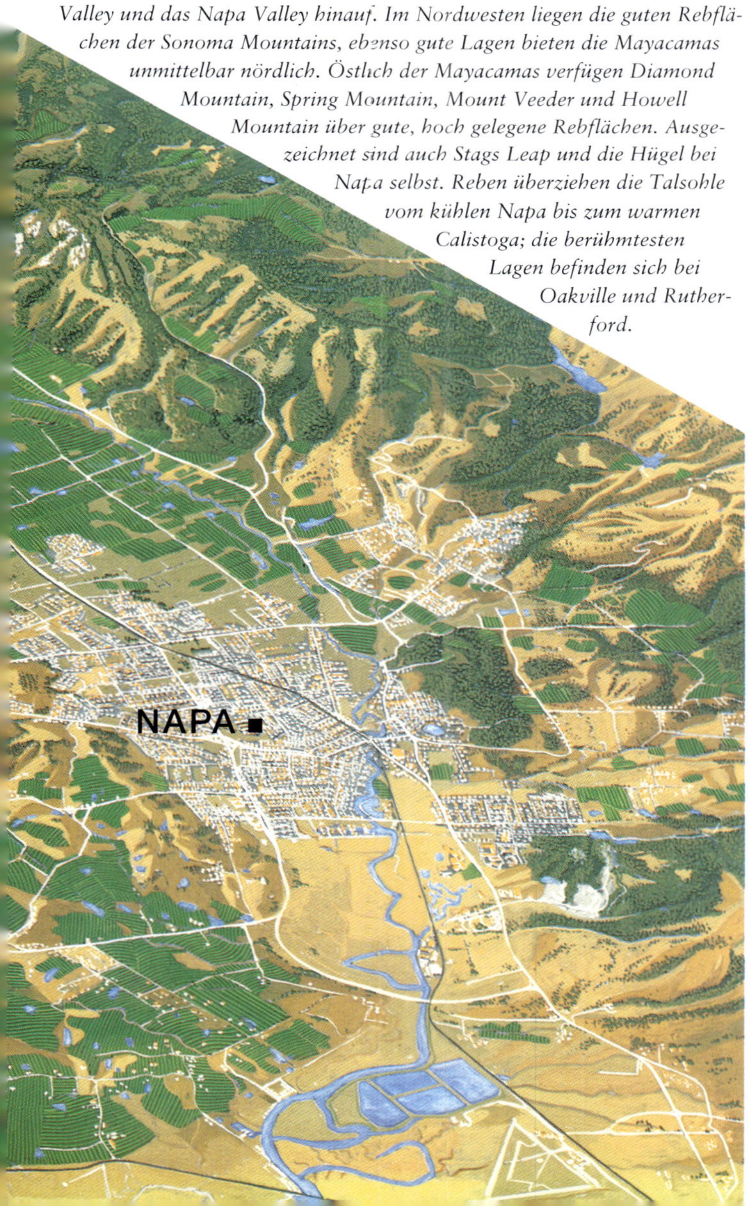

AVA-BEREICHE UND SPITZENWEINGÜTER/-KELLEREIEN

SONOMA VALLEY AVA
1. Matanzas Creek
2. Landmark
3. St Francis
4. Chateau St Jean
5. Kenwood
6. Kistler Vineyard
7. Laurel Glen
8. Benziger
9. Kunde
10. Wellington
11. Arrowood
12. B R Cohn
13. Monte Rosso Vineyard
14. Carmenet
15. Ravenswood
16. Buena Vista
17. Gundlach-Bundschu

NAPA VALLEY AVA
18. Storybook Mountain
19. Chateau Montelena
20. Diamond Creek
21. Reverie
22. Clos Pegase
23. Araujo/Eisele Vineyard
24. Cuvaison
25. Sterling
26. Schramsberg
27. Barnett
28. Robert Keenan
29. Philip Togni
30. Cain Cellars
31. Stoney Hill
32. El Molino
33. Burgess
34. Viader
35. Dunn
36. Liparita
37. La Jota
38. Seavey
39. Neyers
40. Green & Red Vineyard
41. Bryant Family Vineyard
42. Harrison
43. Chateau Potelle
44. Mayacamas
45. Mount Veeder
46. Hess Collection
47. Havens
48. Newlan
49. Monticello
50. Altamura
51. Jade Mountain
52. Luna
53. Atlas Peak
54. Pahlmeyer
55. Robert Biale

CARNEROS AVA
56. Durrell Vineyard
57. Sangiacomo Vineyard
58. Gloria Ferrer
59. Richardson
60. Artesa
61. Truchard
62. Domaine Carneros
63. Carneros Creek
64. Acacia
65. Saintsbury
66. Bouchaine
67. Kent Rasmussen

Weitere Kellereien siehe Karte Zentrum von Napa S. 246/247

NAPA VALLEY = AVA-BEREICH

AVA-GRENZEN

GRENZEN DER CARNEROS AVA

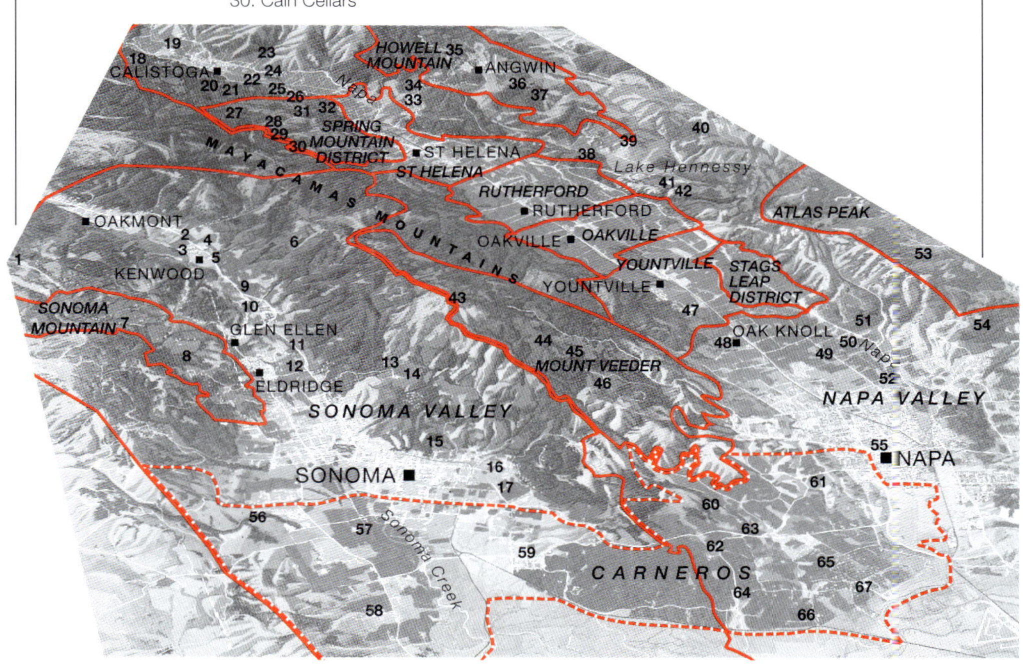

und Grace Family, sind jedoch am Fuß der Berghänge auf beiden Seiten des Tals anzutreffen.

Die einzige Stelle, bei der nach allgemeiner Auffassung die Bodenverhältnisse im Tal auf einem größeren Landstrich und nicht nur an vereinzelten Stellen wirklich ausgezeichnet sind, liegt bei Rutherford und Oakville. Hier wurden alle ursprünglichen großen Cabernet-Sauvignon-Rebflächen angelegt, einige von ihnen vor mehr als 100 Jahren, und zwar vorwiegend auf der so genannten Rutherford Bench. Bei Rutherford und Oakville breiten sich zwei deltaförmige Schwemmlandflächen aus, wobei Rutherford zuerst seinen Namen mit der Bench verband. Für die Verhältnisse in Napa sind sie ausreichend wasserdurchlässig, doch auch schwer genug, um über den Sommer genug Feuchtigkeit abzugeben. Gleichzeitig fallen sie gerade eben spürbar zum Highway 29 ab, was für die Dränage entscheidend ist. Ob diese Böden sich jenseits der Straße fortsetzen oder nicht, gehört zu den Themen, die Anwälte und Pedanten für Generationen beschäftigen können. Jedenfalls ging der Ruhm des Cabernet vom Napa Valley von den Früchten dieser Rebflächen bei Rutherford und Oakville aus.

Doch war es nur der Boden? Meiner Meinung nach wird der Boden östlich der Straße schwerer und klumpiger, doch es entstehen auch dort und sogar östlich des Flusses edle Cabernets. Die Rutherford- und Oakville-Bench-Reblagen scheinen jedoch für die Witterungsverhältnisse dieses speziellen Teils des Napa Valley die richtige Balance zwischen Wasserspeichervermögen und Wasserdurchlässigkeit, zwischen Wuchsfreudigkeit und Beschränkung zu besitzen. Eine mehr als hundertjährige Erfahrung zeigt, dass diese Vermutung berechtigt ist. Diese schwer zu definierende, aber feststellbare Ausgewogenheit der Elemente, die die Traube beeinflussen, pflegen die Franzosen mit dem Begriff Terroir zu bezeichnen. Auch sie haben eine ganze Weile gebraucht, um das herauszufinden.

Rutherford und Oakville firmieren als eigene AVAs. Der beste Wein, den sie liefern, ist Cabernet, weiter gibt es guten Chardonnay und Sauvignon Blanc. Mit neuem Geld, das in die Neubepflanzung und weitere Forschung gesteckt wird, entwickeln beide Bereiche ein eigenständiges Profil. Das nördlicher gelegene Rutherford ist etwas wärmer und bringt Weine mit Aromen von Schwarzkirschen und schwarzen Oliven hervor, die wegen ihrer »staubigen«, tanninreichen Art als »Rutherford Dust« bezeichnet werden. Im kühleren Oakville können die Trauben länger am Stock hängen, mit dem Effekt runderer Weine, die über eine kaum endende Aromenpalette schwarzer Beeren verfügen. Diese Weine – von Erzeugern wie Screaming Eagle, Opus One und Harlan – waren es, die im letzten Jahrzehnt so viel Aufsehen verursachten. Inzwischen kristallisieren sich sogar innerhalb von Oakville zwei unterschiedliche Typen heraus. Da der Bereich sich über die ganze West-Ost-Ausdehnung des Tals erstreckt, differieren die Weine mit der Herkunft ihrer Trauben.

Die Weingüter am Ostrand, die in der heißen Nachmittagssonne liegen (Dalla Valle), produzieren Weine, die runder und weicher sind als die vom Westrand. Dort liefern kühlere Kleinklimate (mit Harlan und Far Niente) festere Weine, die zunächst zugeknöpfter sind. Ihre Aromen sind deutlich krautiger und oft ein wenig minzig, ohne Zweifel eine Auswirkung der häufigen Eukalyptusbäume.

Die Klippen in der Mitte des Tals, unmittelbar nördlich von Yountville, bilden für den Nebel und den Wind, die weiter südlich spürbar niedrigere Temperaturen hervorrufen, eine Barriere. In Yountville ist es entschieden kühler als in Oakville, und bis zur Stadt Napa wird es noch kälter. Es werden hier tatsächlich noch rote Rebsorten angebaut, doch die eindrucksvollsten Resultate werden mit Chardonnay erzielt.

Der Höhenzug der Mayacamas im Westen ist eine Ansammlung von öden, dünn besiedelten Bergen mit Kojoten, Klapperschlangen und Rotwild, die das Vorwärtskommen ebenso behindern können wie die Menschen. Hier gibt es jedoch einige hervorragende Reblagen, besonders am Mount Veeder, am Spring Mountain und am Diamond Mountain (nördlich außerhalb des Panoramas). Auf ertragsarmen vulkanischen Böden in Höhen bis über 600 m entstehen dort bissige, konzentrierte, kraftvolle Rotweine.

Der Stag's Leap District erstreckt sich über die Talsohle in Richtung Yountville und an den Flanken mehrerer kleiner Hügel, etwa eine Meile von den eigentlichen Bergen im Osten entfernt, und liefert reichhaltige Cabernets mit viel frischer Frucht und schöner Harmonie zwischen Tannin und Säure. Viele kalifornische Weinbaugebiete erwerben ihren Namen durch unermüdliches Marketing, während Stag's Leap einfach deshalb berühmt ist, weil seine Weine gut schmecken. Auf den Bergen im Osten liegen in größerer Höhe Atlas Peak, Chiles Valley, Pope Valley und vor allem Howell Mountain, dessen Weinberge seit dem neunzehnten Jahrhundert berühmt sind. Ein kupferroter vulkanischer Boden, jede Menge Sonne und eine kühle Lage in 420–600 m Höhe ergeben einige der kernigsten Rotweine mit dem herrlichsten Bukett in Napa.

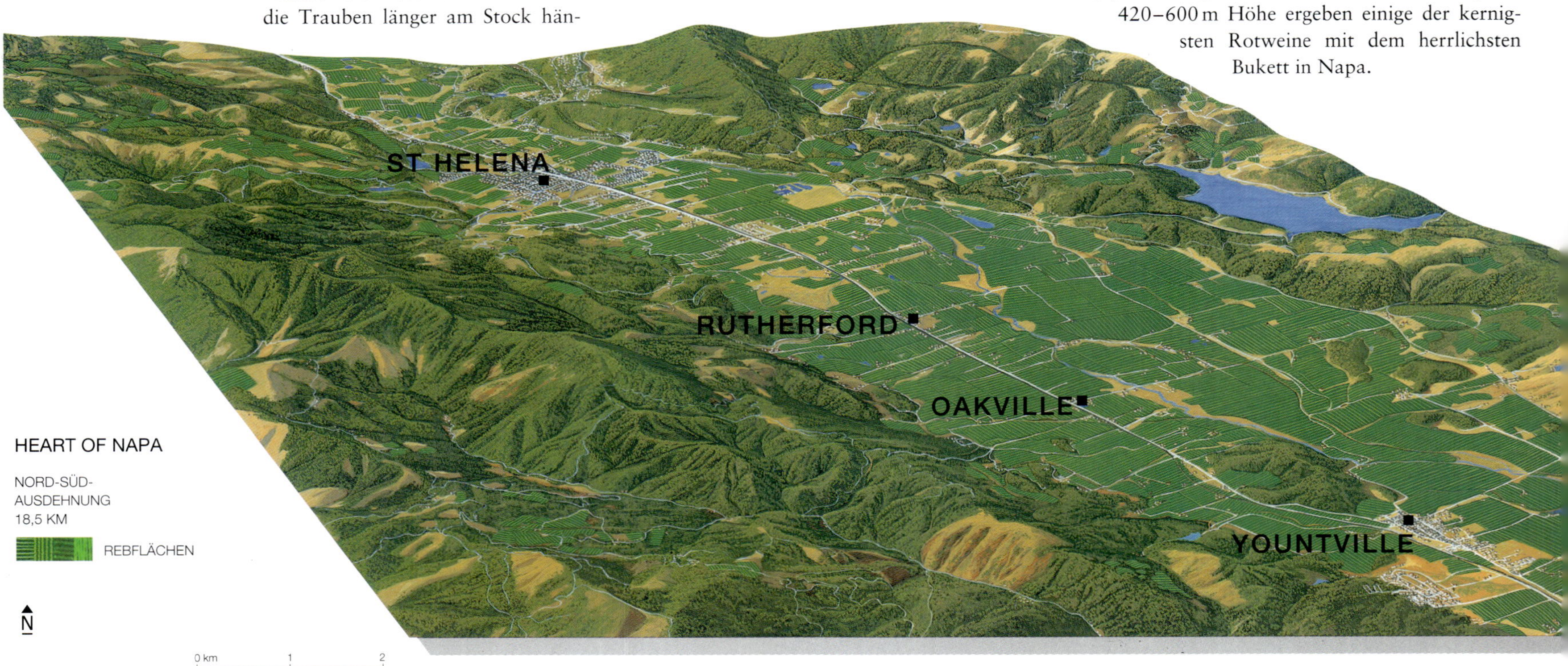

Wenn der Senf zu blühen beginnt, kann man sicher sein: Es wird Frühling. Diese Rebzeilen vor den Mayacamas Mountains liegen im Bereich Rutherford im Napa Valley, der seit gut 70 Jahren ein hervorragendes Cabernet-Land ist. Das flache Flussschwemmland besitzt tiefgründige Böden mit gutem Wasserabzug, was körperreiche Weine mit weicher Würze und einer herrlichen Frucht von Schwarzkirschen ergibt.

WO DER WEIN WÄCHST

Das Zentrum des Napa Valley ist in der Tat Kaliforniens gelobtes Land für eine große Rebsorte: Cabernet Sauvignon. Der Charakter der Weine unterscheidet sich, je nachdem ob die Trauben von der Talebene oder von den Berghängen kommen. Im Talgrund wird das Klima immer wärmer, je weiter man nach Nordwesten kommt, weg vom Nebel und den kalten Winden. Relativ kühle Witterung bei Yountville sorgt für guten Chardonnay, während Oakville und Rutherford (beide wärmer und mit Böden mit gutem Wasserabzug) für Cabernet Sauvignon berühmt sind. Die Bergzüge Mount Veeder, Spring Mountain und Diamond Mountain stellen eine faszinierende Palette steiler, ertragsarmer Lagen mit vulkanischen Böden zur Verfügung, die zwar über der Nebelgrenze liegen, durch die Höhe aber gekühlt werden. Stag's Leap, eine berühmte Hochburg des Cabernet Sauvignon, profitiert noch von den Resten des kühlen Winds von der San Pablo Bay, und auf dem gut dränierenden Schwemmlandfächer reifen die Trauben zur Perfektion.

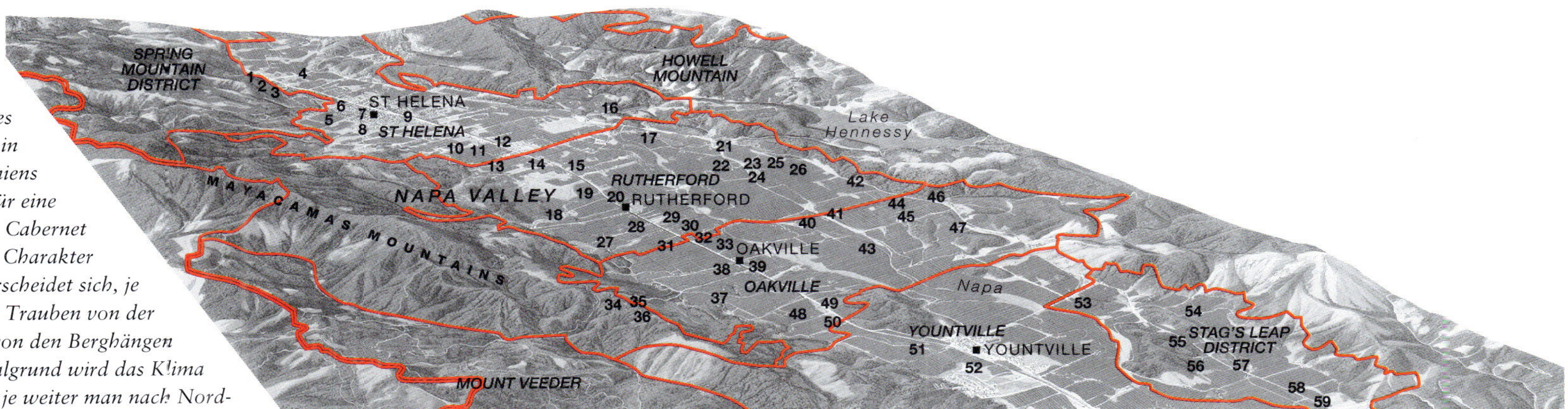

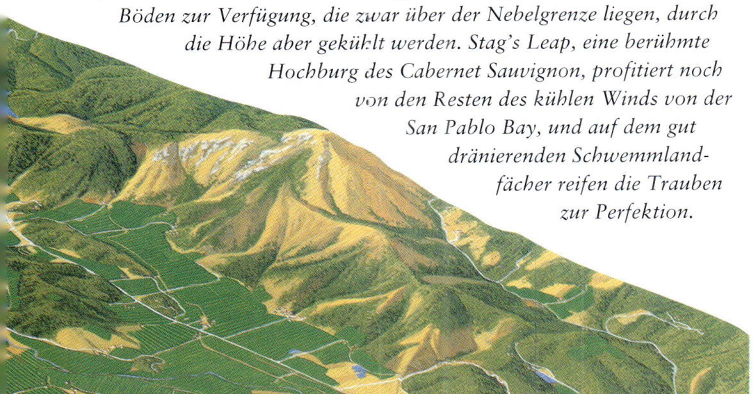

AVA-BEREICHE UND SPITZENWEINGÜTER/-KELLEREIEN

1. Colgin
2. Grace Family
3. Vineyard 29
4. Duckhorn
5. Newton
6. Beringer
7. Cafaro
8. Spottswoode
9. Merryvale
10. Abreu
11. Flora Springs
12. Heitz Cellars
13. Livingston
14. Whitehall Lane
15. Franciscan
16. Joseph Phelps
17. Quintessa
18. Niebaum-Coppola
19. Grgich Hills
20. Beaulieu Vineyard
21. Conn Creek
22. Frog's Leap
23. Caymus
24. Bacio Divino
25. Mumm Napa
26. ZD
27. Staglin Family
28. Swanson
29. St. Supéry
30. Cakebread
31. Robert Mondavi
32. Turnbull
33. Opus One
34. Harlan Estate
35. Oakford
36. Martha's Vineyard
37. Far Niente
38. To Kalon Vineyard
39. Etude
40. Saddleback
41. Groth
42. Miner Family
43. Silver Oak
44. Rudd
45. Plumpjack
46. Dalla Valle
47. Screaming Eagle
48. Paradigm
49. Cardinale
50. Lokoya
51. Dominus
52. Domaine Chandon
53. S. Anderson Vineyard
54. Shafer
55. Silverado Vineyards
56. Pine Ridge
57. Stag's Leap Wine Cellars
58. Chimney Rock
59. Clos du Val

NAPA VALLEY = AVA-BEREICH

AVA-GRENZEN

North Central Coast

ROTE REBSORTEN

Weit verbreitet sind Cabernet Sauvignon, Pinot Noir und Zinfandel. Zu den weniger bedeutenden Sorten gehören Petite Sirah und Merlot.

WEISSE REBSORTEN

Chardonnay und Sauvignon Blanc sind überall vorhanden, dazu Chenin Blanc, Riesling und Pinot Blanc.

KLIMA

Die Witterung reicht von kühl und neblig (unter dem Einfluss der Buchten von San Francisco und Monterey) bis trocken und sehr heiß. Ständig wehende starke Winde stellen ebenfalls eine Bedrohung für die Rebflächen dar. Es gibt wenig Regen.

BODEN

Zu den vielfältigen Böden gehören Kiessand, Steine von beträchtlicher Größe, Ton und Lehm, mit gelegentlichen Granit- und Kalksteinausstrichen.

TOPOGRAFIE

Die Lage ist sehr wichtig, um den richtigen Reifegrad der Trauben zu erzielen. Die Höhenlage schwankt stark, dadurch gibt es große Unterschiede in den Einflüssen durch Nebel, Sonne und Wind.

Unter meinen Lieblingsweingütern gibt es nicht viele, die ich vorzugsweise bei Nacht aufsuche, doch Ridge, hoch oben in den Santa-Cruz-Bergen, ist eines. Steigen Sie einmal in einer Vollmondnacht auf den Gipfel der Anhöhe oberhalb des Probierraums. Wenn der Mond im weiten Nachthimmel hängt, der seinen silberglänzenden Sternenmantel über die purpurne Schwärze ausbreitet, stehen die dunklen Klippen der bewaldeten Berggipfel scherenschnittartig vor dem schwach schimmernden Himmel im Westen. Und im Osten, 600 m unter Ihnen, liegt die geschäftige Stadt San Jose, deren Lichter auf dem Talgrund sich zu einem glitzernden Muster zusammenschließen. Das Dröhnen der Autos und Industriebetriebe verhallt auf halbem Wege am Berghang, und im Norden leuchtet die San Francisco Bay in schwachem Zinnglanz.

Ridge ist das berühmteste unter den Weinbaugütern, die um die San Francisco Bay verstreut liegen. Es gab früher viel mehr Weinbaubetriebe, doch als sich die Stadtgebiete von der Bucht immer weiter ins Hinterland fraßen, konnten nur wenige Kellereien oder Weingüter der Versuchung widerstehen, leichteren Profit mit dem Verkauf von Land an die Baugesellschaften zu machen. Das heißt aber nicht, dass diese Firmen alle ihr Geschäft aufgaben. Sie verlegten ihre Rebflächen einfach nach Süden. Das Gebiet North Central Coast lässt sich in die alten Regionen Livermore, Santa Clara und Santa Cruz, wo die Kellereien die Weingüter an Zahl übertreffen, und die großen neuen Landgebiete um das Monterey County einteilen, wo es wenige Kellereien gibt, aber Vertragsweinbaubetriebe sich ausdehnen, so weit das Auge reicht.

Man braucht schon viel Fantasie, um im Livermore Valley einen der ehemaligen großen Weinbaubereiche Kaliforniens zu erkennen. Wenn man sich dem Tal von Norden oder Süden her nähert, durchquert man schier endlose Gewerbeparks und Wohnsiedlungen, die erst aufhören, wenn man sich unmittelbar in den Rebenfeldern selbst befindet, die auf der einen Seite von einem Kernkraftwerk und auf der anderen von der futuristisch anmutenden Windenergiefarm begrenzt werden. Livermore ist ein guter Standort für Reben, steht jedoch mit dem Rücken an der Wand, da man gegen Ende des zwanzigsten Jahrhunderts beschlossen hat, dieses Land für Häuser und Fabriken zu nutzen. Es gibt immer noch etwa 650 Hektar mit Reben, hauptsächlich im Besitz der Familie Wente, die sich standhaft gegen die Ausbreitung der Besiedlung wehrt.

Livermore ist relativ warm, weil die Berge im Westen die kühlen Pazifikwinde weitgehend abhalten, und seine kiesigen, denen des Médoc ähnlichen Böden versprechen gute Ergebnisse mit Rebsorten wie Cabernet Sauvignon. Seltsamerweise sind die Rotweine nichts Besonderes, während die weißen Bordeaux-Spezialitäten – Sémillon und Sauvignon Blanc – hervorragend sein können.

Die Reben im Santa Clara County sind durch die Vororte von San Jose weit nach Süden verdrängt worden, und erst bei Gilroy hat man den Eindruck, dass es hier noch so etwas wie eine Weinkultur gibt. Gilroy ist die selbst ernannte »Knoblauchmetropole« der Welt – was man riechen kann, wenn man auf dem Highway 101 anhält, um zu tanken. Östlich der Stadt werden gute Trauben gewonnen, und die Kellereien bezahlen gut für Pinot Noir und andere. Wenn man von der 101 nach Westen abbiegt und den Hecker Pass überquert, findet man Überreste der alten italienischen Kellereien, deren Weine die Würze von Santa Clara und Santa Cruz waren, und einige Parzellen mit Buschreben von Sorten wie Grenache, deren Wert man endlich erkennt.

Das Santa Cruz County ist eher wegen seiner Kellereien als wegen seiner Weingüter von Bedeutung, obwohl es schätzungsweise etwa 160 Hektar Anbauflächen gibt, die in den majestätischen, bewaldeten Bergen an der Pazifikküste zwischen San Francisco und dem Urlaubsort Santa Cruz verstreut sind. Einige dieser Rebflächen – wie die von Bonny Doon, Mount Eden, David Bruce und natürlich Ridge – bringen fantastische Weine hervor. Es werden jedoch viele Trauben aus anderen Gebieten dazugekauft. Es ist unmöglich, die Bedingungen in Santa Cruz auf einen Nenner zu bringen: Die Rebflächen liegen in Höhen zwischen der Nebelgrenze bis über 600 m und sind nach Osten, Süden, Norden und Westen ausgerichtet. Die einzigen relativ einheitlichen Merkmale sind der Boden, ein unfruchtbarer, armer Schieferton, der die Erträge niedrig hält und zu den verblüffenden Aromen in vielen der hier erzielten Weine beiträgt, sowie die Gefahr von Erdbeben: Die San-Andreas-Verwerfung verläuft genau am Rand der Kellerei Ridge.

Verblüffende Aromen waren einmal beinahe der Untergang des anderen Teils der North Central Coast, der riesigen, flachen, äußerst fruchtbaren dunklen Areale des Monterey County. Diese unreifen, grünen Aromen wurden »Monterey Veggies« (»Monterey-Gemüse«) genannt, was kaum verwundert, wenn man in Richtung Santa Cruz durch Watsonville, Prunedale, Castroville, Salinas usw. kommt, Städte, die sich als Weltmetropolen der Artischocken, des Brokkoli, des Salats und von allem Möglichen bezeichnen, nach dem sich ein hungriger Vegetarier sehnt.

WICHTIGE AVA-BEREICHE

- Central Coast AVA
- 1. San Francisco Bay
- 2. Livermore Valley
- 3. Santa Cruz Mountains
- 4. Ben Lomond Mountain
- 5. Santa Clara Valley
- 6. San Ysidro District
- 7. Pacheco Pass
- 8. Mount Harlan
- 9. Cienega Valley
- 10. Lime Kiln Valley
- 11. San Benito
- 12. Paicines
- 13. Monterey
- 14. Carmel Valley
- 15. Santa Lucia Highlands
- 16. Chalone
- 17. Arroyo Seco
- 18. San Lucas
- 19. Hames Valley
- ÜBER 500 M Ü. D. M.
- ÜBER 1000 M Ü. D. M.

Schier unendliche Rebflächen, hier bei Soledad, dehnen sich im Salinas Valley in Monterey aus. Die Milchkartons schützen junge Reben vor Nagetieren und im Sommer vor Sonnenbrand. Der Boden ist sehr fruchtbar, und zwischen den Rebzeilen werden als Konkurrenz für die Weinstöcke andere Feldfrüchte gezogen.

Das Salinas Valley im Monterey County hat allen Grund, sich die Salatschüssel Amerikas zu nennen, da der weite, flache Talgrund dem intensiven Gemüse- und Obstanbau dient. Bereits 1935 meinten Fachleute, dass dies ein gutes Gebiet für Rebstöcke sei, und als die Rebflächen des Anbaugebiets an der Monterey Bay durch die Stadtentwicklung ab Ende der 1950er Jahre verdrängt wurden, rissen große Unternehmen wie Masson und Mirassou die Pfähle heraus und legten weiter südlich im Salinas-Tal wie wild neue Rebflächen an. Heute besitzt das Monterey County 18 700 Hektar Reben; bei King City dehnt sich ein 14 mal 8 km (11 200 Hektar) großes Rebfeld aus! Das einzige Problem bestand darin, dass dort meist die falschen Rebsorten gepflanzt wurden, dazu noch an den falschen Orten, und vor allem zu viele rote Rebsorten zu nahe am Meer.

Das bedarf einer Erklärung. Das erste Phänomen ist natürlich der Einfluss des Pazifiks in Kalifornien. Die Monterey Bay ist etwa 56 km breit und wirkt an der Öffnung des Salinas Valley wie ein riesiger Windkanal. Die Wassertemperatur steigt das ganze Jahr nicht über 13 °C an. Talaufwärts, in südöstlicher Richtung, bilden die Santa-Lucia-Berge zwischen dem Ozean und dem Tal auf einer Länge von 140 km einen zusammenhängenden Höhenzug. Auf der anderen Seite, landeinwärts, liegen die Gabilan Mountains, die häufig unterbrochen sind und breite Einschnitte aufweisen, die in das Central Valley führen. Das Central Valley schmort täglich in der Sonne, die warme Luft steigt auf und erzeugt einen Unterdruck, der begierig, bisweilen mit erschreckender Heftigkeit, die kalte Luft aus der Monterey Bay in das Tal saugt. Je näher man dem Meer kommt, desto kälter und stärker wird der Wind. er ist oft stark genug, um Zweige von den Bäumen zu reißen, von Rebstöcken noch viel leichter, und auf jeden Fall nimmt er jede Chance auf reife Trauben. Ein Teil der ersten hier gepflanzten Rebstöcke trug nie eine einzige Beere.

Je weiter wir in das Salinas Valley vordringen, desto sanfter und wärmer wird der Wind. In Gonzales werden weiße Trauben gerade reif, bei Soledad und Greenfield haben bereits rote Trauben eine Chance, und bei King City, wo der Wind in eine angenehme Brise übergeht, wird alles reif, was man anbaut; trotzdem war bisher noch niemand von den Ergebnissen besonders begeistert. Im ganzen Tal gibt es wenig Regen – durchschnittlich 250 mm im Jahr –, und einige Anbauer behaupten, dass das Tal bei dem ewigen Sonnenschein die längste Reifezeit der Welt habe. Doch wo ist der Salinas River? Genau unter Ihnen. Dieser Fluss ist der größte unterirdische Wasserlauf in Kalifornien und wird von Zuflüssen aus den Höhenzügen Santa Lucia, Gabilan und Diablo gespeist. Da der Boden vorwiegend aus tiefem, wasserdurchlässigem Schluff und sandigem Lehm besteht, ist es einleuchtend, weshalb die frühen Pioniere hier das Paradies des Weinbaus gefunden zu haben glaubten. Doch der Rebstock ist eine gierige Pflanze, und die frühen Weinberge litten unter massiver Überbewässerung, was zu einer übermäßigen Blattbildung führte und Trauben mit einem deutlichen Aroma von grünem Gemüse hervorbrachte.

Die Weinbaumethoden haben inzwischen große Fortschritte gemacht. Die Bereiche, die zu nahe am Meer liegen, wurden den Gemüsebauern überlassen. Die kühleren Bereiche, ein wenig weiter im Binnenland, bleiben den weißen Rebsorten vorbehalten, die künstliche Bewässerung wird sachgemäß geregelt, und von der Talsohle entfernte Gebiete wurden für höherwertige weiße und rote Rebsorten angelegt – und in der Tat kommen alle aufregenden Weine bisher nur von diesen Standorten. Die Hänge des Santa Lucia Highland blicken in nordöstlicher Richtung auf Gonzales und Soledad. Dank einiger Weinbauern – unter ihnen der respektlose Gary Pisoni – wurde diese AVA zu einer der besten Quellen Kaliforniens für Pinot Noir. Wieder einmal ist es der Ehrgeiz der Pinot-Noir-Enthusiasten, der die Grenzen in Kalifornien verschiebt, während die Erzeuger der leichter anzubauenden und zu verkaufenden Merlot- und Cabernet-Trauben sich eher gemütlich im Mainstream einrichten. Die hier erzeugten Weine verfügen über einen würzig-muskulösen Charakter, der Kellereien aus Sonoma, Napa und Santa Barbara als Traubenkäufer anzieht. Carmel Valley und Arroyo Seco besitzen einige begünstigte Standorte, und hoch in der Gabilan Range erzeugen Chalone und Calera auf ihrer Kalkstein-Insel Pinot Noir und verschiedene Weißweine von Weltklasse.

Ein mürrischer alter Franzose, André Noblet, der legendäre Winzer der Domaine de la Romanée-Conti im Herzen von Burgund, pflegte etwas von »Kalkstein, Kalkstein« vor sich hin zu murmeln, wenn er von aufdringlichen jungen Amerikanern über seine herrlichen Weine und ihre magische Zutat ausgefragt wurde. Dieser Glaube an den Kalkstein war der Anstoß für Calera und Chalone, heute zwei der berühmtesten – und eigenständigsten – Weine in Kalifornien.

Kalkstein kommt in Kalifornien nicht häufig vor, bildet jedoch das Herzstück der größten Lagen in Burgund, in denen generell die Finesse über die Kraft dominiert. Im neunzehnten Jahrhundert suchte ein umherziehender Franzose entlang der kalifornischen Küste jahrelang nach Kalksteinböden, um Schaumwein herzustellen. Schließlich fand er, was er suchte, in einer verdorrten Wildnis in 600 m Höhe in den Gabilan-Bergen unterhalb der Pinnacles, dem heutigen Standort Chalone. Ein Dutzend Meilen weiter nördlich errichtete Josh Jensen in 670 m Höhe an den Nordosthängen des Mount Harlan sein Gut Calera auf Kalksteinböden, die er erst von wildem Gestrüpp befreien musste.

Das Etikett verkündet es stolz: Die Trauben für diesen Chardonnay wurden in den Santa Cruz Mountains 2000 Fuß über dem Tal geerntet.

Da dies nun einmal Kalifornien ist, gelingt es keiner der beiden Kellereien, Weine von burgundischer Finesse zu erzeugen, doch was sie zustande bringen, ist etwas noch Erfreulicheres: die wilde, unergründliche Schönheit der großen Rotweine von der burgundischen Côte de Nuits. Auf einem Land, das wegen seiner Trockenheit als Wüste eingestuft werden müsste, sind die Erträge winzig – wie sich das für Pinot Noir gehört –, die Methoden der Weinbereitung sind schon fast übertrieben traditionell, und wie ihre burgundischen Vorbilder sind die Pinots Noirs von Chalone und Calera von großartiger Brillanz.

SOUTH CENTRAL COAST

ROTE REBSORTEN
In Santa Barbara überwiegt Cabernet Sauvignon, doch eignet sich Pinot Noir hier besser. In San Luis Obispo werden vor allem Cabernet und Zinfandel angebaut.

WEISSE REBSORTEN
Chardonnay ist weit verbreitet, es gibt geringere Mengen von Sauvignon Blanc, Riesling und Gewürztraminer.

KLIMA
Sehr unterschiedlich, im Wesentlichen abhängig vom Einfluss des vom Pazifik kommenden Nebels.

BODEN
Sand- und Tonlehm, auch etwas nährstoffreicher Kalkstein.

TOPOGRAFIE
Paso Robles liegt in einer Talebene im Schutz der Berge. Santa Maria ist offener, die Hälfte der Reben wird auf Terrassen über der Nebelgrenze angebaut.

Die zu Mondavi gehörenden Byron Vineyards im Santa Maria Valley. Ein Teil, der 1964 angelegte Nielson Block, ist die älteste kommerzielle Rebpflanzung des Tals.

Leider bekomme ich Paso Robles, das nördlichste Weinbaugebiet der so genannten South Central Coast Kaliforniens, immer nur zu sehen, wenn ich es eilig habe. Es liegt auf beiden Seiten des breiten Highway 101, unmittelbar an der Quelle des Salinas River, und ist leicht zu erreichen. Es gibt jedoch noch eine andere Straße von Santa Cruz und Monterey nach Süden, den Highway 1. Dicht an der Küste schlängelt er sich an den Klippen entlang und erhebt sich hoch über die donnernde Brandung des Pazifiks, durchquert Little Sur, Point Sur und Big Sur – eine anstrengendere, aber viel grandiosere Route als die langweilige, schnelle 101.

Ich nahm dann doch den Highway 1 durch die wild zerklüftete Küstenlandschaft. Weit und breit kein Weinstock – aber auch keine Möglichkeit zum Überholen! Ich verließ Santa Cruz, um einer Einladung zum Lunch in Santa Barbara County zu folgen. Natürlich war es unklug, den Highway 1 zu nehmen, denn ich geriet hinter eine Gruppe von sechs Motorhomes voller Hippies, die zufrieden an der Küste entlanggondelten, um die majestätische Schönheit von Big Sur ausgiebig zu genießen. Ich schaffte es schließlich gerade noch zum Dinner. Zum Glück war mein Gastgeber ein Träumer, ein Romantiker – und ein erstklassiger Winzer. Er hatte Verständnis.

Paso Robles ist eine sehr gute Weingegend. An die weniger erfolgreiche Region San Lucas angrenzend, sollte Paso Robles eigentlich als südlicher Vorposten der North Central Coast statt als nördlicher Vorposten der South Central Coast angesehen werden. Aber darauf kommt es wohl nicht an. Es ist nur ein weiteres Beispiel für eine AVA, die unbeirrt den politischen und nicht den geologischen Grenzen entspricht. Paso Robles ist der Höhepunkt im Salinas Valley, das in nordwestlicher Richtung durch das Monterey County zur Küste verläuft. Und sein heißes, trockenes Klima entspricht dem natürlichen Witterungsverlauf von dem nebligen und kalten Küstengebiet bis zu der glühenden, trockenen Hitze am Ende des Tales, wo der Einfluss der kalten Gewässer der Monterey Bay endgültig unter der sengenden Sonne geschwunden ist. Doch die Grenze des San Luis Obispo County verläuft etwa 14 km nördlich von Paso Robles, also befindet sich Paso Robles im Gebiet South Central.

Und das, obwohl man einen 460 m hohen Pass überqueren muss, um bei San Luis Obispo wieder auf Meereshöhe hinunterzukommen, und obwohl San Luis Obispo als eines der kühlsten Weinbaugebiete Kaliforniens bekannt ist. Die Bereiche Edna Valley und Arroyo Grande werden erfolgreich durch Nebel und Meeresbrisen abgekühlt, so dass aus dem Edna Valley einige der burgunderähnlichsten Chardonnays des Staates kommen und aus Arroyo Grande einige der charaktervollsten Pinots Noirs. So ist es nun einmal. Fahren wir also auf der 101 weiter, die bei San Luis Obispo von der Küste weg landeinwärts führt und zu den heißen Gegenden bei Paso Robles ansteigt.

Es gibt mehrere Gründe, weshalb Paso Robles zunehmend Rotwein erzeugt. Die Reblagen hier sind vom Pazifik im Westen durch den 900 m hohen Höhenzug der Santa Lucia Ranges getrennt. Selbst die kalifornischen Nebel und Seewinde können diese Barriere nicht überwinden, wenn sich auch manchmal eine steife Brise am Highway 46 entlang einen Weg bis nach Templeton bahnt und an den Standorten südlich von Templeton die Reifung des Cabernet gefährdet.

Bis man die Höhe endgültig erreicht hat, ist der Einfluss des Meereswindes, der von Monterey das Tal herauf- oder am Highway 46 entlangbläst, jedoch geschwunden. Die Rebflächen befinden sich hier in Höhen von 180 bis 300 m, während der kleine, kühle Bereich York Mountain westlich von Paso Robles 500 m erreicht. Dass man vor dem maritimen Einfluss geschützt ist, bedeutet, dass die Temperatur nachts drastisch abfällt. In den heißen Monaten Juli und August beträgt der Temperaturunterschied zwischen Tag und Nacht mehr als 28 °C, was sich in hervorragenden Trauben bemerkbar macht. Und es ist die Qualität der Frucht, was Paso Robles so interessant macht. Dazu kommt noch der Wille, den eisernen Griff des Cabernet Sauvignon zu lockern. Paso Robles hat auch eine Menge Cabernet, über 2830 Hektar von den 8094 Hektar Gesamtanbaufläche. Er wächst vorwiegend auf seiner Ostseite auf Flussterrassen und auf dem welligen Grasland der Estrella Prairie im Nordosten, ist jedoch von herrlicher runder Art und weist nur einen minimalen Tanningehalt auf, was ihn zu einem der zugänglichsten Cabernets Kaliforniens macht.

Auf den Kalksteinböden im Westen stehen viele alte Zinfandel-Stöcke, und beide Seiten des Tals werden wegen ihrer Rhône-Sorten und ihrer italienischen Sorten immer interessanter. Die Gründung eines Betriebes zum Anbau von Rhône-Sorten bei Adelaida westlich von Paso Robles durch die Perrin Brothers, die das Château de Beaucastel in Châteauneuf-du-Pape besitzen, ist ein deutliches Zeichen dafür, dass es hier spannend wird. Interessanterweise waren zuerst die weißen Rhône-Sorten erfolgreich, nachdem die Perrin-Brüder herausgefunden hatten, dass man in einem so eigensinnigen Gebiet wie Paso Robles einige Jahrgänge braucht, um den Anbau und die Weinbereitung in den Griff zu bekommen.

WO DER WEIN WÄCHST

Das Panorama zeigt deutlich, wie der Einfluss des Meeres in Kalifornien große Rebflächen ermöglicht. Das Meer ist hier zwar schön blau abgebildet, im Sommer wäre es jedoch wahrscheinlich unter einer dicken Nebeldecke verborgen, und überall dort, wo es Einschnitte im Gebirge gibt, in denen sich Flüsse ihren Weg zum Meer bahnen, würde dieser Nebel 15 bis 30 km tief in das Land hineintreiben. Das Bild wäre jedoch nicht so schön, weshalb wir einen der seltenen sonnigen Sommertage ausgesucht haben.

Ganz oben ist das ausgedörrte Land um Paso Robles zu sehen. Die Rebfelder werden hier durch Luftströmungen aus dem Salinas Valley im Norden und die gelegentliche Brise aus dem Westen nur unwesentlich gekühlt, die durch die Templeton Gap von der See herkommt. Die meisten Rebfelder finden sich im Trockengebiet östlich von Paso Robles, daneben gibt es aber auch ausgezeichnete Lagen in den Bergen im Westen.

Unten, in der Nähe von San Luis Obispo, haben das Edna Valley und Arroyo Grande ein kühles Seeklima, und die Rebflächen unmittelbar östlich von Arroyo Grande gehören zu den kühlsten Pinot-Noir-Lagen des Staates. Westlich von Santa Maria ist es für Reben viel zu kalt, während die Bedingungen südlich und östlich davon wieder hervorragend sind. Lompoc ist ebenfalls zu kalt, doch wenige Meilen weiter östlich gibt es im Santa Ynez Valley einige der besten kühlen Reblagen in Kalifornien; bei Santa Ynez und Los Olivos, wo sich das Tal öffnet, wird das Klima wärmer.

EDNA VALLEY UND ARROYO GRANDE

Es geht weiter ins eigentliche San Luis Obispo County und die Weinbaugebiete von Edna Valley und Arroyo Grande. Beide Bereiche sind weder groß noch besonders bekannt, aber sie sind außergewöhnlich. Der Glanzpunkt des Edna Valley ist der Chardonnay, und ich kann mich noch lebhhaft an die erste Bekanntschaft erinnern. Es war ein 1979er oder 1980er von Edna Valley Vineyards aus der Hand von Dick Graff, dem Weinmacher bei Chalone. Der Wein war trocken, aber üppig, schlank und doch geschmeidig und von einer himmlisch würzigen Qualität: wie Butter, die auf einem heißen Toast schmilzt, oder über einem Holzfeuer röstende Haselnüsse. Ein solcher Wein ist auch in Puligny-Montrachet eine Rarität – für Kalifornien war er eine Offenbarung.

Arroyo Grande war früher für seinen Schaumwein bekannt, doch da der Absatz von heimischem Sprudelwasser nicht begeisterte, hat man sich hauptsächlich auf die Produktion von Chardonnay und Pinot Noir verlegt. Letzterer ist mit runder, weicher Pflaumen- und Schwarzkirschfrucht sowie schöner Struktur der Star in Arroyo Grande, das sicher der am meisten unterschätzte Pinot-Noir-Bereich Kaliforniens ist.

Dieser Wein stellt seinen Anspruch nicht unter den Scheffel, er heißt »Incredible Red« – der unglaubliche Rote. Mit einigem Recht, denn Peachy Canyon im warmen Paso Robles produziert Zinfandels voller Power.

Die Qualität des Pinot Noir ist wesentlich eine Sache des Klimas hier. Es ist zwar um einiges wärmer als in der burgundischen Côte d'Or, für kalifornische Verhältnisse jedoch kühl und gemäßigt; die Knospen brechen schon im Februar auf, die Reifungszeit zieht sich mit milden Temperaturen lange hin (geerntet wird manchmal erst im November), wobei interessanterweise im Herbst die Morgennebel häufiger auftreten – günstig für die Entwicklung von Edelfäule, die dem Chardonnay jene magische Üppigkeit verleiht.

Arroyo Grande hat ebenfalls Meeresablagerungen in seinem Boden, die die Qualität der Trauben fördern, neben einem beträchtlichen Anteil von tonigem Lehm. Laetitia, das den Schaumweinerzeuger Deutz aufgekauft hat, besitzt die meeresnächsten Weinberge des Gebiets und baut Pinot Noir, Chardonnay und Pinot Blanc an. Der höchstgelegene Teil des Tals ist warm genug für die Zinfandel, die auf einer schon 1879 angelegten Rebparzelle wächst, und dazwischen produziert Talley Vineyards ausgezeichneten Pinot Noir und Chardonnay. Dies alles innerhalb einer Entfernung von nicht einmal 16 km.

SANTA MARIA VALLEY

Es geht weiter auf der 101 ins Santa Barbara County und das Anbaugebiet Santa Maria Valley. In dieser eintönigen Landschaft beginne ich mich nach dem Highway 1 und Big Sur zu sehnen. Am Eingang des weiten Tals taucht zur Rechten die staubige, anonyme Stadt Santa Maria auf, und zur Linken, landeinwärts, reichen die Salatfelder bis zu den fernen Bergen, eine Szenerie, die an den Roman »East of Eden« erinnert. Das Santa Maria Valley ist landschaftlich nicht besonders reizvoll, gehört jedoch zu den wichtigsten kalifornischen Gebieten für Qualitätswein, insbesondere mit seinem Chardonnay, der häufig die bekannteren Weinbaugebiete nördlich von San Francisco in den Schatten stellt, und mit seinen attraktiven Weinen aus Pinot Noir und Syrah.

Es gibt mehrere Parallelen zur Entwicklung des Salinas Valley in Monterey weiter nördlich. Während der 1960er und 1970er Jahre, als die Nachfrage nach Wein steil anstieg, beschlossen mehrere Farmer, es mit Reben zu versuchen. Sie bepflanzten riesige Flächen mit Trauben, die fast gänzlich von Kellereien in anderen Gebieten aufgekauft wurden. Das führte in den 1980er Jahren zu einem riesigen Überangebot, gerade als der Ruf von Santa Maria für Chardonnay und Pinot Noir rasch wuchs. Während Banken und Versicherungen das Land übernahmen, jedoch überhaupt nicht daran interessiert waren, in das Weingeschäft einzusteigen, kauften drei der größten Qualitätskellereien von Kalifornien – Mondavi, Beringer und Kendall-Jackson – riesige Flächen von neuem Weinland auf, um ihren Konkurrenten zuvorzukommen. Inzwischen genießen wir Konsumenten die Früchte in Form von erheblich verbesserten Chardonnays der drei Großbetriebe. Wie im Salinas Valley befindet sich auch hier inzwischen der größte Teil der Rebflächen in wenigen Händen, und es gibt sehr wenige ortsansässige Kellereien. Was jedoch die Qualität betrifft, so hat Santa Maria bisher mühelos den Sieg über das Salinas Valley davongetragen.

Wieder spielt der vom Meer kommende Nebel eine Rolle. Santa Maria muss zu den Weinorten gehören, in denen es sich am wenigsten

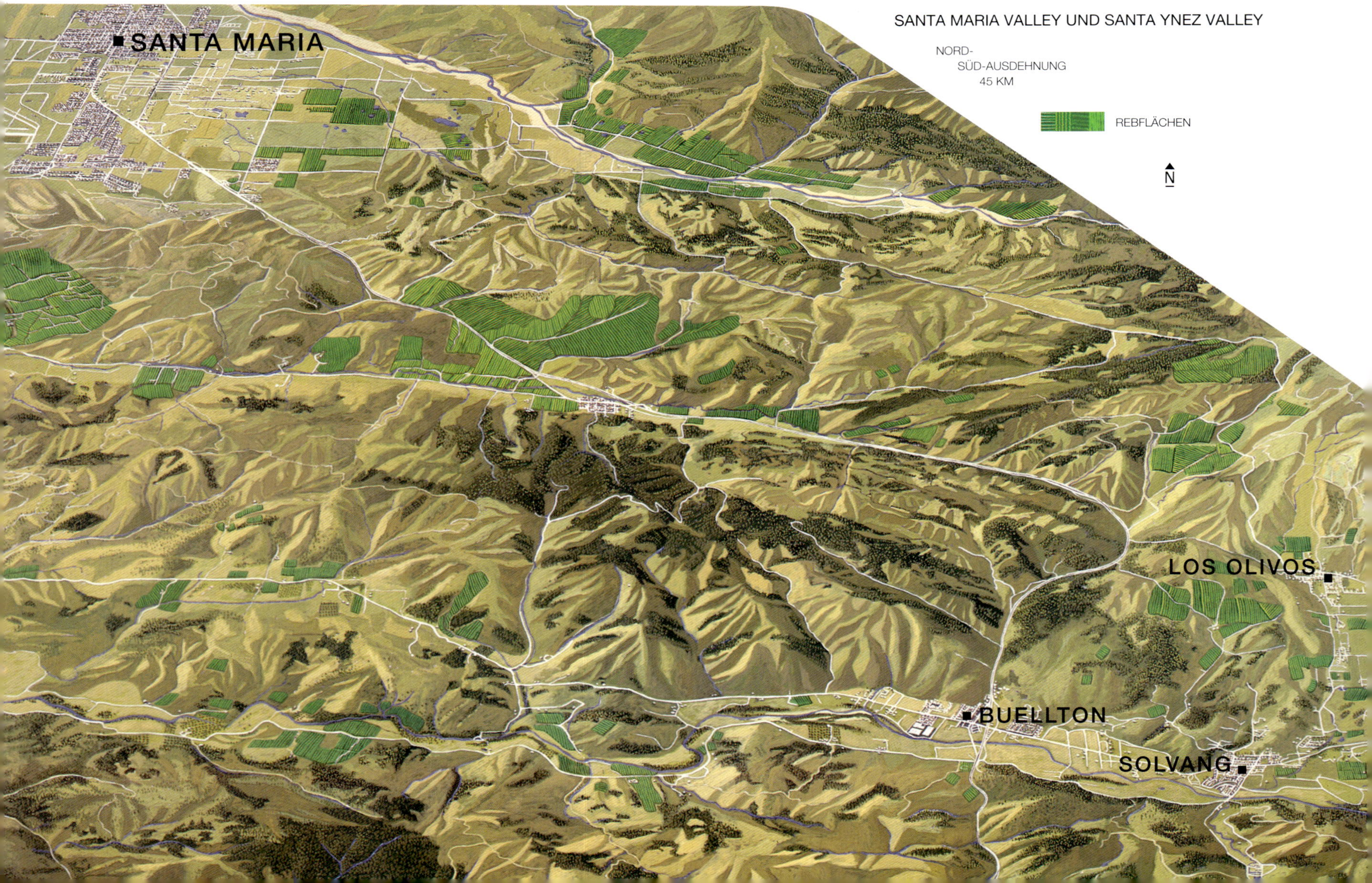

gut leben lässt – in der Stadt herrscht im Durchschnitt an 87 Tagen im Jahr dichter Nebel, meist im Spätsommer und im Herbst. Mit dem Fortschreiten des Sommers steigen zunehmend kalte Strömungen aus den Tiefen des Ozeans auf und streichen an der kalifornischen Küste entlang nach Süden. Im August sorgen diese Strömungen für eine starke Abkühlung der Küste bis zum Santa Barbara County. Die feuchten Winde vom Pazifik kühlen hier schlagartig ab und treffen im Landesinneren auf Warmluft, und so bilden sich dicke Nebelbänke über dem Land. Da wir uns jedoch ziemlich weit im Süden befinden, scheint die Sonne unglaublich kräftig; die Bergkuppen auf beiden Seiten des Santa Maria Valley sind ausgedörrt und vom Wind gepeitscht. Der Nebel, der landeinwärts treibt, wird von der Sonne aufgelöst. Aber sobald das geschieht, wird die Windstille durch kühle Meeresbrisen abgelöst. Es gibt also eine Menge Sonnenschein, doch werden die Temperaturen immer durch das Meer gemäßigt.

Die durchschnittliche Sommertemperatur beträgt zwar nur 24 °C, aber entscheidend ist die Tatsache, dass das tägliche Temperaturmaximum auf etwa 13.30 Uhr fällt; dann frischen die kalten Meeresbrisen auf und bewahren die Trauben vor dem Geröstetwerden. (Nördlich von San Francisco wird in den bekannteren Bereichen Sonoma und Napa die höchste Temperatur häufig erst um 16 Uhr erreicht.) Wenn dazu noch eine frühe Blüte und, wegen der südlicheren Breite, ein langer, zuverlässiger Herbst kommen, in dem die Trauben ihre volle Reife – und vielleicht sogar mit einem Anflug von Edelfäule – erlangen, dann hat man das Chardonnay-Paradies, wenn man es richtig anfängt.

Meistens geschieht das auch. Der Boden besteht aus einer Mischung aus sandigem Lehm und kalkhaltigen Meeresablagerungen, die die Wuchskraft des Laubdachs dämpfen und manchmal nur 5 bis 7,5 Tonnen pro Hektar Ertrag bringen (ca. 35–50 Hektoliter pro Hektar), was für Kalifornien wenig ist. Die meisten Rebflächen werden von den Farmern sehr kompetent bewirtschaftet, die wissen, dass sie hier absolute Qualität produzieren müssen. Bei einer durchschnittlichen Niederschlagsmenge von 300 bis 380 mm im Jahr muss man künstliche Bewässerung zu Hilfe nehmen, was bisher nicht missbraucht wurde.

Die gut 2000 Hektar Rebfläche liegen zum größten Teil auf einer merkwürdigen Landstufe nördlich des Flusses, der Santa Maria Mesa. Auch in der Nähe der Stadt Santa Maria gibt es ein paar ausgezeichnete Weingüter südlich des Santa Maria River. Hier ist Chardonnay der eindeutige Favorit, auch der Pinot Noir kann spektakulär sein (von Au Bon Climat und anderen). Bien Nacido Ranch war einer der Ersten in Kalifornien, die mit den Rhône-Sorten Syrah und Viognier hervorragende Resultate erzielten. Einige Meilen weiter südlich gibt es jenseits der Solomon Hills umfangreiche Rebflächen mit etwa 3050 Hektar in Los Alamos, einem Gebiet ohne AVA-Einstufung, das aber für guten Chardonnay und Pinot Noir bekannt ist.

SANTA YNEZ VALLEY

Während die Witterung im Santa Maria Valley von sehr kühl bis höchstens mild reicht, weist das Santa Ynez Valley Temperaturen auf, die teils ebenso niedrig sind, teils so hoch, um in den flussaufwärts gelegenen Weinfeldern Cabernet Sauvignon, Merlot und die Rhône-Sorten zur vollen Reife zu bringen. Doch während das Santa Maria Valley anfangs sehr breit ist und sich dann rasch verengt, beginnt Santa Ynez in Küstennähe als schmales Tal, das sich oberhalb von Solvang verbreitert und ausläuft. Dieses Tal, das nicht weit von Santa Barbara entfernt ist, macht einen völlig anderen Eindruck als das Santa Maria Valley. Hier gibt es zahlreiche kleine Güter, schöne Häuser, alte Bäume und Koppeln mit edlen Pferden. Es ist ein wohlhabendes Land, das am Glamour von Hollywood und Los Angeles teilhat – was seinem Aufstieg als Quelle des angeblich edelsten Pinot Noir Kaliforniens in den 1970er Jahren sicher nicht im Weg stand.

Jene frühen Pinots Noirs waren in der Tat ziemlich eigenartig, besaßen jedoch einen Kern von aufregender Frucht, vor allem, wenn sie von den mageren Schiefertonböden von Sanford & Benedict Vineyard – 11 km westlich von Buellton und 30 km von der Küste entfernt – stammten. Das zwischen 24 und 40 km von der Küste entfernt liegende Gebiet wird als Santa Rita Hills bezeichnet und von über einem Dutzend der besten Erzeuger des Landes für den Anbau von Pinot Noir und Chardonnay genutzt. Die Kombination von Nordhängen, die der direkten starken Nachmittagssonne entgehen, mit Nebel und Meereswinden lässt es vielen als großartigste Lage für Pinot Noir in ganz Kalifornien erscheinen.

Maschinelle Lese ist in Kalifornien üblich, eine ganze Reihe von Erzeugern zieht jedoch menschliche Arbeitskraft vor. Hier sind wir im zu Sanford gehörenden Weingut La Rinconada bei Buellton im Santa Ynez Valley.

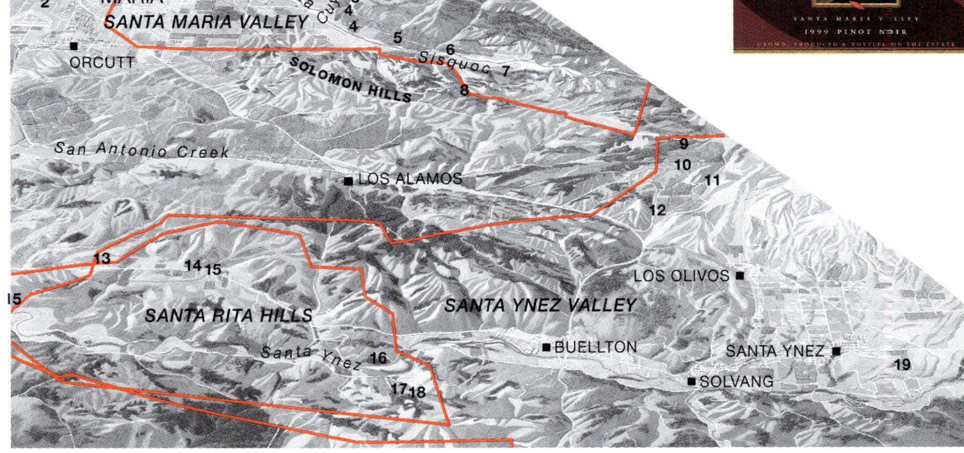

AVA-BEREICHE UND SPITZENWEINGÜTER/-KELLEREIEN

1. Whitcraft
2. Lane Tanner
3. Au Bon Climat/Qupé
4. Bien Nacido Vineyard
5. Cambria
6. Byron
7. Rancho Sisquoc
8. Foxen
9. Zaca Mesa
10. Andrew Murray
11. Fess Parker
12. Firestone
13. Melville
14. Babcock
15. Sanford
16. Sanford & Benedict Vineyard
17. Fiddlehead Cellars
18. Gainey

SANTA MARIA VALLEY = AVA-BEREICH

AVA-GRENZEN

WO DER WEIN WÄCHST

Das Santa Barbara County ist insofern einmalig an der Westküste der USA, als seine Flusstäler von Osten nach Westen verlaufen. Bei Santa Maria in der oberen linken Ecke des Panoramas ist es einfach zu kalt für Trauben, doch je weiter man im Tal hinaufkommt, desto mehr lassen die Wirkungen der Nebelbänke und Winde vom Pazifik nach, und es tauchen Rebfelder auf. Der bedeutendste Abschnitt ist die Landstufe mit ununterbrochenen Rebflächen im Norden des Flusses zwischen Au Bon Climat und Rancho Sisquoc. Unmittelbar südlich davon gibt es Rebfelder entlang dem San Antonio Creek westlich von Los Alamos, die genauso eindrucksvoll sind, auch wenn sie nicht als eigene AVA firmieren.

Das Santa Ynez Valley unten im Panorama ist an seinem Westende sehr kühl und ein hervorragender Standort für Pinot Noir. Bei Solvang wird das Tal breiter und viel wärmer. Es gibt jedoch auch zahlreiche gute Lagen nördlich von Solvang. Sie sind immer noch warm, profitieren jedoch von der Höhe und den Resten der Kaltluftsysteme des Santa Maria Valley im Nordwesten.

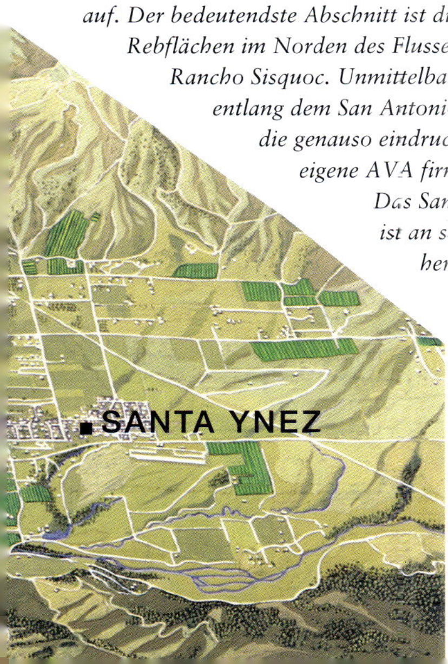

MITTEL- UND SÜDKALIFORNIEN

Ich müsste mich eigentlich dafür entschuldigen, dass ich der Region, die vier Fünftel der Weinproduktion Kaliforniens liefert, weniger als eine Seite widme; doch das Problem ist, dass es weder über die meisten Weine noch über den größten Teil der Region viel zu berichten gibt. Bei einem winzigen Teil der Weine wird tatsächlich als Herkunft das kalifornische Central Valley – oder, korrekter, das San Joaquin Valley – angegeben. Ich hatte jedenfalls auf meinen Fahrten durch dieses unendliche, flache, sonnendurchglühte und im Übermaß bewässerte Gebiet Mühe, wach zu bleiben. Das Tal verkörpert den Triumph der Agrarindustrie, auch wenn der Glanz fehlt und eine Atmosphäre von Geheimniskrämerei über den gigantischen Weinbaubetrieben, aber auch den anderen riesigen Gemüse- und Obstkonzernen hängt, die die Landschaft dominieren. Das Central Valley lädt gewiß nicht zum Verweilen ein, und Fremde werden nicht gerade freundlich bewillkommnet.

Eigentlich gibt es zwei Teile des Central Valley, das San Joaquin Valley und das Sacramento River Valley, die sich in einem wichtigen Punkt voneinander unterscheiden: Im Sacramento River Valley können die kühlen Meeresbrisen bis hinunter nach Lodi noch ihren Weg durch die Lücke finden, die sich der Fluss in die Coast Ranges gegraben hat. In den Weinbaugebieten Lodi und Clarksburg unterhalb der riesigen Deiche des Sacramento-Deltas und in Teilen des Solano County unmittelbar an der San Pablo Bay entstehen bisweilen interessante Tafelweine. Die ungeheure Weite des Central Valley beginnt südlich von Lodi. Hier werden ein wesentlicher Teil des Gemüses und des Obstes der USA und der größte Teil ihres Weins erzeugt. Es gibt hier Kellereien, die an Größe manche Ölraffinerie übertreffen und mehr Wein produzieren als viele bekannte Weinbauländer. Die Firma Gallo besitzt vier Betriebe mit einer Gesamtkapazität von etwa 6,3 Millionen Hektoliter pro Jahr. Chile erzeugt ca. 5,5 Millionen Hektoliter, Australien etwa 8 Millionen im Jahr.

Die Rebfelder erstrecken sich über 370 km bis hinunter nach Bakersfield, und die Ebene mit den tiefgründigen, fruchtbaren Böden zwischen dem Küstengebirge und der Sierra Nevada ist bis zu 110 km breit. Es gibt fast keine Einflüsse, die die übermäßige Hitze mildern könnten, und es regnet kaum. Doch zwei Reservoir- und Kanalsysteme, die auf Bewässerungsbauten aus dem neunzehnten Jahrhundert beruhen und alle Wasserläufe von der Gebirgskette der Sierra Nevada ausnutzen, machen den Regen überflüssig.

Die Weinberge des Guts Lava Cap gehören zu den höchstgelegenen Kaliforniens. Im El Dorado County in den Vorbergen der Sierra Nevada reichen die Reben bis in etwa 1000 m Höhe, fast bis zur Grenze des Weinbaus.

Wenige Erzeuger haben sich einen Namen für Qualitätswein gemacht, dennoch konnten dank der trockenen Hitze einige hochwertige gespritete Weine kreiert werden. Die Erzeugnisse von Andrew Quady in Madera gehören zu den besten dieser Art. Seine Fantasie wurde Anfang der 1980er Jahre durch ein paar Zinfandel-Reben vom Amador County in den Ausläufern der Sierra beflügelt. Im Gegensatz zum Central Valley wirken die heiteren Städte in den Ausläufern der Sierra wie erfreuliche Überbleibsel aus alten Zeiten.

AUSLÄUFER DER SIERRA

Hier nahm der große Goldrausch von 1848 seinen Anfang, der schließlich ganz Kalifornien erfasste. Goldschürfer haben großen Durst, und in den 1870ern gab es über 100 Kellereien, vor allem in den Countys El Dorado und Amador. Einige der alten Zinfandel-Reben tragen immer noch Früchte, und obwohl die modischeren Sorten gute Resultate erbracht haben (insbesondere zieht Sangiovese die Aufmerksamkeit auf sich), sind die dunklen, alkoholreichen Zinfandels mit ihren massiven Aromen immer noch das Beste, was die Sierra-Vorberge zu bieten haben. Die Weinberge können bei Placerville in El Dorado Höhen bis zu 915 m erreichen, liegen jedoch meist etwas über 300 m hoch im Hauptteil des Bereichs Amador im Shenandoah Valley und zwischen 450 und 750 m hoch in Fiddletown. Die am höchsten gelegenen Weinberge erhalten bis zu 1150 mm Regen im Jahr, die niedrigeren weniger als 760 mm. Die Unterschiede zwischen den Tages- und Nachttemperaturen sind in den höher gelegenen Weinbergen ebenfalls größer, unterstützt durch den nächtlichen Bergwind und die letzten Ausläufer der Winde von der San Francisco Bay, während die Tagestemperaturen in der Reifezeit normalerweise zwischen 27 und 38 °C schwanken. Die daraus resultierende Kombination aus Tannin und intensiver Frucht bringt einige der eindrucksvollsten und traditionellsten Weine Kaliforniens hervor.

SÜDKALIFORNIEN

Südlich von Santa Barbara beschreibt die Küste einen weiten Bogen nach Osten, und die Auswirkungen der kalten Meeresströmungen sind weitgehend geschwunden. An dieser Küste gibt es nur noch ein Anbaugebiet von Bedeutung, Temecula. Es liegt ca. 40 km landeinwärts südöstlich von Los Angeles und ist eine merkwürdige Gegend. Die relativ große Höhe von 430 m verschafft dem Gebiet eine willkommene kühle Witterung, und auch die milde Brise vom Pazifik ist hilfreich. So weit südlich würde man vor allem Rotwein erwarten, doch Temeculas bester Wein ist weiß. Wie im Livermore Valley östlich der San Francisco Bay droht die städtische Besiedelung auf die Rebfelder überzugreifen. Die Politiker und Landerschließungsunternehmen betrachten die Rebfelder jedoch als Teil der Lebensart, die sie zu fördern versuchen. Katastrophal wirkt sich aber die Pierce'sche Krankheit aus, eine bakterielle Infektion, die von einer Zikadenart (dem »glassy-winged sharpshooter«) verbreitet wird und gegen die es keine Mittel gibt. Während die Forscher nach Wegen suchen, gegen die Krankheit vorzugehen, sind die Rebflächen bereits so geschädigt, dass die Zukunft Temeculas als Weinbaugebiet gefährdet ist.

Tatsächlich gibt es die Pierce'sche Krankheit in Kalifornien schon seit über 100 Jahren, und auch führende Bereiche in Napa und Sonoma müssen immer wieder Verluste hinnehmen. Temecula bekam seine traurige Berühmtheit dadurch, dass es das Einfallstor für die Zikaden ist, die mit den Zierpflanzen aus Florida eingeführt werden. Da sie keine natürlichen Feinde haben und rasch große Strecken zurücklegen können, sind alle kalifornischen Weinberge in Gefahr. Das Central Valley ist bereits befallen, und es ist unausweichlich, dass das Insekt und mit ihm die tödliche Krankheit sich nach Norden ausbreiten.

Südstaaten und Mittlerer Westen

New Mexico nimmt für sich in Anspruch, der erste Staat auf dem Gebiet der heutigen USA zu sein, in dem Wein gemacht wurde. Warum auch nicht. Die Konquistadoren kamen aus Mexiko den Rio Grande herauf, und es ist gut vorstellbar, dass sie Reben anpflanzten, um die äußerst unzuverlässige Versorgung mit billigem Wein aus Spanien zu ergänzen. Das war natürlich schwierig. Es gibt sehr wenig Regen in der Region – bei Albuquerque nur ca. 200 mm im Jahr –, und die Höhenlage des Rio Grande Valley, das bei Santa Fe 2000 m erreicht, bringt nicht nur strenge Winterfröste, sondern auch sehr kalte Sommernächte mit sich, so dass die Trauben ausgesprochen sauer sind. Heute, da man versucht, Trauben mit guten Aromen zu erzielen, werden all diese Faktoren als Vorteile gewertet. Wasser für die künstliche Bewässerung steht in ausreichender Menge zur Verfügung. Winterfröste können dadurch entschärft werden, dass man Erde um die Rebstöcke anhäufelt, und ohne den kühlenden Einfluss der Höhenlage wäre es zu heiß für den Anbau ordentlicher *Vinifera*-Sorten. Kellereien wie Anderson Valley erzeugen bemerkenswert guten Cabernet Sauvignon.

Die große Höhe hat auch Weinerzeuger nach Colorado gelockt, wo in etwa 1200 m Höhe entlang dem Grand Valley des Colorado River eine Reihe von Kellereien intensive, recht bissige *Vinifera*-Weine für eine gut motorisierte Schickeria von Ausflüglern herstellt; der Hit der Colorado Cellars ist der »Alpenglo«, ein süßlicher Riesling, der durch die Zugabe einer kleinen Menge (1,5 %) von rotem Lemberger-Saft tatsächlich einen Hauch von Alpenglühen erhält. Große Höhe macht auch in Arizona einen akzeptablen Wein möglich. Die Reben stehen hier bis fast 1500 m hoch. Callaghan Vineyards in Elgin bei Tucson nützen den endlosen Sonnenschein, der durch die Kühle der Berge und die dramatischen Unterschiede zwischen Tages- und Nachttemperaturen gemäßigt wird, und produzieren nicht nur erinnerungswürdige Rotweine auf der Basis von Zinfandel, Syrah und den Bordeaux-Sorten, sondern auch ausgezeichnete Weißweine aus allem Möglichen von Riesling bis Viognier.

Der schlummernde Riese des Südwestens ist jedoch Texas. Ich habe die texanischen Weine seit dem Boom Anfang der 1980er Jahre, als sich das Produktionsvolumen jedes Jahr verdoppelte, immer wieder probiert, und von Winzern wie Bobby Cox von Pheasant Ridge kann man großspurige Sprüche hören wie diesen: »Wenn die Hälfte der Baumwollfelder auf den Hochebenen um Lubbock mit Reben bepflanzt würde, könnten wir so viel Wein erzeugen wie ganz Frankreich.«

Sicherlich könnte man das, doch dann müsste man dafür sorgen, dass das Zeug schmeckt, will man nicht die größte Pleite der Weinbaugeschichte erleben. Das Problem der 1980er Jahre war es denn auch, dass ehrgeizige Rebpflanzungen nicht durch gute Kellereitechniken ergänzt wurden. Vom größten Rebfeld bis zum kleinsten – das heißt relativ kleinsten, schließlich ist dies Texas – bekam ich keinen einzigen Aufsehen erregenden Wein vorgesetzt, und die meisten waren irgendwo zwischen trost- und hoffnungslos zu klassifizieren.

Irgendwie erwartet man, dass die Texaner alle ihre Probleme mit Geld, Engagement und unerschütterlichem Selbstvertrauen lösen. Vielleicht ist es beruhigend zu wissen, dass die Begründung einer Weinkultur etwas komplizierter ist. Es scheint aber in Texas wirklich einige Gebiete zu geben, die sich für den Weinbau eignen. Die High Plains bei Lubbock in Nordwest-Texas, etwa 1200 m über dem Meer, weisen große Schwankungen zwischen den Tages- und Nachttemperaturen auf, besitzen tiefgründigen, ziemlich lockeren Kalksteinboden und wenig Luftfeuchtigkeit, erhalten jedoch ausreichende Regenfälle. Die West Texas Mountains sind überraschend kühl. Und das Texas Hill Country um Austin herum ist leicht hügelig, es gibt dort eine ordentliche Menge guten Kalkstein und sandigen Lehmboden.

In diesen riesigen, abgelegenen Regionen gibt es bis hin nach Dallas-Fort Worth im Nordosten weit verstreut nur etwa 30 Kellereien, die alle meilenweit, oft Hunderte von Meilen, von ihrem nächsten Winzernachbarn entfernt sind. Von diesen tauchen gelegentlich gute Cabernets, Chardonnays, Sauvignon Blancs und Rieslinge auf, deren Aromen nicht so spröde und großspurig sind, wie man das von texanischen Weinen erwarten könnte. Stattdessen sind die Weine sauberer und korrekter als zuvor. Vielleicht befinden sie sich in der Übergangsphase der »Korrektheit«, bevor sie ihren eigenständigen Charakter finden. In diesem Fall sollten sie ihre Kollegen in Colorado, New Mexico und Arizona aufwecken und zeigen, was ein wenig Mut und Überzeugung zuwege bringen. Von Texanern erwarten wir nicht weniger.

Die restlichen Südstaaten tun sich generell schwer, anständige Trauben zu produzieren. Doch das bedeutet nicht, dass sie sich nicht beharrlich darum bemüht hätten. Die Soldaten Napoleons pflanzten Cabernet in Alabama, als sie nach der französischen Niederlage bei Waterloo sich selbst überlassen waren. Mississippi, wo die Prohibition bis 1966 gesetzlich verankert blieb, war verständlicherweise kein Nährboden für Aktivität, und in vielen anderen Südstaaten gibt es immer noch örtliche Bestimmungen, die den Verkauf von Alkohol einschränken oder sogar verbieten. Aber es gibt noch eine Weinindustrie, und in verschiedenen Staaten hat man aus der Notwendigkeit eine Tugend gemacht, indem man den Nicht-*Vinifera*-Wein förderte.

Scuppernong ist ein exotischer Name für eine Traubensorte. Sie ist eine der führenden Sorten der zur Untergattung Muscadinia gehörenden Art *Vitis rotundifolia*, die die Feuchtigkeit und die Hitze am Golf von Mexiko und an der südlichen Atlantikküste überleben. Es sind riesige Rebstöcke – ein einziger wilder Scuppernong-Rebstock kann bis zu einem halben Hektar überdecken. Die Trauben, die einen Durchmesser von 2,5 cm erreichen können, wachsen in lockeren Bündeln und widerstehen so der Fäulnis, die in diesen südlichen Gebieten die Geißel der dichtbeerigen *Vinifera*-Trauben ist. Das Weinaroma ist moschusartig und sehr fruchtig und war die Grundlage für den Wein Virginia Dare, der nach der Prohibition einige Jahre lang der Renner in den USA war. Wenn ich am Golf von Mexiko war, setzte mir die Feuchtigkeit so zu, dass ich an einen Cabernet Sauvignon zuletzt gedacht hätte; ein eiskaltes Glas Scuppernong aber ist da wirklich sehr angenehm.

Immerhin gibt es auch ein paar *Vinifera*-Pflanzungen. Das prächtige Chateau Biltmore in North Carolina besitzt eine Rebfläche von 32 Hektar. Schweizer, Deutsche und Italiener bauten im neunzehnten Jahrhundert in Arkansas Wein an, und besonders um Altus im Nordwesten des Staates gedeihen Reben immer noch gut. Weiter nördlich erhielt Missouri 1980 für Augusta tatsächlich die erste AVA-Klassifizierung, obwohl die meisten Kellereien des Staates Hybriden und *Labrusca*-Sorten anstelle von *Vinifera*-Trauben anbauen. Alle Staaten, die an die Großen Seen im Norden angrenzen, haben irgendeine Weinindustrie.

Selbst Minnesota und Wisconsin ringen ihren Rebstöcken, hauptsächlich Hybriden, ein paar Weine ab. In Indiana gibt es eine Ansammlung von Hybriden- und *Vinifera*-Pflanzungen, die sich so eben durchschlagen, während Michigan und Ohio bessere Resultate erzielen. Michigan ist der fünftgrößte Weinerzeuger der USA, und obwohl eine Menge davon Hybriden und *Labrusca*-Reben sind, gibt es eine Reihe florierender Kellereien an den südöstlichen Ufern des Michigan-Sees sowie einen köstlichen Riesling von der Halbinsel Leelanau weiter nördlich. In Ohio wurden im neunzehnten Jahrhundert mehr Reben angebaut als in Kalifornien, und obwohl diese Tage längst der Vergangenheit angehören, sind die Voraussetzungen entlang der Südküste des Eriesees und auf den Inseln nördlich von Sandusky dank der warmen Gewässer dieses flachen Sees gut genug, um einige ausgezeichnete Chardonnays und Rieslinge zu liefern.

Was hier wie eine verdorrte Heide aussieht, sind hoch gelegene Weinberge in der Nähe von Elgin in Arizona – sie liefern exzellente Weine.

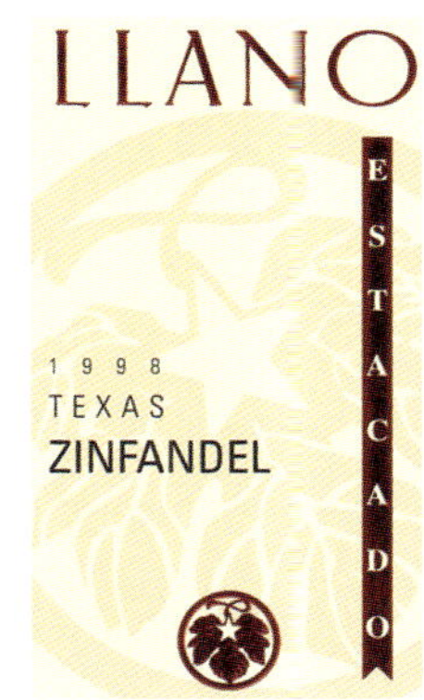

Zinfandel aus Arizona: Die Berglagen von Callaghan, die viel Sonnenschein mit kühlen Temperaturen vereinen, bringen verblüffend intensive Rot- und Weißweine hervor.

Pazifischer Nordwesten

Man kann sich kaum zwei unterschiedlichere Weinbaugebiete als das Columbia River Valley im Bundesstaat Washington und das Willamette Valley in Oregon vorstellen. Das Willamette Valley ist eine stille, ländliche Gegend, von bescheidenem Wohlstand, beschaulich, mit Familien, die seit Generationen dieselbe Farm bewirtschaften. Hier wird man eher an Neuengland als an den Nachbarstaat Kalifornien oder an eines der ländlichen Countys im alten England wie Gloucestershire oder Herefordshire erinnert.

Das Columbia Valley dagegen ist eine trostlose Wüste – rau, leer, den meisten Menschen viel zu unzivilisiert, um sich dort niederzulassen. Und durch dieses unwirtliche Hinterland fließt der große Columbia River, an dessen Ufern da und dort in der Wüste ausgedehnte grüne Gärten sprießen. Keine Menschen, keine gepflegten, friedlichen Ortschaften, Scheunen und Weidezäune sind hier zu sehen – nur die Felder mit ihren Früchten vor dem Hintergrund einer unheimlichen, mit ausgebleichtem nordamerikanischem Beifuß bestandenen Wildnis.

Über die Geologie dieser Landschaften kann man sich am besten in Ted Jordan Merediths Buch »Northwest Wine« informieren, in dem der Autor die Aktivität der tektonischen Platten, Vulkane und Flüsse über Millionen von Jahren anschaulich darstellt. Ich werde die Geschichte kurz zusammenfassen – es ist eine wichtige Geschichte, da sich die Bewegungen der tektonischen Platten im pazifischen Nordwesten von Amerika noch heute bemerkbar machen. Auch der Ausbruch des Mount St Helens im Jahr 1980 ist auf die Aktivität dieser tektonischen Platten zurückzuführen.

Seit Millionen von Jahren drückt im pazifischen Nordwesten die Ozeanische Platte gegen die Kontinentalplatte und schiebt sich unter diese, während sie gleichzeitig auf der Kontinentalkruste Sedimentschichten ablagert und diese nach oben schiebt. Dadurch wurde das Gebiet von Willamette über den Meeresspiegel angehoben und das Küstengebirge geschaffen, das die kalten Einflüsse des Pazifiks mildert und das Willamette Valley zu einem idealen kühlen Weinbaugebiet macht. Die Ozeanische Platte schiebt sich immer tiefer unter die Kontinentalplatte, bis sie schmilzt. Etwa 160 km landeinwärts drängt flüssiges Magma nach oben und erzeugt die Kette von Vulkangipfeln, die als die Cascades bekannt sind.

Wie der Ausbruch des Mount St Helens gezeigt hat, dauert dieser Prozess noch an; der Vulkan ist teilweise erst 2000 Jahre alt. Die majestätische Schönheit der Gipfel und die Höhe der Cascades, die häufig bis zu 3650 m erreichen, ist auf ihr geringes Alter zurückzuführen. Die ozeanischen Einflüsse in Form von Wind, Nebel und Regen werden an dieser Gebirgsbarriere weitgehend abgehalten. Im Osten liegt das wüstenähnliche Becken des Columbia River mit seinem ewigen Sonnenschein. Man brauchte nur den mächtigen Columbia-Strom für die künstliche Bewässerung zu nutzen, um eines der großen der Natur abgetrotzten Rebfelder der Welt zu erhalten.

Früher Weinbau

Das Willamette Valley wurde besiedelt, als die ersten Einwanderer auf dem Oregon Trail ankamen, und auch Teile des Columbia River, des Yakima und des Snake River Valley werden seit beinahe hundert Jahren landwirtschaftlich genutzt. Doch in keinem dieser Täler wurden klassische Weintrauben angebaut. West-Oregon galt als zu kühl und feucht für die *Vinifera*-Sorten. Das Columbia Valley jenseits der Cascades im östlichen Washington war von jedem potenziellen Markt einfach zu weit entfernt, und obwohl sich der Columbia River im Winter mäßigend auf die Witterung auswirkte, reichte das nicht immer aus, um regelmäßige starke Frosteinbrüche abzuwehren, wenn sich das Frostwetter von Alaska her im Becken des Columbia River festsetzte.

Trotzdem wachsen und gedeihen diese beiden ganz verschiedenen Weinbaugebiete seit den 1960er Jahren. Das kühle, feuchte Willamette Valley in Oregon wurde zum Ziel für Kalifornier, die »kühle« Rebsorten wie Pinot Noir, Riesling und in jüngerer Zeit Pinot Gris anbauen

Das sieht noch nicht nach einem Weingarten aus, aber die Plastikröhren verkürzen die Wachstumsphase der jungen Reben um bis zu einem Jahr. Hier versucht es Kiona Vineyards im Yakima Valley (Bundestaat Washington) mit Sangiovese, einer Sorte, die in Mittelitalien zu Hause und in den USA nicht leicht zu kultivieren ist.

wollen, und für Leute, die dem lauten, geschäftigen Treiben in Kalifornien entfliehen.

Im Staat Washington gründeten Anfang der 1960er Jahre ein paar Universitätsprofessoren eine kleine Weinbaufirma (Associated Vintners, heute Columbia), um eigenen Wein aus *Vinifera*-Reben zu erzeugen, die sie im Yakima Valley gepflanzt hatten. Das war die Zeit, als der Staat unter archaischen Alkoholgesetzen und einer Weinindustrie litt, die billige, süße, gespritete Weine aus *Labrusca*-Reben herstellte. Innerhalb eines Jahrzehnts schuf ihr Unternehmen neue Rebfelder auf den mit wildem Beifuß bestandenen Flächen am Yakima und Columbia River, neben einer großen neuen Genossenschaft von Yakima-Winzern mit dem Namen Chateau Ste Michelle, das sich im Besitz der US Tobacco befindet. Chateau Ste Michelle kam hierher, um sich nach einer Alternative zu den weiter südlich gelegenen Weinbaugebieten umzusehen – in den 70er Jahren war das Land in Kalifornien teuer, und Selbstgefälligkeit hatte sich breit gemacht.

Columbia und Chateau Ste Michelle untersuchten die Verhältnisse im östlichen Washington und fanden eine gesunde Ausgangsbasis für die Erzeugung von hochwertigem Qualitätswein vor, der unter kontrollierten Bedingungen auf einem ähnlichen Breitengrad wie Bordeaux angebaut werden sollte.

Bei der Kombination aus langen, sonnigen Tagen und kühlen Nächten, die eine längere Reifezeit und höhere Säuregehalte als in Kalifornien gewährleistet, doch einen ausreichenden Zuckergehalt erbringt, erkannten die Weinerzeuger von Washington, dass sie hier dem europäischen Ideal eines harmonischen Weines eher nahe kommen konnten als ihre kalifornischen Kollegen. Seitdem haben sie ihr Geschäft immer in diesem Sinne geführt.

Dass sie auf die europäische Karte setzten, zahlte sich für beide Staaten aus. Der 1975er Pinot Noir von Eyrie Vineyard in Oregon lief 1979 in einer in Paris abgehaltenen »Olympiade« den größten burgundischen Rotweinen den Rang ab, und seitdem ist der Pinot Noir die größte Errungenschaft Oregons. Im Willamette Valley ist jedoch noch 40 Jahre nach der Pflanzung der ersten Pinot-Noir-Reben kein beständiger Erfolg zu verzeichnen. In Anbetracht des prekären Klimas in Oregon und der Tatsache, dass Burgund 1000 Jahre brauchte, um mit seinem Weinbau klarzukommen, sieht es für Oregon allerdings gar nicht so schlecht aus.

Washington hatte den ersten großen Erfolg mit Riesling, doch die Nachfrage änderte sich bald, und so dominierten zuerst Sémillon, Sauvignon Blanc und natürlich Chardonnay die Weinberge. Dann wollte der Markt wieder anderes, nämlich Rotwein, weshalb nun Merlot und Cabernet, dicht gefolgt von Syrah, das Rennen machen. Die roten Sorten fühlen sich in Washington äußerst wohl und liefern Trauben mit mächtigen, individuellen Aromen. Nicht alle Weine setzen die Qualität der Frucht auch um, doch jedes Jahr gibt es mehr Stars. Die Aromen von Yakima und Columbia mussten gezähmt werden. Es war nicht schwer herauszubekommen, wie man die Reben richtig behandelt; und mit jedem Jahrgang lernen Washington wie Oregon zunehmend, mit Weinbergen, die zu den besten in Amerika gehören, auch den besten Wein zu machen.

IDAHO

Es gibt noch ein drittes Mitglied in der Weinfamilie des pazifischen Nordwestens, Idaho. Die Tradition der Weinerzeugung in Idaho geht auf das neunzehnte Jahrhundert zurück, als europäische Einwanderer mit Weinbau-Ambitionen hierher kamen und 1898 ein Wein aus Idaho einen Preis auf der Weltausstellung in Chicago gewann. Doch der Staat Idaho war ein eifriger Verfechter der Prohibition, und im zwanzigsten Jahrhundert blieb die Rebe die meiste Zeit durch die Kartoffel ersetzt. Im Jahr 1975 jedoch fasste der »Weinvirus« Fuß, und heute gibt es in Idaho ca. 450 Hektar Weinberge mit elf Rebsorten und 13 Weinkellereien, die sortenreine Weine machen.

Wenn es jedoch keine Obstfarmen gäbe, die ihre Produktpalette erweitern wollen, sähe es in Idaho mit der Weinindustrie nicht so gut aus. Der Snake River bringt einen gewissen mildernden maritimen Einfluss aus dem Columbia Valley mit, der auch notwendig ist, da sich die Reblagen in Idaho in einer Höhe von über 600 m befinden. Hier gibt es sonnige Sommertage, aber sehr kalte Nächte und ständige Frostgefahr. Viele gute Weine wurden aus Trauben gekeltert, die aus Washington bezogen wurden. Trotz der hohen Tagestemperaturen in Idaho lassen mich die sehr kalten Nächte und die kurze Wachstumsperiode in dieser Höhe daran zweifeln, ob einheimische Trauben hier wirklich reif werden können. Es gibt jedoch einen außerordentlich guten Schaumwein in Idaho – was nicht überrascht, da die besten Schaumweine bekanntlich nicht von gänzlich reifen Trauben kommen.

Andrew Will, einer der Top-Erzeuger des Staates Washington, hat seine Kellerei auf der bewaldeten Vashon-Insel westlich von Seattle, die Trauben für seinen Merlot kommen aber aus den besten Lagen östlich der Cascade Mountains.

WASHINGTON

ROTE REBSORTEN
Merlot ist die Hauptsorte, gefolgt von Cabernet Sauvignon, Syrah, Cabernet Franc und Sangiovese. Die ausdauernde Lemberger ist im Yakima Valley beliebt.

WEISSE REBSORTEN
Mit Riesling hatte man den ersten Erfolg in Washington. Die Anbauflächen mit Semillon und Sauvignon Blanc werden heute durch die mit Chardonnay übertroffen. Viognier und Pinot Gris gewinnen an Beliebtheit.

KLIMA
Dramatische Unterschiede zwischen Sommer- und Wintertemperaturen sind üblich. Die Region westlich der Olympic Mountains hat Meeresklima mit hohen Niederschlägen. Östlich der Cascades ist das Klima kontinental, einige Gebiete sind Halbwüsten.

BODEN
Das Columbia Valley besteht zum größten Teil aus Basaltsand mit etwas Löß und gelegentlich Flusskies. Das Yakima Valley besitzt sandige Böden, die wenig Wasser speichern, so dass sie künstlich bewässert werden müssen.

TOPOGRAFIE
Die Rebflächen liegen weit verstreut. Alle Pflanzungen wurden entweder auf niedrigen Anhöhen, den Südhängen von Bergen oder in der Nähe von Flüssen angelegt. Der wichtigste Faktor ist eher die Vermeidung schädlicher Winterkälte als übermäßiger Sommerhitze.

Stellen Sie sich die für den Weinbau ungeeignetste, unwirtlichste Gegend vor. Den australischen Busch oder sogar den Mond. Beides bekommen Sie im Becken des Columbia River Valley, östlich der hohen Cascade Mountains im Bundesstaat Washington in der kalten, nebligen Nordwestecke der Vereinigten Staaten. Doch es gibt hier zwei sehr unterschiedliche Landschaften. Der Teil des Staates Washington, in dem die Menschen leben, Geld verdienen, Football-Teams unterstützen und in die Oper gehen, ist kühl und neblig. Er liegt im Westen der Cascade Mountains und bekommt alle Einflüsse des nördlichen Pazifiks zu spüren, die schon Sir Francis Drake zu schaffen machten, als er hier 1579 durch die »übelsten, dicksten und gemeinsten Nebel« an der Weiterfahrt gehindert wurde. Diese Nebel gibt es immer noch, vor allem um den Puget Sound, Seattle und an der Mündung des Columbia River.

Doch fahren Sie auf der Interstate 90 von Seattle aus nach Südosten, lassen Sie die grünen Vororte hinter sich und überqueren den Snoqualmie Pass und die Cascades, dann gelangen Sie in den oberen Teil des Yakima Valley bei Ellensburg. Hier fühlt man sich in einer ganz anderen Welt mit klarer, trockener Bergluft, öden Höhenzügen und einer prekären Zivilisation. Hier hat man jetzt die Wahl. Man kann auf der Interstate 90 bleiben, den Columbia River überqueren und über Moses Lake bis nach Ritzville fahren. Sie wollten eine Mondlandschaft? Hier ist sie. Windgepeitschte, mit Beifuß bewachsene Anhöhen liegen in der Ebene verstreut wie die Buckel riesiger Tiere, und während die Zeichen menschlicher Zivilisation immer mehr schwinden, verliert der weite Himmel seinen Charme und beginnt eine bedrohliche Leere anzunehmen, und alle zehn Minuten prüft man nervös den Benzinstand. Dann werden die Ebenen flacher – leblos, unwirtlich, nutzlos. Das ist der Ostteil des Staats Washington.

Kurz hinter Ellensburg kann man aber auch nach rechts abbiegen und in Richtung Süden fahren. Die Bergkämme sind zwar auch hier menschenleer und beklemmend, doch plötzlich öffnet sich das Yakima Valley, eine helle Fläche aus verschiedenen Grüntönen, ein weicher Rasenteppich auf der sonnengebleichten Erde. Die scharf abgegrenzten Kanten des fruchtbaren Grüns verlaufen sehr unregelmäßig, außerhalb ihrer kommt nichts als ausgedörrtes, gebleichtes Hochland.

Ost-Washington ist eine Wüste. Die Kulisse aus Vulkangipfeln, die die Cascade Range bilden, verläuft nur 80 km östlich von Seattle von Norden nach Süden und steigt immer weiter an, bis sie in die Rocky Mountains von Idaho und Montana übergeht. Hier wächst fast nichts mehr außer Fichten. Doch es gibt eine riesige Senke zwischen den Bergen, die von dem breiten Columbia River gesäumt wird, wo er seine mächtigen Massen gegen die Cascades schleudert, unwillig nach Süden abbiegt und dann, gestärkt durch die Zuflüsse des Snake und des Yakima River, einen Bogen nach Westen in Richtung Ozean macht.

Dies ist das Becken des Columbia River mit seinen 60 000 km² Fläche. Und in diesen Millionen Hektaren leeren Landes gibt es 11 730 Hektar mit Reben. Sie sind nicht zufällig hier, sondern weil die Cascade Mountains, die sich bis zu 3650 m Höhe erheben, einen regelrechten Regenschatten auf ihrer Ostseite bilden und minimale Niederschläge und maximale Sonnenscheindauer garantieren. Allerdings nicht maximale Hitze. Im Columbia Valley kann es zwar unglaublich heiß werden, doch alle Rebflächen befinden sich in bestenfalls warmen Kleinklimaten. So weit nördlich – die meisten Rebfelder liegen zwischen 46° und 47° nördlicher Breite – gibt es im Sommer bis zu zwei

WO DER WEIN WÄCHST

Ohne den Eingriff des Menschen wäre dies nichts als eine triste, sonnendurchglühte Fläche, die nur durch den mächtigen Columbia River (rechts) und den Yakima River (der das Panorama von links nach rechts durchquert) davor bewahrt wird, ganz zur Wildnis zu werden. Künstliche Bewässerung hat das Yakima Valley zu einem fruchtbaren Anbaugebiet gemacht.

Die Talebene wird fast vollständig für Obstplantagen und andere Feldfrüchte genützt. Achten Sie aber auf die Wasserläufe, die den Höhenlinien zu folgen scheinen. Im Norden, in den Rattlesnake Hills, sind dies die Roza- und Sunnyside-Kanäle, derjenige im Süden, am Fuß der Horse Heaven Hills, ist der Satus-2-Kanal. Sie bringen Wasser aus dem Yakima River und seinen Zuflüssen zu den Gütern an den Hängen, auf denen fast alle Rebflächen liegen. Diese Berge sind zwei Beispiele für die Basalthöhenzüge, die aus dem Becken des Columbia River aufsteigen und zum einen Schutz vor den strengen Klimaeinflüssen Alaskas bieten, zum anderen nach Süden geneigte Abhänge, die für den Weinbau geeignet sind.

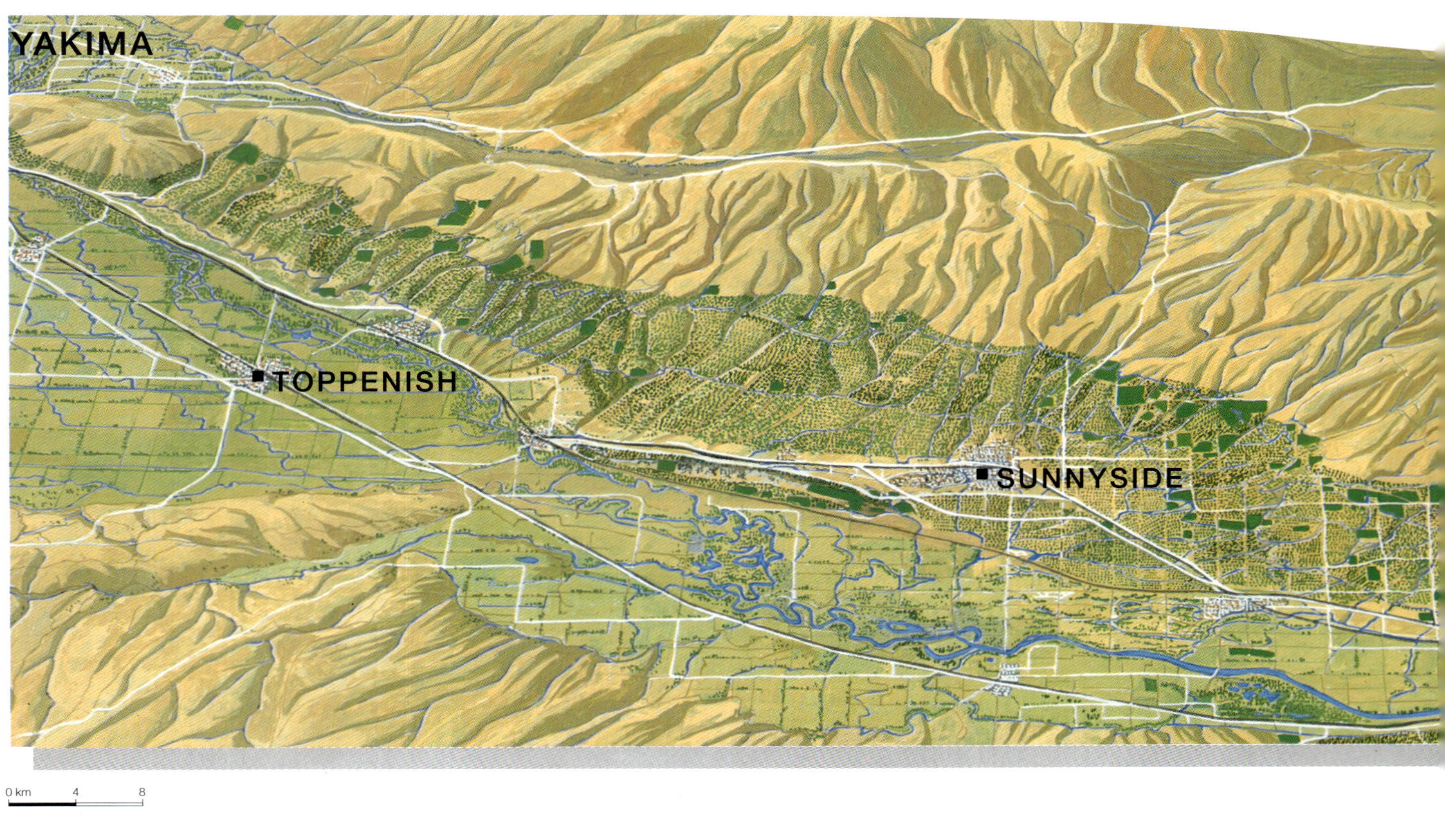

Stunden mehr Sonnenlicht am Tag als weiter südlich im Napa Valley in Kalifornien. Das ist entscheidend, da die Traube durch die Wirkung der Photosynthese in den Blättern reif wird, nicht durch sengende Mittagshitze. In der Nacht fällt die Temperatur stark ab. So erhält man aufgrund der langen, sonnigen Tage und der kalten Nächte Trauben mit einem hohen Zucker- und Säuregehalt.

Dazu kommt noch eines: Es gibt fast keinen Regen. Also greift man zur künstlichen Bewässerung. Der Columbia ist Amerikas zweitgrößter Fluss, was das Volumen der Wassermassen betrifft. Die anderen beiden bedeutenden Wasserlieferanten sind der Yakima und der Snake River. Am Columbia und am Snake River werden die Rebflächen entweder dicht an den Ufern angelegt, um die Gefahr von Winter- und Frühjahrsfrösten zu verringern, oder auf niedrigen, südlich ausgerichteten Anhöhen nahe am Wasser.

Der größte Teil der Talsohle des Yakima Valley, das durch Berge im Nordosten und Südwesten abgeschirmt wird, wird überwiegend für den Gartenbau anstatt für Reben genützt. Doch die niedrigen, bewässerten Anhöhen sind mit Reben bestanden, besonders in südlich ausgerichteten Parzellen der Rattlesnake Hills östlich der Stadt Yakima.

Ursprünglich beruhte die Weinindustrie von Washington auf dem Anbau von Obst, *Labrusca*-Reben und ein paar Weinbergen im Westen bei Seattle mit Sorten wie Müller-Thurgau. Immer noch haben mehrere größere Weinkonzerne dort ihren Sitz, darunter die beiden größten, Chateau Ste Michelle und Columbia. Doch 99% der Trauben im Staat werden östlich der Cascades im Columbia Basin angebaut. Obwohl die gesamte Anbaufläche von Washington nur ein Drittel von der des Napa Valley ausmacht, besitzt Washington nach Kalifornien die zweitgrößte Pflanzung von klassischen *Vinifera*-Sorten in den USA. Die Zahlen sind nur angenähert, da immer neue Pflanzungen angelegt werden. Die übergeordnete AVA ist Columbia Valley und umfasst alle Rebflächen östlich der Cascades, aber Yakima Valley und Walla Walla dürfen auch ihre eigenen Namen verwenden, wenn sie wollen. Yakima besitzt etwa 4455 Hektar, Walla Walla gut 480 und der Rest des Columbia Valley weniger als 6800 Hektar. Bei Spokane sind 4 Hektar Reben anzutreffen. Westlich der Cascades kommen lediglich weitere 14 Hektar mit *Vinifera*-Reben hinzu, von denen die besten an der Grenze zu Oregon bei Portland liegen.

Ursprünglich galt Washington wegen seiner relativ kühlen Witterung als Weißweinland. Doch dank der langen Tage werden mit inzwischen älter gewordenen Rebstöcken hervorragende Merlots gemacht, und im Yakima Valley bringt der seltene Lemberger ausgezeichnete, markante Rotweine hervor. Inzwischen dominieren die Rotweine, wobei meist Merlot gepflanzt ist und Syrah rasch zunimmt. Sowohl Riesling und Sémillon sind gut, während Chardonnay an Orten wie Woodward Canyon hervorragende Ergebnisse erbringt, ansonsten jedoch meist eher gefällig als aufregend ist.

Leonetti macht den begehrtesten Merlot Washingtons. Seine köstliche Frucht demonstriert das große Potenzial des Columbia Valley.

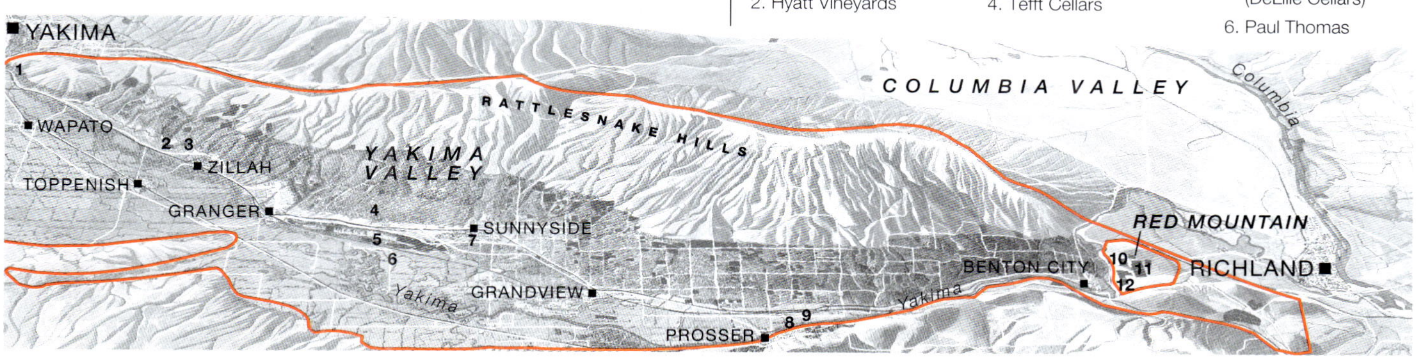

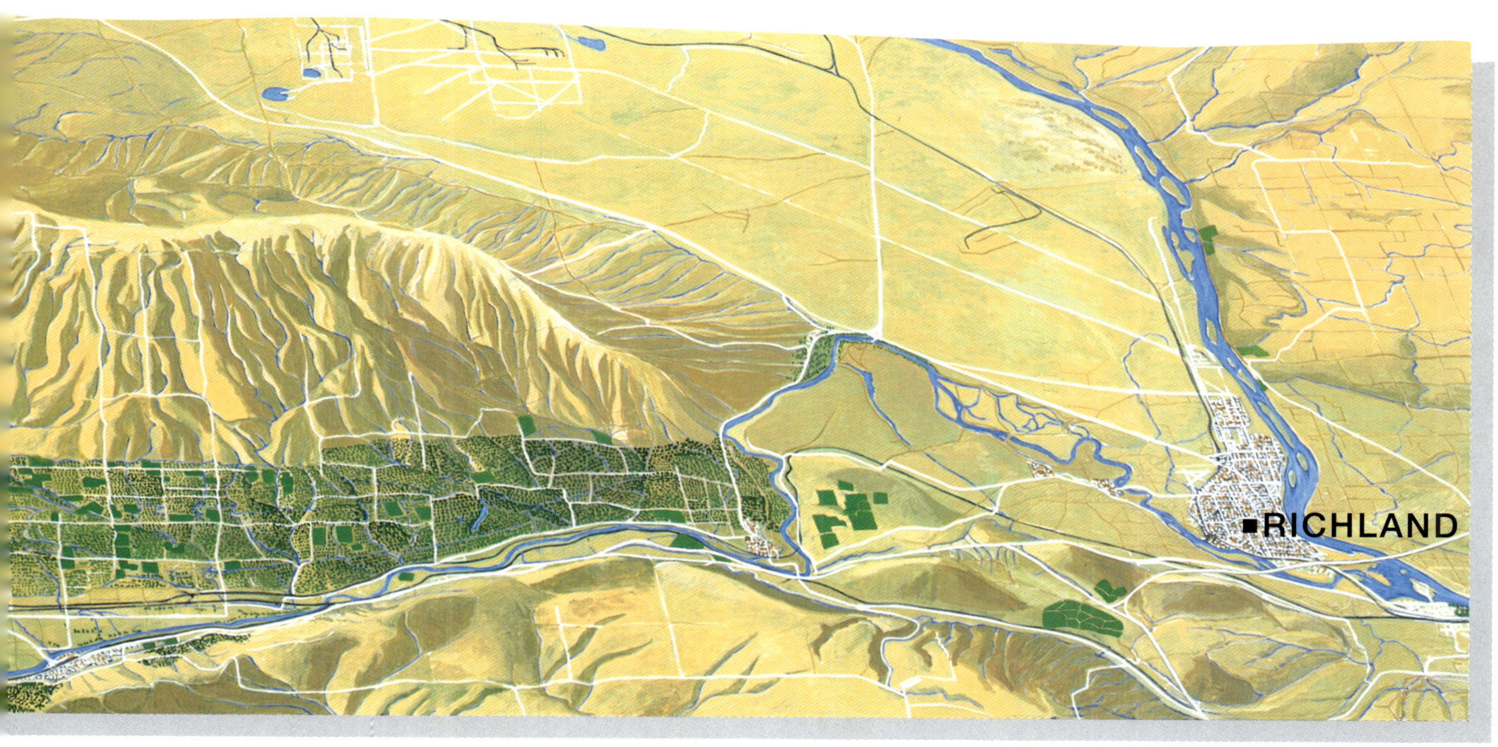

OREGON

ROTE REBSORTEN
In Oregon dominiert Pinot Noir, besonders im Willamette Valley, es gibt jedoch auch Merlot sowie kleine Mengen Cabernet Sauvignon und Zinfandel.

WEISSE REBSORTEN
Pinot Gris und Chardonnay dominieren, mit Abstand folgt Riesling. Sauvignon Blanc, Gewürztraminer und Müller-Thurgau haben ihre Fans.

KLIMA
Der untere Teil des Willamette Valley ist kühler als der obere Teil, der wiederum kühler ist als Umpqua; noch wärmer ist es im Rogue Valley südlich an der kalifornischen Grenze. Die im Norden häufigen Niederschläge nehmen nach Süden ab. Das Rogue Valley wirkt wie eine Wärmefalle mit langen heißen Perioden, doch ist die Sonne weniger zuverlässig als in Kalifornien.

BODEN
Der Boden im Willamette Valley, besonders in den »roten« Dundee Hills, ist vulkanischen Ursprungs und eisenhaltig. Der Boden im Rogue Valley ist mit Granit vermischt.

TOPOGRAFIE
Die meisten Rebflächen werden auf Hängen angelegt, um Frühjahrsfrösten zu entgehen und die Sommersonne auszunutzen. Im Rogue Valley gibt es auch Rebflächen auf dem Talgrund.

Ohne die Hartnäckigkeit der Pioniere hätte es in Oregon nie eine Weinwirtschaft gegeben. Mit Pionieren meine ich nicht die Siedler, die in den 1850er Jahren auf dem Oregon Trail nach Westen zogen, auch nicht die erste Welle von Kaliforniern, die etwas später nach Norden aufbrachen und kurz hinter der Staatsgrenze begannen, Reben zu pflanzen. Ich meine die zweite Welle von Kaliforniern in den 1960er Jahren, die bis heute anhält und dazu geführt hat, dass viele Kellereien in Oregon Leuten gehören, die es aus irgendeinem Grund in Kalifornien nicht mehr ausgehalten haben und nach Norden gezogen sind.

Heutzutage gibt es gute Gründe, das leichte Leben in Kalifornien gegen die feuchten, kühlen Berge Oregons einzutauschen. Eine vom Pioniergeist beflügelte Weinherstellung hat nach 30 Jahren endlich bewiesen, dass Oregon beachtliche Weine herstellen kann, die anders sind als alles, was in Kalifornien produziert wird. Vor vierzig Jahren wäre niemand darauf eine Wette eingegangen, doch ein paar Kids der 1960er Jahre wollten es riskieren. Obwohl der überwältigende Aufschwung Kaliforniens erst 1966 einsetzte, als Robert Mondavi seinen Betrieb gründete, bot die University of California in Davis bereits die wichtigsten Seminare über Weinherstellung und Kellereimanagement in den USA an. Das Ziel war damals – und ist es in gewissem Maße auch heute noch – eher zu lehren, wie man in warmen Gegenden riesige Ernten gesunder Trauben hervorbringt, anstatt die Studenten zu motivieren, etwas Schwieriges und Einzigartiges zu versuchen.

Doch einige Absolventen wollten einfach nicht in warmen, fruchtbaren Tälern mühelos große Mengen brauchbarer Weine erzeugen. Sie hatten Visionen, die auf zwei großen europäischen Weinen basierten, die Kalifornien nie zustande gebracht hatte: die eleganten Rieslinge von Rhein und Mosel in Deutschland und die klassischen Pinot-Noir-Rotweine Burgunds. Einer der Davis-Professoren soll David Lett, einem jungen Studenten, der für Pinot Noir schwärmte, gesagt haben: »Sie werden im Frühjahr und Herbst vom Frost heimgesucht, den ganzen Sommer über vom Regen aufgeweicht werden und Fußpilz bis zu den Knien kriegen.« Angesichts der Tatsache, dass die Universität des Staats Oregon warnte, dass hochwertige *Vinifera*-Rebsorten hier nicht reif würden, musste man schon ziemlich stur sein, um es in Oregon trotzdem zu versuchen. Richard Sommer aus Hillcrest und David Lett aus Eyrie waren solche Dickköpfe. Zunächst pflanzte Sommer Riesling im Umpqua Valley in Süd-Oregon an, während David Lett weiter nach Norden zog, in eine Gegend mit kühlerem, weniger berechenbarem Wetter – wie in Burgund. Genau das wollte Lett, und genau das bekam er auch.

Der heutige Ruf Oregons beruht auf Pinot Noir. Da sie unter den lokalen Verhältnissen noch keine Erfahrungen gesammelt hatten, wandten sich viele Weingärtner an die Universität in Davis; sie bekamen Ratschläge zu den Methoden der Kultivierung und Bodenvorbereitung, zur Wahl der Klone, besonders im Fall der Chardonnay-Rebe, die zu Kalifornien gepasst hätten, aber nicht zur Situation in Oregon. Weinbaubetriebe im großen Stil waren für Oregon nicht geeignet, wo man eher auf kleine Familienbetriebe setzt. Zwei, vier, vielleicht auch zehn Hektar sind typisch, größere Einheiten sind kaum anzutreffen. Die Produktion des gesamten Staates beträgt etwa ein Zehntel dessen, was allein die Robert Mondavi Winery in Kalifornien produziert, und auch die erfolgreichsten Kellereien haben noch etwas Handgestricktes an sich.

Die Parallelen mit Burgund gehen noch weiter. Es gibt nicht besonders viel Sonne, und es regnet häufig, bevor die Trauben reif sind. So kommt es auch in Oregon beim Kampf um reife Trauben vor allem auf das Kleinklima an. Die Pinot-Noir-Rebe braucht als einzige unter den großen roten Rebsorten kühle statt heiße Standorte.

Schauen wir uns zunächst das Willamette Valley an, da fast alle bekannten Oregon-Weine von hier stammen. Das lange Tal erstreckt sich nordwestlich von Portland bis kurz hinter Eugene und wird im Westen von den Coast Ranges und im Osten durch die Cascades begrenzt. Die ziemlich willkürlich verlaufenden Kämme der Coast Ranges lassen einen angemessenen Anteil Seeluft in das Tal strömen, normalerweise in Form von Wolken und feuchter, kühler Luft. Auf einer ähnlichen geografischen Breite wie Bordeaux sind die Tagestemperaturen im Sommer im Durchschnitt etwas höher, während die Nächte erheblich kälter sind.

Obwohl die Weintradition Oregons noch sehr jung ist, arbeitet eine Reihe von Teilregionen bereits auf die Festlegung einer Klassifikation hin. Fast alle von ihnen liegen auf kleinen Hügelkämmen, die zur Westseite des Willamette Valley abfallen und geschützte Süd- und Südosthänge bieten. Das Tualatin Valley besitzt im Norden eine Hand voll guter Reblagen, vor allem mit weißen Rebsorten, von denen sich einige beinahe bis in die Vororte von Portland erstrecken. Im Süden liefern die Chehalem Mountains mit die besten Trauben in Oregon; die Dundee Hills mit ihrem roten Vulkanboden sind am dichtesten bepflanzt, auch von den Eola Hills kommen ausgezeichnete Trauben.

Die Temperaturen steigen leicht an, je weiter man nach Süden kommt, und es gibt Rebfelder bis hinunter nach Eugene. Die wirklich kühlen Reblagen befinden sich zwischen den Eola Hills und dem Tualatin River.

Das Umpqua Valley, das sich zwischen die Coast Ranges und die Cascades quetscht, ist warm genug, um neben Pinot Noir einen ordent-

WO DER WEIN WÄCHST

Das Panorama zeigt weniger als die Hälfte des Willamette Valley, doch enthält die nördliche Hälfte des Tals beinahe alle hochwertigen Lagen. Hier ist es kühl und feucht, deshalb gibt es keine großen Flächen mit Reben, da die Erzeuger die wenigen kleinen Parzellen aussuchen müssen, auf denen ihre Trauben reif werden.

Praktisch alle Rebflächen befinden sich auf niedrigen Hügelflanken mit südöstlicher bis südwestlicher Ausrichtung. Das Klima im Willamette Valley ist für den Weinbau gerade noch geeignet. Die Coast Ranges westlich des Tals halten die Nebel und die Feuchtigkeit des Pazifiks weitgehend ab, können sie aber nicht ganz abwehren. Die Cascades im Osten schützen das Tal vor den Extremen des kontinentalen Winters, die die Rebstöcke vernichten könnten.

Die wichtigste Gruppe von Rebflächen befindet sich auf den Dundee Hills unmittelbar südwestlich von Newberg. Hier sind viele der frühesten Pflanzungen zu finden, ebenso Neugründungen wie die Domaine Drouhin, die Ende der 1980er Jahre von Robert Drouhin aus Burgund angelegt wurde. Nordwestlich von Newberg verfügen die Chehalem Mountains über gute Lagen. Auch bei Portland gibt es einige Rebfelder, doch der andere wichtige Bereich im Panorama liegt im Nordwesten, wo die Coast Ranges geschützte Lagen bieten. In der oberen linken Ecke liegt Montinore, das erste große Rebflächenerschließungsvorhaben in Oregon.

NORTH WILLAMETTE

NORD-SÜD-AUSDEHNUNG 32 KM

REBFLÄCHEN

0 km 1 2

N

lichen Cabernet Sauvignon hervorzubringen. An der kalifornischen Grenze sind die Lagen im Rogue Valley immer noch ziemlich warm, obwohl sie über 300 m hoch liegen. Im Illinois Valley, das den kühlenden Einflüssen des Pazifiks ausgesetzt ist, kann die Reifezeit der Trauben sogar noch länger dauern als im Willamette Valley. Im Nordosten, an der Grenze zum Staat Washington, gibt es entlang dem Columbia River künstlich bewässerte Pflanzungen, die die gleichen Merkmale wie die Rebfelder in Washington auf dem gegenüberliegenden Ufer des Columbia aufweisen.

SPITZENKELLEREIEN

1. Elk Cove
2. Montinore
3. Oak Knoll
4. Cooper Mountain
5. Ponzi
6. Willakenzie
7. Beaux Freres
8. Brick House
9. Adelsheim
10. Rex Hill
11. Chehalem
12. Ken Wright
13. Domaine Serene
14. Erath Vineyards
15. Cameron
16. Argyle
17. McKinlay
18. Sokol Blosser
19. Domaine Drouhin
20. Archery Summit
21. Panther Creek
22. Torii Mor
23. Eyrie

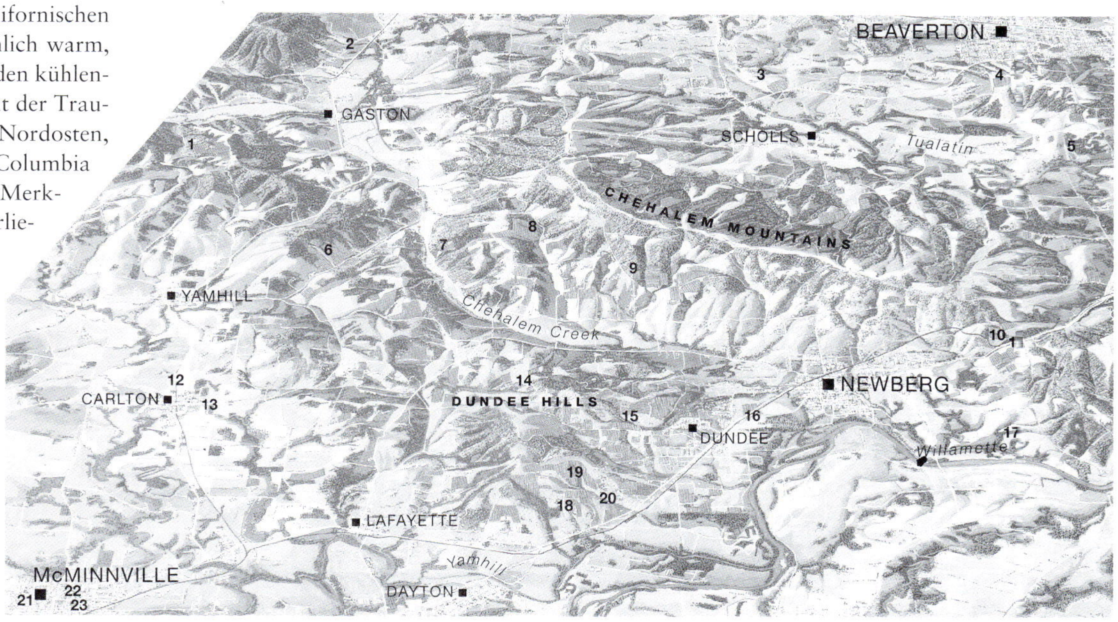

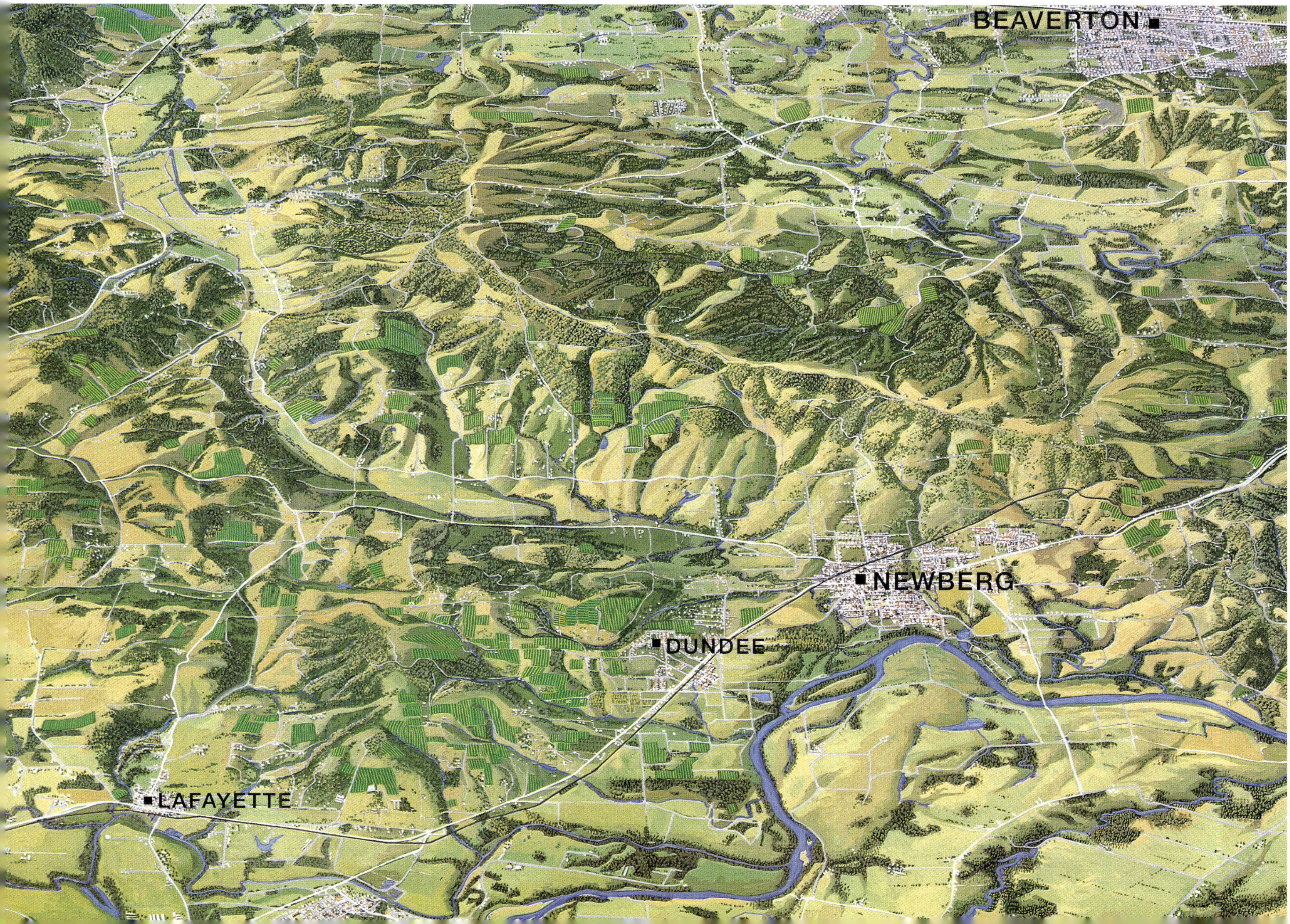

Ostküste

An der Ostküste nahm die amerikanische Weinwirtschaft ihren Anfang, doch es dauerte lange, bis man in der Lage war, halbwegs ordentliche Ergebnisse – das heißt, trinkbare Weine – zu erzielen. Amerika muss den ersten Siedlern, die an jeder Ecke in Neuengland und Virginia dicke, saftige Trauben von den Bäumen hängen sahen, wie ein Paradies für Winzer erschienen sein. Doch bereits 1606 beklagte sich ein gewisser Captain Smith, dass diese einheimischen Sorten zwar gut schmeckten, aber einen scheußlichen Wein ergaben.

Im Jahre 1619 brachte Lord Delaware französische Rebenstecklinge und französische Winzer nach Amerika, die versuchen sollten, französische Weine nachzuahmen. Doch der Versuch schlug auf der ganzen Linie fehl. Die Rebstöcke gingen zu Hunderten ein, und die französischen Winzer waren in der Herstellung von trinkbarem Wein aus den heimischen Reben auch nicht erfolgreicher als die unbedarften Siedler vor ihnen. Moses »the Frenchman« Fournier machte einen Versuch auf Long Island, und Peter Stuyvesant, der Gouverneur des damaligen Neu-Amsterdam, pflanzte Rebstöcke auf Manhattan. Sein Nachfolger half französischen Hugenotten, Weinberge im Hudson River Valley anzulegen – doch alles blieb ohne Erfolg.

Das Hauptproblem war *Phylloxera vastatrix*, die Reblaus, ein winziges Insekt, das die Wurzeln der Rebstöcke befällt, Saft aus ihnen saugt und den Rebstock damit vernichtet. Sie ist in ganz Nordamerika verbreitet, und die heimischen Rebsorten hatten sich auf Böden entwickelt, die vor Rebläusen nur so wimmeln. Die eingeführten europäischen Rebstöcke besaßen diese Abwehrkräfte nicht und gingen auf der Stelle ein. Ihre einzige Hinterlassenschaft besteht darin, dass sich diese Rebstöcke spontan mit einheimischen Reben kreuzten. Diese so genannten Hybriden waren reblausresistent und verbesserten gleichzeitig den seltsamen, süß riechenden, dabei unangenehm sauren Geschmack der örtlichen Traubenarten, insbesondere die der *Vitis labrusca*.

Auf diese Weise entstand wahrscheinlich die erste amerikanische Hybride – die Alexander- oder Cape-Rebe –, aus der dann im frühen neunzehnten Jahrhundert Sorten wie Isabella, Catawba und Concord entstanden. Sie lieferten gute Erträge, hielten die grimmig kalten Winter im amerikanischen Nordosten aus und faulten auch in den feuchten, stickigen Sommern des Südens nicht. Sie ergaben einen Wein, der schlimmstenfalls nur mit Mühe trinkbar war – der Charakter der unangenehm riechenden *Labrusca* trat immer noch hervor –; doch in Form von Sherry, Portwein oder Schaumwein waren die Erzeugnisse tatsächlich genießbar.

Während des neunzehnten und zwanzigsten Jahrhunderts entwickelte sich an der Ostküste, vor allem im Staat New York, eine florierende Weinindustrie, die von Rebsorten wie der Concord dominiert wurde. Während der Prohibition erwies sich diese Bevorzugung der Concord-Rebe als nützlich für die Industrie. Die Trauben und ihr Saft konnten zum Essen und Trinken verkauft werden, so wie sie waren. Man musste nur nützliche Anweisungen auf die so genannten »grape bricks« (gepresste Traubenblöcke) drucken, zum Beispiel: »Um die Gärung zu verhindern, fügen Sie 0,1 Prozent Natriumbenzoat zu.«

Wenn man das – bedauerlicherweise – vergaß, begannen die gepressten Trauben eben zu gären, und das Ergebnis wurde mit mehr oder weniger Genuss konsumiert. Es mag nicht besonders gut geschmeckt haben, doch in diesen Zeiten kümmerte man sich nicht darum.

Erst in den 1960er Jahren begann man sich zaghaft um Qualitätshybriden und dann die klassischen europäischen *Vinifera*-Reben zu bemühen, die auf amerikanische Wurzeln gepfropft wurden, und dann kam die Sache in Fahrt. Bei dieser Entwicklung spielte der Staat New York die führende Rolle, doch auch erstaunlich viele andere Staaten haben es geschafft, attraktive Weine aus *Vinifera*-Trauben zu erzeugen, zwischen Maine, wo die Trauben im schwachen Licht und in der kalten Luft nicht mehr reifen, und South Carolina und Florida, wo sie infolge der subtropisch-feuchten Witterung am Rebstock verfaulen.

In New Hampshire wird ein wenig Wein angebaut, in Massachusetts etwas mehr. Hier stammen die bisher attraktivsten Weine von der Insel Martha's Vineyard, was beweist, dass der mäßigende Einfluss des Meeres den *Vinifera*-Reben auch in diesen nördlichen Breiten das Überleben ermöglicht.

Rhode Island rühmt sich eines ähnlichen Klimas wie Bordeaux – doch wenn das stimmt, kann man das von vielen Weinbaugebieten in Küstenregionen behaupten. Ich würde mich nicht so weit vorwagen, doch es gibt hier eine Fülle von guten Kleinklimaten, die See tut das Ihre dazu, und zumindest Sakonnet Vineyards bringt einen recht ordentlichen Chardonnay hervor.

Connecticut profitiert von dem mildernden Einfluss des Long Island Sound. Wein wird auch noch weiter im Landesinneren erzeugt, doch das Klima wird hier ziemlich rasch kontinental, und alle wirklich guten Weine, die ich hier getrunken habe, wie zum Beispiel Chamard Chardonnay, stammten von Reben in der Nähe der Bucht.

Was ist rund um den Staat New York festzustellen? New Jersey bemüht sich, seine Vergangenheit als *Labrusca*-Erzeuger hinter sich zu lassen, West-Virginia erzeugt etwas Wein in seiner nordöstlichen Ecke, die wichtigen Erzeuger sind jedoch Pennsylvania, Virginia und Maryland.

Marylands Ruf ist hauptsächlich der Firma Boordy Vineyards zu verdanken, wo Philip Wagner die ersten französisch-amerikanischen Hybriden anpflanzte, die gegenüber den kalten Wintern, den heißen Sommern und der Reblaus ebenso resistent sind wie die amerikanischen Versionen, aber ein viel ausgeprägteres europäisches Aroma aufweisen. Bis vor kurzem stammten die besten Weine der Ostküste von diesen Hybriden wie Vidal und Chambourcin, und wenn man auch mit *Vinifera*-Reben immer mehr Erfolg hat – in erster Linie sind Boordy und Basignani zu nennen –, behalten Erzeuger wie diese im Allgemeinen ihren Anteil an Hybriden bei. Im Ganzen gesehen blieb Maryland aber hinter dem Potenzial zurück, das es in den 1980er Jahren erkennen ließ, und wurde von seinen Nachbarn Pennsylvania im Norden und Virginia im Süden überholt.

Pennsylvania besitzt Rebflächen an den Ufern des Eriesees im Nordwesten, wo lange, aber kühle Tage einige europäische Sorten wie Riesling und Pinot Noir begünstigen, und im Südosten im Lancaster Valley und Cumberland Valley, wo eine neue Winzergeneration besondere Erfolge mit Chardonnay vorweisen kann. Die Hybride Chambourcin wird in Kellereien wie Chaddsford und Naylor zu erstaunlich guten Weinen verarbeitet.

Manche Weinmacher fühlen sich von Pennsylvania an Burgund erinnert, was jedoch eher auf Virginia zutrifft, das einen ähnlichen Höhenzug aufzuweisen hat; die Allegheny Mountains verlaufen durch ganz Virginia bis westlich von Washington, D.C. Hier hatte sich der erwähnte Captain Smith im siebzehnten Jahrhundert am Weinbau versucht und war gescheitert, und hier erlitt Thomas Jefferson im achtzehnten Jahrhundert dasselbe Schicksal. Die Lage verschlechterte sich so, dass Virginia 1960 nur noch 6,5 Hektar mit Reben besaß, die alle für Tafeltrauben bestimmt waren. Heute gibt es wieder 650 Hektar, von denen zwei Drittel mit *Vinifera*-Sorten, vor allem Chardonnay, bestockt sind. Das versteht sich fast von selbst, denn um seinen Wein direkt vermarkten zu können, muss man in diesem Land Chardonnay anbieten. Virginia ist nicht nur für den Markt Washington, D.C., ideal gelegen, sondern auch für einen florierenden Tourismus – selbst Colonial Williamsburg, heute ein großes Freilichtmuseum, hat seine eigene Kellerei. Glücklicherweise gedeiht der Chardonnay in Virginia gut. Doch das hat die Leute nicht davon abgehalten, neben den sich anbietenden Sorten wie Riesling, Merlot oder Cabernet Franc auch mit von so fern liegenden wie Viognier und Barbera zu experimentieren.

Die Situation ist noch immer nicht einfach. Die Reblaus mag besiegt sein, doch das Klima ist eine ständige Bedrohung. Da die meisten Rebflächen im Landesinneren auf den Osthängen der Blue Ridge Mountains gepflanzt sind, weit weg von den temperierenden Wirkungen der Chesapeake Bay und auf demselben Breitengrad wie Süditalien und Südspanien, haben die Weinerzeuger die klassischen Probleme eines Kontinentalklimas – kalte Winter, Frühjahrsfröste und große Hitze, dazu möglicherweise übermäßige Feuchtigkeit und Regen im Sommer. Auch die Böden, die weitgehend aus fruchtbaren roten Tonen und Tonlehmen bestehen, sind keineswegs optimal.

Die Winzer machen trotzdem weiter. Die Weinberge liegen meist zwischen 330 und 450 m hoch an den Hängen und bieten einen guten Wasserabzug und eine gute Luftzirkulation. Dies ist wichtig, um Frühjahrsfröste abzuwehren und das Auftreten von Fäulnis möglichst gering zu halten, wenn die Luftfeuchtigkeit ansteigt. Die Pflanzung der Reben in größeren Abständen und ein offenes, an Spalieren ausgebreitetes Laubdach tragen ebenfalls zur Bekämpfung der Fäulnis bei. Für einige der kälteempfindlichen *Vinifera*-Sorten sind die Winter zu hart, doch die Rieslinge, Sauvignons, Chardonnays, Cabernets und Merlots von Kellereien wie Barboursville, Linden, Tarara, Horton, White Hall, Valhalla und selbst Williamsburg, das auf Sandböden in der Nähe der Küste liegt, deuten darauf hin, dass Virginia in nicht zu ferner Zukunft New York qualitativ ebenbürtig sein wird.

Die aromatischen Rebsorten gedeihen gut im kühlen Klima des Staates New York. Dieser intensive Gewürztraminer kommt von den Finger Lakes im Norden.

Im hohen Norden des Staates New York könnte man keine Reben anbauen, gäbe es nicht die tiefen, schmalen, aus der Eiszeit stammenden Finger Lakes. Dies ist der Seneca Lake, mit 193 m der tiefste. Die Seen speichern so viel Wärme, dass die Ernte manchmal bis in den November hinein dauern kann.

New York State

ROTE REBSORTEN
An der Ostküste herrschen amerikanische Sorten und Hybriden vor, wobei Concord 75% der Rebflächen einnimmt, dazu gibt es noch Baco Noir und De Chaunac. An *Vinifera*-Reben findet man Cabernet Sauvignon, Merlot, Cabernet Franc und Pinot Noir.

WEISSE REBSORTEN
Chardonnay ist die führende *Vinifera*-Sorte, gefolgt von Riesling, Gewürztraminer und Sauvignon Blanc. Mengenmäßig werden sie jedoch von Hybriden wie Aurora, Seyval Blanc, Cayuga und Vidal Blanc übertroffen.

KLIMA
Die Finger Lakes haben eine kurze, feuchte Vegetationszeit, gefolgt von strengen Wintern. Der Hudson River ist milder, und Long Island profitiert vom mäßigenden Einfluss des Atlantiks.

BODEN
Am Eriesee gibt es kiesigen Lehm und um die Finger Lakes kalkhaltigen Tonschiefer. Der Hudson River bietet Schiefer-, Schieferton- und Kalksteinböden. Long Island hat Sandboden mit Schluff und Lehm.

TOPOGRAFIE
Das Allegheny Plateau fängt die Wärme des Eriesees ein. Die Reblagen der Finger Lakes befinden sich auf Abhängen, um dem Frost zu entgehen, und das steile Hudson River Valley ist ein geeigneter Kanal für die warme Atlantikluft.

Long Island ist für die Stadt New York das nächstgelegene Weinbaugebiet. Es kommt aber darauf an, wann Sie dorthin wollen. Am besten nicht im Juni, Juli oder August, oder wenn die Sonne scheint, auch nicht an Wochenenden und nicht im Auto. Eine Fahrt, die normalerweise etwa eineinhalb Stunden dauert, kann sich dann gut und gern vier Stunden hinziehen. Long Island mit seinen schönen Sandstränden ist einfach zu beliebt.

Das ist auch der Grund, weshalb sich alle auf den Weg machen, um das Chaos der Großstadt hinter sich zu lassen, sobald die Sonne herauskommt. Außerdem wird Long Island zunehmend als Amerikas Lösung der Suche nach einer Weinregion gesehen, die dem Bordelais gleichkommt. Es sind wirklich Ähnlichkeiten vorhanden, und man macht hier schon ganz ordentliche Cabernets und Merlots, wenn auch die meisten Weine bisher, wie so oft an der Ostküste, aus Chardonnay gemacht werden. Die Reblagen, die sich mit den Federn von Bordeaux schmücken wollen, liegen praktisch alle auf der North Fork, dem nördlichen Teil der »Gabel« im Osten von Long Island.

Long Island ist das jüngste Weinbaugebiet New Yorks. Es gab an dieser Stelle im siebzehnten und achtzehnten Jahrhundert schon einmal ein paar Rebfelder, doch es war eigentlich nichts zu vermelden, bis 1973 Alex und Louisa Hargrave in Cutchogue, ein paar Meilen jenseits von Riverhead auf der North Fork, eine Parzelle Kartoffeln und Blumenkohl rodeten und mit Reben bepflanzten. Die Rebstöcke, die sie verwendeten, waren die französischen Klassiker des Bordelais und des Burgund, daneben Riesling. Der Ruf New Yorks hatte bislang auf heimischen amerikanischen Rebstöcken und französischen Hybriden beruht; weiter oben im Staat gab es ein paar Pflanzungen mit klassischen *Vinifera*-Reben. Man war generell der Meinung, dass sie die strengen Winter und kurzen, heißen Sommer nicht überleben würden.

Das störte die Hargraves jedoch nicht. Ihnen war klar geworden, dass die Gewässer um Long Island eine mäßigende Wirkung auf das Gebiet North Fork haben, indem sie die Sommertemperaturen absenken und die schlimmste Kälte im Winter mildern. Sie hatten auch herausgefunden, dass das sanft gewellte Farmland um Cutchogue herum mit seinem Unterboden aus sandigem Lehm und Kies ideal war, da er gute Entwässerung mit ausreichender Wasserspeicherung verband. Und sie dachten an das Bordelais, speziell an das Médoc, das auf seiner niedrigen Landzunge in den Golf von Biskaya ragt. Sie prüften die Temperaturen während der Vegetationszeit und stellten fest, dass, obwohl die Saison etwas später als im Bordelais beginnt, die etwas höheren Sommertemperaturen die Trauben der beiden Gebiete etwa zur gleichen Zeit, zwischen Mitte September und Mitte Oktober, zur Reife bringen. Für den gut dränierenden Boden stellt ein etwas ausgiebigerer Regen kein besonderes Problem dar.

Es war jedoch kein leichter Weg. Fungizide sind notwendig, um die Fäulnis aufgrund der feuchten Atmosphäre einzudämmen. Die Böden sind fruchtbarer als auf den besten Bordeaux-Gütern, und Rebschnitt und -erziehung sind entsprechend anzupassen. Die Stadt New York hat lange gebraucht, um sich mit den Weinen von Long Island anzufreunden. Ich erinnere mich, wie ich 1982 die gastronomischen Größen von dem hervorragenden Potenzial Long Islands zu überzeugen versuchte. Ich hätte ebenso Hobbytauchern von der Harmlosigkeit des Großen Weißen Hais erzählen können. Erst in den 1990er Jahren wurden die Qualität des Long Island Chardonnay, die edlen Merlots, Cabernets und gelegentlich Sauvignons Blancs und die Riesling-Spätlesen zum heißen Tipp in New York.

In den letzten Jahren hat sich die Weinszene von Long Island sehr verändert. Die Hargraves verkauften ihre Kellerei 1998 an einen italienischen Grafen, Kip Bedell verhökerte seine an einen Filmmogul, und Jerry Gristina kassierte Millionen von einem Telekom-Direktor. Ich hoffe nur, dass die Zufuhr von Kapital und die Vergrößerung der Rebflächen – im Jahr 2000 waren es ca. 1000 Hektar ausschließlich mit *Vinifera*-Sorten – zu höherer Qualität führen anstatt zu mehr Profit. Die zahlreichen Bed-&-Breakfasts und Ferienhäuser am Strand machen die Insel zu einem beliebten Wochenendziel, und man will natürlich zum berühmten Hummer von Long Island auch den lokalen Chardonnay trinken.

Die anderen Gebiete des Staates New York haben jedoch eine längere Weinbautradition und liefern den größten Anteil des Weins, der New York zum zweitgrößten Weinerzeuger der USA nach Kalifornien

WO DER WEIN WÄCHST

Wir sehen hier einen kleinen Teil von Long Island, die North Fork. Von Riverhead nach Southold sind es nur 19 km, und Jamesport nördlich des Long Island Sound ist nur 5 km entfernt. Doch verstreut auf den flachen Feldern voller üppiger Marktprodukte gibt es etwa 400 Hektar mit Reben, die nach Meinung von Experten einmal zu den besten der USA zählen werden. Die Grenzen lassen sich noch enger ziehen, und zwar um den Bereich Cutchogue, in dem sich die Mehrheit der besten Rebflächen befindet und den man schon vorsichtig als das Médoc Amerikas bezeichnet.

Es gibt einige Reben auf der South Fork, doch die North Fork hat eindeutig die besseren Voraussetzungen. Die Böden der South Fork sind schwerer, das Klima ist ein wenig kühler und die Gefahr von Frühjahrsfrösten größer. Die Böden von Long Island sind durch die zurückgehende Vergletscherung der letzten Eiszeit in Wisconsin vor etwa 10 000 Jahren entstanden, wobei die North Fork die wasserdurchlässigsten Böden mit einem höheren Kies- und Sandgehalt erhielt. Daneben hat sie auch das bessere Klima.

Die North Fork, die sich in nordöstlicher Richtung in den Long Island Sound erstreckt, mit der Peconic Bay im Süden, ist auf drei Seiten von relativ warmem Wasser umgeben. Die vorherrschenden Westwinde erreichen die North Fork, nachdem sie den Sund überquert haben. Das schafft eine milde Vegetationszeit von bis zu 230 Tagen; allerdings erfordern die relative Luftfeuchtigkeit, ebenso wie die üblichen Regenfälle am Ende des Sommers, den Einsatz von Fungiziden. Das Klima im September und Oktober ähnelt dem im Bordelais, und die Winzer auf der North Fork können denselben Kummer erleben wie ihre französischen Kollegen, wenn ihnen ein plötzlicher Regenguss die Lese verdirbt.

0 km 1 2

macht. Das Anbaugebiet am Lake Erie besitzt 7700 Hektar, doch bisher hat von ihm noch niemand etwas gehört, da sie meist mit Concord bepflanzt sind, die einen guten Traubensaft liefert, aber einen herzlich schlechten Wein.

Das Weinbaugebiet Finger Lakes stützt sich ebenfalls auf Wasserflächen, die das Klima mäßigen, das ansonsten für Weintrauben viel zu streng wäre. Seine elf schmalen, tiefen Seen, die südlich des Ontariosees liegen und in nordsüdlicher Richtung verlaufen, wurden von den Gletschern der letzten Eiszeit ausgehobelt. Die drei größten – Keuka, Seneca und Cayuga – scharen die meisten der Rebflächen von den insgesamt 4200 Hektar der Region um sich, und Cayuga hat inzwischen eine eigene AVA-Bezeichnung. Ursprünglich hielt man das Gebiet nur für heimische Sorten und Hybriden geeignet, doch ein aus Russland stammender Visionär namens Konstantin Frank war überzeugt, dass Sorten wie Riesling und Chardonnay die eisigen Winter überstehen, wenn sie auf ausreichend winterharte Wurzelstöcke gepfropft werden. Das bewies er mit Wurzelstöcken, die er von einem Kloster in Québec erwarb, und heute werden auf den schiefertondominierten Böden immer mehr feine, köstliche Weißweine erzeugt. Führende Erzeuger wie Fox Run und Lamoureaux Landing machen schönen Pinot Noir, würzigen Cabernet Franc und saftigen Merlot, doch haben rote Trauben generell Schwierigkeiten, voll auszureifen. Die Umgebung des Seneca und des Cayuga Lake, deren niedrigere Höhenlage und größere Tiefe einen längeren Schutz vor dem Frost bieten, gelten heute als die besten Lagen.

Das Hudson River Valley unmittelbar nördlich der Stadt New York kann auf die längste ununterbrochene Weinbautradition in den USA zurückblicken. Erst in jüngster Zeit gelang es, auf den 400 Hektar mit verschiedenen Schieferböden recht gute *Vinifera*-Weine zu produzieren (Chardonnay und Pinot Noir gehören zu den besten des Staates), als die Winzer erkannten, dass die steilen Palisades, durch die der Hudson nach Süden fließt, wie ein riesiger Kanal für die Warmluft vom nahen Atlantik wirken.

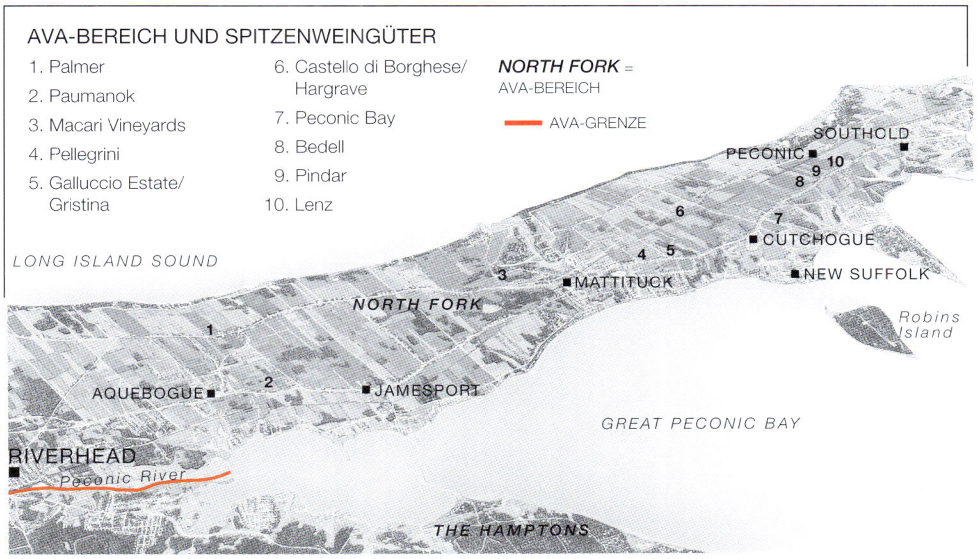

LONG ISLAND, NORTH FORK
NORD-SÜD-AUSDEHNUNG 23 KM
REBFLÄCHEN
0 km 1 2
N

KANADA

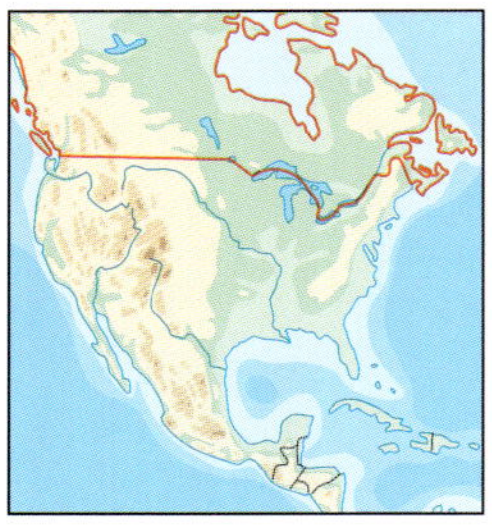

Ich muss zugeben, ich habe darüber nie nachgedacht. Die ersten Weinberge habe ich während meiner Studentenzeit im Bordelais kennen gelernt. Doch inzwischen habe ich Zweifel daran. Es könnte auch in Kanada gewesen sein, als ich noch vor meinem Studium einmal mit Gitarre und Rucksack durchs Land streifte. Ich erinnere mich an einen sonnigen Spätnachmittag, an dem ich es mir in einem Obstgarten nördlich von Peachland im Okanagan Valley in British Columbia bequem machte und ein Nickerchen hielt. Das war damals kein Weinberg, doch wenn ich jetzt auf die Karte schaue, könnte es gut die Stelle sein, wo sich heute die Rebflächen von Chateau Ste Claire oder Hainle ausbreiten.

Etwas später, als ich meine Eltern in Ontario besuchte, fuhr ich hinunter nach Vineland und wanderte durch die Rebzeilen unterhalb der Niagara-Schichtstufe; anschließend bekam ich meine ersten Proben Maréchal Foch, De Chaunac und Vidal Blanc zu kosten, während ich über die graue Wasserfläche des Ontariosees blickte. Ich wurde von einem hinreißenden »Port« aus *Labrusca*-Trauben gewärmt und aufgeheitert und schloss daraus vorschnell, dass Ontario sich bestenfalls für die Herstellung von gespriteten Weinen eigne.

Ich weiß nicht mehr, ob ich zuerst in Bordeaux oder Ontario gewesen bin, doch zweifellos war ich in den darauf folgenden zehn Jahren mehr an Bordeaux als an der Niagara-Halbinsel oder dem Okanagan Valley interessiert. Durchaus mit Recht, denn vom neuen Zeitalter des Weins war im Kanada der frühen 1970er Jahre nicht viel zu spüren. Doch Mitte der 1990er klopfte auch Kanada – wenn auch zaghaft – an die Tür und bat um Aufnahme in den Club der neuen Weinnationen.

Um ernst genommen zu werden, muss jedes neue Land ein Produkt vorweisen, das andere Leute nicht schon besser machen. Australien hätte es ohne Chardonnay, Neuseeland ohne Sauvignon Blanc viel schwerer gehabt, anerkannt zu werden. Bei Kanada ging es aber nicht um die Rebsorte, sondern um den Weintyp. Einer der seltensten und am schwierigsten herzustellenden Weine der Welt kann in Kanada aufgrund des regelmäßig bitterkalten, subarktischen Winters erzeugt werden. Andererseits machen der frühe Wintereinbruch und der spät einsetzende Frühling jedem das Leben schwer, der andere Weine herstellen will. Lange Zeit hielt man es für praktisch unmöglich, in Kanada von *Vinifera*-Sorten ausreichend reife Trauben zu erhalten und die Rebstöcke vor dem Kältetod zu schützen.

In British Columbia und Ontario sind diese Probleme weitestgehend gelöst. Doch hat die kanadische Weinwirtschaft noch eine weitere Facette vorzuweisen. An der Ostküste datiert man den Beginn der – sehr lückenhaften – Geschichte des Weinbaus bis in den Spätsommer des Jahres 1001 zurück, als Leif Eriksson, der Wikinger, der damit Amerika lange vor Christoph Kolumbus entdeckte, hierher verschlagen wurde und einen langen, harten Winter überstehen musste. Dieser Platz, der heute L'Anse aux Meadows (»Wiesenbucht«) heißt, liegt auf Neufundland, und er soll hier einheimische Reben vorgefunden haben. Eriksson wusste, was auf ihn zukam – er stammte schließlich aus Norwegen –, und es ist durchaus wahrscheinlich, dass er aus den Trauben Wein machte. Der erste Chronist von Leifs Atlantikabenteuer, Adam von Bremen, schreibt, dass Leif den Ort »Vinland« nannte, da die vorgefundenen Trauben »den allerbesten Wein« ergaben. Doch sind zwei Dinge zu beachten. Der Winter im nördlichen Neufundland ist absolut arktisch, und jeder Wein muss herrlich geschmeckt haben, wenn die Männer sich frierend aneinander drängten, um es warm zu haben, und den berstenden Eisschollen zusahen. Und der Wein kann nicht so besonders gewesen sein, denn als der Frühling kam, hissten sie die Segel und fuhren nach Hause. Abgesehen von der Existenz einer winzigen Obstweinkellerei ist dies die ganze Weingeschichte Neufundlands.

Ein Riesling-Eiswein. In Kanada ist dieser Weintyp jedes Jahr ohne Probleme möglich.

Dennoch gibt es an der Ostküste eine moderne Weinindustrie. Auf Prince Edward Island arbeitet ein kleines Weingut, aber man ist realistisch und verwendet für die Spitzenweine wie Chardonnay Treibhäuser. Québec leistet Besseres, aber auch hier hat man es nicht leicht. Klima und Böden sind für den Weinbau nicht gerade einladend. Die meisten Reben sind ca. 80 km südöstlich von Montreal zu finden, nahe der Grenze zu den USA und Vermont. Die von den Eiszeiten geformte Ebene besitzt den schlechtesten Boden, den man sich für kühles Klima wünschen kann, nämlich Ton. Aber es gibt Flecken mit Kies oder Schiefer, die von den Winzern sorgfältig aufgestöbert und genützt werden. Die Sommer sind kurz und feucht, Schnee kann bis in den April liegen, Fröste gibt es bis in den Mai, und im Oktober kehren Schnee und Kälte zurück. Kälte, das heißt hier bis zu –30 °C. Bei solchen Temperaturen reißt der Stamm der Rebstöcke auf, weshalb man nach jeder Ernte Erde anhäufeln muss. In der ein wenig wärmeren Gegend südwestlich von Montreal gibt es das Weingut Montérégie, das seine Reben an Spalieren zieht und eine Kette von 60-Watt-Glühbirnen darüber hängt, um den Frost zu zügeln. Grandios! Nun, werden Sie sagen, ist es das wert? Die ausdauernden Winzer von Québec würden im Chor antworten: Ja.

Auch in Neuschottland würden Sie das hören, wo es einen ganz jungen Weinbau gibt, hauptsächlich im Tal von Annapolis nahe der relativ geschützten Bay of Fundy. Aber auch weiter nördlich stehen Rebstöcke, an der Northumberland Strait gegenüber Prince Edward Island – in einer Gegend, die sich die »Sonnenscheinküste von Neuschottland« nennt.

Nun, alles ist relativ. Wie in Québec ist es wirklich nicht warm genug, weshalb einige Kellereien importierte Trauben unter ihre eigenen mixen. Beide sind auch insofern kuriose Erscheinungen, als sie Reben der Art *Vitis amurensis* verwenden (Michurinez und Severny), die von den frostklirrenden Weiten am Amur an der chinesisch-russischen Grenze kommen – und das relativ sonnige Neuschottland natürlich fast paradiesisch finden.

VINTNERS QUALITY ALLIANCE

Mir gefällt es, wie die Weinerzeuger von Ontario und British Columbia das Programm der Vintners Quality Alliance (VQA) beschreiben. Sie nennen es einen »Vertrag zwischen den Winzern und dem Verbraucher«. Es wurde 1989 niedergelegt und hat sich seitdem für die Verbesserung der Qualität als großer Ansporn erwiesen.

Wenn nur die Appellationssysteme in Europa und anderswo in Nordamerika sich als solche Verträge verstehen würden! Ich habe im Allgemeinen Vorbehalte gegenüber Appellationssystemen, da sie schnell zu umfassenden Bestimmungen führen, mit dem unbeabsichtigten Ergebnis, dass einerseits die talentierten Weinerzeuger behindert und andererseits die mittelmäßigen geschützt werden. In schwierigen Klimazonen wie Kanada, wo die klassischen Rebsorten nur unter den besten kleinklimatischen Bedingungen reif werden, ist jedoch ein fortschrittliches System wie das der VQA sinnvoll, das Richtlinien für geografische Bezeichnungen, Mindestreifegrade und Rebsorten aufstellt.

- Jeder potenzielle VQA-Wein muss einer Prüfungskommission vorgestellt werden, die eine Blindprobe vornimmt. Die besten Weine erhalten das VQA-Siegel. Der Anteil der zurückgewiesenen Weine ist erfrischend hoch: 40%.
- Die Mehrheit der Weine im VQA-System wird aus *Vinifera*-Trauben erzeugt. Für Eiswein werden häufig Hybriden wie Vidal verwendet.
- Tischweine, die auf dem Etikett eines der drei geschützten Herkunftsgebiete Ontarios nennen – Pelee Island, Lake Erie North Shore und Niagara Peninsula –, müssen vollständig aus *Vinifera*-Trauben hergestellt worden sein.

British Columbia

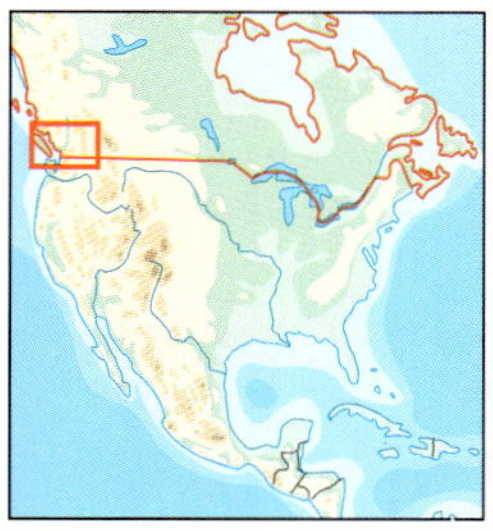

Als ich einen Syrah aus dem Okanagan Valley entdeckte und probierte, wurde mir klar, dass British Columbia ein weiterer Name in der wachsenden Reihe ernst zu nehmender Neue-Welt-Weinländer ist. Nicht nur deswegen, weil Syrah eine fantastische Sorte ist. Nicht nur deswegen, weil immer mehr intelligente, unkonventionelle Erzeuger gewahr werden, dass Syrah – eine Sorte, die bisher als nur für warme Klimate geeignet galt – in trockenen, relativ kühlen Gegenden tatsächlich besser reift als Cabernet Sauvignon. Neuseeland beweist dies, sogar auch die Schweiz. Also warum sollte sie dies nicht auch in Kanada tun?

Doch es gibt noch mehr zu berichten. Alex Nichol dachte sorgfältig nach, bevor er sein Weingut östlich des Okanagan Lake anlegte, gegenüber von Summerland. Er pflanzte seine Reben am Fuß einer Granitklippe, die die glühende Nachmittagshitze auf die Stöcke zurückwirft, dabei gleichzeitig Wärme speichert und noch lange Zeit abgibt, nachdem die Sonne schon untergegangen ist. Damit demonstrierte er die Reife eines aufstrebenden neuen Weinbaugebiets. Er fragte nicht einfach: »Wo pflanzen alle?«, sondern stöberte nach den Ecken und Winkeln, den geschützten Flecken, den unfruchtbaren Böden, die der Rebstock braucht – nach all dem, was eine klimatisch nicht bevorzugte Gegend wie das Okanagan Valley zu etwas Besonderem macht.

Klimatisch nicht bevorzugt? Syrah gedeiht hier, und dennoch nicht bevorzugt? Ja. Einige Teile von Okanagan sind für Syrah tatsächlich nicht geeignet, während bestimmte Punkte nahe der Grenze zu den USA viel versprechend aussehen. Weiter nördlich, um Kelowna und darüber hinaus, ist es schon wieder kälter, und für rote Sorten wird es dort schwierig. Viele Erzeuger, vor allem solche, die aus der traditionellen Landwirtschaft kommen – das Okanagan Valley ist ein Obstparadies, nicht umsonst heißt einer der Orte am See Peachland –, tun sich hart, die grundlegende Regel zu akzeptieren, die für klimatisch schwierige Bereiche gilt: Wer ordentliche, reife Trauben ernten und keinen sauren Wein bekommen will, muss die Erträge begrenzen.

Wieder ist die Rede von »schwierig«. Mit Recht. Sehen wir uns einmal die grundlegenden Verhältnisse an. Der schmale Lake Okanagan verläuft von Vernon im Norden nach Penticton im Süden. Weiter südlich reicht das Gebiet South Okanagan bis zur Grenze mit den USA, die auf dem 49. Breitengrad liegt und den Osoyoos Lake – Kanadas wärmsten See – schneidet. Wenn wir uns in der Welt umsehen, welche Weinberge zwischen 49° und 50° 30′ nördlicher Breite liegen wie die von Okanagan, haben wir nicht viel Auswahl. Der Rheingau und der Mittelrhein liegen auf etwa 50°, die nördlichsten Anbaugebiete Frankreichs in der Champagne bei etwa 49°. In Europa ist man hier an der Grenze des Weinbaus, und die Champagne ist deswegen für ihren Schaumwein berühmt, weil die Trauben zu sauer sind, um einen genießbaren Tischwein daraus zu machen. Und so gibt es einige gewichtige Gründe dafür, warum in Okanagan eine ganze Palette von – weißen und roten – Sorten reifen kann.

Der erste ist der Mangel an Niederschlägen. Nordeuropa bekommt davon eine Menge, was zweierlei bedeutet: wuchskräftige Reben und große Erträge, besonders wenn es um die Lesezeit regnet, was häufig der Fall ist. Und es bekommt weniger Sonnenschein. Der Himmel ist oft voller regenschwerer Wolken, wie sollen die Sonnenstrahlen da hindurchdringen und die Rebstöcke wärmen?

Das Okanagan Valley hat da mehr Glück. Im Norden fallen nur 400 mm Niederschläge im Jahr, es ist aber auch kühler; um Kelowna und Vernon macht man daher eher frische, leichte Weine. Wenn man aber nach Süden geht, über Penticton hinaus nach Okanagan Falls, nach Oliver und zum Osoyoos Lake, sinkt die Niederschlagsmenge auf 152 mm im Jahr. Diese kleine Region ist der einzige Teil Kanadas, der offiziell als Wüste eingestuft ist, und Bewässerung ist für den Weinbau unabdingbar. 152 mm im Jahr – das bedeutet wolkenlosen Himmel

ROTE REBSORTEN
Böden und Klima ähneln den Verhältnissen im Columbia Valley im Staat Washington. Nach anfänglichen Pflanzungen von Pinot Noir und Merlot setzt man zunehmend auf Cabernet Sauvignon, Cabernet Franc und auch Syrah.

WEISSE REBSORTEN
Weiße Sorten dominieren, besonders früh reifende, die in Nordeuropa erfolgreich sind. Zu nennen sind Gewürztraminer, Pinot Blanc, Pinot Gris, Riesling und Chardonnay, es gibt aber auch das Potenzial für Sauvignon.

KLIMA
Im Okanagan Valley ist der lange, tiefe See entscheidend, der extreme Kälte und Hitze abmildert. Das westlich der Cascade Range liegende Gebiet erhält spärliche Niederschläge und davon nur wenig in der kurzen Vegetationsperiode mit ihren langen, sehr warmen Tagen.

BODEN
Im Okanagan Valley variieren die Böden zwischen kiesigen Uferterrassen am See und sandigen Arealen südlich des Sees. Der Wasserabzug ist gut, was allerdings – bei den geringen Niederschlägen und der sommerlichen Hitze – Bewässerung notwendig macht.

TOPOGRAFIE
Auf diesem Breitengrad sollten die Rebflächen nach Süden ausgerichtet sein, doch die am See blicken meist in östlicher oder westlicher Richtung auf die Wasserfläche.

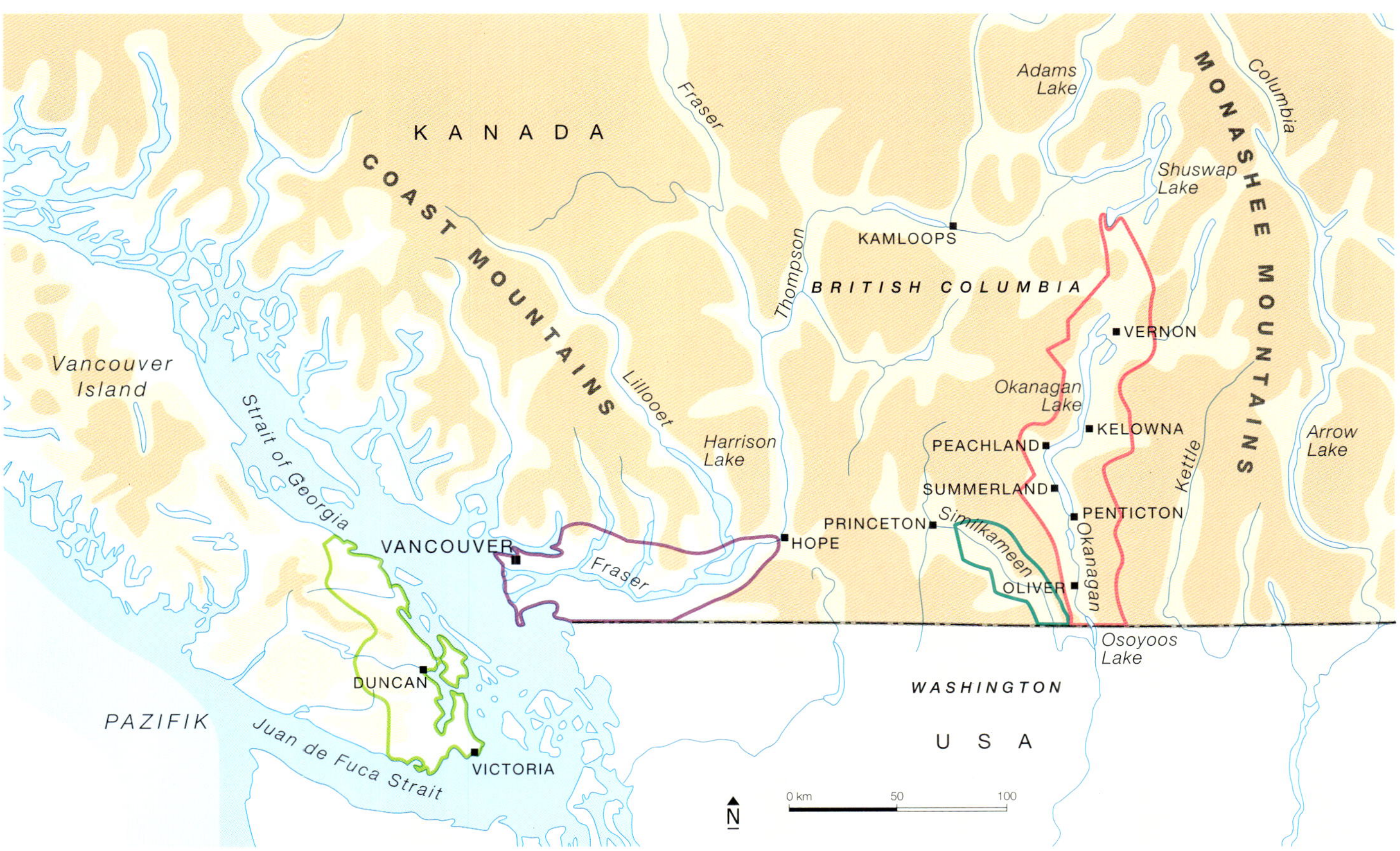

Das Okanagan Valley ist eine der beliebtesten Ferienregionen Kanadas, und die Weinberge müssen sich das Land mit den Urlaubern teilen. Hier die Rebzeilen von Quail's Gate Vineyard, die zum Okanagan Lake mit seinen Ferienhäusern und Bootsstegen hinunter ziehen.

und endlosen Sonnenschein im Sommer. Auf dieser hohen nördlichen Breite bekommt man im Hochsommer etwa zwei Stunden Sonnenschein am Tag mehr als in Kalifornien. Nicht so kräftigen vielleicht, aber es ist das Sonnenlicht, nicht die Wärme, die den Zucker in den Trauben entstehen lässt. Kein Wunder, dass ein Landstreifen unmittelbar südlich von Oliver die Goldene Meile getauft wurde und dass er mit Reben voll gepackt ist – mit Cabernet Sauvignon, Cabernet Franc und Merlot, der schlagende Beweis, dass man rote Sorten nördlich des 49. Breitengrads zur Reife bringen kann. Und die Weine sind tatsächlich etwas Besonderes. Auf die sehr warmen, sonnenscheinreichen Tage folgen aufgrund der Columbia Mountains sehr kalte Nächte. Das Resultat ist eine hohe Säure, die zusammen mit hohem Zuckergehalt sehr interessante Weine ergibt.

Natürlich gibt es auch ein paar Probleme. Etwa einmal in zehn Jahren droht ein mörderischer Winter die Rebstöcke zu zerstören. Und nach dem trockenen, glühheißen Sommer bricht der Winter um Mitte Oktober sehr schnell herein. Man kann die Trauben also nicht noch ein wenig hängen lassen wie in Neuseeland, um etwas mehr Aroma zu erhalten. Wenn man keinen Eiswein machen will, müssen die Trauben herunter vom Stock, ob reif oder nicht.

Etwa 2020 Hektar Reben wurden hier bereits gepflanzt, weitere Weinberge kommen hinzu. 90 % davon stehen in Okanagan, und der Großteil wiederum südlich von Penticton. Aber auch einige andere Gegenden sind zu nennen. Westlich von Oliver liegt das Similkameen Valley – ein wüstenartiges Weideland – mit heißen, trockenen Sommern und wenig Feuchtigkeit. Das klingt gut für Reben, und es sind auch schon einige hundert Hektar bestockt worden. Weiter östlich im unteren Tal des Fraser, Richtung Vancouver, ist es kühler und feuchter, auch hier stößt man auf einige Reben. Und last, but not least versorgen auf der dicht bewaldeten, bei Ausflüglern beliebten Vancouver Island mit ihrem milden, vom Meer geprägten Klima einige kleine Weingüter die durstigen Touristen.

EISWEIN

Jeden Winter fallen die Temperaturen in den Rebfeldern von Ontario und British Columbia weit unter den Gefrierpunkt und bleiben dort für Wochen, wenn nicht Monate. Wenn die Trauben Ende November und im Dezember noch am Rebstock hängen, gefrieren sie. Eigentlich hört sich das nicht gut an. Doch wenn man diese Trauben in gefrorenem Zustand liest, zur Kellerei bringt und sie – immer noch gefroren – vorsichtig presst, entdeckt man, dass das Wasser, das über 80% des Traubensaftes ausmacht, sich in Eiskristalle verwandelt und der Zucker sich in einem dicken, klebrigen und unglaublich süßen Sirup konzentriert hat. Entfernt man das Eis, hat man die Basis für eines der eigenständigsten Aromen in der Weinwelt – den phänomenal üppigen Eiswein. Er ist sonst eine rare Spezialität deutscher Winzer, die ihre winzige Produktion zu astronomischen Preisen verkaufen. In Kanada dagegen kann man jedes Jahr Eiswein (»icewine«) in großen Mengen machen.
Der erste Eiswein Kanadas wurde 1973 von Hainle in British Columbia hergestellt. Diese Provinz macht weiterhin eine kleine, aber wachsende Menge Eiswein; mit über 300 000 Litern im Jahr hat Ontario heute die Nase vorn.
Der Durchbruch kam 1991 auf der Vinexpo in Frankreich, als ein 1989er von Inniskillen den Grand Prix d'Honneur gewann, obwohl er von der EU noch mit einem Importverbot belegt war. Im Jahr 2001 gewann kanadischer Eiswein auf der Vinexpo zwei Auszeichnungen, und im selben Jahr lenkte die EU endlich ein und gestattete die Einfuhr.

Die gefrorenen Vidal-Trauben müssen gepresst werden, bevor sie auftauen.

Ontario

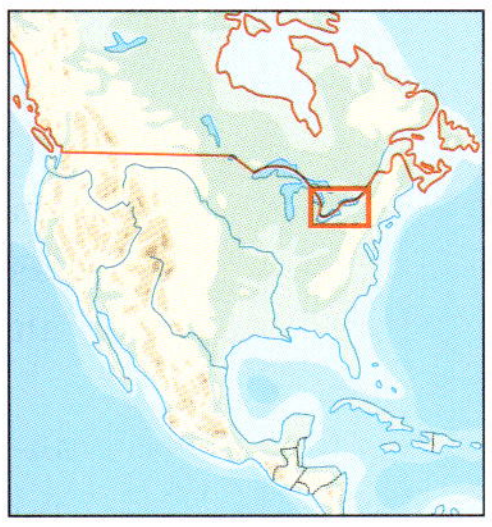

Die 4856 Hektar Rebflächen von Ontario liegen an den Ufern des Ontariosees und des Eriesees zwischen 42° und 43° 30' nördlicher Breite, was dem Raum zwischen Korsika und dem Languedoc entspricht. Das klingt sehr verheißungsvoll nach wirklich kräftigen Aromen, doch so einfach ist es nicht. Die erwähnten europäischen Anbaugebiete werden stark durch das stets warme Mittelmeer beeinflusst, und bei Ajaccio oder Marseille kann man noch mitten im Winter ins Wasser springen, ohne einen Kälteschock zu erleiden. An der kanadischen Küste würde man sich auf dem entsprechenden Breitengrad Schrammen an den Eisbergen holen, die dort im Wasser schwimmen. Aber das ist nur die eine Seite der Medaille. Die Nähe zum Meer mäßigt überall die Temperaturextreme, doch die Rebfelder von Ontario befinden sich Hunderte Kilometer von der Küste entfernt im Landesinneren. Lange, sehr kalte Winter und kurze, heiße Sommer würden dem Weinbau keine Chance geben, wenn es nicht die Großen Seen gäbe.

Die Seen sind es, die den Weinbau hier möglich machen, indem sie die Sommerhitze speichern und im Winter langsam wieder abgeben; im Sommer liefern sie Brisen, die die dann herrschende Hitze mildern. Trotzdem sind die Sommertemperaturen hier höher als in Bordeaux und Burgund, ein wichtiger Punkt, denn bis Ende Mai ist es in Ontario deutlich kühler, und im September fällt die Temperatur wieder unter die von Bordeaux ab. In Niagara ist es in Juni, Juli und August wärmer als in Bordeaux, und bis Mitte Oktober – wenn es plötzlich kalt wird – auch wärmer als in Burgund. Im Süden, auf der Pelee-Insel 18 km weit im Eriesee, ist die Reifezeit 30 Tage länger als auf dem kanadischen Festland, wozu auch die südlichere Breite und die wärmende Wirkung des flachen Sees beitragen. Der wärmende Einfluss hält nur bis zum Winter an; die geringe Tiefe des Sees lässt ihn häufig zufrieren, so dass Pelee Island in Eis gepackt ist. Trotz der Segnungen einer langen Reifungszeit ist damit die Qualität der Jahrgänge sehr unterschiedlich. Die Nordküste des Eriesees bei Windsor profitiert ebenfalls vom warmen Wasser, außerdem leidet sie weniger unter winterlicher Kälte.

Das Herz des Weinbaus von Ontario – und Kanadas insgesamt, denn 80 % der nationalen Produktion wird hier geerntet – ist jedoch die so genannte Niagara-Halbinsel zwischen dem Ontario- und dem Eriesee. Ihr wichtigster Teil ist ein schmaler, 55 km langer Streifen Land zwischen Hamilton im Westen und Niagara-on-the-Lake entlang dem Südufer des Ontariosees, darüber hinaus ein Bereich entlang dem Niagara River bis zu dessen berühmten Wasserfällen. Man könnte das als homogene Region betrachten, aber in schwierigen klimatischen Bedingungen sind auch kleine Dinge von Bedeutung, und so ist es hier. Im Großen und Ganzen ist die schmale Landbrücke zwischen den beiden Großen Seen, deren Wassermassen viel Wärme speichern, vor der schlimmsten Unbill des Winters geschützt. Aber innerhalb der Weinberge von Niagara sind drei Teile voneinander zu unterscheiden, auch wenn sie dicht beieinander liegen. Unmittelbar am Ontariosee halten die unausgesetzten Luftströmungen zwar den Frost ab, im Frühling wirken sie sich aber kühlend aus, so dass die Entwicklung der Rebe verzögert wird. Dies ist hinsichtlich der Reifung von Nachteil, insbesondere wenn der Oktober kalt wird.

Ein paar Kilometer südlich von Niagara-on-the-Lake liegt die Niagara Plain – sie ist nicht groß, aber in dieser Entfernung vom See ist der Wind schwächer, und schon hat man Probleme mit Spätfrösten. Der Pluspunkt ist hingegen, dass die Reben sich früher entwickeln, und höhere Temperaturen im Sommer schlagen sich in fülligeren, runderen Aromen sowie früherer Ernte nieder.

Die östliche Fortsetzung des südwestlichen Ufers des Ontariosees bildet das Niagara Escarpment (Niagara-Schichtstufe) oder Niagara Bench, wie es bei den Weinmachern genannt wird. Für die 175–185 m höher liegenden Weinberge ist es kühler als in der Niagara Plain, doch ist die Dränage an den Abhängen besser, und das ist notwendig. Der sandige Lehm ist mit viel schwerem Tonlehm vermischt; die ständige Luftbewegung verringert die Frostgefahr und macht den Wärmeverlust durch die geringere Neigung zu Pilzkrankheiten wett, die gegen Ende der Reifungszeit feuchte Anbaugebiete heimsuchen. Die Weine besitzen im Allgemeinen mehr Säure, zeigen sich aber von Jahr zu Jahr ausgewogener.

Welche sind die besten? Schwer zu sagen. Die einen lieben die St David's Bench in der Nähe von Niagara Falls, die anderen die Beamsville Bench weiter westlich jenseits von St Catherines. Mit der Zeit werden die Winzer die Dinge klar bekommen.

Und was für Weine werden sie machen? Selbst die besten Hybridsorten sind auf dem Rückzug, außer der Vidal, die sich dank ihrer fantastischen Eisweine mit den exotischen Aromen von Mangos, Guaven und Litschis – bei kräftiger Säure – ihren Platz gesichert hat. Die erste Welle von *Vinifera*-Pflanzungen beruhte auf der Annahme, dass Ontario ein Weißweinland sei, und durchaus mit Recht; außerdem geschah dies gegen Ende der 1980er bis Mitte der 1990er Jahre, als die Welt nach Weißwein verrückt war. Die anfängliche Konzentration auf Riesling und Gewürztraminer wurde rasch gedämpft, als man realisierte, dass der Superstar Chardonnay hier gedeihen würde. Inniskillen und Chateau de Chamas begannen damit, und jeder folgte, mit beträchtlichem Erfolg. Doch heute verlangt die Welt nach Rotwein, und Ontario zeigt, dass es dazu imstande ist, mit Sorten wie Gamay, Zweigelt und dem Emblem des New-Age-Rotweins, der Syrah. Natürlich gibt es weiterhin den Eiswein – was wäre Kanada ohne ihn?

ROTE REBSORTEN

Pinot Noir erscheint am geeignetsten, doch nehmen Cabernet Franc, Cabernet Sauvignon, Merlot und sogar Syrah zu; allerdings werden sie auf wenigen Standorten und nur in den wärmsten Jahren wirklich reif.

WEISSE REBSORTEN

Chardonnay ist führend, gefolgt von Gewürztraminer, Pinot Blanc und Riesling. Die Hybride Vidal bleibt wichtig, besonders für Eiswein.

KLIMA

Eine kühle Gegend, die von den mäßigenden Einflüssen der Seen abhängt. Niederschläge halten sich im Rahmen, und der Frost in Januar und Februar ermöglicht die Eisweinproduktion.

BODEN

Von sandigen Lehmen über Kies und Sand – alle mit guter Dränage – bis zu schwereren Böden mit unterschiedlichem Tongehalt.

TOPOGRAFIE

Die wärmsten Lagen sind die am Fuß des Niagara Escarpements, das die Reben vor dem starken Wind vom See schützt und dennoch Luftströmungen erlaubt, die Frost, Nebel und Fäule fern halten. Die besten Standorte sind die steilen, nach Norden weisenden Hänge.

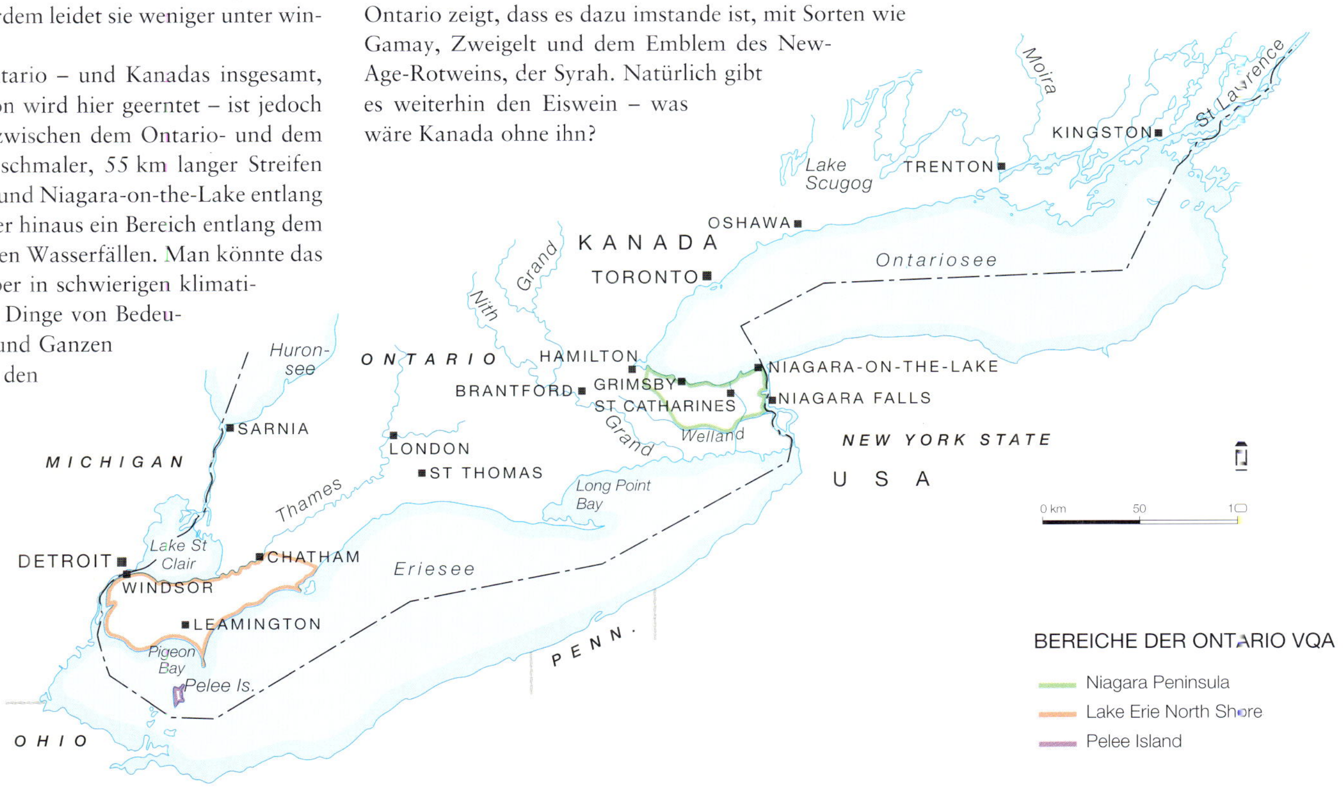

Mittel- und Südamerika

Der Panamerican Highway ist die Traumstraße der Welt: Diese große Straße, die den ganzen Doppelkontinent von Norden nach Süden durchquert, führt den Reisenden durch eine politische, kulturelle und wirtschaftliche Landschaft von unglaublicher Vielfalt. In ihrem Südabschnitt, der von der Hitze Mexikos bis zu den eisig kalten Sturmböen von Patagonien reicht, sind verrückte Fahrer und das eindrucksvolle Rückgrat der Anden beinahe die einzigen Konstanten.

Abgesehen vom Fußball ist eine der wenigen anderen Kräfte, die in der Welt Südamerikas einen Zusammenhalt, eine Gemeinsamkeit bietet, die Religion. Die ersten Missionare verbreiteten in der Mitte des sechzehnten Jahrhunderts, von Mexiko ausgehend, das Christentum in Südamerika. Mit ihnen kam auch die *Vinifera*-Rebe aus Europa, und es wird überliefert, daß die Missionare ihre Weinvorräte für die Feier des Abendmahls selbst machten.

Wein wurde auch von vielen Konquistadoren für den normalen Konsum hergestellt, denn der Import von Wein aus den Heimatländern auf der Iberischen Halbinsel war ein viel zu riskantes Unternehmen. Wenigen Weinen bekam die lange Seereise über den Atlantik, noch weniger die heiße Reise auf holprigen Wegen bis zur pazifischen Küste, gefolgt von einer weiteren Strecke auf See hinunter nach Peru und Chile. Durch die anschließende Ausbreitung der Siedler und Missionare wurde die Weinherstellung vom Hochplateau von Mexiko bis zum Rio Negro in Argentinien bekannt.

Seit den ersten Pflanzungen hatten verschiedene Wellen von Einwanderern, vor allem aus Europa, der Entwicklung der Weinindustrie und der sie tragenden Kultur ihren Stempel aufgedrückt. So gibt es in Chile französische und in Brasilien und Argentinien italienische Einflüsse. In der heutigen Zeit findet ein Transfer von Fachkenntnissen und Weinherstellungstechniken durch unabhängige Weinfachleute aus Übersee, die als Berater tätig sind, statt. Mit ihrem Fachwissen sollte die hohe Qualität realisiert werden können, die in Südamerika möglich ist, besonders in den Teilen Chiles und Argentiniens, die, weit von den Einflüssen der Tropen entfernt, ein maritimes oder mediterranes Klima haben.

TOPOGRAPHIE UND KLIMA

In vielen Teilen Mittel- und Südamerikas bilden die geographische Breite und das Klima die augenscheinlichsten Beschränkungen für die Weinerzeugung. Zwischen dem Wendekreis des Krebses, der Mexiko in zwei Teile teilt, und dem Wendekreis des Steinbocks, der durch den nördlichsten Teil Argentiniens verläuft, lassen Feuchtigkeit und hohe Temperaturen die Trauben entweder verfaulen oder verdorren, an vielen Orten erschweren sie zumindest die Herstellung von Qualitätswein. Eine intelligente Nutzung der Höhenlagen und unermüdliche Beharrlichkeit schaffen jedoch Ausnahmen von der Regel. Der französische Winzer Michel Rolland hat sich die Höhe von 1830 m über dem Meeresspiegel zunutze gemacht und erzeugt in der argentinischen Region Salta, kaum 150 km vom Wendekreis entfernt, einen prämierten Weißwein.

In Venezuela werden umfangreiche Investitionen für Weinbauversuche in den Tropen getätigt.

Das Massiv der Anden und die frischen Brisen vom Pazifischen Ozean sind die wichtigsten physikalischen Faktoren für den Weinbau. Diese Meereswinde tragen auf der ganzen Länge der mittel- und südamerikanischen Küste zur Milderung übermäßiger Temperaturen bei, von Baja California über die Region Ica in Peru bis über Santiago de Chile hinaus. Im Fall Chiles hat der kalte Humboldt-Strom eine zusätzliche abkühlende Wirkung, die sich günstig auf Weißweingebiete wie Casablanca auswirkt. Auf der Ostseite des Kontinents, in Uruguay und Teilen von Südbrasilien, sind die Rebflächen der problematischen Kombination aus dem warmen, feuchten ozeanischen Klima des Atlantiks und dem regelmäßig auftretenden kalten Pampero-Wind ausgesetzt, der aus der argentinischen Pampa kommt.

Die Auswirkungen der Anden sind am deutlichsten in den beiden wichtigsten Weinbaugebieten Südamerikas, dem Großen Längstal von Chile und der Region Mendoza in Argentinien, zu spüren. Beide sind kaum 150 km voneinander entfernt, doch da die Anden dazwischenliegen, die Argentinien vor den feuchten pazifischen Winden abschirmen, sind die Unterschiede bei den Temperaturen und Niederschlägen enorm. Mendoza erhält praktisch keinen Regen und wäre eine Wüste, wenn es nicht eine ausreichende Bewässerung durch die Flüsse aus den Bergen gäbe.

Die Anden haben auch eine bedeutende Wirkung auf die Böden. Jahrtausendelang lieferte Schluff, der aus den Bergen ausgewaschen und in die Ebenen geschwemmt wurde, reichhaltige, fruchtbare Böden, die, wie Chile beweist, ideale Voraussetzungen für die meisten Varianten des Gartenbaus, doch nicht unbedingt für den Anbau von hochwertigen Reben liefern.

MEXIKO

Abgesehen von dem ausgezeichneten Domecq Cabernet und LACetto Petite Sirah aus Baja California ist die Qualität in Mexiko eng mit der

Höhe verknüpft. Zu den Gebieten mit dem größten Potential gehören das Parras-Tal und die in 2000 m Höhe liegenden Rebflächen von Zacatecas, obwohl auch noch in dieser Höhe hohe Temperaturen zu klebrigen Rotweinen und Schaumweinen ohne jeden Biß führen. Mexiko setzt große Hoffnungen auf Trauben für die Weinbrandherstellung und hat, angespornt durch den Boom nach Abschluß der Nordamerikanischen Freihandelsvereinbarung (NAFTA), Investitionen ausländischer Unternehmen wie Gonzales Byass, Suntory und Seagram angezogen.

CHILE

In Südamerika ist Chile weiterhin das führende Weinland. Seit Mitte der 1980er Jahre kehren chilenische Winzer aus Kalifornien, Frankreich, Australien und Neuseeland zurück und bringen Fachwissen, Ideen und Technologien mit, um sie in ihrer eigenen Weinindustrie einzusetzen. Ausländische Investoren wurden durch die politische und wirtschaftliche Stabilität angezogen, so daß der Bestand Chiles mehr als 35 Kellereien zählt, deren gesamte jährliche Exporterträge derzeit mehr als 140 Millionen US-$ ausmachen, verglichen mit 23 Millionen US-$ im Jahr 1988.

Wie das Land selbst ist die Weinindustrie in einen engen, langen, nord-südlich verlaufenden Landstreifen zu beiden Seiten der Hauptstadt Santiago – dem Großen Längstal – gezwängt, mit Rebflächen, die nie weiter als 100 km von der Küste oder den Anden entfernt sind und keine großen Klimaunterschiede aufweisen. Durch die differenzierte Auswahl von Rebsorten, die an die Unterschiede der Böden und die mesoklimatischen Verhältnisse angepaßt sind, ist es den Weinerzeugern gelungen, eine gute Palette von Weinstilen hervorzubringen.

ARGENTINIEN

Der östliche Nachbar Chiles wacht gerade aus seinem Dornröschenschlaf auf. Wer hätte angenommen, daß der fünftgrößte Weinerzeuger der Welt mit über 1200 Weinbaubetrieben allein im Gebiet Mendoza auf der internationalen Szene so lange im Hintergrund bleiben würde? Der Grund dafür ist, daß die argentinische Bevölkerung fast alles, was erzeugt wird, selbst konsumiert. Ein weiterer Grund sind die dreistelligen Inflationsziffern, die jede Wirtschaftsaktivität zum Problem machen. Ende der 1980er Jahre begannen sich die Verhältnisse jedoch zu stabilisieren, als die Banken neue Wege fanden, um mit der riesigen Schuldenkrise fertig zu werden. Die Instandsetzung ihrer internen Kommunikationsnetze stand als nächstes auf der Tagesordnung – in Chile ging ein beliebter Witz um, daß die Argentinier, wenn sie einen guten Wein machten, das nicht publik machen könnten, weil die Telefone nicht funktionieren. Torrontes, Syrah, Malbec und Barbera sind die Namen der Traubensorten, die die chilenischen Weinerzeuger nervös machen, und die Welt dürfte bald mehr darüber hören, was dieses riesige Land zu bieten hat.

BRASILIEN

Der Name Marcus James klingt nicht gerade südamerikanisch, ist aber in den Hügelketten von Rio Grande do Sul, dem Herzland der brasilianischen Weinproduktion, beheimatet. Das ist eine der Spitzenmarken, die sich in den USA ausgezeichnet verkaufen, und sie hat dazu beigetragen, daß die brasilianischen Weinexporte die argentinischen hinter sich lassen konnten. Die Qualität der Chardonnays, White Zinfandels, Rieslinge und Cabernet Sauvignons, die unter diesem Etikett erhältlich sind, lassen auf ein großes Potential schließen, und, wie um das zu beweisen, sind bereits die ersten Weinbauberater im Land eingetroffen. Es ist ungewiß, ob ihr Optimismus anhält, sobald sie einmal im feuchten São Paulo gelandet sind – doch wenn Cinzano Trauben bei Recife ernten kann, weniger als 960 km vom Äquator entfernt, dann ist alles möglich!

Die neuen Merlot-Weinberge des Guts Catena bei Tupungato im argentinischen Bereich Mendoza liegen auf 1450 m Höhe. Hinter ihnen, unter der herrlichen Kette der Anden, breitet sich trockenes Buschland aus.

URUGUAY

Die Weinkultur Uruguays wurde Ende des neunzehnten Jahrhunderts vorwiegend von baskischen Siedlern begründet. Heute ist das Land der viertgrößte Weinerzeuger in Südamerika. Zwar befinden sich die meisten Rebflächen auf den niedrigen Hügeln westlich der Hauptstadt Montevideo, doch ist der fortschrittlichste Standort für *Vinifera*-Trauben die Region Rivera, die an die brasilianische Region Caxias do Sul grenzt. Die traditionellen Hybriden, die süße Roséweine hervorbringen, werden zunehmend durch neu eingeführte Sorten wie Pinot Blanc, Chardonnay, Cabernet Sauvignon und Merlot ersetzt. Die Ergebnisse dieser Neupflanzungen sind jedoch schwierig einzuschätzen, da die wenigen exportierten Exemplare von uneinheitlicher Qualität sind. Die rote Tannat-Rebe liefert hier gute Ergebnisse.

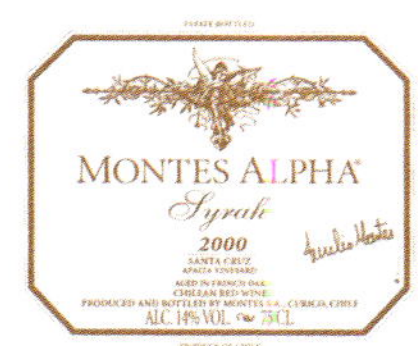

PERU

Das nächste Land auf der Liste der relativ Unbekannten ist Peru. In der trockenen Hitze des Ica-Tals 300 km südlich von Lima werden örtliche Rebsorten wie Quebranta, Moscatel und Torontel für das peruanische Nationalgetränk, einen aromatischen Weinbrand mit Namen Soldeica Pisco, angebaut. Daneben werden Qualitätstafelweine erzeugt, allerdings in viel geringeren Mengen. Die interessanten Erzeuger sind Ocucaje, Vista Alegre und Tacama Wines.

Rebflächen sind zwischen Pativilca nordwestlich von Lima bis hinunter nach Tacna an der chilenischen Grenze anzutreffen. In allen Fällen ist der wichtigste Faktor der kühlende Einfluß des Pazifik. Da die jährliche Niederschlagsmenge in diesem Küstenbereich oft nur 2 mm beträgt, muß künstlich bewässert werden.

SONSTIGE LÄNDER

Wein wird außerdem in Paraguay, Ecuador, Kolumbien und Bolivien angebaut, doch mit Geschmacksnuancen und Stilen, die auf dem internationalen Markt keinen Anklang gefunden haben. Einige schmackhaftere Beispiele gibt es in der südlichen Region Tarija in Bolivien.

AUSTRALIEN

Im Vordergrund weiden die Schafe, wie sie es seit Generationen tun, im Hintergrund steigen die Weinberge vom Barossa Valley zu den trockenen Abhängen oberhalb von Tanunda an. Über den Rebgärten von Mountadam im südaustralischen Eden Valley (oben) wachen große alte Gummibäume, die noch den letzten Tropfen Feuchtigkeit aus den sonnenverbrannten Hügelflanken holen.

Australien hatte nicht viel zu bieten, als es darum ging, eine Weinindustrie auf die Beine zu stellen. Es gab keine einheimischen Weinreben, folglich hatten die Ureinwohner keine Weintradition. Bei keinem der Handelspartner Australiens in Südostasien hatte jemals Wein zu den Kulturgütern gehört. Und es schien nicht gerade von Vorteil, dass die Nation, die den riesigen Kontinent kolonisieren sollte, Großbritannien war. Wenn es die Franzosen, die Italiener oder die Spanier gewesen wären...

Dabei wird jedoch eines vergessen: Die Briten selbst hatten zwar keinen nennenswerten Weinbau in ihrem Land, doch sie waren die größten Connaisseurs der Welt, die größten Liebhaber und Konsumenten der Tischweine Frankreichs sowie der Dessertweine Portugals und Spaniens. Da Australien als Sträflingskolonie besiedelt wurde, war den Behörden eher daran gelegen, eine Kultur von Weintrinkern zu begründen als eine, die sich auf Hochprozentiges wie den Rum stützte.

Zu Ende des achtzehnten Jahrhunderts, als sich Neusüdwales als Weinbaugebiet etablierte, war Europa in Kriege verstrickt. Die Idee von einem Rebgarten im Besitz des britischen Empires, das bei den immer wiederkehrenden Krisen in Europa nicht als Faustpfand dienen konnte, muss verlockend gewesen sein.

Diese Idee hat sich dann auch verwirklichen lassen. Während des neunzehnten und zwanzigsten Jahrhunderts sorgte Australien für einen beständigen Strom von simplem – meist gespritetem – Wein nach Großbritannien. Im letzten Viertel des zwanzigsten Jahrhunderts hat Australien es jedoch verstanden, sich durch die Einführung moderner Weinbaumethoden unter die besten Weinerzeuger der Welt zu reihen, auch wenn seine Anbaufläche von den bedeutenden europäischen Weinländern bei weitem übertroffen wird.

Australien ist dies gelungen, obwohl es kaum über die bekannten Vorteile der klassischen Weinbaugebiete Europas verfügt. »Zu viel Regen« und »nicht genug Sonne« ist die Regel in Europa. In Australien gibt es dagegen mehr als genug Sonne und bei weitem nicht genug Regen. Die australischen Winzer haben dies zu ihrem Vorteil umgemünzt, indem sie nach Belieben künstlich bewässern und die Reife ihrer Trauben in einer ganzen Reihe von sonnenerfüllten, mächtig strukturierten Rot- und Weißweinen nachdrücklich demonstrieren. Dabei ließen sie sich anfänglich von den großen Weinen Europas inspirieren, inzwischen haben sie sich jedoch eine so kraftvolle eigene Identität zugelegt, dass nun die Europäer versuchen, die Wunderweine von Down Under nachzuahmen.

Die Weinbaugebiete Australiens

Wasser, Wasser, Wasser – das ist die Geschichte Australiens. Auf diesem riesigen, ausgedörrten Kontinent gehört es zum ständigen Lebenskampf, nicht nur für den Weinbau, Wasservorräte zu finden, und seien es noch so magere. Der möglichen Größe der Bevölkerung werden schon durch die Verfügbarkeit von Wasser Grenzen gesetzt, ganz zu schweigen von der Anlage von Weingärten. Nur selten fallen die Niederschläge, die es tatsächlich gibt, während der langen, heißen Sommer, wenn sie am dringendsten benötigt werden. Doch zeigen die Australier einen erstaunlichen Erfindungsreichtum: Es sprießen ständig neue Rebfelder, und völlig neue Weinregionen tauchen auf, von denen niemand vermutete, dass dort Wein gedeihen könnte.

WESTAUSTRALIEN

Westaustralien ist ein riesiger Staat und besteht bis auf seinen südwestlichen Küstenstreifen praktisch nur aus Wüste. Seine Weinindustrie gehörte zu den ersten, die in Australien begründet wurden, doch aufgrund der Isolierung der Hauptstadt Perth vom Rest Australiens blieb die Produktion auf die Belieferung des örtlichen Marktes beschränkt. Das Swan Valley mit seinem Houghton White Burgundy, der in den Staaten des Ostens großen Erfolg hatte, war die Ausnahme von der Regel. Dieses altmodische, sonnenversengte Anbaugebiet eignete sich am besten für süffige Rotweine und gespriteten Wein. Doch Wissen und Erfahrung der australischen Keller- und Weinbaufachleute sind inzwischen so groß, dass immer mehr wirklich ausgezeichnete trockene Weißweine auftauchen. Die aufregendsten Tropfen kommen aus den abgeschiedenen Tälern des Margaret River und den Lower-Great-Southern-Regionen an der südwestlichen Spitze des Kontinents zwischen dem Indischen Ozean und den kalten Tiefen des Südpolarmeers.

SÜDAUSTRALIEN

Südaustralien ist der jüngste unter den größeren Weinstaaten Australiens (begründet in den 1840er Jahren). Es beherrscht inzwischen die australische Weinszene; es produziert nicht nur am meisten Reben, sondern auch die größte Menge Wein und beherbergt die Mehrheit der größten Weinunternehmen der Nation. Diese Trauben wachsen zum größten Teil in den eindrucksvollen Weinbergen an den Ufern des Murray, wo der Einsatz von Maschinen, endloser Sonnenschein und eine reichliche Wasserversorgung durch den Fluss einige der ertragreichsten Rebflächen der Welt geschaffen haben.

Doch Südaustralien hat weit mehr zu bieten als Ozeane von attraktivem, anspruchslosem, süffigem Wein. Der wichtigste Faktor ist, dass die Reblaus, die im neunzehnten Jahrhundert fast alle Weinberge der Welt vernichtete, sich nie nach Südaustralien ausbreitete. Neben Chile ist es daher eines der ganz wenigen Gebiete mit wurzelechten, nicht gepfropften Rebstöcken. Im Norden bringt das grüne Clare Valley inmitten des ausgedörrten Weidelands, das sich nach allen Seiten ausdehnt, unter »kühlen« Witterungsbedingungen unerwartet gute Tischweine hervor. Ganz so kühl ist es nun auch wieder nicht, da, wie so oft in Australien, die örtlichen Klimate innerhalb eines Bereiches ein weit größeres Spektrum von Weinen ermöglichen als in Europa. Clare Shiraz und Clare »Port« sind ebenso gut wie der feine Clare Riesling.

Das Barossa Valley ist das Herzland Südaustraliens und Sitz der meisten großen Weinunternehmen, die Material aus mehreren Regionen Australiens verarbeiten. Hier stehen auch einige der ältesten Weinstöcke der Welt (Shiraz und Grenache), deren übermächtige Weine seinen Namen in aller Welt bekannt machten. Das Eden Valley in den Hügeln östlich von Barossa verfügt über eine ganze Reihe verschiedener Weine, seine Sonderrolle bekommt es aber durch knackige, stahlige Rieslinge. Unmittelbar südlich von Adelaide liegen die Southern Vales, das erste Anbaugebiet, das in Südaustralien entstand und einmal für seine »eisenhaltigen« Roten und gespriteten Weißweine bekannt war, die in riesigen Mengen nach England verschifft wurden. Trotz der Bedrohung durch die expandierende Großstadt hat sich das Gebiet inzwischen zu einem wichtigen Erzeuger hochwertiger Rot- und Weißweine entwickelt.

In Padthaway und Coonawarra war Bevölkerungsexplosion nie ein Thema – in dieser feuchten, vergessenen Ecke des Staates lebt fast niemand. Dieser Umstand hat die Anlage exzellenter Rebfelder ermöglicht, die aufregende Weine hervorbringen, und der Mangel an Arbeitskräften machte die Region im vollständig mechanisierten Weinbau weltweit führend.

VICTORIA

Die Weinbaugebiete von Victoria machen den Eindruck, als wären sie mit der Zielgenauigkeit einer Schrotflinte verteilt worden. Dies ist zum

Bis zu 140 Jahre alte Rebstöcke stehen im Weinberg »Hill of Grace« im Eden Valley, der Henschke gehört. Folgerichtig ist dieser Shiraz einer der teuersten Weine Australiens.

DAS AUSTRALISCHE KLASSIFIKATIONSSYSTEM

Die Klassifizierung der australischen Weine, die für den Export verwendet wird, wurde 1994 mit der EU vereinbart. Für diese Übereinkunft war es nötig, Herkunftsbereiche festzulegen, wofür 1993 ein »Geographical Indications Committee« eingerichtet wurde, das die Wein erzeugenden Staaten in Bereiche, Regionen und Teilregionen einteilte. Die vielen Details bedürfen jedoch noch der Zustimmung, und die Auseinandersetzungen, die solche Entscheidungen immer begleiten, werden noch einige Jahre andauern.
Das neue System muss auf bestimmte Besonderheiten Rücksicht nehmen. Das Hauptmerkmal ist das weit verbreitete System der interregionalen Verschnitte in Australien, das heißt, es werden Trauben aus mehreren Regionen, möglicherweise auch verschiedenen Staaten, zu den Kellereien transportiert und miteinander verschnitten. Vier große Weinunternehmen (Southcorp, BRL Hardy, Orlando und Beringer Blass) erzeugen 80% der australischen Weine; sie verschneiden große Mengen Wein aus verschiedenen Regionen für ihre Marken-Bestseller wie Koonunga Hill und Jacob's Creek, die eine bedeutende Rolle in der australischen Weinszene spielen. Wenn eine Herkunft deklariert wird, müssen 85% der Trauben aus diesem Gebiet kommen, egal ob es ein Bereich, eine Region oder Teilregion ist. Dasselbe gilt für die Angabe einer Rebsorte.

QUALITÄTSKATEGORIEN UND GEOGRAFISCHE ANGABEN

Label Integrity Program Dieses System (auch LIP genannt) wurde 1990 eingeführt und garantiert alle auf dem Etikett gemachten Angaben wie Jahrgang, Sorte und Region, wobei für bestimmte Regionen, Sorten und Kellereien jährliche Kontrollen und Prüfungen vorgenommen werden.

Produce of Australia Die allgemeinste geografische Bezeichnung. Bei Weinen, die unter dieser Kategorie verkauft werden, dürfen die Traubensorte oder der Jahrgang auf dem Etikett nicht genannt werden.

South-Eastern Australia Die nächsthöhere Stufe, eine Kategorie, die die meisten Weinerzeugungsgebiete abdeckt und schon verbreitet verwendet wird, vor allem für die in großen Mengen verkauften Markenweine.

State of Origin Der Herkunftsstaat, die nächstspezifischere Kategorie.

Zones Viele traditionelle Weinbaugebiete Australiens werden in diesen neuen Bereichen zusammengefasst. Barossa zum Beispiel ist ein Bereich im Staat South Australia.

Regions Die nächstspezifischere Stufe. Beispiel: Barossa ist in die Regionen Barossa Valley und Eden Valley aufgeteilt.

Sub-regions Einige Regionen werden in Teilregionen unterteilt. Beispiel: Das Eden Valley besteht aus den Teilregionen High Eden und Springton.

Teil darauf zurückzuführen, dass der Weinbau dem Goldrausch folgte und, nachdem die Goldvorkommen erschöpft waren, Weinbaugebiete über den ganzen Staat verstreut zurückblieben. Die Rebfelder, die überlebt haben, bringen jedoch Weine hervor, die zu den erfreulichsten und individuellsten Weinen Australiens gehören. Der Staat Victoria war einst Australiens Haupterzeuger, bis die Reblaus die Weinberge verwüstete. Erst in den letzten Jahren hat Victoria seine Position als Lieferant einiger der interessantesten Weine Australiens wiedergewonnen. Wesentliche Mengen werden in den Weinbergen am Murray River erzeugt, doch es sind die überwältigenden »Liqueur Muscats« von Rutherglen und Glenrowan, die aufregenden dunklen Roten von Central Victoria, die eleganten Rot- und Weißweine aus dem Yarra Valley und von der Mornington-Halbinsel sowie die schönen, schlanken, bukettreichen Kreszenzen von kleinen, kühlen Lagen, die sich in meiner Erinnerung fest verankert haben.

NEUSÜDWALES

Die koloniale Entwicklung Australiens begann in Neusüdwales, ebenso die Revolution des Weinbaus, die Australien in die vorderste Reihe auf der Weltbühne katapultierte (im Hunter Valley, das seine Vorrangstellung behalten hat). Entlang des Murrumbidgee River wird jedoch einfacher Wein in großen Mengen produziert.

PANORAMAKARTEN AUSTRALIEN

Barossa S. 290/291
Coonawarra S. 293
Clare Valley S. 295
Yarra Valley S. 298/299
Hunter Valley S. 303
Margaret River S. 306

WEITERE KARTEN

Südaustralien S. 289
Victoria S. 296
Neusüdwales S. 301
Westaustralien S. 305
Tasmanien S. 308
Queensland und Nordterritorium S. 309

SÜDAUSTRALIEN

ROTE REBSORTEN
Shiraz, Cabernet Sauvignon und Grenache dominieren.

WEISSE REBSORTEN
Hauptsächlich Rhine Riesling, Chardonnay, Gewürztraminer, Sauvignon Blanc und Sémillon, daneben etwas Palomino und Pedro Ximénez.

KLIMA
Von »kühlen« Gebieten wie den Adelaide Hills und Coonawarra bis zu heißen, trockenen Gebieten wie Barossa.

BODEN
Ein Gemisch aus sandigem Lehm, rotem Lehm, Tonen und fruchtbarer Vulkanerde. Coonawarra hat ein Gebiet mit Terra rossa über einem Kalksteinuntergrund.

TOPOGRAFIE
Die Lagen sind sehr unterschiedlich, von den flachen Rebflächen in Coonawarra bis zu den Hängen der East Barossa Ranges.

Der schäbige Bahnhof von Coonawarra, in einem Meer von Reben ohne Behausungen gelegen, illustriert die Abgelegenheit der Limestone Coast.

Man hält das Trinkwasser von Adelaide für eines der schlechtesten in der zivilisierten Welt. Zum Glück ist das Bier ausgezeichnet, und so komme ich – außer beim Zähneputzen – kaum mit dem Wasser von Adelaide in Berührung. Doch im ganzen Staat Südaustralien ist das Wasser ein heißes Thema. Der einzige Teil Südaustraliens, der genug Wasser hat, ist die Region Coonawarra im südöstlichsten Eck, die fast darin ertrinkt. Im Rest des Staates zählt jeder Tropfen.

Zum Glück hat Südaustralien eine riesige Wasserressource: den Murray River, der mit seinem über 2500 km langen gewundenen Lauf die Grenze zwischen Neusüdwales und Victoria bildet, bevor er einen letzten Bogen durch Südaustralien macht und in die Lagune Lake Alexandrina und damit in den Ozean mündet. Die Nutzung des Murray für die Bewässerung von Hunderttausenden von Hektar ansonsten unkultivierbaren Ödlands ist eine der großen agrarwirtschaftlichen Errungenschaften des zwanzigsten Jahrhunderts, doch die zunehmende Ausbeutung dieser durchaus nicht unbegrenzten »Quelle« und der wachsende Salzgehalt des Bodens erregten höchste Besorgnis.

Das war Anfang der 1950er Jahre noch kein Thema, als Max Schubert, Kellermeister bei Penfolds in der Nähe von Adelaide, in einem Experiment seine ersten Fässer des Grange herstellte – einen Wein, der die Vorstellungen von der in der Neuen Welt möglichen Qualität ebenso über den Haufen warf wie davon, was heute in Europa als wirklich großer Wein gilt. Doch als Schubert sich an die Arbeit machte, hatte er keine spezielle Reblage zur Verfügung; er hatte nur die Vision von Aromen, wissenschaftlich fundierte Erfahrungen und den halsstarrigen Glauben, dass das, was den Franzosen möglich war, auch ihm möglich sein muss. Diese Denkweise läuft den Traditionalisten in Europa zuwider, die mit ihren Systemen der kontrollierten Ursprungsbezeichnung daran festhalten, dass große Weine nur von ganz speziellen, aufgrund jahrhundertelanger Erfahrungen festgelegten Standorten kommen können. Sie hatten ein- bis zweitausend Jahre Zeit gehabt, dieses Prinzip des »Terroir« zu entwickeln, bei dem die Qualität eines Weins ausschließlich dem jeweiligen Standort zugeschrieben wird.

Der erfolgreiche Versuch Max Schuberts, einen großen Wein zu kreieren, ist Beweis für das größte Geschenk Australiens an die Weinwelt: den Glauben, dass alles möglich ist. Die Kunst, bestimmte Weine miteinander zu kombinieren, um einen bestimmten Geschmack zu erzielen, egal wo die Trauben herkommen und welcher Sorte sie sind, ist wirklich eine edle Kunst. Natürlich gibt es keine Garantie, wie das Endprodukt aussehen wird, doch wenn man seine Vision mit Mut und Entschlossenheit verfolgt, lässt sie sich auch verwirklichen.

DIE ERSTEN WEINBERGE VON ADELAIDE

Wie in den anderen Staaten wurden noch innerhalb des ersten Jahres nach der Besiedlung 1836 Reben gepflanzt, und wie in Sydney und Melbourne sind diese ersten Weinberge längst unter dem Asphalt und den Häusern des modernen Adelaide verschwunden. Immerhin gibt es noch einen kleinen Fleck vom ursprünglichen Weinberg von Penfolds in Magill inmitten der Vorstadtsiedlungen. In den nördlichen Bereichen der Stadt wurden ziemlich schnell Weinberge angelegt, und die Ankunft deutscher Siedler im Barossa Valley schuf eine Gemeinde von Winzern und Kellermeistern, die seitdem in Australiens Weinwirtschaft eine beherrschende Rolle spielt und dem Kontinent einige der heute ältesten Rebstöcke der Welt hinterließ.

Von Adelaide breitete man sich zuerst in Richtung Süden aus: Morphett Vale, Reynella, McLaren Vale und Langhorne Creek. Das Morphett Vale und fast ganz Reynella sind inzwischen unter dem ausufernden Häusermeer verschwunden, doch Adelaide ist nicht nur viel kleiner als Melbourne und Sydney, sondern sich auch stärker der Bedeutung bewusst, die die Weinproduktion für den Staat hat. So widerstand man trotz der attraktiven Lage des McLaren Vale den Angeboten der Baugesellschaften, und es entstanden stattdessen aufstrebende Weinberge und Kellereien, große und kleine.

RIVERLAND

Die Australier haben den Wein, den sie heute trinken, vor allem zwei Kaliforniern zu verdanken. Die Brüder Chaffey kamen Ende der 1880er Jahre nach Australien, nachdem sie in der kalifornischen Wüste erfolgreich Bewässerungssysteme eingerichtet hatten. Mit diesen Erfahrungen konnten sie die jährlichen Überflutungen des Murray River als Wasserquelle für den australischen Weinbau nutzbar machen. Die Oberläufe des Murray River bestehen aus zahlreichen Bächen, die vom Schmelzwasser aus der Great Dividing Range gespeist werden. Jedes Jahr pflegte der Fluss anzuschwellen und Tausende Hektar Land zu überschwemmen, das das Wasser gierig aufsog – doch ohne Gewinn, da niemand diesen jährlichen Überfluss zu nutzen wusste.

Die Chaffeys bauten zuerst in Renmark in Südaustralien, dann in Mildura weiter stromaufwärts in Nordwest-Victoria Pumpstationen, Dämme, Schleusen und Bewässerungskanäle, um den Murray River zu bändigen. Dann wurden grüne Gärten und Rebfelder angelegt, wo vorher nichts als Ödland und Salzbuschwüste gewesen war.

Sowohl Renmark als auch Mildura erlebten schwierige Zeiten, doch im Großen und Ganzen gediehen sie und die anderen Regionen am Murray River in Südaustralien und Victoria, ebenso die Region Riverina, die an einem Nebenfluss des Murrumbidgee River in Neusüdwales liegt. Heute kommen alle Trauben für die preiswerten, doch attraktiven, fruchtigen Rot- und Weißweine Australiens für die Supermärkte der Welt von diesen maschinell bearbeiteten und künstlich bewässerten Rebfeldern. Diese Bewässerung in großem Stil hat Australien geholfen, die Qualität von preiswertem Wein zu verbessern, ist jedoch ein ziemlich junges Phänomen. Das Herz der südaustralischen Weinindustrie sind immer noch die trockenen, sonnendurchglühten Felder und Täler nördlich und südlich von Adelaide.

GRANGE

Die Tradition der edlen Weine Australiens wurde bei Adelaide begründet, wo Max Schubert, Chefkellermeister von Penfolds, 1951 an dem Wein zu arbeiten begann, der zu den größten Weinen der Welt gehören sollte – anfangs als Grange Hermitage, heute als Grange bezeichnet.

Schubert hatte im Jahr davor eine Reise durch die Weingebiete Europas gemacht, und am meisten war er von den großen roten Bordeaux-Weinen des Médoc inspiriert worden – ein edles Weinbaugebiet mit viel Regen, kaum genug Sonne und der dominierenden Rebsorte Cabernet Sauvignon. Eine Region, deren Wein in neuen französischen Eichenfässern ausgebaut wurde und ein halbes Jahrhundert lang reifen konnte. Schubert beschloss, denselben Weintyp in Südaustralien zu produzieren, wo ständig die Sonne schien, es kaum Regen gab und im ganzen Staat vielleicht ein Korb voll Cabernet-Sauvignon-Trauben und kein einziges neues Fass aus französischer Eiche aufzutreiben war, weder für Geld noch für gute Worte. Und bis zu seinem Besuch im Bordelais hatte er keine Ahnung davon, dass ein Rotwein länger als zehn Jahre reifen kann.

Doch Schubert hatte eine Vision. Er kam zu dem Schluss, dass die Shiraz-Trauben – die Sorte, die im französischen Rhône-Tal Syrah heißt – das Beste war, was Südaustralien zu bieten hatte. Also verwendete er diese Traube. Sie hatte zwar ein anderes Aroma als Cabernet, doch wenn er den Ertrag beschränkte, frühzeitig erntete und sie vom Augenblick der Lese bis zum Abzug auf Flaschen mit Samthandschuhen anfassen würde, sollte sie wohl das Ergebnis liefern, das er sich vorstellte. Es gelang ihm, sich anstelle von französischen Eichenfässern ein paar amerikanische zu sichern; er glaubte auch, dass diese für seinen Shiraz ohnehin besser geeignet seien.

Schubert begann mit ein paar Rebstöcken im Morphett Vale südlich von Adelaide und bei Magill in den Ausläufern des Gebirges am Rand der Stadt. Das waren keine berühmten Reblagen, doch er kannte sie, kannte ihre Böden, ihr Reifungsverhalten und das Aroma ihrer Frucht. Sie bewährten sich für den ersten Grange sehr gut. Später kam Kalimna im Barossa Valley hinzu, und als das Morphett Vale schließlich doch dem Siedlungsbau überlassen wurde, ging er auch ins Clare Valley. In heutiger Zeit, da Southcorp – der Konzern, zu dem Penfolds gehört – über einen großen Teil der australischen Spitzenrebflächen herrscht, gesellen sich Trauben von Coonawarra zu solchen aus dem McClaren Vale, Barossa Valley, Clare Valley, ja zu allen, die gut genug sind. So einfach ist das. Wenn die geernteten Trauben gut sind – unabhängig davon, wo sie angebaut wurden –, kommen sie für Grange in Frage. In den letzten Jahren dominiert jedoch zunehmend Barossa.

Immer wenn mir jemand einen Vortrag halten will, dass die Welt mit eigennützigen protektionistischen Appellationssystemen kolonisiert werden sollte, die so viel von der Kreativität Europas im Keim ersticken, werfe ich das Beispiel Grange in die Debatte. Alles, was auf dem Etikett des Grange steht, ist »South Australien Shiraz«.

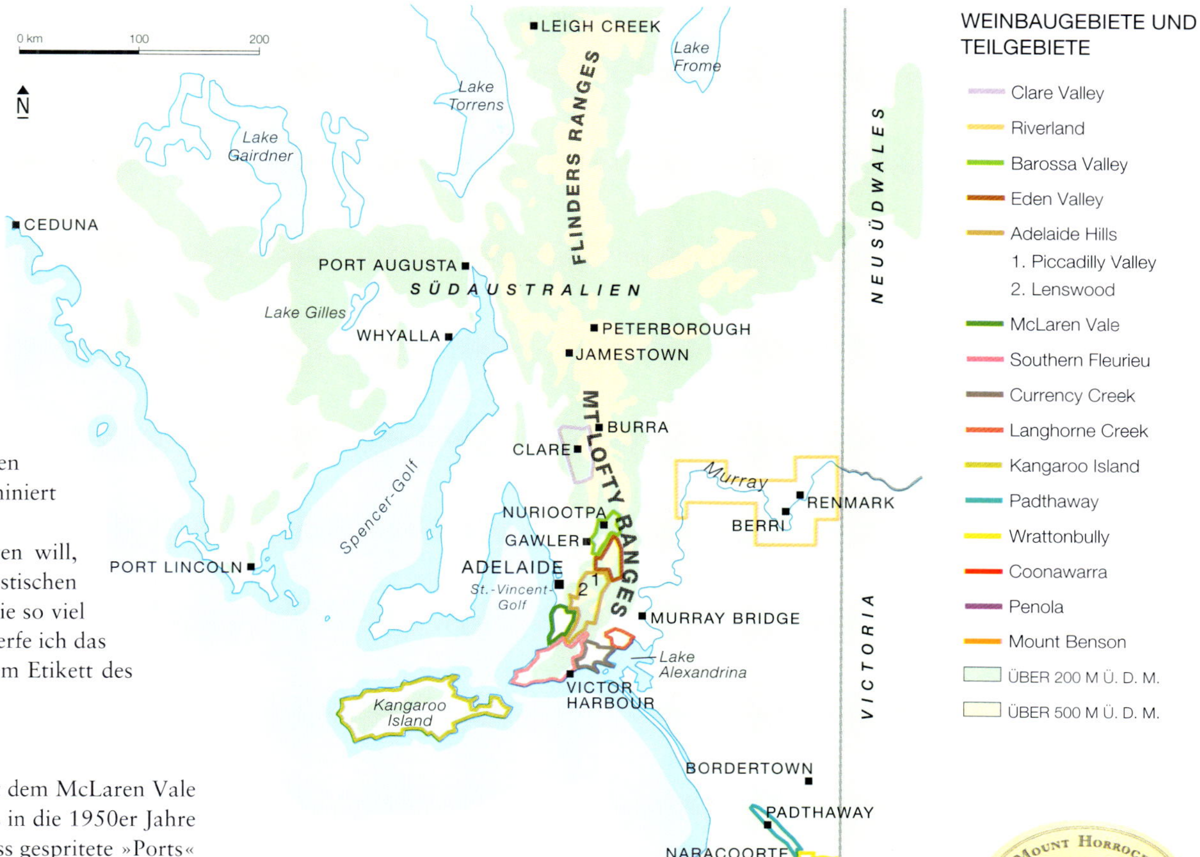

FLEURIEU

Die Region unmittelbar südlich von Adelaide, mit dem McLaren Vale in der Mitte, heißt Fleurieu. Ihr Erfolg beruhte bis in die 1950er Jahre darauf, dass hier rote Trauben so reif wurden, dass gespritete »Ports« von hoher Qualität und kräftige rote Tischweine hergestellt wurden, die wegen ihres »eisenhaltigen« Charakters als Medizin galten. Generationen von britischen Ladys tranken glücklich ihren Tintara und Emu Burgundy, überzeugt, dass sie dies um ihrer Gesundheit willen taten. Vielleicht hatten sie gar nicht so Unrecht damit.

Tatsächlich hat sich Fleurieu als sehr anpassungsfähiges Weinbaugebiet erwiesen. Es ist sonnig und im MacLaren Vale und weiter nördlich sehr heiß, doch profitieren die meisten Rebflächen von nachmittäglichen Meereswinden, die den Reben Kühlung bringen. Langhorne Creek am Ostrand der Fleurieu-Halbinsel ist definitiv kühl und wird ebenfalls ausgiebig bewässert. Im McLaren Vale ist das Wasser knapp; Cabernet, Shiraz und sogar Grenache von hier sind stark und mächtig, doch es gibt auch überraschend gute Chardonnays und Sauvignons.

MOUNT LOFTY RANGES UND BAROSSA

Vom McLaren Vale landeinwärts ist die südliche Spitze der Adelaide Hills zu sehen. Diese Berge verlaufen nach Norden an Adelaide vorbei und gehen in die Mount Lofty Ranges über, die sich östlich des Barossa Valley bis zum Mount Pleasant fortsetzen und dahinter zum Eden Valley werden.

Die Berge mehr oder weniger unmittelbar östlich von Adelaide, bei Piccadilly, sind hoch und haben ein sogar etwas feuchtes Klima; sie liefern einige außergewöhnliche »kühle« Weißweine und aufregende Schaumweine. Lenswood, etwas weiter nördlich, kann ebenfalls prächtige Rotweine hervorbringen. Dieses Gebiet hat einige der größten Talente der südaustralischen Weinbranche angezogen. Sie erzeugen bei der derzeitigen Vorliebe für kühle statt warme Reblagen eine Reihe beachtlicher Weine, die allem Anschein nach, mit zunehmender Erfahrung und größerem Alter der Rebstöcke, jedes Jahr besser werden.

Eigentlich müsste es eine rasante Zunahme der Anbaufläche geben. Dies wird jedoch nicht geschehen, denn diese Weinberge müssten bewässert werden, und die Berge sind ein wichtiges Wassereinzugsgebiet für Adelaide. Das Wasser mag ja scheußlich schmecken, doch durstige Städter mit Stimmrecht tragen jedes Mal den Sieg über die Rebstöcke davon.

Das Wasser ist in ganz Südaustralien ein großes Thema. Das Clare Valley im Norden hätte wesentlich mehr erweitert werden können, wenn es genug Wasser gäbe, doch die Niederschläge sind gering, und das Grundwasser ist schwer zugänglich. Inzwischen gaben die Barossa-Erzeuger viel Geld für eine Pipeline aus, die Wasser vom Murray River heranholt, um ihre überbeanspruchten Grundwasserbrunnen zu entlasten.

LIMESTONE COAST

Auch der kühle tiefe Süden des Staates wird von der Wasserfrage beherrscht, allerdings auf andere Weise. Das Große Artesische Becken erstreckt sich über den ganzen Süden bis zum Meer. Der Grundwasserspiegel ist so hoch, dass das meiste Land für den Weinbau zu sumpfig ist. Es gibt jedoch eine Reihe von Kalksteinanhöhen im Südosten des Staates, die ausgezeichnete Voraussetzungen für Reben bieten. Die außergewöhnlichen Qualitäten von Coonawarra sind seit dem Ende des neunzehnten Jahrhunderts bekannt, und heute ist dieses Gebiet vielleicht der begehrteste Standort Australiens für den Weinbau. Padthaway, 65 km nördlich von Coonawarra, ist eine weitere hochwertige Region, und wo immer Kalkstein zu Tage tritt, sprießen Rebstöcke aus dem Boden, bis hinaus zur Küste bei Robe und am Mount Benson.

Um die Trinkwasserversorgung des Staats Victoria im Osten sicherzustellen, musste Südaustralien allerdings strenge Beschränkungen akzeptieren, wie viel Wasser es auf seiner Seite der Staatsgrenze entnehmen darf. Selbst wenn es genügend, ja reichlich Wasser gibt, ist immer irgendjemand da, der einen daran hindert, es nach eigenem Gutdünken zu nutzen.

Der »Nine Popes« von Charles Melton im Barossa-Tal ist nach dem Vorbild des Châteauneuf-du-Pape gemacht und wie dieser ein mächtiger, runder Rotwein auf der Basis von Grenache und Shiraz.

BAROSSA VALLEY

ROTE REBSORTEN
Der Star bei den roten Sorten ist Shiraz, dicht gefolgt von Cabernet Sauvignon. Dieser ist oft am besten, wenn er mit Trauben aus anderen Gebieten verschnitten wird.

WEISSE REBSORTEN
Rhine Riesling herrscht vor, daneben gibt es kleine Mengen von Semillon, Chardonnay, Palomino und Pedro Ximénez.

KLIMA
Das Barossa Valley ist heiß und übersteht mit Hilfe eines Tropfbewässerungssystems die trockenen Sommer. Das Eden Valley und die East Barossa Ranges sind kühler und bekommen mehr Regen ab, der jedoch zur falschen Zeit fällt, so dass auch hier künstlich bewässert werden muss.

BODEN
Unterschiedliche Oberböden von schwerem Lehm mit Ton bis zu leichtem Sand; einige Böden brauchen zusätzlich Kalk, um die Säure auszugleichen. Der Untergrund besteht aus Kalkstein, Quarz und Ton und rotbraunen Lehmarten.

TOPOGRAFIE
Die alten Rebflächen im Tal eignen sich am besten für den Anbau starker Rotweine; die Weinberge in 300–400 m Höhe in den East Barossa Ranges bringen ausgezeichnete Ergebnisse mit Rebsorten für kühlere Klimate.

Hören Sie sich diese Namen an: Kaiser Stuhl, Siegersdorf, Bernkastel, Gnadenfrei – Namen von Kellereien und Weingütern im Barossa-Tal. Und dann die Namen der alten und modernen Erzeuger von Barossa: Johann Gramp, Johann Henschke, Peter Lehmann, Leo Buring. Stellen Sie sich dazu alte lutheranische Kirchen aus blauem Sandstein, Bäckereien, die »Strudel« und »Kuchen« anstelle von »buns« und »cakes« anbieten, Delikatessenläden mit »Mettwurst« und »Lachsschinken«, dazu die Klänge von lungenstarken Gesangvereinen und Blaskapellen vor – dann wissen Sie, dass das Barossa-Tal etwas Besonderes ist. Es führt uns in die Zeit, als lutheranische Siedler aus Schlesien um die halbe Welt reisten, um sich in diesem Tal nördlich von Adelaide niederzulassen und eine neue Heimat zu schaffen.

Wenn man einen Blick hinter die Kulissen wirft, entdeckt man eine andere Geschichte. Heutzutage sind Kaiser Stuhl und Leo Buring nur noch Markennamen der gigantischen Southcorp-Gruppe. Viele der größten und leistungsfähigsten Weinbaubetriebe Australiens drängen sich heute um die alten Siedlerstädte Nuriootpa, Tanunda und Angaston. Tatsächlich wird heute über die Hälfte des gesamten australischen Weins von diesen großen Unternehmen im Barossa Valley erzeugt. Doch nur ein kleiner Teil der verarbeiteten Trauben wird im Barossa Valley geerntet, von den Nachkommen der schlesischen Siedler.

Für den australischen Wein war es fast ein Desaster, als im späten zwanzigsten Jahrhundert die berühmten alten Barossa-Weinfirmen sich eine nach der anderen zu landesweit operierenden Unternehmen entwickelten. Zwei Dinge gingen damals ihren Finanzfachleuten allmählich auf. Das Erste war, dass die Barossa-Weingüter zwar gute Trauben hervorbrachten, aber die Erträge niedrig und die Preise hoch waren. Und zweitens, dass das Umgekehrte für die riesigen künstlich bewässerten Rebflächen zutraf, die an den Ufern des Murray aus dem Boden schossen. Diese brachten vielleicht keine aufregenden Trauben hervor, doch hohe Erträge zu niedrigen Preisen.

Die großen Unternehmen machten sich klar: Wenn ihre tüchtigen Weinmacher aus diesen minderwertigen Trauben Weine herstellen, die absolut einwandfrei sind, warum dann die teuren örtlichen Früchte verwenden? Das Wohl der Winzer von Barossa war ihnen schnurzegal, und in den 1980er Jahren ließen sie einen Großteil der Ernte am Stock vertrocknen. Viele alteingesessene Familien verfluchten die Nieten in Nadelstreifen, die jetzt am Ruder der ehrwürdigen Firmen saßen. Zu Beginn des neuen Jahrtausends schlug das Pendel jedoch zugunsten der Winzer aus. Die Weinenthusiasten auf der ganzen Welt wurden gewahr, dass in Barossa noch Rebstöcke aus der Zeit vor der Reblaus stehen, viele davon über hundert Jahre alt. Die unvergleichlichen Aromen, die diese Veteranen liefern, ließen Boutique-Weinkellereien entstehen, winzige Betriebe, die irrwitzig teure Weine machen. Die großen Firmen gibt es immer noch, und sie wissen die wertvollen Trauben heute mehr zu schätzen; aber wenn sie einem Winzer den Hahn abdrehen wollen, kann der sich auf Besseres verlegen.

Das Barossa Valley wurde in den 1840er und 1850er Jahren von deutschen und britischen Pionieren besiedelt. George Angas, ein Schotte, war einer der bedeutendsten Siedlerpioniere in Südaustralien. Um den chronischen Arbeitermangel auf seinem Landsitz nördlich von Adelaide zu beheben, charterte er 1842 drei Schiffe für deutsche Lutheraner, die aus Schlesien auswandern wollten. Sie kamen im selben Jahr im Barossa Valley an, und während angelsächsische Familien wie die Hill-Smiths von Yalumba seit der Zeit ihrer Niederlassung in Angaston im Jahr 1849 prosperieren, waren es die Deutschen, die den Charakter des Tals formten. Es wurden Weingüter und Weinunternehmen gegründet, die bereits zu Beginn des zwanzigsten Jahrhunderts die südaustralische Produktion beherrschten. Mit der Abschaffung der zwischenstaatlichen Zölle und der Dezimierung der rivalisierenden Rebflächen von Victoria durch die Reblaus übernahm Südaustralien rasch die führende Position in der australischen Weinwirtschaft, und die leistungsstarken Barossa-Unternehmen waren selbstverständlich an vorderster Front.

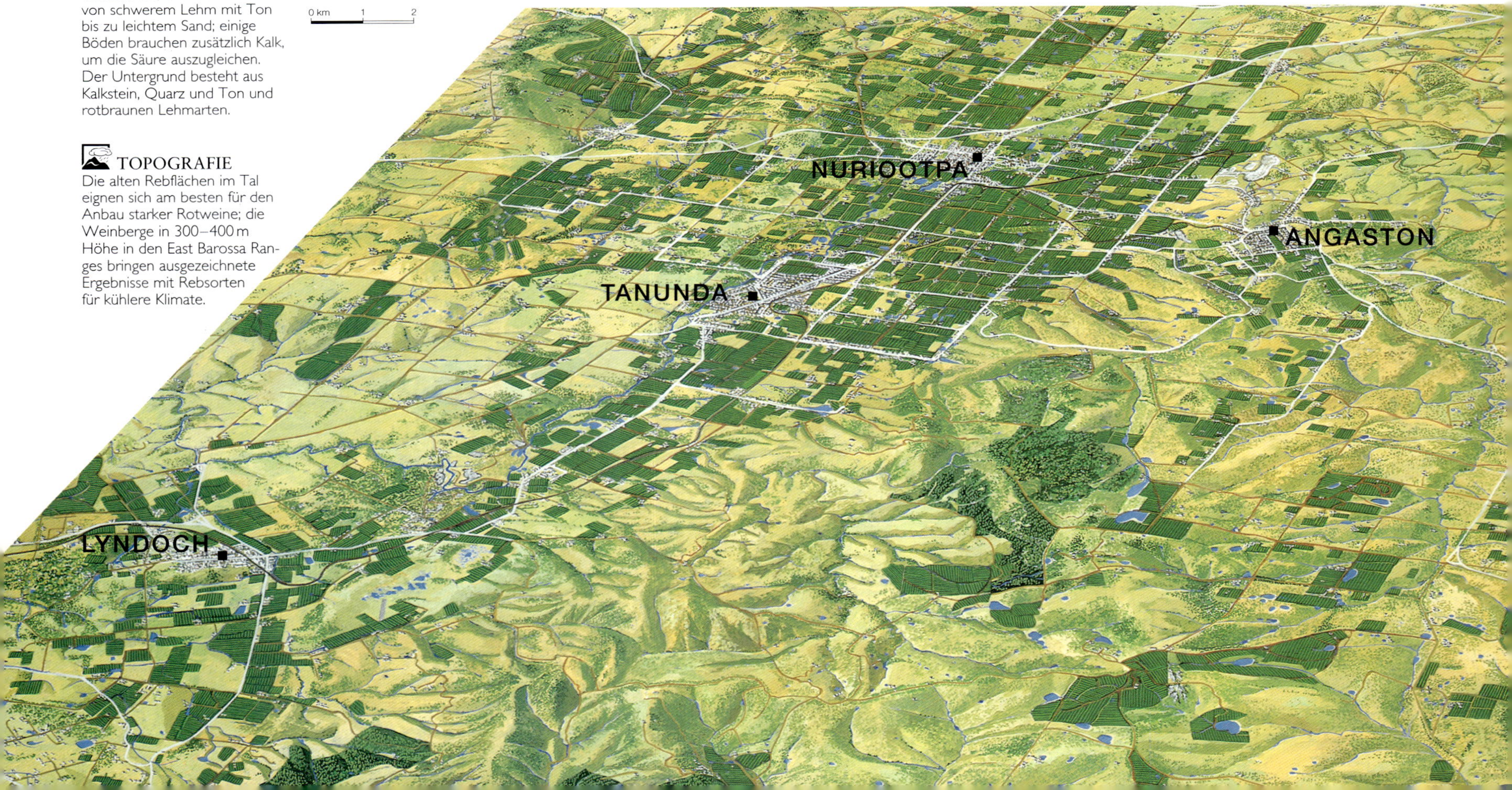

Die Weinberge wurden in zwei Hauptbereichen angelegt: auf dem sanft gewellten Talgrund, der dem North Para River von Nuriootpa bis Lyndoch folgt, und auf den Hügeln im Osten. Im Tal unten ist es heiß und trocken, und die Böden, die zwischen unfruchtbarem gelbem Ton und tiefgründigem rotem Lehm wechseln, eignen sich optimal für die Erzeugung dunkler, intensiver Rotweine. Es gibt nicht viel Regen und auch nicht viel Grundwasser, das für die Bewässerung geeignet wäre. Alle Beteiligten waren damit zufrieden, bis die Konsumenten in den 1970er Jahren auf breiter Front frische, fruchtige Weißweine zu bevorzugen begannen, das Gegenteil von dem, was Barossa mit seinen knorrigen alten Shiraz- und Grenache-Stöcken liefern konnte.

Das Barossa Valley wäre als Weinbauregion praktisch spurlos verschwunden, wenn da nicht Peter Lehmann gewesen wäre und einen der größten Schätze der australischen Weinwelt gerettet hätte. Er gründete ein Unternehmen mit dem einzigen Ziel, Reben vor dem Pflug zu bewahren. Heute haben sich ihm andere, darunter Giganten wie Southcorp und Yalumba, angeschlossen.

Oben in den Bergen ist alles ganz anders. Henschke produziert nördlich des Eden Valley hervorragenden Shiraz, Mountadam macht auf den Anhöhen westlich des Eden Valley bemerkenswerten Pinot Noir. In der größeren Höhe herrschen jedoch erheblich kühlere Temperaturen, und die haben das Eden Valley und die umgebenden Berge zu einem der Spitzenerzeuger australischen Weißweins gemacht. Besonders die Rieslinge mit ihrem stahligen Biss und der Säure von Limetten gehören zu den besten Australiens. Große Unternehmen verwenden zunehmend Trauben aus dem Eden Valley für ihre Spitzenweine, und es ist ein bedeutsames Zeichen, dass der französische Konzern Moët Hennessey den Pionier Mountadam aufgekauft hat.

SPITZENWEINGÜTER

BAROSSA VALLEY
1. Greenock Creek
2. Barossa Valley Estate
3. Heritage
4. Torbreck Wines
5. Veritas
6. Peter Lehmann
7. Richmond Grove
8. Penfolds
9. Elderton
10. Willows Vineyard
11. Wolf Blass
12. Saltram
13. Haan Wines
14. Bethany
15. Basedow
16. Turkey Flat
17. Rockford
18. Charles Melton
19. St Hallett
20. Grant Burge
21. Orlando
22. Miranda
23. Jenke Vineyards
24. Yaldara
25. Charles Cimicky
26. Burge Family

EDEN VALLEY
27. Yalumba
28. Henschke
29. Mountadam
30. Irvine

EDEN VALLEY = WEINBAUBEREICH

BEREICHSGRENZE

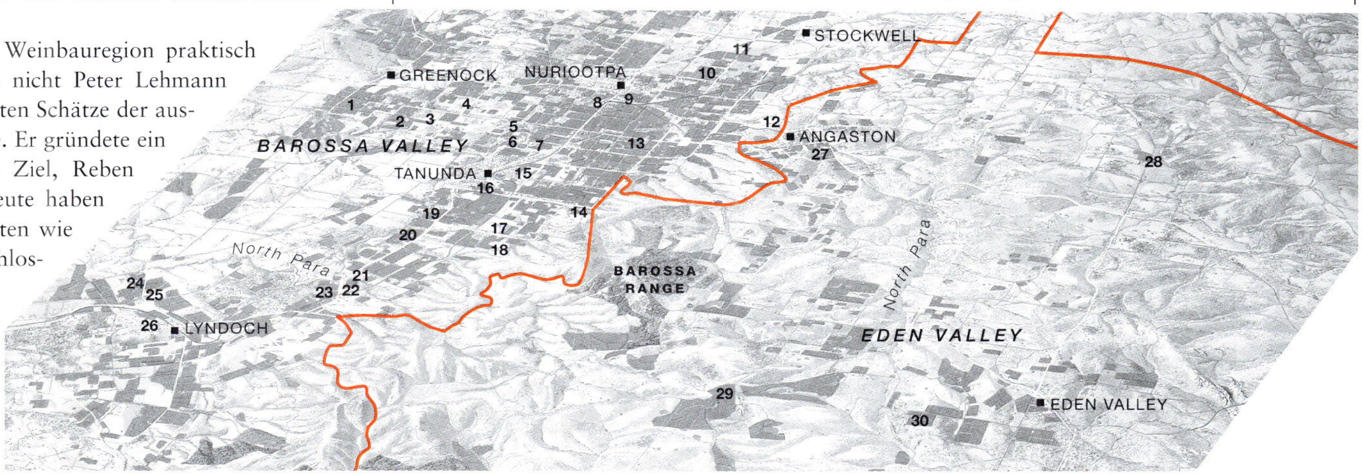

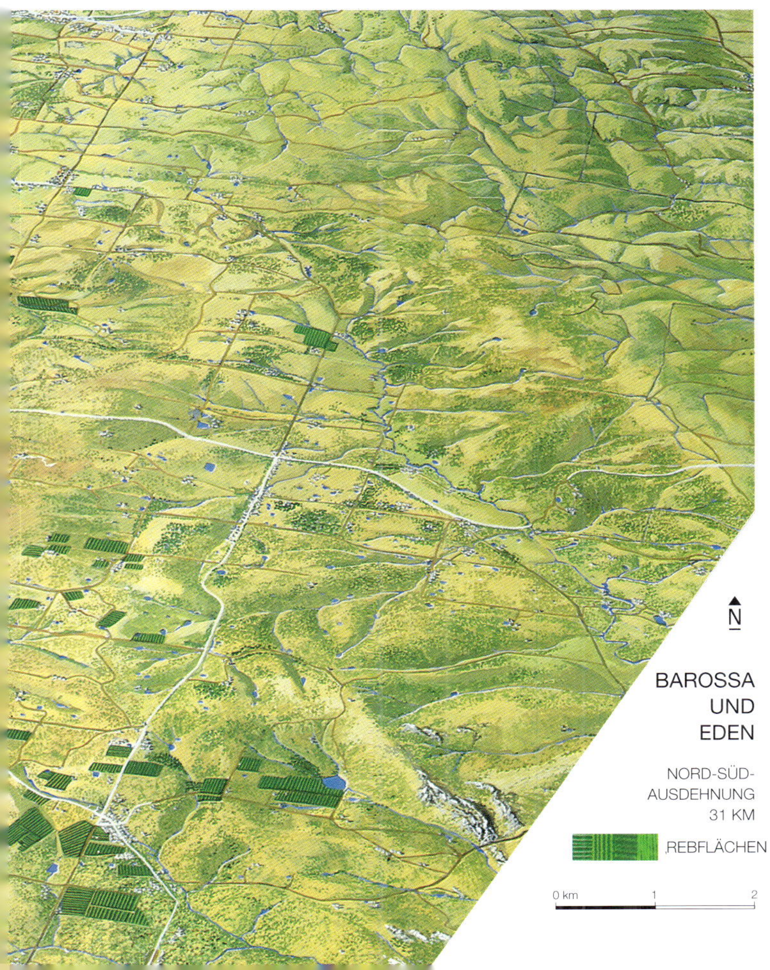

WO DER WEIN WÄCHST

Dieses Panorama des Weinbaugebiets Barossa Valley macht sichtbar, was für ganz Südaustralien gilt: die weitgehende Abwesenheit von Bergland. Die (großspurig so benannte) Mount Lofty Range in der rechten Hälfte bietet eine entscheidende Höhe von gut 100 m über dem Talgrund und damit kühlere, windigere Witterungsbedingungen für den Weinbau. Da sie zu den ersten Hindernissen gehört, auf die der Westwind vom Ozean her trifft, schlägt sich die Feuchtigkeit fast gänzlich an diesen Hügeln nieder.

Bei fast allen Rebfeldern sind Teiche zu sehen, in denen die Niederschläge des Winters aufgefangen werden. Mountadam zum Beispiel (unten im Panorama) ist ein Gut mit 1000 Hektar Fläche, von denen jedoch nur 75 mit Reben bepflanzt sind. Das übrige Land wird vor allem als Auffanggebiet für die 860 mm Niederschläge verwendet, die in Winter und Frühjahr fallen. Die vier Seen des Gutes fassen 500 Millionen Liter Wasser, genug, um die Reben fünf Jahre lang zu bewässern.

Die Talsohle erhält bei weitem nicht so viel Regen im Winter und fast keine Niederschläge im Sommer. Das trockene Land im Norden sowie bei Nuriootpa und Greenock bringt faszinierende Rotweine aus alten, niedrig gelegenen Rebflächen hervor. Der Grange von Penfolds stützt sich auf Trauben, die aus Kalimna nördlich von Nuriootpa kommen. Weiter südlich gibt es Kellereien wie St Hallett, Rockford und Charles Melton, die sich einen beneidenswerten Ruf aufbauen. Eine neue Wasserleitung vom Murray River kann sowohl die Qualität weiter verbessern als auch (bei profitorientierten Erzeugern) den Ertrag steigern. Der Westen des Tals braucht diese Pipeline, beim Rest des Tals bezweifle ich das.

Im Eden Valley ist das Wasser ein geringeres Problem, solange man große Auffangbecken hat, da im Sommer sehr wenig Regen fällt. Hier herrscht eine deutlich kühlere Witterung, die der Höhe der Hügel zuzuschreiben ist: Die meisten Weinberge befinden sich in Höhen zwischen 400 und 500 m und bringen einige der Spitzenweißweine Australiens hervor.

COONAWARRA

ROTE REBSORTEN
Gute Erfolge mit Cabernet Sauvignon machten diese Sorte zur vorherrschenden Traube. Coonawarra gelangte ursprünglich mit der Shiraz-Rebe zu Ruhm.

WEISSE REBSORTEN
Die am meisten angebaute Rebe ist Riesling, Chardonnay befindet sich auf dem Vormarsch.

KLIMA
Die südlichsten und damit die kühlsten Reblagen Südaustraliens. Die Lese kann zwischen April und Juni stattfinden.

BODEN
Terra rossa (Roterde) oder krümeliger roter Lehm bedecken die niedrigen Anhöhen, während die tiefer liegenden Flächen schwarze rissige Tonböden und Sandböden über einer Lehmbasis haben. Der leicht zugängliche Grundwasserspiegel ergibt hohe Erträge von guter Qualität.

TOPOGRAFIE
Das durchgehend ebene Gebiet mit seiner langen Wachstumsphase, der hohen Lichtintensität und dem einmaligen Bodenaufbau ist ideal für den Weinbau.

Wynns war eine der ersten Kellereien in Coonawarra. Ihr John Riddoch Cabernet ehrt den ersten Weinbauer der Region, der die Obstbaukolonie im Jahr 1890 gründete.

Die meisten großen Weinbaugebiete der Welt verdanken ihre Existenz einem Fluss, der irgendwann einmal seinen Weg zum Meer gebahnt hat und Talhänge und Flussniederungen geschaffen hat, die einzigartige Bedingungen für Weintrauben bieten. Coonawarra dagegen verdankt seine Einmaligkeit der Tatsache, dass es hier weit und breit keine Flüsse gibt. Im Osten sind die Berge, der Ozean im Westen – aber es gibt keine Flüsse, die beide miteinander verbinden.

Es gibt jedoch eine Menge Regen, der jeden Winter in den Bergen fällt und Zentimeter für Zentimeter unter die Oberfläche des öden, sumpfigen Landstrichs im südlichen Südaustralien sickert. Man nennt dies hier den Rumpffortsatz des Großen Artesischen Beckens – zumindest interpretiere ich den lokalen Ausdruck so. Je nachdem, mit welchem Fachmann man spricht, ist das Wasser vom angrenzenden Victoria oder den ganzen Weg von Queensland hierher gesickert. Und je nachdem, welchen Weg das Wasser dabei zurückgelegt hat, könnte es Tausende von Jahren oder auch nur ein paar hundert Jahre alt sein. Doch wie auch immer, es ist so rein, dass man es beinahe mit Mineralien anreichern muss, um es für die Bewässerung von Reben verwenden zu können. Und es gibt Mengen von diesem Wasser, unmittelbar unter der Oberfläche.

Das ist alles ganz gut und schön. Doch was geschieht über der Oberfläche? Wie steht es mit dem Klima, mit dem Boden? Bisher könnte man glauben, es handele sich um eins der schlimmsten Sumpflöcher der Welt. Was das mit Wein zu tun hat? Um das zu verstehen, müssen wir etwa 600 000 Jahre zurückgehen.

Coonawarra lag damals unter Wasser, und die Küstenlinie wurde von der Comaum Range östlich von Coonawarra gebildet. Dann passierten zwei Dinge. Erstens gab es eine Umpolung im Magnetfeld der Erde, die zu einer langsamen, aber stetigen Anhebung des Landes geführt hat, so dass Coonawarra inzwischen 60 m über dem Meeresspiegel liegt. Zweitens hat es etwa alle 50 000 Jahre eine Eiszeit gegeben, in der sich die Meere zurückgezogen haben. In jeder anschließenden warmen Periode kamen die Meere zurück. Inzwischen hatte sich das Land so erhöht, dass sich eine neue Küste bildete und eine neue Kalksteinanhöhe über dem Sandstein entstand. In den letzten 600 000 Jahren hat es zwölf Eiszeiten gegeben. Zwischen der Comaum Range und dem Meer gibt es zwölf solcher Anhöhen – eine für jede Eiszeit –, die parallel zur Küste von Norden nach Süden verlaufen. Das Land zwischen den einzelnen Anhöhen ist ein schweres Gemisch aus Sandboden über einem lehmigen Untergrund oder schwarzem, bröseligem Ton. Auf den kaum wahrnehmbaren Anhöhen gibt es eine dünne Schicht aus einem fruchtbaren, rötlichen Boden über einer harten Kalksteinkappe. Wenn man diese Kappe durchstößt, wird der Kalkstein so feucht und krümelig, dass man mit dem Finger darin herumrühren kann. Und etwa einen halben Meter tiefer sickert das reine Bergwasser von Osten her langsam in Richtung Meer.

Es gibt aber noch einen anderen Aspekt. Im Süden von Südaustralien ist es nicht heiß. Coonawarra, das 400 km südöstlich von Adelaide liegt, ist vom kalten Südpolarmeer umgeben. Die Winter sind kalt und feucht, der meiste Regen fällt nutzlos während der Wintermonate auf das Gebiet und setzt häufig – mit Ausnahme der verstreuten Kalksteinanhöhen – das ganze Land unter Wasser. Das Frühjahr ist stürmisch, und häufig gibt es Frost. Die Sommer beginnen mild, aber trocken, doch im Februar und März gibt es häufig heiße Perioden, die die Reben austrocknen. Dann wird Tag und Nacht aus Brunnenbohrungen Wasser für die Rebstöcke hochgepumpt. Und während die Trauben bis in den April hinein langsam reifen, kann das Wetter, bevor die Lese eingebracht ist, in trübe, unfreundliche Wintertage übergehen, die dann bis zum folgenden Frühjahr anhalten.

Auf diesem schmalen Streifen von Rebflächen, in denen die Weinstöcke das ganze Jahr über mit dem Klima kämpfen müssen, vom roten Boden jedoch gleichzeitig verwöhnt und gestresst werden, können Rotweine entstehen, die zu den besten Australiens gehören. In der Tat wurde Coonawarra das Médoc Australiens genannt, und seine Witterungsbedingungen ähneln tatsächlich denen des Bordelais.

Seit der Begründung des Weinbaugebiets im Jahr 1891 dominieren Rotweine im »französischen Stil«, hauptsächlich aus der Shiraz- und der Cabernet-Rebe. Doch erst seit den 1960er Jahren schätzen die Weintrinker im Ausland die relativ leichten, doch intensiv duftenden Rotweine von Coonawarra. In den frühen 1990er Jahren hatten sich die Rebflächen mit der Terra rossa von Coonawarra zum begehrtesten Rebland in Australien entwickelt.

Das hat jedoch zu Problemen geführt. Auf beiden Seiten der roten Kalksteinanhöhen gibt es Ebenen mit schwerem Tonboden. Hunderte von Hektar davon sind mit Reben bepflanzt. Hier lassen sich zwar recht gute Weißweine herstellen, doch Sorten wie Cabernet oder Shiraz werden auf derart feuchten, kalten Böden nicht reif. Noch genauer: Nördlich, westlich und südlich gibt es Ausstriche von Terra rossa, die etwa einen Meter über den feuchten Tonboden ragen. Sollen die sich als Coonawarra bezeichnen dürfen? Man streitet sich seit 1984 darüber. Im Jahr 2000 wurde eine historisch fundierte exakte Abgrenzung getroffen. Einflussreiche Eigner blieben ausgeschlossen, fochten die Entscheidung an, und ein größerer Bereich wurde definiert. 2001 ging

TERRA ROSSA

Die Roterde von Coonawarra gehört zu den besten Böden für den Weinanbau in Australien und bedeckt einen Streifen von 15 km Länge und 2 km Breite. Zwar sind sowohl der Kalkstein als auch der rote Oberboden ausgezeichnet wasserdurchlässig, doch ist noch nicht völlig klar, warum dieser Boden so edle Trauben hervorbringt.

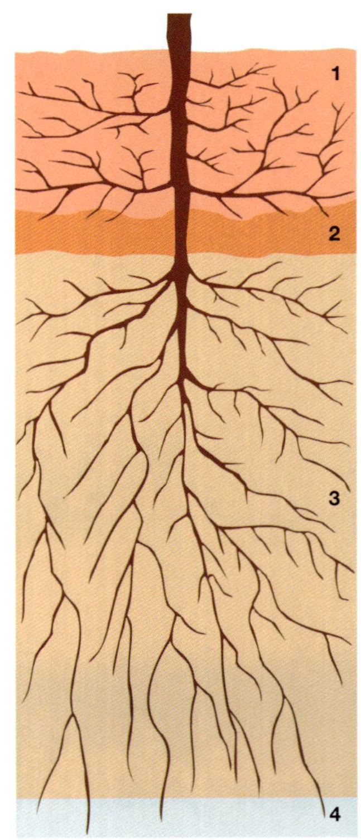

1 Nährstoffreicher, rotbrauner Boden, eine zwischen 2 cm und 50 cm starke, sehr durchlässige Erdschicht.
2 Ein bis zu 15 cm dickes Band von äußerst hartem Kalkstein. Calciumcarbonat wurde aus der obersten Bodenschicht ausgewaschen und hat sich über dem Kalksteinuntergrund abgesetzt. Diese Schicht muss vor der Pflanzung aufgebrochen werden, um den Zugang für die Rebwurzeln und Wasserdurchlässigkeit herzustellen.
3 Tiefgründiger, sehr durchlässiger Kalkstein, eine ideale Umgebung für die Ernährung der Wurzel. Die natürliche Alkalität von Kalkstein fördert einen hohen Säuregehalt in den Trauben.
4 Mit Grundwasser gesättigtes Gestein. Der Grundwasserspiegel ist in Coonawarra ungewöhnlich hoch – er liegt nur 2–4 m tief –, und Rebwurzeln, die tief genug reichen, können das ganze Jahr über von dem Wasser profitieren.

eine andere mächtige Lobby in Berufung, und so geht die unappetitliche Farce weiter.

Natürlich gibt es neben Coonawarra noch andere vergleichbare Erhebungen. Ähnlich gute Bedingungen bieten Mount Benson an der Küste, St Marys 15 km westlich von Coonawarra sowie verschiedene Standorte um Naracoorte nördlich von Coonawarra, insbesondere Wrattonbully, die vorzügliche Qualität liefern. Auch die Bezeichnung »Limestone Coast« gewinnt bereits einen guten Ruf als Dachbegriff für die Weine aus der ganzen Gegend.

Auch Padthaway, 65 km nördlich von Coonawarra, erzeugt fantastische Weißweine. Bei der Erschließung von Padthaway war man nicht auf Qualität aus. Anfang der 1960er Jahre prognostizierte man, dass sich der australische Weinkonsum in den kommenden 30 Jahren verdreifachen würde. So sahen sich die großen Unternehmen nach Land um, das sie billig kaufen und bewirtschaften konnten. Seppelt, Hardy und Lindemans haben so effiziente vollmechanisierte Weinbaubetriebe entwickelt, dass sie auf 40 Hektar nur noch eine Arbeitskraft brauchen. Zunächst pflanzte man alle möglichen Sorten an, doch zum Star wurde diese eintönige Prärie mit hervorragendem Chardonnay, später folgten große Shiraz- und Süßweine.

SPITZENWEINGÜTER

1. Rymill
2. Penley Estate
3. Brands
4. Wynns
5. Rouge Homme
6. Zema Estate
7. Mildara
8. Majella
9. Lawrence Victor Estate
10. Katnook Estate
11. Highbank
12. Leconfield
13. Bowen Estate
14. Balnaves
15. Blok Estate
16. Hollick
17. Punters Corner
18. Peppertree
19. Parker Estate
20. Lindemans

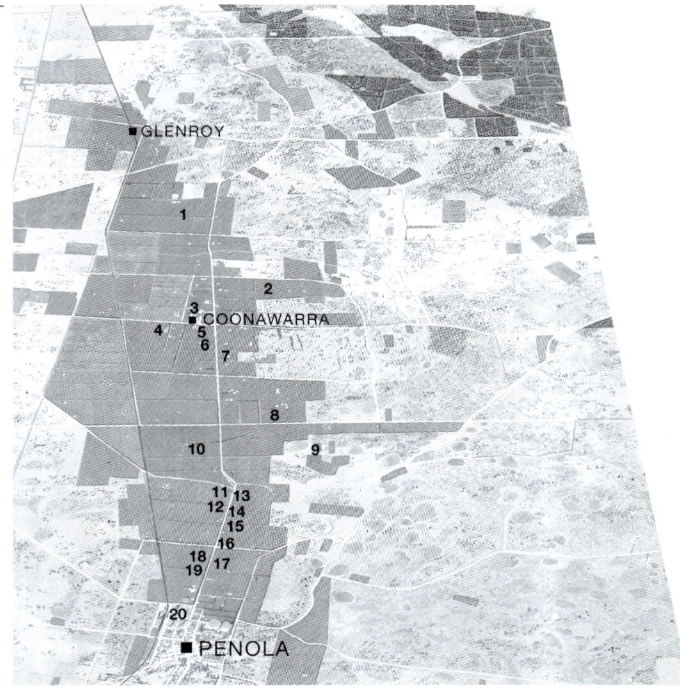

WO DER WEIN WÄCHST

Hier ist es: Australiens berühmtestes Weinbaugebiet in seiner ganzen unscheinbaren Pracht. Es ist ein ungewöhnlicher Ort für den Weinbau, da er praktisch mitten in einem Sumpf liegt. Wenn es regnet, muss man sich genau an die Straßen halten. Penola – der Name der kleinen Stadt unten im Panorama – bedeutet in der Sprache der Aborigines »großer Sumpf«.

Wenn Sie jedoch in Penola die Hauptstraße in Richtung Norden wählen, fahren Sie etwa 15 km an der niedrigen Kalksteinanhöhe von Coonawarra entlang. Diese leichte Erhöhung hebt auch die Straße und einen schmalen Landstreifen auf beiden Seiten über den umgebenden, mit Wasser getränkten Tonboden an und bietet hervorragende Bedingungen für den Anbau einer Vielzahl gesunder Weinstöcke.

Das beste Land hat eine dünne Bodenschicht aus rotbrauner Erde, die unmittelbar über einer Schicht von »calcrete«, betonhartem Kalkstein, liegt. Dieser Terra rossa genannte Boden ist so fruchtbar, dass die besten Ergebnisse von den Böden mit oft nur 3–5 cm dicken Schichten roter Erde kommen, die auf den kaum merklichen Anhöhen liegen.

Die Rebstöcke westlich der Bahnlinie stehen jedoch auf schwarzen Tonböden und einige Rebzeilen östlich davon auf weißen Tonböden, von denen einige kaum mehr als teilweise trockengelegter Sumpf sind. Auf keinem dieser Böden werden Cabernet- oder Shiraz-Trauben reif.

Das Grundwasser, das die Reben von Coonawarra ernährt, ist bemerkenswert sauber, doch je mehr Wasser Coonawarra und die anderen Anbaugebiete der Umgebung aus dem Großen Artesischen Becken pumpen, desto größer wird die Gefahr, dass aus dem Landesinneren schädliche Salze ausgewaschen werden. Mit einer Wassernutzungsvereinbarung zwischen Südaustralien und Victoria, das nur 20 km östlich beginnt, soll die Wasserentnahme beschränkt werden.

COONAWARRA

NORD-SÜD-AUSDEHNUNG 24 KM

REBFLÄCHEN

N

0 km 1 2

Clare Valley

ROTE REBSORTEN
Vor allem Cabernet Sauvignon und Shiraz werden kultiviert, ferner etwas Grenache.

WEISSE REBSORTEN
Rhine Riesling ist die Hauptsorte, daneben gibt es etwas Palomino und Pedro Ximénez, Crouchen, Sauvignon Blanc, Sémillon und Chardonnay.

KLIMA
Die Hitze müsste eigentlich den Säuregehalt senken und den Zuckergehalt steigern, trotzdem erhält man hier leichte Weine, besonders Rieslinge mit einer unerwarteten natürlichen Säure und Finesse.

BODEN
Der Unterboden besteht vorwiegend aus kalkhaltigem Ton. Die obere Bodenschicht ist im Norden sandiger Lehm, in der Mitte roter Lehm und im Süden roter Ton.

TOPOGRAFIE
Die Weinberge liegen in den nordsüdlich verlaufenden Tälern in 400–500 m Höhe über dem Meeresspiegel sowie in den westlichen Vorbergen.

Einer der bemerkenswertesten Züge des Clare Valley ist seine Eignung für »warme« Sorten wie Shiraz und »kühle« Sorten wie Riesling. Der Riesling von Jeffrey Grosset ist einer der besten Australiens.

Es ist paradox. Ich bin im Begriff, von Adelaide in Südaustralien, dem heißesten und trockensten der wichtigen Weinbaustaaten Australiens, nach Norden zu fahren, in Richtung der versengten, ausgetrockneten Mitte des Kontinents. Und mein Ziel ist ein berühmtes Weinbaugebiet mit kühlem Klima – das Clare Valley. Ich nehme den Highway nach Norden, über Gawler und Tarlee, durch die trockenen, rötlich-gelben Getreidefelder, die ab und zu durch Getreidesilos unterbrochen werden. Die Szenerie mit endlos weitem, knochentrockenem Land und tapferen Gummibäumen lässt mir die Zunge am Gaumen kleben, und ich habe Visionen von eiskaltem Bier. Und plötzlich, in einer Senke unmittelbar nördlich von Auburn, taucht ein Feld in leuchtendem Grün auf – Reben, gesund, wuchsfreudig, deren Blätter sich sanft im Wind bewegen.

Im Wind? Ja, hier weht endlich wieder eine Brise, die die unbarmherzige Nachmittagssonne erträglich macht. Die Luft fühlt sich frisch an, wie Bergluft. Ohne es zu merken, habe ich eine Höhe von über 400 m uber dem Meeresspiegel erreicht. Langsam werden mir einige der möglichen Gründe für den Ruf des Clare Valley als eines der großartigsten kühlen Weinbaugebiete Australiens klar.

Doch so einfach ist das auch wieder nicht. Clare ist zwar für seinen eleganten, harmonischen Riesling bekannt, es bringt aber auch einige der konzentriertesten, kräftigsten Shiraz-Weine in Südaustralien hervor. Auch seine »Ports« und »Liqueur Tokays« sind recht ungewöhnlich. In dem einen Rebfeld hat der Riesling Mühe, bis Ende April reif zu werden, ein paar Meilen weiter nordöstlich wird in einem anderen Weingarten im Februar die Portwein-Sorte Touriga Nacional gelesen. Ich werde versuchen, diese Widersprüche zu erklären.

Man hat Clare in seinen frühen Tagen als Grenzstadt und als Zentrum des Nordens beschrieben. Das leuchtet ein. Nach dem langen Treck von Adelaide über 130 km verspricht Clare die letzte Verschnaufpause vor den endlosen verdorrten Ebenen, die sich dann nach Norden in Richtung Jamestown und Port Pirie erstrecken. Seit ihrer Gründung im Jahr 1846 war die Stadt Clare immer ein Handelszentrum und eine Oase zur Erfrischung müder Glieder und ausgetrockneter Kehlen. Mehrmals erlebte Clare einen großen wirtschaftlichen Aufschwung. 1845 wurde in der Nähe Kupfer gefunden, und Clare stellte die Infrastruktur für den Abbau. Während der 1870er Jahre wurden riesige Weizenfelder angelegt, wobei Clare ebenfalls den Service übernahm. Außerdem wurden im benachbarten Mintaro erstklassige Schiefervorkommen entdeckt, und es gab ein Silberfieber, das 1855 zur Gründung der Broken Hill Propriety Co führte, heute das größte Unternehmen Australiens.

Davon geblieben sind eine traditionelle, etwas verschlissene Marktstadt, die nach diesen verrückten frühen Jahren immer noch einigermaßen prosperiert – und Reben. In vielen Gebieten Australiens wurden im neunzehnten Jahrhundert Rebflächen angelegt, um den Durst der nach Reichtum strebenden Pioniere zu löschen. Clare machte da keine Ausnahme, auch wenn – eine Neuheit für Australien – 1851 das Jesuitenkloster Sevenhill errichtet wurde. Natürlich bauten die Mönche Wein an, und sie erzeugen noch immer Wein.

Clare hatte mehr Glück als viele andere Gegenden, da man sich wirklich bemühte, nur die besseren Sorten anzupflanzen, vor allem Cabernet Sauvignon, Malbec und Shiraz. Wie anderswo in Australien wurden diese dann Anfang des zwanzigsten Jahrhunderts weithin durch Sorten für billigen gespriteten Wein und Brandy ersetzt. Seit der Wiederherstellung von Clare als Qualitätsweinbaugebiet in den 1950er und 1960er Jahren dominieren jedoch wieder gute rote Sorten sowie Riesling und seit neuerem auch Chardonnay.

WEINBAUGEBIETE

Die Kunst bestand darin, die Reben am richtigen Ort zu pflanzen. »Valley« ist eigentlich kein exakter Begriff für das Gebiet. Es gibt in

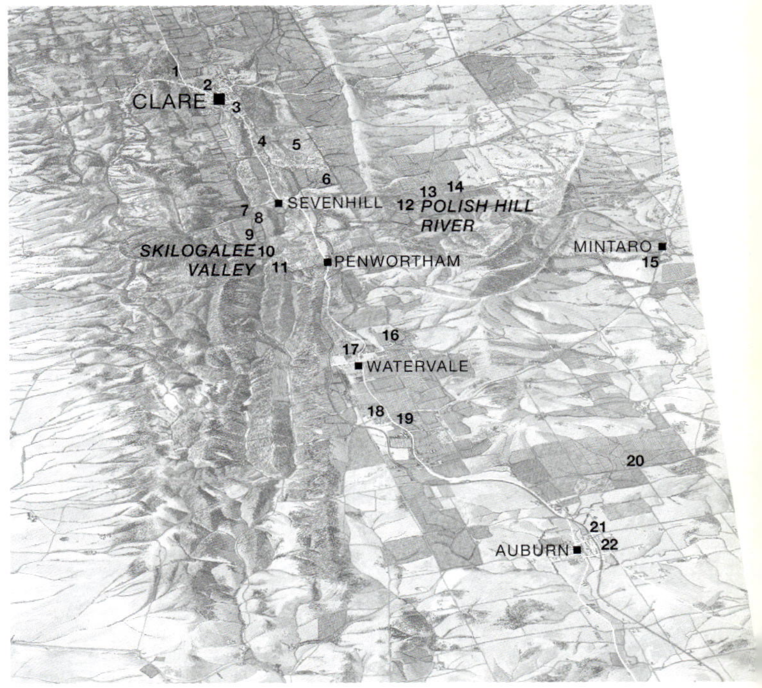

SPITZENWEINGÜTER

1. Jim Barry Wines
2. Knappstein Wines
3. Leasingham Wines
4. Tim Adams
5. Wendouree
6. Sevenhill Cellars
7. Stingy Brae Wines
8. Waninga Wines
9. Skillogalee Wines
10. Mitchell Winery
11. Killikanoon Wines
12. Paulett Wines
13. The Wilson Vineyard
14. Pikes Wines
15. Mintaro Cellars
16. Quelltaler Estate/ Annie's Lane
17. Crabtree Wines
18. Brian Barry Wines
19. Tim Gramp Wines
20. Taylors Wines/ Wakefield
21. Grosset Wines
22. Mt. Horrocks Wines

Wirklichkeit drei Täler in südlicher und nördlicher Richtung mit einem Plateau bei Penwortham als Wasserscheide in der Mitte. Hier sind fünf Teilgebiete mit verschiedenen Böden und Höhenlagen und auch unterschiedlichen Kleinklimaten zusammengefasst. Das ist verwirrend, besonders da Clare genauso viel Hitze und sogar noch weniger Regen in der Vegetationszeit abzubekommen scheint als das kochende Rutherglen in Victoria, wo Liqueur Muscat erzeugt wird. Außer im Talgrund braucht man überall künstliche Bewässerung, wenn man Wein anbauen will. Die effektivsten Wasserquellen sind Speicherbecken, die den Winterregen auffangen. Die wellige Landschaft ermöglicht ganz unterschiedliche Expositionen, während die Nächte im Allgemeinen kühl sind und es auch am Tag erfrischende Winde gibt, die die Reben abkühlen.

Über diese kühlenden Brisen gibt es verschiedene Meinungen, da sie etwa 50 km vom Meer nach Osten und Nordosten zurücklegen, bis sie sich hier bemerkbar machen. Sie treten meist erst am späten Nachmittag auf und bringen den Reben abends und nachts Kühlung, mildern aber nicht die größte Hitze am frühen Nachmittag. So wird die Reifung nicht behindert, während die Trauben einen hohen Säurepegel aufrechterhalten. Nach Meinung einiger Einheimischer ist jedoch das tägliche Abflauen der heißen Nordwinde gegen 16 Uhr das entscheidende Phänomen für die Kühlung der Weinberge, besonders in den nach Norden ausgerichteten Tälern oberhalb von Penwortham.

Sicher wirkt sich die Höhe positiv aus. Die ausgezeichneten Weinberge von Enterprise und Petaluma, die beide einen herausragenden Riesling hervorbringen, liegen über 500 m hoch. Die Weinberge des Skillogalee-Tals südwestlich von Sevenhill reichen bis in eine Höhe von

fast 500 m und sind nach Norden hin abgeschirmt. Frucht und Aroma der Weine sind hier besonders gut und konzentriert.

Auch der Boden spielt eine wichtige Rolle. Der tiefe dunkle Lehm unterhalb von Watervale bringt runde, fette Rot- und Weißweine hervor, während die Kalksteinanhöhe nördlich von Watervale den Weißweinen den sauren Biss verleiht, den ein so warmes Klima ansonsten vorenthält. In Polish Hill River östlich von Sevenhill scheint ein saurer Schieferboden die Reifung um zwei Wochen zu verzögern, und die Resultate sind überraschend fein strukturierte Weiß- und Rotweine. Ein widersprüchliches Land – Gott sei Dank.

WO DER WEIN WÄCHST

Die Wasserscheide bei Penwortham bildet ein Plateau, von dem drei Flusssysteme ausgehen, zwei davon in nördlicher Richtung – darunter Clare – und eines in südlicher Richtung. Der ganze Bereich mit seinen bemerkenswert frischen Weißweinen und eleganten Rotweinen ist eine Überraschung. Die Witterung scheint für solche Weine zu heiß und zu trocken zu sein. Die Höhe ist sicher von größter Bedeutung. Die Weinberge liegen alle auf mindestens 400 m Höhe. Dafür hat Clare mit die geringsten Regenfälle aller australischen Qualitätsweingebiete. Clare ist entscheidend auf den Wind vom Meer, von Westen und Südwesten, angewiesen, der die Reben abkühlt.

CLARE VALLEY

NORD-SÜD-AUSDEHNUNG
33,5 KM

REBFLÄCHEN

N

YARRA VALLEY

ROTE REBSORTEN
Pinot Noir ist führend, daneben gibt es Cabernet Sauvignon und kleine Mengen Shiraz, Merlot, Pinot Meunier und Cabernet Franc.

WEISSE REBSORTEN
Chardonnay dominiert, Sauvignon Blanc ist inzwischen fast ebenso bedeutend.

KLIMA
Das kühle Klima ermöglicht eine verlängerte Reifezeit. Wind und Regen können im Dezember und Januar Blüte und Fruchtansatz beeinträchtigen.

BODEN
Es gibt zwei Hauptbodentypen: sandigen, graubraunen Ton sowie tiefe, fruchtbare, rote vulkanische Erde.

TOPOGRAFIE
Die Hangneigungen und die Höhe über dem Meeresspiegel schwanken enorm; die Rebflächen liegen zwischen 50 m und 400 m hoch.

Im Jahr 1837 kam William Ryrie ins Yarra Valley. Er war die ganze Strecke von Cooma in Neusüdwales über Berge und durch Prärien gezogen. Ich kann mir gut vorstellen, was er fühlte: Er muss erschöpft und ausgetrocknet gewesen sein, als er unter sich das grüne Tal sah, voller Sträucher und Bäume und mit einem glitzernden Fluss, der sich träge durch das Tal schlängelte. Er muss sich gedacht haben: Das ist es.

Ryrie ließ sich im Yarra Valley nieder und legte den Grundstein für dessen Weinindustrie und seine bedeutende Rinderzucht. Diese beiden Interessen sind sich seitdem immer wieder in die Quere gekommen. Doch die Schönheit und Heiterkeit des Tales, die Ryrie 1837 mit großer Freude erfüllt haben müssen, sind noch da. Es gibt immer noch Adler, die in den Lüften schweben, und pfeilschnelle Eisvögel, die am Fluss jagen, und Gummibäume, die sich majestätisch über das flache, parkartige Land erheben und die Berghänge überziehen. Das klingt alles sehr romantisch, doch man vergisst leicht, dass diese einmalige, heitere ländliche Gegend ihren Bewohnern zu verdanken ist.

Als Erstes sind die Schweizer zu erwähnen. Ryrie beschäftigte einen Schweizer damit, die von ihm gepflanzten Reben zu beschneiden und bei der Weinbereitung behilflich zu sein. 1845 gelang es ihm, einen Burgunder-ähnlichen Rotwein und einen Weißwein nach Sauternes-Art zu erzeugen. Diese Kombination klingt unwahrscheinlich, sagt jedoch etwas über das Klima des Yarra Valley aus, was sich in den letzten Jahrzehnten immer wieder bestätigt hat. Nach australischen Standards ist das Tal überhaupt nicht heiß, sondern bietet erstaunlich gute Bedingungen für die heikle Pinot-Noir-Traube. Und es ist hier auch ziemlich feucht, was die Edelfäule begünstigt, die in den letzten Jahren eine Reihe brillanter süßer Yarra-Weine hervorgebracht hat.

Die Schweizer übernahmen bald die führende Position im Yarra Valley, und dank ihrer Kenntnisse erwarben sie rasch hohes Ansehen für Weine, die für Australien ungewöhnlich fein und harmonisch waren. Ihr Erfolg brachte ihnen Ehrungen ein, zum Beispiel einen Grand Prix bei der Pariser Internationalen Ausstellung von 1889 – den einzigen, der für einen Wein aus der südlichen Hemisphäre vergeben wurde.

Dreißig Jahre später jedoch setzten die Reblaus und eine Reihe finanzieller und natürlicher Katastrophen diesem Werk ein Ende. Erst in den 1960er Jahren wurden wieder neue Weinberge im Tal angelegt, und in den 1980ern erinnerten sich die australischen Weinbaugrößen wieder an den früheren Ruf des Yarra-Tals und wollten wissen, ob sich dieser Erfolg wiederholen ließe.

Dieser Erfolg hat sich tatsächlich wiederholt. Bemerkenswert dabei ist, dass das Yarra Valley innerhalb seines kleinen Gebiets praktisch jede Art von klassischen, kühles Klima voraussetzenden Weinen produziert; und das auf eine Weise, die den französischen Traditionalisten, die durch restriktive Appellationsbestimmungen eingeengt werden, vor Neid und Verzweiflung schlaflose Nächte verursacht. Die Domaine Chandon macht herrliche Schaumweine nach traditioneller Methode, und in den Kellereien von Coldstream Hills, De Bortoli, Diamond Valley, Yarra Ridge, Tarrawarra und Metier entstehen erstklassige Rot- und Weißweine im burgundischen Stil. Ausgezeichnete »Bordeaux-Weine« gibt es in Mengen, hergestellt von Mount Mary, Oakridge und Yarra Yering, das wie De Bortoli außerdem mit Rhône-Sorten großen Erfolg hat. Erzeuger wie Seville Estate und St Huberts produzieren wunderbare Süßweine. Doch keiner dieser Weine schmeckt tatsächlich wie sein europäisches Vorbild. Sie haben allgemein eine weichere Textur, eine vollere Frucht und sind ebenso gut strukturiert, aber in jeder Phase ihres Lebens leicht zu genießen. Das alles rührt daher, dass die kühlen Bedingungen im Yarra Valley immer mehr tüchtige Weinerzeuger anziehen, die im Einklang mit der Natur arbeiten wollen, anstatt sie zu vergewaltigen.

Das Yarra Valley ist sicherlich kühl – für australische Begriffe. Doch hier sind genau die Voraussetzungen vorhanden, die in Bordeaux und Burgund gute Jahrgänge ergeben. Im Allgemeinen ist es nicht so warm wie in Bordeaux, doch wärmer als in Burgund. Die Temperaturen im Yarra Valley sind während der Reifezeit beständiger als in den beiden französischen Weinbaugebieten. Die Niederschläge, die zwar die Blüte im späten Frühjahr unterbrechen können, hören fast immer gegen Ende Dezember auf und kehren, abgesehen von einem gelegentlichen willkommenen Schauer, normalerweise erst im Herbst zurück, wenn die Lese abgeschlossen ist. So kann man die Frucht langsam am Rebstock reifen lassen – die Voraussetzung für feine, bukettreiche Weine.

DIE BÖDEN IM YARRA VALLEY

Im Yarra Valley stößt man auf zwei sehr unterschiedliche Bodentypen. Der Südabschnitt des Tals, östlich und südlich der Warramate Hills, ist meist tiefe, fruchtbare Roterde. Die Rebstöcke sind hier sehr wuchskräftig und liefern besonders gute Weiß- und Dessertweine. Der klassische Yarra-Boden in der Mitte und im Nordteil des Tals besteht aus grauem, sandhaltigem Ton und Lehm, oft auch einer harten Schicht von schwerem Ton. Das Wachstum ist eingeschränkt, die Reben haben zu kämpfen und müssen während des Sommers oft bewässert werden. Doch der Ruf des Yarra-Weins basiert auf diesem Boden, und noch kommen einige der besten Weiß- und Rotweine von diesen Lagen.

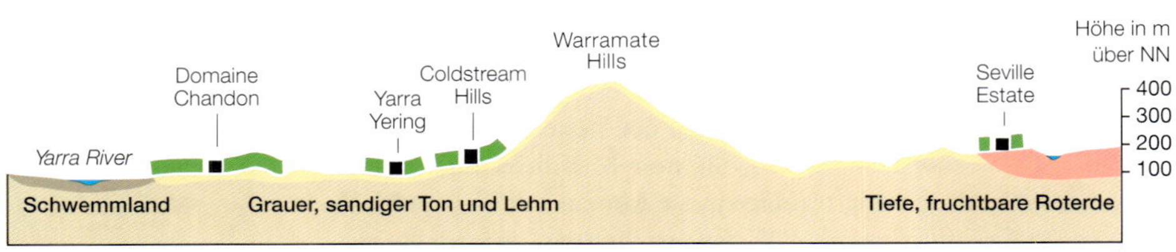

Darstellung 4,5fach überhöht

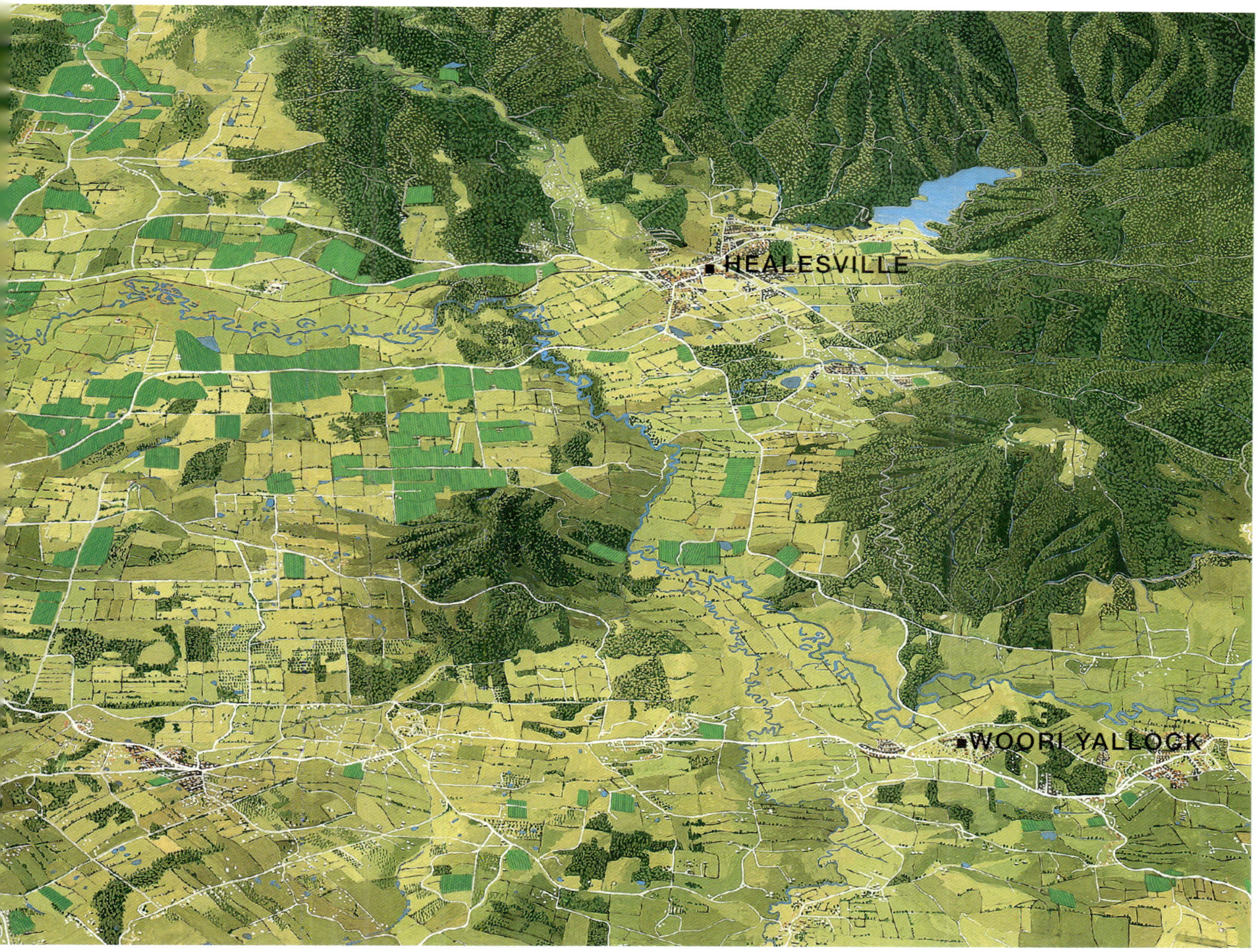

WO DER WEIN WÄCHST

Links unten sind die Vororte von Melbourne zu erkennen, rechts das Gebirge der Great Dividing Range. Das Yarra Valley ist ein schönes Tal und mit der Eisenbahn vom Zentrum der Großstadt leicht zu erreichen. Der Druck durch die Erschließung von Wohngrundstücken stellt die größte Bedrohung für das Yarra Valley dar, doch die blühende Weinwirtschaft ist eines der besten Gegenmittel. Die Rebflächen dehnen sich explosionsartig aus, von 1995 auf die dreifache Größe im Jahr 2000 (486 Hektar). Das schränkt zwar die Besiedelung ein, bedeutet aber auch die Zunahme minderwertigen Weins.

Die Rebflächen erstreckten sich ursprünglich nordöstlich von Coldstream auf den grauen Lehmböden bei St Huberts und Yeringberg und ein wenig weiter westlich in Richtung Yarra Glen bei Yering Station. Auf dem Talgrund sind nur gut dränierende Bodenerhebungen für den Weinbau geeignet. Es gab große Neupflanzungen um Dixons Creek im Norden des Tals, ebenfalls nur auf erhöhtem Grund. Die Rebflächen um die Warramate Hills liegen hoch genug und sind – wie im Fall der Coldstream Hills – ausreichend steil, so dass der Wasserabzug kein Problem ist.

Östlich und südlich der Warramate Hills, in gutem Abstand von der Überflutungsebene, geht der Boden in sehr fruchtbare, tiefgründige Terra rossa über. Sie setzt sich bis in die bewaldeten Hügel im Süden fort (außerhalb des Panoramas), wo große Neupflanzungen wie bei Hoddles Creek hochwertige Trauben erzeugen, die hauptsächlich für Schaumwein verwendet werden.

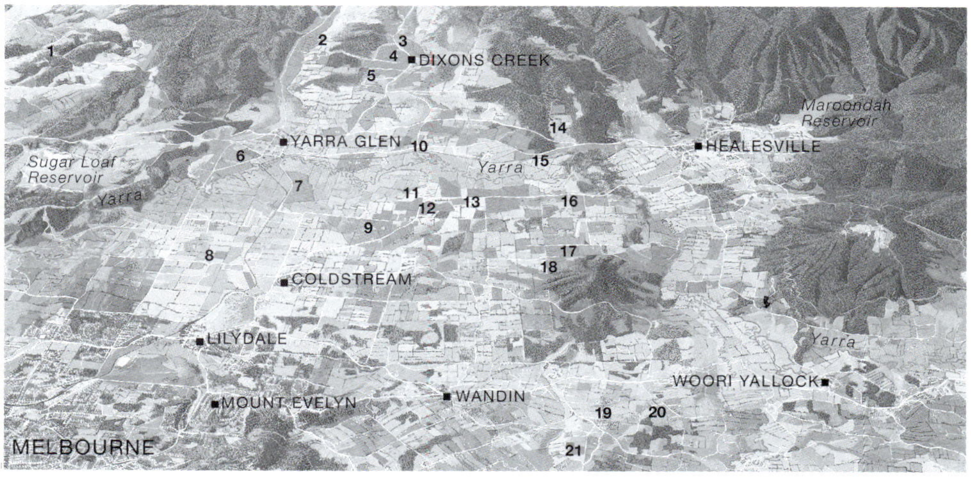

SPITZENWEINGÜTER

1. Diamond Valley
2. Yarra Yarra
3. Shantell
4. De Bortoli
5. Fergusson
6. Yarra Ridge
7. Yering Station/ Yarra Bank
8. Mount Mary
9. St Huberts
10. Metier Wines
11. Domaine Chandon
12. Yeringberg
13. Oakridge
14. Long Gully
15. Tarrawarra
16. Eyton on Yarra
17. Yarra Yering
18. Coldstream Hills
19. Seville Estate
20. Lillydale Vineyards (McWilliam's)
21. Five Oaks

NEUSÜDWALES

ROTE REBSORTEN
Shiraz, Cabernet Sauvignon und Merlot werden in großen Mengen angebaut. Außerdem gibt es eine Reihe weiterer roter Sorten mit Pinot Noir als wichtigster.

WEISSE REBSORTEN
Die Hauptsorten sind Semillon, Chardonnay, Riesling und Traminer. In Riverina gibt es auch große Flächen mit Trebbiano, Muscat Gordo Blanco, Verdelho und Colombard.

KLIMA
Es ist selbst für australische Verhältnisse heiß, besonders im Hunter Valley und in Riverina. Niederschlagsreiche Herbste fördern Fäule.

BODEN
Sandige Tonlehme und rotbraune vulkanische Lehme, Granit und Schwemmböden dominieren.

TOPOGRAFIE
Die Reben werden auf den sanft gewellten Talfluren (Cowra, Riverina und oberes Hunter Valley) oder in den Ausläufern der Brokenback Range und Great Dividing Range angepflanzt (unteres Hunter Valley, Mudgee, Hilltops und Orange).

Nicht in Eiche ausgebauter Hunter Semillon, einer der typischsten australischen Weine, braucht lange Flaschenreifung. Der Vat 1 von Tyrrell's kann eine ganze Generation reifen.

In Neusüdwales (New South Wales) begann meine australische Wein-Odyssee. Ich muss zugeben, dass ich meine ersten alkoholbedingten Kopfschmerzen in Australien ebenfalls hier hatte, allerdings von Bier. Und hier begann auch der australische Wein seinen Siegeszug. Die ersten Reben kamen 1788 mit der First Fleet, die mit tausend Sträflingen unterwegs war, in Port Jackson, dem heutigen Sydney, an. Die Reben waren auf der langen Reise von England in Rio de Janeiro und am Kap der Guten Hoffnung an Bord genommen worden, und die Siedler rodeten unverzüglich ein Stück Land an der Bucht und pflanzten dort die Reben. Ihnen war kein großer Erfolg beschieden – die feuchte Atmosphäre förderte die Schwarzfleckenkrankheit, die jeder Traube den Garaus machte; doch der Anfang war gemacht.

Doch den Versuchen, in Neusüdwales eine Gesellschaft von liebenswürdigen Weintrinkern zu fördern, war kein großer Erfolg beschieden, da es bei Sydney wenige Landstriche gab, die sich für den Weinbau eigneten. Nahe am Meer ist das Klima subtropisch, und die Reben verfaulten regelmäßig. Weiter landeinwärts, um Bathurst, erweckte das kühlere, höher gelegene Terrain einen vielversprechenden Eindruck, doch harte Frühjahrsfröste machten den Weinbau einfach zu unsicher.

Zwar haben bis heute einige Weinberge in der Nähe von Sydney überlebt (in Camden Park, Rooty Hill und Smithfield), doch wurden in Neusüdwales die Rebflächen in großer Entfernung von den Verbrauchern angelegt; die Qualität ist es, die die Aufmerksamkeit Sydneys erregt. Und diese Entwicklung hält weiterhin an.

Die entscheidenden Faktoren in Neusüdwales sind: die extreme Hitze aufgrund der geografischen Breite, die Nähe des Meeres und das Gebirge der Great Dividing Range, die das feuchte, besiedelte Küstengebiet vom verdorrten, menschenleeren Binnenland trennt. Dieses Gebirge bietet auf einigen seiner hohen Bergpässe kühle Reblagen, außerdem entspringen hier die Flüsse, mit deren Hilfe einige der größten industriell bewirtschafteten Rebflächen in Australien bewässert werden. Die Nähe zum Meer bringt Vor- und Nachteile mit sich: die kostbaren frischen Brisen, aber auch den Fluch der schweren Wolkenbrüche, die häufig zur Zeit der Weinlese zuschlagen.

HUNTER VALLEY
Der erste wirkliche Erfolg wurde im Hunter Valley erzielt, das etwa 130 km nördlich von Sydney im Hinterland der Industriestadt Newcastle liegt. Hier wurden bereits in den 1820er Jahren Weinberge angelegt, doch erst in den 1860ern wurden die Flächen bei der Bergbaustadt Cessnock, die heute als die besten gelten, bepflanzt. Das Hunter Valley wird auf S. 302 eingehender behandelt.

MUDGEE
Etwa zur gleichen Zeit drangen Pioniere in die Berge westlich von Hunter vor und gründeten die Gemeinde Mudgee. Dank des Zustroms deutscher Siedler und eines kleineren Goldbooms wurden bis Ende des neunzehnten Jahrhunderts Rebflächen angelegt, doch wie bei den anderen Regionen von Neusüdwales brachten die Wirtschaftskrise von 1893 und die Gründung des Australischen Bundes im Jahr 1901 – mit der die Handelsschranken zwischen den einzelnen Staaten gelockert wurden und billiger Wein aus Südaustralien in Mengen auf den Markt kam – der Region praktisch den Ruin. Es dauerte bis 1960, bis sich Mudgee wieder erholte.

Inzwischen hat man das Qualitätspotenzial des Hunter Valley realisiert. Die Kellereien verließen sich in der Vergangenheit oft auf Mudgee-Wein zum Verschneiden, da die sauren Böden fette, aromastarke Rot- und Weißweine hervorbringen. Zusätzlich bietet die Lage von Mudgee in über 450 m Höhe auf den westlichen Abhängen der Great Dividing Range genug Wärme, um jede Traubensorte zur Reife zu bringen, schützt jedoch die Reben vor den Regenfällen des Spätsom-

Ein idyllisches Bild scheint das Broke Estate im Hunter Valley zu bieten. Die Trauben reifen in der Sommersonne, die Brokenback-Berge ragen in den perfekt blauen Himmel. Doch das Hunter Valley liegt in den Subtropen, und häufig toben Wirbelstürme an der Ostküste entlang, die – üblicherweise genau vor der Ernte – die Reben unter Wasser setzen.

mers. Die Weinbauern waren so stolz auf ihre Eigenständigkeit, dass sie eines der ersten australischen Appellationssysteme initiierten. Das Problem, das ich mit Mudgee habe, sind nicht die Trauben, sondern die Standards der Weinbereitung. Die Weinberge machen einen sehr guten Eindruck, und die Trauben schmecken gut, doch die Weine sind bestenfalls in Ordnung und schlechtestenfalls vorsintflutlich. Das Fehlen eines Vorreiters trieb nicht zu gesunder Konkurrenz an. Inzwischen jedoch hat Rosemount mit einer Reihe exzellenter Jahrgänge das Bild verändert, und es ist an den größeren (wie Orlando) und kleineren Mitspielern, den Ball anzunehmen.

COWRA
Wenn man aus den Bergen hinunter ins Landesinnere fährt, gelangt man zu den großen, künstlich bewässerten Rebflächen des Staates. Der bisher beste Qualitätswein stammt aus Cowra am Lachlan River, der seit langem als hervorragende Quelle für Trauben gilt. Die ersten Petaluma-Chardonnays wurden ab 1977 aus Cowra-Trauben hergestellt, und sie besaßen von Anfang an einen breiten, üppigen Stil, ganz anders als die modernen Petaluma-Chardonnays, deren Trauben aus den besonders kühlen Bergen bei Adelaide bezogen werden. Immerhin waren sie lange haltbar, und ihre Qualität veranlasste Len Evans, es mit Chardonnay zu versuchen, als er 1981 die Gelegenheit erhielt, in Cowra 40 Hektar zu erwerben. Sein Rothbury Cowra Chardonnay gehört mit seiner üppigen, weichen Art seitdem zu den erfolgreichsten Weinen der Kellerei überhaupt.

Eine der großen Tugenden des Gebiets ist die unbedingte Zuverlässigkeit. Der Boden ist sandig und wasserdurchlässig, im Sommer scheint beinahe ständig die Sonne, und der Lachlan River dient als reichlich sprudelnde Quelle für die Bewässerung. Absolute Zuverlässigkeit. Und doch gibt es da ein Problem. Die großen bewässerten Rebflächen am Murray River, die den Großteil der australischen Weintrauben liefern, befinden sich vorwiegend im Besitz Tausender kleiner Eigentümer. Deren einziges Ziel besteht darin, so viele gesunde Trauben wie möglich zu erzeugen, sie dann so früh wie möglich zu lesen – ohne Rücksicht darauf, ob die Trauben wirklich reif sind oder nicht –, um der Gefahr von Krankheiten und schlechtem Wetter vorzubeugen und einen sicheren Gewinn zu erzielen. Auf diese Weise wird ein großer Teil des Potenzials der Region nie ausgeschöpft.

Cowra dagegen wurde weitgehend von größeren Weinunternehmen (wie Rothbury oder dem zu Orlando gehörenden Richmond Grove) und großen, qualitätsorientierten Weinfarmern aufgebaut. Dadurch, dass hier die Weinmacher die Reife des Leseguts bestimmten, haben die Trauben aus Cowra, besonders Chardonnay, einen deutlich erkennbaren eigenen Typ von Wein hervorgebracht – was in Australien noch immer keine Selbstverständlichkeit ist.

RIVERINA

Das zum neuen Bereich Big Rivers gehörende Gebiet Riverina im ausgedörrten Flachland, mit der Stadt Griffith als Zentrum, produziert die größte Weinmenge in Neusüdwales. Die Rebflächen werden vom Flusssystem des Murrumbidgee bewässert und bringen auf etwa 5500 Hektar weit über 100 000 Tonnen Trauben hervor. Sunraysia, an der Grenze zu Victoria am Murray gelegen, ist ebenfalls ein bedeutender Traubenlieferant. Ein typisches Erzeugnis von Riverina ist der bemerkenswerte süße Semillon aus edelfaulen Trauben, mit dem De Bortoli voranging und der heute auch von einigen anderen gemacht wird. Die Trauben werden bis zu zwei Monate nach dem normalen Lesetermin gepflückt, und die Qualität erreicht häufig die eines Spitzen-Sauternes aus dem Bordelais.

CANBERRA

Aufgrund des leistungsfähigen Transportwesens im ausgehenden zwanzigsten Jahrhundert brauchte Canberra, die jüngste Stadt Australiens und seine Hauptstadt, keine eigenen Rebflächen (im Gegensatz zu den im neunzehnten Jahrhundert entstandenen Städten), was jedoch ein paar passionierte Bewohner nicht daran hinderte, in den 1970er Jahren solche anzulegen.

Da man innerhalb des Australian Capital Territory (A. C. T.) kein Land als Eigentum kaufen kann, wurden die Rebflächen unmittelbar außerhalb des A. C. T. in Neusüdwales angelegt, meist nordöstlich von Canberra am Lake George und im Norden bei Murrumbateman. Die Sommertage sind heiß und trocken und werden nicht durch Wind vom Meer gemildert, doch die Nächte sind kalt. Der Herbst ist jedoch kühl und häufig nass. Die Böden und ihr Untergrund können kein Wasser speichern, so dass man künstlich bewässern muss. Wegen der kalten Nachtluft, die von den Schneefeldern der australischen Alpen nach Norden weht, müssen die Standorte sorgfältig ausgewählt werden, um Frühjahrsfrösten zu entgehen, die noch im November auftreten können. Dies alles klingt vielleicht ein wenig negativ, und wenn es Canberra nicht gäbe, gäbe es auch nicht diese Rebflächen. Immerhin haben aber Kellereien wie Lark Hill, Clonakilla und Doonkuna Estate bereits Erfolg mit Riesling, Chardonnay und, erstaunlicherweise, auch Cabernet Sauvignon und Shiraz. Und BRL Hardy hat beträchtliche Weinberge angelegt und eine Kellerei erbaut, die 2000 Tonnen Trauben verarbeiten kann.

WEITERE WEINBAUGEBIETE

Zwar verfügt Sunraysia am Murray River über große Rebflächen, doch passiert sehr viel mehr jenseits des Flusses in Victoria. Die übrige Entwicklung in Neusüdwales konzentriert sich darauf, trotz der schwierigen Witterungsbedingungen hochwertige Standorte zu finden. Die Weinerzeuger des Staates verlangen vor allem nach einer Quelle für

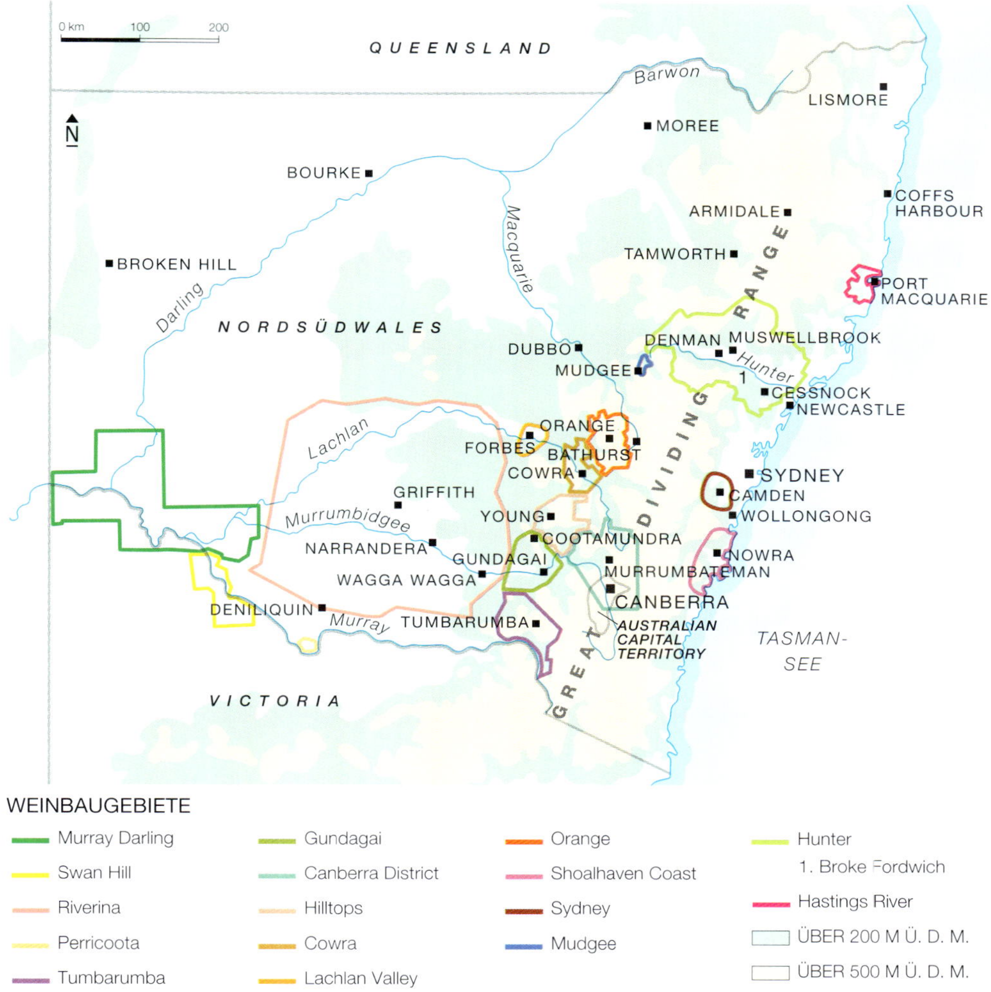

Trauben aus kühlen Witterungsbedingungen; die erfolgreichsten Versuche werden in Tumbarumba, Hilltops und Orange gemacht.

Tumbarumba in den Snowy Mountains ganz im Süden, an der Grenze zu Victoria, ist fähig, herausragenden Schaumwein zu produzieren, und die rote Pinot Noir zeigt großes Potenzial. Es hat rote vulkanische Böden in einer Höhe von mehr als 750 m bepflanzt und besitzt Granitböden in etwas wärmeren, doch immer noch recht kühlen Standorten auf etwa 550 m Höhe.

Hilltops in der Nähe von Young hat sich durch die Barwang-Weine von McWilliam schon einen Ruf erworben. Es ist hier warm genug für die meisten Sorten, die in Neusüdwales angebaut werden, doch die größere Höhe und gut entwässernde Böden fördern eine langsame, beständige Reifezeit, die intensivere Fruchtaromen hervorbringt.

Auch bei Orange sind erfolgreiche Weinberge anzutreffen, und trotz der Frühjahrsfröste – die schon die Siedler im neunzehnten Jahrhundert abschreckten – gedeiht die Region. Bloodwood Estate war der Pionier der 1980er Jahre, und das neueste Unternehmen ist der 500-Hektar-Weinberg Little Boomey bei Molong. Der Großteil der Trauben geht noch an große Firmen wie Rosemount Estate und Rothbury, doch baut Cabonne, das neben Little Boomey noch weitere 400 Hektar besitzt, eine eigene Kellerei.

Die vielleicht bizarrste Erscheinung ist im Hastings Valley bei Port Macquarie nördlich von Newcastle zu beobachten. Hier gibt es eine der heißesten Lagen Australiens mit den meisten Niederschlägen – die zudem während der Reifezeit fallen –, doch irgendwie gelingt es Cassegrain, interessanten Wein zu erzeugen.

Hunter Valley

ROTE REBSORTEN
Hauptsächlich Shiraz und Cabernet Sauvignon, daneben etwas Merlot, Pinot Noir und Malbec.

WEISSE REBSORTEN
Hauptsächlich Chardonnay und Semillon, daneben gibt es geringe Mengen Verdelho und Traminer.

KLIMA
Die Sommersonne wird durch den häufig bedeckten Himmel gemildert, der Herbst ist häufig nass. Das obere Hunter Valley muss künstlich bewässert werden.

BODEN
Roter vulkanischer Lehm und Schwemmland am Goulburn River sind die besten Böden. Die wenig wasserdurchlässigen, schweren Tonböden sind schlecht geeignet.

TOPOGRAFIE
Rebflächen sind im oberen Hunter Valley am Goulburn River zu finden, im unteren Hunter Valley auf den unteren Hangabschnitten der Brokenback Range oder auf dem Talboden.

Ich erinnere mich noch lebhaft daran, wie mir klar wurde, was das Besondere am Hunter Valley ist. Ein Weltenbummler in Sachen Wein, den ich kannte, hatte sich weit von seinen gewohnten Gefilden in Europa entfernt und war in Sydney gelandet. Er kam mit ein paar Flaschen Wein zurück nach London und stellte sie in einer Weinprobe jungen Enthusiasten vor, zu denen auch ich gehörte. Es war der Vat 47 1973 von Tyrrell's, ein Chardonnay, der mit ein wenig Semillon verschnitten war. Ich habe noch die erstaunliche grüngoldene Farbe und die sinnliche, geschmeidige Konsistenz des Weins vor Augen, der träge und schwer im Glas lag. Und dann das Aroma. Ich hatte meinen Geschmack an französischem Chardonnay aus Burgund entwickelt; mir war das immer ernste, aber faszinierende, ja intellektuelle Vergnügen an diesen blassen, nach Getreide und Mineralien duftenden Weißweinen aus der Mitte Frankreichs vertraut. Und dann mein erster Schluck des Vat 47, der mit seinen Aromen von Pfirsichen und Honig, Haselnüssen, Holzrauch und Limonen in meinem Mund geradezu explodierte. In diesem Augenblick ahnte ich etwas von der Größe, die der Chardonnay in Australien noch erreichen würde.

Was ich probierte, war jedoch kein klassischer Typ Wein, der über Generationen hinweg sorgfältig herausgearbeitet worden war. Es war erst der dritte Jahrgang des ersten sortenreinen Chardonnays aus dem Hunter Valley, und seine Brillanz war umso erstaunlicher, als man vom Hunter Valley überhaupt keinen aufregenden Wein erwarten sollte. Wenn Sie einen Experten fragen, ob er Ihnen den Weinbau im Hunter Valley empfehle, wird er Sie für verrückt erklären, das auch nur in Erwägung zu ziehen. Was ist also geschehen? Sind alle großen Hunter-Weine der letzten 150 Jahre von Verrückten gemacht worden? Oder wissen sie etwas, was wir nicht wissen? Zuerst einmal haben sie die Hitze gegen sich, dann die Verteilung der Niederschläge und, außer an ein paar bevorzugten Standorten, auch noch die Böden. Doch die Kellermeister des Hunter Valley haben gezeigt, dass man – wenn man hartnäckig und vielleicht auch ein bisschen verrückt ist – dort Weine von regelrecht schockierender Individualität und Qualität erzeugen kann.

Das Hunter Valley, das sich von Newcastle ins Landesinnere erstreckt, lässt sich in puncto Weinbau in zwei Gebiete einteilen. Das obere Hunter Valley ist der Nordteil um Denman, wo die Expansion der Rebberge mit den Interessen des Kohlebergbaus kollidiert. Ursprünglich bereits im neunzehnten Jahrhundert mit Reben bepflanzt, wurde es erst in den 1980ern bekannter und besitzt immer noch nur zwei bedeutende Kellereien, Rosemount Estate und Arrowfield; Barrington zeigt allerdings schon Talent.

Das Gebiet wurde während des Weinbooms der 1960er und 1970er Jahre intensiv bepflanzt, meist auf reichem Schwemmboden unter freizügiger Bewässerung. Die am häufigsten angebaute Rebsorte war die dunkle Shiraz, die auf diese fruchtbaren, hohe Erträge garantierenden Bedingungen mit fadem, leblosem Wein von schwacher Farbe reagierte. Solche Umweltfaktoren eignen sich viel besser für Weißweine, und so sind fleischige Chardonnays und Semillons im Upper Hunter Valley an der Tagesordnung. Bisher gibt es allerdings nur eine Rebfläche von Weltrang, Roxburgh von Rosemount, ein Ausstrich von verwittertem Kalkstein und Basalt inmitten des Weidelands zwischen Denman und Muswellbrook. Die ersten Jahrgänge ihres sensationellen Chardonnays hatten mehr Bedeutung dafür, den australischen Chardonnay – und damit Australien – in die vorderste Front der Weinrevolution unter der Flagge »Neue Welt« zu bringen, als jeder andere Wein.

Wenn man vom oberen ins untere Hunter Valley fährt, werden die Widersprüche dieser Weinbauregion deutlich. Man sieht mehr Wegweiser zu Kohlenminen als Weinberge. Schwarzes Gold oder das weiße Gold des Chardonnays? Das Gebiet konzentriert sich um Cessnock, eine Stadt, die seit ihrer Gründung mehr durch die Kohle als den Wein geprägt war. Heute hat die Traube allerdings den Kampf schon fast für sich entschieden. Nach Westen und Nordwesten erstrecken sich zahlreiche Weinberge, und den besten Eindruck machen diejenigen, die sich an den Hängen der Brokenback Range hinaufziehen. Vereinzelt gibt es Anhöhen aus verwittertem Basalt, auf denen sich zum Beispiel die Rebflächen von Lake's Folly und Evans Family befinden. Diese roten Böden sind fruchtbar, wasserdurchlässig und tiefgründig und können gute Ernten hochwertiger roter Trauben hervorbringen.

Die vulkanischen Bereiche bieten wunderbare Böden, haben jedoch immer noch mit der Hitze und dem Regen zu kämpfen. Die Lagen von Lake's Folly und Evans Family sind nach Süden ausgerichtet und entgehen damit der direkten Sonneneinstrahlung. Die besten Standorte an den Brokenback-Hängen sind diejenigen, die am Mount Pleasant bis 400 m ansteigen, und die Flächen an den Hängen des Mount View unmittelbar westlich von Cessnock. Dort entgehen die Reben den warmen Westwinden, erhalten etwas mehr Regen und werden häufig bis zu zwei Wochen später reif als die Reben im Talgrund.

Es gibt auch einige Schwemmlandniederungen mit kräftig aussehenden Reben, doch dann bemerkt man Felder voller müder, verkümmerter Rebstöcke und große Flecken Brachland, wo man denkt: Hier war sicher einmal ein Rebfeld. Das waren sie auch einmal. Doch sie wurden gerodet, nachdem sie jahrelang keine halbwegs ordentliche Ernte brachten. Der größte Teil des guten Oberbodens war im Lauf der Zeit weggespült worden. Die undurchdringlichen Tonlehme, die übrig geblieben sind, lassen sich nur sehr schwer bearbeiten und können kaum eine Feldfrucht hervorbringen, geschweige denn einen Rebstock. Trotzdem wurden in dem Weinrausch der 1960er Tausende von Hektar auf diesem hoffnungslosen Tonboden bepflanzt. Rothbury Estate hatte dort früher einen Weinberg mit 180 Hektar, der, wie es Len Evans, Chef von Rothbury bis zur Übernahme durch Mildara Blass im Jahr 1998, beschreibt, ein »absoluter Kuhfladen« war.

Da das Hunter Valley relativ weit im Norden und damit näher an den heißen Zonen im Binnenland liegt, ist das Klima auf den ersten Blick alles andere als günstig. Doch angesichts der Qualität des hier erzeugten Weines muss es hier einige kompensierende Faktoren geben. Und die gibt es auch. Zwar ist Cessnock im Jahresdurchschnitt heißer als Montpellier im kochenden Süden Frankreichs, aber die hohen Frühjahrs- und Herbsttemperaturen verzerren die Statistik, für die Reife der Trauben sind sie bedeutungslos. Die Hitze baut sich bis zum frühen Nachmittag schnell auf, doch die Great Dividing Range lässt nördlich und westlich von Cessnock durch mehrere Einschnitte im Gebirge Kaltluft in das Hunter Valley strömen. An den meisten Sommernachmittagen ist der Himmel über dem Tal bedeckt, und die Sommertage sind – durch die größere Nähe zum Äquator – kürzer als in Montpellier. Auch die Luftfeuchtigkeit ist wichtig, um den Stress für die Pflanzen zu verringern.

Doch das Wasser ist ein Problem im Hunter Valley. Es gibt nicht genug, wenn man es braucht, und zu viel, wenn man es nicht braucht. Die jährliche Niederschlagsmenge würde ausreichen, wenn sie zur rechten Zeit fiele, doch der meiste Regen geht im Spätsommer nieder, oft kurz bevor die Shiraz-Trauben reif sind. Auch im Winter sind ausreichende Niederschläge nötig, um die Staubecken zu füllen, da das Grundwasser im Hunter Valley viel zu salzig ist. Im Winter leidet das Tal jedoch häufig unter Dürre. Wenn der Regen dann im Januar und Februar kommt, wird er von Sturmtiefs begleitet, die vom Korallenmeer her auf den Gebirgszug der Great Dividing Range prallen und ihr Wasser auf die Reben entladen. Wenn sie Queensland erreicht haben, wissen die Winzer, dass sie noch zwei oder drei Tage für die Lese haben – wobei sie auf den Reifegrad der Trauben keine Rücksicht nehmen können –, bevor die Regengüsse das Hunter Valley erreichen. Aus unreifen Trauben kann man zwar großen Semillon, beachtlichen Chardonnay, sogar noch passablen Cabernet machen, doch vom Regen aufgeschwemmte Shiraz-Trauben lassen sich in keinen erstklassigen Rotwein verwandeln.

WO DER WEIN WÄCHST

Der Fluss Hunter ist in der rechten oberen Ecke des Panoramas zu sehen. Er kommt von Westen (oberhalb des Panoramas) und fließt nach rechts. Alle wichtigen ursprünglichen Rebflächen wurden in dieser fruchtbaren Flussebene angelegt. In der Biegung des Flusses ist gerade noch Wyndham Estate zu erkennen. Ab den 1860er Jahren wurden die Pflanzungen zunehmend nach Süden und Westen zu den Hängen der Brokenback Range, eines isolierten Höhenzugs westlich von Cessnock, verlegt, wo reiche rote Lehme vulkanischen Ursprungs eine ungewöhnliche Kombination ermöglichen: hohe Qualität und große Mengen. Auch Ausstriche von rotem vulkanischem Boden im Valley bieten dieselben Bedingungen, etwa auf den Arealen von Lake's Folly und Evans Family. Die Ausrichtung nach Süden reduziert die Einwirkungen der heißen Sonne. Die kleine Mount View Range westlich von Cessnock eignet sich ebenfalls besonders gut für Reben.

0 km 1 2

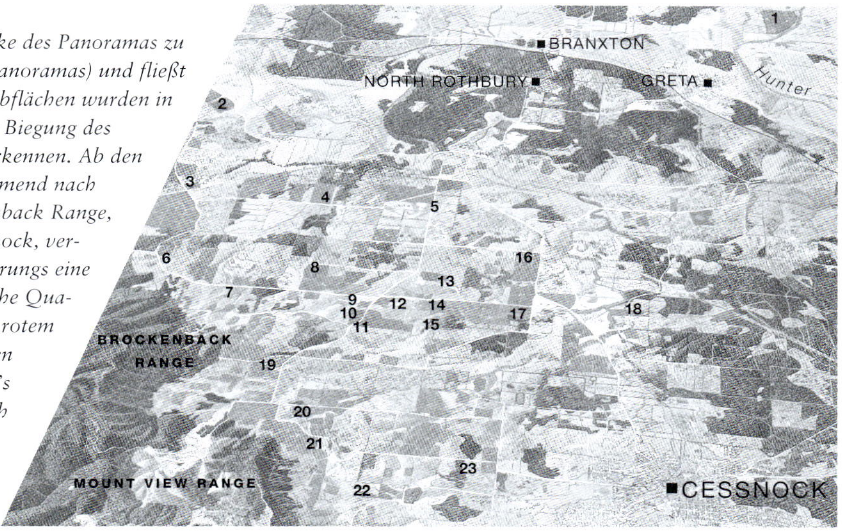

SPITZENWEINGÜTER

1. Wyndham Estate
2. Pendarves Estate
3. Tempus Two
4. Rothvale
5. Bimbadgen
6. Kulkunbulla
7. Tyrrell's
8. Scarborough
9. McGuigan Cellars
10. Brokenwood
11. Tamburlaine
12. Glenguin
13. Rothbury Estate
14. Tower Estate
15. Pepper Tree
16. Evans Family
17. Lake's Folly
18. Allandale
19. Lindemans
20. Draytons Family Wines
21. McWilliam's Mount Pleasant
22. Petersons
23. Sadler's Creek

UNTERES HUNTER VALLEY

NORD-SÜD-AUSDEHNUNG 25 KM

REBFLÄCHEN

N

0 km 1 2

WESTAUSTRALIEN

»Wein sollte vor Üppigkeit bersten. Wenn ein Wein nicht mit der gleichen Menge Wasser verdünnt werden kann, hat es sich nicht gelohnt, ihn überhaupt herzustellen.« Dieser bemerkenswerte Ausspruch stammt von Jack Mann, dem größten westaustralischen Weinmacher der alten Zeiten. Er produzierte Weine im Swan Valley, dem heißesten ernst zu nehmenden Weinbaugebiet in Australien und einem der heißesten der Welt. Er erntete seine Trauben immer erst dann, wenn die von der Sonne ausgedorrten Rebstöcke ihnen nichts mehr zu bieten hatten, und ich habe einige der alten »White Burgundies« von Houghton probiert, mit denen er seinen Ruf begründete – tiefe, mächtige, geschmeidige goldene Weine, schwellend vor Überreife, die mit der Würde einer vornehmen, lebenslustigen Matrone altern.

SWAN VALLEY

Bis zu den 1970er Jahren war der Houghton White Burgundy der einzige westaustralische Wein, der über die Staatsgrenzen hinaus Eindruck machte, und er ist immer noch einer der populärsten australischen Weine. Er basierte ursprünglich auf der Chenin Blanc und enthielt bis Ende der 1980er Jahre einen größeren Anteil Muscadelle. Heute ist er ein Verschnitt aus 50% Chenin Blanc, 20% Chardonnay, 15% Semillon sowie Verdelho, Riesling und Muscadelle.

Es war auch der einzige Renner unter den Weinen, den Westaustralien zwischen 1829, als die »Parmelia« landete, um die Kolonie zu gründen, und den ausgehenden 1970ern zu bieten hatte, als die Pioniere des Margaret River von sich reden machten. Trotzdem gab es im neunzehnten Jahrhundert im Swan Valley mehr Kellereien als in jedem anderen Weinbaugebiet Australiens. Da die Reblaus nicht bis Westaustralien vordrang, erlebte der Weinbau hier während der 1890er Jahre, als die Rebfelder von Victoria der gefräßigen Laus zum Opfer fielen, einen großen Aufschwung. Und wie gewohnt wirkten sich auch die Entdeckung von Gold und der damit einhergehende Zustrom von sonnenverbrannten Goldsuchern, die Ruhe und Erholung suchten, nicht gerade dämpfend auf diesen Aufschwung aus.

Mit Temperaturen von bis zu 45 °C im Januar und Februar ist das Swan Valley glühend heiß – heißer als jedes andere ernst zu nehmende australische Weingebiet. Die Luftfeuchtigkeit ist extrem niedrig, was die Reben ebenfalls strapaziert, und die sommerlichen Niederschläge sind die niedrigsten aller australischen Weinbaubereiche – die dann auch noch manchmal im Februar, mitten in der Weinernte, fallen. Das Swan Valley hat auch die längste tägliche Sonnenscheindauer zu verzeichnen. Außer den Menschen schmoren auch die Trauben in der Hitze. Das wäre zu viel des Guten, wenn es nicht die nachmittäglichen Winde gäbe, die über die Bucht von Fremantle in den Mündungstrichter des Swan bei Perth wehen, dann nordöstlich das Tal hinaufstreichen und schließlich durch die Hitze der australischen Wüste über die Weinfelder am Fluss ins Landesinnere gesaugt werden. Die besten Rebflächen des Swan Valley befinden sich auf Flussterrassen mit tiefgründigen, wasserdurchlässigen jungen Schwemmböden, oft mit einem sandigen Tonuntergrund, der die Niederschläge des Winters für den Hochsommer speichert; dennoch kommen heute nur wenige Rebflächen ohne künstliche Bewässerung aus.

All das klingt – trotz der Brisen vom Meer – viel eher nach guten Bedingungen für Dessertweine als für Tischweine. Und viele Experten sahen die Zukunft des Swan Valley in Dessertweinen. Doch Süßweine gehören in die Vergangenheit, nicht in die Zukunft des australischen Weins, und wie Jack Mann bewiesen hat, kann man auch mit Tischweinen spektakulären Erfolg haben.

Intensiverer Einsatz von Technik bei der Weinbereitung, die Verwendung von Edelstahl, gekühlte Gärung und gute Eichenfässer haben die Qualität der hier produzierten Rotweine in den letzten zehn Jahren erheblich verbessert. Beispiele dafür liefern etwa Lamont, Talijancich, Upper Reach, Faber, Westfield und Swanbrook. Die größte Überraschung aber ist, dass die Weißweine besser gelingen als die Rotweine. Der Grund dafür wird klar, wenn wir uns die verwendeten Sorten ansehen. Der Chenin Blanc nimmt die bei weitem größte Fläche ein, dann folgen Chardonnay, Verdelho und Semillon. Die Chenin-Traube besitzt die große Gabe, unter praktisch allen Bedingungen ihre Säure zu bewahren. Tatsächlich kommt sie sehr gut mit der Hitze zurecht, die ihr in ihrem heimischen Loire-Tal in Frankreich so selten zuteil wird. Semillon ist die beste Sorte im beinahe subtropischen Hunter Valley in Neusüdwales.

Houghton weiß all diese Voraussetzungen zu nutzen und ist immer noch der Haupterzeuger im Swan Valley, doch wie in den anderen Staaten kommen die heißen Gebiete aus der Mode, da der nationale und internationale Geschmack sich von den überreifen beziehungsweise gespriteten Weinen entfernt. Wie das Barossa Valley und das McLaren Vale in Südaustralien zeigen, können sie jedoch mit einigen stilistischen Veränderungen wieder aktuell werden. Houghton bezieht heute viele Trauben für seine ausgezeichneten Weißweine aus dem etwas kühleren Moondah Brook bei Gingin, etwa 60 km nördlich des Swan Valley, sowie aus den erheblich kühleren Gebieten Pemberton, Margaret River und Great Southern weit im Süden.

Diese beiden Letzteren sind heute die Gebiete, die das Rennen in Westaustralien machen. Beide hatten schon früher den Ruf, für den Weinbau gut geeignet zu sein. Die Region Lower Great Southern (wie sie damals genannt wurde) beeindruckte Jack Mann zwischen den beiden Weltkriegen, und noch früher hatte die Regierung von Westaustralien versucht, Penfolds zu veranlassen, einen Weinberg am Mount Barker anzulegen. Doch Westaustralien ist ein sehr dünn besiedelter Staat, und bis in die jüngste Zeit konnte man in Australien keinen Weinbaubetrieb etablieren, wenn es keine ausreichende Bevölkerungskonzentration in der Nähe gab. Die einzige geeignete größere Stadt des Staates war und ist Perth mit dem Swan Valley.

Doch das Swan Valley hatte in den 1950er Jahren Schwierigkeiten. Die Weinberge verkümmerten, die Erträge gingen zurück, und 1955 rief die Regierung Professor Harold Olmo von der University of California in Davis, der den Grund herausfinden sollte. Er fand Nematoden (Wurzeln anfressende Würmer) im Boden und eine unzureichende Dränage, und nebenbei bemerkte der Professor, dass das Swan Valley ohnehin zu heiß sei. In einem Gutachten empfahl er, das Gebiet um den Mount Barker und bei Frankland nördlich des Hafens Albany zu bepflanzen – Lagen, die heute das Zentrum der Region Great Southern bilden. Doch das war leichter gesagt als getan.

GREAT SOUTHERN

Wir sprechen hier über ein großes Gebiet, die größte anerkannte landwirtschaftliche Fläche in Australien, und über einige ziemlich unterschiedliche Bedingungen sowie darüber, eine wilde Landschaft mit Eukalyptus- und roten Gummibäumen und Gestrüpp urbar zu machen. Der Fortschritt ging langsam voran, die ersten Reben wurden in Forest Hill am Mount Barker erst 1966 gesetzt, und auch seitdem war die Entwicklung nicht gerade stürmisch. Kleine Weinberge entstanden östlich des Mount Barker unterhalb der runden Granitberge der Porongurup Hills, westlich um Frankland und im Süden in Küstennähe, im Hinterland von Denmark und Albany.

Die meisten dieser Weinfelder befinden sich auf kiesig-sandigen Lehmen, die noch einen undurchdringlichen Tonuntergrund haben können, der den Wasserabzug erschwert. Die Temperaturen um den Mount Barker und Frankland sind denen des Médoc im Bordelais ähnlich – so kühl, wie das in Westaustralien nur möglich ist – und bringen gute, dunkle und doch schlanke Cabernets und interessanterweise schöne, rassige Rieslinge hervor.

Die Rebflächen in den Porongurup Hills sind kühler, weil sie bis zu 350 m hoch liegen. Dadurch wird die Reifezeit um eine gute Woche

ROTE REBSORTEN
Shiraz und Cabernet Sauvignon sind die Hauptsorten, Merlot, Pinot Noir und Cabernet Franc folgen mit Abstand.

WEISSE REBSORTEN
Chardonnay, Sauvignon Blanc, Riesling und Semillon werden für Weißwein verwendet. Im Swan Valley werden auch Chenin Blanc, Verdelho und Muscadelle angebaut.

KLIMA
Die Küstenregionen verfügen über Meeresklima. Die Bereiche im Hinterland und im Norden sind trockener und heißer.

BODEN
Brauner oder graubrauner Schwemmboden, häufig mit Sand und Kies vermischt.

TOPOGRAFIE
Die Rebflächen liegen hauptsächlich in den Talebenen und auf leicht geneigten Hängen an der Küste; einige Reblagen sind auch in den Hügeln entlang der Darling Ranges zu finden.

Süße Kängurus beim Spielen? Nicht für einen Winzer: Sie könnten gerade alle jungen Triebe an seinen Reben abgefressen haben.

verlängert, was den Cabernets und Rieslingen in einer intensiveren Frucht zugute kommt. Die Rebflächen an der Küste zwischen Albany und unmittelbar westlich von Denmark profitieren von kühleren Tagen und wärmeren Nächten aufgrund des nahen Ozeans; einige gute Rebflächen bei Denmark sind jedoch nach Norden ausgerichtet und vor dem Meer geschützt. Die Reben bekommen auch mehr Regen ab, was in einem trockenen Staat eine Wohltat ist, da der zusätzliche Regen normalerweise außerhalb der Lesezeit zwischen März und April fällt. Wieder sorgt dies für straffe Weine, und in der Nähe von Albany und Denmark kommt sogar ein guter Pinot Noir zustande.

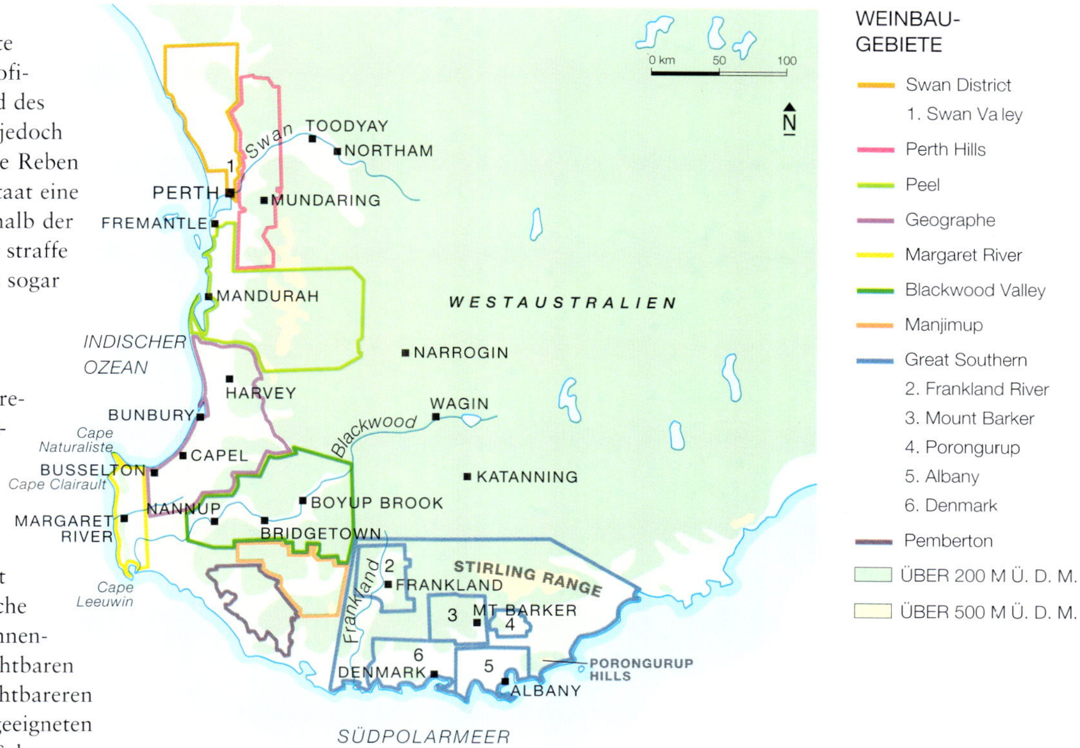

PEMBERTON/MANJIMUP

Zwischen Great Southern und Margaret River ist die Doppelregion Pemberton/Manjimup zu finden, eine Autostunde westlich von Frankland und etwa zwei Stunden südöstlich von Margaret River. Sie wurde 1980 als Pemberton gegründet, doch persönliche Streitigkeiten über die Benennung führten dazu, dass das Geographic Indicators Committee die Region teilte, eine Entscheidung, die von den Erzeugern nicht unterstützt wird. Der Weinbau stößt auf unterschiedliche Bedingungen. Pemberton ist kühler, es bekommt weniger Sonnenschein und mehr Regen. Manjimup verfügt über mäßig fruchtbaren Boden aus kiesigem Sand und Lehm, Pemberton über fruchtbareren roten Lehm. Kein klares Bild zeigt sich bisher bezüglich der geeigneten Rebsorten. John Gladstones empfiehlt für Manjimup die Cabernets, Shiraz und Chardonnay, für Pemberton Pinot Noir, die Cabernets (besonders Cabernet Franc) sowie Merlot. Brian Croser von Petaluma, der Eigner der großen Smithbrook-Rebflächen, ist zuversichtlich, dass die Bordeaux-Varietäten sich am eindrucksvollsten zeigen. Bill Pannell (der Begründer von Moss Wood, einem der großen Traubenlieferanten von Maragaret River; heute bei Picardy) hingegen sieht die Zukunft der Region in Pinot Noir und Chardonnay. Gegenwärtig werden für Rotwein hauptsächlich Cabernet Sauvignon, Merlot, Pinot Noir und Shiraz verwendet, für Weißwein in erster Linie Chardonnay, dann Sauvignon Blanc, daneben gibt es kleine Mengen Semillon und Verdelho.

MARGARET RIVER

Die Region Margaret River an der Südwestspitze Australiens ist dichter besiedelt und besser organisiert. Die Witterungseinflüsse des Südpolarmeeres vermischen sich mit denen des Indischen Ozeans, und das daraus entstehende natürliche Potenzial wird von hervorragenden Weinerzeugern ebenso genutzt wie von Trittbrettfahrern. Da dies heute zweifellos das hochwertigste und erfolgreichste Gebiet Westaustraliens ist, wird es auf den beiden folgenden Seiten beschrieben.

GEOGRAFIE

Dies ist eine bunt zusammengesetzte Region: mit der Küstenebene um Bunbury und Capel, dem von Milchwirtschaft geprägten Land um Harvey, dem Ferguson Valley im Hinterland von Bunbury und den Obstgärten und dem Ackerland von Donnybrook zwischen Bunbury und Bridgetown. In den letzten zehn Jahren sind die Weinberge rasch gewachsen, teils aufgrund steuerlicher Anreize.

Der Küstenstreifen zwischen Capel und Harvey besitzt fruchtbare braune Lehmböden und ein durch das Meer gemäßigtes Klima; am besten gedeihen hier Merlot, Chardonnay und Verdelho. Die Rebflächen im Ferguson Valley und auf den Hügeln hinter Harvey liegen 250–300 m hoch, wo sie ein gemäßigtes Klima und etwa 10% mehr Regen haben als die in der Ebene. Der Boden dort – Granitkies auf Tonlehm – speichert Wasser besser als die Schwemmböden nahe der Küste. Shiraz, Chardonnay, Semillon und Sauvignon Blanc sind hier alle sehr vielversprechend. Bei Donnybrook breiten sich die Weinberge auf den sanften Hängen der Darling Ranges aus, deren fruchtbarer Boden Granit- und Eisensteinkies enthält. Diese warme Gegend ist besonders für Shiraz, Cabernet Sauvignon, Zinfandel und Grenache geeignet. Die bedeutendste Kellerei der Region, Capel Vale, bezieht ihre Trauben aus dem ganzen Staat. Im Ferguson Valley ist das noch junge Unternehmen Willow Bridge dominierend.

BLACKWOOD VALLEY

Diese kleine Region um Boyup Brook, Bridgetown und Nannup umfasst etwa 40 Winzer, von denen sechs ihren eigenen Wein machen. Im Moment sind die Rotweine hervorzuheben, insbesondere Shiraz und Cabernet Sauvignon; Chardonnay ist die verbreitetste weiße Rebe, daneben gibt es ein wenig Sauvignon Blanc und Semillon. Das interessanteste Ereignis der letzten Zeit ist der Bau einer Kellerei in Nannup durch BRL Hardy, die die Trauben von eigenen Rebflächen und Zulieferern im Südwesten verarbeitet.

PERTH HILLS

Ein kleines Gebiet sind auch die Perth Hills, ein Teil der Darling Range. Die erheben sich im Hinterland von Perth, in etwa 20 bis 30 km Entfernung, und in den bewaldeten Tälern liegen Weinberge in Höhen zwischen 150 und 400 m über dem Meeresspiegel. Meeresbrisen, die über die westliche Landstufe des Gebirgszugs hereinströmen, senken die Tagestemperaturen; dagegen verhindert die warme Seeluft nachts einen zu starken Temperaturabfall. Die hügelige, unregelmäßige Topografie der Täler schafft sehr unterschiedliche Mesoklimate, deren kühlsten die Trauben zwei bis drei Wochen später reifen lassen als in den Rebfeldern in den Niederungen des nahe gelegenen Swan Valley. Die Böden sind gut, mit einem ordentlichen Anteil an kiesigem Lehm, und es gibt viel Regen, der jedoch fast nur im Winter fällt. Wenn man Speicherbecken für die Bewässerung im Frühjahr und Sommer hat, ist das kein Problem; wenn nicht, ist auf diesen kiesigen, wasserdurchlässigen Böden keine ordentliche Ernte möglich.

Das Leeuwin Estate im Bereich Margaret River war eines der ersten australischen Güter, das Chardonnay von Weltklasse produzierte. Sein Arts Series Chardonnay ist immer noch großartig.

Margaret River

Wenn hier nicht ein paar neugierige Mediziner gelebt hätten, wäre das Gebiet des Margaret River nie als Qualitätsweinregion entdeckt worden. Diese Akademiker hatten 1965/1966 Berichte eines gewissen Dr. John Gladstones gelesen, dass die klimatischen Bedingungen am Margaret River während der Vegetationszeit der Reben denen des Bordelais sehr nahe kämen, doch mit weniger Frühjahrsfrösten, zuverlässigerem Sonnenschein im Sommer und einem geringeren Risiko in Bezug auf Hagelschlag und zu viel Regen während der Reifezeit. Solchen Aussagen haben australische Ärzte, aus welchem Grund auch immer, noch nie widerstehen können. Zuerst legten Dr. Tom Cullity in Vasse Felix, dann seine Kollegen Bill Pannell in Moss Wood und Kevin Cullen von Cullen Wines Rebflächen an, die von Anfang an das Herzstück des Gebiets Margaret River bildeten. Margaret River etablierte sich dann als ein sehr vielseitiges, wenn auch launisches, kühles Anbaugebiet, das es mit jedem anderen in Australien aufnehmen konnte. Doch mit Bordeaux? Ja und nein.

Eigentlich sollte sich Dr. Gladstones mit Lupinen beschäftigen – während Cullity & Co für Leib und Leben der Einheimischen zuständig waren –, doch das Glück wollte es, dass ihm der legendäre Jack Mann vom Weingut Houghton im Swan Valley für seine Lupinenexperimente ein paar Hektar Land neben seinen Kellereigebäuden überließ. Lupinen sind ja ganz nett, doch die stets offene Kellertür im Betrieb seines Nachbarn begann den Doktor in ihren Bann zu ziehen und von seinen eigentlichen Aufgaben abzulenken. Und so nahm das Potenzial für hochwertigen Wein, das Westaustralien bot und von den Winzern im ausgedörrten Swan Valley bislang noch kaum genutzt worden war, immer mehr seiner kostbaren Zeit in Anspruch.

Professor Olmo von der kalifornischen Weinuniversität in Davis hatte bereits 1956 geäußert, dass sich der Süden des Staates, in der Nähe des Mount Barker und von Rocky Gully, besser für den Qualitätsweinbau eigne. Gladstones hielt das Gebiet an der Südwestküste etwa 130 km weiter nördlich, zwischen Cape Leeuwin und Cape Naturaliste, für wärmer, in puncto Wetter zuverlässiger und flexibler in Bezug auf die Rebsorten, die dort angebaut werden könnten. Er meinte auch, dass die Region Great Southern mit ihren kühlen maritimen Einflüssen aus südlicher Richtung den Verhältnissen in den kühleren Teilen des Bordelais näher komme, während der Margaret River, der dem Einfluss des Indischen Ozeans von Westen her ausgesetzt ist, den wärmeren Bordeaux-Bereichen Pomerol und St-Émilion entspricht. Außerdem bestehe hier nicht die Gefahr von Frösten und Regen in der Lesezeit, die den Winzern im Bordelais so oft das Leben schwer machen.

Es gibt jedoch auch hier Probleme, vor allem mit dem Wind. Winde vom Meer sind zweifellos in vielen Gebieten Australiens eine lebenswichtige Wohltat für die Reben, doch hier gibt es Stürme – besonders im Frühjahr –, die mit ihrer Salzfracht vom Indischen Ozean her über das Land fegen und die Reben während der Blüte und dem Fruchtansatz entscheidend schädigen können. Da die Winter hier zu den mildesten in Australien gehören, erwachen die Reben sehr zeitig aus der Winterruhe, und die ohnehin früh austreibenden Chardonnay- und Merlot-Reben sind oft gefährdet.

Dazu kommen die Wildtiere. Die Gehölze mit ihren großen Karri-Gummibäumen beherbergen Legionen von Kängurus. Es sind hübsche, scheue kleine Tiere, denen wir Europäer gern Salat aus der Hand zu fressen gäben – doch erzählen Sie das einem Winzer,

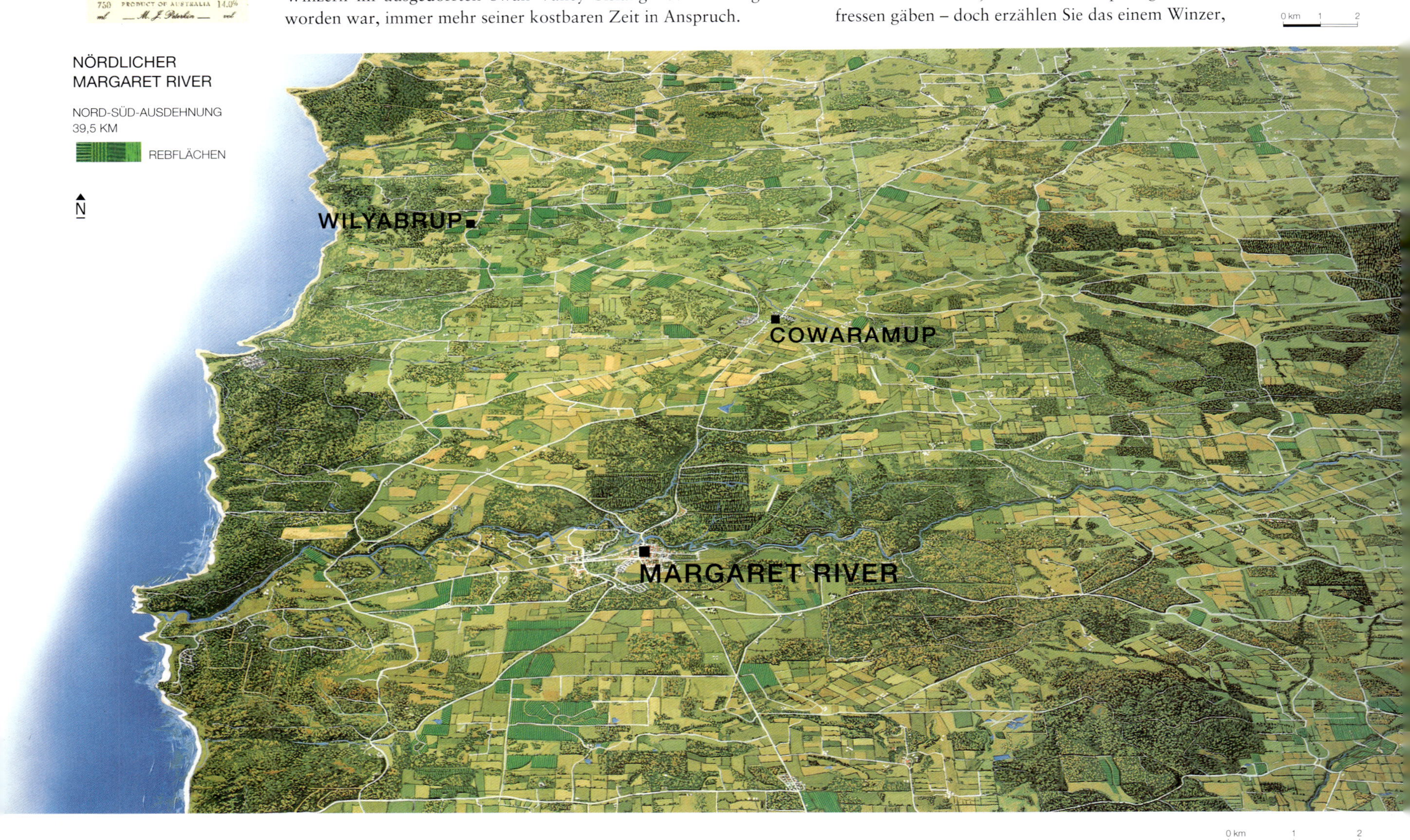

wenn diese niedlichen Tiere im Frühjahr über Nacht die eben ausschlagenden Reben kahl gefressen haben. Und bemerken Sie gleich noch dazu, wie schön Sie die grünen Papageien finden, die laut krächzend zwischen den Reben herumflattern. Es sind räuberische Plagegeister, die die Trauben wegfressen und dann, voll mit bestem Cabernet Sauvignon, zu ihrem Pläsier die Rebzweige durchbeißen. Ebenso beliebt sind die »silver-eyes«, nette kleine Zugvögel, die in den Schutznetzen der Reben ihre Nester bauen und so klein sind, dass sie durch die Maschen schlüpfen und die Trauben fressen können.

Mit solchen Problemen hat man in Europa – und auch in den traditionellen Weinbaugebieten Australiens – weniger zu kämpfen. Doch wo neue Rebflächen auf jungfräulichem Land angelegt werden, muss man mit Rückschlägen rechnen. In so dünn besiedelten Gebieten wie Margaret River sind die wenigen Anbauflächen mit Reben nun einmal leichte Beute für hungrige Wildtiere. Interessanterweise ist die einzige effektive Abwehr gegen die jährliche Invasion der »silver-eyes« ein natürliches Ereignis. Ihre traditionelle Nahrung ist der Nektar der Blüten des Roten Gummibaums. Wenn die Gummibäume zur gewohnten Zeit blühen, bevorzugen sie diese Nahrung. Wenn die Blüte sich verspätet, fallen sie eben über die süßen Trauben her.

Aber die Mühen des Weinbaus scheinen sich zu lohnen. In einem bemerkenswerten Spektrum von Weinen tritt die Qualität der Margaret-River-Trauben deutlich hervor. Sie reichen von mächtigen Pinots Noirs bis zu klassisch strukturierten Cabernets und Chardonnays, von beunruhigend französisch anmutenden, doch ausgesprochen individuellen Semillons und Sauvignons bis hin zu völlig unaustralischen Shiraz- und Zinfandel-Weinen und sogar Vintage »Port«.

WO DER WEIN WÄCHST

Es dürfte nicht zu schwierig sein, während der Lesezeit im Gebiet Margaret River Gelegenheitsarbeiter zu finden. Doch Vorsicht: Die »Gelegenheit« hängt vielleicht noch eher von der Höhe der Brandung ab als von der Reife der Trauben, denn die lange, einladende Küste, die links im Panorama zu sehen ist, gehört zu den großartigsten Surfstränden der Welt. Man wird nicht viele Erntehelfer im Weinberg sehen, wenn die Wellen hoch gehen…

Der Einfluss des Meeres gehört zu den entscheidenden Faktoren am Margaret River. Der Indische Ozean ist ein warmes Meer, und der Unterschied zwischen Sommer- und Wintertemperaturen ist hier kleiner als irgendwo sonst in Australien. Doch das ist nicht immer ein Vorteil: Früh blühende Sorten wie Chardonnay werden häufig von Weststürmen gepeitscht, wenn sie gerade Frucht ansetzen, und der Wind kann meilenweit Salz ins Land tragen. Trauben und Salz vertragen sich nicht. Andererseits verhilft der lange, sonnigwarme Herbst den meisten Sorten zur perfekten Reife.

Die ersten Weingüter, die in den 1960ern angelegt wurden, liegen in der Mitte des Panoramas; sie sind immer noch die bedeutendsten. Weiter südlich wird es kühler, unterhalb des Margaret River, doch einige der berühmtesten Weingüter liegen am unteren Rand des Panoramas. Oben, im Hinterland des Cape Clairault, ist die jüngste Ansiedlung neuer Kellereien und Weingüter zu sehen.

WEINBAUGEBIETE

Im neunzehnten Jahrhundert gab es immer wieder Versuche, Wein zu pflanzen. Doch erst die Mediziner Cullity, Pannell und Cullen wiesen den Weg, als sie Ende der 1960er und Anfang der 1970er Jahre um Wilyabrup kleine Rebflächen anlegten, etwa 15 km nördlich der Stadt Margaret River, eine Gegend, in der heute noch die Mehrheit der Spitzenweingüter ansässig ist. Einige der allerbesten Güter – Cape Mentelle, Leeuwin, Voyager, Xanadu – befinden sich jedoch südlich des Margaret River. Auch um Karridale im äußersten Süden der Region wurden und werden viele Weinberge angelegt. Hier sind die Sommer kühler als weiter nördlich, außerdem profitiert man von einem milden Spätsommer bis weit in den Herbst. Im hohen Norden, um Yallingup zwischen Cape Clairault und Cape Naturaliste, arbeiten Kellereien wie Abbey Vale, Amberley, Clairault und Happs. Die Durchschnittstemperaturen steigen an, je weiter man nach Norden kommt, und die Weine im Süden zeigen deutlich den schlankeren Charakter des kühlen Klimas. Jenseits des Bussel Highway, im Nordosten, liegt das ehemalige Kartoffelland Jindong. Kartoffeläcker sind nicht gerade bekannt dafür, exzellente Trauben zu liefern, und es ist noch nicht klar, ob diese eine Ausnahme machen. Das flache Gelände, fruchtbarer Boden, Wasser im Überfluss und ein gemäßigtes Klima haben jedoch Evans and Tate, Vasse Felix und Selwyn Wines veranlasst, hier große Rebenplantagen anzulegen.

KLIMA UND BODEN

Die Böden sind unterschiedlich, doch weisen die meisten guten Standorte in Margaret River entweder Kies oder Sand auf einem Tonuntergrund auf. Sie sind wasserdurchlässig, was gut ist, wenn man über genug Speicherbecken für die künstliche Bewässerung verfügt. Von der durchschnittlichen Regenmenge im Jahr von 1160 mm fallen nur 200 mm zwischen Oktober und April, wenn die Rebe das Wasser am nötigsten hat. Eine effektive Bewässerung ist daher lebenswichtig. Die Intensität und die Säure- und Tanninstruktur der Weine sind das beste Argument gegen die Ansicht, man könne mit künstlicher Bewässerung keinen großen Wein machen. Hervorragende Erzeuger wie Moss Wood, Cullen und Leeuwin Estate sind nur Ausnahmen von der Regel, dass im Gebiet Margaret River großer Wein ohne künstliche Bewässerung nicht möglich ist.

ROTE REBSORTEN
Die Hauptsorten sind Cabernet Sauvignon, Shiraz und Merlot.

WEISSE REBSORTEN
Chardonnay ist die Hauptsorte. Es gibt auch große Mengen Semillon und Sauvignon, die häufig miteinander verschnitten werden. Außerdem werden etwas Chenin Blanc und Verdelho angebaut.

KLIMA
Maritimes Klima mit einer recht kühlen Wachstumsperiode und einem milden, feuchten Winter. Südlich von Australien gibt es kalte antarktische Meeresströmungen, und Westwinde vom Indischen Ozean bringen Kühlung, mehr als bei Perth im Norden. Der Wind vom Meer verhindert Überhitzung, trocknet jedoch den Boden aus und macht daher manchmal künstliche Bewässerung erforderlich. Im Frühjahr können ausgewachsene Stürme den frühen Austrieb schädigen.

BODEN
Der Oberboden ist meist Sand oder Kies, der Untergrund häufig Tonlehm, der Wasser speichern kann; trotzdem muss häufig bewässert werden.

TOPOGRAFIE
Die Reben werden auf niedrigen, sanften Hängen etwa 40 m über dem Meeresspiegel angebaut.

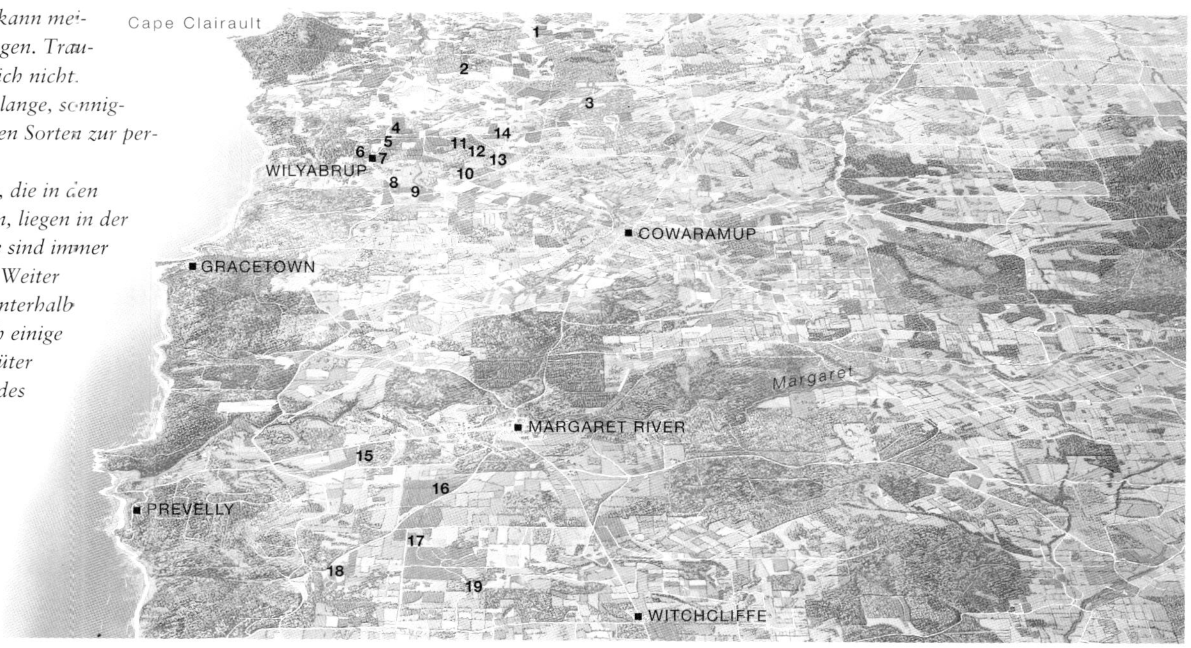

SPITZENWEINGÜTER

1. Amberley Estate
2. Cape Clairault
3. Chapman's Creek Vineyard
4. Moss Wood
5. Evans & Tate
6. Brookland Valley
7. Pierro
8. Cullen
9. Vasse Felix
10. Ashbrook Estate
11. Sandalford
12. Willespie
13. Hay Shed Hill
14. Woody Nook
15. Cape Mentelle
16. Xanadu Wines
17. Voyager Estate
18. Redgate
19. Leeuwin Estate

TASMANIEN

ROTE REBSORTEN
Pinot Noir herrscht vor, daneben werden Cabernet Sauvignon und etwas Merlot angebaut.

WEISSE REBSORTEN
Am verbreitetsten ist Chardonnay, gefolgt von Riesling und Sauvignon Blanc.

KLIMA
Die Temperaturen sind niedriger und die Niederschläge größer als in den meisten anderen australischen Weinbaugebieten.

BODEN
Im Norden herrschen nährstoffreiche, Feuchtigkeit speichernde Tonböden vor, im Süden gibt es torfige Schwemmböden.

TOPOGRAFIE
Aufgrund der starken Westwinde beschränkt sich der Weinbau zunehmend auf Osthänge.

Das Landwirtschaftsministerium Tasmaniens war bis in jüngere Zeit der Ansicht, dass sich die Insel für den Weinbau in keiner Weise eigne und man sich daher mehr um etwas Sicheres, Hergebrachtes kümmern solle, etwa Äpfel. Ich weiß nicht, ob sich Burgund für den Obstanbau gut eignet, auf jeden Fall vertrat Andrew Pirie in seiner Dissertation, für die er den ersten Önologie-Doktortitel der Universität Sydney erhielt, die Auffassung, dass bestimmte Bereiche um die Flüsse Pipers und Tamar von allen Weinbaugebieten Australiens Burgund am nächsten kämen. Die Wahrheit liegt wohl irgendwo in der Mitte.

Eine der am schwersten zu akzeptierenden Tatsachen ist, dass in den großen französischen Weingütern Qualitätsschwankungen zwischen den verschiedenen Jahrgängen, von sensationell bis katastrophal, seit Jahrhunderten die Norm sind. Niemand in der Neuen Welt kann ein Unternehmen aufbauen, dessen Grundlage, die Qualität der Ernte, so prekär ist. Dieses Problem betrifft in Frankreich häufiger die roten als die weißen Rebsorten, was auch in Tasmanien zu beobachten ist. Besonders im Norden werden die roten Trauben häufig nicht einmal reif genug, um einen guten Tischwein zu ergeben.

Ein guter Grundwein für die Sektproduktion muss jedoch säurebetont sein, und hier hat Tasmanien sich seinen Ruf erworben. Ein großer Teil der besten australischen Schaumweine kommt von hier: Pirie, Clover Hill, Jansz, Arras und Stefano Lubiana sind alle sehr schön gemacht, vielschichtig und attraktiv. Doch das war es nicht, was die Menschen machen wollten, als sie hierher kamen.

In Tasmanien wurden schon 1823 Weinfelder angelegt, früher als in Victoria oder Südaustralien. Sie bestanden jedoch nicht lange und wurden erst in den 1950er Jahren wieder zum Leben erweckt. Die moderne Ära begann 1974, als Pirie auf eisenreichen, relativ exponierten Lagen nordöstlich von Launceston den Weinbaubetrieb Pipers Brook gründete. Die jährliche Temperatursumme entspricht etwa der der Côte de Nuits in Burgund, doch bei den aggressiven Winden von der Bass-Straße her werden nur die Trauben in den besten Lagen richtig reif. Nur wenige Meilen von hier entfernt kann man kühle Bedingungen wie im Moseltal antreffen. Das erklärt den Erfolg, den das Gebiet mit Riesling und Sektgrundweinen hat. Grundwein, das ist das Wort, das man bei einem Gang durch die Weinberge immer wieder zu hören bekommt. »Was steht da drüben?« »Pinot Noir für Grundwein.« »Und da?« Pause. »Auch Pinot Noir für Grundwein.« Und dann stoßen Sie auf einen wunderbar geschützten, steilen, nach Norden gerichteten Hang, und bevor Sie fragen können, hat Ihnen der Winzer begeistert erzählt, dass hier sein bester Chardonnay oder Pinot Noir oder was immer entsteht. Im Norden der Insel sollte man einfach nicht mehr davon träumen, einen großen »Bordeaux« oder »Burgunder« zu machen, sondern sich mit einem anderen französischen Klassiker begnügen: Champagner mit einem Aussie-Akzent. Der »Tassie fizz« aus dem Norden ist fantastisch. Es sind zwar ein paar gute Chardonnays und Pinots Noirs zu finden, aber die anderen aufregenden Weine von diesen exponierten Lagen sind die Gewürztraminer, Pinots Gris und Rieslinge, alle wunderbar frisch und von unwiderstehlichem Duft.

Nicht in ganz Australien ist es heiß. In der klaren Luft am Tamar bei Launceston ist die Kühle geradezu spürbar.

Das Gebiet des Tamar River nördlich von Launceston ist windgeschützt und wird vom Mündungsgebiet her erwärmt. Dazu gibt es weniger Regen, so dass die roten Trauben dann und wann recht gut reifen; auf überzeugende Produkte bin ich jedoch nur selten gestoßen. Im tiefen Süden scheinen die Regionen Derwent River Valley und Huon Valley die ungünstigen Breiten zu ignorieren, hier reifen die Trauben mindestens so gut wie im Norden; die Kraft der südlichen Sonne sowie der Schutz vor Wind und Frost in diesen von Flüssen erwärmten Tälern sind die entscheidenden Faktoren. Aber auch hier gelingen Grundweine, Riesling und Chardonnay am besten.

Die einzigen Orte, an denen Cabernet und Pinot Noir zuverlässig reif werden, manchmal sogar herrlich reif, liegen an der Ostküste und am Coal River im Süden. Die Rebflächen im Osten, bei Bicheno, insbesondere Freycinet, drängen sich hinter einem Felsen, der die Küstenwinde ablenkt und die lange Sonnenscheindauer voll zur Geltung kommen lässt. Der Coal River liegt im Regenschatten nördlich von Hobart, und die lange Sonnenscheindauer bringt zusammen mit den kühlen Nächten farbintensive Rotweine mit reifen Aromen sowie kräftige Weißweine hervor. Mit ihrem eigenen tasmanischen Herkunftssystem wollen die Weinbauern ihre regionale Individualität fördern, doch ihr größter Ruhm – wenn die globale Erwärmung das Klima nicht dramatisch verändert – wird wohl der eines Weltklasse-Herstellers von Trauben für die Sektproduktion bleiben.

Queensland & Nordterritorium

Es gab eine Zeit, da erzeugte Queensland mehr als doppelt so viel Wein wie Westaustralien und noch ein Viertel der Menge des Spitzenreiters Südaustralien. Ich weiß nicht, was das für ein Wein war, doch da er hauptsächlich aus Roma nordwestlich von Brisbane kam, wo die Temperaturen ähnliche Werte annehmen können wie in der Sahara, muss es sich wohl um ziemlich heftigen Stoff gehandelt haben.

Es wird dort immer noch etwas Wein angebaut, doch das Zentrum der Weinerzeugung Queenslands hat sich seit langem in die Hochtäler des Granite Belt südlich von Stanthorpe verlagert, unmittelbar an der Grenze zu Neusüdwales, das sich tatsächlich für ein Gebiet mit kühlem Klima hält. Es kommt natürlich darauf an, was man als kühl betrachtet. Im Hinblick auf die Hitze, der das Gebiet im Ganzen ausgesetzt ist, ist die Gegend heißer als Rutherglen in Nordost-Victoria, wo man noch das Beste aus der sengenden Hitze macht, indem man gespritete Süßweine herstellt. Der Granite Belt betrachtet sich aufgrund der Höhenlage der Rebflächen – zwischen 750 und 1000 m – als Region für Tischwein. Beträchtliche Flächen wurden auch in Burnett, Toowoomba, Mount Cotton und Mount Tamborine bepflanzt.

Die Weinlese findet dort recht spät statt, oft zwischen Mitte März und Mitte April, was ein Vorteil ist, da dieselben Wirbelstürme, die das Hunter Valley weiter südlich in Neusüdwales heimsuchen, häufig auch hier ihr Unwesen treiben. Die Regenfälle treten oft erst im März auf und führen dann zur Verwässerung und zum Platzen der Weinbeeren. Sie können sich aber genauso gut früher einstellen, im Februar oder sogar Januar, wenn sie auch im Hunter Valley Unheil anrichten; hier richten sie aber nicht viel Schaden an. Auf jeden Fall können sich die Winzer in der welligen Landschaft des Granite Belt Kleinklimate auf den Hängen aussuchen, die von der Sonne abgewandt sind. Wenn diese Hänge dann noch den vorherrschenden Boden aus verwittertem Granit haben, bieten sie für den Weinbau auch eine ausreichende Dränage.

Diese Rebstöcke machen nicht den glücklichsten Eindruck – kein Wunder, denn Chateau Hornsby liegt in der Nähe von Alice Springs genau in der Mitte des glühend heißen Herzens Australiens.

Trotz dieser Schwierigkeiten bringt der Granite Belt einige gute, etwas vierschrötige Weine hervor. Es klingt vielleicht etwas weit hergeholt, doch ich spüre bei ihnen eine mineralische Qualität, besonders im Cabernet Sauvignon. Die Shiraz, die als erste klassische Rebsorte hier angebaut wurde, scheint erfolgreicher zu sein und liefert in Bestform kräftige, körperreiche Weine. Interessanterweise macht sich auch die weiße Semillon gut – eine Erinnerung an das berühmtere Hunter Valley, das etwa 400 km südlich von hier liegt.

Nordterritorium

Ich nehme es Ihnen nicht übel, wenn Sie sich wundern, das Nordterritorium in einem Weinatlas beschrieben zu finden. Als mir ein unerschrockener Freund einmal erzählte, dass er auf dem Rückweg von einem Ausflug zum Ayers Rock in Alice Springs das ortsübliche Gebräu probiert habe, dachte ich, er wolle mich auf den Arm nehmen.

Die Mitte Australiens ist eine trockene, öde Wüste. Und doch gibt es dort ein Weingut, Chateau Hornsby, ungefähr 11 km südlich von Alice Springs. Offiziell steht dort auf einem knappen Viertelhektar eine bunte Mischung aus Cabernet, Shiraz, Chardonnay, Riesling und Semillon. Während der ganzen Vegetationsperiode muss Tropfbewässerung praktiziert werden, die aus einigen 100 m tiefen Brunnenbohrungen gespeist wird. Die Kellerei ist unterirdisch angelegt, um einigermaßen kühle Bedingungen zu schaffen. Die Lese erfolgt gewöhnlich in den ersten Januartagen, und der Besitzer ist sehr stolz darauf, den ersten Wein des neuen Jahrgangs auf den Markt zu bringen. Sein Spitzenreiter ist denn auch Early Red, ein Shiraz, für den die Ernte beginnt, wenn die Glocke in der Silvesternacht zwölf Uhr schlägt. Es überrascht mich, dass irgendjemand in Australien zu diesem Zeitpunkt nüchtern genug ist, um eine Traube von einer Kokosnuss zu unterscheiden …

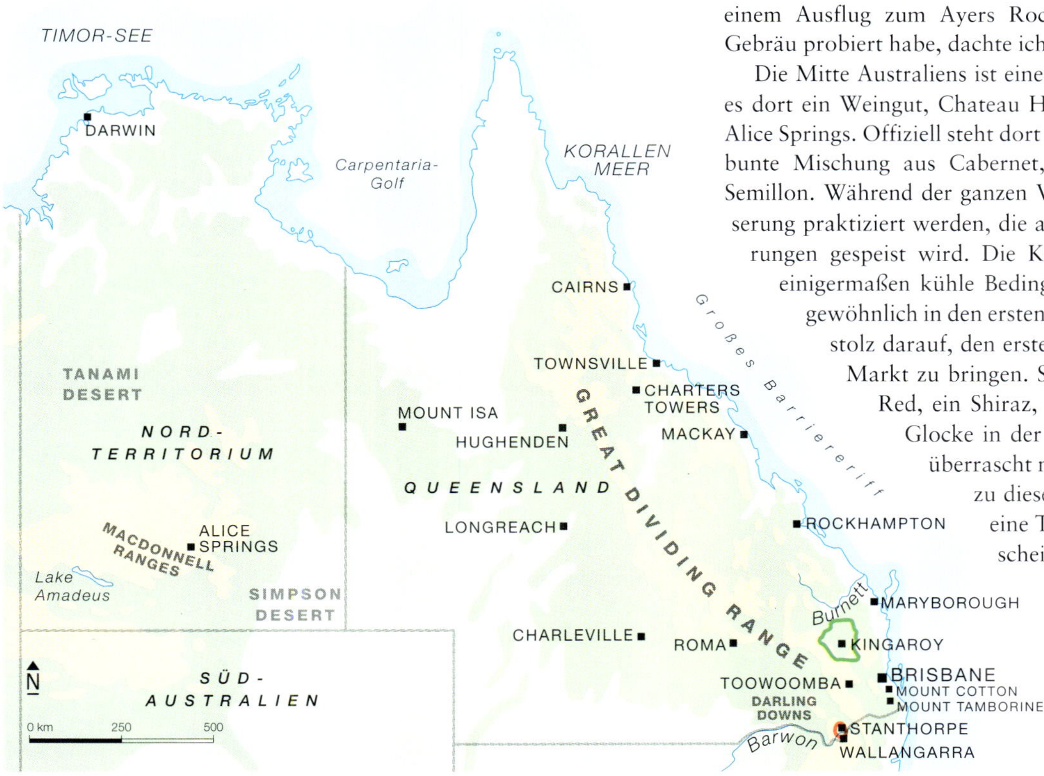

WEINBAUGEBIETE

South Burnett

Granite Belt

ÜBER 200 M Ü. D. M.

ÜBER 500 M Ü. D. M.

Rote Rebsorten

Shiraz ist die Hauptsorte, daneben gibt es in Queensland bedeutende Mengen Cabernet Sauvignon und Merlot.

Weisse Rebsorten

Chardonnay und Semillon sind die wichtigsten weißen Sorten.

Klima

Es ist relativ heiß in Queensland und sehr heiß in Alice Springs. Letzteres verwendet Tropfbewässerung mit Wasser aus Bohrlöchern. Die späte Lese in Queensland entgeht den schlimmsten Regenfällen, doch Frost und Hagel können die Ernte schädigen.

Boden

Die Böden von Queensland sind im Allgemeinen leicht sauer. Sie können Granit enthalten und liegen auf einem Untergrund von weißem Sand und Ton. Der Boden bei Roma ist ein schwerer, sandiger Schwemmlandlehm.

Topografie

Die Weinberge im Granite Belt liegen in 750–1000 m Höhe im Bergland um Stanthorpe. Chateau Hornsby liegt auf 600 m Höhe.

Die Nordinsel

ROTE REBSORTEN
Merlot hat Cabernet Sauvignon deutlich überholt, Pinot Noir folgt mit großem Abstand. Daneben gibt es kleine Mengen von Cabernet Franc, Malbec und Syrah.

WEISSE REBSORTEN
Chardonnay ist mit der fünffachen Anbaufläche des folgenden Sauvignon Blanc dominierend. Müller-Thurgau kommt an dritter Stelle mit abnehmendem Anteil. Außerdem gibt es Chenin Blanc, Semillon, Riesling und Gewürztraminer.

KLIMA
Die Nordinsel ist allgemein wärmer als die Südinsel, doch insgesamt haben beide Landesteile ein Seeklima. Es gibt ausreichende Niederschläge, die häufig während der Reifezeit zu Fäule führen.

BODEN
Die Böden reichen von Moränen- und Schwemmböden in Hawkes Bay bis zu Lehm und Ton im Norden und krümeligem, kiesigem Schluff um Martinborough.

TOPOGRAFIE
Nach dem Boom, während dem mindere Sorten an ungeeigneten Standorten gepflanzt wurden, wird der Standort nun mit Sorgfalt gewählt. Die meisten Reben stehen auf Flachland oder sanften Hügeln; der Ertrag wird durch fachmännische Laubdachgestaltung gezügelt. Eine wachsende Zahl auf Qualität getrimmter Lagen wird auf sonnenverwöhnten Nordhängen angelegt.

Wenn man von Neuseeland als einem kühlen Weinbaugebiet spricht, dann ist das im selben Maß richtig oder falsch wie bei Frankreich. Ganz im Süden, in South oder Central Otago, ist es so kühl wie im deutschen Moseltal. Doch diese Gebiete liegen immerhin 1000 km südlich der Rebfelder bei Auckland. Man sollte auch keine Schlüsse aus dem Breitengrad ziehen. So liegt Central Otago auf einer südlichen Breite von 45°, die etwa dem Breitengrad einiger der wärmeren Teile des insgesamt nicht besonders kalten Bordelais in der nördlichen Hemisphäre entspricht.

Die Rebfelder von Northland nördlich von Auckland liegen auf einer südlichen Breite von 34°. Das entspricht in der nördlichen Hemisphäre dem Norden von Tunesien und Algerien. Die Gebiete im Norden von Auckland sind zwar nicht mit Tunesien zu vergleichen, doch es gibt hier etliche Rebflächen, die mit einer feuchtwarmen, fast subtropischen Witterung zu kämpfen haben. Von kühlen Weinbaubedingungen kann also auf der Nordinsel kaum die Rede sein.

Wenn man nun Neuseeland als Weinbaugebiet mit feuchtem Klima bezeichnet, kann ich zustimmen. Mit Ausnahme des winzigen Gebiets Wairarapa bei Wellington, das klimatisch dem Gebiet Marlborough auf der anderen Seite der Cook-Straße entspricht, sowie vielleicht von Waiheke Island, das eine Fährstunde weit von Auckland entfernt in der Bucht liegt, bietet die Nordinsel für den Anbau von Trauben ziemlich feuchte Witterungsverhältnisse. Und wenn man sagt, dass das Land wunderbar fruchtbar ist und sich ideal für den Weinbau eignet – nun ja, auf fruchtbaren Böden mit viel Sonne und viel Regen kann man jederzeit Reben anbauen, die in kürzester Zeit die Größe von Pfirsichbäumen erreichen. Nur darf man von diesen Reben kein Lesegut erwarten, das hochwertigen Wein ergibt. Die besten Weine stammen aus kleinen Erträgen von Reben, die in trockenen Gebieten auf nährstoffarmen, wasserdurchlässigen Böden mit genau der richtigen Menge an Sonnenschein angebaut werden. Das ist auf der Südinsel kein besonderes Problem, doch im Norden gibt es nur ganz vereinzelt solche Voraussetzungen. Und die Geschichte, wie man diese Standorte herausfindet – und was man tut, wenn man sie nicht findet –, ist die Geschichte der Weinindustrie auf der Nordinsel.

Viele Erzeuger begannen im neunzehnten Jahrhundert tatsächlich damit, dass sie ihre Trauben im Gewächshaus anbauten. Das scheint etwas übertrieben zu sein und könnte erklären, weshalb damals kaum Kellereien von nennenswerter Größe entstanden. Doch die frühen Weingärtner waren vielleicht gar nicht so dumm. Die meisten Reben leiden auf der Nordinsel unter dem Wetter, insbesondere um Auckland herum, wo die meisten frühen Pflanzungen lagen.

Obwohl es der geografischen Breite nach auch heiße bis sehr heiße Witterungsbedingungen geben sollte, liegen die Dinge hier nicht so einfach. In Europa sind die wichtigsten maritimen Einflüsse der warme Golfstrom und das warme Mittelmeer. Neuseeland dagegen ist von Meeren umgeben, die stark von den eisigen antarktischen Strömungen beeinflusst werden. Die Westküsten sind ständig starken Winden, vorwiegend aus westlicher Richtung, ausgesetzt. Bis man die zentralen Gebirgszüge erreicht, die Gisborne und Hawkes Bay auf der Ostküste abschirmen, gibt es keinen Schutz vor den Westwinden, und die Regenwolken laden ihre Wassermengen auf den Rebfeldern um Auckland und Northland ab.

Das wäre noch zu ertragen, wenn man mit einem trockenen Herbst sicher rechnen könnte – und gerade der ist auf der Nordinsel nicht gewährleistet. Wenn es gerade einmal nicht aus den von Westwinden herangetragenen Wolken nieselt, muss man mit den Tiefdruckgebieten im Pazifik rechnen, die im Frühherbst häufig von Osten her anrücken, manchmal erst nach der Lese, manchmal aber auch früher. Diese Regenstürme sind ein besonderes Problem im Osten in Gisborne und Hawkes Bay, die andererseits vor den Regenfällen aus dem Westen gut geschützt sind.

Auf der Nordinsel gibt es häufig Regengüsse im Herbst, so dass man die Trauben früh lesen muss, auch wenn sie noch nicht richtig reif sind. Trotz aller negativen Aspekte, die die Hauptrebsorte Müller-Thurgau aufweist, sie liefert zumindest einen akzeptablen, mildfruchtigen Wein mit niedrigem Alkoholgehalt bei hohen Erträgen. Das klingt nicht sehr anspruchsvoll, doch sie war bis in die 1980er Jahre – als die Erzeuger realisierten, dass Aufregenderes möglich ist – die Grundlage der Weinwirtschaft auf der Nordinsel.

Fruchtbare Böden fördern einen üppigen Laubwuchs, was sich als ein ernsthaftes Problem erweist, wenn man von Hybriden und Müller-Thurgau zu den klassischen Rebsorten übergehen will. Eine übermäßige Blattbildung wirft Schatten auf die Frucht, verzögert die physiologische Reifung der Trauben und bewirkt einen mageren, grünen Einschlag in den Aromen des Rotweins, auch wenn der Alkoholgehalt akzeptabel erscheint. Eine übergroße Belaubung behindert auch die Luftbewegung. In dem häufig feuchten Klima auf der Nordinsel führt dies zum Ausbruch verschiedener Formen von Fäule (Botrytis), die die Ernte ruinieren kann. Der Wunsch, auf den internationalen Märkten und dem zunehmend anspruchsvolleren inländischen Markt mit akzeptablen, interessanten Weinen aufzutreten, zwang die neuseeländische Weinwirtschaft, Lösungen für diese Probleme zu suchen. Mit Dr. Richard Smart als Vorreiter wurde Neuseeland weltweit führend in der Entwicklung von Spaliererziehungs- und Rebschnittmethoden für Weinberge mit fruchtbaren Böden und warmer Luft.

Die Ergebnisse waren erstaunlich. Zum ersten Mal erleben wir völlig reife Rotweine von bemerkenswert individueller Art aus allen Teilen der Nordinsel – von Auckland, Hawkes Bay, Wairarapa und in einigen Fällen sogar von Gisborne. Die Weißweine erreichen einen viel besseren Reifegrad, ohne den Botrytis-Einschlag, der für viele neuseeländische Chardonnays und Müller-Thurgaus typisch war, und die vorherrschende Säure der Frucht ist besser in den Wein integriert. Selbst in kühlen Jahren wie 1995 und 2000, die fast in ganz Neuseeland nicht schlechter hätten sein können, brachten die Weingärten, in denen moderne Weinbautechniken angewandt werden, noch eine akzeptable Ernte hervor. Nach der umfassenden Neuanpflanzung, die wegen des Reblausbefalls notwendig geworden war, gibt es immer mehr Weingüter, die sich auf die anspruchsvollen Bedingungen der Nordinsel Neuseelands mit Erfolg einstellen.

AUCKLAND UND WAIKATO

Nirgendwo sind die Bedingungen so anspruchsvoll wie in der Umgebung von Auckland. In Northland, wo subtropische Bedingungen es sehr schwierig machen, *Vinifera*-Trauben zur Reife zu bringen, bevor sie am Weinstock verfault sind, gibt es nur noch sehr wenige Pflanzungen. Eine Ausnahme bildet Matakana am Hauraki-Golf. Die Dalmatier, die nach Neuseeland kamen, um in den Gummifeldern von Kauri zu arbeiten, waren rechtschaffene, durstige Europäer, und viele zogen, nachdem sie etwas Geld gespart hatten, in die Nähe von Auckland, um sich als Winzer zu betätigen. Beinahe alle alten Weinunternehmen in Northland sowie einige der neueren wurden von Familien dalmatinischer Herkunft gegründet.

Das feuchtheiße Wetter und die vorwiegend schweren Tonböden waren so lange kein großes Problem, wie die Hauptprodukte gespritete Sherrys und Portweine waren. Doch der Übergang zur Produktion von hochwertigem Tischwein veranlasste die meisten fortschrittlichen Kellereien des Gebiets Auckland, ihre Trauben von auswärts zu beziehen, aus Gisborne, Hawkes Bay und Marlborough. Immerhin gibt es noch ein paar Rebflächen beim Flughafen im Süden, etwas mehr bei Henderson im Norden und erheblich mehr noch weiter nördlich bei Huapai und Kumeu. Doch es ist nicht einfach, den Rebstöcken zu ihrer Balance zu verhelfen. Die Verfügbarkeit hochwertiger Klone ist vorteilhaft, ebenso sind es auf diesen schweren Tonböden die Wuchskraft schwächende Wurzelunterlagen. Die diversen Anbau- und Erziehungsmethoden sind alle darauf abgestellt, die Wuchskraft des Weinstocks zu bremsen und gesunde Traube zu erzielen. Diese Anstrengungen resultieren in einigen herausragenden Gutsweinen von Firmen wie Kumeu River und Matua Valley. Die Mehrzahl der Topweine Aucklands wird jedoch aus zugekauften Trauben gemacht.

Die jüngste Weinregion Aucklands ist Cleveden, etwa vierzig Autominuten südlich der Stadt im hügeligen, grünen Land nahe der Ostküste gelegen. Hier hat ein Dutzend »Lifestyle-Winzer« winzige Boutiquenkellereien eröffnet, die sich auf Bordeaux-Rotweine und Chardonnay konzentrieren. Die Resultate sind unterschiedlich, jedoch insgesamt vielversprechend. Die Böden bestehen vorwiegend aus schwerem Ton, das Wetter ist warm, und mit der Tasmansee auf der einen Seite und dem Pazifik auf der anderen ist die Luft feucht – doch immerhin ergibt dies Wolken, die die Wirkung der unbarmherzigen Sonne mildern. Wenn wir nach den zuverlässigsten und aufregendsten Gutsweinen der Region suchen, müssen wir den Blick aufs Meer richten: in den Hauraki-Golf nach Waiheke Island, ein Paradies, wo man auf den Klippen über der Bucht sitzen und den Fähren zuschauen kann, die ruhig zwischen den winzigen Landekais der Insel und dem lebhaften Hafen von Auckland pendeln – für den Berufsverkehr nahe genug, und doch eine Welt für sich. Rebflächen gibt es hier seit 1978, und in den 1990er Jahren fiel ein Schwarm von Wagemutigen über die Hänge der Insel her, angetrieben von der hartnäckigen Vision, mit den Bordeaux-Sorten Cabernet Sauvignon und Merlot großen Rotwein zu machen. Von Goldwater Estate und Stonyridge kamen zuverlässig tiefgründige Tropfen von einem fast unheimlichen Bordeaux-Charakter, doch erst der Jahrgang 1993 – kalt und abscheulich in den meisten Teilen Neuseelands, wunderbar auf Waiheke – überzeugte mit köstlichen, intensiven Weinen auch die Zweifler von der Ausnahmequalität der Lagen. Das Überraschende ist, dass es in Waiheke, nur einen Steinwurf weit vom feuchten, regengepeitschten Auckland entfernt, so warm und trocken ist. Im Sommer gibt es sehr wenig Regen, die Böden sind unfruchtbar und wasserdurchlässig, und das umgebende Meer sorgt für ein mildes Klima. Und es ist ein himmlischer Ort, um hier zu leben. Es gibt sogar auf Great Barrier Island ein Weingut, bei Okupu Beach. Der Bursche dort macht im Jahr nur etwa 1200 Flaschen, aber wenn er mehr produzieren würde, müsste er sich eine Krawatte umbinden, das Riff verlassen und den Wein vermarkten. Manchen gibt's der Herr im Schlaf.

Die kleine Region Waikato südlich von Auckland ist eine der geschichtsträchtigen Regionen der Nordinsel. Dieser ziemlich feuchte Fleck eignet sich wahrscheinlich besser für die Milchwirtschaft. Obwohl es hier einige große Rebflächen gibt, stößt man auf wenige Kellereien, und das meiste Lesegut wird zu Traubensaft verarbeitet. Allerdings produziert De Redcliffe einige gute, trockene Weißweine, und Rongopai nutzt die feuchtwarmen Voraussetzungen, um vorzügliche edelfaule Süßweine herzustellen.

GISBORNE

Im Osten der Nordinsel, südlich der Bay of Plenty, gibt es mehrere Kellereien – die wichtigste ist Morton Estate –, aber nur wenige Rebflächen, unter anderem ein kleines Rebfeld auf den Bimssteinböden von Galatea. Doch wir wollen uns hier mit Gisborne an der Poverty Bay befassen. Die meisten Rebflächen erstrecken sich auf der Gisborne-Ebene, wo eine mächtige Bank aus angeschwemmtem Schluff so fruchtbare Böden liefert, dass Sorten wie Müller-Thurgau leicht 30 Tonnen akzeptabler Trauben pro Hektar hervorbringen können (das entspricht ca. 200 hl/ha). Für höherwertige Sorten ist die übermäßige Fruchtbarkeit jedoch nicht so günstig, da sie ein dichtes Laubdach und große Erträge fördert, die langsamer reifen.

Die Chardonnay-Rebe erbringt hier noch hohe Erträge von annehmbarer Qualität, weil sie hier eine lange Sonnenscheindauer vorfindet und durch die Huiarau Mountains vor den nassen Westwinden abgeschirmt ist. Dieser Schutz nützt jedoch nichts, wenn sich im Herbst im Osten Sturmtiefs aufbauen. Gisborne hat während der Lesezeit von Februar bis April zu viel Niederschläge, was die meisten Weingärtner davon abgehalten hat, es mit roten Trauben zu versuchen. Doch moderne Weinbaumethoden, die Ersetzung von reblausinfizierten Rebstöcken durch bessere Klone und eine Verlagerung der Rebflächen in weniger fruchtbare Hanglagen geben Gisborne eine neue Dimension. Man spricht inzwischen von Gisborne als der Chardonnay-Metropole Neuseelands; einige Spitzenkellereien von Auckland gewinnen ihre besten Chardonnays auf ausgewählten Gisborne-Lagen, und die weiche, sanfte, reife Art der meisten Jahrgänge zeigt, dass man damit recht tut.

Es ist nicht nur der Weinbau, der die Waiheke-Insel mit ihrem warmen, trockenen Klima attraktiv macht: Die Jachten in der Te Whau Bay zeigen, dass Lifestyle ebenso wichtig ist. Jenseits der Bucht sind die Weinberge von Goldwater zu sehen, einem der Spitzenerzeuger Neuseelands.

WAIRARAPA

Hawkes Bay liegt südlich von Gisborne an der Küste und wird auf den nächsten beiden Seiten eingehend beschrieben. Aber es gibt noch einen boomenden Bereich, Wairarapa unmittelbar nördlich von Wellington. Das Zentrum dieses Gebiets ist die kleine Stadt Martinborough; inzwischen tauchen aber auch Weinberge auf den Terrassen über Martinborough und weiter nördlich in Richtung Masterson auf. Im Gegensatz zur Nordinsel, deren Schwachpunkte zu viel Regen und übermäßig fruchtbarer Boden sind, ist die Region Martinborough im Südwesten, Westen und Nordosten von Bergen umgeben, die das Gebiet vor den Regenfällen im Sommer und im Herbst schützen. Während das Land in den Flussebenen aus schwerem Ton besteht, hat eine Reihe von flachen Flussterrassen im Nordosten um Martinborough eine dünne Schicht kiesigen Schluff über tiefem, sehr durchlässigem, praktisch reinem Kies.

Wenn man dann noch die relativ kühlen und windigen, aber trockenen Sommer und Herbste und ein wenig Tropfbewässerung dazunimmt, hat man wirklich burgundische Voraussetzungen für großen Chardonnay und Pinot Noir. Und neben etwas Sauvignon Blanc, Cabernet Sauvignon, Pinot Gris, Riesling und einer Hand voll anderer Sorten werden genau diese kultiviert.

Wenige neuseeländische Rotweine zeigen eine Fülle wie dieser Verschnitt aus Malbec, Merlot und Cabernet Franc aus dem Bereich Hawkes Bay. Die Lage The Terraces ist eine winzige Sonnenfalle oberhalb der Kellerei von Esk Valley.

Hawkes Bay

ROTE REBSORTEN
Die meistangebaute rote Rebsorte ist heute Merlot. Cabernet Sauvignon folgt mit größer werdendem Abstand. Daneben gibt es etwas Pinot Noir.

WEISSE REBSORTEN
Die bei weitem wichtigste weiße Sorte ist Chardonnay, dann folgt Sauvignon Blanc. Müller-Thurgau, an dritter Stelle, nimmt weiter ab.

KLIMA
Verlässlicher Sonnenschein garantiert volle Reife, und die Niederschläge sind optimal.

BODEN
Fast alle Rebflächen werden auf ebenem Schwemmland angelegt. Die Bodentypen variieren von wasserdurchlässigem Kies und sandigem Lehm bis zu fruchtbarem, schwerem Schlufflehm.

TOPOGRAFIE
Die besten Reblagen befinden sich auf nährstoffarmen Böden mit guter Dränage. Die meisten Pflanzungen wurden bisher auf flachem Land angelegt, doch die benachbarten Kalkhügel könnten sich als bessere Standorte herausstellen.

»Willkommen im sonnigen Hawkes Bay« lautet das Schild – und das ist ernst zu nehmen. Das letzte Mal kam ich hier im März an, unmittelbar aus der Mitte Australiens, wo ich Tag für Tag der unbarmherzigen Sonne ausgesetzt gewesen war, doch eine Sonnenschutzcreme mit Faktor 30 hatte Gesicht, Hals und Hände erfolgreich vor dem Verbranntwerden geschützt; ein ordentliches Rosarot, doch keine Blasen. Und dann Hawkes Bay. Ich hatte mich gefragt, ob man im doch so viel kühleren Neuseeland im März überhaupt eine Sonnencreme braucht. Vorsorglich nahm ich welche, doch bereits am späten Vormittag fühlte ich mich unwohl, und um Mittag hatte ich das Gefühl zu brennen, und gegen Abend waren meine Hände von Brandblasen bedeckt und so wund, dass ich kein Sonnenlicht mehr ertragen konnte. Man müsste auf dem Flughafen eine Warnung vor dem »sonnigen« Hawkes Bay aufstellen!

Das Trügerische an Hawkes Bay ist, dass die Sonne hier nicht besonders heiß erscheint. Die Ozonschicht ist über dem südlichen Pazifik gegenwärtig außerordentlich dünn. So sagte man mir, dass die ultraviolette Strahlung in Hawkes Bay intensiver ist als in irgendeinem anderen besiedelten Gebiet in der südlichen Hemisphäre. Wie sich dies auf die Reifung der Trauben auswirkt, ob die Photosynthese, die Entwicklung und die physiologische Reifung der Trauben gefördert oder behindert werden, darüber gehen die Meinungen auseinander. An meinen Händen habe ich jedenfalls festgestellt, dass die Sonneneinstrahlung einen Effekt haben muss.

Lange bevor die Ozonschichten entdeckt wurden, hatte die Kombination aus langer Sonnenscheindauer, ausreichenden Niederschlägen, die meist zum richtigen Zeitpunkt fallen, und großen für den Weinbau geeigneten Landflächen dieses Gebiet bereits zur interessantesten Weinbauregion Neuseelands gemacht. Das war Ende des neunzehnten Jahrhunderts. Verschiedene Weinfelder wurden angelegt, meist auf gutem, unfruchtbarem Land und mit klassischen Rebsorten, und 1913 wurde in Hawkes Bay ein Drittel des neuseeländischen Weins erzeugt. Das Gut Te Mata von Bernard Chambers in Hawkes Bay war das größte Weingut Neuseelands.

Wie überall in Neuseeland forderten die Reblaus, die Prohibition und das Desinteresse ihren Tribut, Rebflächen wurden mit *Vitis-labrusca*-Sorten und Hybriden neu bepflanzt, und die Flussniederungen des Heretaunga mit ihren schweren Böden wurden anstelle der Kiesbänke genützt, die niedrigere Erträge erbringen. Ein Einziger, Tom McDonald, sorgte für das Überleben von Chardonnay und Cabernet Sauvignon, doch geschah dies meist auf den ertragreichen, ungeeigneten schwarzen Böden der Ebene. Als jedoch John Buck in den 1960er Jahren Tom McDonald besuchte, soll McDonald zum Berg Te Mata gezeigt und gesagt haben: »Das ist das beste Cabernet-Land, das man in Hawkes Bay bekommen kann – frostfrei, nach Norden weisend und mit guter Dränage.«

Also kaufte John Buck 1974 den alten Besitz Te Mata und brachte 1980 einen Cabernet heraus, an den ich mich jetzt noch erinnere: das Startzeichen zur Wiederbelebung von Hawkes Bay als großes Weinbaugebiet, weg vom Massenanbau von Rebsorten wie Müller-Thurgau. Endlich konnte Hawkes Bay beim Wettbewerb um den Titel des besten Weinbaugebiets Neuseelands wieder mitreden. Der Ruf von Hawkes Bay stützt sich zunehmend auf die Möglichkeit, die roten Bordeaux-Sorten zur vollen Reife zu bringen – was in Neuseeland nicht leicht ist –, unterstützt durch eine eindrucksvolle Leistung bei den weniger heiklen Sorten Chardonnay und Sauvignon Blanc.

Das wärmste Gebiet ist Bay View mit dem Esk Valley. Es ist bisher auch das Gebiet mit den wenigsten Reben; die Bedingungen sind aber ausgezeichnet. Die Bucht macht nördlich von Napier einen scharfen Bogen und reicht dicht an die Berge heran. Es steht nicht viel Land zur Verfügung, doch ist es warm – überall wachsen Aprikosenbäume –, und der Austrieb setzt hier zwei Wochen früher ein als im übrigen Bereich der Bucht. Auf den Terrassen, die in die Bergflanke geschlagen sind, können die Trauben regelrecht rösten, und die roten Bordeaux-Sorten werden hier spielend reif. Das Esk Valley reicht nördlich von Bay View bis an die Küste und bietet gut geschützte sandige Schwemmböden auf Kies, die von den täglich auftretenden Seewinden profitieren.

Die Basis für die Wiederauferstehung von Hawkes Bay sind die Kiesbänke, die von den verschiedenen Flüssen, die in die Bucht münden, hinterlassen wurden. Die wichtigsten dieser Flüsse sind der Tutaekuri und der Ngaruroro. Diese Flussbetten bilden die reinsten Kiesbänke,

SPITZENWEINGÜTER

1. Sileni Estates
2. Alpha Domus
3. Ngatarawa
4. Trinity Hill
5. Te Awa Farm
6. Unison
7. Stonecroft
8. Sacred Hill
9. Matariki
10. Cross Roads
11. C. J. Pask
12. Church Road (Montana)
13. Mission
14. Crab Farm
15. Esk Valley
16. Brookfields
17. Vidal
18. Askerne
19. Te Mata
20. Clearview

Gimblett Gravels

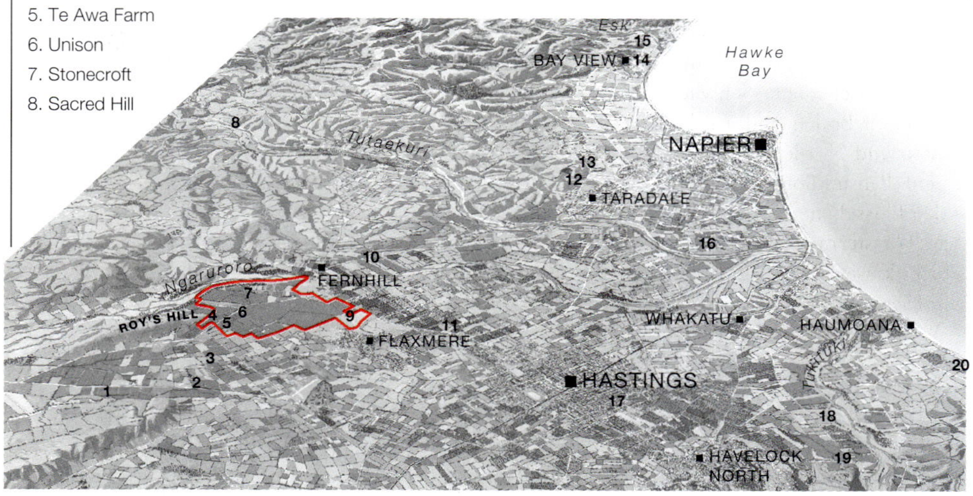

WO DER WEIN WÄCHST
Die Mitte des Tals zwischen Hastings und Napier wies früher die meisten Rebflächen auf, doch aufgrund der fruchtbaren Böden und eines hohen Grundwasserspiegels war die Qualität nie gut, und das Land wurde größtenteils wieder mit Obst und Gemüse bepflanzt. Nördlich des Flughafens liegen Bay View und das Esk Valley; Bay View ist eine Sonnenfalle, und die sandigen Schwemmböden über einem Kiesuntergrund im Esk Valley sind hervorragend für den Weinbau geeignet. Die eigentlichen Aktivitäten spielen sich an den Flüssen Tutaekuri und Ngaruroro ab. Ihre Wassermassen haben in der Talsohle teilweise die Bodenkrume weggespült, so dass fast nichts mehr außer Kies übrig geblieben ist. Dies ist besonders auffällig weiter oben in den Gimblett Gravels, wo von den 700 Hektar bebaubarem Land inzwischen 550 Hektar mit Reben bestockt sind und die Anpflanzung fieberhaft weitergeht. Die besten Lagen im Süden befinden sich östlich von Havelock North unterhalb des Bergs Te Mata, wo das gleichnamige Weingut auf mehreren Rebflächen seinen herausragenden Wein gewinnt. Es gibt jedoch auch gute, weithin unerschlossene Lagen im Tukituki-Tal, wo wiederum der Fluss die Erde weggespült und nackte Kiesbänke hinterlassen hat.

die man sich vorstellen kann. Nur das Zentrum von Margaux im Bordelais hat etwas Vergleichbares zu bieten, doch hier in Hawkes Bay erstrecken sie sich kilometerweit bis in die Berge hinein. Steigen Sie aus dem Auto und gehen Sie durch die Rebfelder am Highway 50 und an der Gimblett Road: Hier befinden Sie sich direkt am alten Flussbett. Auf weiten Strecken gibt es überhaupt keine Bodenkrume, nur diesen aschgrauen Kies mit einer Grundwasser führenden Schicht darunter, die reichliches Nass für die Bewässerung spendet.

Eine Gruppe von 34 Kellereien und Weinbauern haben sich zusammengeschlossen, um auf der Basis eines 700 Hektar großen Areals ihre eigene Appellation festzulegen. In den »Gimblett Gravels«, wie die Appellation heißt, soll die Tagestemperatur in Sommer und Herbst etwa um 3°C höher liegen als im Rest der Bucht. Die Grundstückspreise sind hier in den letzten zehn Jahren auf das 15fache gestiegen. Fieberhafte Aktivität ist entlang des Ngaruroro zu verzeichnen, alle wichtigen Erzeuger Neuseelands pflanzen hier wie verrückt, um sich ihren Anteil am nationalen Rotweinparadies zu sichern. Ein großer Teil des Geländes ist praktisch nur als Substrat für eine Hydrokultur zu gebrauchen, so dass hier ohne künstliche Bewässerung und Düngung nichts geht, damit man keinen Wein bekommt, der zwar optimale technische Daten aufweist, aber nach nichts schmeckt.

Der entscheidende Punkt an solchen Böden ist, dass sie dem Weinbauern alle Mittel überlassen: Die Erträge können reguliert und die Reben für die beste Sonneneinstrahlung erzogen werden. Dennoch spielt das Wetter weiterhin eine Rolle. Der normale Wetterverlauf ähnelt dem des Bordelais in einem guten Jahr, mit leicht geringeren Höchsttemperaturen, aber mehr Sonnentagen und weniger Regen. Man kann sich normalerweise auf einen trockenen, warmen Herbst verlassen, auch wenn 1988 und 2001 Sturmtiefs die Rebfelder zur Lesezeit unter Wasser setzten. Das richtige Treibhaus liegt bei Fernhill, wo sogar die Syrah-Traube reif wird, und es gibt auch eine kleine Parzelle mit Zinfandel. Weiter talaufwärts, hinter Roy's Hill und westlich bis Riverview (außerhalb des Panoramas), führt der kühlende Einfluss der Berge zu einer um eine gute Woche verzögerten Austriebs- und Reifezeit, dafür werden zunehmend gute Bedingungen für Pinot Noir und Riesling geboten.

Der Fluss Tutaekuri bahnt sich seinen Weg durch die Berge nördlich des Ngaruroro und wird auf weiten Strecken durch die Hügelkette vor dem Seewind geschützt. Hier gibt es die gleichen ausgezeichneten Kiesböden, doch die größere Wärme lässt die Trauben bis zu zwei Wochen früher reifen als im breiteren Ngaruroro Valley. Auch das Tukituki Valley im Südosten und bestimmte Areale bei Havelock North und am Berg Te Mata sind durch Kiesböden geprägt, während der Südteil von Hawkes Bay eher durch flache Schwemmlandböden über undurchdringlichem Ton gekennzeichnet ist. Diese Bodenverhältnisse lassen sich schwerer in den Griff bekommen als reiner Kies, doch sorgen sie für niedrigere Erträge, was edle Weine ergibt. Die besten Rebflächen von Te Mata befinden sich entweder auf bräunlichen Kiesterrassen (»red metal«) oder Löß über Kalkstein und Sandstein.

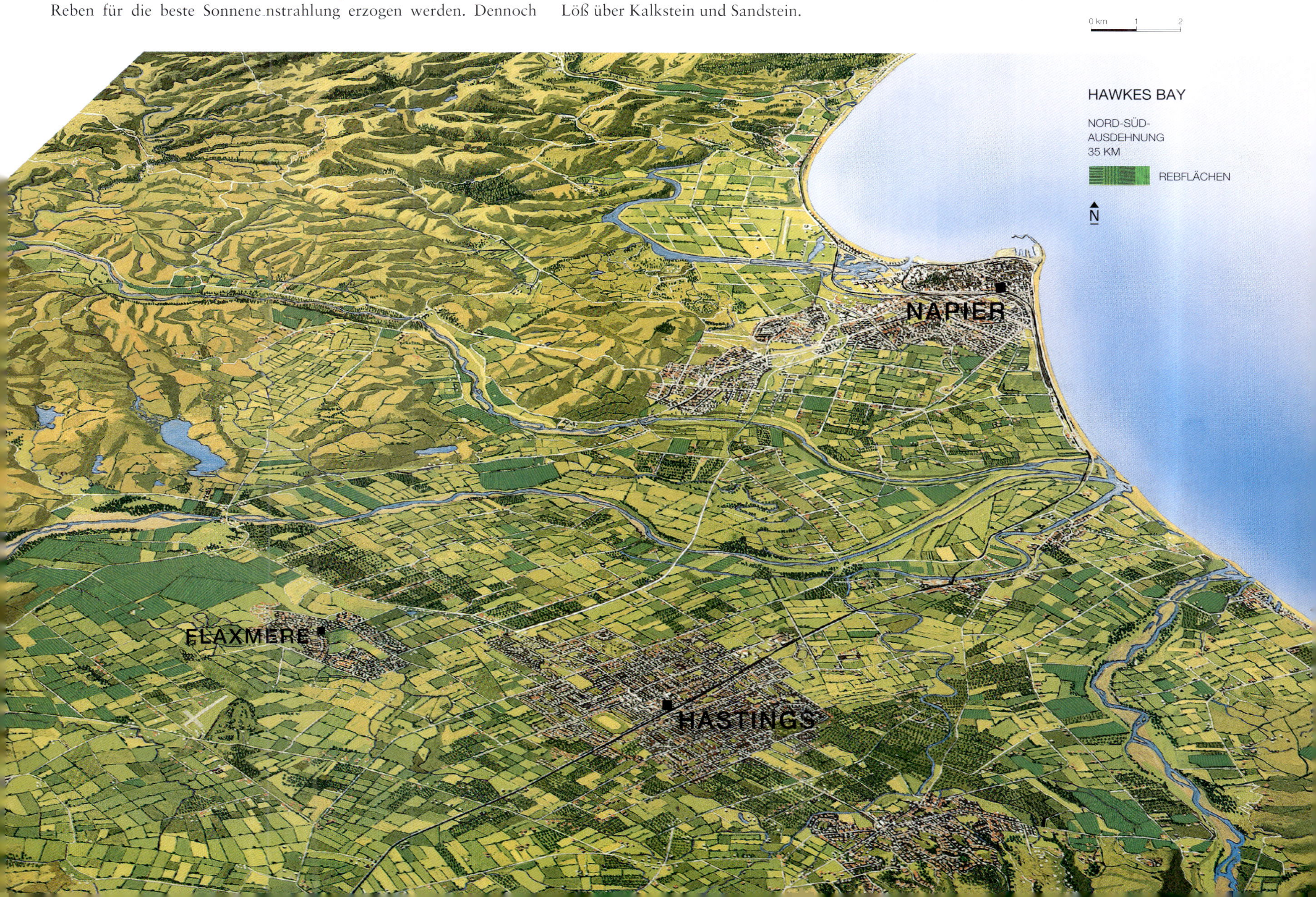

Die Südinsel

Auf der Südinsel wird schon viel länger Wein angebaut, als man gemeinhin annimmt. Man kann durchaus den Beginn der Neuanpflanzungen in Marlborough im Jahr 1973 durch den Großerzeuger Montana als Beginn der modernen Weinwirtschaft hier ansehen, doch von den Weinbauzentren, die heute über die Insel verstreut sind, ist Marlborough der einzige Ort, der zuvor noch keine eigene Weinindustrie besaß. Weinindustrie ist vielleicht auch zu viel gesagt, denn keinem der ursprünglichen Weinunternehmen war eine längere Lebensdauer beschieden.

In Nelson, im Nordwesten von Marlborough, landeten 1843 etliche Schiffe mit Deutschen, die sich die steilen, mit unberührtem Busch bedeckten Berge ansahen und meinten, dies sei wohl ein zu schwieriger Ort für sie, und nach Australien weitersegelten. Wenn ich auf den niedrigen Hügeln stehe, die bis zum glitzernden Wasser der Tasman Bay hinunterreichen, während eine lange weiße Wolke wie ein Berg Schlagsahne mit einer schnurgeraden Basis bewegungslos am blauen Himmel hängt, kann ich mir nicht vorstellen, dass irgendjemand dieses Paradies jemals verlassen will. Nun denn. Schließlich wurde 1868 eine Weinproduktion ins Leben gerufen, die bis 1939 ein wechselvolles Schicksal hatte. Die Franzosen zeigten mehr Mut, als sie 1840 in Akaroa, südlich von Canterbury, landeten und um ihre Häuser auf der gebirgigen Banks-Halbinsel ein paar Reben pflanzten. Es gibt jedoch keine Hinweise darauf, dass sie mehr produzierten als für den eigenen Bedarf, und mit ihnen starben auch die Weinberge.

Weiter südlich, in Central Otago, gab es den bewährten Freund des Weinerzeugers – einen Goldrausch. Hier wurden zwar nicht so viele Rebflächen angelegt wie beim australischen oder kalifornischen Goldrausch, doch es gibt keinen Zweifel, dass ein Franzose namens Jean Desiré Feraud 1870 gute Geschäfte machte, indem er seine Weine und Spirituosen an Spekulanten verkaufte. Aber auch diese Geschäfte verloren – wie das Gold – schließlich ihren Glanz, und die ganze Insel kehrte zu Schafen, Rindern und Obst zurück – ein stilles, unauffälliges, wohlhabendes Land fernab in den südlichen Meeren.

Das ging so bis 1973, als Marlborough, heute das führende Weinbaugebiet Neuseelands, aus dem Boden gestampft wurde. Zu dieser Zeit hegte Montana, das größte neuseeländische Weinunternehmen, Expansionspläne und suchte billiges, leicht zu bewirtschaftendes Land. In Marlborough kosteten Grund und Boden zwischen einem Achtel und einem Viertel von dem in Hawkes Bay, je nachdem, ob es sich für nichts anderes oder für beinahe nichts anderes als Weideland eignete. Montana kaufte 14 Farmen mit 1600 Hektar und hatte 1975, bevor die Einheimischen aufgewacht waren, bereits 390 Hektar mit Reben, meist Müller-Thurgau, bepflanzt. Montana startete ebenfalls einen Versuch mit 24 Hektar Sauvignon Blanc, nachdem man den ersten neuseeländischen Sauvignon Blanc, einen Matua Valley 1974, probiert hatte. Ein zaghafter Versuch, doch war dies der Grundstein für den Erfolg.

Ohne den Sauvignon Blanc aus Marlborough wäre Neuseeland sicher noch nicht in die Spitzenliga der Weinbauländer vorgestoßen. Mit dem Marlborough Sauvignon Blanc hatte man ein klassisches Aroma kreiert, das sich niemand hätte vorstellen können, und einen Standard gesetzt für pikante, mundwässernd trockene Weine, knackig wie Eissalat und aggressiv wie Stachelbeeren und Limonen, den die übrige Welt seitdem zu kopieren versucht.

Die schneebedeckten Gipfel des Mount Tapuaenuku erinnern daran, dass die Weinberge von Vavasour im Awatere Valley zu den kühlsten Lagen Neuseelands zählen.

DER BOOM AUF DER SÜDINSEL

Während der letzten Generation machte die Weinindustrie auf der Südinsel erstaunliche Veränderungen durch, nicht nur aufgrund der Entwicklung neuer Weinbaugebiete wie Marlborough. Noch 1960 waren alle Anbaugebiete in ganz Neuseeland zusammen 388 Hektar groß. Auf der Südinsel gab es keinen einzigen Rebstock, und die am häufigsten angebaute Sorte war die *Labrusca*-Sorte Albany Surprise, gefolgt von einer Hand voll Hybriden wie Baco 22A und Seibel 5455.

Im Jahr 1975, als die Anbauflächen auf der Nordinsel massiv erweitert wurden – bezogen auf 1960 auf das Sechsfache –, wurden auf der Südinsel gerade die ersten Reben gepflanzt. Auf der Nordinsel hatten sich die Flächen mit Hybriden vergrößert, doch der deutsche Einfluss war mit Müller-Thurgau, der mit 649 Hektar am häufigsten angepflanzten Rebsorte, immer noch am größten. Die Expansion setzte sich mit halsbrecherischer Geschwindigkeit fort. 1982 hatte die gesamte Anbaufläche von Neuseeland 5901 Hektar erreicht; Auckland und Waikato hatten immer noch dieselbe Fläche wie vorher, doch die klaren Führer waren nun Gisborne mit 1922 Hektar, Hawkes Bay mit 1891 Hektar und Marlborough mit beachtlichen 1175 Hektar. Mehrere andere kleine Gebiete wie Nelson und Canterbury auf der Südinsel und Wairarapa auf der Nordinsel hatten inzwischen ebenfalls begonnen, Weingärten anzulegen.

Die dramatische, von der Regierung geförderte Rodung von Rebflächen Mitte der 1980er Jahre führte zu einem Gezeitenwechsel in der Branche, und das dann einsetzende signifikante Wachstum fand fast ganz in hochwertigen Gebieten statt. 2001 erreichte die Gesamtrebfläche (inklusive noch nicht produktiver Areale) 13 637 Hektar, wovon Marlborough mit 4561, Hawkes Bay mit 3132 und Gisborne mit 1652 Hektar die größten Anbaugebiete sind. Und weitere neue hochwertige Gebiete schießen aus dem Boden. Auf der Südinsel hat Central Otago, das 1982 noch gar nicht existierte, 322 Hektar bei der größten Zuwachsrate (die Produktion wird sich von 2001 bis 2004 verdoppeln); Nelson verfügt über 256 und Canterbury über 485 Hektar.

Es lohnt sich auch, einen Blick auf die Rebsorten zu werfen. 1970 war die Hybride Baco 22A mit 217 Hektar die Spitzensorte, seit 1995 ist sie offiziell ausgestorben. Müller-Thurgau nahm im Jahr 1970 194 Hektar ein und hatte sich 1983 mit der zehnfachen Menge an die Spitze gesetzt; bis 2001 war sie auf 370 Hektar zurückgefallen. 1970 gab es keinen Sauvignon Blanc, 2001 jedoch schon 2508 Hektar neben 3229 Hektar Chardonnay und 1391 Hektar Pinot Noir. Gegenwärtig stellen weiße Sorten 67% der Anbaufläche.

NELSON

In den frühen Tagen der Südinsel war Nelson, 75 km nordwestlich von Marlborough, die erste Region, die ein Lebenszeichen von sich gab. Das winzige Weingut Victory Grape Wines in Stoke, etwa 2 km südwestlich der Stadt Nelson, brachte 1973 seinen ersten Jahrgang heraus, und 1974 legte Hermann Seifried den größten Weingarten von Nelson an; andere sind seitdem gefolgt.

Die Entwicklung ging jedoch in relativ kleinem Maßstab voran. Die Waimea Plains auf flachem, doch gut dräniertem Land, das sich bis zur Rabbit Island und zur Tasman Bay erstreckt, hätte ein weiteres Marlborough werden können, nur sind die Grundstückspreise und Anfangskosten erheblich höher. Ein großer Teil der Entwicklung konzentrierte sich auf die schönen Hügel von Upper Moutere ein paar Kilometer weiter nordwestlich. Die Böden bestehen meist aus Tonlehm, bieten aber an diesen Hängen eine gute Dränage, wie sich das auch gehört, da es in Nelson kühler ist als in Marlborough und im Herbst dort ergiebige Regenperioden auftreten. Insgesamt gibt es hier jedoch mehr regenfreie Tage und eine lange Sonnenscheindauer, wobei die Westküste die Hauptwucht der Westwinde abfängt. Obwohl die Trauben eine Woche später reifen als in Marlborough und während der Lese ständig mit Regen gerechnet werden muss, stammen einige der besten Pinots Noirs, Rieslinge und Chardonnays aus diesem Gebiet.

CANTERBURY

Nach einer dreistündigen Fahrt von Marlborough in südlicher Richtung erreicht man Christchurch im Herzen der Region Canterbury an den Ufern der Pegasus Bay. Die örtliche Lincoln University startete 1973 Versuche mit Rebstöcken, obwohl alle traditionellen Indikatoren darauf hinwiesen, dass das Gebiet zu kalt für den Weinbau sein müsste. Es scheint auch weniger warm zu sein als in der Champagne in Frankreich, kaum so warm wie am Rhein in Deutschland, und doch … Ich kann mich gut an eine Weinprobe erinnern, die zu einem meiner eindrücklichsten Damaskuserlebnisse wurde: Es ging um den zweiten Jahrgang des St Helena Pinot Noir 1982, der auf einem alten Kartoffelacker nördlich von Christchurch angebaut worden war und sich als ein aufregender, intensiver Wein erwies, übervoll von leidenschaftlicher Frucht und schwerem Parfum, der es mit vielen Grands Crus der Côte de Nuits hätte aufnehmen können.

Aus dem Stand wurde Canterbury plötzlich zu Neuseelands gelobtem Land für Pinot Noir. Aber ganz so einfach ist es auch wieder nicht – zunächst dürften Wairarapa auf der Nordinsel und Central Otago tief im Süden ihm diesen Anspruch streitig machen, und Canterbury hat tatsächlich mehrere verschiedene Mesoklimate. Die Pinots Noirs und Chardonnays, die mit der größten Regelmäßigkeit gute Qualität hervorbringen, kommen heute von Waipara 40 km nördlich von Christchurch, wo die Teviotdale-Kette die Reben vor den Meeresbrisen schützt und für eine gegenüber Canterbury um 2–3 °C höhere Durchschnittstemperatur sorgt.

Flussterrassen mit Löß und Kies liefern zusammen mit geringen Erträgen üppige, warme Pinots Noirs und Chardonnays, jedoch aufregend schlanke Rieslinge. Es ist schwer zu sagen, ob der Bereich für die Bordeaux-Sorten warm genug ist, doch kostete ich schon einige wunderbar ernste, dennoch sehr zufrieden stellende Tropfen von steinigstem Gelände; in langen, trockenen Herbsten reifen die Trauben ganz langsam auf die Ernte zu, die erst im Mai stattfindet. Die Reben bei Christchurch werden vom Wind ziemlich gezaust, aber auch nicht mehr als die von Giesen, die fantastisch konzentrierte Rieslinge hervorbringen; die Wirkung des Winds wird durch geringe Niederschläge und zuverlässig lange, trockene Herbste gemildert. Im Süden gibt French Farm der Banks-Halbinsel eine weitere Chance, und Landvermesser haben auch weiter südlich am Waireke River schon Hunderte von Hektar abgesteckt. Ein weiteres neues Rebenareal im nördlichen Canterbury, um das Pyramid Valley, erscheint bereits vielversprechend. Die wichtigsten Kriterien für die Reifung von Trauben sind wenig Regen und wasserdurchlässige Böden. Lange, trockene Sommertage gehen in einen trockenen, milden Herbst über, in dem die Reben bis in den Mai hinein am Rebstock hängen können, sofern es im April keinen Frost gibt. Und natürlich ist es die lange Zeit langsamer Reifung, die die intensiven Aromen hervorbringt, genau wie in Nordeuropa, doch ohne den Regen während der Lese.

CENTRAL OTAGO

Es muss jedoch warm genug sein, wenn man intensive Aromen erhalten will. Müsste dann nicht Central Otago bei Queenstown im Herzen des Skigebiets von Neuseeland, die südlichste Weinregion der Welt, etwas zu kalt sein? Beim wackeligen Anflug auf den winzigen Flugplatz von Queenstown fühlen Sie sich zwischen den nebelverhangenen Bergen wie in Schottland. Und auf dem Papier erscheint die Landschaft ebenfalls als zu »schottisch« für den Weinbau. Doch hat dieses Gebiet als einziges der Anbaugebiete auf der Südinsel ein kontinentales Klima. Eine südliche Breite von 45° entspricht der geografischen Breite des Rhône-Tals und von Bordeaux in der nördlichen Hemisphäre. Und es gibt hier und da warme Flecken, an den Ufern von Seen, unterhalb nackter Felswände, die die Wärme reflektieren und sie für kühle Sommernächte speichern.

So weit südlich sind die Sommertage lang, die Niederschläge gehören zu den niedrigsten in Neuseeland, und zwischen Dezember und Februar gibt es ungewöhnlich viele wolkenlose Tage mit Temperaturen über 20 °C; häufig werden sogar 30 °C erreicht. Ebenso bedeutsam sind die schrecklich kalten Nächte, die sich in der bemerkenswert intensiven Frucht der Otago-Weine zeigen. Heiße Tage bringen Reife, kalte Nächte viel Säure. Das erfreuliche Resultat sind eindrucksvoll fruchtige Aromen.

Chardonnay, Pinot Gris, Riesling und Sauvignon Blanc zeigen hier viel Potenzial, der Star ist aber Pinot Noir. 2004 wird Pinot Noir in Central Otago mit geplanten 462 Hektar (drei Viertel der Anbaufläche) über alle anderen Sorten dominieren. Der Distrikt Bannockburn, eine nach Norden abfallende Hügelkette mit aufgegebenen Goldminen und trockenste Gegend von ganz Neuseeland, sieht sehr aufregend aus; die Sonnenfalle Earnscleugh könnte sogar noch besser sein.

DAS KLIMA IN MARLBOROUGH UND NELSON

Geschützt von den starken Winden vom Meer, ist Marlborough eine der wenigen Regionen auf der Südinsel, die für den Weinbau im großen Maßstab geeignet sind. Die Neuseeländischen Alpen halten die vorherrschenden Westwinde ab, und in ihrem Regenschatten erhält das Gebiet wenig Niederschläge und wenig Wolken, dadurch viel Sonnenschein. Die Südspitze der Nordinsel schützt die Rebflächen vor den Herbststürmen, die vom Pazifik hereinkommen. Der einzige Wind, der die Weinstöcke in der Ebene des Wairau-Tals beeinflusst, ist warm und trocken, was der Reifung sehr zuträglich ist. Ähnlich wie Marlborough hat Nelson warme Sommer und eine vielversprechend hohe Zahl an Sonnenscheinstunden, doch zur Zeit der Lese ist die Gefahr zerstörerischen Herbstregens groß.

ROTE REBSORTEN

Pinot Noir ist für das kühle Klima am besten geeignet. Cabernet Sauvignon, Cabernet Franc und Merlot werden ebenfalls angebaut.

WEISSE REBSORTEN

Sauvignon Blanc führt mit doppelt so großer Anbaufläche vor Chardonnay. Es folgt Riesling, dann kommen Semillon und der aufsteigende Star Pinot Gris.

KLIMA

Das Klima ist kühl mit viel Sonnenschein, der die Reifung fördert. Im Herbst gibt es wenig Regen, doch können Wind und Frost zum Problem werden.

BODEN

Es gibt vielfältige Böden. Schwemmkies oder -schluff auf einem Kiesuntergrund bieten einen guten Wasserabzug. Darüber hinaus gibt es Areale mit kreidigen, kalkreichen Lehmen und Landstriche mit Lößböden.

TOPOGRAFIE

Viele Rebfelder sind flach und liegen in geringer Höhe. Nelson ist hügelig und besitzt einige sonnige, geschützte Lagen.

Wohl der berühmteste Sauvignon Blanc der Welt: Cloudy Bay aus Marlborough auf der Südinsel.

MARLBOROUGH

ROTE REBSORTEN
Zwar ist Marlborough vor allem für Weißwein bekannt, doch ist Pinot Noir inzwischen die drittwichtigste Rebsorte; ein Großteil wird für Schaumwein verwendet. Merlot und Cabernet Sauvignon sind in kleineren Mengen vertreten.

WEISSE REBSORTEN
Sauvignon Blanc ist mit fast der Hälfte der Gesamtanbaufläche vorherrschend. Chardonnay kommt an zweiter Stelle, Riesling folgt mit weitem Abstand.

KLIMA
Die Witterung ist kühl, doch es gibt viel Sonne. Zwischen Oktober und April gibt es wenig Regen. Frost und Wind können Probleme verursachen.

BODEN
Der Boden reicht von Ton bis zu grobem Kies. Sehr steinige Areale müssen künstlich bewässert werden.

TOPOGRAFIE
Das Awatere Valley profitiert von sanften Hügeln, die eine gute Sonneneinstrahlung begünstigen.

Schade, dass ich die Region Marlborough auf der Südinsel Neuseelands vor dem Weinboom noch nicht kannte. Wenn ich zu Beginn der 1970er Jahre dorthin gekommen wäre, was hätte ich gesehen? Eintöniges Weideland, Schafe, Knoblauchbeete, Kirschbäume, Schafe, einen verschlafenen Marktflecken – und wieder ein paar Schafe.

Jetzt, zu Beginn des dritten Jahrtausends, hat die Region mehr Rebstöcke als jedes andere Gebiet in Neuseeland und expandiert mit einer Geschwindigkeit, die die ganze Region wie in einem Goldrausch erscheinen lässt. Auf jedes riesige Weinfeld, dessen grün belaubte Rebstöcke in der Sommersonne glänzen, kommen ein weiteres riesiges Feld mit nackter Erde, das mit Pfosten und Drähten überzogen ist und für einen weiteren Rebenteppich vorbereitet wird. Für all das gibt es nur einen Grund: Marlborough bietet ungewöhnlich gute Voraussetzungen für den Weinbau. Ich würde sogar noch weiter gehen. Es ist einer der großartigsten Standorte auf der Welt. Doch geht es hier nur um Sauvignon Blanc? Nein, Marlborough ist nicht mit Sauvignon und nicht mit Montana gleichzusetzen, obwohl dieses Unternehmen zwischen einem Drittel und der Hälfte der Reben von Marlborough besitzt oder unter Kontrakt hat. Es gibt inzwischen andere, noch edlere Etiketten unter der Führung des hervorragenden Cloudy Bay – eines der gefragtesten Weine der Welt, dessen erster Jahrgang erst 1985 herauskam.

Wie jedes andere große Weinbaugebiet ist Marlborough kein Mehrzweckerzeuger, da man dann herausragende Qualität gegen zuverlässige Durchschnittlichkeit eintauschen müsste. Mit Cabernet Sauvignon kann man in Marlborough meist nicht viel anfangen, obwohl diese Sorte auf steinigem und wasserdurchlässigem Boden und bei gering gehaltenen Erträgen in warmen Jahren gut reif wird; der Merlot erzielt hingegen gute Resultate. Man hatte angenommen, dass die kühle Witterung auf Pinot Noir zugeschnitten sei, doch lässt die Region erst allmählich erkennen, dass diese schwierige Traube hier Potenzial hat. Auch von Chardonnay hatte man angenommen, dass er regelmäßig hervorragende Weine hervorbringen würde, doch er endet meist als Schaumwein. Inzwischen gibt es jedoch tatsächlich einige verblüffend köstliche, sahnige, intensive Chardonnays.

Sauvignon Blanc war praktisch vom ersten Jahrgang an Weltklasse, und jedes Jahr tauchen neue Beispiele dafür auf. Ich liebe den Marlborough Sauvignon. Es kann sein, dass Sie ihn nicht mögen. In Ordnung. Diese Art von Wein ruft eine entschiedene Reaktion hervor. Es wäre schön, wenn auch der Riesling eines Tages wieder eine solche Reaktion forderte, denn Marlborough kann auch hervorragenden Riesling hervorbringen, der normalerweise trocken, gelegentlich aber auch von üppiger Süße ist.

WO DER WEIN WÄCHST

Hier ist eines der jüngsten Qualitätsweingebiete der Welt in seiner ganzen Pracht zu sehen. Jeder Rebstock hier wurde nach 1973 gepflanzt. Doch nicht das ganze Gebiet Marlborough eignet sich für den Weinbau. Ein großer Teil des Landes im rechten Teil des Panoramas, in Meeresnähe, besitzt zu viel Schluff, und trotz der verstreuten Flecken mit Kies sind die meisten dieser niedrig gelegenen Flächen zu frostanfällig für einen erfolgreichen Weinbau. Frühjahrs- und Herbstfröste kann es jedoch im ganzen Tal geben.

Die beiden Seiten des Wairau-Tals verfügen über sehr unterschiedliche Voraussetzungen. So ist der Boden im Norden am Fluss selbst meist sehr steinig und wasserdurchlässig und liefert viel Wasser für die künstliche Bewässerung. Das Land ist im Allgemeinen flach, es gibt jedoch Mulden, die fruchtbareren Boden enthalten. Dort reifen die Reben langsamer als auf den steinigen Anhöhen. Der südliche Teil des Tals hat fruchtbarere, Wasser speichernde Böden, jedoch geringere Wasservorräte, und die Trauben werden bis zu zwei Wochen später reif als die am Wairau River selbst.

Das Awatere Valley liegt unmittelbar außerhalb der rechten unteren Ecke des Panoramas. Sein etwas wärmeres Klima und der extrem steinige, ertragsarme Boden bieten die besten Voraussetzungen für rote Rebsorten.

Wie lassen sich nun all diese intensiven Aromen erklären? Das Geheimnis liegt in der langen, langsamen Traubenreifung. Blenheim kann eine längere Sonnenscheindauer verbuchen als irgendeine andere Stadt in Neuseeland. Während der Reifungsperiode erhält Marlborough etwa das gleiche Quantum Wärme wie Burgund und etwas weniger als Bordeaux. Doch die durchschnittliche Tagestemperatur ist niedriger als in diesen beiden Gebieten, während sich diese sonnige Periode bis in den April oder sogar in den Mai hinein erstreckt, wobei die kalten Nächte für einen ausreichenden Säuregehalt sorgen.

Das ist gut und schön, wenn man sich auf einen trockenen Herbst verlassen kann. Das kann man auch beinahe immer. Das schlechte Herbstwetter in Neuseeland kommt größtenteils aus dem Pazifik im Osten und wird von der Nordinsel abgefangen. Die Südwinde werden von den Neuseeländischen Alpen abgehalten, und die feuchten Westwinde während der Vegetationszeit von dem Gebirge im Westen. Die Regenfälle im Februar bis April sind geringer als in jedem anderen neuseeländischen Weinbaugebiet. Angesichts der kühlen Witterung ist es entscheidend, dass die Weingärtner den Mut haben, ihre Trauben lange hängen zu lassen. Die trockenen Herbste belohnen dieses Vertrauen, allerdings kann gelegentlich ein Herbstfrost verheerende Folgen für die Ernte haben. Da es nur geringe Niederschläge gibt, brauchen die Winzer wenig Schädlingsbekämpfungsmittel.

Der fehlende Regen bedeutet jedoch, dass man künstlich bewässern muss. Die Nordseite des Tals bekommt reichlich Wasser vom Wairau River und seinen Grundwasseradern, während die Südseite trockener ist und das Wasser häufig vom Norden herangepumpt werden muss. Der Süden braucht jedoch weniger Bewässerung, da er fruchtbarere, Wasser speichernde Böden besitzt. Die Rebflächen im Norden befinden sich meist auf dünnen Schluffschichten über praktisch völlig durchlässigem Kies. In einigen Rebfeldern sieht man vor lauter Steinen den Boden nicht. Wenn man noch den trockenen Nordwind dazurech-

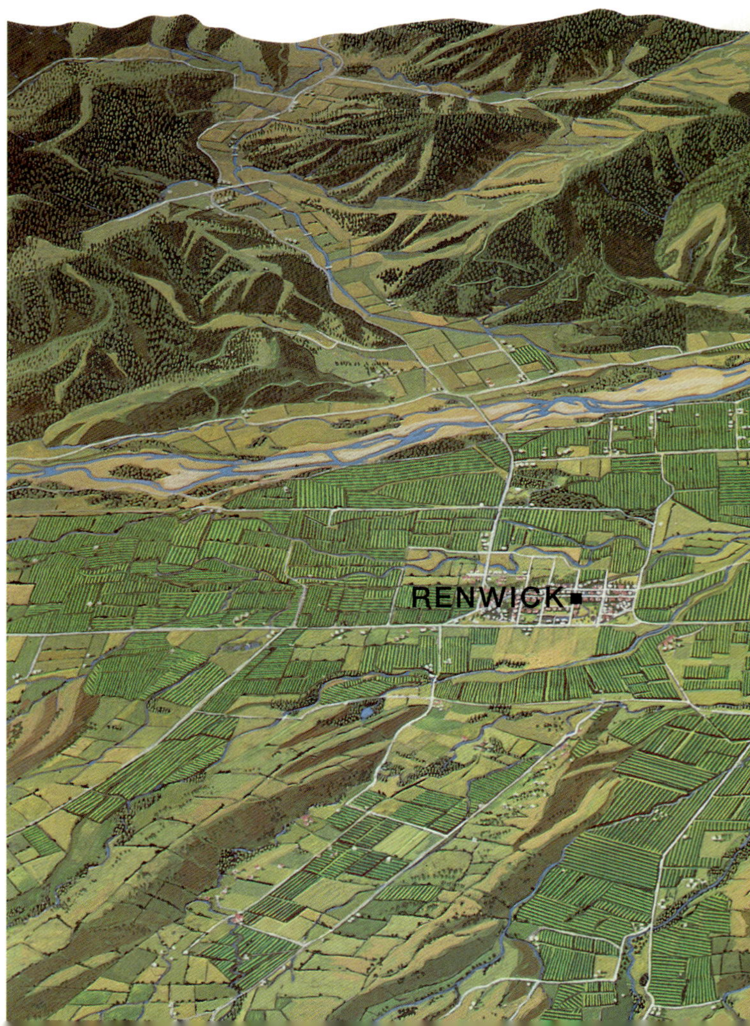

net, der die Verdunstung von Wasser aus den Blättern fördert, wird klar, dass künstliche Bewässerung vonnöten ist.

Südöstlich von Blenheim, am Highway One, dehnt sich das Awatere Valley aus, das an seiner Nordseite eine Reihe steiniger, flacher Flussterrassen besitzt, mit einem Lößoberboden, der kaum durch die Steine schaut. Diese dünne Schicht liegt auf einem tiefen Kiesbett, und darunter massiver, mineralreicher Schieferton. Dank niedriger Erträge und guter Abschirmung vor den Nordwestwinden – und trotz gelegentlicher Südwinde – erzeugt Vavasour die besten Cabernets des Gebiets und ausgezeichnete Weißweine. Auch dieses Anbaugebiet dehnt sich kräftig aus, sowohl nahe dem Meer als auch 25 km weit ins Hinterland, außerdem auf der fruchtbareren Südseite des Tals.

In Marlborough fragt man mich immer wieder, was der nächste Modewein im Ausland sein wird, und ich bin sicher, dass man Viognier, Marsanne, Malvasia hören will, um noch einmal so richtig loslegen zu können. Doch Marlborough sollte auf dem Erreichten aufbauen. Einer meiner Freunde dort meinte dazu: »Es ist sehr schwierig, auf irgendeinem Feld der Beste der Welt zu sein: Neuseeland hat dieses Ziel mit dem Sauvignon Blanc erreicht. Es sollte einfach mehr davon machen.« Darauf kann ich nur mein Glas heben.

SPITZENWEINGÜTER

1. Seresin Estate
2. Grove Mill
3. Isabel Estate
4. Cellier Le Brun
5. Forrest Estate
6. Framingham Wine
7. Nautilus
8. Wairau River
9. Huia
10. Le Grys Vineyard/ Mud House
11. Gillan Estate
12. Lake Chalice
13. Fromm Winery
14. Fairhall Downs
15. Villa Maria Estate
16. Wither Hills
17. Jackson Estate
18. Cloudy Bay
19. Allan Scott
20. Cairnbrae
21. Hunter's
22. Drylands Estate (Nobilo/Selak)
23. Saint Clair
24. Whitehaven
25. Lawson's Dry Hills Wines
26. Montana Brancott Winery

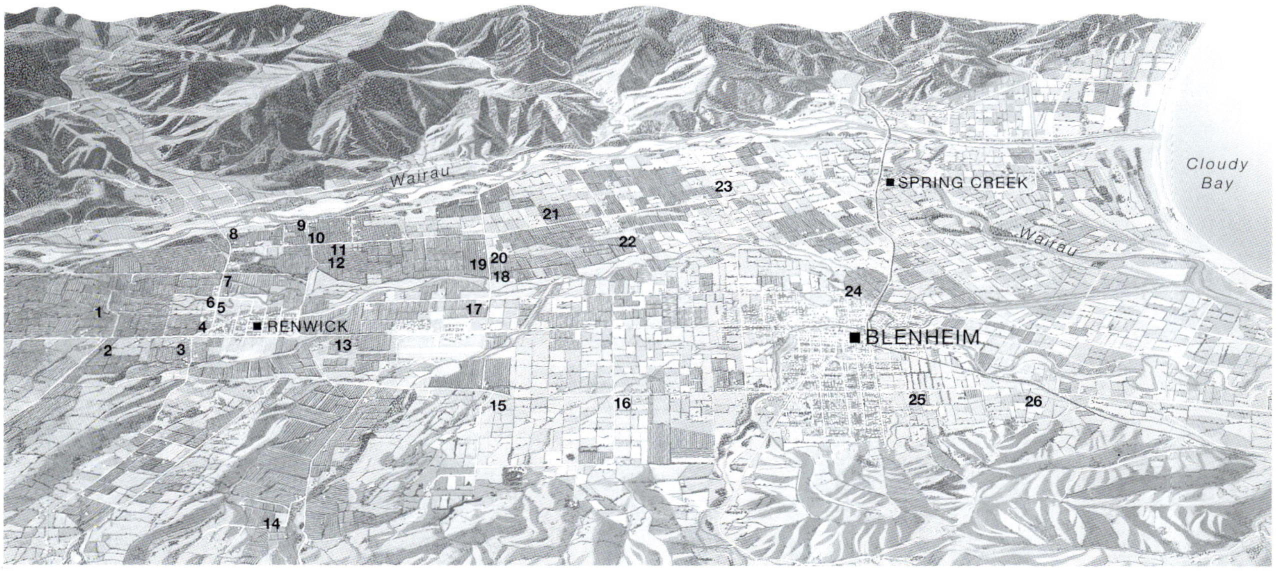

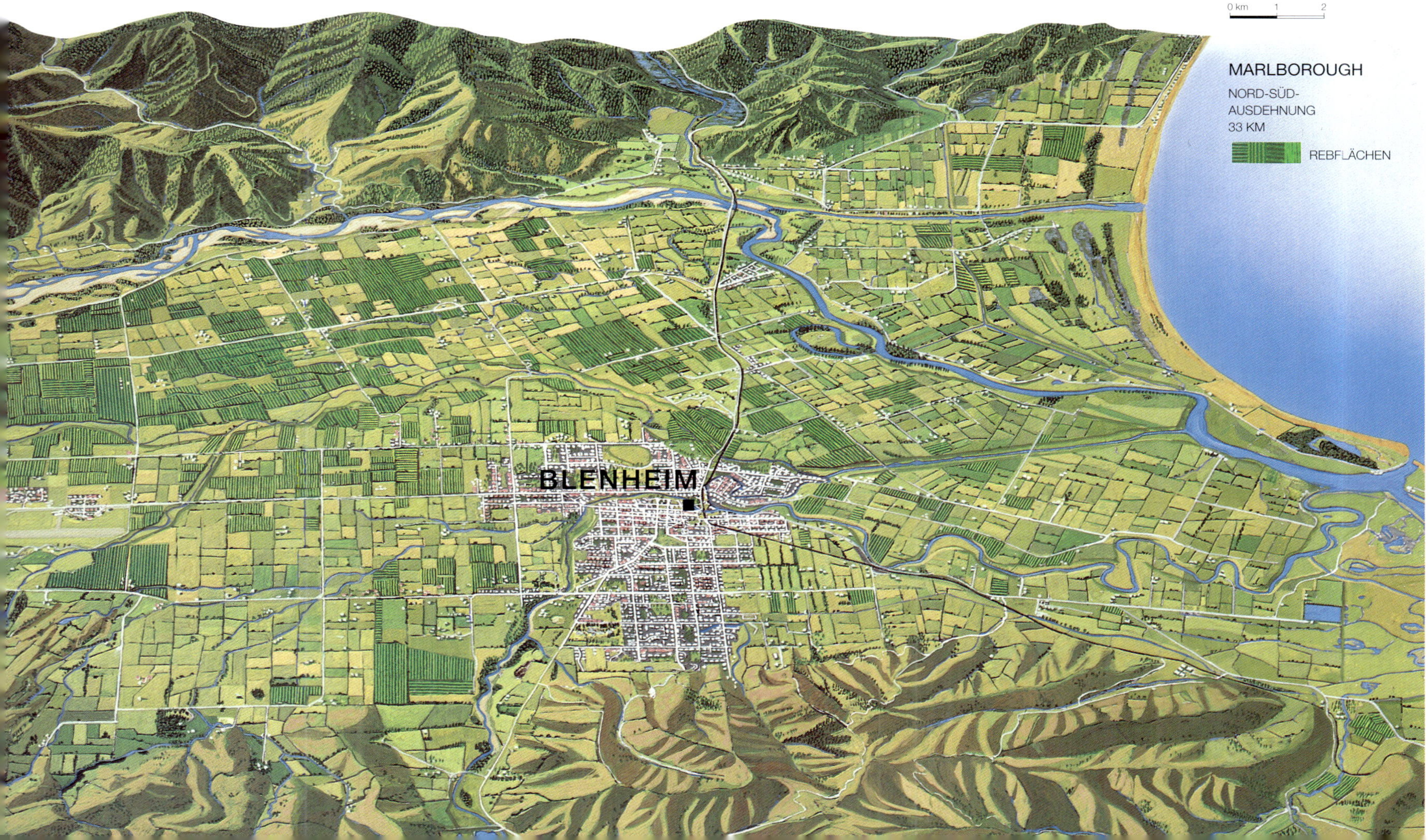

SÜDAFRIKA

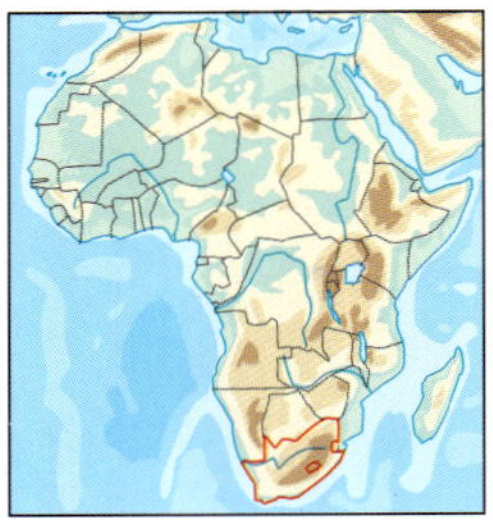

Seitdem ich über Wein schreibe – also seit den 1980er Jahren –, schien es nie der richtige Zeitpunkt, über die Weine und Weinberge Südafrikas zu schreiben. Damals war es überhaupt sehr schwierig, da kaum herauszubekommen war, was vor sich ging. Die Weinindustrie verhielt sich in den letzten Jahren der Apartheid extrem defensiv, und sie wurde von riesigen Gruppen wie der KWV kontrolliert – dies klingt wie eine Geheimpolizei, ist aber die Koöperatieve Wijnbouwers Vereniging van Zuid-Afrika, die mächtige Organisation der Genossenschaften, die am Kap mit eiserner Faust regierte. Ihre PR erzählte eine einzige Geschichte: dass alles in bester Ordnung sei und dass die ältesten Weinberge der Neuen Welt (das Gründungsjahr ist 1655!) gediehen und klassische Weine produzierten wie seit ehedem. Nun, das war Blech. Die meisten Rebflächen waren mit Viren infiziert. Der Großteil der Reben bestand aus Chenin Blanc, Colombard und anderen Sorten, deren Trauben stracks in die Destillerien gingen. Das war nicht überraschend, da kaum ein Weinbauer Wein trank, Cola wurde allgemein bevorzugt. Und die Weinbereitung war in einer veralteten Ausrüstung und in einer Mentalität stecken geblieben, die auf der risikoscheuen, vorschriftenwütigen deutschen Schule der 1960er, 1970er Jahre beruhte. Auf die bahnbrechenden, neue Regeln definierenden Strömungen in Kalifornien und Australien blickte man mit einer Mischung aus Verachtung und Furcht. In den 1980er Jahren waren Fortschritte in Kellertechnik und -einrichtungen festzustellen, dazu ein Ehrgeiz, der weniger an den Traditionen hing als je zuvor. In Weindingen waren die 80er Jahre die experimentierfreudigste Dekade des zwanzigsten Jahrhunderts, außer in Südafrika. Die Weinwelt wurde zu einem lärmenden, geschwätzigen globalen Dorf, nur Südafrika spielte den Einsiedler.

In den 1990er Jahren wurde alles anders. Als Mandela aus dem Gefängnis entlassen wurde, begann am Kap der Wind des Wandels zu wehen. Südafrika wurde in aller Welt große Sympathie entgegengebracht, und der Weinexport stieg raketengleich. Dieser Erfolg hatte aber seine Schattenseite. Nur wenige Weinberge lieferten Anspruchsvolleres als die Seen von nichts sagendem Zechwein. Weine, die zuvor die Stars waren, entpuppten sich im strahlenden Licht der neuen Weinwelt als altbacken und überholt. Während der ganzen Dekade tobte der Krieg zwischen der reaktionären alten Garde, die weder zu Veränderungen noch zum Rückzug aus alten Privilegien bereit war, und der neuen Generation von Weinmachern, die sich im Ausland umgesehen hatten (und zum ersten Mal seit Menschengedenken von den Erzeugern anderer Länder willkommen geheißen worden waren) und voller Enthusiasmus und neuer Ideen zurückgekehrt waren.

So scheint endlich der Beginn des einundzwanzigsten Jahrhunderts der richtige Zeitpunkt, um über Südafrika zu berichten. Es herrscht eine optimistische, zuversichtliche Atmosphäre, an die Stelle von Arroganz traten Glaubwürdigkeit und Inspiration. Die Veränderungen in den Weinbergen sind dramatisch, und dies ohne das Schielen auf das schnelle Geld, das mir in Australien, Neuseeland und den USA manchmal sauer aufstößt. Und die Weine? Sie sind anders. Berstend vor lebhafter Frucht, behutsam gezügelt durch das Eichenfass, und tatsächlich allmählich mit regionaler Identität. Ein Sauvignon aus Constantia, ein Riesling aus Elgin, ein Pinot Noir von der Walker Bay, ein Shiraz aus Wellington, ein Malbec vom Paarl Mountain, ein Pinotage aus Simonsberg, ein Chenin von den Buschreben an den Berghängen von Malmesbury: alles ganz individuelle Weine, alle anders als das, was der Rest der Welt aus diesen Sorten macht. Und dies ist erst der Anfang, wie ich glaube. Nach einer Generation, in der die Weine sich nicht entscheiden konnten, ob sie Alte oder Neue Welt sein wollten, zeigen sie, dass sie

PANORAMAKARTE SÜDAFRIKA

Stellenbosch, Paarl und Franschhoek *S. 324/325*

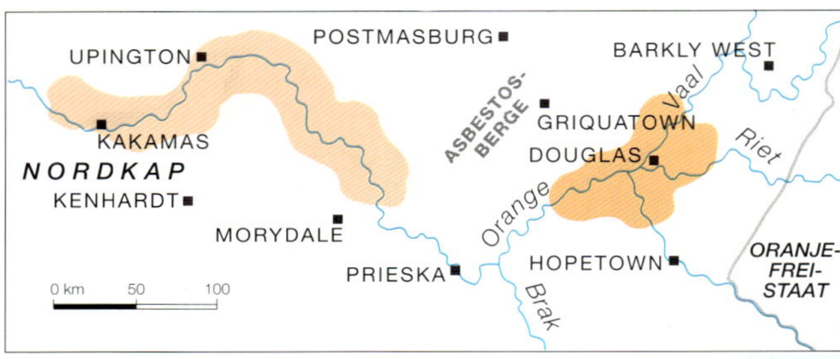

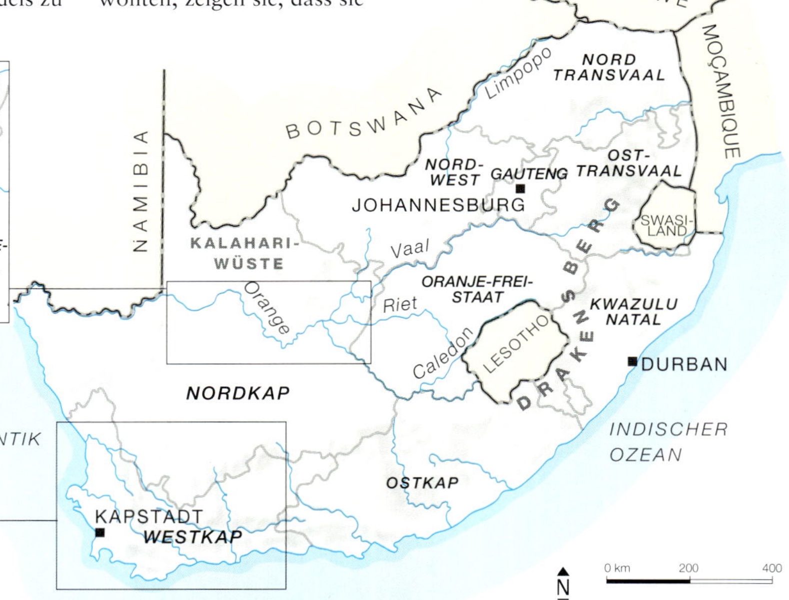

WICHTIGE WINE-ORIGIN-REGIONEN, BEZIRKE UND WARDS

NORDKAP
- Lower Orange River
- Douglas

WESTKAP
- REGION OLIFANTS RIVER
- Lutzville Valley
- REGION BOBERG
- Tulbagh
- Paarl
- KÜSTENREGION
- Swartland
- Groenekloof (Ward)
- Stellenbosch
- Cape Point
- Constantia (Ward)
- Tygerberg
- REGION BREEDE RIVER VALLEY
- Worcester
- Robertson
- Swellendam
- REGION KLEIN KAROO
- Calitzdorp

WEITERE BEZIRKE UND WARDS
- Overberg
- Elgin (Ward)
- Piketberg

genau das sind – keines von beiden. Oder beides, was vielleicht noch mehr aussagt.

DIE IDEE DES TERROIRS

Diese Mischung aus neuer Unvoreingenommenheit und einem eher an Frankreich als an Australien orientiertem Denken führte dazu, dass das französische Konzept des Terroirs sich fest im Zentrum der modernen südafrikanischen Weinideologie verankert hat. Dazu gehören das genaue Studium der geografischen Verhältnisse und das Experimentieren, welche Sorte zu welcher Lage passt. Das ist ein langer Prozess, das geht, wie man sich vorstellen kann, nicht von heute auf morgen; doch anders als in anderen Ländern der Neuen Welt sind die Behörden dazu bereit, die Abgrenzung kleiner Weinbaubereiche auf der Grundlage des Terroirs vorzunehmen.

Terroir? In der Neuen Welt? Es ist durchaus so, dass die Erzeuger in aller Welt ihre Aufmerksamkeit mehr und mehr auf die Kombination von Boden, Klima und Exposition richten, die das Konzept des Terroirs ausmacht. Oft genug aber zögern sie zuzugeben, dass sie dies tun, oder sie werfen mit diesem Wort um sich wie ein Marketingmensch, der ein neues Spielzeug gefunden hat.

Bevor ein neuer »Ward«, wie solche kleinen Bereiche in Südafrika genannt werden, festlegt wird, werden einige Dinge geprüft. Dazu gehören die Einheitlichkeit von Boden und Klima, ökologische Faktoren, die Geografie des Bereichs, traditionelle Praktiken, die den Charakter des Weins prägen oder einen Bereich vom anderen unterscheiden können, eine bereits unter Beweis gestellte Fähigkeit, unverwechselbaren Wein zu liefern, sowie ein eventuell hergebrachter Name des Bereichs. Das scheint noch andere Faktoren als das Terroir zu umfassen, doch – wer weiß wirklich, was ein Terroir ausmacht? Das Land gehört dazu, das Klima, aber auch jede Art von menschlichem Eingriff, der die Natur formt. Und das ist so ziemlich das, worum es in diesem heterogenen Regelwerk geht. Auf jeden Fall wird das Terroir als grundlegender Faktor sehr viel umfassender berücksichtigt als zuvor: Größere Distrikte und Bereiche wurden bisher nach den politischen Grenzen festgelegt. Und es ist diese augenfällig einheitliche Topografie, die die Einrichtung der Wards sehr sinnvoll erscheinen lässt.

Südafrika ist der sechstgrößte Weinproduzent der Welt, hinsichtlich der Rebfläche nimmt es aber nur den neunzehnten Rang ein. Das zeigt, wie groß die Erträge sind, in den meisten bewässerten Bereichen wie Olifantsrivier und Orange River bis zu 350 hl/ha (und noch mehr), wobei nur ein Teil dieser mit Wasser aufgepumpten Trauben als Wein endet. Im Bereich Orange River sind es nur etwa 30%; der Rest wird zu Rosinen, Saftkonzentrat oder Weingeist verarbeitet. Doch in Stellenbosch oder Paarl liefern die Reben nur ganze 20 hl/ha, und weitere Bereiche – Robertson, Walker Bay, Elgin, Constantia, Durbanville, Swartland, Wellington und Franschhoek – sind gleichfalls gewillt, die Qualität deutlich zu verbessern, was in erster Linie Ertragsreduktion bedeutet.

Will man einen Weinbauern einer Genossenschaft davon überzeugen, die Erträge zu beschränken, ist das nicht weniger als der Versuch, die gesamte Denkweise des Bauern umzukrempeln, der Erfolg mit großer Ernte gleichsetzt. Allerdings werden die Qualitätsbestrebungen seit einigen Jahren von einem am Kap relativ neuen Phänomen genährt, einer großen Zahl selbständiger Winzer. Zwischen 1997 und 2000 wurden gut 120 neue Weingüter gegründet – etwa eines alle neun Tage. Natürlich sind sie noch keine dominierende Kraft, die Genossenschaften verarbeiten etwa 85% der Ernte. (Die Ziffern für die Genossenschaften schließen auch diejenigen ein, die inzwischen eigenständige Firmen sind wie die KWV.)

Die Weinberge von Buitenverwachting in den Bergen hinter Kapstadt gehören zu dem berühmten Gut Constantia, das 1685 von Simon van der Stel gegründet wurde.

ROTE REBSORTEN
Die besten Rotweine stammen von den klassischen Rebsorten Cabernet Sauvignon und Cabernet Franc, Merlot und Pinot Noir. Auch Shiraz und Pinotage gedeihen hier.

WEISSE REBSORTEN
Die international beliebten Sorten Chardonnay und Sauvignon Blanc werden verbreitet angebaut. Sémillon ist eine Spezialität von Franschhoek. Chenin Blanc und Riesling bringen gute Süßweine hervor.

KLIMA
Das Klima ist mediterran, die meisten Niederschläge fallen im Winter, die Sommer sind ziemlich heiß und trocken. Der dringend benötigte kühlende Sommerwind, der »Kap-Doktor« genannt wird, bläst von der False Bay landeinwärts.

BODEN
Die östlich gelegenen Berghänge aus Granit begünstigen die Rotweinerzeugung. Die sandigeren Böden im Westen sind besser für weiße Rebsorten geeignet.

TOPOGRAFIE
Früher wurden die Rebfelder in den Flusstälern angelegt, doch Qualitätserzeuger bepflanzen inzwischen die Berghänge, die von kühleren Höhen, frischen Meeresbrisen und weniger direktem Einfall des Sonnenlichts profitieren.

Der Sauvignon Blanc von Mulderbosch ist seit Anfang der 1990er Jahre zum Kultwein geworden.

False Bay am weitesten entfernte. Die Weinberge erreichen eine Höhe von 480 m ü. d. M., wo auf Granitverwitterung weit überwiegend weiße Sorten gepflanzt sind. Tiefgründige rote Böden in niedrig gelegenen, geschützten Lagen liefern fleischige, gut strukturierte Rotweine, vor allem aus den Sorten Pinotage, Shiraz und Cabernet.

Der Ward Bottelary hat warmes Klima, so dass sich die Rebflächen östlich der Stadt Stellenbosch bis in 300 m Höhe hinaufziehen. Erst seit neuem füllen die Winzer selbst ab, neue Erzeuger und revitalisierte alte erzielen hier aufregende Aromen. Über die Bottelary Hills verläuft ein Weinpfad, der einen grandiosen Blick über den Tafelberg, Kapstadt, die Hottentots-Berge und das Meer eröffnet. Jenseits der Hills kommen Sie ins Devon-Tal, dessen sanfte Abhänge ein nach Westen offenes U bilden; in seiner Achse verläuft die kurvige Landstraße, die das Tal mit Stellenbosch verbindet. Intensiver für den Weinbau genützt als Bottelary, ist es ebenfalls Rotweinland, auf den Hängen an der Südseite des U gedeiht jedoch auch Chardonnay sehr gut. Meist gibt es tiefen roten Boden; lange Zeit wurde das Tal mit Shiraz verbunden, Cabernet ist heute ebenfalls erfolgreich. Im Allgemeinen sind die Weine zurückhaltender und weniger robust als die von Simonsberg oder Bottelary.

Wenn Ihnen die Landschaft hier noch nicht spektakulär genug ist, wenn Sie etwas absolut Fantastisches sehen wollen, fahren Sie ins Jonkershoek-Tal. Die schmale Straße windet sich durch immer näher kommende, hoch aufragende Berge. Nur 200 Hektar Reben gibt es hier, fast alle am Beginn des Tals und auf steilen Hängen bis in 350 m Höhe gelegen. Südöstlicher Wind bläst das Tal hinunter, und hohe Berggipfel verringern die Einstrahlung der morgendlichen und abendlichen Sonne, weshalb zunächst hauptsächlich Chardonnay gepflanzt wurde. Trotz der Umweltbedingungen erzielt man aber mit Shiraz und Cabernet die besseren Resultate.

Der jüngste und kleinste Ward von Stellenbosch ist Papegaaiberg (»Papageienberg«). Hier begrenzen die Siedlungen und ein Kiefernwald die Rebfläche auf gerade 180 Hektar; Wein wird hier noch nicht gemacht. Interessanter ist die Entwicklung am Nordrand des Heldebergs im Blaauwklippen-Tal, wo bereits drei exzellente Weingüter arbeiten. Und schon außerhalb Stellenbosch, im windgezausten Lourensford-Tal, liegt Vergelegen, eine der Spitzenkellereien Südafrikas.

DIE WARDS VON PAARL
Mit 155 173 Hektar Fläche ist Paarl der wesentlich größere Distrikt (17 402 Hektar sind mit Reben bestockt), der eine Vielzahl unterschiedlicher Mesoklimate, Böden, Höhen und Topografien bietet. Anders als Stellenbosch verstand es sich nie als kühles Anbaugebiet; nur die letzten Ausläufer der Brisen von der False Bay, dazu etwas Westwind vom Atlantik, gelangen noch hierher. Verständlicherweise produziert man hier aus den Rhône-Sorten sowie Pinotage recht ungestüme Weine. Es gibt aber auch einige kältere Flecken, an denen die empfindliche Pinot Noir Gutes leistet.

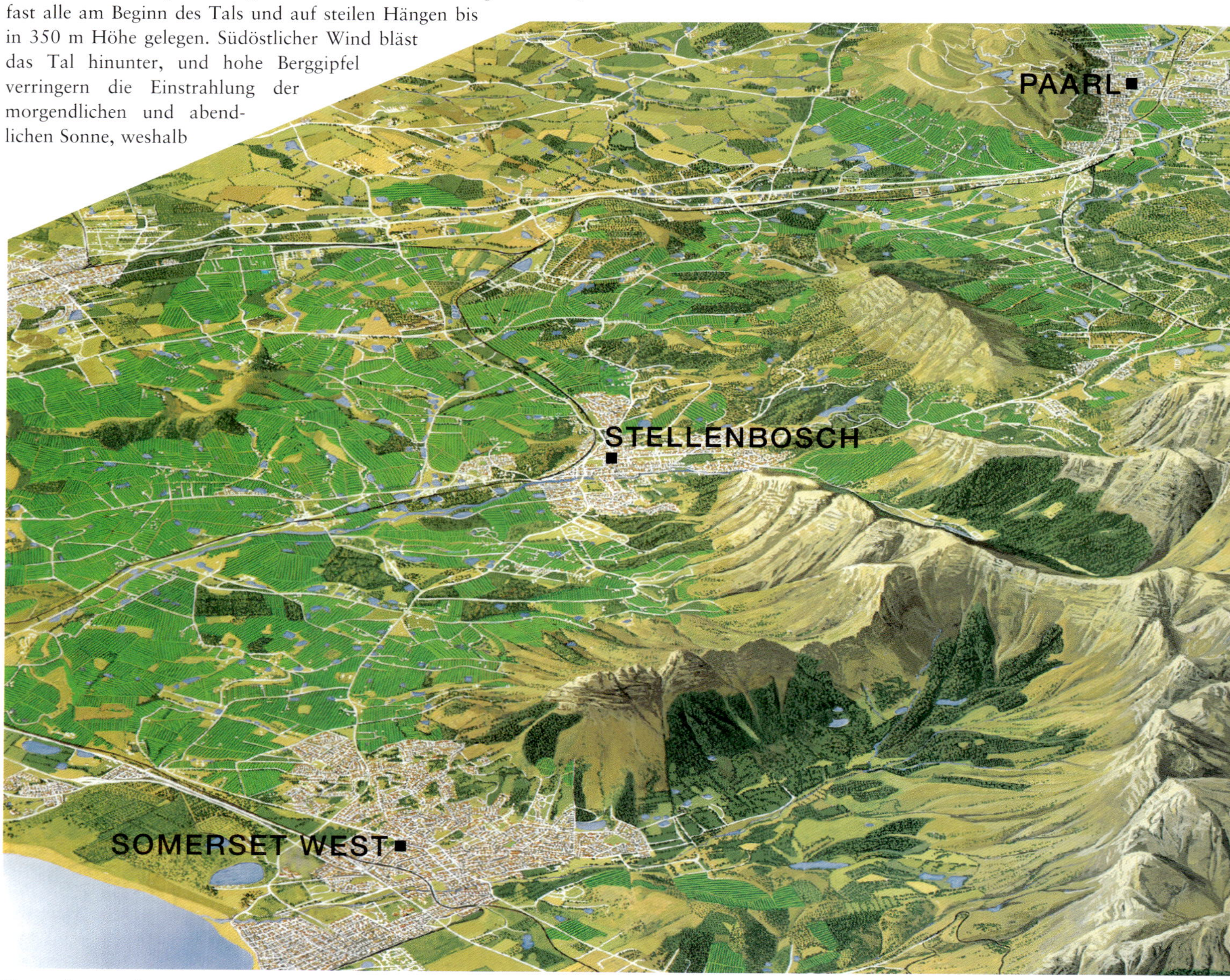

Gegenwärtig findet man in Paarl zwei Wards; ein dritter, Simonsberg-Paarl, soll an der Nordseite des Simonsbergs eingerichtet werden. Eine interessante Idee. Sie ist etwas Spezielles, denn in einer auf den ersten Blick heißen Region produziert Glen Carlou preisgekrönten Pinot Noir, während jenseits des Tals, an der Südseite des Paarl-Bergs, die Rhône- und Bordeaux-Sorten des Guts Fairview in der Sonne zu perfekter Reife gekocht werden. Franschhoek ist der berühmteste Ward, ein lang gestrecktes, von Bergen eingefasstes Tal; schlechte Zugänglichkeit, Wälder, Obstgärten und anders nicht nutzbares Land beschränken die Reben auf nur 1500 Hektar. Die sandigen Schwemmböden des Talbodens lieferten jahrzehntelang minderwertige Weine, weitgehend aber deswegen, weil die Ernte der eigentlich sehr guten Weinbaubetriebe in Genossenschaften verarbeitet wurde. Neue Erzeuger wie Boekenhoutskloof beweisen nun, dass diese Böden bei sorgfältigen Anbaumethoden verblüffend guten Semillon und Cabernet liefern. Und es gibt darüber hinaus eine riesige Zahl von Lagen, die noch unter den Pflug genommen werden können. Die Weinberge reichen bis in 420 m Höhe hinauf, und das Hauptproblem ist, den kühlenden Effekt des Südostwinds zu nützen, der das Tal hinunterfegt, ohne dass die Reben niedergewalzt werden.

Der Ward Wellington hat ein wärmeres Klima. Sein Chenin Blanc ist traditionell der Stützpfeiler für seinen »Kap-Sherry«, doch das ist nur die Hälfte der Geschichte; es gibt eine ganze Bergflanke mit ausgezeichnetem, eisenhaltigem Glen-Rosa-Boden, auf dem exzellente Rotweine gewonnen werden, und die nach Osten weisenden Lagen des Groenbergs bieten mit die kühlsten Bedingungen am Westkap – und verblüffende Rotweine als Resultat.

Gemessen an der Rebfläche waren 1994 in Paarl Chenin Blanc, Cinsaut, Cabernet Sauvignon, Cape Riesling (Crouchen) und Colombard die wichtigen Sorten. Im Jahr 2000 führte Chenin Blanc noch, doch Cabernet Sauvignon hatte Cinsaut überholt, den Rest stellten hauptsächlich Pinotage, Sauvignon Blanc, Shiraz und Merlot. In Stellenbosch folgten 1994 auf Chenin Blanc Cabernet Sauvignon, Sauvignon Blanc, Chardonnay und Merlot. Heute liegt Cabernet Sauvignon vor Chenin, und Sauvignon Blanc, Pinotage, Merlot und Shiraz nehmen kräftig zu.

WO DER WEIN WÄCHST *Das wichtigste Charakteristikum im Panorama ist unten links die False Bay mit ihren kalten Gewässern. Da Stellenbosch und Paarl auf etwa 34° südlicher Breite liegen, wäre die Sonne für duftende, subtile Weine zu kräftig. Selbst der Benguela-Strom, der an der Westküste entlangstreicht, hat auf die False Bay wenig Einfluss. Doch an jedem Sommertag erzeugt das Hochdruckgebiet über dem Binnenland südöstliche Winde; und es ist die Luftbewegung, weniger die Temperatur, die die Reben so effektiv kühlt. Das nächstwichtigste Merkmal sind die Berge. Sie bieten ausgezeichnete Hanglagen bis in eine Höhe von 600 m, wo die Abhänge meist zu steil werden und der Boden in nackten Fels übergeht. Doch auch die Rebflächen in anderem Gelände sind nicht eben; Stellenbosch bietet eine wellige Landschaft, auch wenn man hier von Tälern spricht. Paarl besitzt auch einige Flussufer, die aber meist für Tafeltrauben genutzt werden. Für weitere Pflanzungen stehen kaum mehr geeignete Berghänge zur Verfügung; eine Ausbreitung nach Nordwest und Südost ist vielleicht möglich.*

STELLENBOSCH UND PAARL

NORD-SÜD-AUSDEHNUNG
47 KM

REBFLÄCHEN

AUSGEWÄHLTE WEINGÜTER

STELLENBOSCH
1. Hazendal
2. Kaapzicht
3. Jordan
4. Uiterwyk
5. Meerlust
6. Spier
7. Overgaauw
8. Neethlingshof
9. Hartenberg
10. Villiera
11. Meinert
12. Middelvlei
13. Simonsig
14. Mulderbosch
15. Bergkelder
16. Beyerskloof
17. L'Avenir
18. Morgenhof
19. Delheim
20. Kanonkop
21. Warwick
22. Le Bonheur
23. Lievland
24. Rustenberg
25. Thelema
26. Le Riche
27. Neil Ellis
28. Blaauwklippen
29. Vriesenhof
30. Stellenzicht
31. Waterford
32. De Trafford
33. Rust en Vrede
34. Longridge
35. Grangehurst
36. Avontuur
37. Cordoba
38. Morgenster
39. Vergelegen

PAARL
40. Welgemeend
41. Glen Carlou
42. Fairview
43. Backsberg
44. Plaisir de Merle
45. KWV
46. Boschendal
47. Nederburg
48. La Motte
49. Boekenhoutskloof
50. Haute Cabrière

PAARL = WEIN-DISTRIKT

DISTRIKTS-GRENZEN

Franschhoek = WARD

WARD-GRENZEN

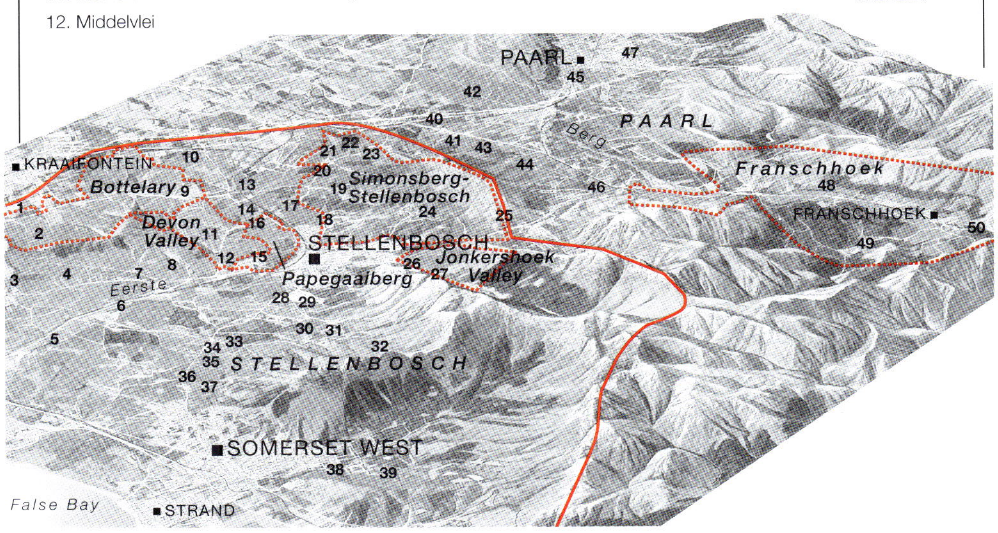

NORDAFRIKA

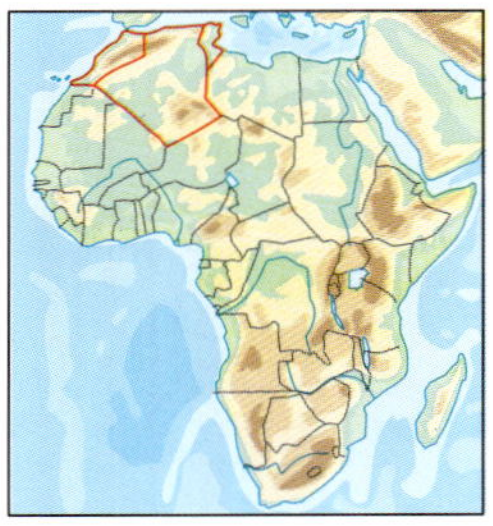

Schade um das Potenzial, das hier brachliegt. Es gibt in den nordafrikanischen Ländern viele gute Rebflächen – oder solche, die gut sein könnten, wenn sich irgendjemand um sie kümmern würde. Wohl 80% der Rebstöcke in Algerien sind über 40 Jahre alt. Überall sonst – zum Beispiel in Australien oder Burgund – würde man sich glücklich schätzen, wenn man diese Ressourcen hätte. Dort würde man unglaublich konzentrierte, tiefe, würzige Rotweine machen, und die Käufer würden Schlange stehen. Und was geschieht hier? Fast nichts. Hier werden im Allgemeinen seit je raue, flache, verschmorte Weine ohne Aroma oder Säure erzeugt. Doch nachdem die Franzosen in den 1950er und frühen 1960er Jahren das Land verlassen hatten, gab es für diese Weine keinen Markt mehr. Und mit den Franzosen verließen auch die besten Weinmacher die Kolonien in Richtung Midi.

Frankreich war von Anfang des zwanzigsten Jahrhunderts an der größte Absatzmarkt für nordafrikanische Weine, und in den 1950ern machte der Anteil der nordafrikanischen Weine am gesamten internationalen Weinhandel zwischen 50% und 65% aus. In Frankreich wurde der Wein meist mit Besserem verschnitten, was heutzutage illegal wäre. Als der Markt wegbrach, schwand auch die Anbaufläche: Algerien, das immer der größte Erzeuger unter den drei nordafrikanischen Weinländern gewesen war und 1938 noch 400 000 Hektar mit Reben besessen hatte, verfügte 1990 nur noch über 102 000 Hektar. Trotz weiter bestehender Probleme sind auch gute Nachrichten zu verzeichnen: Es wird systematisch neu gepflanzt, und die Rebfläche stieg auf 150000 Hektar. Drei Viertel der Weinproduktion ist in der westlichen Küstenprovinz Oran angesiedelt, ein großer Teil jedoch wird immer noch in Frankreich ausgebaut und abgefüllt.

Als sich die Franzosen 1956 aus Marokko zurückzogen, besaß das Land etwa 55 000 Hektar Rebflächen, die bis 1990 auf 13000 Hektar schrumpften. Der Begriff »marokkanischer Wein« ist aber kein Widerspruch in sich selbst mehr. Das 100 Millionen französische Francs schwere Investitionsprogramm von Castel Frère ist Auslöser für eine Wiedergeburt. Auf die Hauptanbaugebiete Boulaouane und Meknès aufgeteilt wurden 1200 Hektar neu bepflanzt, und zwei Kellereien mit je 100 000 Hektoliter Kapazität produzieren eine Palette ordentlicher Weine. Die Anbaufläche Tunesiens ist ebenfalls kleiner geworden, doch das Projekt der Firma Calatrasi in Khanguet – mit Investitionen im Umfang von 8 Millionen US-$, Umpfropfen auf andere Sorten sowie Know-how aus der Neuen Welt – verspricht gute Resultate.

Und doch ist nicht alles düster und hoffnungslos. Die Rebflächen, die gerodet wurden, lagen in den heißen Ebenen. Geblieben sind die in den kühleren Küstengebirgen, wo sie bis in einer Höhe von 1200 m über dem Meer kultiviert werden. Marokko profitiert zudem von seiner Küste am Atlantik mit ihren frischen Brisen. Doch der Wind, der hier mit über 60 km/h blasen kann, wird in dieser Fast-Wüste auch zum Problem. In Tunesien werden die Erträge durch den heißen, trockenen Seirocco beeinträchtigt. Was alle diese Länder dringend brauchen, ist fachkundiger Rat zur Spaliererziehung und Pflanzweise, um einen ausreichenden Windschutz zu bieten. Es gibt keinen Grund, weshalb es dort nicht möglich sein sollte, ausgezeichnete Weine herzustellen. Es ist zwar heiß und trocken, und in Algerien erhalten die Rebflächen nur zwischen 400 und 600 mm Regen pro Jahr. Doch in Spanien gibt es Gebiete, die noch trockener sind.

REBSORTEN

Die meisten Rebsorten, die auf den Rebfeldern Nordafrikas angebaut werden, sind nichts Besonderes. Die Carignan ist vorherrschend und zeigt immer wieder, mit welcher Zuverlässigkeit sie faden, harten Rotwein hervorbringen kann. Alicante Bouschet, Aramon und Cinsaut sind ebenso uninteressant. Cabernet Sauvignon, Merlot, Mourvèdre und Syrah sind aber auf dem Vormarsch, und die Winzer sollten sich auf diese Sorten konzentrieren. Gelegentlich, wenn man auf einen der besseren Rotweine stößt, bekommt man eine leise Ahnung davon, welche Weine man dort herstellen könnte. Erdig, staubig, rustikal – ich verlange keine Wunder –, doch mit einer Frucht süßer, reifer Himbeeren. Auch könnte Kohlensäuremaischung hier sehr viel dazu tun, die Weine saftiger und frischer zu machen.

An Weißweintrauben gibt es etwas Clairette und Ugni Blanc, beides Anwärter auf den Titel der langweiligsten Sorte der Welt. Die besten Weine Tunesiens sind wahrscheinlich die süßen und trockenen Muscats. Sie sind normalerweise recht massiv, haben jedoch zumindest Duft und Aroma.

WEINBAUGEBIETE

MAROKKO	ALGERIEN	TUNESIEN
APPELLATION-D'ORIGINE-GARANTIE-BEREICHE	APPELLATION-D'ORIGINE-GARANTIE-BEREICHE	APPELLATION-D'ORIGINE-CONTRÔLÉE-BEREICHE
1. Doukkala	15. Côteaux de Tlemcen	24. Tibar
2. Sahel	16. Oued-Imbert	25. 1er Cru Côte-aux Tebourba
3. Zaer	17. Monts du Tessalah	26. 1er Cru Côte-aux d'Ultique
4. Zenata	18. Côteaux de Mascara	27. 1er Cru Muscat de Kelibia
5. Chellah	19. Mostaganem-Kenennda	28. Mornag
6. Zemmour	20. Dahra	29. Sidi Salaam
7. Guerrouane	21. Côteaux du Zaccar	30. Grand Cru Mornag
8. Beni M'tir	22. Medéa	
9. Saiss	23. Ain Bessem-Bouira	
10. Beni Sadden		
11. Zerhoun		
12. Rharb		
13. Angad		
14. Berkane		

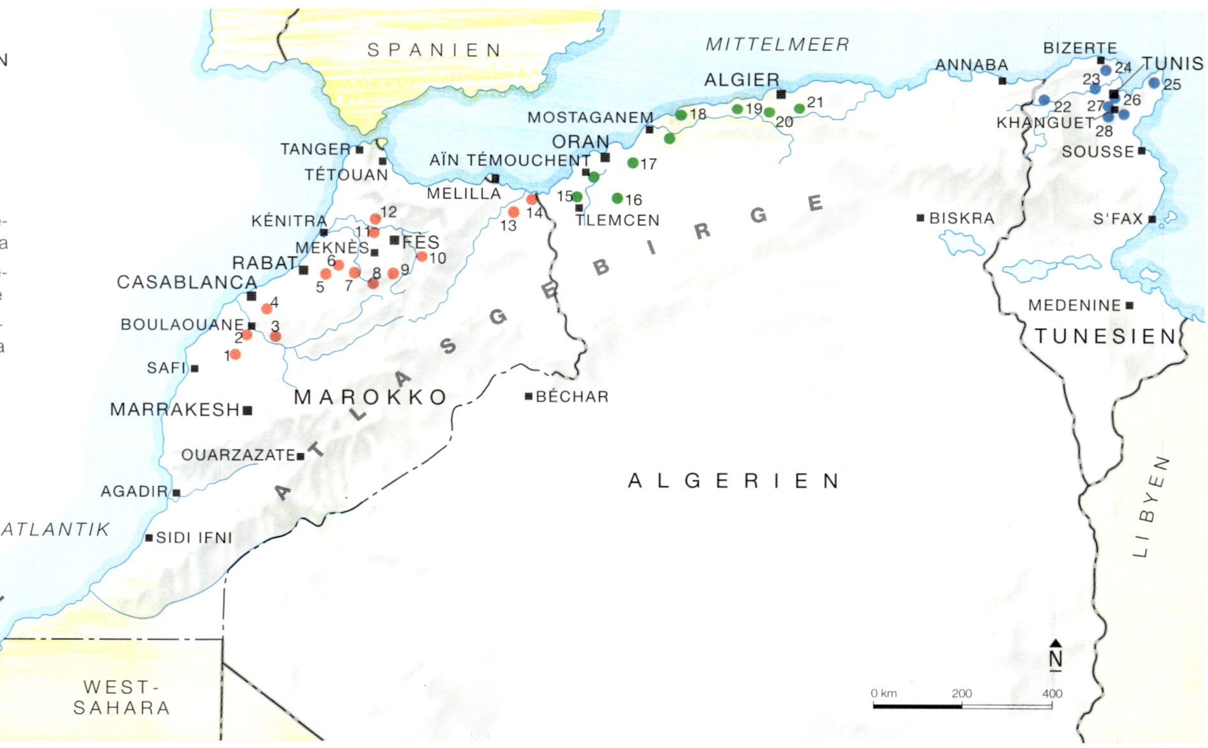

ASIEN

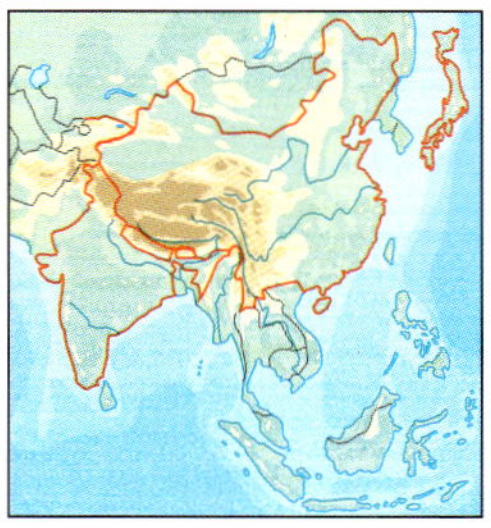

Ich frage mich: Sollte man die Kuhzitze besser mit Hahnenherz oder mit Drachenauge verschneiden? Sollte man sie im Eichenfass ausbauen? Das ist keine Scherzfrage, und sie sollte wohl bald beantwortet werden, denn dies sind asiatische Rebsorten (englisch Cow's Nipple, Cock's Heart, Dragon's Eye), und sie werden zu Wein verarbeitet. Die Namen klingen fremd, und soweit ich die Weine kennen lernte, schmecken sie auch fremdartig. Doch die Weinkultur in Asien beginnt Fuß zu fassen. Der Wirtschaftsboom zu Ende des zwanzigsten Jahrhunderts ließ die Preise europäischer Weine auf Märkten wie Singapur, Hongkong und Shanghai höher klettern als an anderen Plätzen. Nehmen wir die international bekannte Tatsache hinzu, dass Rotwein fürs Herz gut ist, außerdem die unaufhörlich wachsende Wertschätzung westlicher Produkte (Stichwort Globalisierung), könnten wir Zeugen der Geburt – oder einer Wiedergeburt, denn China und Indien besitzen eine alte, wenn auch unterbrochene Weintradition – einer bedeutenden Weinkultur werden. Und sie wird sich nicht damit begnügen, europäischen Wein zu importieren, sondern eigene Weine produzieren wollen.

CHINA

Die chinesische Weinwirtschaft wächst wie Unkraut, seitdem der Wein offiziell gefördert wird. Man verfügt schon über gut 150 000 Hektar Rebflächen, und in den nächsten 15 Jahren soll sich die Produktion verdoppeln oder gar verdreifachen. Dementsprechend wächst die Kellereikapazität, doch bisher werden nur 10 % der Trauben zu Wein gekeltert. Das Binnenland mit seinem extremen Klima eignet sich am besten für Tafeltrauben und Rosinen, so wie die in der nordwestlichen Provinz Xinjiang, die 150 m unter dem Meeresspiegel angebaut werden. Im Nordosten bringt ein maritimes Klima, das bis auf den gelegentlichen Taifun gemäßigt ist, die besten Weine hervor, besonders in den Küstenprovinzen Shandong, Hebei und Tianjin. Hier wurden neben chinesischen, deutschen und russischen viele internationale Rebsorten gepflanzt. Eine Reihe von Jointventures sind zu verzeichnen, etwa mit Rémy Martin und Pernod-Ricard aus Frankreich, Torres aus Spanien und Sella & Mosca aus Sardinien. Ich habe Chardonnays und Cabernets Francs aus Shandong und Hebei probiert, die sehr gut waren.

Diese westliche Beteiligung hat die Art des Weins deutlich beeinflusst. Der chinesische Weingeschmack (der eigentlich dem Reiswein oder mehr noch dem Brandy zugetan ist) geht in Richtung süßlicher, oxidierter Weine. Es hätte keinen Sinn, Chardonnay für solche Zwecke zu pflanzen, und es sind denn auch die westlichen Brieftaschen, auf die diese Weine abzielen. Wie überall in der Welt wollen auch die neuen chinesischen Weine die europäischen Klassiker imitieren, und sie erweisen sich bisher als vielversprechend.

INDIEN

Indien besitzt eine lange Weinbautradition, doch sein gegenwärtiger Ruhm als Weinerzeuger ist ausschließlich dem Omar Khayyam zu verdanken, einem nach traditioneller Methode hergestellten Schaumwein, der 1985 von Château Indage in Zusammenarbeit mit Piper-Heidsieck aus der Champagne kreiert wurde. Die Trauben für diesen Wein werden in den Maharashtra-Bergen bei Bombay angebaut, wo man am ehesten der Hitze Indiens entgeht. Auch hier ist künstliche Bewässerung in großem Stil erforderlich, und man kann zweimal im Jahr ernten; die Monsun-Ernte wird verständlicherweise weniger geschätzt. Omar Khayyam ist ein Verschnitt aus Chardonnay, Ugni Blanc, Pinot Noir, Pinot Blanc und Thompson Seedless. Die weiße Version ist gut, der Rosé frisch und exzellent. Es gibt auch eine halbsüße namens Marquise de Pompadour sowie rote und weiße Stillweine, die hoffen lassen, da ein kalifornischer Weinmacher (ehemals bei Bonny Doon) mit dem Fassausbau von Verschnitten aus Cabernet, Shiraz, Chardonnay und Ugni Blanc zunehmend Erfolg hat. Jointventures mit kalifornischen und französischen Unternehmen lassen den Ehrgeiz von Indage erkennen, ebenso den von Grover in Bangalore, das sich von Bordeaux-Superstar Michel Rolland beraten lässt.

JAPAN

Das Hauptproblem in Japan ist zu viel Regen. Es gibt im Frühjahr und im Herbst den Monsun, im Sommer Taifune, und im Winter ist es bitterkalt. Das Land ist entweder gebirgig oder aber flach und nass; es gibt kaum sanft geneigte Hänge, die bei den Weinbauern so beliebt sind. Daher wurde das Spaliersystem *tana-zukuri* entwickelt, bei dem die Reben sich an Drähten ausbreiten und auf diese Weise trocknen können. Bisher ist das Gebiet um den Fudschijama westlich von Tokio, besonders Yamanashi, der beste Bereich. Die Ostküste verfügt über extremere Bedingungen. Insgesamt wird in 46 von 47 japanischen Provinzen Wein erzeugt, wobei das tropische Okinawa die Ausnahme darstellt.

Am meisten werden japanische Sorten und Hybriden angebaut, aber nur 10 % der Trauben werden zu Wein verarbeitet, der häufig mit ausländischem Massenwein verschnitten wird. Die beliebteste *Vinifera*-Rebe ist Koshu, die dicke, saftige Tafeltrauben und leichte Weißweine liefert. Viel Regen und hohe Erträge machen die meisten japanischen Weine sehr leicht. Nur Suntory produziert mit Bordeaux-Sorten einige Ausnahmen von dieser Regel, außerdem eindrucksvollen Sauternes-artigen Süßwein. Einige kleine Erzeuger bilden heute die Speerspitze einer heimischen Qualitätsweinerzeugung. Ein zu großer Teil ist aber immer noch importierter, in Japan abgefüllter Massenwein.

Die Nachahmung europäischer Weine steht auf dem Programm der neuen, exportorientierten Weinwirtschaft Chinas. Die Chardonnay-Trauben, die auf dem Gut Hua Dong in Qingdao produziert werden, werden wohl zu Wein verarbeitet, nicht zu Trockenfrüchten oder Weinbrand.

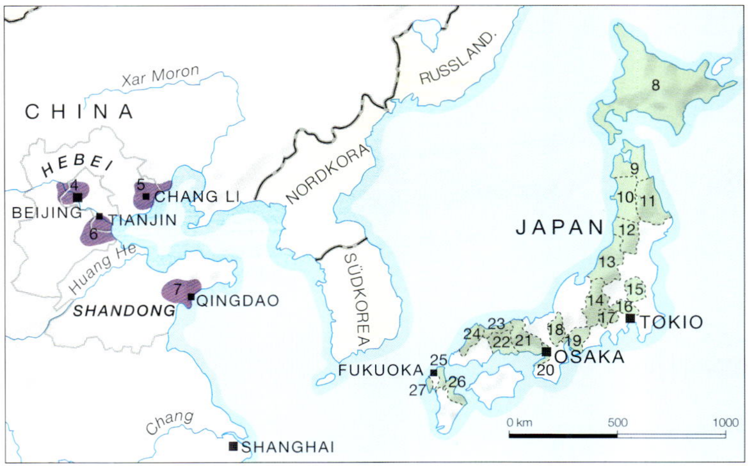

WEINBAUGEBIETE

INDIEN
1. Punjab
2. Maharashtra
3. Karnataka

CHINA
4. Sha Cheng
5. Chang Li
6. Tianjin
7. Quingdao

JAPAN
8. Hokkaido
9. Aomori
10. Akita
11. Iwate
12. Yamagata
13. Niigata
14. Nagano
15. Tochigi
16. Saitama
17. Yamanashi
18. Shiga
19. Aichi
20. Osaka
21. Hyogo
22. Okayama
23. Tottori
24. Shimane
25. Fukuoka
26. Oita
27. Nagasaki

INDEX

Abkürzungen: Ch. = Château, K = Karte, L = Kartenlegende, Z = Zeichnung

D

E

F

G

H

I

J

K

L

O

P

Q

R

S